TILL THEODOR MEIER

Power-Purchase-Agreements

Schriften zum Wirtschaftsrecht

Band 379

Power-Purchase-Agreements

Rechtliche Grundlagen und Besonderheiten
von langfristigen Stromlieferverträgen zur Preisabsicherung
und Finanzierung von Erneuerbare-Energien-Anlagen

Von

Till Theodor Meier

Duncker & Humblot · Berlin

Die Juristenfakultät der Universität Leipzig hat diese Arbeit
im Jahre 2024 als Dissertation angenommen.

Bibliografische Information der Deutschen Nationalbibliothek

Die Deutsche Nationalbibliothek verzeichnet diese Publikation in
der Deutschen Nationalbibliografie; detaillierte bibliografische Daten
sind im Internet über http://dnb.d-nb.de abrufbar.

Satz: Typodienst – Büro für typographische Dienstleistungen, Altenberge
Druck: Prime Rate Zrt., Budapest, Ungarn

ISSN 0582-026X
ISBN 978-3-428-19682-1 (Print)
ISBN 978-3-428-59682-9 (E-Book)

Gedruckt auf alterungsbeständigem (säurefreiem) Papier
entsprechend ISO 9706 ♾

Verlagsanschrift: Duncker & Humblot GmbH, Carl-Heinrich-Becker-Weg 9,
12165 Berlin, Germany | E-Mail: info@duncker-humblot.de
Internet: https://www.duncker-humblot.de

Vorwort

Die vorliegende Arbeit entstand während meiner Tätigkeit als wissenschaftlicher Mitarbeiter am Lehrstuhl für Bürgerliches Recht, insbesondere Wettbewerbsrecht, Energierecht, Regulierungs- und Arbeitsrecht der Universität Leipzig. Sie wurde im April 2024 eingereicht und im September 2024 als Dissertation von der Fakultät angenommen. Die Disputation fand am 13. November 2024 statt. Gesetzliche Änderungen wurden bis einschließlich April 2024 berücksichtigt.

Mein besonderer Dank gilt Herrn Prof. Dr. Jochen Mohr für die Betreuung meiner Dissertation und die wissenschaftlich anregende Zusammenarbeit am Lehrstuhl. Er hat mir entscheidend bei der Findung des Themas dieser Arbeit geholfen, mich während meiner Tätigkeit akademisch gefördert und stand mir jederzeit als Gesprächspartner zur Verfügung. Zudem hat er mir den für die Fertigstellung der Arbeit erforderlichen Freiraum großzügig eingeräumt.

Bedanken möchte ich mich auch bei Herrn Prof. Dr. Justus Meyer für die Übernahme des Zweitgutachtens, die freundliche Leitung der Disputation und seine konstruktiven Hinweise.

Ein besonderer Dank gilt auch der „Johanna und Fritz Buch Gedächtnis-Stiftung", die die Veröffentlichung der Arbeit großzügig gefördert hat.

Schließlich möchte ich all meinen Freundinnen und Freunden, insbesondere meinen Kolleginnen und Kollegen am Lehrstuhl, herzlichst danken! Sie standen mir immer – auch in den anstrengenden Phasen der Entstehung der Arbeit – zur Seite und haben mich jederzeit, sei es durch inhaltliche Diskussionen, Korrekturen oder außerakademische Ablenkung unterstützt.

Die Motivation und Inspiration für diese Arbeit habe ich dank meiner Familie und meiner Freundin Karen immer gefunden!

Leipzig, im Juli 2025 *Till Meier*

Inhaltsverzeichnis

Abbildungs- und Tabellenverzeichnis

Abkürzungsverzeichnis

a. A.	andere Ansicht
Abb.	Abbildung
ABl. EG	Amtsblatt der Europäischen Gemeinschaft
ABl. EU	Amtsblatt der Europäischen Union
Abs.	Absatz
ACER	Agentur der Europäischen Union für die Zusammenarbeit der Energieregulierungsbehörden
ACORE	American Council On Renewable Energy
ACM	Autoriteit Consument en Markt (niederländische Verbraucher- und Marktaufsichtsbehörde)
AcP	Archiv für die civilistische Praxis (Zeitschrift)
AEUV	Vertrag über die Arbeitsweise der Europäischen Union
a. F.	alte Fassung
aFRR	Regelarbeit aus Frequenzwiederherstellungsreserven mit automatischer Aktivierung (entspricht der deutschen Sekundärreserve)
AGB	Allgemeine Geschäftsbedingungen
AGOW	Arbeitsgemeinschaft Offshore-Windenergie e. V.
AöR	Archiv des öffentlichen Rechts (Zeitschrift)
Art.	Artikel
AusglMechAV	Ausgleichsmechanismus-Ausführungsverordnung
AusglMechV	Ausgleichsmechanismusverordnung
BAnz AT	Bundesanzeiger Amtlicher Teil
BaFin	Bundesanstalt für Finanzdienstleistungsaufsicht
BAG	Bundesarbeitsgericht
BB	Betriebsberater (Zeitschrift)
BB Beilage	Betriebsberater Beilage (Zeitschrift)
BBK	NWB Rechnungswesen – BBK (Zeitschrift)

BC	Zeitschrift für Bilanzierung, Rechnungswesen & Controlling
BDEW	Bundesverband der Energie- und Wasserwirtschaft
Beck Bil-Komm	Beck'scher Bilanz-Kommentar
BeckOGK	beck-online.GROSSKOMMENTAR
BeckOK	Beck'scher Online-Kommentar
BeckRS	Beck-Rechtsprechung (Zeitschrift)
BEE	Bundesverband Erneuerbare Energie e. V.
BerlKommEnR	Berliner Kommentar zum Energierecht
BGB	Bürgerliches Gesetzbuch
BGBl.	Bundesgesetzblatt
BGH	Bundesgerichtshof
BGHZ	Entscheidungen des Bundesgerichtshofes in Zivilsachen
BImSchG	Bundes-Immissionsschutzgesetz
BKartA	Bundeskartellamt
BKR	Zeitschrift für Bank- und Kapitalmarktrecht
BMWi	Bundesministerium für Wirtschaft und Energie
BMWK	Bundesministerium für Wirtschaft und Klimaschutz
BNetzA	Bundesnetzagentur
BReg	Bundesregierung
bspw.	beispielsweise
BStBl.	Bundessteuerblatt
BT	Deutscher Bundestag
BT-Drs.	Bundestagsdrucksache
BVerfG	Bundesverfassungsgericht
BVerfGE	Entscheidungen des Bundesverfassungsgerichts
BVerwG	Bundesverwaltungsgericht
BWE	Bundesverband WindEnergie
bzw.	beziehungsweise
CFADS	Cashflow Available for Dept Service
CfD	Contracts for Difference
COD	commercial operation date
COP	Conference of the Parties

CRE	Commission de régulation de l'énergie
DB	Der Betrieb (Zeitschrift)
dena	Deutsche Energieagentur
d. h.	das heißt
DIHK	Deutsche Industrie- und Handelskammer
DIW	Deutsches Institut für Wirtschaftsforschung
DÖV	Die öffentliche Verwaltung (Zeitschrift)
DSCR	Dept Service Coverage Ratio
DSR	Debt Service Reserve Account
DStR	Deutsches Steuerrecht (Zeitschrift)
EBJS	Ebenroth/Boujong/Joost/Strohn Kommentar zum Handelsgesetzbuch
EE	Erneuerbare Energien (Zeitschrift)
EE-Anlagen	Erneuerbare-Energien-Anlagen
EE-Projekt	Erneuerbare-Energien-Projekt
EEG	Gesetz für den Ausbau erneuerbarer Energien (mit Jahr)
EEV	Erneuerbare-Energien-Verordnung
EEX	European Energy Exchange
EFET	European Federation of Energy Traders
EG	Europäische Gemeinschaft
E&M	Energie und Management (Zeitschrift)
EMIR	European Market Infrastructure Regulation
EMRK	Europäische Menschenrechtskonvention
EnergG	Energiewirtschaftsgesetz
EnFG	Energiefinanzierungsgesetz
engl.	englisch
EnK-Aktuell	EnergieKrise-Aktuell (Zeitschrift)
ENTSO-E	Verband Europäischer Übertragungsnetzbetreiber (engl. European Network of Transmission System Operators for Electricity)
EnWG	Energiewirtschaftsgesetz
EnWZ	Zeitschrift für das gesamte Recht der Energiewirtschaft
EPEX SPOT	European Power Exchange Spot SE

Equity IRR	Eigenkapitalrendite
ER	EnergieRecht (Zeitschrift)
Erw.	Erwägungsgrund
ET	Energiewirtschaftliche Tagesfragen (Zeitschrift)
etc.	et cetera
EU	Europäische Union
EuG	Gericht der Europäischen Union
EuGH	Europäischer Gerichtshof
EU-NotfallVO	Verordnung (EU) 2022/1854 des Rates v. 6. 10. 2022 über Notfallmaßnahmen als Reaktion auf die hohen Energiepreise
EuZW	Europäische Zeitschrift für Wirtschaftsrecht
e. V.	eingetragener Verein
EW	Elektrizitätswirtschaft; Zeitschrift der Vereinigung deutscher Elektrizitätswerke – VDEW
EWeRK	Zeitschrift des Institutes für Energie- und Wettbewerbsrecht in der kommunalen Wirtschaft e. V.
EWG	Europäische Wirtschaftsgemeinschaft
f./ff.	folgende/fortfolgende
FA Wind	Fachagentur Windenergie an Land
FFAV	Freiflächenausschreibungsverordnung
Fn.	Fußnote
Frankfurt a. M.	Frankfurt am Main
FSM-KWG	Fischer/Schulte-Mattler Kommentar zum KWG
gem.	gemäß
GG	Grundgesetz
ggf.	gegebenenfalls
GmbH	Gesellschaft mit beschränkter Haftung
GmS-OBG	Gemeinsamer Senat der obersten Gerichtshöfe des Bundes
grds.	grundsätzlich
GRUR	Gewerblicher Rechtsschutz und Urheberrecht (Zeitschrift)
GuV	Gewinn- und Verlustrechnung
gW	Gigawatt
GWB	Gesetz gegen Wettbewerbsbeschränkungen

gWh	Gigawattstunde(n)
GWR	Gesellschafts- und Wirtschaftsrecht (Zeitschrift)
HCOB	Hamburg Commercial Bank
HGB	Handelsgesetzbuch
HkRNDV	Herkunfts- und Regionalnachweis-Durchführungsverordnung
Hs.	Halbsatz
HWWA Discussion Paper	Hamburgisches Welt-Wirtschafts-Archiv Discussion Paper (Zeitschrift)
IAS	International Accounting Standards
IASB	International Accounting Standards Board
i. d. R.	in der Regel
IDW	Institut der Wirtschaftsprüfer in Deutschland
i. e. S.	im engeren Sinne
IFRIC	International Financial Reporting Interpretations Committee
IFRS	International Financial Reporting Standards
i. H. v.	in Höhe von
insb.	insbesondere
IPP	Independent Power Producer
IR	InfrastrukturRecht (Zeitschrift)
IRR	Internal Rate of Return
IRZ	Zeitschrift für Internationale Rechnungslegung
i. S. d.	im Sinne des/der
ISE	Fraunhofer-Institut für solare Energiesysteme
ISI	Fraunhofer-Institut für System- und Innovationsforschung
i. S. v.	im Sinne von
i. Ü.	im Übrigen
i. V. m.	in Verbindung mit
i. w. S.	im weiteren Sinne
JA	Juristische Arbeitsblätter (Zeitschrift)
JURA	Juristische Ausbildung (Zeitschrift)
jurisPK-BGB	Juris PraxisKommentar BGB
jurisPR-UmwR	juris PraxisReport Umwelt- und Planungsrecht (Zeitschrift)

JuS	Juristische Schulung (Zeitschrift)
JZ	Juristenzeitung (Zeitschrift)
Kap.	Kapitel
KlimR	Klima und Recht (Zeitschrift)
Kommission	Europäische Kommission
KommJur	Kommunaljurist (Zeitschrift)
KPMG	KPMG AG Wirtschaftsprüfungsgesellschaft
krit.	kritisch
KSG	Klimaschutzgesetz
KSzW	Kölner Schrift zum Wirtschaftsrecht (Zeitschrift)
KUEBLL	Leitlinien für staatliche Klima-, Umweltschutz- und Energiebeihilfen 2022 (engl. CEEAG)
kW	Kilowatt
kWh	Kilowattstunde(n)
KWG	Kreditwesengesetz
KWKG	Kraft-Wärme-Kopplungsgesetz
kWp	Kilowatt-Peak (Höchstleistung einer Anlage in Kilowatt)
LCOE	Stromgestehungskosten (engl. Levelized Costs of Electricity)
LG	Landgericht
lit.	litera
MARI	Manually Activated Reserves Initiative
mFRR	Regelarbeit aus Frequenzwiederherstellungsreserven mit manueller Aktivierung (entspricht der deutschen Minutenreserve)
MiFID II	Markets in Financial Instruments Directive II
MittRhNotK	Mitteilungen der Rheinischen Notarkammer (Zeitschrift)
MüKoBGB	Münchener Kommentar zum Bürgerlichen Gesetzbuch
MüKoBilR	Münchener Kommentar zum Bilanzrecht
MükoHGB	Münchener Kommentar zum Handelsgesetzbuch
MükoWettbR	Münchener Kommentar zum Wettbewerbsrecht
mW	Megawatt
mWh	Megawattstunde(n)

NAAT	keine spürbare Handelsbeschränkung (engl. no appreciable affectation of trade)
NJ	Neue Justiz (Zeitschrift)
NJOZ	Neue Juristische Online-Zeitschrift
NJW	Neue Juristische Wochenschrift (Zeitschrift)
NJW-RR	Neue Juristische Wochenschrift Rechtsprechungs-Report Zivilrecht (Zeitschrift)
NK-BGB	NomosKommentar BGB
NPV	Nettobarwert
N&R	Netzwirtschaften und Recht (Zeitschrift)
Nr.	Nummer
NVwZ	Neue Zeitschrift für Verwaltungsrecht
NVwZ-RR	Rechtsprechungs-Report Verwaltungsrecht (Zeitschrift)
NZBau	Neue Zeitschrift für Baurecht und Vergaberecht
NZKart	Neue Zeitschrift für Kartellrecht
NZM	Neue Zeitschrift für Miet- und Wohnungsrecht
OLG	Oberlandesgericht
ORDO	Jahrbuch für die Ordnung von Wirtschaft und Gesellschaft
OTC	Over-the-Counter
PICASSO	Platform for the International Coordination of Automated Frequency Restoration and Stable System Operation
PPA	Power-Purchase-Agreement
PrKlG	Preisklauselgesetz
PV	Photovoltaik
RdE	Recht der Energiewirtschaft (Zeitschrift)
REE	Recht der Erneuerbaren Energien (Zeitschrift)
REMIT	Regulation on Wholesale Energy Market Integrity and Transparency
RG	Reichsgericht
RGZ	Entscheidungssammlung der Entscheidungen des Reichsgerichts in Zivilsachen
RL	Richtlinie
RLM	registrierende Leistungsmessung
Rn.	Randnummer(n)

Rspr.	Rechtsprechung
S.	im Kontext einer Quellenangabe: Seite(n); im Kontext einer Rechtsnorm: Satz
SE	Societas Europaea
Slg.	Sammlung der Rechtsprechung des Gerichtshofes und des Gerichts Erster Instanz
SLP	Standardlastprofil
sog.	sogenannt
SPC	Projektgesellschaft (engl. Special Purpose Company; auch Special Purpose Vehicle (SPV), Special Purpose Entity (SPE), Single Purpose Entity (SPE), Limited Purpose Entity (LPE)
StromEinspG	Stromeinspeisungsgesetz
StromGVV	Stromgrundversorgungsverordnung
StromNEV	Stromnetzentgeltverordnung
StromNZV	Stromnetzzugangsverordnung
StromPBG	Strompreisbremsegesetz
T&M	Technologie & Management (Zeitschrift)
TSI	Instrument für technische Unterstützung
tWh	Terrawattstunde(n)
u. a.	unter anderem
UBA	Umweltbundesamt
UEBLL	Leitlinien für staatliche Umweltschutz- und Energiebeihilfen (engl. EEAG)
UN	Vereinte Nationen (engl. United Nations)
UNFCCC	UN-Klimarahmenkonvention
UPR	Umwelt- und Planungsrecht (Zeitschrift)
Urt.	Urteil
v.	vom
vbw	Vereinigung der Bayerischen Wirtschaft e. V.
VDMA	Verband Deutscher Maschinen- und Anlagenbau
VEA	Bundesverband der Energie-Abnehmer e. V.
VEMW	Vereniging voor Energie, Milieu en Water (niederländische Abnehmervereinigung)
VersorgungsW	Versorgungs Wirtschaft (Zeitschrift)

VersR	Zeitschrift für Versicherungsrecht, Haftungs- und Schadensrecht
vgl.	vergleiche
WACC	Weighted Average Cost of Capital
WBCSD	World Business Council for Sustainable Development
WDBT	Die Wissenschaftlichen Dienste des Deutschen Bundestages
WindSeeG	Windenergie-auf-See-Gesetz
Wirtschaftsdienst	Wirtschaftsdienst: Zeitschrift für Wirtschaftspolitik
WM	Wertpapiermitteilungen (Zeitschrift)
WPg	Die Wirtschaftsprüfung (Zeitschrift)
WPg Supp	Die Wirtschaftsprüfung Supplement (Zeitschrift)
WpHG	Wertpapierhandelsgesetz
WpIG	Wertpapierinstitutsgesetz
WRP	Wettbewerb in Recht und Praxis (Zeitschrift)
WuW	Wirtschaft und Wettbewerb (Zeitschrift)
z. B.	zum Beispiel
ZBB	Zeitschrift für Bankrecht und Bankwirtschaft
ZfE	Zeitschrift für Energiewirtschaft
ZfRV	Zeitschrift für Europarecht, internationales Privatrecht und Rechtsvergleichung
ZGS	Zeitschrift für das gesamte Schuldrecht
ZIP	Zeitschrift für Wirtschaftsrecht
ZMR	Zeitschrift für Miet- und Raumrecht
ZNER	Zeitschrift für Neues Energierecht
ZRP	Zeitschrift für Rechtspolitik
ZSW	Zentrum für Sonnenenergie- und Wasserstoffforschung Baden-Württemberg
ZUR	Zeitschrift für Umweltrecht
ZVertriebsR	Zeitschrift für Vertriebsrecht
ZWeR	Zeitschrift für Wettbewerbsrecht

Einleitung

Die Gesetze der Energiewirtschaft sind derzeit in einem Spannungsfeld zwischen der angestrebten Geschwindigkeit der Energiewende als einem „Recht des Umbruchs“[1] und dem Schutz vielfältiger anderer Interessen angesiedelt, wie dies anschaulich von § 1 Abs. 1 Energiewirtschaftsgesetz (EnWG) verdeutlicht wird. Danach soll die leitungsgebundene Versorgung der Allgemeinheit mit Elektrizität sicher, preisgünstig, verbraucherfreundlich, effizient, umweltverträglich sowie treibhausgasneutral erfolgen und zunehmend auf erneuerbaren Energien beruhen. Die insofern zu treffenden Abwägungsentscheidungen sollen gem. § 2 Erneuerbare-Energien-Gesetz 2023 (EEG 2023) zukünftig immer häufiger zugunsten des Ausbaus erneuerbarer Energien in der Bundesrepublik Deutschland gefällt werden. Zu diesem Zweck ist in § 2 EEG 2023 festgelegt, dass die Errichtung und der Betrieb von EE-Anlagen im überragenden öffentlichen Interesse liegt und der öffentlichen Sicherheit dient. Eine ganz besondere Bedeutung für diese angestrebte Transformation im Stromsektor sollen aber mittel- bis langfristig nicht mehr nur die bestehenden Förderregelungen des EEG haben: Nach den politischen Plänen der Bundesrepublik Deutschland und der Europäischen Union sollen die Fördermaßnahmen zugunsten von EE-Projekten zusätzlich durch Power-Purchase-Agreements (PPAs) ergänzt und langfristig ggf. ersetzt werden. Diese Entwicklung ist einerseits im Koalitionsvertrag der Ampel-Regierung festgehalten, der die zukünftige Bedeutung von PPAs für den Strommarkt ausdrücklich anerkennt,[2] andererseits in § 1a EEG 2023, der die Fortsetzung des Wegs von festen Einspeisetarifen über die Direktvermarktung bzw. die Förderung mit Marktprämien hin zu einem förderfreien Ausbau gesetzlich festschreibt. Die Europäische Union hat in ihren Plänen zu einem möglichen Strommarktdesign, für das PPAs besondere Bedeutung haben sollen, vergleichbare Aussagen getroffen und schon konkrete Vorgaben zur Förderung von PPAs in Art. 15 Nr. 8 der Erneuerbare-Energien-Richtlinie (EE-Richtlinie)[3] gemacht. Angesichts dieser grundlegenden Bedeutung, die PPAs in Zukunft für die Versorgung der Allgemeinheit mit Elektrizität in der Bundesrepublik Deutschland und der Europäischen Union zukommen wird, empfiehlt sich ein detaillierter Blick auf diese besonderen und für den Bereich der erneuerbaren Energien erst seit jüngerer Zeit abgeschlossenen Verträge. In dieser Arbeit sollen PPAs umfassend, gewissermaßen „auf Herz und Nieren“ untersucht werden. Zweck dieser Arbeit ist nicht allein die Beantwortung einer zentralen Rechtsfrage durch eine einzige These, sondern die Befassung mit einer Vielzahl von Rechtsfragen – denn PPAs tangieren viele, unterschiedliche Rechtsgebiete. Insofern hat diese Arbeit auch die Aufgabe, rechtliche Hintergründe aus den einzelnen Rechtsgebieten zusammenzutra-

---

1 *Hofmann*, Die Verwaltung 47 (2014), 349, 350.

2 SPD/BÜNDNIS 90 / DIE GRÜNEN/FDP, Koalitionsvertrag 2021–2025; Mehr Fortschritt wagen, S. 56.

3 Richtlinie (EU) 2018/2001 des Europäischen Parlaments und des Rates zur Förderung der Nutzung von Energie aus erneuerbaren Quellen v. 11. 12. 2018, ABl. EU 2018 L 328/82.

gen und ihre Anwendung auf PPAs zu erläutern. Die Zielsetzung ist eine möglichst vollständige, aber gleichzeitig vertiefte Übersicht über den bestehenden Rechtsrahmen. Die Untersuchung gliedert sich dazu folgendermaßen:

Zunächst soll im ersten Teil beschrieben werden, was unter einem PPA zu verstehen ist und welche Arten von PPAs existieren (Teil 1, A.). In diesem Zusammenhang erfolgt nicht nur eine Betrachtung des Begriffs und des vertraglichen Telos, sondern es werden auch historische und aktuelle Entwicklungen erläutert. Diese Darstellung mündet in einer Definition. Mögliche Differenzierungskriterien für verschiedene Arten von PPAs sind die unterschiedlichen Abnehmer, die Art der Abwicklung und die Übertragungsart. Teilweise gehen mit den verschiedenen Formen von PPAs rechtlich unterschiedliche Vertragsgestaltungen einher, die jeweils Vor- bzw. Nachteile mit sich bringen.

Die Bestimmung des rechtlichen Rahmens (Teil 1, B.) von PPAs dient dazu, den Bestand der anwendbaren Normen zu erfassen und PPAs in das jeweilige Begriffsverständnis der betroffenen Rechtsbereiche einzuordnen. Dadurch lassen sich bereits Erkenntnisse gewinnen, die für die noch folgende Untersuchung einzelner Vertragsklauseln fruchtbar gemacht werden können. Relevanz haben dabei neben den Normen des Bürgerlichen Gesetzbuchs die Normen des Kartell-, Energie- und Unionsrechts. Voraussetzung für die Anwendbarkeit zivilrechtlicher Normen ist, dass es sich bei einem PPA um einen zivilrechtlichen Vertrag handelt,[4] was in der Historie für andere Stromlieferverträge nicht unumstritten war, heute aber allgemein anerkannt wird (Teil 1, B. II.). Aus der Zuordnung zum Zivilrecht folgt insb. die Anwendbarkeit der AGB-Kontrolle und (eingeschränkt) der Normen des Kaufrechts. Für den Anwendungsbereich der AGB-Kontrolle erwachsen Besonderheiten etwa aus der Unternehmereigenschaft des Abnehmers sowie aus der Eigenschaft von Corporate-PPAs als sog. Sonderkundenvertrag. Zudem sind die unternehmerischen Interessen des (energiewirtschaftlichen) Handelsverkehrs im Rahmen der Inhaltskontrolle zu beachten. Das Kaufrecht findet unter Berücksichtigung der physikalischen und technischen Besonderheiten Anwendung. Die zwingenden Normen des Verbraucherschutzrechts sind bei PPAs, als Verträgen zwischen Unternehmern, hingegen unbeachtlich. Des Weiteren ist für eine Anwendbarkeit des § 314 BGB grds. danach zu unterscheiden, ob PPAs als Dauerschuldverhältnisse oder Sukzessivlieferungsverträge zu qualifizieren sind (Teil 1, B. V.). PPAs sind zudem den kartellrechtlichen Vorschriften unterworfen und verbinden mindestens zwei nicht im Wettbewerb miteinander stehende Unternehmen im Vertikalverhältnis (Teil 1, B. VI.).

Das Energievertragsrecht ist geprägt von der unionsrechtlich angestoßenen Liberalisierung des Strommarkts und im Bereich der erneuerbaren Energien besonders von den Vorgaben der EE-Richtlinie. In dieser Richtlinie sind konkrete Vorgaben für PPAs enthalten und weitere Regelungen zu PPAs befinden sich noch im laufenden Gesetzgebungsverfahren (Teil 1, B. VII. 3.). Zudem ist das Recht der erneuerbaren Energien auch den Vorgaben des Beihilfenrechts unterworfen. Der Strommarkt in Deutschland wird in Umsetzung der Vorgaben des Unionsrechts von den Normen des EnWG geregelt. Für die zur Umsetzung einer Energielieferung notwendigen Verträge enthält das EnWG entsprechende Bestimmungen. Diese sind auf PPAs teilweise anwendbar, nämlich sofern PPAs die tatbestandlichen Voraussetzungen erfüllen (Teil 1, B. VIII. 1.). Bedeutung dafür hat, ob der Abneh-

---

[4] MüKoBGB/*Säcker*, Einl. BGB, Rn. 2.

mer ein Letztverbraucher ist. Zudem wird der Umfang des Verbrauchs des Abnehmers relevant dafür, ob PPAs dem bereits AGB-rechtlich relevanten Begriff des Sonderkundenvertrags unterfallen.

Zentrale Bedeutung für die erstmalige Vermarktung von aus erneuerbaren Energien erzeugten Stroms hat das EEG 2023. Wesentliche Vorgaben sind von der Definition des Anlagenbetreibers und der Direktvermarktung abhängig (Teil 1, B. VIII. 2.). Für PPAs ist es daher von Bedeutung, ob sie geeignet sind diese Definitionen zu erfüllen. Dafür ist auch die im PPA gewählte Übertragungsart entscheidend.

Für ein tieferes Verständnis der Möglichkeiten, die PPAs für die Finanzierung von EE-Anlagen bieten können, sollen zudem die Grundlagen dieser speziellen Finanzierungsprojekte erläutert werden (Teil 1, C.). Für die Anlagenfinanzierung wesentlich ist die Vermarktung des erzeugten Stroms. An diese Darstellung der Finanzierungsgrundlagen schließt daher eine rechtliche Einordnung der PPAs in den Strommarkt an. Dazu werden die aus der Sicht des Anlagenbetreibers bestehenden Möglichkeiten der Vermarktung von in EE-Anlagen erzeugtem Strom dargestellt (Teil 1, D.). Ein genauer Blick gilt dem Verhältnis der verschiedenen Vermarktungsmöglichkeiten, die von Anlagenbetreibern teilweise alternativ gewählt werden können. Kriterien für diese Auswahlentscheidung sind insb. auch rechtlicher Natur. Besondere Bedeutung haben insofern die Normen des EEG 2023 und des Windenergie-auf-See-Gesetz (WindSeeG), die daher detailliert untersucht werden sollen. PPAs können schon heute eine sinnvolle Alternative darstellen und werden in Zukunft gegenüber den gesetzlichen Vermarktungsmöglichkeiten stark an Bedeutung gewinnen. Insofern wird die Diskussion über ein mögliches zukünftiges Strommarktdesign relevant, das nach den aktuellen Plänen diese Tendenz unterstützt. Weitere Nutzungsmöglichkeiten für Strom aus erneuerbaren Energien stellen der Stromhandel, der in seinen Grundzügen erläutert werden soll, sowie die Eigenversorgung dar. Erläutert wird zudem die mögliche Einführung sog. Contracts for Difference (CfD), als ein neues Modell staatlicher Förderung, das so ausgestaltet werden sollte, dass ein Nebeneinander mit PPAs möglich bleibt.

Im zweiten Teil dieser Arbeit werden die wichtigsten Klauseln von PPAs erläutert und die aufgeworfenen Rechtsfragen einer oder mehreren möglichen Lösungen zugeführt. PPAs als ein komplexes Regelwerk sind von einer ebenso komplexen Interessenlage der beteiligten Parteien geprägt. Im Nachgang der Schilderung dieser Interessenlage werden mögliche Änderungen der rechtlichen und ökonomischen Situation aufgezeigt, die die Bedingungen eines PPA-Abschlusses für kleinere Stromabnehmer verbessern könnten (Teil 2, A.). Die wichtigsten Klauseln des PPAs sind die Vertragslaufzeit sowie die Mengen- und die Preisvereinbarung. Prägend für den Charakter von PPAs ist insb. die Vertragsdauer. Langfristige Verträge sind hinsichtlich ihrer Wirksamkeit der Sittenwidrigkeitskontrolle sowie den AGB- und kartellrechtlichen Vorgaben unterworfen. Die Rechtslage in den beiden laufzeitbeschränkenden Rechtsgebieten wurde daher im Hinblick auf eine rechtlich zulässige Laufzeit untersucht (Teil 2, B.). Dabei wird erstmals eine Marktabgrenzung für PPAs im Strommarkt vorgenommen.

Als Hauptpflicht kann im Rahmen eines PPAs auch die Lieferung von Herkunftsnachweisen vereinbart werden (Teil 2, C. I. 3.). Insofern erfolgt im Rahmen der Analyse des Rechtsrahmens der Herkunftsnachweise auch die Auseinandersetzung damit, wie der Nachweis der „grünen Eigenschaft“ des Stroms in PPAs bestmöglich geführt werden kann. Das spielt auch für den geplanten Hochlauf der Wasserstoffproduktion eine bedeutende Rolle.

Technisch-physikalische Besonderheiten ergeben sich aber auch bei der Lieferung des Stroms selbst, die rechtlich in der Vertragsgestaltung des PPAs Berücksichtigung finden müssen (Teil 2, C. II.). Sofern allerdings eine rein finanzielle Erfüllung des PPAs vereinbart wird, gehen damit andere Pflichten insb. kapitalmarktrechtlicher Art einher (Teil 2, C. III.). Die Gestaltung der Hauptpflichten des PPAs zur Lieferung bzw. Bezahlung einer bestimmten Menge Strom sind primär ökonomischen Überlegungen ausgesetzt. Denn die rechtliche Ausgestaltung der Mengenvereinbarung (Teil 2, D.) betrifft in besonderer Weise die vertragliche Risikoverteilung. Doch auch rechtliche Anforderungen insb. des Kartellrechts sind in diesem Zusammenhang einzuhalten. Erstmalig werden zudem die unterschiedlichen Auswirkungen der in PPAs üblichen Mengenvereinbarungen auf Primär- und Sekundäransprüche beschrieben.

Die Festlegung des PPA-Preises (Teil 2, E.) erfolgt auf Grundlage verschiedener ökonomischer Erwägungen. Insb. die Bestimmung eines Festpreises, der über die gesamte Vertragslaufzeit für beide Parteien angemessen sein und eine Preisabsicherung bieten soll, hat im Rahmen eines PPAs signifikante Bedeutung. Allerdings können zur aktiven Risikoverteilung in langfristigen Verträgen Preisanpassungsklauseln vorgesehen werden, die einer Vielzahl an rechtlichen Vorgaben unterliegen. Insb. das AGB- und Kartellrecht sind insofern erneut die Prüfsteine für die Zulässigkeit entsprechender Vereinbarungen. Zudem sind die Auswirkungen aktueller staatlicher Krisenmaßnahmen auf PPAs zu erläutern.

Schließlich stellen sich Fragestellungen im Hinblick auf weitere Klauseln, die insb. bei EE-Anlagen und der Vermarktung von Strom über ein PPA Bedeutung erlangen. Dazu gehören die Haftung der Parteien bei verschiedenen haftungsauslösenden Ereignissen (Teil 2, F. I.), die Stellung oder Forderung möglicher Sicherheiten durch die Parteien (Teil 2, F. II.), die Regelung der Vertragsbeendigung (Teil 2, F. III.) oder Vertragsanpassung (Teil 2, F. IV.) sowie die Bilanzierung von PPAs (Teil 2, F. V.). Neben zivilrechtlichen Fragestellungen werden im Hinblick auf Letzteres auch handelsrechtliche Themen untersucht. Die Arbeit schließt mit einer Zusammenfassung der wesentlichen Ergebnisse.

Teil der Untersuchung ist somit die vertragsrechtliche Einbettung von PPAs, nicht aber die Untersuchung möglicher Beteiligungsstrukturen bei der Finanzierung von EE-Anlagen sowie deren kartell-, gesellschafts- oder bilanzrechtliche Anforderungen. Auch die öffentlich-rechtlichen, insb. baurechtlichen Anforderungen an den Ausbau von EE-Anlagen werden in dieser Arbeit nicht behandelt. Ebenso nicht untersucht werden die Besonderheiten von sog. grenzüberschreitenden PPAs, bei denen sich die Stromerzeugungsanlage und der Stromverbraucher in unterschiedlichen Ländern befinden.[5]

---

[5] Siehe dazu aber etwa Kommission, Arbeitsunterlage der Kommissionsdienststellen v. 18. 5. 2022 – SWD(2022) 149 final, 49 ff.; dena, Cross-Border PPAs.

Erster Teil

A. Was ist ein Power Purchase Agreement?

I. Der Begriff

Wörtlich bedeutet Power-Purchase-Agreement aus dem Englischen übersetzt „Stromkaufvertrag“ oder „Strombeschaffungsvertrag“. Andere Übersetzungsmöglichkeiten sind „Strombezugsvertrag, Stromliefervertrag oder Stromabnahmevertrag“. Der Begriff PPA bzw. Green-PPA umfasst dabei eine Vielzahl von individuell ausgestalteten Verträgen, die einen solchen Stromkauf zum Gegenstand haben.[1] Der Strom*kauf*vertrag ist im Deutschen ein Überbegriff für die anderen Übersetzungsmöglichkeiten, da das schuldrechtliche Pflichtenprogramm des Kaufvertrags den Bezug, die Lieferung und die Abnahme des Kaufgegenstands umfasst. Die jeweiligen Übersetzungsmöglichkeiten betonen daher jeweils eine andere schuldrechtliche Pflicht, die entweder der Verkäufer oder Käufer zu tragen hat.[2] Dabei erweist sich nach Ansicht des Verfassers keine Übersetzungsmöglichkeit als zwingend vorzugswürdig, da diese Pflichten alle im PPA vereinbart werden. Anderer Ansicht sind diesbezüglich *Held/Koch*, die die für das PPA gewiss besonders wichtigen Absatzinteressen des Verkäufers in der Übersetzung „Stromabnahmevertrag“ am ehesten wiedererkennen.[3] Der gängigste Terminus im Deutschen für Verträge über den Kauf von Strom ist „Stromliefervertrag“, wie er auch in §§ 41 ff. EnWG verwendet wird. Zentrales Merkmal eines PPA ist zudem die Langfristigkeit des Vertrags von bis zu dreißig Jahren, um die Finanzierung der Anlagen zu ermöglichen.[4] Insofern ließen sich PPAs im Deutschen als „langfristige Stromlieferverträge“ bezeichnen.

In dieser Arbeit sollen zudem die Besonderheiten untersucht werden, die sich daraus ergeben, dass der verkaufte Strom aus Anlagen zur Erzeugung von Strom mittels erneuerbarer Energien stammt. Insofern wird der Begriff *PPA* in dieser Arbeit gleichbedeutend mit den Begriffen *Green-PPA* oder *Renewables-PPA* verwendet. Langfristige Stromlieferverträge über den Bezug von konventionell erzeugtem Strom werden in dieser Arbeit nicht untersucht.[5]

---

1 *Hilpert*, Rechtliche Bewertung von Power Purchase Agreements (PPAs) mit erneuerbaren Energien, S. 2.

2 *Hilpert*, Rechtliche Bewertung von Power Purchase Agreements (PPAs) mit erneuerbaren Energien, S. 2.

3 *J. Held/Koch*, ER 2019, 18, 19.

4 Siehe Teil 2, B.

5 Siehe zu Vertragsanpassungsrechten in langfristigen Kohlestromlieferverträgen etwa *Säcker*, in: Europäisches, deutsches und internationales Kartellrecht, Die Anpassung von Energielieferverträgen an durch die Energiewende veränderte Umstände.

Die wörtliche Übersetzung aus dem Englischen nimmt vorweg, dass es sich bei PPAs meist um Kaufverträge handelt und insofern jedenfalls ein Stromverkäufer und ein Stromkäufer, im Folgenden Stromabnehmer (engl. „offtaker") genannt,[6] beteiligt sind. Auf Verkäuferseite ist dabei zwingend der Betreiber einer Stromerzeugungsanlage beteiligt, als Abnehmer kommen eine Vielzahl von strombeziehenden Personen in Betracht.[7] Während im deutschen Recht eine Definition von PPAs fehlt, nimmt das Unionsrecht Bezug auf die besondere Beteiligtenkonstellation auf Verkäuferseite, sowie die Herkunft des veräußerten Stroms. Danach ist ein „Vertrag über den Bezug von erneuerbarem Strom" (engl. „renewables power purchase agreement") in Art. 2 Nr. 17 Erneuerbare-Energien-Richtlinie (EE-Richtlinie)[8] definiert als ein „Vertrag, bei dem sich eine natürliche oder juristische Person bereit erklärt, unmittelbar von einem Elektrizitätsproduzenten erneuerbare Elektrizität zu beziehen" (engl. „a contract under which a natural or legal person agrees to purchase renewable electricity directly from an electricity producer").

Der deutsche Gesetzgeber hat sich in einer Gesetzbegründung ähnlich geäußert: PPAs sollen unter den Begriff des anlagenbezogenen Vermarktungsvertrags i. S. v. § 2 Nr. 1 StromPBG zu fassen sein und dementsprechend „die Lieferung erzeugten Stroms aus einer oder mehreren bestimmten Stromerzeugungsanlagen zum Gegenstand" haben.[9]

Mangels einer Legaldefinition von PPAs im deutschen Recht haben sich im Schrifttum unterschiedliche Definitionen und Umschreibungen entwickelt.[10] Teilweise werden PPAs auch als ein „Sammelbegriff" für eine Vielzahl von verschieden ausgestalteten Verträgen bezeichnet, die einen Stromkauf zum Gegenstand haben, ohne dass daraus neue oder inhaltliche Vorgaben folgen würden.[11] Es fehlt mithin an einem einheitlichen Verständnis und an einer trennscharfen Abgrenzung zu anderen Vertragstypen. Häufige Stichworte, die im Schrifttum im Rahmen der Erläuterung des Begriffs fallen, sind „individuell"[12] und „komplex".[13] Das individuelle Aushandeln der wesentlichen Klauseln ist ein weiteres Merkmal von PPAs. Insofern besteht ein Unterschied zu Börsen- oder etablierten nicht börslichen Handelsprodukten (Over-the-Counter-Handel, OTC-Handel). Daraus folgt je-

---

6 HCOB, Corporate PPA, S. 8.

7 Siehe Teil 2, A.

8 Richtlinie (EU) 2018/2001 des Europäischen Parlaments und des Rates zur Förderung der Nutzung von Energie aus erneuerbaren Quellen v. 11. 12. 2018, ABl. EU 2018 L 328/82.

9 Entwurf eines Gesetzes zur Einführung einer Strompreisbremse und zur Änderung weiterer energierechtlicher Bestimmungen, BT-Drs. 20/4685, S. 75.

10 *Uibeleisen/Groneberg*, RdE 2018, 114, 116; HCOB, Corporate PPA, S. 8; KPMG, Neuer Wind durch Power Purchase Agreements, S. 5; BDEW, Finanzierung und Marktintegration von Erneuerbare-Energien-Anlagen, S. 5; *Hilpert*, Rechtliche Bewertung von Power Purchase Agreements (PPAs) mit erneuerbaren Energien, S. 2 f.; *J. Held/Imolauer*, in: Corporate PPA erfolgreich gestalten, Deutschland, 35; Energy Brainpool, Power Purchase Agreements: Finanzierungsmodell von Erneuerbaren Energien, S. 2.

11 *J. Held/Koch*, ER 2019, 18, 19; *Hilpert*, Rechtliche Bewertung von Power Purchase Agreements (PPAs) mit erneuerbaren Energien, S. 2.

12 BDEW, Finanzierung und Marktintegration von Erneuerbare-Energien-Anlagen, S. 5; *Hilpert*, Rechtliche Bewertung von Power Purchase Agreements (PPAs) mit erneuerbaren Energien, S. 2.

13 *Brüggemann/Polster*, DB 2020, 1073; vgl. HCOB, Corporate PPA, S. 5; dena, dena-Marktmonitor 2030 „Corporate Green PPAs", S. 15.

doch auch ein bisheriges Problem für den PPA-Markt: Es fehlt an Erfahrungswerten und Rechtssicherheit.[14]

Zur weiteren Abgrenzung des Begriffs von anderen Stromlieferverträgen dient daher insb. ein Blick auf die Historie und die Teleologie der PPAs aus der Sicht der Beteiligten.

II. Historie

1. Power-Purchase-Agreements in Deutschland

PPAs sind keine Neuerfindung, sondern im Bereich der konventionellen Stromerzeugung in Deutschland schon lange etabliert.[15] Im Markt für erneuerbare Energien werden PPAs allerdings erst seit jüngerer Zeit diskutiert und abgeschlossen.[16] Insofern wurden PPAs in den letzten Jahren ein wichtiges Thema der wissenschaftlichen Diskussion insb. in Studien[17] und Aufsätzen.[18] Die Diskussion wird insb. von den finanzierenden Banken,[19] Beratungsunternehmen[20] und Interessenverbänden aus der Energiewirtschaft[21] vorangetrieben.

Wegen des bestehenden Abnahme- und Vergütungssystems des EEG bestand historisch zunächst kein Bedarf an einem Vertragstypus, der die langfristige Abnahme der erzeugten Elektrizität aus erneuerbaren Energien vor dem Hintergrund der Finanzierung neuer Anlagen sicherstellte.[22] Die meisten der Energieinfrastrukturprojekte sind durch ein hohes Investitionsvolumen gekennzeichnet[23] – die Finanzierung dieser „großvolumigen Investitionsvorhaben" im Energiesektor erfolgt i. d. R. im Rahmen einer Projektfinanzierung.[24] Die

---

14 Dena, Corporate Green PPAs: Ökonomische Analyse, S. 6.

15 *Hilpert*, Rechtliche Bewertung von Power Purchase Agreements (PPAs) mit erneuerbaren Energien, S. 1; *J. Held/Koch*, ER 2019, 18; mit Verweis auf BKartA, Sektoruntersuchung Stromerzeugung und -großhandel, S. 93.

16 *Wiederholt/Ludwig*, EnWZ 2019, 110.

17 So etwa *Hilpert*, Rechtliche Bewertung von Power Purchase Agreements (PPAs) mit erneuerbaren Energien; HCOB, Corporate PPA; Energy Brainpool, Power Purchase Agreements: Finanzierungsmodell von Erneuerbaren Energien; BDEW, Finanzierung und Marktintegration von Erneuerbare-Energien-Anlagen; dena, Finanzierung von Erneuerbare-Energien-Anlagen über Power Purchase Agreements.

18 So etwa *Wiederholt/Ludwig*, EnWZ 2019, 110; *J. Held/Koch*, ER 2019, 18; *C. Schneider/Lüdecke*, IR 2019, 50; *S. Geiger/Balland*, REE 2019, 53; *Uibeleisen/Groneberg*, RdE 2018, 114.

19 HCOB, Corporate PPA.

20 KPMG, Neuer Wind durch Power Purchase Agreements; Energy Brainpool, Power Purchase Agreements: Finanzierungsmodell von Erneuerbaren Energien; Energy Brainpool, Power Purchase Agreements II: Marktanalyse, Bepreisung und Hedgingstrategien; *Rödl & Partner* (Hrsg.), Corporate PPA erfolgreich gestalten.

21 BDEW, Finanzierung und Marktintegration von Erneuerbare-Energien-Anlagen; dena, dena-Marktmonitor 2030 „Corporate Green PPAs".

22 Vgl. *J. Held/Koch*, ER 2019, 18.

23 *Paul/Mervelskemper*, in: Verantwortung und Finanzierung im Zuge der Energiewende, Finanzierung von Infrastrukturprojekten im Rahmen der Energiewende, 36.

24 *Paul/Mervelskemper*, in: Verantwortung und Finanzierung im Zuge der Energiewende, Finanzierung von Infrastrukturprojekten im Rahmen der Energiewende, 37; dena, Finanzierung von Erneuerbare-Energien-Anlagen über Power Purchase Agreements, S. 6.

Projektfinanzierung erfolgt im Wesentlichen aufgrund der Einnahmen des Projekts, den sog. Cashflows.[25] Insofern sind die über den Absatz generierten Einnahmen von besonderer Bedeutung,[26] denn ein langfristig gesicherter und stabiler Absatz wirkt sich positiv auf die Finanzierungsbedingungen aus. Für diese langfristige Absatzsicherung wurde mit dem EEG eine gesetzliche Grundlage geschaffen.[27] Das EEG soll mithin durch die Absicherung entsprechender Finanzierungsbedingungen Investitionen anreizen, die das Erreichen der festgelegten Ausbauziele möglich machen. Ursprünglich sollte das EEG zudem insb. die hohen Investitionskosten der Stromerzeugung aus erneuerbaren Energien ausgleichen, sodass diese im Wettbewerb mit anderen Energieträgern bestehen können.[28] Im Prinzip kann diese Absicherung – sofern dies auch aus ökonomischer Sicht möglich ist – ebenso durch vertragliche Abnahmeverträge wie PPAs erzielt werden.[29] Allerdings entschieden sich die Betreiber von EE-Anlagen regelmäßig für die über das EEG staatlich abgesicherte Vermarktung, sodass für privatwirtschaftlich abgesicherte Vermarktungsoptionen kein Bedarf bestand. Die Entscheidung zwischen der staatlich abgesicherten und der privatwirtschaftlich abgesicherten Vermarktungsform ist Ausdruck einer Risikomanagementstrategie der Anlagenbetreiber, durch die insb. ihr Marktrisiko minimiert werden soll.[30] Gesprochen wird insofern auch von Erzeugungsportfoliomanagement.[31] Das Marktrisiko ist dabei Ausdruck der Investition von Kapital in die Erzeugungsanlage, ohne dass der Mittelrückfluss über Stromerlöse zum Zeitpunkt der Investition schon gesichert ist.[32] Der zukünftige Mittelrückfluss eines Projekts hängt von den Verkaufspreisen und -mengen ab. Man unterscheidet daher weiter zwischen dem Preis- und dem Mengenrisiko.[33] Das Preisrisiko entsteht dadurch, dass die Entwicklung der Marktpreise nicht mit völliger Sicherheit vorherzusehen und ein Preisverfall möglich ist.[34] Das Mengenrisiko dagegen kann sich z. B. durch das Auftreten möglicher Substitutionsprodukte und einen dadurch bedingten Rückgang der Nachfrage verwirklichen.[35] Das EEG enthält Regelungen, die diesen Risiken entgegenwirken. Durch den Einspeisevorrang für EE-Anlagen werden Marktsignale bezogen auf das Mengenrisiko des Anlagenbetreibers weitgehend ausgeschaltet.[36] Das Risiko

---

25 Siehe Teil 1, C.

26 Kümpel/Wittig/*Rossbach*, 11. Teil, Rn. 288; *Hinsch/Horn*, Das Vertragsrecht der internationalen Konsortialkredite und Projektfinanzierungen, S. 253 f.

27 Dena, Finanzierung von Erneuerbare-Energien-Anlagen über Power Purchase Agreements, S. 6.

28 *Säcker/König/L. Scholz*, Der regulierungsrechtliche Rahmen für ein Offshore-Stromnetz in der Nordsee, S. 105.

29 Dena, Corporate Green PPAs: Ökonomische Analyse, S. 6; *Pahle*, ET 03/2015, 18, 20; *Hilpert*, Rechtliche Bewertung von Power Purchase Agreements (PPAs) mit erneuerbaren Energien, S. 7; *Kiethe/Hektor*, DStR 1996, 977, 978.

30 *Curtius*, in: Stromwirtschaft, Kap. 38, Rn. 75.

31 *Curtius*, in: Stromwirtschaft, Kap. 38, Rn. 75.

32 *Curtius*, in: Stromwirtschaft, Kap. 38, Rn. 75.

33 *Uekermann*, Risikopolitik bei Projektfinanzierungen, S. 82.

34 Vgl. *Hinsch/Horn*, Das Vertragsrecht der internationalen Konsortialkredite und Projektfinanzierungen, S. 213 f.; *Uekermann*, Risikopolitik bei Projektfinanzierungen, S. 82.

35 *Uekermann*, Risikopolitik bei Projektfinanzierungen, S. 82.

36 *Brandstätt/Brunekreeft/Jahnke*, Energy Policy 2011, 3732; *Gawel/Purkus*, ZUR 2012, 587; BeckOK EEG/*Woltering*, § 11 EEG, Rn. 2 spricht allgemeiner von einer Verringerung des „betriebswirtschaftlichen Risikos“.

volatiler Preise wurde durch die feste Einspeisevergütung abgedeckt, sodass Investoren durch das EEG lange Zeit in den Genuss einer auch im Vergleich zu anderen Wirtschaftssektoren hohen unternehmerischen Sicherheit kamen, da sie typische Investitionsrisiken nicht tragen mussten.[37] Auch heute ist die Vermarktung des durch Einspeisevergütung vergüteten Stroms gem. § 57 EEG 2023 noch immer Aufgabe der Übertragungsnetzbetreiber, nicht der Erzeuger, wenngleich die Einspeisevergütung nur noch in Ausnahmefällen zur Anwendung kommt.[38] Erst mit der Einführung der geförderten Direktvermarktung und des Marktprämiensystems, als Alternative zur Einspeisevergütung, konnten die Anlagenerzeuger zunächst freiwillig (bis 2014) ins System der geförderten Direktvermarktung wechseln und ihren Strom so eigenständig vermarkten. Ab Inkrafttreten des EEG 2014 war die geförderte Direktvermarktung grds. verpflichtend.[39] Jedoch eliminiert auch das Marktprämiensystem die Marktrisiken nahezu vollständig.[40] Verbleibende Restrisiken übernimmt i. d. R. ein eingeschalteter Direktvermarktungsdienstleister.[41] Hinzu kommt, dass das Risiko des Ausfalls der Gegenpartei (Ausfall-/Kontrahentenrisiko) für den staatlich garantierten Teil der Vergütung, d. h. Marktprämie oder Einspeisevergütung, gegen null geht.[42] Erst mit Einführung des Ausschreibungssystems im EEG 2017 und den damit teilweise sinkenden Fördersätzen und der Aussetzung der Förderung bei negativen Börsenpreisen erhöhte sich das von den Erzeugern zu tragende Marktrisiko.[43] Trotzdem bleiben die Förderregelungen des EEG 2023 weiterhin eine äußerst relevante Alternative zu PPAs.

Die Veränderung der Risiken bei einer Förderung über das EEG 2023 ist jedoch nur ein Aspekt, der zu einem verstärkten Aufkommen von PPAs geführt hat. Sofern die Stromerzeugung aus erneuerbaren Energien, wie vom Gesetzgeber angenommen, mittel- bis langfristig wettbewerbsfähig und damit – wie insb. zu Kostensenkungszwecken geplant – vollständig in den Markt integriert wird,[44] muss das Preis- und Mengenrisiko vor dem Hintergrund der Finanzierung eines weiteren Ausbaus anderweitig abgesichert werden. Das kann z. B. durch PPAs erfolgen.[45] Marktintegration bedeutet insofern nicht nur, dass die Stromerzeugung aus erneuerbaren Energien schon kurzfristig stärker handelbar und damit zu wirtschaftlichen Bedingungen und durchführbar ist,[46] sondern dass eine Förderung durch den Staat mittel- bis langfristig obsolet wird (vgl. § 1a Abs. 2 S. 1 EEG 2023). Die Wettbewerbsfähigkeit und Marktreife der Stromerzeugung aus erneuerbaren Energien wird

---

37 Monopolkommission, Sondergutachten 65, Rn. 225.

38 Siehe Teil 1, D. I. 3. c).

39 Siehe Teil 1, D. I. 2. c).

40 *Nestle*, ET 03/2011, 14, 15; *Gawel/Purkus*, ZUR 2012, 587, 591; R2B Energy Consulting/ Consentec, Förderung der Direktvermarktung und der bedarfsgerechten Einspeisung von Strom aus Erneuerbaren Energien, S. 68.

41 *J. Held/Koch*, ER 2019, 18, 19.

42 Dena, Finanzierung von Erneuerbare-Energien-Anlagen über Power Purchase Agreements, S. 7.

43 Vgl. *Bauer/Kantenwein*, EnWZ 2017, 3.

44 Siehe E. I. 1.

45 ISI, Zukunftsszenarien für erneuerbare Energien – wie viel und welche Förderung wird zukünftig benötigt?, S. 34; BDEW, Finanzierung und Marktintegration von Erneuerbare-Energien-Anlagen, S. 4; so auch Pexapark, What is a PPA? Your Definitive Guide to Power Purchase Agreement, https:// pexapark.com/solar-power-purchase-agreement-ppa/.

46 Frenz/Müggenborg/Cosack/Hennig/Schomerus/*Frenz*, § 2 EEG, Rn. 11.

von verschiedenen Faktoren beeinflusst. Dazu gehört insb. die vor der Energiepreiskrise überwiegend angenommene Erwartung eines mittelfristig ansteigenden Strompreises.[47] Diese Entwicklung wurde krisenbedingt nun vorweggenommen. Aktuelle Prognosen erwarten Durchschnittsstrompreise, die in den nächsten Jahren deutlich höher liegen als in den Jahren 2019 und 2020.[48] Trotz eines Preisrückgangs ab dem Jahr 2024 wird erwartet, dass die Preise auch mittel- bis langfristig auf einem höheren Niveau als auf dem Vorkrisenniveau liegen werden.[49] Ein derart höherer Strompreis kann bei gleichzeitig sinkenden Kosten dafür sorgen, dass die Strommarkterlöse die vollständige Deckung der Kosten ermöglichen (Marktparität), was die Wettbewerbsfähigkeit der EE-Anlagen bedeuten würde.[50] Neben einer etwaigen Knappheit des Stromangebots (zusammengesetzt aus Importen und Kraftwerkskapazität) hat insb. die Entwicklung der Stromnachfrage einen strompreistreibenden Effekt (zudem z. B. auch CO_2-Preise),[51] der insb. von der Elektrifizierung weiterer Sektoren wie Industrie und Verkehr verstärkt wird.[52] Durch technologischen Fortschritt konnten gleichzeitig die Kosten für EE-Anlagen in den letzten Jahren bereits verringert werden.[53] Ein Trend in Richtung einer stetig sinkenden Förderhöhe ist erkennbar.[54] Auch infolge dieser Entwicklungen haben bei Windenergieanlagen auf See schon sog. „0-Cent-Gebote" in den Ausschreibungsrunden der BNetzA einen Zuschlag erhalten,[55] mit denen gänzlich auf eine staatliche Förderung verzichtet wurde.[56] Diese Anlagen benötigen nunmehr eine andere Vermarktungsoption, die PPAs sein können, wenn nicht auf den volatilen Strompreis vertraut werden soll.[57] In § 1a Abs. 2 EEG 2023 spiegelt sich die Erwartung des Gesetzgebers wieder, dass die Erneuerbaren Energien mittel- bis langfristig wettbewerbsfähig werden. Infolgedessen soll nach der geplanten Vollendung des Kohleausstiegs (gem. § 2 Abs. 2 Nr. 2 Kohleausstiegsgesetz[58] geplant für spätestens Ende des Jahres 2038) der weitere Ausbau der erneuerbaren Energien nur noch marktgetrieben fortgesetzt werden, d. h. möglichst ohne staatliche Zahlungen.

---

47 *J. Held/Koch*, ER 2019, 18, 19.

48 Prognos/vbw, Strompreisprognose, S. 1.

49 Prognos/vbw, Strompreisprognose, S. 1.

50 Vgl. Kommission, Arbeitsunterlage der Kommissionsdienststellen v. 18. 5. 2022 – SWD(2022) 149 final, 41 f.; *Buchmüller*, in: Projektmanagement in der Windenergie, Gesetzliche Grundlagen – Der Katalysator für die deutsche Energiewende, 41.

51 Dena, Preisleitfaden Green PPA, S. 7.

52 Dena, Corporate Green PPAs: Ökonomische Analyse, S. 7.

53 Pexapark, What is a PPA? Your Definitive Guide to Power Purchase Agreement, https://pexapark.com/solar-power-purchase-agreement-ppa/; vgl. Kommission, Arbeitsunterlage der Kommissionsdienststellen v. 18. 5. 2022 – SWD(2022) 149 final, 41.

54 *J. Held/Imolauer*, in: Corporate PPA erfolgreich gestalten, Deutschland, 34, 51; *Wiederholt/Ludwig*, EnWZ 2019, 110.

55 BNetzA, Bekanntgabe v. 13. 4. 2017 – BK6-17-001; BNetzA, Bekanntgabe v. 27. 4. 2018 – BK6-18-001; BNetzA, Ergebnisse der Ausschreibungen für Offshore-Windenergie, Pressemitteilung v. 9. 9. 2021; BNetzA, Ergebnis der Ausschreibung für Offshore-Windenergie, Pressemitteilung v. 7. 9. 2022.

56 *Böhme/Bukowski*, EnWZ 2019, 243.

57 *Buchmüller*, EWeRK 2018, 117, 122.

58 Gesetz zur Reduzierung und zur Beendigung der Kohleverstromung und zur Änderung weiterer Gesetze v. 8. 8. 2020, BGBl. I 2020, 1818.

Generell sind die Ausbauziele für die Stromerzeugung aus erneuerbaren Energien weiterhin ambitioniert. Insofern besteht ein Potential für die Ergänzung der Förderregelungen durch den marktgetriebenen Ausbau von Anlagen aus erneuerbaren Energien außerhalb der Förderung, insb. über PPAs.[59] Darüber hinaus ist die Förderung von Strom aus EE-Anlagen grds. gem. § 25 Abs. 1 S. 1 EEG 2023 auf maximal 20 Jahre begrenzt. Bis zum Jahr 2030 fallen Anlagen mit einer installierten Leistung von bis zu 51,6 gW aus der Förderung. Bei Wind und Photovoltaik sind bis 2037 85 % der Anlagen betroffen, eine Kapazität von 47 gW.[60] Sollen diese Anlagen auch vor dem Hintergrund der Ausbauziele wirtschaftlich weiterbetrieben werden, kommt insb. der Weiterbetrieb mittels Veräußerung über PPAs in Betracht.[61] Auch die Finanzierung von Modernisierungsmaßnahmen kann über PPAs abgesichert werden.[62] Daher besteht nunmehr ein großes Interesse an PPAs.

2. Power-Purchase-Agreements im Ausland

International sind PPAs im Bereich der Stromerzeugung aus erneuerbaren Energien schon deutlich verbreiteter als in Deutschland, was insb. an den nicht vorhandenen Fördersystemen oder deren Ausgestaltung, an den Grünstromzertifikate-Systemen oder an teilweise besseren Bedingungen für den Ausbau der erneuerbaren Energieerzeugung liegt.[63] So werden PPAs in den USA auch im Bereich der Stromerzeugung aus erneuerbaren Energien wegen unzureichender staatlicher Fördermechanismen zur Absicherung der hohen Investitionsvolumina schon länger abgeschlossen.[64] In Europa sind PPAs vorwiegend in Ländern mit Grünstromzertifikate-Systemen wie z. B. Schweden, Norwegen oder Großbritannien bekannt, in denen neben dem Strom auch die Grünstromzertifikate vermarktet werden können.[65] Auch in Spanien wurden bereits relevante Strommengen über PPAs kontrahiert.[66] Neben hohen Börsenstrompreisen haben dafür insb. optimale geographische Bedingungen für Photovoltaik gesorgt, wie z. B. zahlreiche Sonnenstunden oder ausreichend dimensionierte Flächen.[67]

III. Sinn und Zweck

Wie beschrieben, bestand in Deutschland wegen der herkömmlichen Förderregelungen kein Anlass, sich mit marktbasierten Vermarktungsoptionen wie PPAs zu befassen.[68] Dennoch sind PPAs im Ausland und bei konventionellen Anlagen schon länger üblich.

---

59 Dena, dena-Marktmonitor 2030 „Corporate Green PPAs", S. 8.

60 Dena, dena-Marktmonitor 2030 „Corporate Green PPAs", S. 7.

61 Dena, dena-Marktmonitor 2030 „Corporate Green PPAs", S. 8.

62 Greenpeace Energy, Wir retten ältere Windkraftanlagen, https://green-planet-energy.de/kraftwerke/kraftwerkserhalt.

63 *J. Held/Koch*, ER 2019, 18, 19.

64 *Pohl*, ZfRV 2010, 92, 95.

65 KPMG, Neuer Wind durch Power Purchase Agreements, S. 22.

66 HCOB, Corporate PPA, S. 24.

67 *Neidlein*, Sind Power-Purchase-Agreements die Zukunft?, https://www.energiezukunft.eu/wirtschaft/sind-power-purchase-agreements-die-zukunft/.

68 *Hilpert*, Rechtliche Bewertung von Power Purchase Agreements (PPAs) mit erneuerbaren Energien, S. 1.

Sofern EE-Anlagen wettbewerbsfähig werden und die Ausbauziele weiterhin hoch bleiben, werden PPAs zukünftig eine verstärkte Relevanz für den Ausbau der Stromerzeugung aus erneuerbaren Energien bekommen. Entsprechende Effekte, wie ein langfristig höherer Strompreis im Vergleich zum Vorkrisenniveau bei gleichzeitig sinkenden Kosten, die Festlegung der künftigen Umstellung auf einen allein marktgetriebenen Ausbau sowie das Auslaufen der 20-jährigen Förderung für eine Vielzahl von Anlagen, wurden bereits erläutert. Aus volkswirtschaftlicher Sicht sind PPAs insb. im Hinblick auf die Marktintegration der EE-Anlagen ein sinnvolles Instrument, das zu einer Stärkung des Wettbewerbs und neuen Effizienzpotentialen führen kann.[69] Zudem senken sie die Förderkosten und sparen so staatliche Mittel ein.[70]

Die Parteien des PPAs (Käufer und Verkäufer) verfolgen mit dem PPA bestimmte Interessen:

Dem verkaufenden Anlagenbetreiber sichert das PPA langfristig den Absatz des erzeugten Stroms. So erhält er stabile Zahlungsflüsse (einen sog. Cashflow), die eine Finanzierung von Infrastrukturmaßnahmen wie dem Anlagenbau oder der Anlagenmodernisierung ermöglichen können.[71] Diese Preissicherung für den Verkäufer spielt insb. dann eine Rolle, wenn PPAs – wie regelmäßig der Fall – über das Modell der Projektfinanzierung wesentlich zur Finanzierung der Anlagen beitragen sollen.

Die Abnehmer wiederum haben regelmäßig ein Interesse am Bezug von Strom zu (im Verhältnis zum Strommarktpreis) günstigen Preisen. Das PPA stellt für sie ebenfalls eine Preisabsicherung dar (sog. *Hedging*).[72] Bei finanziell abgewickelten PPAs kommt neben dem Interesse an einer Preisabsicherung auch ein Interesse an Spekulations- oder Arbitragegewinnen in Betracht.[73]

Wie erläutert, gehen Prognosen momentan auch mittel- bis langfristig noch von einem Preisniveau deutlich über den durchschnittlichen Preisen vor der Krise aus.[74] Gleichzeitig wird aber auch erwartet, dass die Entwicklung des Strompreises deutlich volatiler wird.[75] Das stellt ein erhöhtes Marktrisiko für Stromerzeuger wie für Stromabnehmer dar. Dazu trägt insb. die sog. „Preis-Kannibalisierung" der dargebotsabhängigen erneuerbaren Energien bei (konkret Wind- und Solarenergie).[76] Dieser Effekt führt zeitweise zu einer deutlichen Senkung der Strompreise.[77] Infolgedessen ist die Vermarktung von Strom im Stromhandel teilweise deutlich unwirtschaftlicher, was eine Finanzierungsabsicherung für Infrastrukturmaßnahmen über den Stromhandel behindert. Die Möglichkeiten zur Absiche-

69 Energy Brainpool, Power Purchase Agreements II: Marktanalyse, Bepreisung und Hedgingstrategien, S. 6.

70 Kommission, Arbeitsunterlage der Kommissionsdienststellen v. 18. 5. 2022 – SWD(2022) 149 final, 43.

71 *C. Schneider/Lüdecke*, IR 2018, 290 f.

72 *C. Schneider/Lüdecke*, IR 2018, 290, 291; ISI, Zukunftsszenarien für erneuerbare Energien – wie viel und welche Förderung wird zukünftig benötigt?, S. 34; BDEW, Finanzierung und Marktintegration von Erneuerbare-Energien-Anlagen, S. 4.

73 Zu den Begriffen siehe Teil 1, D. IV.

74 Prognos/vbw, Strompreisprognose, S. 1.

75 Prognos/vbw, Strompreisprognose, S. 1.

76 BDEW, Finanzierung und Marktintegration von Erneuerbare-Energien-Anlagen, S. 4.

77 Siehe Teil 1, D. IV. 2. b).

rung gegen die Volatilität des Strompreises werden insofern deutlich relevanter. Für beide Parteien bietet ein PPA die Möglichkeit, derartige Preisschwankungen durch entsprechende Vereinbarungen im PPA abzufedern.[78] Preisschwankungen können durch Festpreisregelungen verhindert und durch festgelegte Preiskorridore, Preis-Caps bzw. Preis-Floors im PPA gemindert werden.[79] Gleichzeitig führt die Preis-Kannibalisierung jedoch auch zu einem geringeren Wert des Stroms aus Windenergie- und Photovoltaikanlagen, da der Strom aus Windenergie- und Photovoltaikanlagen nicht bedarfsgerecht, sondern dargebotsabhängig erzeugt wird. Deshalb wird der Kannibalisierungseffekt der erneuerbaren Energien typischerweise als Abschlag in die Vergütung von Wind- oder Photovoltaik-PPAs eingepreist (sog. Profilwert).[80]

In dieser Arbeit ist der Gegenstand des Vertrags auf Strom aus erneuerbaren Energien begrenzt. Der Abnehmer eines solchen „grünen" PPAs hat regelmäßig auch ein besonderes Interesse an dieser „grünen" Herkunft des Stroms. Der Nachweis dieses Umweltnutzens der Stromlieferung erfolgt üblicherweise bilanziell durch die Lieferung sog. Herkunftsnachweise gem. §§ 79 EEG 2023.[81] Der als „grün" deklarierte Strom ermöglicht es ein innovatives, klimafreundliches Produkt anzubieten und ggf. einen Wettbewerbsvorteil zu erstreiten (sog. First-Mover-Vorteil).[82] Insb. die Anbieter von Ökostromtarifen haben schon einen größeren Bedarf am Bezug von Strom samt den über ein PPA zu erwerbenden Herkunftsnachweisen.[83] Der Markthochlauf von „grünem" Wasserstoff wird den Bedarf an „grünem" Strom zudem weiter erhöhen, da auch Hersteller „grünen" Wasserstoffs einen hohen Bedarf am Bezug von umweltfreundlich erzeugtem Strom über ein PPA haben werden, ggf. samt den zu erwerbenden Herkunftsnachweisen.[84] Die „Qualität", die für den zur Herstellung von „grünem" Wasserstoff genutzten Strom nachgewiesen werden muss, soll noch erläutert werden.[85] Nur wenn mit den PPAs Strom entsprechender „Qualität" für die Wasserstoffproduktion geliefert wird, kann auch der Wasserstoff entsprechend deklariert werden. Auch die Beteiligten Fremdkapitalgeber, die Banken, können mit der Investition in nachhaltige Energieerzeugung werben.[86]

---

78 *J. Held/Leiding*, ER 2019, 232, 234.

79 Siehe Teil 2, E.

80 *Eble*, Warum PPA Strom billiger bewerten als die Börse, E&M v. 10. 8. 2021; dena, Corporate Green PPAs: Ökonomische Analyse, S. 13; vgl. auch dena, Preisleitfaden Green PPA, S. 10 f.

81 Vgl. *Buchmüller/Wilms/Kalis*, ZNER 2019, 194, 195.

82 *C. Schneider/Lüdecke*, IR 2018, 290; Energy Brainpool, Power Purchase Agreements: Finanzierungsmodell von Erneuerbaren Energien, S. 2.

83 KPMG, Neuer Wind durch Power Purchase Agreements, S. 21.

84 Dena, Finanzierung von Erneuerbare-Energien-Anlagen über Power Purchase Agreements, S. 16; *Munyaka*, in: Corporate PPA erfolgreich gestalten, Kenia, 64; Rödl & Partner, PPA – Power Purchase Agreement: Mittelfristig eine Chance für Unternehmen für die Strombeschaffung?, https://www.roedl.de/themen/energiekosten-kompass/2020/03/power-purchase-agreement-mittelfristige-chance-strombeschaffung.

85 Siehe Teil 2, C. I. 3. b).

86 Pexapark, What is a PPA? Your Definitive Guide to Power Purchase Agreement, https://pexapark.com/solar-power-purchase-agreement-ppa/.

IV. Überblick über den heutigen Markt für Power-Purchase-Agreements

Der PPA-Markt ist wegen der bilateralen, nicht börslichen Verhandlung der Verträge nicht vollständig transparent. Vor diesem Hintergrund sind die folgenden Aussagen Einschätzungen, die auf der öffentlichen Datenlage basieren. Von einer vorhandenen Dunkelziffer ist auszugehen.

Über PPA-Abschlüsse wird mittlerweile teilweise täglich berichtet.[87] Stand 31. 10. 2020 wurden in Deutschland PPAs mit einer Leistung von insgesamt 600 mW abgeschlossen.[88] Während die Abschlusszahlen bis zum Jahr 2021 deutlich stiegen, sanken die öffentlich bekannten Abschlussmengen im Jahr 2022 dem Anschein nach krisenbedingt ab (vgl. Abb. 1). Diesen Eindruck bestätigt auch der Blick auf die Entwicklung der Abschlusszahlen für ganz Europa im Jahr 2022 (vgl. Abb. 2).[89] Als mögliche Ursachen für diese Entwicklung werden Verzögerungen bei der Inbetriebnahme durch Lieferkettenprobleme oder Genehmigungsstaus, die allgemeine Verunsicherung am Energiemarkt im Zuge des Ukraine-Kriegs sowie gestiegene Risiken im Energiehandel angesehen.[90]

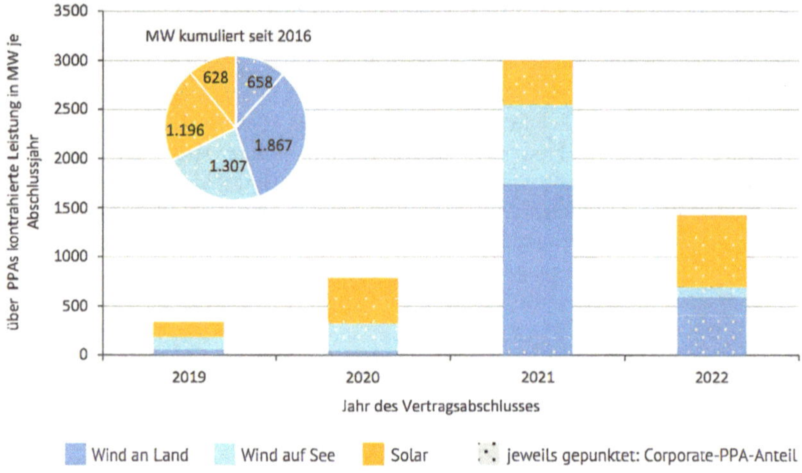

Abbildung 1: Öffentlich recherchierbare PPA-Abschlüsse in Deutschland

Europaweit wurden bis zum 31. 10. 2020 PPAs mit einer Leistung von insgesamt 10,7 gW Leistung geschlossen.[91] Die Kommission sieht auf dem europäischen PPA-Markt

87 *Köpke*, E&M-Direktvermarktungsumfrage: Ungewisser Herbst steht bevor, E&M v. 26. 8. 2021.

88 HCOB, Corporate PPA, S. 24.

89 *D. Ritter* et al., Monitoring der Direktvermarktung: Jahresbericht 2022 und Ausblick 2023, S. 23 ff.

90 *D. Ritter* et al., Monitoring der Direktvermarktung: Jahresbericht 2022 und Ausblick 2023, S. 25.

91 HCOB, Corporate PPA, S. 22.

seit 2016 eine grds. exponentielle Entwicklung (vgl. dazu Abb. 2).[92] Vorreiter sind dabei neben den skandinavischen Ländern insb. Großbritannien und Spanien. Im Vergleich mit diesen Ländern liegt der PPA-Markt in Deutschland in der Entwicklung noch zurück.[93] Die in Europa vereinbarten PPAs wurden primär im Bereich der Windenergieerzeugung und Photovoltaik geschlossen. Der mit weitem Abstand größte Anteil i. H. v. 65 % entfällt dabei auf den Bereich der Offshore-Windenergieerzeugung und nur 8 % auf den Bereich der Windenergieerzeugung an Land (Onshore).[94] Den zweitgrößten Anteil nach der Offshore-Windenergieerzeugung haben PPAs für die Energieerzeugung im Bereich der Photovoltaik (22 %).[95] Lediglich 5 % entfallen auf andere Erzeugungsquellen.[96]

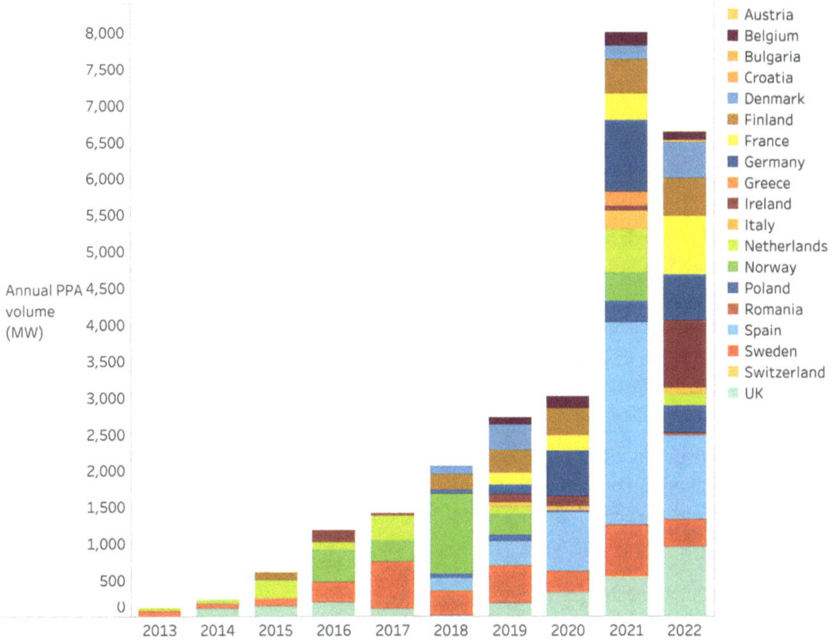

Abbildung 2: Europäischer PPA-Markt

Dabei existiert auf dem deutschen Markt weiterhin eine große Vielfalt an möglichen PPA-Strukturen. PPAs mit Fixpreisen und einer sog. As-produced-Struktur[97] sollen allerdings dominieren.[98] Die in den PPAs kontrahierten Strommengen variieren ebenfalls

---

92 Kommission, Commission staff working document v. 14.3.2023 – SWD(2023) 58 final, 19.

93 HCOB, Corporate PPA, S. 22 f.

94 HCOB, Corporate PPA, S. 23.

95 HCOB, Corporate PPA, S. 23.

96 HCOB, Corporate PPA, S. 23.

97 Siehe dazu Teil 2, D.

98 *D. Ritter* et al., Monitoring der Direktvermarktung: Jahresbericht 2022 und Ausblick 2023, S. 21.

stark.[99] Während vor der Energiepreiskrise häufig noch längere Laufzeiten etwa von zehn Jahren auftraten, entwickelten sich kurzfristigere Laufzeiten während der Krise zu einem für die Beteiligten interessanten Geschäftsmodell. Die PPA-Preise hängen wesentlich von den langfristigen Strompreisen des sog. Terminmarkts ab.[100] Die dortige Preisentwicklung zeugte von der Erwartung, dass die Preise kurzfristig deutlich höher liegen würden als langfristig.[101] Daher galt für PPAs, dass mit kürzerer PPA-Laufzeit entsprechend höhere PPA-Preise erzielt werden konnten.[102] Insofern wurden zuletzt auch sog. Mini-PPAs[103] mit Laufzeiten von nur einem Jahr oder einem Quartal abgeschlossen. Bemerkenswert ist, dass im Jahr 2022 erstmalig über 50 % der kontrahierten PPA-Leistung auf bestehende Anlagen mit einem Förderanspruch nach dem EEG entfielen, die ab dem Jahr 2023 auf die Marktprämienförderung verzichten werden.[104]

Als Abnehmer treten neben Energieversorgungsunternehmen große, international agierende, energieintensive Unternehmen auf, die nachhaltiger wirtschaften, ihren CO_2-Fußabdruck verringern und durch positive Außendarstellung einen Wettbewerbsvorteil erhalten wollen.[105] Insb. große Tech-Firmen, aber auch Industrieunternehmen z. B. Aluminiumhersteller gehören dazu.[106] In Deutschland tritt außerdem die Deutsche Bahn als ein großer Nachfrager nach PPAs auf,[107] die offensiv mit zukunftsgerichteter, treibhausgasneutraler Mobilität wirbt. Wiederholt schließt die Deutsche Bahn daher PPAs für das 16,7-Hertz-Bahnstromnetz ab.[108] Anzumerken ist, dass eine derartige Strategie mit einem PPA höhere Stromkosten bedeuten kann und daher eine teilweise Abkehr von der möglichst kostengünstigen Energiebeschaffung in Industrieunternehmen erfordert, wie sie bis heute regelmäßig der Fall war.[109] Zugunsten von Nachhaltigkeitsstrategien werden ggf. Preisaufschläge für den Grünstromanteil sowie eine längere Laufzeit samt längerer Bindung an Lieferanten und Preisvereinbarung von den Unternehmen akzeptiert.[110]

Erwartet wird, dass die von EE-Anlagen erzielbaren Erlöse trotz verschiedener wetter- und marktbedingter Unsicherheiten in den nächsten Jahren oberhalb der EEG-Vergütungen liegen werden.[111] Insb. wegen dieses möglichen Preisvorteils wird den nicht

---

99 HCOB, Corporate PPA, S. 25.

100 Vgl. Teil 2, E. III. 1. a).

101 Vgl. *D. Ritter* et al., Monitoring der Direktvermarktung: Jahresbericht 2022 und Ausblick 2023, S. 19 f.

102 *D. Ritter* et al., Monitoring der Direktvermarktung: Jahresbericht 2022 und Ausblick 2023, S. 19 f.

103 Trianel, Trianel startet Mini-PPAs für PV-Anlagen, https://www.trianel.com/pressemeldungen/trianel-startet-mini-ppas-fuer-pv-anlagen.

104 *D. Ritter* et al., Monitoring der Direktvermarktung: Jahresbericht 2022 und Ausblick 2023, S. 23.

105 KPMG, Neuer Wind durch Power Purchase Agreements, S. 21.

106 KPMG, Neuer Wind durch Power Purchase Agreements, S. 22; HCOB, Corporate PPA, S. 25.

107 HCOB, Corporate PPA, S. 25.

108 Deutsche Bahn, DB baut Spitzenposition als grüner Ökostromnutzer aus, Pressemitteilung v. 19. 11. 2020.

109 KPMG, Neuer Wind durch Power Purchase Agreements, S. 21.

110 KPMG, Neuer Wind durch Power Purchase Agreements, S. 21.

111 *D. Ritter* et al., Monitoring der Direktvermarktung: Jahresbericht 2022 und Ausblick 2023, S. 52.

geförderten PPAs auch für die Zukunft eine besondere Bedeutung beigemessen.[112] Allerdings wird eine gewisse Vorsicht der Marktteilnehmer im Hinblick auf die Regelungen des StromPBG erwartet, wenngleich hier die Ausnahmevorschrift jedenfalls für Neuanlagen i. S. v. § 18 StromPBG abhelfen kann.[113] Zumindest für kurzfristige PPAs wird während des Abschöpfungszeitraums ein Rückgang entsprechender Abschlüsse erwartet.[114] Zu einer abwartenden Haltung kann auch die Debatte um das Strommarktdesign und die Einführung der CfD als einer möglichen Alternative zu PPAs führen.[115] Allerdings sind nach der aktuellen Fassung der geplanten Rechtsänderungen Kombinationen beider Instrumente, etwa CfD-Ausschreibungen, die den Abschluss von PPAs anreizen, wahrscheinlicher als eine Verdrängung des Instruments PPA durch CfD.[116] Wenngleich PPAs zumindest kurzfristig aufgrund der krisenbedingt hohen Strompreise ihre mögliche Funktion für die Abnehmer als langfristiger Sicherungsmechanismus gegen steigende Strompreise[117] teilweise verloren haben dürften, ist dies für die fernere Zukunft nicht gesagt. Mittel- bis langfristig ist ein erneuter Aufwärtstrend der Strompreise nicht ausgeschlossen. Jedenfalls bieten PPAs weiterhin eine Absicherung gegen die erwartete Volatilität der Strompreise[118] und die Möglichkeit, den Umweltnutzen des über das PPA bezogenen Stroms nachzuweisen.

V. Definition

Bei einem PPA handelt es sich um einen individuellen, langfristigen Stromkaufvertrag zwischen dem Betreiber von einer oder mehreren konkreten Anlagen zur Erzeugung von Strom aus erneuerbaren Energien (Verkäufer) und einer beliebigen natürlichen oder juristischen Person (Abnehmer/Käufer).

Für den Verkäufer dient das PPA der Preis- und damit Finanzierungsabsicherung.

Der Abnehmer hat neben dem Interesse an der Stromlieferung ein Interesse am Nachweis des Umweltnutzens, z. B. durch die Lieferung von Herkunftsnachweisen gem. §§ 79 EEG 2023. Darüber hinaus handelt er entweder ebenfalls mit einem Interesse an der Preisabsicherung oder alternativ – regelmäßig nur im Falle finanzieller Abwicklung des PPAs – mit einem Interesse an Arbitrage- oder Spekulationsgewinnen. Wegen der Preis- und Finanzierungsabsicherungsfunktion des PPAs für Verkäufer und Abnehmer ist zudem eine Festpreisvereinbarung oder eine äquivalente Preisvereinbarung üblich.[119]

---

112 *D. Ritter* et al., Monitoring der Direktvermarktung: Jahresbericht 2022 und Ausblick 2023, S. 52.

113 *D. Ritter* et al., Monitoring der Direktvermarktung: Jahresbericht 2022 und Ausblick 2023, S. 54; siehe zur Norm ausführlich Teil 2, E. III. 1. c).

114 *D. Ritter* et al., Monitoring der Direktvermarktung: Jahresbericht 2022 und Ausblick 2023, S. 55; BMWK, FAQ Liste: Abschöpfung von Zufallsgewinnen, S. 6.

115 *D. Ritter* et al., Monitoring der Direktvermarktung: Jahresbericht 2022 und Ausblick 2023, S. 54.

116 Vgl. Teil 1, D. VI.

117 Vgl. *C. Schneider/Lüdecke*, IR 2018, 290, 291.

118 Vgl. Prognos/vbw, Strompreisprognose, S. 1.

119 So überzeugend *Linnemann*, Energiewirtschaft für (Quer-)Einsteiger, S. 127.

VI. Arten von Power-Purchase-Agreements

Für PPAs im Sinne dieser Definition existieren eine Vielzahl an Ausgestaltungsmöglichkeiten, für die jeweils eigene Namen üblich sind. Die Bezeichnungen für die verschiedenen Gestaltungsmöglichkeiten knüpfen dabei jeweils an spezifische Merkmale des PPAs an. Differenziert wird dabei entweder nach dem Abnehmer, der Art der Abwicklung oder danach, ob zum Transport das öffentliche Stromnetz genutzt wird. Zwar schließen sich einige der Bezeichnungen gegenseitig aus, ein PPA kann aber auch gleichzeitig unter mehrere der unterschiedlichen Bezeichnungen fallen. Mangels einer gesetzlichen Definition von PPAs dienen die Bezeichnungen allein der Unterscheidung der möglichen Ausgestaltungskonstellationen. Das Gesetz selbst knüpft an diese Bezeichnungen keine Rechtsfolgen. Diese ergeben sich vielmehr mittelbar aus der jeweiligen Ausgestaltung, z. B. daraus dass auf Abnehmerseite Letztverbraucher beteiligt sind oder nicht.

1. Differenzierung nach dem Abnehmer

Sog. Corporate-PPAs sind PPAs die zwischen dem Anlagenbetreiber und einem stromverbrauchenden Letztverbraucher, häufig ein (ggf. stromkostenintensives) Unternehmen (Corporate), geschlossen werden.[120] Richtig ist, dass man unter dem Begriff des Corporate-PPA nicht nur PPAs mit verbrauchenden Unternehmen auf Abnehmerseite verstehen sollte, sondern unter Einbeziehung aller Letztverbraucher.[121] Da insofern nicht nur Corporates Abnehmer eines Corporate-PPA sein können, sondern alle Letztverbraucher, und hierbei der übliche Schritt in der Wertschöpfungskette über ein zwischengeschaltetes Elektrizitätsversorgungsunternehmen entfällt, möchte *Hilpert* sinnvollerweise erweiternd von „Direktlieferungs-PPAs" sprechen.[122] Der Begriff des Corporate-PPA hat sich jedoch mittlerweile zum Standard entwickelt und ist, sofern man ihn unter Einbeziehung aller Letztverbraucher versteht, auch passgenau.

Corporate-PPAs haben durch eine Zunahme der Anzahl der Vertragsabschlüsse und der kontrahierten Strommengen stark an Bedeutung gewonnen.[123] Deswegen sind Corporate-PPAs allerdings noch nicht generell mit den Begriffen PPA oder Green-PPA gleichzusetzen, da sonst andere mögliche Gestaltungsformen, bei denen es sich ebenfalls um PPAs handelt, ignoriert würden.[124]

Ist der Abnehmer kein Letztverbraucher, sondern ein Elektrizitätsversorgungsunternehmen i. S. d. § 3 Nr. 20 EEG 2021 (Utility) oder ein Energiehändler (Merchant) wird das PPA Utility-PPA oder Merchant-PPA genannt.[125]

---

120 KPMG, Neuer Wind durch Power Purchase Agreements, S. 16; *J. Held/Imolauer*, in: Corporate PPA erfolgreich gestalten, Deutschland, 35; *Broom* et al., Corporate Power Purchase Agreements.

121 *Hilpert*, Rechtliche Bewertung von Power Purchase Agreements (PPAs) mit erneuerbaren Energien, S. 4.

122 *Hilpert*, Rechtliche Bewertung von Power Purchase Agreements (PPAs) mit erneuerbaren Energien, S. 4.

123 *Broom* et al., Corporate Power Purchase Agreements, S. 1.

124 *Hilpert*, Rechtliche Bewertung von Power Purchase Agreements (PPAs) mit erneuerbaren Energien, S. 4.

125 *J. Held/Koch*, ER 2019, 18, 20.

Sofern ein Elektrizitätsversorgungsunternehmen oder Energiehändler am PPA zwar beteiligt ist, indem es z. B. bestimmte Dienstleistungen (etwa das sog. Sleeving[126]) übernimmt aber nicht als Abnehmer fungiert, handelt es sich wiederum um ein Corporate-PPA.[127] Denn in einem solchen Fall wäre der vertragliche Abnehmer wieder ein Letztverbraucher.

2. Differenzierung nach der Art der Abwicklung

Zu unterscheiden ist nach der Art der Erfüllung der Geschäfte. Es gibt sog. physische PPAs, bei denen die Erfüllung durch die physische Lieferung der Ware Strom an den Abnehmer bewirkt wird. Außerdem gibt es sog. finanzielle PPAs, bei denen gerade keine physische Lieferung der Ware Strom erfolgt (Finanz-PPAs). Es werden regelmäßig nur finanzielle Differenzen ausgeglichen (sog. *Contract for difference, CfD*). CfD zeichnen sich dadurch aus, dass eine Preisdifferenz zwischen dem festgelegten Vertragspreis (auch „Strike Price“) und einem Referenzpreis, etwa dem beim Verkauf des Stroms im Stromhandel auftretenden Spotmarktpreis, von den Vertragsparteien finanziell ausgeglichen werden.[128] Dieser Ausgleich wird für eine vertraglich bestimmte Menge durchgeführt.[129]

Haben die Parteien tatsächlich ein Interesse an der physischen Veräußerung bzw. am physischen Bezug von Strom, müssen sie dieses Interesse anderweitig befriedigen. Ein Anlagenbetreiber kann den produzierten Strom z. B. physisch am Spotmarkt im Stromhandel veräußern.[130] Der Abnehmer kann seinen physischen Strombedarf durch anderweitige Stromlieferverträge decken.[131]

Derartige PPAs werden auch Virtuelle-PPAs oder Synthetische-PPAs genannt.[132] Bemerkenswert ist, dass die Parteien eines finanziellen PPAs mangels Restriktionen im Transport des zu liefernden Gutes durch das Netz sogar in unterschiedlichen Ländern und Preiszonen agieren können.[133]

---

126 Siehe Teil 1, A. VI. 3.

127 Dena, Preisleitfaden Green PPA, S. 4.

128 *Uibeleisen/Groneberg*, RdE 2018, 114, 117; *Brunnberg/Johnsen*, Power Purchase Agreements: Perspektiven auf dem europäischen Markt, S. 6.

129 Vgl. *Martin/Langenbach*, ER 2023, 135, 136.

130 HCOB, Corporate PPA, S. 11.

131 *Uibeleisen/Groneberg*, RdE 2018, 114, 117.

132 HCOB, Corporate PPA, S. 11.

133 KPMG, Neuer Wind durch Power Purchase Agreements, S. 16.

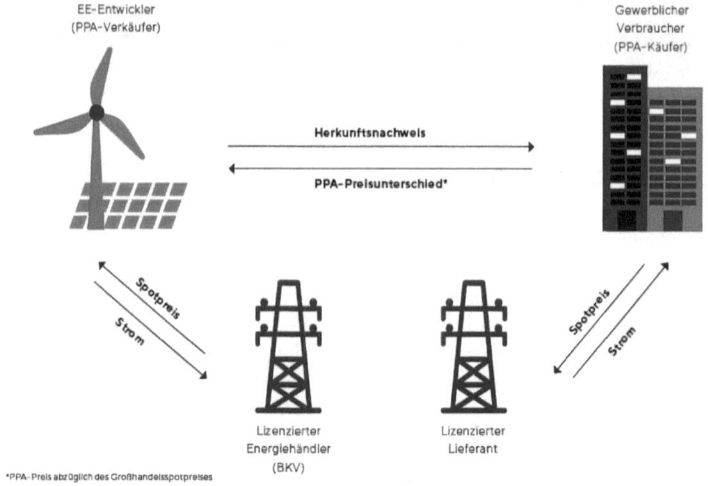

Abbildung 3: Finanz-PPA

Im Beispiel (Abb. 3) ist als Referenzpreis der Spotmarktpreis festgelegt. Als Abnehmer fungiert ein „Gewerblicher Verbraucher“, d. h. ein letztverbrauchendes Unternehmen. Es handelt sich daher nicht nur um ein Synthetisches-PPA, sondern auch um ein Corporate-PPA. Der Stromverbrauch des Unternehmens wird über einen Lieferanten gedeckt, der den Spotmarktpreis für die Stromlieferung erhält. Der Anlagenbetreiber veräußert den erzeugten Strom im Stromhandel und erhält dafür ebenfalls den aktuellen Spotmarktpreis. Die Differenz zwischen Spotmarktpreis als Referenzpreis und dem vereinbarten PPA-Preis wird zwischen den Parteien ausgeglichen.[134] Sofern dabei die Preisdifferenz für die gesamte erzeugte bzw. bezogene Strommenge ausgeglichen wird,[135] sichern sich beide Parteien über die vereinbarte Laufzeit gegenüber den Schwankungen des Spotmarktpreises ab.[136] Vom Verkäufer werden an den Abnehmer nur die Herkunftsnachweise geliefert.[137] Eine Stromlieferung physisch oder bilanziell vom Verkäufer an den Abnehmer erfolgt nicht. Im Übrigen erfolgt lediglich der finanzielle Ausgleich der Preisdifferenzen.

Corporate-PPAs können ebenso wie Utility- oder Merchant-PPAs sowohl physisch als auch finanziell abgewickelt werden (siehe Abb. 3). Merchant-PPAs werden, wie im langfristigen Stromhandel üblich,[138] regelmäßig finanziell abgewickelt.[139]

---

134 *Brunnberg/Johnsen*, Power Purchase Agreements: Perspektiven auf dem europäischen Markt, S. 6; Energy Brainpool, Power Purchase Agreements: Finanzierungsmodell von Erneuerbaren Energien, S. 3.

135 Vgl. *Martin/Langenbach*, ER 2023, 135, 136.

136 HCOB, Corporate PPA, S. 12; dena, Finanzierung von Erneuerbare-Energien-Anlagen über Power Purchase Agreements, S. 8.

137 Vgl. *Uibeleisen/Groneberg*, RdE 2018, 114, 117.

138 Vgl. *Zander* et al., Strombeschaffung im liberalisierten Energiemarkt, S. 52 zur Abwicklung börslicher Termingeschäfte.

139 Vgl. die Einordnung bei Energy Brainpool, Power Purchase Agreements: Finanzierungsmodell von Erneuerbaren Energien, S. 2.

3. Differenzierung nach der Übertragungsart bei physischen Power-Purchase-Agreements

Bei physischen PPAs können zwei Untergruppen gebildet werden:

Solche PPAs bei denen die physische Lieferung ohne Nutzung des allgemeinen Stromnetzes erfolgt, werden On-Site-PPAs oder auch Direct-PPAs genannt. Das ist zum Beispiel der Fall, wenn eine Erzeugungsanlage vom Verkäufer auf dem Gelände des Abnehmers (*on-site*) bzw. jedenfalls sehr nah am Verbrauchsort des Abnehmers errichtet wird und die Stromlieferung so „hinter" dem Netzanbindungspunkt („behind-the-meter") erfolgt.[140] Die Lieferung erfolgt stattdessen über eine Direktleitung.[141] Dadurch entfallen die Netzkosten[142] und Liefereinschränkungen aufgrund von Überlastungssituationen des Stromnetzes.[143] Zudem wird ausnahmsweise tatsächlich nur „grüner" d. h. aus EE-Anlagen erzeugter Strom über die Direktleitung entnommen und nicht der aus verschiedenen Anlagen stammende Strommix aus dem deutschen allgemeinen Stromnetz.[144] Derartige Verträge werden typischerweise auf den Strombedarf des Abnehmers zugeschnitten.[145] Die Anlage dient in einer solchen Konstellation regelmäßig allein der Belieferung des Abnehmers.[146] Typischerweise werden deswegen kleinere Erzeugungsanlagen Gegenstand des On-Site-PPAs, wie z. B. Photovoltaikdachanlagen auf dem Gebäude des verbrauchenden Abnehmers.[147] Wegen etwaiger planungsrechtlicher Restriktionen und dem Zuschnitt auf diese sehr spezifische Konstellation kommen On-Site-PPAs auch seltener vor.[148] Trotz der direkten Belieferung ohne Nutzung des allgemeinen Stromnetzes kann es bei On-Site-PPAs hilfreich sein, einen Intermediär einzuschalten, der sich um die Netzstabilität der Direktleitung kümmert und dafür sorgt, dass nicht vom Abnehmer verbrauchte Strommengen in das allgemeine Stromnetz eingespeist werden bzw. Reststrommengen für den Abnehmer ausreichend zur Verfügung stehen.[149] Obwohl es sich hierbei um ähnliche Dienstleistungen handelt, wie beim sog. „Sleeving" eines PPAs (dazu sogleich), wird im Rahmen von On-Site-PPAs nicht von einem Sleeved-PPA gesprochen.

Von den On-Site- bzw. Direct-PPAs zu unterscheiden sind sog. Off-Site-PPAs, bei denen eine Nutzung des allgemeinen Stromnetzes erfolgt.[150] Der Strom wird also bei der Lieferung physisch in das allgemeine Stromnetz eingespeist und dann bilanziell an den

---

140 HCOB, Corporate PPA, S. 9.

141 *Uibeleisen/Groneberg*, RdE 2018, 114, 117.

142 *Uibeleisen/Groneberg*, RdE 2018, 114, 117.

143 Dena, Finanzierung von Erneuerbare-Energien-Anlagen über Power Purchase Agreements, S. 8.

144 *Bellefleur*, Corporate Power Purchase Agreements (Corporate PPAs) für erneuerbare Energien in Deutschland und Frankreich, S. 8.

145 HCOB, Corporate PPA, S. 9.

146 HCOB, Corporate PPA, S. 9.

147 HCOB, Corporate PPA, S. 9.

148 KPMG, Neuer Wind durch Power Purchase Agreements, S. 16; *Uibeleisen/Groneberg*, RdE 2018, 114, 117.

149 HCOB, Corporate PPA, S. 9; *Uibeleisen/Groneberg*, RdE 2018, 114, 117.

150 Dena, Preisleitfaden Green PPA, S. 4.

Abnehmer geliefert.[151] Eine physische Lieferung durch das allgemeine Stromnetz erfolgt nicht, da Strom homogen ist, also keine unterscheidbaren Eigenschaften hat und mit Einspeisung nicht mehr von anderem im Netz befindlichen Strom unterschieden werden kann.[152] Insofern erhält der Abnehmer nicht den eingespeisten Strom, sondern den im allgemeinen Stromnetz vorhandenen sog. Strommix. Es erfolgt daher nur eine bilanzielle Lieferung des Stroms vom Anlagenbetreiber an den Abnehmer.[153] Durch den parallelen Transfer der Grünstromzertifikate erfolgt eine Zuordnung der („grünen") Herkunft des Stroms.[154] Derartige Verträge sind sehr viel häufiger als On-Site-PPAs, da Erneuerbare-Energien-Anlagen an geeignete Standorte gebunden sind und daher regelmäßig größere Distanzen zwischen der Erzeugungsanlage und dem Abnehmer bestehen.[155] Ein Off-Site-PPA ermöglicht daher den standortunabhängigen Vertragsschluss innerhalb Deutschlands.

Regelmäßig wird ein sog. „Sleeving Partner" als Intermediär in das Off-Site-PPA mit einbezogen, der sich gegen eine Vergütung (*Sleeving Fee*) um die transport- bzw. netzbezogenen Aufgaben und Pflichten aus dem Vertrag wie z. B. den Bilanzausgleich kümmert. Das Off-Site-PPA wird dann auch Sleeved-PPA genannt.[156] Als Sleeving Partner können z. B. Energiehändler oder Energieversorgungsunternehmen eingeschaltet werden.[157] Der Abschluss eines ergänzenden Versorgungsvertrags bietet sich für den Abnehmer auch bei einer Nutzung des allgemeinen Stromnetzes an, um einen nicht bedienten Strombedarf zu decken.[158] Das ist jedenfalls für Letztverbraucher von Bedeutung. Insofern läge dann ein physisch abgewickeltes Off-Site-PPA vor, das gleichzeitig ein Sleeved-PPA und ein Corporate-PPA ist (sog. Corporate-Sleeved-PPA[159]).

4. Vor- und Nachteile für die Vertragsparteien

Mit den beschriebenen Konstellationen gehen jeweils verschiedene Vor- und Nachteile einher. So treten im Rahmen des On-Site-PPAs weder Netzkosten noch Netzüberlastungssituationen auf, die Restriktionen folgen allein aus den technischen Bedingungen der Direktleitung.[160] Jedoch führt die Loslösung vom Netz dazu, dass andere als der über die Direktleitung verbundene Abnehmer kurzfristig nicht in Betracht kommen. Insofern existiert eine besonders starke Abhängigkeit vom Abnehmer, insb. von dessen Bonität.[161]

---

151 Dena, Preisleitfaden Green PPA, S. 4.

152 Vgl. HCOB, Corporate PPA, S. 10.

153 *Uibeleisen/Groneberg*, RdE 2018, 114, 117.

154 HCOB, Corporate PPA, S. 10.

155 HCOB, Corporate PPA, S. 10; *Uibeleisen/Groneberg*, RdE 2018, 114, 117.

156 *Broom* et al., Corporate Power Purchase Agreements, S. 4.

157 Vgl. KPMG, Neuer Wind durch Power Purchase Agreements, S. 16; *Broom* et al., Corporate Power Purchase Agreements, S. 4.

158 *Uibeleisen/Groneberg*, RdE 2018, 114, 117.

159 Vgl. KPMG, Neuer Wind durch Power Purchase Agreements, S. 16.

160 Dena, Finanzierung von Erneuerbare-Energien-Anlagen über Power Purchase Agreements, S. 8.

161 Dena, Finanzierung von Erneuerbare-Energien-Anlagen über Power Purchase Agreements, S. 8 f.

Das Off-Site-PPA ermöglicht innerhalb Deutschlands einen standortunabhängigen Vertragsschluss und bietet deutlich höhere Flexibilität und eine größere Unabhängigkeit vom Abnehmer, da dem ans Netz angeschlossenen Anlagenbetreiber weitere Vermarktungsmöglichkeiten offenstehen. Netzbezogene Entgelte und *Sleeving Fees* sind allerdings zu entrichten und Überlastungssituationen im öffentlichen Netz können unabhängig vom Verschulden der Beteiligten entstehen und zu Liefereinschränkungen führen.[162] Gefordert wird von einem Wirtschaftsverband allerdings, die Netzentgelte auch für Off-Site-PPAs zu senken,[163] insb. wenn diese einen lokalen Bezug aufweisen.[164] Auf diese Weise könne wegen günstigerer regionaler Strombezugsmöglichkeiten die Akzeptanz des Ausbaus der erneuerbaren Anlagen vor Ort erhöht und die Attraktivität des Standorts für strombeziehende Unternehmen verbessert werden.[165]

Bei Finanz-PPAs kommen mangels Liefer- und Netzrestriktionen noch flexiblere Vertragsgestaltungen in Betracht. Befürchtet wird aber zusätzlicher Aufwand bei Planung und Durchführung solcher Verträge, etwa bei der Due Diligence des PPAs.[166] Zudem sind ggf. finanzmarkt- und bilanzrechtliche Besonderheiten zu beachten.[167]

B. Rechtlicher Rahmen von Power-Purchase-Agreements

I. Überblick

In dieser Beschreibung des Rechtsrahmens soll der auf PPAs anwendbare Normenbestand im Wesentlichen erfasst werden. Diese Rechtsnormen werden im Rahmen der Untersuchung der einzelnen vertraglichen Klauseln erneut relevant. Wie im Folgenden zu zeigen sein wird, erfüllen PPAs eine Vielzahl von Tatbeständen und Definitionen aus unterschiedlichen Rechtsgebieten, sodass sie unterschiedlichsten gesetzlichen Anforderungen genügen müssen.

Einzelne PPAs unterliegen zudem weiteren spezialgesetzlichen Regelungen, die allerdings nur für konkrete Gestaltungsformen gelten und in dieser Arbeit erst an entsprechender Stelle erläutert werden sollen (z. B. finanzmarkt- und bilanzrechtliche Besonderheiten bei Finanz-PPAs).

162 Dena, Finanzierung von Erneuerbare-Energien-Anlagen über Power Purchase Agreements, S. 8 f.

163 DIHK, So lässt sich das Energieangebot schneller und nachhaltiger steigern, Pressemitteilung v. 30. 6. 2023.

164 Dena, PPAs in Deutschland: Wo stehen wir und was ist jetzt zu tun?, S. 11.

165 Dena, PPAs in Deutschland: Wo stehen wir und was ist jetzt zu tun?, S. 11.

166 Dena, Finanzierung von Erneuerbare-Energien-Anlagen über Power Purchase Agreements, S. 8.

167 Siehe Teil 2, C. III.

II. Stromlieferverträge als zivilrechtliche Verträge

Ausgangsfrage für den rechtlichen Rahmen eines Vertragstypus ist die Frage nach der Zuordnung zum Zivilrecht oder zum Öffentlichen Recht. Eine direkte Anwendbarkeit zivilrechtlicher Normen setzt voraus, dass es sich um einen zivilrechtlichen Vertrag handelt, während die direkte Anwendbarkeit öffentlich-rechtlicher Vorschriften eine Zuordnung zum öffentlichen Recht voraussetzt.[168] Nach heute vertretener und überzeugender Ansicht handelt es sich bei Energielieferverträgen um zivilrechtliche Verträge.[169] In der historischen Diskussion waren die folgenden Erwägungen von Belang.

1. Grundlagen

Sofern durch einen Vertrag eine bereits bestehende Regelung modifiziert oder aufgehoben wird, richtet sich die Modifikation nach demselben Rechtsgebiet wie die bestehende Regelung.[170] Ebenso liegt unstreitig eine öffentlich-rechtliche Regelung vor, wenn eine vertragliche Pflicht nur von einem Träger öffentlicher Gewalt ausgeführt werden kann, weil dazu hoheitliche Befugnisse notwendig sind.[171] Wenn allerdings Verträgen noch keine normativ ausgestaltete Rechtsbeziehung zugrunde liegt und zivilrechtliches wie öffentlich-rechtliches Handeln möglich ist, sind die Voraussetzungen umstritten. Für die Abgrenzung derartiger Verträge wird eine Vielzahl unterschiedlicher Theorien vertreten, von denen im Folgenden ausgewählte betrachtet werden sollen. Diese Theorien sehen sich ausnahmslos Kritik ausgesetzt,[172] wobei diese häufig auch darin besteht, dass die Theorien nicht zum richtigen Ergebnis kämen.[173] Denn Einigkeit besteht i. d. R. darüber, welche Normen dem öffentlichen Recht und welche dem Privatrecht zuzuordnen sind.[174] Zusätzlich zu den „klassischen“ Theorien werden zur Begründung der Zuordnung von Verträgen weitere Kriterien herangezogen oder verschiedene Theorien kombiniert. Auch insofern erfolgt eine Betrachtung vom Ergebnis her. Wesentliche Punkte für die jeweilige Theorien sind die beteiligten Vertragsparteien und der Vertragsgegenstand.

Mit der sog. *Subordinations-* oder *Subjektionstheorie* wird eine Zuordnung zum Zivilrecht für ein Verhältnis der Gleichordnung zwischen den Beteiligten und eine Zuordnung zum öffentlichen Recht im Falle eines Über-Unterordnungsverhältnisses zwischen den Beteiligten vorgenommen.[175] Ein Über-Unterordnungsverhältnis zwischen Energieversorgungsunternehmen und Abnehmern besteht nicht.[176] Danach sind Energieversor-

---

168 MüKoBGB/*Säcker*, Einl. BGB, Rn. 2.

169 *Reinholz*, RdE 1999, 64, 66; Tegethoff/Büdenbender/Klinger/*Tegethoff*, § 2 EnergG Nr. 3 lit. f, Rn. 1 ff.; *Büdenbender*, Energierecht, Rn. 983; BerlKommEnR/*Busche*, Vor § 36 EnWG, Rn. 6.

170 *K. Lange*, NVwZ 1983, 313, 316.

171 *Scherzberg*, JuS 1992, 205, 207; *K. Lange*, NVwZ 1983, 313, 316.

172 *U. Stelkens*, Verwaltungsprivatrecht, S. 330 ff.; vgl. auch *Ehlers*, Verwaltung in Privatrechtsform, S. 54 ff.; *Spannowsky*, Grenzen des Verwaltungshandelns durch Verträge und Absprachen, S. 94 ff.

173 *U. Stelkens*, Verwaltungsprivatrecht, S. 332; *Gern*, ZRP 1985, 56.

174 *U. Stelkens*, Verwaltungsprivatrecht, S. 330; *Gern*, ZRP 1985, 56.

175 Eyermann/*Wöckel*, § 40 VwGO, Rn. 42.

176 *Reinholz*, RdE 1999, 64, 66; *Hiddemann*, WM 1976, 1295; mit Verweis auf *BGHZ* 9, 390, 397.

gungsverträge dem Zivilrecht zuzuordnen. Die Theorie ist indes nicht immer konsistent anzuwenden, da es auch öffentlich-rechtliche Gleichordnungsverhältnisse bzw. zivilrechtliche Über-Unterordnungsverhältnisse gibt.[177]

Nach der von *Wolff* entwickelten *formalen Sonderrechtstheorie* sind diejenigen Rechtnormen öffentlich-rechtlicher Natur, die auf wenigstens einer Seite ausschließlich einen Träger öffentlicher Gewalt berechtigen oder verpflichten.[178] Es handle sich beim öffentlichen Recht um das „Sonderrecht" oder „Amtsrecht" der öffentlichen Körperschaften, wohingegen das Zivilrecht „Jedermannsrecht" sei.[179] Daher genüge eine formale Beteiligung eines Hoheitsträgers.

Mittlerweile wird regelmäßig die sog. modifizierte Subjekts- oder Sonderrechtstheorie herangezogen. Die bloß formale Beteiligung eines Trägers öffentlicher Gewalt am Rechtsverhältnis genüge danach nicht. Sonst könne der Staat nie als Subjekt des Privatrechts tätig werden. Da der Staat jedoch ebenso wie Private zivilrechtliche Verträge schließen und insofern unstrittig zivilrechtlich tätig werden kann, überzeugt die rein formale Sonderrechtstheorie nicht.[180] Andersherum können auch Privatpersonen als Beliehene Träger öffentlicher Gewalt sein.[181] Daher muss nach der sog. modifizierten Subjekts- oder Sonderrechtstheorie der Träger öffentlicher Gewalt durch das Rechtsverhältnis gerade „als Solcher" berechtigt oder verpflichtet werden.[182] Im Rahmen von Energielieferverträgen ließe sich dies allenfalls mit dem Argument vertreten, dass die Lieferung von Energie an Letztverbraucher die historisch diskutierten Kriterien erfülle, die sogleich erläutert werden sollen (2.). Nach der Liberalisierung des Strommarkts sind die Beteiligten von Energielieferverträgen als Private berechtigt oder verpflichtet.

Um einen Vertrag nach diesen Theorien einem der beiden Rechtsgebiete zuzuordnen, sind zwei Abgrenzungsschritte zu unterscheiden: erstens ist das vertraglich gestaltete Rechtsverhältnis einer Rechtsnorm zuzuordnen und zweitens ist festzustellen, ob diese Norm als zivilrechtlich oder öffentlich rechtlich zu qualifizieren ist.[183] Da die modifizierte Subjektstheorie nicht auf die Frage eingeht, welches die maßgebliche Rechtsnorm ist, ist auf die insoweit ergänzende *Normfiktionstheorie* einzugehen. Nach dieser ist zu bestimmen, ob die vertragliche Regelung, wäre sie eine normativ im Gesetz festgeschriebene Regelung, eine solche des Zivil- oder des öffentlichen Rechts wäre.[184] Es wird also fingiert, dass die vertragliche Regelung ein festgelegter Rechtssatz sei.[185]

Festzustellen wäre insofern, dass es sich um primär kaufrechtliche Regelungen handelt,[186] an denen ein Hoheitsträger zwar formal beteiligt sein kann, jedoch nicht gera-

---

177 MüKoBGB/*Säcker*, Einl. BGB, Rn. 3.

178 *Wolff*, AöR 76 (1950/51), 205; *Detterbeck*, Allgemeines Verwaltungsrecht, Rn. 1324; *Stober*, in: Verwaltungsrecht I, § 22, Rn. 28af.; Eyermann/*Wöckel*, § 40 VwGO, Rn. 44.

179 Eyermann/*Wöckel*, § 40 VwGO, Rn. 44.

180 *Stober*, in: Verwaltungsrecht I, § 22, Rn. 31.

181 *Stober*, in: Verwaltungsrecht I, § 22, Rn. 28.

182 *Stober*, in: Verwaltungsrecht I, § 22, Rn. 29; *Bettermann*, NJW 1977, 513, 516.

183 *Scherzberg*, JuS 1992, 205, 206; *Detterbeck*, Allgemeines Verwaltungsrecht, Rn. 1324.

184 *Bettermann*, JZ 1966, 445.

185 *Scherzberg*, JuS 1992, 205, 207; *Stober*, in: Verwaltungsrecht I, § 22, Rn. 48.

186 Siehe Teil 1, B.IV.

de „als Solcher“ berechtigt oder verpflichtet wird. Ergänzend anwendbar sind die Regelungen der §§ 36 ff. EnWG für Verträge über die Belieferung von Letztverbrauchern. Insofern ist ebenfalls kein Hoheitsträger „als Solcher“ beteiligt.

Nach heute vorherrschender Ansicht[187] ist für die Zuordnung von Verträgen zu einem Rechtsgebiet der Gegenstand des Vertrages maßgeblich (Gegenstandstheorie). Ist also der Regelungsgegenstand zivilrechtlich, ist die Rechtsnatur des Vertrags ebenfalls zivilrechtlich. Keine Rolle spielt danach die Rolle der beteiligten Parteien.[188] Diese Theorie vermag – wie die modifizierte Subjektstheorie – nicht zu klären, was überhaupt Teil des Vertragsgegenstands ist.[189] Des Weiteren hilft sie nicht, festzustellen, ob der Vertragsgenstand denn öffentlich-rechtlich oder zivilrechtlich ist.[190] Insofern wird ihr zu Recht vorgeworfen, dass sie nichts beitrage, außer dass die Beteiligten nicht maßgeblich seien.[191] Bei der Feststellung des Gegenstands wird insofern konkretisiert, dass auf den Gesamtcharakter des Vertrags abzustellen sei (Einheitstheorie).[192] Darüber hinaus sei entscheidend, wo der Schwerpunkt der vertraglichen Regelung liege, bzw. welche Bestimmung den Gegenstand des Vertrages prägt (Schwerpunkt- und Geprägetheorie).[193] Sofern die vertraglichen Bestimmungen allerdings selbstständige Regelungskomplexe enthielten und nicht in einem Gegenseitigkeitsverhältnis zueinander stünden, sei eine Trennung der jeweiligen Teile möglich und geboten (Trennungstheorie).[194]

Der Schwerpunkt eines einheitlich zu betrachtenden Energieliefervertrags liegt primär in den kaufrechtlichen Regelungen. Ist der Vertragsgegenstand festgestellt, wird teilweise auf weitere Theorien wie die modifizierte Subjektstheorie zurückgegriffen, um dessen Qualität zu beurteilen.[195] Danach käme man zum selben Ergebnis wie die modifizierte Subjektstheorie: Der Gegenstand des Vertrags ist zivilrechtlich.

2. Historisch diskutierte Kriterien

Früher wurde teilweise mit verschiedenen, zusätzlichen Begründungsansätzen, für eine Einordnung ins Öffentliche Recht plädiert.[196]

---

187 GmS-OGB, NJW 1986, 2359; BVerwG, NJW 1993, 2695, 2696; BVerwG, NVwZ-RR 2003, 874; *Scherzberg*, JuS 1992, 205, 206; *Stober*, in: Verwaltungsrecht I, § 22, Rn. 47; Stelkens/Bonk/Sachs/*Siegel*, § 54 VwVfG, Rn. 56; *Detterbeck*, Allgemeines Verwaltungsrecht, Rn. 786; Bader/Funke-Kaiser/Stuhlfauth/Albedyll/*Albedyll*, § 40 VwGO, Rn. 21.

188 Bader/Funke-Kaiser/Stuhlfauth/Albedyll/*Albedyll*, § 40 VwGO, Rn. 22.

189 *U. Stelkens*, Verwaltungsprivatrecht, S. 660 f.

190 *U. Stelkens*, Verwaltungsprivatrecht, S. 661.

191 *U. Stelkens*, Verwaltungsprivatrecht, S. 661.

192 *Detterbeck*, Allgemeines Verwaltungsrecht, Rn. 786.

193 *Detterbeck*, Allgemeines Verwaltungsrecht, Rn. 786; Stelkens/Bonk/Sachs/*Siegel*, § 54 VwVfG, Rn. 56.

194 *Detterbeck*, Allgemeines Verwaltungsrecht, Rn. 786.

195 Vgl. Mann/Sennekamp/Uechtritz/*Brüning/Bosesky*, § 54 VwVfG, Rn. 63.

196 *Reinholz*, RdE 1999, 64, 66 ff.

a) Energieversorgung als Daseinsvorsorge

Nach dem von *Forsthoff* entwickelten Begriff der Daseinsvorsorge wird diese als eine „wesenseigene Funktion“[197] der öffentlichen Verwaltung angesehen.[198] Zur Daseinsvorsorge gehört danach die Versorgung der Bürger mit lebenswichtigen Gütern durch den Staat.[199] Die Versorgung mit Energie ist Teil der Daseinsvorsorge[200] und sei schon deswegen auch Teil des Öffentlichen Rechts.[201] Maßgeblich für eine Zuordnung zum Öffentlichen Recht sei damit weder die Form der staatlichen Tätigkeit[202] noch die Rechtsform der beteiligten Parteien,[203] sondern lediglich ihre Bedeutung für die Allgemeinheit.[204] Allerdings ist der Begriff der Daseinsvorsorge rechtlich zu unscharf definiert, als dass er zu einer Abgrenzung der Rechtsgebiete beitragen könnte.[205] Dass die Zielsetzung oder die wahrzunehmende Aufgabe dem Öffentlichen Recht zugeordnet wird, kann im Übrigen nicht die öffentlich-rechtliche Natur des staatlichen Handelns begründen.[206] Denn die öffentliche Verwaltung kann auch in Formen und mit Mitteln des Privatrechts ihre Ziele verfolgen und ihre Aufgaben erfüllen. Insofern wird vom Verwaltungsprivatrecht gesprochen.[207] Z. B. wird die Versorgung mit Mobilitätsleistungen wie der Bahn und die Lebensmittelversorgung zivilrechtlich durchgeführt, obwohl sie der Versorgung mit lebenswichtigen Gütern, also der Daseinsvorsorge, zugeordnet werden können. Der Staat zieht sich in einem solchen Fall aus seiner primären Leistungs- oder Erfüllungs- zugunsten einer Gewährleistungsverantwortung zurück.[208] Die Energieversorgung selbst bleibt insofern dem Zivilrecht vorbehalten.

Etwas anderes folgt auch nicht aus Art. 28 Abs. 2 Grundgesetz (GG). Aufgaben der Daseinsvorsorge wie die Energieversorgung können auch der kommunalen Selbstverwaltung unterliegen.[209] Art. 28 Abs. 2 GG grenzt jedoch lediglich kommunale Selbstverwaltung von Bundeskompetenzen ab, nicht jedoch öffentliches von zivilrechtli-

---

197 So *Reinholz*, RdE 1999, 64, 66.

198 *Forsthoff*, Lehrbuch des Verwaltungsrechts, S. 370; *Badura*, DÖV 1966, 624, 626 f.

199 *Mohr*, Sicherung der Vertragsfreiheit durch Wettbewerbs- und Regulierungsrecht, S. 53; *Büdenbender*, Energierecht, Rn. 969.

200 *Mohr*, Sicherung der Vertragsfreiheit durch Wettbewerbs- und Regulierungsrecht, S. 127; *Theobald/Nill-Theobald*, Grundzüge des Energiewirtschaftsrechts, S. 363; Bourwieg/Hellermann/Hermes/*Hellermann*, § 36 EnWG, Rn. 4; *Klees*, Einführung in das Energiewirtschaftsrecht, Kap. 1, Rn. 120 f.; a. A. *Schöne/Garbers*, in: Vertragsrecht und AGB-Klauselwerke, Stromlieferverträge, Rn. 46; *Hüting/Hopp*, RdE 2011, 255, 258 f.

201 Vgl. *Forsthoff*, Lehrbuch des Verwaltungsrechts, S. 370.

202 *Forsthoff*, Lehrbuch des Verwaltungsrechts, S. 370.

203 *Reinholz*, RdE 1999, 64, 66; *Forsthoff*, Lehrbuch des Verwaltungsrechts, S. 371 f.

204 *Forsthoff*, Lehrbuch des Verwaltungsrechts, S. 370.

205 *Büdenbender*, Energierecht, Rn. 971; Dürig/Herzog/Scholz/*Mehde*, Art. 28 GG, Rn. 237; Tegethoff/Büdenbender/Klinger/*Tegethoff*, § 2 EnergG Nr. 3 lit. f, Rn. 9.

206 Stelkens/Bonk/Sachs/*Siegel*, § 54 VwVfG, Rn. 58.

207 Stelkens/Bonk/Sachs/*Siegel*, § 54 VwVfG, Rn. 58.

208 *Knauff*, EnWZ 2015, 52 f.; ausführlich zur Gewährleistungsverantwortung des Staates *Mohr*, Sicherung der Vertragsfreiheit durch Wettbewerbs- und Regulierungsrecht, S. 116 ff.

209 BVerwG, NVwZ 2005, 958; BVerwG, NVwZ 2009, 1305.

chem Handeln.[210] Die Kommunen haben ebenfalls keine Leistungs-, sondern eine Gewährleistungsverantwortung,[211] während die Aufgaben selbst privatrechtlich ausgeführt werden können.

b) § 2 Abs. 2 EnergG a. F.

Aus historischer Sicht konnte für eine Zuordnung der Energieversorgungsverträge zum Öffentlichen Recht § 2 Abs. 2 S. 1 EnergG[212] herangezogen werden,[213] der die Versorgung mit elektrischer Energie oder Gas durch Energieversorgungsunternehmen als „öffentliche Energieversorgung" definierte. Damit sollte jedoch keine Zuordnung zur öffentlichen Verwaltung einhergehen, sondern bestimmt werden, dass es sich um eine der Allgemeinheit zugängliche Versorgungsleistung handele.[214] Eine derartige Bestimmung war schon in der Folgefassung im entsprechenden § 2 Abs. 3 EnWG a. F. von 1998[215] nicht mehr zu finden und findet sich bis heute im EnWG nicht mehr.

c) Energieversorgungsunternehmen als Beliehene

Es wurde weiterhin insb. von *Huber* vertreten, dass die Energieversorgungsunternehmen als Beliehene aufträten, also hoheitliche Befugnisse wahrnehmen würden.[216] Beliehene sind Privatrechtssubjekte, denen aufgrund formalgesetzlicher Grundlage per Hoheitsakt staatliche Befugnisse übertragen werden, die sie im eigenen Namen und in eigener Verantwortung mittels öffentlich-rechtlicher Handlungsformen wahrnehmen.[217] Da für die Infrastruktur der Energieversorgung das Recht der Wegenutzung im Wege der Vergabe von Wegenutzungskonzessionen auf die Energieversorgungsunternehmen übertragen werden müsse, seien die Energieversorgungsunternehmen in ihrer eigentlich nicht zwingendermaßen hoheitlich organisierten Tätigkeit von diesem Verleihungsakt abhängig.[218] Faktisch liege in der Erteilung der Wegenutzungskonzession auch eine öffentlich-rechtliche Konzession zur Energieversorgung.[219]

Allerdings ist die Versorgungstätigkeit selbst, trotz Zuordnung zur Daseinsvorsorge, wie dargestellt, dem Zivilrecht zuzuordnen. Allein die starke Abhängigkeit der Versorgung

---

210 *Mohr*, Sicherung der Vertragsfreiheit durch Wettbewerbs- und Regulierungsrecht, S. 127; *Büdenbender*, Energierecht, Rn. 973.

211 *Mohr*, Sicherung der Vertragsfreiheit durch Wettbewerbs- und Regulierungsrecht, S. 127; *Heintzen*, NVwZ 2000, 743, 746.

212 Gesetz zur Förderung der Energiewirtschaft (Energiewirtschaftsgesetz) v. 1. 1. 1964, BGBl. III 1964, Gliederungsnummer 752-1.

213 Vgl. *Reinholz*, RdE 1999, 64, 67; mit Verweis auf *Friesenhahn*, EW 1957, 12, 14 der wiederum auf § 8 EnWG a. F. abstellt.

214 Tegethoff/Büdenbender/Klinger/*Tegethoff*, § 2 EnergG Nr. 3 lit. f, Rn. 1 ff.; *Büdenbender*, Energierecht, S. 975.

215 Gesetz zur Neuregelung des Energiewirtschaftsrechts v. 24. 4. 1998, BGBl. I 1998, 730.

216 *Huber*, Wirtschaftverwaltungsrecht I, 535, 565–573; *Friesenhahn*, EW 1957, 12, 13 f.

217 *Detterbeck*, Allgemeines Verwaltungsrecht, Rn. 192.

218 *Huber*, Wirtschaftverwaltungsrecht I, S. 565 f.

219 *Huber*, Wirtschaftverwaltungsrecht I, S. 565.

von einer vermeintlich öffentlich-rechtlichen Wegenutzungskonzession, genügt nicht um daran etwas zu ändern. So unterscheidet *Huber* selbst zwischen der öffentlich-rechtlichen Regelung zur Instandsetzung und -haltung und einer privatrechtlichen Regelung zur Versorgungsleistung.[220]

Darüber hinaus handelt es sich bei der Vergabe öffentlicher Aufträge und Konzessionen i. d. R. um Zivilrecht[221] und keinesfalls um eine Beleihung.[222] Sie gehören überwiegend zu den sog. fiskalischen Hilfsgeschäften.[223] Diese werden dem Zivilrecht zugeordnet, denn der Staat unterscheidet sich als Nachfrager nicht von sonstigen Marktteilnehmern.[224] Konzessionen sind dabei nicht anders zu behandeln als öffentliche Aufträge, denn die bloße Verlagerung des wirtschaftlichen Risikos rechtfertigt dies nicht.[225] Auch Wegenutzungsverträge i. S. d. § 46 EnWG werden dem Zivilrecht zugeordnet.[226] Im Übrigen fehle es an einer erforderlichen ausdrücklichen Rechtsgrundlage für eine Beleihung.[227]

3. Folge der Zuordnung zum Zivilrecht

Energielieferverträge und damit auch PPAs sind also dem Zivilrecht zuzuordnen.[228] Die Klassifizierung als zivilrechtlicher Vertrag bedeutet, dass auch mangels Kodifikation die allgemeinen Regeln des Bürgerlichen Gesetzbuchs Anwendung finden. Der Vertrag kommt insofern durch zwei übereinstimmende, mit Bezug aufeinander abgegebene Willenserklärungen zustande. Es gelten die Regeln des allgemeinen Schuldrechts (§§ 241 ff. BGB) und Vertragsrechts (§§ 311 ff. BGB).[229] Von besonderer Wichtigkeit für Verträge ist das Recht der Allgemeinen Geschäftsbedingungen. Folge der Zuordnung zum Zivilrecht ist außerdem, dass Streitigkeiten über die Vertragsklauseln i. d. R. vor der ordentlichen Gerichtsbarkeit verhandelt werden (vgl. § 13 GVG).[230]

---

220 *Huber*, Wirtschaftverwaltungsrecht I, S. 573.

221 Stelkens/Bonk/Sachs/*Siegel*, § 54 VwVfG, Rn. 156, 160.

222 Tegethoff/Büdenbender/Klinger/*Tegethoff*, § 2 EnergG Nr. 3 lit. f, Rn. 7 f.; *Reinholz*, RdE 1999, 64, 67.

223 Stelkens/Bonk/Sachs/*Siegel*, § 54 VwVfG, Rn. 156; *Detterbeck*, Allgemeines Verwaltungsrecht, Rn. 936.

224 BVerwG, NJW 2007, 2275, Rn. 6; BVerfG, NZBau 2006, 791, Rn. 52.

225 Stelkens/Bonk/Sachs/*Siegel*, § 54 VwVfG, Rn. 160.

226 *Säcker/Mohr/M. Wolf*, Konzessionsverträge im System des europäischen und deutschen Wettbewerbsrechts, S. 21 ff.; Stelkens/Bonk/Sachs/*Siegel*, § 54 VwVfG, Rn. 161.

227 *Büdenbender*, Energierecht, Rn. 977 ff.

228 *Reinholz*, RdE 1999, 64, 66; Tegethoff/Büdenbender/Klinger/*Tegethoff*, § 2 EnergG Nr. 3 lit. f, Rn. 1 ff.; *Büdenbender*, Energierecht, S. 983; BerlKommEnR/*Busche*, Vor § 36 EnWG, Rn. 6; *Wyl*, in: Recht der Energiewirtschaft, § 12, Rn. 86.

229 *J. Held/Koch*, ER 2019, 18, 20; dena, Vertragswesen von Green Power Purchase Agreements, S. 13.

230 *Büdenbender*, Energierecht, S. 967.

III. AGB-rechtliche Grundlagen der Inhalts- und Klauselkontrolle von Verträgen

1. Sachlicher und persönlicher Anwendungsbereich (§ 310 BGB)

a) Persönlicher Anwendungsbereich (§ 310 Abs. 1 BGB)

Gem. § 310 Abs. 1 S. 1 BGB finden § 305 Abs. 2 und 3, § 308 Nr. 1, 2 bis 8 und § 309 BGB keine Anwendung auf Allgemeine Geschäftsbedingungen, die gegenüber einem Unternehmer, einer juristischen Person des öffentlichen Rechts oder einem öffentlich-rechtlichen Sondervermögen verwendet werden. Direkt anwendbar sind diese Normen nur, wenn die AGB gegenüber einem Verbraucher (§ 13 BGB) gestellt werden. Der Veräußerer des PPAs wird mit dem Abschluss des PPAs seiner gewerblichen Tätigkeit nachgehen und insofern als Unternehmer zu qualifizieren sein. Sowohl Utility-PPAs mit Energieversorgern als Abnehmer als auch Corporate-PPAs mit letztverbrauchenden Unternehmen auf Abnehmerseite fallen regelmäßig unter den Unternehmerbegriff des § 14 BGB. Sofern Kommunen als Abnehmer beteiligt sind, können diese als Gebietskörperschaften als juristische Personen des öffentlichen Rechts qualifiziert werden.[231] Die genannten Normen sind auf PPAs daher nicht unmittelbar anwendbar. Es bleibt unmittelbar nur die Inhaltskontrolle nach § 307 BGB.

§ 310 Abs. 1 S. 2 BGB stellt klar, dass die Beschränkung der §§ 308, 309 BGB nicht den Umkehrschluss nach sich zieht, dass Klauseln, die gegen eine der aufgeführten Normen verstoßen, im unternehmerischen Verkehr automatisch als mit § 307 Abs. 1 und 2 BGB vereinbar gelten. Vielmehr ist gem. § 310 Abs. 1 S. 2 BGB auf die im Handelsverkehr geltenden Gewohnheiten und Bräuche angemessen Rücksicht zu nehmen. Die ausgeschlossenen Vorschriften enthalten daher im unternehmerischen Geschäftsverkehr eine Indizwirkung für eine unangemessene Benachteiligung des Vertragspartners i. S. d. § 307 Abs. 1 S. 1 BGB.[232] Nach Ansicht des BGH können im unternehmerischen Verkehr „die in den Klauselverboten zum Ausdruck kommenden Wertungen berücksichtigt werden […], soweit sie übertragbar sind.“[233] Letzteres ist also im Einzelfall festzustellen.

b) Sachlicher Anwendungsbereich (§ 310 Abs. 2 bis 4 BGB)

Die Anwendbarkeit der §§ 308, 309 BGB ist für sog. Sonderkundenverträge gem. § 310 Abs. 2 BGB ebenfalls ausgeschlossen, sofern nicht zum Nachteil des Abnehmers von den Vorschriften der StromGVV abgewichen wird. Sofern zum Nachteil des Abnehmers von den Vorschriften der StromGVV abgewichen wird, finden die §§ 308, 309 BGB Anwendung. Damit soll sichergestellt werden, dass AGB in den Sonderkundenverträgen nur dann kontrolliert werden, sofern sie das ohnehin gesetzlich in der StromGVV vorgesehene Schutzniveau der Grundversorgung unterschreiten.[234] Dieser Zweck wird verfehlt, da die

---

231 Vgl. BeckOGK/*Friesen*, § 310 BGB, Rn. 45.

232 BeckOGK/*Friesen*, § 310 BGB, Rn. 53; vgl. MüKoBGB/*Fornasier*, § 310 BGB, Rn. 11 ff.; krit. Staudinger/*Piekenbrock*, § 310 BGB, Rn. 28 ff.

233 BGH, NJW 2007, 3774, 3775, Rn. 11.

234 MüKoBGB/*Fornasier*, § 310 BGB, Rn. 37; BeckOGK/*Friesen*, § 310 BGB, Rn. 75.

Kontrolle gem. § 307 BGB nicht ausgeschlossen wird. Für diese haben auch die Wertungen der §§ 308, 309 BGB Indizwirkung.[235] Allerdings spricht die Übereinstimmung mit den Vorschriften der StromGVV regelmäßig trotzdem gegen eine unangemessene Benachteiligung auch im unternehmerischen Geschäftsverkehr.[236]

PPAs sind niemals Grundversorgungsverträge. Sofern sie die Belieferung von Letztverbrauchern beinhalten, sind sie stattdessen Sonderkundenverträge i. S. d. EnWG.[237] Sofern die Vereinbarungen von Vorschriften der StromGVV abweichen, könnten sie gem. § 310 Abs. 2 BGB nach §§ 308, 309 BGB kontrolliert werden. Sofern allerdings – wie in PPAs üblich – die Abnehmer Unternehmer sind, finden die § 308 Nr. 1, 2 bis 9 und § 309 BGB schon nach § 310 Abs. 1 BGB keine Anwendung. Eine eigenständige Bedeutung hat § 310 Abs. 2 BGB daher bei PPAs nur hinsichtlich der Anwendbarkeit von § 308 Nr. 1a, 1b BGB.

Mangels eines Verbrauchervertrags (§ 310 Abs. 3 BGB) oder einer einschlägigen Bereichsausnahme (§ 310 Abs. 4 BGB) sind die weiteren Regelungen des § 310 BGB bei PPAs nicht weiter zu beachten.

2. Qualifizierung als Allgemeine Geschäftsbedingungen (§ 305 Abs. 1 BGB)

Gem. § 305 Abs. 1 BGB sind „alle für eine Vielzahl von Verträgen vorformulierten Vertragsbedingungen, die eine Vertragspartei (Verwender) der anderen Vertragspartei bei Abschluss eines Vertrags stellt" als AGB zu qualifizieren. In PPAs sind Klauseln insb. dann „für eine Vielzahl von Verträgen vorformulierte [...] Vertragsbedingungen", wenn die Vertragsformulare mehrfach für den Abschluss von PPAs genutzt werden sollen, bei der Nutzung von Vertragsmustern für PPAs sowie bei der Nutzung existierender Vertragsmuster anderer Vertragstypen.[238] Als „vom Verwender gegenüber der anderen Partei gestellt" gelten die Regelungen, wenn sie einseitig der „Vertragsgestaltungsmacht" des jeweiligen Verwenders zuzurechnen sind.[239] An der Zurechenbarkeit fehlt es, wenn sich beide Parteien frei für die Einbeziehung der vorformulierten Bedingungen entscheiden.[240] Das folgt auch aus § 305 Abs. 1 S. 3 BGB, wonach die Klauseln nicht individuell frei ausgehandelt sein dürfen.[241] Ein solches Aushandeln bedeutet nach Ansicht des BGH „mehr als bloßes Verhandeln. Von einem Aushandeln in diesem Sinne kann nur dann gesprochen werden, wenn der Verwender den in seinen Allgemeinen Geschäftsbedingungen enthaltenen gesetzesfremden Kerngehalt, also die den wesentlichen Inhalt der gesetzlichen Regelung ändernden oder ergänzenden Bestimmungen, inhaltlich ernsthaft zur Disposition stellt und dem Verhandlungspartner Gestaltungsfreiheit zur Wahrung eigener Interessen einräumt mit zumindest der effektiven Möglichkeit, die inhaltliche Ausgestaltung der Vertragsbe-

235 MüKoBGB/*Fornasier*, § 310 BGB, Rn. 37.

236 Staudinger/*Piekenbrock*, § 310 BGB, Rn. 57.

237 Siehe Teil 1, B. VIII. 1. b).

238 *Hilpert*, Rechtliche Bewertung von Power Purchase Agreements (PPAs) mit erneuerbaren Energien, S. 25.

239 MüKoBGB/*Fornasier*, § 305 BGB, Rn. 20.

240 MüKoBGB/*Fornasier*, § 305 BGB, Rn. 21.

241 Vgl. MüKoBGB/*Fornasier*, § 305 BGB, Rn. 36.

dingungen zu beeinflussen."[242] Der Verwender muss „sich also deutlich und ernsthaft zur gewünschten Änderung einzelner Klauseln bereit erklären."[243] Allein die „allgemein geäußerte Bereitschaft, belastende Klauseln abzuändern", genügt hingegen nicht für ein Aushandeln.[244] Äußerliche Merkmale, wie „ob die Bestimmungen einen äußerlich gesonderten Bestandteil des Vertrags bilden oder in die Vertragsurkunde selbst aufgenommen werden, welchen Umfang sie haben, in welcher Schriftart sie verfasst sind und welche Form der Vertrag hat," spielen für das Vorliegen von AGBs gem. § 305 Abs. 1 S. 2 BGB hingegen keine Rolle.[245]

3. Vorrang der Individualabrede (§ 305b BGB)

Außerdem verdrängen Individualabreden gem. § 305b BGB – im Falle einer inhaltlichen Kollision – in den Vertrag einbezogene AGBs. Eine Individualabrede ist negativ abzugrenzen und mithin jede Abrede, die keine AGB ist.[246] Insofern sind auch Klauseln zur einmaligen Verwendung, die gem. § 310 Abs. 3 Nr. 2 BGB nach dem AGB-Recht kontrolliert werden, begrifflich keine AGB, sondern Individualabreden.[247] Die Individualabrede und die AGB müssen beide wirksam Bestandteil des Rechtsgeschäfts geworden sein.[248] Es gelten dabei die allgemeinen rechtsgeschäftlichen Regelungen, für die AGB außerdem die etwaigen Besonderheiten der Einbeziehung von AGB gem. §§ 305 f. BGB. In der Praxis wirken sich Vollständigkeitsklauseln („Nebenabreden bestehen nicht") oder Schriftformklauseln auf den Vorrang der Individualabrede aus.[249] Sofern eine Individualabrede nicht der Schriftform entspricht, ist diese nicht wirksamer Vertragsbestandteil. Eine Abweichung der Individualabrede von der AGB ist durch Auslegung zu ermitteln.[250]

4. Inhaltskontrolle (§§ 307 ff. BGB)

Die Inhaltskontrolle nach § 307 Abs. 3 BGB ist regelmäßig uneingeschränkt eröffnet, wenn nicht der Gegenstand der Hauptleistung betroffen ist, der privatautonom bestimmt wird und der Inhaltskontrolle mangels gesetzlichem Kontrollmaßstab entzogen ist,[251] sondern eine Ausgestaltung der Hauptleistungspflichten.[252] Klauseln, die das Hauptleistungsversprechen „einschränken, verändern, ausgestalten oder modifizieren", sind zu

---

242 BGH, NJW 2019, 2080, 2081, Rn. 14.

243 BGH, NJW 2019, 2080, 2081, Rn. 14.

244 BGH, NJW 2019, 2080, 2081, Rn. 14.

245 MüKoBGB/*Fornasier*, § 305 BGB, Rn. 31 ff.

246 Soergel/*Fritzsche*, § 305b BGB, Rn. 5.

247 BeckOGK/*Lehmann-Richter*, § 305b BGB, Rn. 24.

248 BeckOGK/*Lehmann-Richter*, § 305b BGB, Rn. 26.

249 BeckOGK/*Lehmann-Richter*, § 305b BGB, Rn. 29 ff.

250 MüKoBGB/*Fornasier*, § 305b BGB, Rn. 7.

251 Statt vieler BGH, NJW 2018, 534, 535, Rn. 15; BGH, NJW 2015, 328, 331, Rn. 37; BGH, NJW 2011, 1726, Rn. 15.

252 BGH, NJW 1994, 2693–2696, 2694; BeckOGK/*Eckelt*, § 307 Inhaltskontrolle, Rn. 189 spricht von „Ausgestaltung der vereinbarten Leistungspflicht nach Art und Weise oder Zeit".

kontrollieren,[253] da sie geeignet sind, den durch die Norm bezweckten Schutz des Kunden „vor einseitig ausbedungener, inhaltlich unangemessener Verkürzung der vollwertigen Leistung“ zu beeinträchtigen.[254] Dazu gehört z. B. auch die Ausgestaltung der Laufzeit eines Vertrages.[255]

§ 307 BGB setzt eine „unangemessene Benachteiligung“ des Vertragspartners entgegen den Geboten von „Treu und Glauben“ voraus. Die Generalklausel des § 307 BGB macht inhaltlich eine umfassende Abwägung der schützenswerten Interessen beider Parteien notwendig.[256] Im unternehmerischen Verkehr ist darüber hinaus zu berücksichtigen, dass die Beteiligten wegen der „dort herrschenden Handelsbräuche, Usancen, Verkehrssitten und wegen der zumeist größeren rechtsgeschäftlichen Erfahrung der Beteiligten auf eine stärkere Elastizität der für [sie] maßgeblichen vertragsrechtlichen Normen angewiesen“ sind.[257] Wie bereits erläutert, finden § 308 Nr. 1, 2 bis 9 und § 309 BGB gem. § 310 Abs. 1 BGB keine direkte Anwendung, da beide Parteien eines PPAs Unternehmer i. S. d. § 14 BGB sind. Ihnen kommt insofern allenfalls eine Indizwirkung für eine unangemessene Benachteiligung des Vertragspartners i. S. d. § 307 Abs. 1 S. 1 BGB zu, soweit die Wertungen auf den unternehmerischen Verkehr übertragbar sind.[258] Diese Indizwirkung kann aber im Einzelfall „wegen der besonderen Interessen und Bedürfnisse des kaufmännischen Geschäftsverkehrs ausnahmsweise“ widerlegt werden, sodass die Klauseln „als angemessen angesehen werden“.[259] So wird vertreten, dass z. B. eine Abweichung von § 309 Nr. 9 BGB, der die zulässige Vertragslaufzeit grds. auf zwei Jahre beschränkt, bei PPAs durch übliche Handelsbräuche ausnahmsweise gerechtfertigt sei.[260] Auch der BGH geht für § 309 Nr. 9 lit. a BGB[261] und für § 309 Nr. 9 lit. b und c BGB[262] davon aus.

Im unternehmerischen Verkehr anwendbar ist auch das Transparenzgebot.[263] Gem. § 307 Abs. 1 S. 2 BGB liegt insofern eine unangemessene Benachteiligung vor, wenn die AGB nicht klar und verständlich ist. § 307 Abs. 2 BGB statuiert zudem Spezialfälle in denen eine unangemessene Benachteiligung im Zweifel anzunehmen ist. Danach darf nicht von wesentlichen Grundgedanken der gesetzlichen Regelung abgewichen werden, bzw. der Vertragszweck darf durch Abweichungen von wesentlichen Rechten oder Pflichten, die sich aus der Natur des Vertrags ergeben, nicht gefährdet werden.

---

253 So etwa BGH, NJW 2018, 534, 535, Rn. 15.

254 Zum maßgeblichen Schutzzweck des AGB-Rechts siehe BGH, NJW 1987, 1931, 1935.

255 BGH, NJW 1994, 2693–2696, 2694; BeckOGK/*Eckelt*, § 307 Inhaltskontrolle, Rn. 189 spricht von „Ausgestaltung der vereinbarten Leistungspflicht nach Art und Weise oder Zeit“.

256 BeckOGK/*Zschieschack*, § 307 BGB Laufzeitklauseln, Rn. 27.

257 Entwurf eines Gesetzes zur Regelung des Rechts der Allgemeinen Geschäftsbedingungen (AGB-Gesetz), BT-Drs. 7/3919, S. 14.

258 BeckOGK/*Friesen*, § 310 BGB, Rn. 53; vgl. MüKoBGB/*Fornasier*, § 310 BGB, Rn. 11 ff.; krit. Staudinger/*Piekenbrock*, § 310 BGB, Rn. 28 ff.

259 BGH, NJW 1984, 1750, 1751; BGH, NJW 2007, 3774, 3775, Rn. 12.

260 *Wiederholt/Ludwig*, EnWZ 2019, 110, 111; *J. Held/Leiding*, ER 2019, 232, 233.

261 BGH, NJW-RR 2018, 683, 686, Rn. 22; BGH, NJW-RR 2012, 626, 627, Rn. 13; BGH, NJW-RR 1997, 942.

262 Wolf/Lindacher/Pfeiffer/*Dammann*, § 309 Nr. 9 BGB, Rn. 170.

263 BeckOK/*J. Becker*, § 309 Nr. 1 BGB, Rn. 38.

IV. Kaufvertrag

Es handelt sich bei Verträgen über die physische Lieferung von Energie um Kaufverträge (§§ 433 ff. BGB),[264] bzw. jedenfalls um Verträge auf die das Kaufrecht entsprechend Anwendung findet.[265] Physisch abgewickelte PPAs verpflichten als Kaufverträge gem. § 433 BGB den Verkäufer im Grundsatz zur Übergabe und Übereignung einer mangelfreien Sache und den Käufer zur Abnahme der Sache und zur Zahlung des vereinbarten Kaufpreises (anderes gilt für Finanz-PPAs, die schuldrechtlich als Verträge eigener Art mit kapitalmarktrechtlicher Prägung zu qualifizieren sind, siehe Teil 2, C. III.). Der Kaufgegenstand, die Sache, ist gem. § 90 BGB definiert als ein körperlicher Gegenstand. Während Gas durchaus ein körperlicher Gegenstand sein kann und Sachqualität hat, weil es auf den momentanen Aggregatzustand einer Sache nicht ankommt,[266] ist Strom physikalisch als „die Bewegung von Ladungsträgern, normalerweise Elektronen, durch eine Fläche“[267] mangels eines körperlich fassbaren Gegenstands gerade keine Sache i. S. d. § 90 BGB.[268] Dass das Kaufrecht trotzdem Anwendung findet, ergibt sich aus § 453 Abs. 1 BGB, der den kaufrechtlichen Anwendungsbereich auf den Kauf von „sonstigen Gegenständen“ ausdehnt.[269] Elektrizität wird allgemein als ein solcher „sonstiger Gegenstand“ angesehen.[270]

Die Zuordnung zum Kaufrecht wurde vor der Liberalisierung des Strommarkts auch wegen der Bedeutung von Netzanschluss und Vorhaltung des jeweiligen Energietyps für die Stromlieferung in Frage gestellt.[271] Insofern wurde vertreten, dass es sich nicht um einen Kaufvertrag, sondern um einen Vertrag sui generis,[272] einen Miet-, Pacht-, Dienst- oder Werkvertrag handle.[273] Mit Einführung der Entflechtung der Wertschöpfungsstufen Erzeugung und Vertrieb vom Transport wurde der schuldrechtliche Liefervertrag von den den Transport ermöglichenden Verträgen jedenfalls im Grundsatz getrennt.[274] Inhalt eines

---

264 MüKoBGB/*Westermann*, § 433 BGB, Rn. 11; *Wiederholt/Ludwig*, EnWZ 2019, 110, 111; *Hilpert*, Rechtliche Bewertung von Power Purchase Agreements (PPAs) mit erneuerbaren Energien, S. 23; *Wyl*, in: Recht der Energiewirtschaft, § 12, Rn. 87; vgl. *RGZ* 117, 315; Staudinger/*Beckmann*, § 433, Rn. 11 (betreffend Gas).

265 Statt vieler BGH, NJW 1969, 1903, 1905; BGH, NJW 1983, 1777; BGH, RdE 1994, 70, 72; Staudinger/*Beckmann*, § 433, Rn. 11 (betreffend Elektrizität); BGH, NJW 1979, 1304 (betreffend Wärme); *Küttner/Theis*, in: Verträge der Energiewirtschaft, Kap. 2 F., Rn. 1; *Röhling*, in: Energiehandel, Kap. 9, Rn. 3; Grüneberg/*Weidenkaff*, § 453 BGB, Rn. 5 f.; Erman/*Grunewald*, § 433 BGB, Rn. 11.

266 Staudinger/*Beckmann*, § 433, Rn. 11; vgl. BGH, VersR 1972, 953; *RGZ* 117, 315; a. A. *Dickmann*, Die Rechtsnatur des Energieversorgungsvertrages, S. 7, 70.

267 *Pritzsche/Vacha*, Energierecht, § 4, Rn. 7.

268 *Schöne/Garbers*, in: Vertragsrecht und AGB-Klauselwerke, Stromlieferverträge, Rn. 59; MüKoBGB/*Stresemann*, § 90 BGB, Rn. 24; Grüneberg/*Ellenberger*, § 90 BGB, Rn. 2; a. A. *Bydlinski*, in: Festschrift für Hermann Hämmerle, Energielieferung und Kaufrecht, 34 ff.

269 MüKoBGB/*Stresemann*, § 90 BGB, Rn. 24; Staudinger/*Beckmann*, § 453, Rn. 39 ff.; *Schöne/Garbers*, in: Vertragsrecht und AGB-Klauselwerke, Stromlieferverträge, Rn. 59; *Wyl*, in: Recht der Energiewirtschaft, § 12, Rn. 87.

270 BeckOK/*Faust*, § 453 BGB, Rn. 24; Grüneberg/*Weidenkaff*, § 453 BGB, Rn. 5 f.

271 *Reinholz*, RdE 1999, 64, 69.

272 *Reinholz*, RdE 1999, 64, 68 ff.; *Fischerhof*, NJW 1954, 1874; *Büdenbender*, Energierecht, S. 843 ff.; *Dickmann*, Die Rechtsnatur des Energieversorgungsvertrages, S. 107.

273 Zur historischen Diskussion ausführlich *Reinholz*, RdE 1999, 64, 68 ff.; *Dickmann*, Die Rechtsnatur des Energieversorgungsvertrages, S. 64 ff.

274 *Unberath/Fricke*, NJW 2007, 3601, 3602 f.

Stromliefervertrags in der Erzeugung oder im Vertrieb ist heute mithin nach der rechtlichen Grundkonzeption allein die Lieferung von Strom als „sonstigem Gegenstand" i. S. d. § 453 Abs. 1 BGB. Weitere Dienstleistungen werden sekundär, durch den Abschluss weiterer Verträge entweder zur Ermöglichung der technischen Voraussetzungen der Energielieferung erbracht oder als zusätzliche Serviceleistung. Der Netzanschluss etwa unterliegt der Regulierung gem. §§ 17 ff. EnWG und ist inhaltlich durch einen Netzanschlussvertrag auszugestalten (vgl. etwa § 2 Abs. 2 NAV, § 4 Abs. 1 S. 3 KraftNAV). Gleiches gilt für die Netznutzung, die in den vom Liefervertrag unabhängig abzuschließenden Netznutzungs- oder Lieferantenrahmenverträgen gem. § 20 Abs. 1a EnWG zu regeln ist. Zudem wird die Vorhaltung der Leistungsbereitschaft im aktuellen Marktdesign des „Energy-Only-Markts" regelmäßig gerade nicht explizit vergütet.[275] Ausnahmen davon stellen etwa der Regelenergiemarkt sowie indirekt der Verkauf von Strom auf dem Terminmarkt oder mittels langfristiger Lieferverträge dar.[276] So wird bei PPAs implizit auch die Vorhaltung der Leistungsbereitschaft in einem zukünftigen Zeitraum mitvergütet. Das rechtfertigt wegen des anders gelagerten Schwerpunkts der vertraglichen Verpflichtungen allerdings noch kein anderes Ergebnis, wie etwa eine Einordnung als Dienstvertrag.

Folglich gelten die kaufrechtlichen Regelungen gem. § 433 ff. BGB, insb. die Primärpflichten aus § 433 Abs. 1 und 2 BGB. Dass Energie keine Sache i. S. d. § 90 BGB ist, führt allerdings dazu, dass Teile des Kaufrechts und des allgemeinen Schuldrechts nicht auf Energielieferverträge übertragbar sind. So lassen sich z. B. die Regelungen zur Nacherfüllung bzw. zur Rückabwicklung nach Rücktritt nicht problemlos auf die physikalische Lieferung von Strom anwenden.[277] Nachbesserung ist mangels unterscheidbarer „Stromqualität" nicht möglich und eine Rückabwicklung ist nicht möglich, da Strom praktisch in größeren Mengen schwer speicherbar ist, weswegen er im Moment der Erzeugung auch nachgefragt und verbraucht werden muss.[278] Den kaufrechtlichen Vorschriften kommt insofern häufig nur eine geringere Bedeutung bei rechtlichen Problemen mit Energielieferverträgen zu.[279] Aus dem zwingenden Zusammenhang zwischen Einspeisung und Verbrauch folgt zudem, dass eine Nichtleistung (fehlende Lieferung bzw. Nichtabnahme) regelmäßig zur Unmöglichkeit gem. § 275 Abs. 1 BGB führt.[280] Es handelt sich nämlich um ein „absolutes Fixgeschäft", das vorliegt, wenn der Leistungszeitpunkt nach Sinn und Zweck des Vertrags und nach der Interessenlage der Parteien so wesentlich ist, dass eine verspätete Leistung keine Erfüllung mehr darstellt.[281] Üblicherweise ist der Strombedarf eines Kunden untrennbar mit einer bestimmten Zeit verbunden und kann nicht nachgeholt werden, sodass Stromlieferungen abseits der beschränkten Speichermöglichkeiten regelmäßig als „absolute Fixgeschäfte" zu qualifizieren sind.[282] Die Unmöglichkeit einer Stromlieferung ergibt sich hingegen nicht schon aus Hindernissen beim Bezug von Primärenergieträgern oder beim Kraftwerksbetrieb.[283]

275 BMWi, Ein Strommarkt für die Energiewende, S. 11.

276 BMWi, Ein Strommarkt für die Energiewende, S. 11.

277 MüKoBGB/*Westermann*, § 433 BGB, Rn. 11; Staudinger/*Beckmann*, § 453, Rn. 39.

278 *Fried*, in: Handbuch Energiehandel, Rechtliche Bewältigung des OTC-Handels, Rn. 190.

279 Staudinger/*Beckmann*, § 453, Rn. 41.

280 *Büdenbender*, Energierecht, Rn. 850.

281 Vgl. statt vieler BGH, NJW 2009, 2743, 2744.

282 *Büdenbender*, Energierecht, Rn. 850.

283 *U. Scholz/Tüngler*, EnWZ 2020, 201, 206.

Von den kaufrechtlichen Normen sind wesentliche Teile als zwingendes Recht zu qualifizieren,[284] insb. die verbraucherschützenden Normen. Diese spielen in PPAs als Verträge zwischen Unternehmern gem. § 14 BGB allerdings kaum eine Rolle. Abseits der verbraucherschützenden Normen ist bspw. das kaufrechtliche Gewährleistungsrecht im Rahmen des § 444 BGB weitgehend abdingbar. Wie dargestellt, ist das kaufrechtliche Gewährleistungsrecht jedoch ohnehin nicht in jeder Hinsicht auf Strom und PPAs anwendbar.

V. Dauerschuldverhältnis oder Sukzessivlieferungsvertrag

Darüber hinaus haben PPAs wegen der Vertragsdauer häufig den Charakter eines Dauerschuldverhältnisses bzw. eines Sukzessivlieferungsvertrags. Richtigerweise ist hier dogmatisch zu differenzieren, was aber nicht immer konsequent umgesetzt wird.[285] Der Streit wird in der Literatur mangels praktischer Auswirkungen als akademisch abgetan, da allgemein anerkannt sei, dass bei Energielieferverträgen ein Kündigungsgrund aus wichtigem Grund entsprechend § 314 BGB bestehe (neben einem etwaigen Rücktrittsrecht für einzelne Raten).[286]

Bei einem Dauerschuldverhältnis handelt es sich um ein Rechtsgeschäft während dessen Laufzeit fortwährend neue Leistungs- und Schutzpflichten entstehen.[287] Das bedeutet, dass der der Umfang der vertraglichen Hauptleistung erst mit der Zeit bestimmbar wird.[288] Wesentliche Folge der Einordnung als Dauerschuldverhältnis wäre die direkte Anwendbarkeit von § 314 BGB.

Im Gegensatz dazu ist bei einem „echten" Sukzessivlieferungsvertrag der Umfang der vertraglichen Hauptleistung schon bei Vertragsschluss bestimmt, wird aber erst über die Dauer der Vertragslaufzeit erbracht (durch „Aufspaltung des Leistungsaustausches in mehrere Teilakte").[289] Beispiel für einen Sukzessivlieferungsvertrag ist der Ratenlieferungsvertrag gem. § 510 BGB.[290] Bei einem solchen Vertrag, der gerade kein Dauerschuldverhältnis darstellt, wäre nicht § 314 BGB anwendbar, sondern wie sonst üblich, die Regelungen über den Rücktritt.[291] Entscheidend ist mithin, ob im Vertrag bereits die Lieferung einer bestimmten Menge des Leistungsgegenstands vereinbart ist oder ob dieser erst im Laufe des Vertrags bestimmbar wird.[292]

---

284 MüKoBGB/*Westermann*, Vor § 433 BGB, Rn. 1.

285 Vgl. so etwa BerlKommEnR/*Busche*, Vor § 36 EnWG, Rn. 8 der zwar einerseits ein Dauerschuldverhältnis, aber andererseits auch einen Sukzessivlieferungsvertrag annimmt.

286 *Kühling/Rasbach/C. Busch*, Energierecht, S. 222, Rn. 33; *Wyl*, in: Recht der Energiewirtschaft, § 12, Rn. 90, Fn. 160.

287 NK-BGB/*Jung*, § 314 BGB, Rn. 8; MüKoBGB/*Gaier*, § 314 BGB, Rn. 10; jurisPK-BGB/*Weth*, § 314 BGB, Rn. 5.

288 Vgl. etwa jurisPK-BGB/*Weth*, § 314 BGB, Rn. 5; MüKoBGB/*Gaier*, § 314 BGB, Rn. 10.

289 BGH, NJW 1981, 679 f.

290 MüKoBGB/*Westermann*, Vor § 433 BGB, Rn. 32.

291 BGH, NJW 1981, 679 f.

292 MüKoBGB/*Westermann*, Vor § 433 BGB, Rn. 33.

Zuweilen werden Stromlieferverträge auch als Bezugsverträge bezeichnet, sofern es um den Bezug von Strom geht, ausgerichtet am Bedarf des Abnehmers.[293] Nur sofern die Bezugsmenge bei Vertragsschluss noch nicht festgelegt ist, stellt ein solcher Vertrag ein Dauerschuldverhältnis dar.[294]

Unterschieden werden vom Dauerschuldverhältnis noch sog. Wiederkehrschuldverhältnisse, bei denen – z. B. auf Basis eines Grund- oder Rahmenvertrages – wiederkehrend neue Verträge geschlossen werden.[295] Dabei stellt der Grund- oder Rahmenvertrag mangels bestimmbaren Leistungsumfangs ein Dauerschuldverhältnis dar, die Einzelverträge i. d. R. hingegen nicht.[296]

Ein Energieliefervertrag wie ein PPA kann sowohl als Dauerschuldverhältnis als auch als Sukzessivlieferungsvertrag ausgestaltet sein. Maßgeblich ist, ob der Umfang der vertraglichen Hauptleistung schon bei Vertragsschluss bestimmt ist oder erst über die Dauer der Vertragslaufzeit bestimmbar wird. Sofern im PPA eine „offene" Liefermenge vereinbart ist, wie z. B. bei einer Vollversorgung oder bei einer Liefermenge, die sich nach den Produktionsmöglichkeiten richtet („wie produziert"), handelt es sich um ein Dauerschuldverhältnis, wenn hingegen eine feste Liefermenge vereinbart wurde, sodass die Liefermenge bei Vertragsschluss bestimmt ist, handelt es sich um einen „echten" Sukzessivlieferungsvertrag.[297] Unabhängig von diesem dogmatisch korrekten Verständnis wird auch bei PPAs hinsichtlich des Kündigungsrechts gem. § 314 BGB nicht differenziert und dessen Anwendbarkeit ohne weitere Begründung angenommen.[298]

VI. Kartellrechtliche Grundlagen

1. Verbot wettbewerbsbeschränkender Vereinbarungen (Art. 101 AEUV bzw. § 1 GWB)

In Art. 101 AEUV bzw. § 1 GWB ist das sog. Kartellverbot, auch Verbot wettbewerbsbeschränkender Vereinbarungen, normiert. Dabei ist in Abs. 1 festgelegt, unter welchen Voraussetzungen ein Verhalten durch die Norm grundsätzlich verboten ist (Verbotstatbestand). In den gem. Abs. 3 bestimmten Fällen gilt das Verbot des Abs. 1 ausnahmsweise nicht (Freistellungstatbestand). Im deutschen Recht entspricht § 1 GWB dem Abs. 1 und entsprechen die §§ 2 und 3 GWB dem Abs. 3. Da die deutschen Vorschriften unionsrechtskonform auszulegen sind, prägen die unionsrechtlichen Vorgaben die deutschen Regelungen gem. §§ 1 bis 3 GWB, auch wenn kein zwischenstaatlicher Sachverhalt vor-

---

293 Vgl. auch jurisPK-BGB/*Weth*, § 314 BGB, Rn. 12; *Schöne/Garbers*, in: Vertragsrecht und AGB-Klauselwerke, Stromlieferverträge, Rn. 61; mit Verweis auf *Westphalen*, ZGS 2002, 431, 432.

294 Erman/*L. Böttcher*, § 314 BGB, Rn. 3c; Grüneberg/*Grüneberg*, § 314 BGB, Rn. 2; jurisPK-BGB/*Weth*, § 314 BGB, Rn. 12.

295 Vgl. *Michalski*, JA 1979, 401, 402 f.

296 MüKoBGB/*Gaier*, § 314 BGB, Rn. 15; BeckOGK/*Martens*, § 314 BGB, Rn. 22.

297 Vgl. *Behrens*, RdE 2014, 424.

298 Vgl. dena, Vertragswesen von Green Power Purchase Agreements, S. 25; *Hilpert*, Rechtliche Bewertung von Power Purchase Agreements (PPAs) mit erneuerbaren Energien, S. 23; *Wiederholt/Ludwig*, EnWZ 2019, 110, 114.

liegt.[299] Das Kartellverbot richtet sich an Unternehmen und Unternehmensvereinbarungen. Es gilt eine autonome kartellrechtliche Definition, die sich nach den Schutzzwecken des Art. 101 AEUV (Sicherung eines unverfälschten Wettbewerbs) richtet (sog. funktionaler Unternehmensbegriff).[300] Ein Unternehmen ist nach Ansicht des EuGHs jede eine wirtschaftliche Tätigkeit ausübende Einheit unabhängig von ihrer Rechtsform und der Art ihrer Finanzierung.[301] Eine wirtschaftliche Tätigkeit ist das Anbieten von Produkten oder Dienstleistungen auf einem Markt.[302] Darunter können auch die am PPA beteiligten Parteien fallen, z. B. die Projektgesellschaft oder ein abnehmendes Unternehmen, das den Strombedarf für seine wirtschaftliche Tätigkeit über ein PPA decken und gleichzeitig die Herkunftsnachweise beziehen will. Während reine (nicht wirtschaftliche) Nachfragetätigkeiten nicht umfasst sind, ist das Nachfragen von Produkten oder Dienstleistungen nach Ansicht des EuGHs dann eine wirtschaftliche Tätigkeit, wenn das nachgefragte Produkt später – z. B. nachdem es verarbeitet wurde – wieder auf einem Markt angeboten werden soll.[303] Dies wird bei größeren Unternehmen, die Strom im Rahmen eines PPAs beziehen, regelmäßig zutreffen.

Sachlich setzt das Kartellverbot eine Verhinderung, Einschränkung oder Verfälschung des Wettbewerbs auf dem Markt voraus, eine sog. Wettbewerbsbeschränkung. Eine solche ist letztlich eine Negation des Wettbewerbs, dessen Inhalte durch die wettbewerbspolitischen Leitbilder geprägt werden.[304] Der EuGH versteht funktionsfähigen Wettbewerb ausgehend vom sog. Selbstständigkeitspostulat.[305] Jedes Unternehmen hat selbständig zu bestimmen, welche „Politik" es auf dem Markt betreiben will.[306] Geschützt ist damit primär die wettbewerbliche Handlungsfreiheit aller am Markt beteiligten Unternehmen.[307] Trotz einer Beschränkung der Handlungsfreiheit ist aber nicht immer auch eine Wettbewerbsbeschränkung gegeben.[308] So ist es z. B. bei Austauschverträgen wie PPAs, die trotz ihrer immanenten Bezugsbindungen und Bedarfsdeckungen im Grundsatz als wettbewerbsrechtlich neutral angesehen werden.[309] Etwas anderes gilt dann, wenn der Vertrag für Wettbewerber eine marktverschließende Wirkung hat.[310] Mittlerweile ist ebenfalls von Bedeutung, dass die Wettbewerbspolitik der Kommission für eine stärker wirtschaftliche

---

299 Entwurf eines Siebten Gesetzes zur Änderung des Gesetzes gegen Wettbewerbsbeschränkungen, BT-Drs. 15/3640, S. 22 f.; *Fuchs*, WRP 2005, 1384.

300 Bunte/*Hengst*, Art. 101 AEUV, Rn. 5.

301 Statt vieler EuGH, Slg. 1991, I-1979 – Höfner und Elser, Rn. 21; EuGH, Slg. 2006, I-6295 – FENIN, Rn. 25.

302 Statt vieler EuGH, Slg. 1998, I-3851 – Kommission/Italien, Rn. 36; EuGH, Slg. 2006, I-6295 – FENIN, Rn. 25.

303 EuGH, Slg. 2006, I-6295 – FENIN; EuGH, Slg. 2009, I-2207 – SELEX, Rn. 94 ff.; krit. dazu z. B. *Säcker/Mohr*, WRP 2011, 793, 798 f.

304 Vgl. *Mohr*, ZWeR 2015, 1, 3 f.; *Mohr*, Sicherung der Vertragsfreiheit durch Wettbewerbs- und Regulierungsrecht, S. 208 ff.

305 EuGH, Slg. 1975, 1663 – Suiker Unie u. a./Kommission, Rn. 173 f.

306 EuGH, Slg. 1975, 1663 – Suiker Unie u. a./Kommission, Rn. 173 f.

307 Vgl. MüKoWettbR/*Säcker/Zorn*, Art. 101 AEUV, Rn. 201.

308 EuG, Slg. 2001, II-2459 – Métropole télévision, Rn. 76 f.

309 BGH, NJW 2009, 1751, 1752, Rn. 15; zu § 18 GWB a. F. BGH, NJW 1990, 2815, 2818; Bunte/*Krauß*, § 1 GWB, Rn. 18, 290; entsprechend zu Wettbewerbsverboten in Unternehmenskaufverträgen *Mohr*, WuW 2011, 112, 121.

310 BGH, NJW-RR 2009, 1635, 1638, Rn. 35; BGH, NZKart 2018, 372, 374, Rn. 52 f.

Herangehensweise steht, die den Schutz des Wettbewerbs an den Marktergebnissen für die Verbraucherwohlfahrt ausrichten will (sog. more economic approach).[311] Eine Wettbewerbsbeschränkung liegt demnach vor, wenn die Vereinbarungen negative Auswirkungen auf die Verbraucherwohlfahrt haben, z. B. auf Preis, Produktionsmenge, Produktqualität, Produktvielfalt oder Innovation.[312]

Art. 101 AEUV erfasst horizontale und vertikale Wettbewerbsbeschränkungen.[313] Horizontal meint dabei Beschränkungen zwischen zueinander im Wettbewerb stehenden Unternehmen.[314] Vertikale Wettbewerbsbeschränkungen liegen dagegen zwischen Unternehmen unterschiedlicher Stufen der Produktions- oder Vertriebskette vor.[315] PPAs, als mögliche relevante Vereinbarungen, sind Vereinbarungen zwischen Unternehmen verschiedener Marktstufen, die hier nicht im Wettbewerb zueinander stehen. Sie können also insb. vertikale Wettbewerbsbeschränkungen darstellen.

Unterschieden wird zwischen einer bezweckten und einer bewirkten Wettbewerbsbeschränkung.[316] Eine bezweckte Wettbewerbsbeschränkung liegt vor, wenn das relevante Verhalten schon seiner Natur bzw. Art nach typischerweise objektiv geeignet ist, den Wettbewerb zu beschränken.[317] Dann besteht unabhängig von dessen konkreten Auswirkungen eine spürbare Beschränkung des Wettbewerbs.[318] Diese konkreten Auswirkungen auf den Markt müssen daher bei einer bezweckten Wettbewerbsbeschränkung nicht geprüft werden.[319] Demgegenüber liegt eine bewirkte Wettbewerbsbeschränkung vor, wenn mit hinreichender Wahrscheinlichkeit zu erwarten ist, dass der Wettbewerb vom relevanten Verhalten tatsächlich oder potentiell beeinträchtigt wird.[320] Die Wirkungen des Verhaltens auf die Marktverhältnisse sind umfassend zu analysieren und positive und negative Effekte einander gegenüberzustellen.[321]

Erfasst werden nur spürbare Wettbewerbsbeschränkungen. Wird der Wettbewerb auf dem relevanten Markt nur geringfügig beeinträchtigt, liegt keine Wettbewerbsbeschränkung vor.[322] Die Spürbarkeit ist damit ein ungeschriebenes materielles Tatbestands-

---

311 Ausführlich dazu *Mestmäcker/Schweitzer*, Europäisches Wettbewerbsrecht, § 3 Rn. 43 ff.; *Mohr*, ORDO 2019, 259, 279 ff.; MüKoWettbR/*Säcker/Zorn*, Art. 101 AEUV, Rn. 203.

312 Vgl. Leitlinien zur Anwendbarkeit des Artikels 101 des Vertrags über die Arbeitsweise der Europäischen Union auf Vereinbarungen über horizontale Zusammenarbeit v. 21. 7. 2023, ABl. EU 2023 C 259/1, Rn. 30.

313 EuGH, Slg. 1966, 325–400, 387 – Consten und Grundig.

314 Bunte/*Hengst*, Art. 101 AEUV, Rn. 178.

315 Vgl. Art. 1 Abs. 1 lit. a der Verordnung (EU) 2022/720 der Kommission über die Anwendung des Artikels 101 Absatz 3 des Vertrags über die Arbeitsweise der Europäischen Union auf Gruppen von vertikalen Vereinbarungen und abgestimmten Verhaltensweisen v. 10. 5. 2022, ABl. EU L 134/4; Bunte/*Hengst*, Art. 101 AEUV, Rn. 178.

316 Ausführlich dazu *Mohr*, ZWeR 2015, 1.

317 EuGH, Slg. 2008, I-8637 – BIDS, Rn. 17; EuGH, BeckRS 2012, 82643 – Expedia, Rn. 36 f.

318 EuGH, Slg. 2008, I-8637 – BIDS, Rn. 17; EuGH, BeckRS 2012, 82643 – Expedia, Rn. 36 f.

319 EuGH, Slg. 2008, I-8637 – BIDS, Rn. 16.

320 Vgl. Leitlinien zur Anwendbarkeit des Artikels 101 des Vertrags über die Arbeitsweise der Europäischen Union auf Vereinbarungen über horizontale Zusammenarbeit v. 21. 7. 2023, ABl. EU 2023 C 259/1, Rn. 30.

321 *Säcker/Mohr*, WRP 2011, 793, 801.

322 Statt vieler EuGH, Slg. 1969, 296–303 – Völk/Vervaecke, Rn. 7.

merkmal der bewirkten Wettbewerbsbeschränkung, das einen exzessiven Gebrauch des Art. 101 AEUV durch Private vermeiden soll.[323] Zu berücksichtigen sind bei der Feststellung der Spürbarkeit qualitative Kriterien, wie die Schwere der Wettbewerbsbeschränkung, und quantitative Kriterien, also die Marktanteile der Beteiligten Unternehmen.[324] Ergänzt wird dieses materielle Tatbestandsmerkmal durch die Praxis der Kommission, die aufgrund ihrer De-minimis-Bekanntmachung (auch Bagatellbekanntmachung) bestimmte Fälle nicht aufgreift.[325] Dazu gehören auch Vereinbarungen, die sich wie PPAs im Vertikalverhältnis abspielen und in denen jedes der beteiligten Unternehmen auf den relevanten Märkten einen geringeren Marktanteil als 15 % hat.[326] Die Kommission stellt hier also allein auf ein quantitatives Kriterium ab.[327] Das Spürbarkeitskriterium muss nur bei bewirkten Wettbewerbsbeschränkungen eigenständig geprüft werden, da bezweckte Wettbewerbsbeschränkungen – wie gesehen – ihrer Natur nach und unabhängig von ihren konkreten Auswirkungen eine spürbare Beschränkung des Wettbewerbs darstellen.[328]

Langfristige Lieferverträge wie PPAs werden wettbewerbsrechtlich unter anderem dann relevant, wenn sie mit einer hohen Deckungsquote oder gar mit einer Alleinbezugsverpflichtung kombiniert werden.[329] Für derartige Lieferverträge mit einer Alleinbezugsverpflichtung gilt, dass sie zwar i. S. v. Art. 101 AEUV keine Wettbewerbsbeschränkung bezwecken.[330] Denn eine bezweckte Wettbewerbsbeschränkung liegt nur vor, wenn das relevante Verhalten schon seiner Natur bzw. Art nach typischerweise objektiv geeignet ist, den Wettbewerb zu beschränken.[331] Das ist bei PPAs als langfristigen Verträgen mit einer ggf. hohen Deckungsquote nicht der Fall. Zu untersuchen ist aber, ob sie eine Wettbewerbsbeschränkung bewirken.[332] Dabei ist eine Vereinbarung insb. in ihrem wirtschaftlichen und rechtlichen Gesamtzusammenhang zu prüfen und eine kumulative Wirkung auf den Wettbewerb zu berücksichtigen, die sich aus dem Bestehen weiterer gleichartiger Vereinbarungen im Markt ergibt.[333] Derartige Vereinbarungen sind daher als Bündel zu betrachten (sog. Bündeltheorie).[334]

---

323 *Mohr/König*, JURA 2012 (2012), 165, 171.

324 Bunte/*Hengst*, Art. 101 AEUV, Rn. 260.

325 Mitteilung der Kommission – Bekanntmachung über Vereinbarungen von geringer Bedeutung, die im Sinne des Artikels 101 Absatz 1 des Vertrags über die Arbeitsweise der Europäischen Union den Wettbewerb nicht spürbar beschränken (De-minimis-Bekanntmachung) v. 30. 8. 2014, ABl. EU 2014 C 291/1.

326 Mitteilung der Kommission – Bekanntmachung über Vereinbarungen von geringer Bedeutung, die im Sinne des Artikels 101 Absatz 1 des Vertrags über die Arbeitsweise der Europäischen Union den Wettbewerb nicht spürbar beschränken (De-minimis-Bekanntmachung) v. 30. 8. 2014, ABl. EU 2014 C 291/1, Rn. 8 lit. b.

327 Bunte/*Hengst*, Art. 101 AEUV, Rn. 260.

328 Vgl. EuGH, Slg. 2008, I-8637 – BIDS, Rn. 16; EuGH, BeckRS 2012, 82643 – Expedia, Rn. 37.

329 BGH, NJW-RR 2009, 1635, 1638 f., Rn. 37.

330 EuGH, Slg. 1991, I-977 – Delimitis/Henninger Bräu, Rn. 13.

331 EuGH, Slg. 2008, I-8637 – BIDS, Rn. 17; EuGH, BeckRS 2012, 82643 – Expedia, Rn. 36 f.

332 EuGH, Slg. 1991, I-977 – Delimitis/Henninger Bräu, Rn. 13.

333 EuGH, Slg. 1994, I-1508 – Almelo, Rn. 37; EuGH, Slg. 1991, I-977 – Delimitis/Henninger Bräu, Rn. 14; EuGH, Slg. 1967, 545–557, 555 f. – Brasserie De Haecht/Wilkin Janssen.

334 EuGH, Slg. 1994, I-1508 – Almelo, Rn. 37; EuGH, Slg. 1991, I-977 – Delimitis/Henninger Bräu, Rn. 14; EuGH, Slg. 1967, 545–557, 555 f. – Brasserie De Haecht/Wilkin Jans-

Zur Abgrenzung des Geltungsbereichs des Unionsrechts vom Recht der Mitgliedstaaten dient das Tatbestandsmerkmal der Zwischenstaatlichkeit.[335] Vereinbarungen, die geeignet sind, den Handel zwischen Mitgliedstaaten zu beeinträchtigen, gehören zum Geltungsbereich des Unionsrechts. Dieses Merkmal unterscheidet insofern den Art. 101 AEUV vom § 1 GWB, da es nur im Unionsrecht vorkommt. Es hat daher für § 1 GWB keine Relevanz. Zu beachten ist hinsichtlich der anderen Merkmale aber – wie bereits erläutert –, dass die deutschen Vorschriften unionsrechtskonform auszulegen sind und von den unionsrechtlichen Vorgaben daher geprägt werden, auch wenn kein zwischenstaatlicher Sachverhalt vorliegt.[336] Unter den Begriff der zwischenstaatlichen Vereinbarung fallen Vereinbarungen die unmittelbar oder mittelbar, tatsächlich oder der Möglichkeit nach geeignet sind, die Freiheit des Handels zwischen Mitgliedstaaten in einer Weise zu gefährden, die der Verwirklichung der Ziele eines einheitlichen zwischenstaatlichen Marktes nachteilig sein kann.[337] Maßgeblich ist wie bei der Wettbewerbsbeschränkung auch hier eine spürbare Beeinträchtigung, in diesem Fall des zwischenstaatlichen Handels, die geringfügige Vereinbarungen ausschließt.[338] Die Bündeltheorie kann wie bei der Spürbarkeit der Wettbewerbsbeschränkung herangezogen werden.[339] Allerdings gelten hinsichtlich der zwischenstaatlichen Handelsbeeinträchtigung andere Leitlinien der Kommission und insofern auch andere Schwellenwerte.[340] Dafür relevant ist die sog. NAAT-Regel („no appreciable affectation of trade"), wonach unter bestimmten Voraussetzungen widerleglich vermutet wird, dass gerade keine spürbare Handelsbeeinträchtigung vorliegt.[341] Zu den Voraussetzungen dieser Vermutung gehört einerseits, dass der gemeinsame Marktanteil der an der Vereinbarung beteiligten Parteien auf keinem von ihr betroffenen relevanten Markt in der Union höher als 5 % ist.[342] Andererseits darf im Falle vertikaler Vereinbarungen der Jahresumsatz des Lieferanten mit den von der Vereinbarung erfassten Waren in der Union nicht den Betrag von 40 Millionen Euro überschreiten.[343] Das Merkmal der Handelsbeeinträchtigung steht in einem engen Zusammenhang mit der Integration des europäischen

---

sen; MüKoWettbR/*M. Wolf*, Art. 101 AEUV, Rn. 517; Immenga/Mestmäcker/*Zimmer*, Art. 101 Abs. 1 AEUV, Rn. 179; Bunte/*Hengst*, Art. 101 AEUV, Rn. 266.

335 EuGH, Slg. 1966, 325–400, 389 – Consten und Grundig.

336 BT-Drs. 15/3640, 22f.; *Fuchs*, WRP 2005, 1384.

337 EuGH, Slg. 1966, 325–400, 389 – Consten und Grundig.

338 EuGH, Slg. 1969, 296–303 – Völk/Vervaecke, Rn. 7.

339 Vgl. MüKoWettbR/*Kirchhoff*, Art. 101 AEUV, Rn. 770; Bekanntmachung der Kommission – Leitlinien über den Begriff der Beeinträchtigung des zwischenstaatlichen Handels in den Artikeln 81 und 82 des Vertrags v. 27.4.2004, ABl. EU 2004 C 101/81, Rn. 49.

340 So ausdrücklich auch Bekanntmachung der Kommission – Leitlinien über den Begriff der Beeinträchtigung des zwischenstaatlichen Handels in den Artikeln 81 und 82 des Vertrags v. 27.4.2004, ABl. EU 2004 C 101/81, Rn. 4.

341 Bekanntmachung der Kommission – Leitlinien über den Begriff der Beeinträchtigung des zwischenstaatlichen Handels in den Artikeln 81 und 82 des Vertrags v. 27.4.2004, ABl. EU 2004 C 101/81, Rn. 3.

342 Bekanntmachung der Kommission – Leitlinien über den Begriff der Beeinträchtigung des zwischenstaatlichen Handels in den Artikeln 81 und 82 des Vertrags v. 27.4.2004, ABl. EU 2004 C 101/81, Rn. 52 lit. a.

343 Bekanntmachung der Kommission – Leitlinien über den Begriff der Beeinträchtigung des zwischenstaatlichen Handels in den Artikeln 81 und 82 des Vertrags v. 27.4.2004, ABl. EU 2004 C 101/81, Rn. 52 lit. b.

Binnenmarkts[344] und unterliegt damit einem dynamischen Prozess. Je weiter die Integration nationaler Märkte in den europäischen Markt fortschreitet, desto wahrscheinlicher ist die Beeinträchtigung des zwischenstaatlichen Handels.[345]

Besonders hingewiesen sei darauf, dass im Vertikalverhältnis grds. auch wettbewerbsfördernde Effekte anerkannt werden. Solange der Marktanteil eines Unternehmens unter 30 % liegt, geht die Kommission davon aus, dass vertikale Vereinbarungen, die keine sonstigen schwerwiegenden Wettbewerbsbeschränkungen enthalten, im Allgemeinen zu einer Verbesserung der Produktion oder des Vertriebs und zu einer angemessenen Beteiligung der Verbraucher an dem daraus entstehenden Gewinn führen.[346] Daher sind Austauschverträge – zu denen auch PPAs gehören – im Grundsatz wettbewerbsrechtlich neutral,[347] sofern sie ein gewisses Maß nicht überschreiten.[348] Unter anderem darin liegt ein Begründungsansatz für die pauschalisierte Ausnahmeregelung der Gruppenfreistellungsverordnung für vertikale Vereinbarungen (Vertikal-GVO).[349] Diese regelt für Gruppen vertikaler Vereinbarungen unter bestimmten Voraussetzungen eine Legalausnahme vom Kartellverbot. Für diese dürfen Anbieter und Abnehmer jeweils einen Marktanteil von 30 % nicht überschreiten (Art. 3 Vertikal-GVO) und keine Kernbeschränkungen vorliegen (Art. 4 Vertikal-GVO).[350] Sofern die Voraussetzungen der Vertikal-GVO nicht vorliegen, ist eine Einzelfreistellung gem. Art. 101 Abs. 3 AEUV möglich.[351] Liegen die Voraussetzungen des Art. 101 Abs. 3 AEUV im Einzelfall vor, ist das Kartellverbot nicht anwendbar, ohne dass es einer behördlichen Entscheidung bedarf.[352] Diese grundlegenden Prinzipien sind bei der Untersuchung der kartellrechtlichen Zulässigkeit von PPAs zu berücksichtigen.

2. Missbrauch marktbeherrschender Stellung (Art. 102 AEUV bzw. §§ 19, 29 GWB)

Der Missbrauch einer marktbeherrschenden Stellung ist in Art. 102 AEUV bzw. §§ 19, 29 GWB geregelt. Sofern ein oder mehrere Unternehmen i. S. d. erläuterten wettbewerbsrechtlichen Verständnisses eine marktbeherrschende Stellung auf dem sachlich und räumlich relevanten Markt haben, besteht auch durch vertikale Vereinbarungen, wie PPAs, grds. die Möglichkeit eines missbräuchlichen Verhaltens des Marktbeherrschers.

344 *Baur*, RdE 2001, 81, 82; mit Verweis auf *Büdenbender*, ET 05/2000, 359, 378.

345 *Baur*, RdE 2001, 81, 82; *Wyl*, in: Recht der Energiewirtschaft, § 12, Rn. 175.

346 Erw. 8 der Verordnung (EU) 2022/720 der Kommission über die Anwendung des Artikels 101 Absatz 3 des Vertrags über die Arbeitsweise der Europäischen Union auf Gruppen von vertikalen Vereinbarungen und abgestimmten Verhaltensweisen v. 10. 5. 2022, ABl. EU L 134/4; vgl. auch Leitlinien für vertikale Beschränkungen v. 30. 6. 2022, ABl. EU 2022 C 248/1-85, Rn. 10.

347 BGH, NJW 2009, 1751, 1752, Rn. 15; zu § 18 GWB a. F. BGH, NJW 1990, 2815, 2818; Bunte/*Krauß*, § 1 GWB, Rn. 18, 290.

348 Zu § 18 GWB a. F. BGH, NJW 1990, 2815, 2818; BGH, GRUR 1997, 937, 941; BGH, NJW-RR 2009, 1635, 1638, Rn. 35; BGH, NZKart 2018, 372, 374, Rn. 52 f.; siehe dazu noch Teil 2, B. II. 3.

349 Verordnung (EU) 2022/720 der Kommission über die Anwendung des Artikels 101 Absatz 3 des Vertrags über die Arbeitsweise der Europäischen Union auf Gruppen von vertikalen Vereinbarungen und abgestimmten Verhaltensweisen v. 10. 5. 2022, ABl. EU L 134/4.

350 MüKoWettbR/*Bernhard*, Einl. Vertikal-GVO, Rn. 1.

351 Bunte/*Hengst*, Art. 101 AEUV, Rn. 435.

352 Bunte/*Hengst*, Art. 101 AEUV, Rn. 429.

Ein solches missbräuchliches Verhalten eines Marktbeherrschers ist unter Berücksichtigung der Ziele des Wettbewerbsschutzes im Rahmen einer umfassenden Interessenabwägung festzustellen, bei der die Interessen des Marktbeherrschers denen der Wettbewerber gegenüberstehen.[353] Im Zuge dieser Abwägung ist zu beachten, dass der Wettbewerb aufgrund der Marktbeherrschung schon geschwächt ist.[354] Im Übrigen kann das fragliche Verhalten des marktbeherrschenden Unternehmens objektiv gerechtfertigt sein.[355] Ob ein am PPA beteiligtes Unternehmen überhaupt eine markbeherrschende Stellung innehat, ist dafür zunächst im Einzelfall festzustellen.[356] Aktuell wird lediglich auf dem Erstabsatzmarkt für Strom eine marktbeherrschende Stellung für den derzeit größten Anbieter erwogen.[357] Ob ein marktbeherrschendes Unternehmen durch bestimmte Vereinbarungen im Rahmen eines PPAs seine Stellung i. S. d. Art. 102 AEUV bzw. §§ 19, 29 GWB missbrauchen kann, ist im Einzelfall festzustellen. In dieser Arbeit wird dies anhand der einzelnen Klauseln näher untersucht.

VII. Recht der Europäischen Union

1. Rechtliche Grundlagen der Energiewirtschaft

Die Liberalisierung des Strommarkts wurde auf europäischer Ebene in Gang gesetzt, insb. durch die Richtlinie 96/92/EG des Europäischen Parlaments und des Rates vom 19. Dezember 1996 betreffend gemeinsame Vorschriften für den Elektrizitätsbinnenmarkt.[358] Das bis heute weiterentwickelte System des regulierten Netzzugangs und der Entflechtungsvorschriften sollte letztlich zu mehr Wettbewerb im Elektrizitätsbinnenmarkt führen.[359] Heute ist die Elektrizitätsbinnenmarktrichtlinie[360] insb. in die entsprechenden Vorschriften des EnWG überführt. Für das Energievertragsrecht hatte die Liberalisierung des Strommarkts insb. die Trennung von Netznutzung und Stromlieferung zur Folge.[361] Insofern wird sehr anschaulich auch von einem „energievertraglichen Dreieck“ zwischen Stromlieferant, Stromabnehmer und dem (entflochtenen) Netzbetreiber gespro-

---

353 Beschlussempfehlung und Bericht des Ausschusses für Wirtschaft zu dem von der Bundesregierung eingebrachten Entwurf eines Vierten Gesetzes zur Änderung des Gesetzes gegen Wettbewerbsbeschränkungen – Drucksache 8/2136 –, BT-Drs. 8/3690, S. 25.

354 EuGH, Slg. 1979, 464–561 – Hoffmann-La Roche, Rn. 91.

355 Bunte/*Bulst*, Art. 102 AEUV, Rn. 139 ff.

356 Bunte/*Bulst*, Art. 102 AEUV, Rn. 43 ff.; MüKoWettbR/*Eilmansberger/Bien*, Art. 102 AEUV, Rn. 197 ff.

357 BKartA, Wettbewerbsverhältnisse im Bereich der Erzeugung elektrischer Energie 2021, Rn. 134.

358 Richtlinie 96/92/EG des Europäischen Parlaments und des Rates vom betreffend gemeinsame Vorschriften für den Elektrizitätsbinnenmarkt v. 19. 12. 1996, ABl. EG 1997 L 27/20.

359 BerlKommEnR/*Bruhn*, Anhang A zu § 41 EnWG: Energiehandel und Energiehandelsverträge einschließlich erlaubnisrechtlicher Fragen, 12.

360 Richtlinie (EU) 2019/944 des Europäischen Parlaments und des Rates vom mit gemeinsamen Vorschriften für den Elektrizitätsbinnenmarkt und zur Änderung der Richtlinie 2012/27/EU v. 5. 6. 2019, ABl. EU 2019 L 158/125.

361 Theobald/Kühling/*Hartmann/Wagner*, § 20 EnWG, Rn. 50; *Kühling/Rasbach/C. Busch*, Energierecht, Kap. B, Rn. 37.

chen.[362] Stromlieferverträge wie PPAs werden mithin unabhängig von der Netznutzung zwischen Lieferant und Abnehmer geschlossen. Der Netzbereich wird reguliert, da es sich um ein sog. natürliches Monopol[363] handelt, das funktionierenden Wettbewerb ausschließt.[364] Funktionierender Wettbewerb wird durch die Regulierung hingegen auf den anderen Stufen der Wertschöpfungskette (vor- und nachgelagerten Marktstufen) im europäischen Binnenmarkt möglich.[365] Der Binnenmarkt der Union befindet sich allerdings bis auf Weiteres noch in der Entwicklung. Wegen unzureichender Kapazitäten an den Grenzkuppelstellen bestehen weiterhin nationale Märkte.[366] Das beeinflusst sog. grenzüberschreitende PPAs, die in dieser Arbeit aber nicht untersucht werden sollen.[367] Strom, als Vertragsgegenstand von PPAs, ist zudem eine handelbare Ware i. S. d. Grundfreiheiten des AEUV.[368]

2. Einordnung in der Wertschöpfungskette

In der ursprünglichen Wertschöpfungskette der Energiewirtschaft folgen auf die Stromerzeugung bzw. die Stromproduktion der Transport und der Verkauf des Stroms an die Endkunden (Vertrieb).[369] Der Energiehandel ist dabei eine durch die Liberalisierung des Strommarkts ab den späten neunziger Jahren neu entstandene Stufe der Wertschöpfungskette, mit einer „Mittlerfunktion" zwischen der Erzeugung und dem Vertrieb.[370] Im Vertrieb treten primär sog. Versorgungsunternehmen auf, die Dienstleistungen der öffentlichen Daseinsvorsorge, wie die Versorgung von Letztverbrauchern mit Wasser, Wärme oder eben mit Elektrizität, erbringen.[371] Dieses vertriebsbezogene Verständnis des Versorgungsunternehmens stimmt nicht mit der Definition des Energieversorgungsunternehmen gem. § 3 Nr. 18 EnWG überein, die auch die Lieferung an Abnehmer, die keine Letztverbraucher sind, umfasst. Im Gegensatz zu diesen Versorgungsunternehmen, die Strom an Letztverbraucher veräußern,[372] kaufen Energiehändler gem. § 3 Nr. 21 EnWG Energie zum Zwecke des Weiterverkaufs. Energiehändler verfolgen damit verschiedene Ziele, insb. die Handelsstrategien Hedging, Arbitrage und Spekulation.[373] Dementsprechend sind auch die Interes-

---

362 *Klees*, Einführung in das Energiewirtschaftsrecht, Kap. 4, Rn. 2.

363 Zur ökonomischen Theorie und Begründung *Bettzüge/Kesting*, in: Regulierung in der Energiewirtschaft, Kap. 4, Rn. 6 ff.

364 *Bettzüge/Kesting*, in: Regulierung in der Energiewirtschaft, Kap. 4, Rn. 9.

365 *Mohr*, in: Grundsatzfragen des Regulierungsrechts, Zugangs- und Entgeltregulierung als Aufgaben des Regulierungsrechts: Diskriminierungsfreiheit („Netzneutralität"), Angemessenheitskontrolle und Effizienz als Maßstäbe für die Ex-ante- und Ex-post-Missbrauchskontrolle im Regulierungs- und Wettbewerbsrecht (Art. 102 AEUV), 102 ff.; vgl. *Kühling/Rasbach/C. Busch*, Energierecht, Kap. B, Rn. 28.

366 BGH, NJW-RR 2009, 264, 266, Rn. 24.

367 Siehe dazu aber etwa Kommission, Arbeitsunterlage der Kommissionsdienststellen v. 18. 5. 2022 – SWD(2022) 149 final, 49 ff.

368 *Fried*, in: Handbuch Energiehandel, Rechtliche Bewältigung des OTC-Handels, Rn. 188.

369 Vgl. *Hufendiek*, in: Handbuch Energiehandel, Grundlagen des Energiehandels, Rn. 80 ff.

370 *Niedrig*, in: Energiehandel, Kap. 1, Rn. 9.

371 *Pritzsche/Vacha*, Energierecht, § 4, Rn. 478.

372 *Keil*, in: Windenergieanlagen, Kap. 4. IV. 4., Rn. 419.

373 BerlKommEnR/*Bruhn*, Anhang A zu § 41 EnWG: Energiehandel und Energiehandelsverträge einschließlich erlaubnisrechtlicher Fragen, Rn. 31.

sen auf den Wertschöpfungsstufen unterschiedlich. Während im Stromhandel ein volatiler, flexibler Markt nützlich für Arbitrage- oder Spekulationsgewinne ist, besteht im Vertrieb ein Interesse an stabilen Preisen mit langfristiger Kundenbindung.[374] Stromhandel kann dabei entweder institutionalisiert an der Börse oder bilateral stattfinden.[375] Anders als im Vertrieb werden die Geschäfte im Energiehandel primär finanziell und nur selten physisch abgewickelt.[376] Auf der Erzeugungsstufe wiederum sind die Unternehmen besonderen Investitions- und Markt- bzw. Absatzrisiken ausgesetzt.[377]

Generell ist eine trennscharfe Unterscheidung der unterschiedlichen Wertschöpfungsstufen nicht in jedem Fall möglich.[378] Das liegt unter anderem daran, dass Endkunden nicht mehr nur klassische Vollversorgungstarife abschließen, sondern teilweise selbst im Stromhandel aktiv sind.[379] Darüber hinaus werden im Vertrieb mittlerweile Großhandelsprodukte angeboten, sodass die Grenzen weiter verschwimmen.[380] Auch bei PPAs ist die Zuordnung zu einer der Wertschöpfungsstufen mit Schwierigkeiten verbunden. PPAs sind als vertikale Vereinbarungen i. S. d. Kartellrechts das Bindeglied zwischen mehreren dieser „klassischen" Wertschöpfungsstufen. Betroffen ist einerseits die Stromerzeugung mit dem PPA-spezifischen Hintergrund der Finanzierung. Bei Corporate-PPAs steht neben der finanzierungsabsichernden, erstmaligen Vermarktung der Stromerzeugung aber auch die Belieferung von Letztverbrauchern im Fokus, was üblicherweise eine Eigenschaft des Vertriebs und nicht der Stromerzeugung oder des Energiehandels ist.[381] Sofern aber keine Letztverbraucher am PPA beteiligt sind, weisen PPAs auch Eigenschaften aus dem Bereich Energiehandel auf. Denn PPAs haben üblicherweise eine Preisabsicherungsfunktion (Hedging) und dienen damit einem Zweck der mit dem Energiehandel verfolgt wird. Auch eine finanzielle Abwicklung des PPAs, wie sie – wie erläutert – vor allem bei Geschäften im Stromhandel auftritt, gilt als übliche Besonderheit des Stromhandels. Utility-PPAs oder Merchant-PPAs sind insofern, insb. bei einer vereinbarten finanziellen Abwicklung, eng mit dem Stromhandel verknüpft. Zudem gelten PPAs letztlich auch als individuelle, nicht börslich gehandelte Verträge und erfüllen mithin die Merkmale eines sog. OTC-Handelsvertrags. Sie betreffen jedoch immer mehrere Stufen der Wertschöpfungskette, die je nach Ausgestaltung des PPAs differieren. Aus der Zuordnung zu einer konkreten Stufe der Wertschöpfungskette ergeben sich jedoch ohnehin keine unmittelbaren Rechtsfolgen. Nur mittelbar folgen etwa aus der Art des Abnehmers unterschiedliche rechtliche Anforderungen an die zu schließenden Verträge, z. B. wenn es um die Belieferung von Weitervertei-

374 BerlKommEnR/*Bruhn*, Anhang A zu § 41 EnWG: Energiehandel und Energiehandelsverträge einschließlich erlaubnisrechtlicher Fragen, Rn. 32.

375 BerlKommEnR/*Bruhn*, Anhang A zu § 41 EnWG: Energiehandel und Energiehandelsverträge einschließlich erlaubnisrechtlicher Fragen, Rn. 27.

376 Vgl. zu börslichen Termingeschäften *Zander* et al., Strombeschaffung im liberalisierten Energiemarkt, S. 52.

377 *F. Scholz/Schuler*, in: Handbuch Energiehandel, Formen des Risikomanagements im Energiehandel, Rn. 199.

378 *Hufendiek*, in: Handbuch Energiehandel, Grundlagen des Energiehandels, Rn. 83.

379 *Schuster*, in: Energiehandel, Kap. 11, Rn. 3.

380 *Schuster*, in: Energiehandel, Kap. 11, Rn. 3.

381 Vgl. *Wyl*, in: Recht der Energiewirtschaft, § 12, Rn. 32.

lern (Handel) bzw. Letztverbrauchern (Vertrieb) geht, nach den Vorschriften der §§ 36ff. EnWG.[382] Die kartellrechtliche Marktabgrenzung unterliegt anderen Wertungen.[383]

3. Erneuerbare-Energien-Richtlinie als Hintergrund des Erneuerbare-Energien-Gesetzes

In Art. 3 Abs. 1 der EE-Richtlinie[384] ist das verbindliche Ziel der Mitgliedstaaten hinsichtlich des Ausbaus der erneuerbaren Energien festgelegt. Es schreibt derzeit einen „Anteil von Energie aus erneuerbaren Quellen am Bruttoendenergieverbrauch der Union im Jahr 2030 [von] mindestens 32 %" vor. Das Ziel soll im Rahmen des REPowerEU-Maßnahmenpakets, das auf „Belastungen und Störungen auf dem globalen Energiemarkt reagiert, die durch Russlands Invasion in die Ukraine verursacht wurden", auf 45 % erhöht werden.[385] Um „ihren jeweiligen auf nationaler Ebene festgelegten Beitrag zu diesem Ziel zu erreichen" können die Mitgliedstaaten gem. Art. 4 Abs. 1 der EE-Richtlinie Förderregelungen erlassen. Diese Förderregelungen für den Ausbau von EE-Projekten sollen dabei gem. Art. 4 der EE-Richtlinie insb. Anreize für die Marktintegration von Elektrizität aus erneuerbaren Quellen in den Elektrizitätsmarkt setzen und Wettbewerbsverzerrungen möglichst vermeiden. Daran und an weiteren in der Richtlinie enthaltenen Vorgaben sind auch die Förderregelungen des EEG 2023 zu messen.

In Art. 2 Nr. 17 der EE-Richtlinie findet sich – anders als im deutschen Recht – eine Definition von PPAs. Danach ist ein „Vertrag über den Bezug von erneuerbarem Strom" (in der englischen Version: „renewables power purchase agreement") ein „Vertrag, bei dem sich eine natürliche oder juristische Person bereit erklärt, unmittelbar von einem Elektrizitätsproduzenten erneuerbare Elektrizität zu beziehen" (engl.: „a contract under which a natural or legal person agrees to purchase renewable electricity directly from an electricity producer"). Die Definition ist dabei umfassend gewählt. Anders als teilweise vertreten, sind damit nicht nur PPAs mit einem Letztverbraucher auf Abnehmerseite erfasst.[386] Auch aus dem Wort „unmittelbar" (engl.: „directly") lässt sich das nicht ableiten. Vor dem Hintergrund des Finanzierungsgedankens ist vielmehr die Abnahme durch irgendeine natürliche oder juristische Person „unmittelbar" bzw. direkt vom Anlagenbetreiber wesentlich für den Charakter eines PPAs. Das Wort „unmittelbar" bezieht sich also auf den Anlagenbetreiber (genauer die Projektgesellschaft, siehe dazu Teil 1, C.), weil dieser vor dem Hintergrund des Finanzierungsgedankens in jeder möglichen PPA-Konstellation an dem Vertrag als Verkäufer beteiligt sein muss. Das ist zentral für die Finanzierung des Anla-

---

382 Vgl. BerlKommEnR/*Bruhn*, Anhang A zu § 41 EnWG: Energiehandel und Energiehandelsverträge einschließlich erlaubnisrechtlicher Fragen, Rn. 37ff.

383 Siehe dazu Teil 2, B.II.3.

384 Richtlinie (EU) 2018/2001 des Europäischen Parlaments und des Rates zur Förderung der Nutzung von Energie aus erneuerbaren Quellen v. 11.12.2018, ABl. EU 2018 L 328/82.

385 Kommission, REPowerEU: Ein Plan zur raschen Verringerung der Abhängigkeit von fossilen Brennstoffen aus Russland und zur Beschleunigung des ökologischen Wandels, Pressemitteilung v. 18.5.2022.

386 So aber *Hilpert*, Rechtliche Bewertung von Power Purchase Agreements (PPAs) mit erneuerbaren Energien, S. 2f.

genbauvorhabens und insofern konstitutives Merkmal eines PPAs, wie diese Definition es richtigerweise beschreibt.

Die Definition ist mithin auf den Erwerb vom Anlagenbetreiber begrenzt und auf Abnehmerseite offen. Auch die Art der Abwicklung (physisch oder finanziell) ist offengelassen worden. Ein weiteres begrenzendes Merkmal ist dagegen, dass es sich um die Lieferung von Strom aus erneuerbaren Energien handeln muss. Da die Qualität des Stroms über die Lieferung von Regional- und Herkunftsnachweisen belegt wird, lässt sich der Schluss ziehen, dass jedenfalls die Möglichkeit zur parallelen Veräußerung von Herkunftsnachweisen i. S. d. Art. 2 Nr. 12 EE-Richtlinie ebenfalls konstituierendes Merkmal eines PPAs sein soll.

Eine Vorgabe für PPAs aus dem Recht der Europäischen Union für das deutsche Recht ergibt sich aus Art. 15 Nr. 8 der EE-Richtlinie. Danach müssen die „Mitgliedstaaten [...] die rechtlichen und administrativen Hindernisse für langfristige Verträge über den Bezug von erneuerbarem Strom bewerten, unbegründete Hindernisse beseitigen und die Verbreitung solcher Verträge unterstützen." Außerdem müssen sie sicherstellen, dass „derartige Verträge keinen unverhältnismäßigen oder diskriminierenden Verfahren sowie Umlagen und Abgaben unterworfen sind. Die Mitgliedstaaten beschreiben Strategien und Maßnahmen, die zur Verbreitung von Verträgen über den Bezug von erneuerbarem Strom beitragen sollen, in ihren integrierten nationalen Energie- und Klimaplänen und den anschließenden Fortschrittsberichten gemäß der Verordnung (EU) 2018/1999."[387] Im deutschen Recht sind PPAs also zu fördern, insb. im Hinblick auf Umlagen und Abgaben.

Dieses Ziel wird in dieser Art ebenfalls in einer Empfehlung der Kommission[388] formuliert, die zum REPowerEU-Maßnahmenpaket[389] gehört. Verwaltungs- und Markthindernisse sollen insb. für Corporate-PPAs beseitigt werden, um auch „das Schließen solcher Verträge durch kleine und mittlere Unternehmen zu beschleunigen."[390] Zudem sollten die Regelungen zur Förderung des EE-Ausbaus und zu den Herkunftsnachweisen so von den Mitgliedstaaten ausgestaltet werden, dass sie mit PPAs „kompatibel sind, diese ergänzen und ermöglichen."[391] Detailliertere Aussagen trifft die Kommission in den dazugehörigen „Leitlinien für die Mitgliedstaaten zur Förderung von Verträgen über den Bezug erneuerbarer Energie."[392] In diesen Leitlinien finden sich konkrete Vorschläge zur Förderung von

387 Richtlinie (EU) 2018/2001 des Europäischen Parlaments und des Rates zur Förderung der Nutzung von Energie aus erneuerbaren Quellen v. 11. 12. 2018, ABl. EU 2018 L 328/82.

388 Empfehlung (EU) 2022/822 der Kommission zur Beschleunigung der Genehmigungsverfahren für Projekte im Bereich der erneuerbaren Energien und zur Förderung von Strombezugsverträgen v. 18. 5. 2022, ABl. EU 2022 L 146/132.

389 Kommission, REPowerEU: Ein Plan zur raschen Verringerung der Abhängigkeit von fossilen Brennstoffen aus Russland und zur Beschleunigung des ökologischen Wandels, Pressemitteilung v. 18. 5. 2022.

390 Empfehlung (EU) 2022/822 der Kommission zur Beschleunigung der Genehmigungsverfahren für Projekte im Bereich der erneuerbaren Energien und zur Förderung von Strombezugsverträgen v. 18. 5. 2022, ABl. EU 2022 L 146/132, Rn. 33.

391 Empfehlung (EU) 2022/822 der Kommission zur Beschleunigung der Genehmigungsverfahren für Projekte im Bereich der erneuerbaren Energien und zur Förderung von Strombezugsverträgen v. 18. 5. 2022, ABl. EU 2022 L 146/132, Rn. 34.

392 Kommission, Arbeitsunterlage der Kommissionsdienststellen v. 18. 5. 2022 – SWD(2022) 149 final, 41 ff.

PPAs im Allgemeinen, zur Erleichterung von PPA-Abschlüssen für kleinere und mittlere Unternehmen sowie zur Verbesserung der Bedingungen für grenzüberschreitende PPAs.

Vorgeschlagen werden die Nutzung des EU-Instruments für technische Unterstützung (TSI), durch das den EU-Mitgliedstaaten maßgeschneidertes technisches Fachwissen für die Konzeption und Durchführung von Reformen zur Verfügung gestellt werden können,[393] oder vergleichbarer beratender oder technischer Hilfe zur Bewertung unterstützender Maßnahmen für PPAs.[394] Die Mitgliedstaaten könnten zudem einen indikativen Umfang des Ausbaus erneuerbarer Energien, der über PPA finanziert werden soll, veröffentlichen. Dadurch würden die erwartete Geschwindigkeit und die Möglichkeiten für die Projektentwicklung von Projektträgern im Bereich der erneuerbaren Energien sichtbar.[395] Zudem könnten Ausschreibungen durchgeführt werden, die den Projektträgern im Bereich der erneuerbaren Energien die Möglichkeit eröffneten, eine „Auszeit" von ihren öffentlichen Förderregelungen zu nehmen und ihren Strom stattdessen über PPAs zu verkaufen.[396]

Die Schwierigkeiten für kleinere und mittlere Abnehmer im Hinblick auf den Abschluss eines PPAs ergeben sich insb. aus der unsichereren Entwicklung des Umfangs der künftigen Stromnachfrage, niedrigerer Bonität sowie geringeren Verbrauchsmengen als bei größeren Unternehmen.[397] Probleme bestehen aber auch für kleinere Verkäufer hinsichtlich der Sichtbarkeit und technischer wie fachlicher Beschränkungen.[398]

Um die Bedingungen für diese Unternehmen zu verbessern, werden folgende Maßnahmen[399] vorgeschlagen: Durch die Einrichtung einer öffentlichen Plattform könne die Transparenz des PPA-Markts für kleinere Unternehmen in Bezug auf Preis, Volumen, PPA-Arten und beteiligte Parteien verbessert werden. Zudem solle die Umsetzung insb. der EU-Taxonomieverordnung[400] gewährleistet und ggf. ihre freiwillige Anwendung über die rechtlichen Anforderungen hinaus gefördert werden. Denn dieser Rechtsakt soll den Rahmen für mehr Transparenz im Hinblick auf Nachhaltigkeit von Unternehmen bilden, auf diese Weise für die Verlagerung von Kapitalflüssen hin zu nachhaltigeren Tätigkeiten sorgen (vgl. Erw. 6ff. EU-Taxonomieverordnung) und damit für die anwendenden Unternehmen einen Anreiz schaffen, Strom aus erneuerbaren Energien über ein PPA zu bezie-

393 Kommission, Instrument für technische Unterstützung (TSI), https://commission.europa.eu/funding-tenders/find-funding/eu-funding-programmes/technical-support-instrument/technical-support-instrument-tsi_de.

394 Kommission, Arbeitsunterlage der Kommissionsdienststellen v. 18.5.2022 – SWD(2022) 149 final, 45.

395 Kommission, Arbeitsunterlage der Kommissionsdienststellen v. 18.5.2022 – SWD(2022) 149 final, 45.

396 Kommission, Arbeitsunterlage der Kommissionsdienststellen v. 18.5.2022 – SWD(2022) 149 final, 45.

397 Kommission, Arbeitsunterlage der Kommissionsdienststellen v. 18.5.2022 – SWD(2022) 149 final, 47.

398 Kommission, Arbeitsunterlage der Kommissionsdienststellen v. 18.5.2022 – SWD(2022) 149 final, 47.

399 Kommission, Arbeitsunterlage der Kommissionsdienststellen v. 18.5.2022 – SWD(2022) 149 final, 49.

400 Verordnung (EU) 2020/852 des Europäischen Parlaments und des Rates über die Einrichtung eines Rahmens zur Erleichterung nachhaltiger Investitionen und zur Änderung der Verordnung (EU) 2019/2088 v. 18.6.2020, ABl. EU L 198/13.

hen.[401] Zudem solle kleineren Unternehmen eine flexible Vertragsgestaltung, einschließlich spezifischer Leitlinien für Vertragskündigungsgebühren unter Beachtung von Art. 12 der Elektrizitätsbinnenmarktrichtlinie[402], und der Abschluss mehrerer Lieferverträge unter Beachtung von Art. 4 der Elektrizitätsbinnenmarktrichtlinie ermöglicht werden.

Ohne konkrete inhaltliche Verbesserungsvorschläge bleibt die Aussage, dass auch die Bedingungen für On-Site-PPAs verbessert werden sollten („die Entwicklung von Erneuerbare-Energie-Projekten im Rahmen von PPAs am Standort oder in der Nähe des Standorts, insb. wenn sie ‚hinter dem Zähler' oder durch ‚private Leitungen' also ohne Netznutzung entwickelt werden").

Dagegen ist die Minderung der Risiken eines PPAs durch Kreditgarantien oder Versicherungen, die aus öffentlichen Mitteln finanziert werden und im Einklang mit dem Beihilferecht stehen, ein zielgerichteter und sinnvoller Vorschlag. In diese Richtung zielt auch der Vorschlag der „Bestärkung nationaler Förderbanken und -institute, Schuldtitel für groß angelegte Projekte im Bereich der erneuerbaren Energien, einschließlich Offshore-Windenergie, auf Märkten anzubieten, auf denen es angesichts der Größe der Anlagen und der Baudauer schwierig ist, vor finanziellen Investitionsentscheidungen ein ausreichendes Volumen von Verträgen über den Bezug erneuerbarer Energie zu schließen." Schließlich solle es Energiegemeinschaften ermöglicht werden, überschüssige Energie im Rahmen von PPAs zu veräußern, und das sog. Pooling der PPA-Vermarktung solle rechtlich ermöglicht werden. D. h., dass mehrere Abnehmer zukünftig durch Bündelung der Nachfrage und Wirtschaftskraft in die Lage versetzt werden sollen, PPAs zu schließen. Insb. für stromkostenintensive Industrieunternehmen läge darin die Möglichkeit, günstig Strom aus erneuerbaren Energien zu beziehen. In Griechenland werde bereits an der Umsetzung eines solchen „Green-Pools" gearbeitet.[403]

Neben diesen Leitlinien, an denen sich die Mitgliedstaaten orientieren können, sind Rechtsänderungen geplant, die konkrete Vorgaben zur Förderung von PPA-Abschlüssen in den Mitgliedstaaten beinhalten. Das Maßnahmenpaket umfasst Änderungen an der Elektrizitätsbinnenmarktverordnung,[404] der Elektrizitätsbinnenmarktrichtlinie[405] und der Regulation on Wholesale Energy Market Integrity and Transparency (REMIT-Verordnung),[406] die im Rahmen einer „Reform des EU-Strommarktes" umgesetzt werden sollen.[407] Die Vor-

---

401 Vgl. Kommission, Arbeitsunterlage der Kommissionsdienststellen v. 18. 5. 2022 – SWD(2022) 149 final, 48.

402 Richtlinie (EU) 2019/944 des Europäischen Parlaments und des Rates vom mit gemeinsamen Vorschriften für den Elektrizitätsbinnenmarkt und zur Änderung der Richtlinie 2012/27/EU v. 5. 6. 2019, ABl. EU 2019 L 158/125.

403 Kommission, Arbeitsunterlage der Kommissionsdienststellen v. 18. 5. 2022 – SWD(2022) 149 final, 47.

404 Verordnung (EU) 2019/943 des Europäischen Parlaments und des Rates über den Elektrizitätsbinnenmarkt v. 5. 6. 2019, ABl. EU L 158/54.

405 Richtlinie (EU) 2019/944 des Europäischen Parlaments und des Rates vom mit gemeinsamen Vorschriften für den Elektrizitätsbinnenmarkt und zur Änderung der Richtlinie 2012/27/EU v. 5. 6. 2019, ABl. EU 2019 L 158/125.

406 Verordnung (EU) Nr. 1227/2011 des Europäischen Parlaments und des Rates über die Integrität und Transparenz des Energiegroßhandelsmarkts v. 25. 1. 2011, ABl. EU L 326/1.

407 Kommission, Reform des EU-Strommarktes – für mehr erneuerbare Energien, mehr Verbraucherschutz und mehr Wettbewerbsfähigkeit, Pressemitteilung v. 14. 3. 2023.

gaben zur Förderung von PPAs sollen insb. durch die Gewährleistung der Verfügbarkeit marktbasierter Garantien dem Ausfallrisiko des Abnehmers begegnen, das von dessen Bonität abhängig ist.[408] Denn der Unionsgesetzgeber hält dieses Ausfallrisiko für ein wesentliches Hindernis.[409] Des Weiteren sollen Anlagenbetreibern, die staatliche Beihilfen für den Ausbau der erneuerbaren Energien in Anspruch nehmen, Möglichkeiten zur Kombination der Beihilfen mit PPAs eröffnet werden, um Risiken zu mindern und die Finanzierungsbedingungen zu verbessern.[410] Die Mitgliedstaaten sollten in den öffentlichen Ausschreibungen zudem qualitative Bewertungskriterien verwenden, die Anreize für den Zugang zum PPA-Markt auch für Kunden schaffen, die mit Marktzutrittsschranken konfrontiert sind.[411] Derartige qualitative Kriterien sind bis jetzt nur im WindSeeG vorgesehen.[412] Durch diese Maßnahmen sollen PPA-Märkte geschaffen und bestehende PPA-Märkte auf kleinere Anbieter ausgeweitet werden.[413] Mittelbar soll diese Stärkung und verbesserte Zugänglichkeit der PPA-Märkte außerdem das Risiko des Ausfalls von Energielieferanten mindern, da der Strombezug über ein PPA für Energielieferanten eine Absicherungsstrategie darstellt.[414] Nach dem Verordnungsentwurf soll die Elektrizitätsbinnenmarktverordnung[415] künftig auch eine Definition für PPAs enthalten.[416] PPAs sind danach Verträge, in denen sich eine natürliche oder juristische Person verpflichtet, Strom von einem Stromerzeuger marktgetrieben zu kaufen („a contract under which a natural or legal person agrees to purchase electricity from an electricity producer on a market basis").[417] Konkrete Vorgaben sind in einem Artikel 19a „Power purchase agreements" der geplanten Verordnung vorgesehen. Neben den erwähnten Regelungen zu marktbasierten Garantien für Abnehmer und den Kombinationsmöglichkeiten staatlicher Beihilfen mit PPAs ist festgelegt, dass die Regelungen nicht zu einer Verringerung der Liquidität der Elektrizitätsmärkte führen und nicht auf den Kauf von Strom aus fossilen Brennstoffen angewandt werden dürfen.[418] Über die Einführung qualitativer Bewertungskriterien könnten Projekte, für die ein abgeschlossenes PPA oder die Verpflichtung zum PPA-Abschluss nachgewiesen werden kann, bei den Ausschreibungen bevorzugt werden.[419] In den PPAs müssen zudem Bedingungen festgelegt

---

408 Kommission, Commission staff working document v. 14.3.2023 – SWD(2023) 58 final, 24.

409 Kommission, Commission staff working document v. 14.3.2023 – SWD(2023) 58 final, 24.

410 Kommission, Commission staff working document v. 14.3.2023 – SWD(2023) 58 final, 24.

411 Kommission, Commission staff working document v. 14.3.2023 – SWD(2023) 58 final, 24.

412 Siehe Teil 1, D. III. 2.

413 Kommission, Commission staff working document v. 14.3.2023 – SWD(2023) 58 final, 24.

414 Kommission, Commission staff working document v. 14.3.2023 – SWD(2023) 58 final, 81.

415 Verordnung (EU) 2019/943 des Europäischen Parlaments und des Rates über den Elektrizitätsbinnenmarkt v. 5.6.2019, ABl. EU L 158/54.

416 Proposal for a Regulation of the European Parliament and of the Council amending Regulations (EU) 2019/943 and (EU) 2019/942 as well as Directives (EU) 2018/2001 and (EU) 2019/944 to improve the Union's electricity market design v. 14.3.2023, 31.

417 Proposal for a Regulation of the European Parliament and of the Council amending Regulations (EU) 2019/943 and (EU) 2019/942 as well as Directives (EU) 2018/2001 and (EU) 2019/944 to improve the Union's electricity market design v. 14.3.2023, 31.

418 Proposal for a Regulation of the European Parliament and of the Council amending Regulations (EU) 2019/943 and (EU) 2019/942 as well as Directives (EU) 2018/2001 and (EU) 2019/944 to improve the Union's electricity market design v. 14.3.2023, 36.

419 Proposal for a Regulation of the European Parliament and of the Council amending Regulations (EU) 2019/943 and (EU) 2019/942 as well as Directives (EU) 2018/2001 and (EU) 2019/944 to

sein, die Abnehmern und Erzeugern die Kündigung des PPAs ermöglichen, insb. auch etwaige Ausstiegsgebühren und Kündigungsfristen im Einklang mit dem Wettbewerbsrecht der Union.[420] Schließlich müssen Regelungen zur „Gebotszone der Lieferung und der Verantwortung für die Sicherung der zonenübergreifenden Übertragungsrechte für den Fall einer Änderung der Gebotszone“ im PPA enthalten sein.[421]

4. Beihilfenrecht

Auf Unionsebene besteht gem. Art. 107 Abs. 1 AEUV grds. ein Verbot wettbewerbsbeschränkender Beihilfen. Eine Ausnahme davon sieht § 107 Abs. 3 lit. c AEUV vor, wonach insb. Beihilfen mit dem Binnenmarkt vereinbar sind, die „zur Förderung der Entwicklung gewisser Wirtschaftszweige oder Wirtschaftsgebiete“ dienen, „soweit sie die Handelsbedingungen nicht in einer Weise verändern, die dem gemeinsamen Interesse zuwiderläuft.“ Welche konkreten Anforderungen Beihilfen erfüllen müssen, um diese Voraussetzungen zu erfüllen, wurde bis Ende 2021 insb. von den „Leitlinien für staatliche Umweltschutz- und Energiebeihilfen“ (UEBLL; engl.: EEAG)[422] und ab 2022 von den „Leitlinien für staatliche Klima-, Umweltschutz- und Energiebeihilfen 2022“ (KUEBLL; engl.: CEEAG)[423] genauer bestimmt. Die Förderregelungen des EEG 2023 sind wegen der nunmehr zur Förderung eingesetzten staatlichen Mittel unzweifelhaft als Beihilfe zu qualifizieren.[424] Den Rahmen für die Förderung des EE-Ausbaus nach dem EEG 2023 geben künftig daher auch die KUEBLL vor.[425] PPAs sind, sofern sie nicht mit einem Fördermodell nach dem EEG 2023 kombiniert werden, hingegen unabhängig von diesen Vorgaben. Sie vermeiden vielmehr staatliche Beihilfen und reduzieren damit die zur Finanzierung des EE-Ausbaus im Rahmen von Förderregelungen wie dem EEG 2023 erforderlichen staatlichen Mittel.[426]

Allerdings findet sich im Unionsrecht eine Entscheidung des EuGHs aus dem Jahr 2015, nach der ein PPA als Beihilfe gilt, sofern der Abnehmer als ein staatliches Unternehmen sämtliche Kosten des Anlagenbetreibers deckt.[427] Möglich ist mithin, dass PPAs im Falle einer derartigen Ausgestaltung als Beihilfe zu qualifizieren sind. Nicht entschieden

improve the Union's electricity market design v. 14. 3. 2023, 36 f.

420 Proposal for a Regulation of the European Parliament and of the Council amending Regulations (EU) 2019/943 and (EU) 2019/942 as well as Directives (EU) 2018/2001 and (EU) 2019/944 to improve the Union's electricity market design v. 14. 3. 2023, 37.

421 Proposal for a Regulation of the European Parliament and of the Council amending Regulations (EU) 2019/943 and (EU) 2019/942 as well as Directives (EU) 2018/2001 and (EU) 2019/944 to improve the Union's electricity market design v. 14. 3. 2023, 37.

422 Leitlinien für staatliche Umweltschutz- und Energiebeihilfen v. 28. 6. 2014, ABl. EU 2014 C 200/1.

423 Leitlinien für staatliche Klima-, Umweltschutz- und Energiebeihilfen 2022 v. 18. 2. 2022, ABl. EU 2022 C 80/1.

424 Entwurf eines Gesetzes zu Sofortmaßnahmen für einen beschleunigten Ausbau der erneuerbaren Energien und weiteren Maßnahmen im Stromsektor, BT-Drs. 20/1630, S. 142.

425 BT-Drs. 20/1630, 146.

426 Kommission, Arbeitsunterlage der Kommissionsdienststellen v. 18. 5. 2022 – SWD(2022) 149 final, 43.

427 EuGH 2015, 1 – 157 – Electrabel und Dunamenti Erőmű / Kommission.

wurde in diesem Urteil über eine mögliche Rechtfertigung der Beihilfe. Die Zulässigkeit einer solchen Beihilfe ist damit noch nicht abschließend geklärt.

VIII. Einordnung in das deutsche Energierecht

PPAs sind im deutschen Energierecht nicht definiert. Notwendig ist daher eine Einordnung in die vertraglichen Regelungskonzepte des Energierechts. Diese sind im EnWG und EEG 2023 nicht einheitlich geregelt, sondern führen nach dem jeweiligen Gesetzestelos zu unterschiedlichen Anforderungen an die Vertragsgestaltung von PPAs.

1. Energiewirtschaftsgesetz

Grundlegend festgelegt sind die zentralen Ziele des Energiewirtschaftsrechts in § 1 Abs. 1 EnWG im sog. energiewirtschaftlichen Dreieck (mittlerweile Sechseck). Danach dient das Energiewirtschaftsrecht primär dazu eine „möglichst sichere, preisgünstige, verbraucherfreundliche, effiziente, umweltverträgliche und treibhausgasneutrale leitungsgebundene Versorgung der Allgemeinheit mit Elektrizität [...], die zunehmend auf erneuerbaren Energien beruht," sicherzustellen. PPAs unterstützen den Ausbau der erneuerbaren Energien, indem sie die Finanzierungsbedingungen verbessern,[428] und dienen damit der Umweltverträglichkeit und Treibhausgasneutralität der Energieversorgung. Auf diese Weise bewirken sie zudem eine Ausweitung des Angebots, wodurch mehr Strom zur Befriedigung der Nachfrage zur Verfügung steht. Das wiederum wirkt sich grds. positiv auf die Versorgungssicherheit aus (sog. Vorhaltefunktion des Strommarkts).[429]

Allerdings führt der Ausbau der erneuerbaren Energien insb. durch die vermehrte wetterabhängige Einspeisung auch zu Schwierigkeiten im Zusammenhang mit der Versorgungssicherheit. Denn der Strommarkt soll mittels Preissignalen für den zur Aufrechterhaltung der Netzstabilität durch Gleichlauf von Stromeinspeisung und -entnahme erforderlichen Einsatz der Kraftwerke sorgen (sog. Einsatzfunktion).[430] Die Synchronisierung von Einspeisung und Entnahme wird durch die Dargebotsabhängigkeit (wetterabhängige Produktion) der Erneuerbaren jedoch erschwert.[431] An diesem Punkt setzen daher auch Konzepte zum (Neu-)Design des Strommarkts an, z. B. indem sie eine Vergütung für die Vorhaltung von Erzeugungskapazitäten zu bestimmten Zeiten vorsehen.[432]

PPAs können daneben auch Abnehmer langfristig gegen steigende Preise absichern[433] und dienen damit dem Ziel der preisgünstigen Energieversorgung. Sie sparen zudem staat-

---

428 *C. Schneider/Lüdecke*, IR 2018, 290, 291.

429 Entwurf eines Gesetzes zur Neuregelung des Energiewirtschaftsrechts, BT-Drs. 13/7274, S. 14; BMWi, Ein Strommarkt für die Energiewende, S. 14.

430 BMWi, Ein Strommarkt für die Energiewende, S. 14.

431 Vgl. BMWi, Ein Strommarkt für die Energiewende, S. 13 ff.

432 Vgl. BMWi, Ein Strommarkt für die Energiewende, S. 18 f.; mit Fokus auf die Preissetzungsmechanismen *Weale*, in: Verantwortung und Finanzierung im Zuge der Energiewende, Investitionen in Kraftwerke – die Risiken, die Vollkosten und wie sie beschränkt werden können; VDMA Power Systems, Impulse und Leitplanken für die Weiterentwicklung des Strommarkts, S. 16 ff.; vgl. dazu auch Teil 1, D. V. 2.

433 *C. Schneider/Lüdecke*, IR 2018, 290, 291.

liche Förderkosten ein[434] und sind damit grds. auch verbraucherfreundlich und effizient. Inhaltliche Auswirkungen auf PPAs haben diese vielfältigen Ziele jedoch nicht.

Konkrete Rechtsfolgen sind hingegen an die Definition des Energieversorgungsvertrags gem. § 3 Nr. 18a EnWG geknüpft. Ein Energieversorgungsvertrag ist ein „Vertrag über die Lieferung von Elektrizität oder Gas, mit Ausnahme von Energiederivaten." Nach dieser sehr offenen Definition ist auch ein PPA ein solcher Energieversorgungsvertrag i. S. d. EnWG.[435] Das gilt jedoch nur, sofern er kein Energiederivat ist, was bei finanziellen PPAs der Fall sein kann.[436] Finanz-PPAs sind daher keine Energieversorgungsverträge i. S. d. EnWG, wenn sie ein Energiederivat gem. § 3 Nr. 15a EnWG sind. Rechtliche Folgen aus dem EnWG ergeben sich für Energieversorgungsverträge und Energiederivate jedoch gleichermaßen nur aus § 5a EnWG hinsichtlich Speicherungs- und Veröffentlichungspflichten.

Für Energiederivate können sich bei finanziellen PPAs weitere Pflichten z. B. aus dem Kreditwesengesetz (KWG) ergeben.[437]

Energieversorgungsunternehmen sind gem. § 3 Nr. 18 EnWG „natürliche oder juristische Personen, die Energie an andere liefern [...]." An diese Begrifflichkeit knüpft ein Großteil der Normen des EnWG Rechte und Pflichten. Der Verkäufer wird im Rahmen eines PPAs unter diese Definition zu fassen sein und daher nicht nur der Anlagenbetreiber, sondern zusätzlich Energieversorgungsunternehmen sein.[438]

Statt des Begriffes des Energieversorgungsvertrags spielt im EnWG jedoch auch der Begriff des Energieliefervertrags eine Rolle. Teil 4 des EnWG (§§ 36 ff. EnWG) beschäftigen sich mit der Energielieferung an Letztverbraucher. Aus § 41 Abs. 1 S. 1 EnWG ergibt sich, dass sich hinter dem Begriff nicht mehr als eine sehr weite Definition verbirgt. Energielieferverträge sind danach schlicht „Verträge über die Belieferung [...] mit Energie." Energie ist in § 3 Nr. 14 EnWG definiert als „Elektrizität, Gas und Wasserstoff, soweit sie zur leitungsgebundenen Energieversorgung verwendet werden." Die Rechtsfolgen die das EnWG an derartige Verträge knüpft, werden notwendigerweise begrenzt durch die beteiligten, unterschiedlich schutzbedürftigen Personengruppen.

a) Letztverbraucher- und Weiterverteilerverträge

Insb. an die Eigenschaft des Abnehmers als Letztverbraucher werden Rechtsfolgen in Teil 4 des EnWG (§§ 36 ff. EnWG) geknüpft. Letztverbraucher sind gem. § 3 Nr. 25 EnWG „natürliche oder juristische Personen, die Energie für den eigenen Verbrauch kaufen [...]." Ein Letztverbrauch liegt vor, wenn „der entnommene Strom für eine bestimmte energieabhängige Funktion verwendet und hierfür aufgezehrt wird."[439]

---

434 Kommission, Arbeitsunterlage der Kommissionsdienststellen v. 18. 5. 2022 – SWD(2022) 149 final, 43.

435 *Wiederholt/Ludwig*, EnWZ 2019, 110, 111; *Uibeleisen/Groneberg*, RdE 2018, 114, 116.

436 *Uibeleisen/Groneberg*, RdE 2018, 114, 122 f.

437 *J. Held/Koch*, ER 2019, 18, 20; *Uibeleisen/Groneberg*, RdE 2018, 114, 122 f.; siehe auch Teil 2, C. III.

438 *Uibeleisen/Groneberg*, RdE 2018, 114, 116.

439 BGH, NVwZ-RR 2010, 431, 432, Rn. 10; Kment/*Schex*, § 3, Rn. 70a; BerlKommEnR/*Boesche*, § 3 Nr. 25 EnWG, 149.

Von den letztverbrauchenden Endkunden zu unterscheiden sind die sog. Weiterverteiler,[440] die Verträge über den Bezug von Energie zur Weiterveräußerung schließen (sog. Weiterverteilerverträge).[441] Für Weiterverteilerverträge gelten die §§ 36ff. EnWG nicht. Weiterverteiler sind allerdings regelmäßig selbst Energieversorgungsunternehmen gem. § 3 Nr. 18 EnWG und haben deren Rechte und Pflichten zu tragen.[442]

Sofern ein Corporate-PPA vereinbart ist, wird der Abnehmer Letztverbraucher i. S. d. EnWG sein. Ist hingegen ein Utility-PPA oder ein Merchant-PPA vereinbart, liegt ein Weiterverteilervertrag i. S. d. EnWG vor, weil der Abnehmer kein Letztverbraucher ist. Zu beachten ist jedoch, dass unter Weiterverteilern nicht mehr nur Unternehmen zu verstehen sind, die das örtliche Verteilernetz betreiben und gleichzeitig als Energieversorgungsunternehmen Strom an Letztverbraucher weiterverteilen,[443] sondern auch Großhändler ohne lokalen Bezug, die Strom OTC oder börslich handeln.[444]

Da die Definition des Letztverbrauchs die Verwendung und Aufzehrung voraussetzt, ist eine physische Lieferung von Strom für den Letztverbrauch notwendig. Eine rein finanzielle Abwicklung genügt für den Letztverbrauch nicht.

b) Grundversorgungs- und Sonderkundenverträge

Bei der Belieferung von Letztverbrauchern mit Energie nach dem EnWG ist zwischen sog. Grundversorgungs- und Sonderkundenverträgen zu unterscheiden. Wichtigstes Abgrenzungsmerkmal zwischen Grundversorgungs- und Sonderkundenverträgen ist die Auslegungsfrage, ob das Energieversorgungsunternehmen nach dem Vertrag „die Versorgung zu den öffentlich bekannt gemachten Bedingungen und Preisen – aus der Sicht eines durchschnittlichen Abnehmers – im Rahmen einer Versorgungspflicht nach den genannten Vorschriften [§§ 36ff. EnWG und StromGVV, Anm. d. Verfassers] oder unabhängig davon im Rahmen der allgemeinen Vertragsfreiheit anbietet."[445] Denn Verträge, die zur Grundversorgung geschlossen werden, haben wesentlich detailliertere Vorgaben als die Sonderkundenverträge, für die lediglich die Vorgaben für Energielieferverträge mit Letztverbrauchern nach § 41 EnWG bestehen.

Darüber hinaus ist auch der personelle Anwendungsbereich bei der Grundversorgung ein anderer als bei der Sonderkundenversorgung. Nur Haushaltskunden gem. § 3 Nr. 22 EnWG („Letztverbraucher, die Energie überwiegend für den Eigenverbrauch im Haushalt oder für den einen Jahresverbrauch von 10 000 Kilowattstunden nicht übersteigenden Eigenverbrauch für berufliche, landwirtschaftliche oder gewerbliche Zwecke kaufen") haben einen Anspruch auf Grundversorgung nach § 36 EnWG. Die detaillierten gesetzlichen Vorgaben finden sich in den §§ 36ff. EnWG und der StromGVV. Alle Kunden

---

440 *Tomala/Reimers*, in: Vertragshandbuch Stromwirtschaft, Kap. 4. D, Rn. 1.

441 *Wyl*, in: Recht der Energiewirtschaft, § 12, Rn. 3.

442 *Tomala/Reimers*, in: Vertragshandbuch Stromwirtschaft, Kap. 4. D, Rn. 1.

443 Vgl. *Zander* et al., Strombeschaffung im liberalisierten Energiemarkt, S. 76ff.

444 Vgl. *Tomala/Reimers*, in: Vertragshandbuch Stromwirtschaft, Kap. 4. D, Rn. 4ff.

445 BGH, NJOZ 2017, 1, 3f., Rn. 32; BGH, NJW 2011, 2736, 2738f., Rn. 32; BGH, NJW 2007, 2662, 2663, Rn. 14.

(§ 3 Nr. 24 EnWG), die keine Haushaltskunden sind, sind sog. Sonderkunden.[446] Hier besteht ein deutlich weiterer vertraglicher Gestaltungsspielraum.[447] Regelmäßig werden aber Klauseln aus dem Massengeschäft gem. der StromGVV auch in Sonderkundenverträgen verwendet.[448] Denn Kunden, die nicht unter die Grundversorgungspflicht fallen, können (ohne dass darauf ein Anspruch bestünde) einen Vertrag nach den Vorschriften zur Grundversorgung abschließen.

Da ein PPA nicht mit Haushaltskunden gem. § 3 Nr. 22 EnWG als Abnehmer geschlossen wird, ist schon personell der Anwendungsbereich der Grundversorgungsverträge ausgeschlossen. Darüber hinaus sind PPAs sehr individuell ausgestaltete Verträge, die sich insb. an den Finanzierungsbedingungen der Anlage ausrichten.[449] Insofern ist regelmäßig nicht vereinbart, dass das Energieversorgungsunternehmen die Versorgung zu den Bedingungen und Preisen nach §§ 36ff. EnWG und der StromGVV durchführen soll. Es handelt sich bei PPAs also um Sonderkundenverträge, sofern die Lieferung von Elektrizität an Letztverbraucher geregelt wird, wie dies bei Corporate-PPAs der Fall ist. Derartige Sonderkundeverträge haben zwar einen weiteren Gestaltungsspielraum, es ergeben sich dennoch Rechtsfolgen aus der Einordnung als Sonderkundenvertrag i. S. d. EnWG. Wesentliche Vorgaben für den Vertragsinhalt macht § 41 EnWG. Hier werden nunmehr in Übereinstimmung mit Unionsrecht Regelungen bestimmt, die gegenüber allen Letztverbrauchern zu treffen sind.[450] Keine Anwendung finden hingegen die Regelungen zu Energielieferverträgen mit Haushaltskunden gem. § 41b EnWG (vormals geregelt § 41 EnWG a. F.) außerhalb der Grundversorgung, da PPA-Abnehmer – wie gesehen – keine Haushaltskunden sind.[451]

2. Erneuerbare-Energien-Gesetz 2023

Das EEG 2023 enthält Regelungen für die erstmalige Vermarktung von Strom aus EE-Anlagen durch Anlagenbetreiber, die auf PPAs anwendbar sind. Die wesentlichen Definitionen sollen an dieser Stelle bereits erläutert werden, um den anwendbaren Rechtsrahmen weiter zu umreißen. Einzelheiten dieser Vermarktungsmöglichkeiten werden später noch erläutert.[452] Das EEG 2023 gilt für „Anlagen“ i. S. v. § 3 Nr. 1 EEG 2023 zur Erzeugung von Strom aus erneuerbaren Energien (sachlicher Anwendungsbereich) im Staatsgebiet der Bundesrepublik Deutschland einschließlich der deutschen ausschließlichen Wirtschaftszone (Bundesgebiet, vgl. § 1 Abs. 2 EEG 2023; räumlicher Anwendungsbereich).

---

446 *Klees*, Einführung in das Energiewirtschaftsrecht, Kap. 4, Rn. 9.

447 *Klees*, Einführung in das Energiewirtschaftsrecht, Kap. 4, Rn. 100ff.

448 *J. Held/Imolauer*, in: Corporate PPA erfolgreich gestalten, Deutschland, 42.

449 *J. Held/Koch*, ER 2019, 18, 24.

450 Entwurf eines Gesetzes zur Umsetzung unionsrechtlicher Vorgaben und zur Regelung reiner Wasserstoffnetze im Energiewirtschaftsrecht, BT-Drs. 19/27453, S. 125.

451 *J. Held/Imolauer*, in: Corporate PPA erfolgreich gestalten, Deutschland, 42.

452 Siehe Teil 1, D. I.

a) Erneuerbare Energien

Das Verständnis der „Erneuerbare Energien“ gem. § 3 Nr. 21 EEG 2023 ist somit zentral für den Anwendungsbereich des Gesetzes. Erneuerbare Energien sind danach „a) Wasserkraft einschließlich der Wellen-, Gezeiten-, Salzgradienten- und Strömungsenergie, b) Windenergie, c) solare Strahlungsenergie, d) Geothermie“ und „e) Energie aus Biomasse einschließlich Biogas, Biomethan, Deponiegas und Klärgas sowie aus dem biologisch abbaubaren Anteil von Abfällen aus Haushalten und Industrie.“ Zu beachten ist, dass die meisten Regelungen des EEG auch auf den fossilen Energieträger Grubengas Anwendung finden sollen.[453] Denn so könne die Kohlendioxid- und Methanbilanz verbessert werden. Die Definition der erneuerbaren Energien schließt Grubengas mithin aber aus.

Langfristige Stromlieferverträge sind grds. nicht hinsichtlich des Energieträgers, der zur Stromproduktion verwendet wird, beschränkt. In dieser Arbeit werden jedoch PPAs zur Vermarktung von Strom aus EE-Anlagen behandelt. Die in § 3 Nr. 21 EEG 2023 aufgelisteten Energieträger können auch zur Grundlage für ein solches PPA werden. PPAs mit derartigen Stromerzeugungsanlagen im „Bundesgebiet“ i. S. v. § 1 Abs. 2 EEG 2023 fallen folglich in den Anwendungsbereich des EEG 2023.

b) Anlagenbetreiber

aa) Definition

Das EEG 2023 kennt verschiedene Formen der vertraglichen Veräußerung von Strom. Besonders wesentlich ist die sog. Direktvermarktung als ein Terminus aus den Förderbestimmungen des EEG 2023 (§§ 20 Nr. 1, 21a, 10b EEG 2023). Im Grundsatz wird in § 21b Abs. 1 S. 1 EEG 2023 zwischen vier verschiedenen Veräußerungsformen unterschieden, die einem Anlagenbetreiber zur Verfügung stehen. Nach § 3 Nr. 2 EEG 2023 ist „‚Anlagenbetreiber‘, wer unabhängig vom Eigentum die Anlage für die Erzeugung von Strom aus erneuerbaren Energien oder aus Grubengas nutzt.“ Das Eigentum an der Anlage nach § 3 Nr. 1 EEG 2023 ist also nicht entscheidend. Anlagenbetreiber ist vielmehr diejenige Person, die die tatsächliche Sachherrschaft über die Anlage ausübt, ihre Arbeitsweise eigenverantwortlich bestimmt und sie auf eigene Rechnung nutzt, d. h. das wirtschaftliche Risiko trägt.[454] Die einzelnen Kriterien sind das Tragen des wirtschaftlichen Risikos des Anlagenbetriebs (1), das eigenverantwortliche Bestimmen der Arbeitsweise (2) und die tatsächliche Sachherrschaft (3).[455] Maßgeblich ist dabei eine Gesamtbetrachtung dieser Kriterien.[456] Allerdings kann das Kriterium der tatsächlichen Sachherrschaft hinter der Übernahme der wirtschaftlichen Risiken zurücktreten.[457] Träger der wirtschaftlichen Risiken

---

453 BerlKommEnR/*Mohr*, § 1 EEG, Rn. 3; BeckOK EEG/*Greb*, § 3 Nr. 21 EEG, Rn. 45; *Salje*, § 3 EEG, Rn. 82.

454 OLG Düsseldorf, BeckRS 2018, 28574, Rn. 60; zum Begriff des Anlagenbetreibers nach dem KWKG BGH, NVwZ 2008, 1154.

455 BeckOK EEG/*Kindler*, § 3 Nr. 2 EEG, Rn. 6.

456 OLG Düsseldorf, BeckRS 2018, 28574, Rn. 60.

457 *Charles*, IR 2016, 91, 92.

des Anlagenbetriebs ist danach insb., wer die Absatz- und Ausfallrisiken zu übernehmen hat, die sich aus der Verwertung des Stroms ergeben.[458]

Bloße Betriebsführer, die die Kosten und das wirtschaftliche Risiko des Anlagenbetriebs nicht tragen, sind danach keine Anlagenbetreiber, weswegen der betreibende Stromerzeuger nicht zwingend Anlagenbetreiber i. S. d. EEG 2023 ist.[459] Ebenso wenig Anlagenbetreiber sind Finanzierungsgesellschaften, die das wirtschaftliche Risiko des Betreibers nur mittelbar als dessen Insolvenzrisiko tragen.[460] Stromhändler, die den Strom aus der Anlage abnehmen und weiterverkaufen, sind ebenfalls keine Anlagenbetreiber.[461]

bb) Rechtsfolgen

Anlagenbetreiber sind neben den Netzbetreibern die zentralen Adressaten des EEG 2023 mit vielen eigenen Rechten und Pflichten.[462] Dazu gehören insb. das Recht auf eine Förderung nach § 19 Abs. 1 EEG 2023 und verschiedene korrespondierende Pflichten, z. B. nach §§ 9 oder 10b EEG 2023. Anlagenbetreiber sind außerdem verpflichtet, gem. § 21b Abs. 1 S. 1 EEG 2023 eine der Veräußerungsformen des EEG zu wählen und gem. § 21c Abs. 1 EEG 2023 die gewählte Form den Netzbetreibern mitzuteilen.[463] Durch diese Mitteilungspflicht und der auf einen Monatsrhythmus begrenzten Möglichkeit des Wechsels zwischen den Veräußerungsformen wird insb. dem Schutz der Netzbetreiber Rechnung getragen, die in der Lage sein müssen, den Wechsel zwischen den Veräußerungsformen technisch und rechtlich zu vollziehen.[464] Bei den vier Veräußerungsformen für Anlagenbetreiber gem. § 21b Abs. 1 EEG 2023 steht den in § 19 Abs. 1 Nr. 1 bis 3 EEG 2023 aufgelisteten Fördermodellen durch die Marktprämie (§§ 19 Abs. 1 Nr. 1, 20 EEG 2023), die Einspeisevergütung (§§ 19 Abs. 1 Nr. 2, 21 Abs. 1, 2 EEG 2023) oder den Mieterstromzuschlag (§§ 19 Abs. 1 Nr. 3, 21 Abs. 3 EEG 2023) das Modell der nicht geförderten freien Vermarktung gegenüber, die sog. sonstige Direktvermarktung nach § 21a EEG 2023.

Das Modell der Einspeisevergütung kommt heute nur noch in geregelten Ausnahmefällen zur Anwendung (vgl. § 21 Abs. 1 EEG 2023). Der Netzbetreiber ist danach durch ein gesetzliches Schuldverhältnis (§ 7 EEG 2023) zur physikalischen ebenso wie zur kaufmännischen Abnahme des mittels der Einspeisevergütung veräußerten Stroms verpflichtet (vgl. § 11 Abs. 1 S. 1, 2 EEG 2023).[465]

Will der Anlagenbetreiber die Marktprämie in Anspruch nehmen, ist gem. § 20 Nr. 1 EEG 2023 hingegen Voraussetzung, dass der Anlagenbetreiber oder ein dazu eingeschalteter Dienstleister (sog. Direktvermarktungsunternehmer) die kaufmännische Veräußerung selbst übernimmt (sog. geförderte Direktvermarktung).[466] Fehlbeträge bei der

---

458 BeckOK EEG/*Kindler*, § 3 Nr. 2 EEG, Rn. 7.

459 Altrock/Oschmann/Theobald/*Oschmann*, § 3 EEG, Rn. 51.

460 Altrock/Oschmann/Theobald/*Oschmann*, § 3 EEG, Rn. 53.

461 Altrock/Oschmann/Theobald/*Oschmann*, § 3 EEG, Rn. 52.

462 BerlKommEnR/*Schumacher*, § 3 EEG, Rn. 32.

463 BeckOK EEG/*Kindler*, § 3 Nr. 2 EEG, Rn. 12.

464 BerlKommEnR/*Hampel/Reimers*, § 21b EEG, Rn. 4.

465 BeckOK EEG/*Woltering*, § 11 EEG, Rn. 11 f.; BerlKommEnR/*Mohr*, § 2 EEG, Rn. 37.

466 *Pritzsche/Vacha*, Energierecht, § 4, Rn. 59, 68.

Veräußerung werden durch die Marktprämie ausgeglichen und so eine Mindestvergütung garantiert.[467]

Der Mieterstromzuschlag gilt für Solaranlagen auf und an Wohngebäuden und ist ein eigens für die Förderung von sog. Mieterstrom erdachtes Instrument.[468]

Jede andere Veräußerung von Strom außerhalb dieser Fördermodelle ist der sog. sonstigen Direktvermarktung gem. § 21a EEG 2023 zuzuordnen. Bei Abschluss eines PPA entscheiden sich Anlagenbetreiber und Abnehmer grundsätzlich für eine solche Vermarktung außerhalb der gesetzlichen Förderung.[469] Bei PPAs ist also i. d. R. die Veräußerungsform der sonstigen Direktvermarktung einschlägig.

Grds. ist es für Anlagenbetreiber jedoch auch bei einer Vermarktung über PPAs möglich, eine Förderung durch das EEG 2023 in Anspruch zu nehmen. Voraussetzung dafür wäre zunächst, dass das PPA eine Direktvermarktung gem. § 3 Nr. 16 EEG 2023 darstellt. Wie im Folgenden zu zeigen sein wird, erfüllen physisch abgewickelte PPAs diese Definition der Direktvermarktung, sofern nicht ausnahmsweise wie bei On-Site-PPAs ein Fall der sog. Nachbarbelieferungen vorliegt (siehe dazu Teil 1, B. VIII. 2. c)). Ein den bilateralen, nicht standardisierten Handel über ein PPA ausschließender Börsenzwang (wie er etwa im Rahmen des Einspeisevergütung für Übertragungsnetzbetreiber gem. § 2 Abs. 1 S. 1 EEV[470] festgelegt ist), besteht für die Inanspruchnahme der Marktprämie im Modell der geförderten Direktvermarktung nicht.[471] Vielmehr kann der Strom bei der Direktvermarktung auch im OTC-Handel veräußert werden.[472] Darüber hinaus müssten für eine Förderung weitere Voraussetzungen des Anspruchs auf die Marktprämie erfüllt werden, wie z. B. das Erhalten eines Zuschlags im Rahmen der Ausschreibungen (vgl. § 22 Abs. 2 bis 5 EEG 2023). Sofern diese Voraussetzungen erfüllt sind, kann die Marktprämie die PPA-Vergütung ergänzen.

Möglich ist zudem etwa eine Aufteilung in einen nicht geförderten, über PPA vermarkteten Teil und einen geförderten Teil der Produktionsmenge, sofern eine Direktvermarktung vorliegt.[473] Die Möglichkeit des Wechsels in die EEG-Vergütung kann z. B. eine Rolle spielen, wenn das EEG als „sicherer Hafen" genutzt werden soll[474] oder im Hinblick auf etwaige Reststrommengen, die nicht über das PPA vermarktet werden (so z. B. wenn nur ein Teil, wie etwa die Hälfte der produzierten Strommenge, über PPAs vermarktet wird). In Betracht kommt eine Ergänzung der EEG-Förderung im Modell der geförderten Direktvermarktung durch ein (im zitierten Beispiel fünfjähriges) PPA zudem, wenn in der

---

467 *Pritzsche/Vacha*, Energierecht, § 4, Rn. 75.

468 Siehe dazu insb. Entwurf eines Gesetzes zur Förderung von Mieterstrom und zur Änderung weiterer Vorschriften des Erneuerbare-Energien-Gesetzes, BT-Drs. 18/12355, S. 12 f.

469 *Uibeleisen/Groneberg*, RdE 2018, 114, 119.

470 Verordnung zur Durchführung des Erneuerbare-Energien-Gesetzes und des Windenergie-auf-See-Gesetzes (Erneuerbare-Energien-Verordnung) v. 20. 2. 2015, BGBl. I 2015, 146.

471 Vgl. *Hilpert*, Rechtliche Bewertung von Power Purchase Agreements (PPAs) mit erneuerbaren Energien, S. 31.

472 *Mohr*, RdE 2015, 433, 438.

473 EFET, Guidances Notes, S. 3; *Hilpert*, Rechtliche Bewertung von Power Purchase Agreements (PPAs) mit erneuerbaren Energien, S. 6; vgl. auch dena, Vertragswesen von Green Power Purchase Agreements, S. 14.

474 Dena, Finanzierung von Erneuerbare-Energien-Anlagen über Power Purchase Agreements, S. 7.

Ausschreibung nur ein für die Absicherung der Finanzierung zu nicht auskömmlicher anzulegender Wert bezuschlagt wurde.[475] Mangels Direktvermarktung funktioniert eine Ergänzung durch die EEG-Förderung oder ein Wechsel zur geförderten Direktvermarktung jedoch nicht bei der Vermarktung mittels On-Site- oder Finanz-PPAs.

Sofern eine Kombination aus PPA- und EEG-Vermarktung tatsächlich durchgeführt werden soll, gelten alle Restriktionen, die das EEG 2023 zur Förderbedingung macht. In der geförderten Direktvermarktung können etwa wegen des sog. Doppelvermarktungsverbots keine Regional- und Herkunftsnachweise an den Abnehmer veräußert werden.[476]

Daneben enthält das EEG weitere Restriktionen für Anlagenbetreiber, die diese dazu veranlassen können, eine Vermarktungsmöglichkeit ohne Inanspruchnahme einer an Bedingungen geknüpften Förderung wie ein PPA zu suchen. IdR. ist das PPA daher als ein Konkurrenzprodukt bzw. eine Alternative zur geförderten Vermarktung über das EEG zu betrachten[477] und nicht als Kombinationsmöglichkeit. Anlagenbetreiber und Abnehmer entscheiden sich im Rahmen eines PPA regelmäßig bewusst für eine Vermarktung außerhalb der gesetzlichen Fördermodelle.[478] Eine Förderung durch Einspeisevergütung oder Mieterstrom ist mit PPAs hingegen nicht kombinierbar.

Im Wesentlichen unabhängig von der Veräußerungsform gelten die allgemeinen Vorschriften des Teil 2 EEG 2023.[479] Insofern kommen sie auch für alle Arten von PPAs zur Anwendung.[480] Das betrifft die Vorschriften zum Netzanschluss (§ 8 EEG 2023), zur vorrangigen Abnahme (§ 11 Abs. 1 S. 1 EEG 2023) und der Netzerweiterung (§ 12 EEG 2023).[481] Die Vorschriften zum Einspeisemanagement und etwaigen Entschädigungszahlungen (ehemals §§ 14, 15 EEG 2021), für die Selbiges ebenfalls galt, finden sich nun in §§ 13 und 13a EnWG.[482]

Da diese Regelungen keine Direktvermarktung voraussetzen, gelten sie auch für On-Site-PPAs. Reine On-Site-PPAs sind allerdings im Grundsatz mangels Netznutzung auf die Geltung der netzbezogenen Vorschriften des EEG 2023 gar nicht angewiesen.[483] Die

---

475 Enervis, Auswirkungen des geplanten Erlösdeckels im Strommarkt auf die Rentabilität von EE Investitionen mit Fokus auf PPAs und Solarprojekte, S. 16.

476 Vgl. dena, Vertragswesen von Green Power Purchase Agreements, S. 14.

477 *Hilpert*, Rechtliche Bewertung von Power Purchase Agreements (PPAs) mit erneuerbaren Energien, S. 31; vgl. auch dena, Finanzierung von Erneuerbare-Energien-Anlagen über Power Purchase Agreements, S. 7.

478 *Uibeleisen/Groneberg*, RdE 2018, 114, 119; *S. Geiger/Balland*, REE 2019, 53, 55.

479 Vgl. FA Wind, Was tun nach 20 Jahren? – Repowering, Weiterbetrieb oder Stilllegung von Windenergieanlagen nach Förderende, S. 45 f.; *Hilpert*, Rechtliche Bewertung von Power Purchase Agreements (PPAs) mit erneuerbaren Energien, S. 18; ausführlich zur Anwendbarkeit im Rahmen der sonstigen Direktvermarktung zudem *Antoni/Schäfer-Stradowsky*, in: Handbuch Klimaschutzrecht, § 26, Rn. 8 ff.

480 *Hilpert*, Rechtliche Bewertung von Power Purchase Agreements (PPAs) mit erneuerbaren Energien, S. 18.

481 FA Wind, Was tun nach 20 Jahren? – Repowering, Weiterbetrieb oder Stilllegung von Windenergieanlagen nach Förderende, S. 45 f.; *Hilpert*, Rechtliche Bewertung von Power Purchase Agreements (PPAs) mit erneuerbaren Energien, S. 18; *Uibeleisen/Groneberg*, RdE 2018, 114, 122.

482 Entwurf eines Gesetzes zur Beschleunigung des Energieleitungsausbaus, BT-Drs. 19/7375, S. 86.

483 Siehe Teil 1, B. VIII. 2. d).

Fortgeltung dieser Vorschriften kann womöglich aber dann von Interesse sein, wenn nicht vom Abnehmer verbrauchte Strommengen in das allgemeine Stromnetz eingespeist werden sollen.[484] Insofern handelt es sich dann aber nicht mehr um die Vermarktung über ein On-SitePPA, sondern um ein durch die anderweitige Vermarktung ergänztes On-Site-PPA. Für diese ergänzende Vermarktung gelten die anlagenbezogenen Vorschriften ohnehin.

cc) Anlagenbetreiber in der Projektfinanzierung

Kern der noch im Detail zu erläuternden Projektfinanzierung ist die zu diesem Zweck gegründete Projektgesellschaft, die die Aktiva und Passiva des Projekts bündelt.[485] Die Projektfinanzierung ist die übliche Finanzierungsmethode für EE-Projekte, sowohl bei einer EEG-Vermarktung als auch bei einer Vermarktung über PPAs.[486] Vor diesem Hintergrund wird i. d. R. die Projektgesellschaft Verkäufer im Rahmen des PPAs sein oder Inhaber des Förderanspruchs aus dem EEG 2023 (siehe Abb. 4). Damit fließen die Einnahmen der Projektgesellschaft zu, die darüber den Kapitaldienst absichert und bedient.

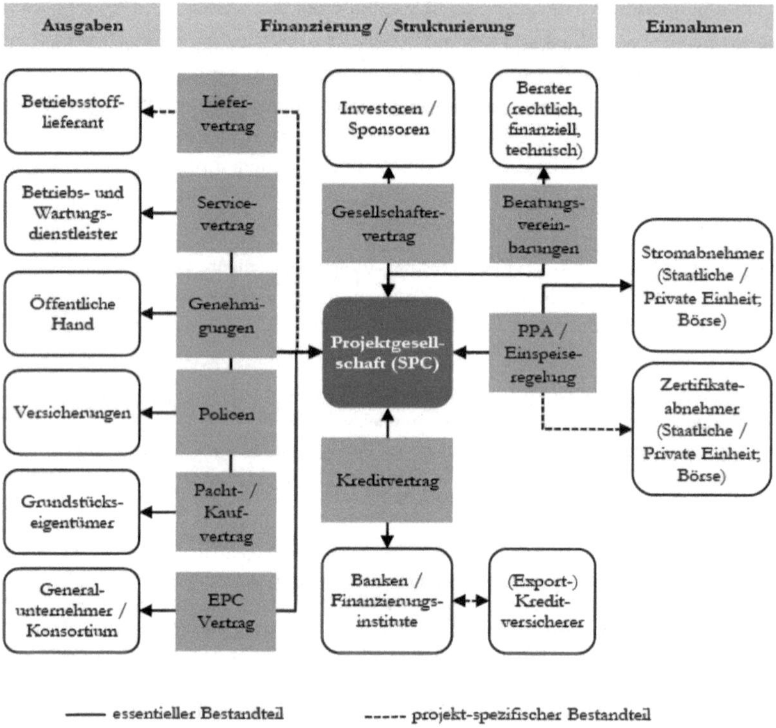

Abbildung 4: Struktur der Projektfinanzierung

---

484 HCOB, Corporate PPA, S. 9; *Uibeleisen/Groneberg*, RdE 2018, 114, 117.

485 Siehe Teil 1, C.

486 Vgl. dena, Finanzierung von Erneuerbare-Energien-Anlagen über Power Purchase Agreements, S. 6.

Die Definition des Anlagenbetreibers dient dazu, den Inhaber des Förderanspruchs zu bestimmen.[487] Damit die Projektgesellschaft Inhaber des Förderanspruchs ist, muss sie die tatbestandlichen Voraussetzungen der Definition erfüllen. Das gilt ebenfalls, wenn der Förderanspruch ergänzend zur Vermarktung über das PPA in Anspruch genommen werden soll. Anderenfalls könnten förderberechtigter und vergütungsberechtigter PPA-Verkäufer nicht personenidentisch sein. Der Cashflow des Projekts wäre dann nicht in der Projektgesellschaft gebündelt. Damit die Projektgesellschaft Anlagenbetreiber und damit Inhaber des Förderanspruchs ist, muss sie Träger der wirtschaftlichen Risiken des Anlagenbetriebs sein und dafür insb. die Absatz- und Ausfallrisiken tragen, die sich aus der Verwertung des Stroms ergeben,[488] ohne dabei bloßer Betriebsführer[489] oder eine reine Finanzierungsgesellschaft zu sein.[490]

Personenidentität zwischen dem Anlagenbetreiber i. S. d. § 3 Nr. 2 EEG 2023 und dem Inhaber des Förderanspruchs ist jedoch keine Notwendigkeit. Sofern die im Rahmen einer Projektfinanzierung eigens für diesen Zweck gegründete Projektgesellschaft die wirtschaftlichen Risiken des Anlagenbetriebs trägt, kann diese Gesellschaft Anlagenbetreiber sein. Das ist insb. dann wahrscheinlich, wenn die Haftung der Sponsoren für die Projektgesellschaft – wie in der Projektfinanzierung üblich – begrenzt oder gar ausgeschlossen wird. Denn in einem solchen Fall trüge die Projektgesellschaft die wirtschaftlichen Risiken des Anlagenbetriebs, zu denen insb. die Absatz- und Ausfallrisiken, die sich aus der Verwertung des Stroms ergeben, gehören.[491] Sofern die Sponsoren allerdings diese Risiken tragen, sind sie selbst Anlagenbetreiber i. S. d. EEG 2023.

Soll ein PPA mit einem Förderanspruch nach dem EEG 2023 kombiniert werden, ist zu beachten, dass die Projektgesellschaft nicht nur das PPA schließt, sondern auch Anlagenbetreiber i. S. d. EEG 2023 ist, um ein Auseinanderfallen der Zahlungsflüsse zu vermeiden und den Cashflow in der Projektgesellschaft zu bündeln.

c) Definition der Direktvermarktung

Der Begriff der Direktvermarktung soll die Abgrenzung zur „indirekten“ Vermarktung über die Übertragungsnetzbetreiber im Fördermodell der Einspeisevergütung verdeutlichen (dementsprechend wäre das Modell der Einspeisevergütung dann eine „Indirektvermarktung“).[492] Die Einführung der Direktvermarktung sollte – zusammenfassend gesagt – dazu führen, dass sich Anlagenbetreiber von EE-Anlagen erstmals selbst mit der Vermarktung ihres Stroms auseinandersetzen mussten.[493]

Nach § 3 Nr. 16 EEG 2023 ist die Direktvermarktung eine „Veräußerung von Strom aus erneuerbaren Energien oder aus Grubengas an Dritte, es sei denn, der Strom wird in unmittelbarer räumlicher Nähe zur Anlage verbraucht und nicht durch ein Netz durch-

487 Frenz/Müggenborg/Cosack/Hennig/Schomerus/*Hennig/Bredow/Valentin*, § 3 EEG, Rn. 34.
488 BeckOK EEG/*Kindler*, § 3 Nr. 2 EEG, Rn. 7.
489 Altrock/Oschmann/Theobald/*Oschmann*, § 3 EEG, Rn. 51.
490 Altrock/Oschmann/Theobald/*Oschmann*, § 3 EEG, Rn. 53.
491 BeckOK EEG/*Kindler*, § 3 Nr. 2 EEG, Rn. 7.
492 *Gawel/Lehmann*, Wirtschaftsdienst 2014, 651, 654.
493 *Pritzsche/Vacha*, Energierecht, § 4, Rn. 59, 68.

geleitet.“ Nicht nur für die geförderte Direktvermarktung, sondern auch für die sonstige Direktvermarktung ergeben sich nach diesem Wortlaut drei konstituierende Merkmale. Das ist zunächst einmal die schuldrechtliche Überlassung in der Form des Verkaufs (Veräußerung).[494] Ob dabei auch die unentgeltliche Abnahme von Strom umfasst ist, ist umstritten. Als nicht überzeugendes Gegenargument wird primär der Wortlaut und das zivilrechtliche Verständnis des Begriffs der Veräußerung angeführt.[495] Für die Einbeziehung der unentgeltlichen Abnahme von Strom spricht jedoch die Konzeption des EEG. Danach ist die Förderung mit der Marktprämie, die die Direktvermarktung voraussetzt, auch in Zeiten negativer Börsenstrompreise gem. § 51 Abs. 1 EEG 2023 grds. möglich und entfällt erst nach vier Stunden. Das Gesetz setzt also voraus, dass eine Direktvermarktung auch bei negativen Börsenpreisen oder eben unabhängig von der Höhe des Entgelts möglich ist.[496] In jedem Fall wird sowohl der Verkauf an Letztverbraucher als auch der Verkauf an der Strombörse oder auf OTC-Märkten erfasst.[497] Ebenso erfasst ist die Veräußerung mittels physisch abgewickelter PPAs, die die schuldrechtliche Definition des Verkaufs wie bereits gesehen erfüllt. Da Finanz-PPAs keine Kaufverträge sind, erfüllen sie die Definition der Direktvermarktung nicht.

Neben der schuldrechtlichen Überlassung ist erforderlich, dass die Veräußerung an eine andere natürliche oder juristische Person erfolgt, die nicht der Anlagenbetreiber selbst oder der verpflichtete Netzbetreiber ist (letzterer ist derjenige, den das EEG ansonsten im Rahmen der Einspeisevergütung als Abnehmer vorsieht).[498] Das ist bei PPAs der Fall und schließt insb. die Eigenversorgung aus.[499]

Eine Direktvermarktung liegt nicht vor, wenn der Strom in unmittelbar räumlicher Nähe zur Anlage verbraucht und nicht durch ein Netz durchgeleitet wird. Beide Voraussetzungen dürfen also nicht kumulativ erfüllt sein, sofern eine Direktvermarktung vorgenommen werden soll.[500] Der Gesetzgeber nennt Fälle, in denen beide Voraussetzungen erfüllt sind, „Nachbarbelieferungen.“[501] Der Begriff des Netzes ist in § 3 Nr. 35 EEG 2023 definiert und ist ausgeschlossen bei Netzen, die der Eigenversorgung oder der Versorgung einer begrenzten Anzahl von Abnehmern dienen.[502] Wird der Strom in unmittelbarer räumlicher Nähe zur Anlage verbraucht und das öffentliche Stromnetz nicht genutzt, ist sowohl die geförderte als auch die sonstige Direktvermarktung ausgeschlossen. Nachbarbelieferungen gehören dann zu keiner Vermarktungsform des § 21b Abs. 1 EEG 2023.

Diese Verengung des Begriffs der Direktvermarktung stellt einen Widerspruch zum Zweck der sonstigen Direktvermarktung dar, die nach dem Willen des Gesetzgebers ei-

---

494 Vgl. BerlKommEnR/*Schumacher*, § 3 EEG, Rn. 72.

495 *Salje*, § 3 EEG, Rn. 78; BerlKommEnR/*Schumacher*, § 3 EEG, Rn. 72.

496 BeckOK EEG/*Sösemann*, § 3 Nr. 16 EEG, Rn. 7.

497 *Uibeleisen/Groneberg*, RdE 2018, 114, 119; mit Verweis auf *Salje*, § 21a EEG, Rn. 4.

498 BerlKommEnR/*Schumacher*, § 3 EEG, Rn. 73.

499 Vgl. *J. Held/Imolauer*, in: Corporate PPA erfolgreich gestalten, Deutschland, 39; *Uibeleisen/Groneberg*, RdE 2018, 114, 119.

500 BerlKommEnR/*Schumacher*, § 3 EEG, Rn. 74.

501 Entwurf eines Gesetzes zur grundlegenden Reform des Erneuerbare-Energien-Gesetzes und zur Änderung weiterer Bestimmungen des Energiewirtschaftsrechts, BT-Drs. 18/1304, S. 127.

502 BerlKommEnR/*Schumacher*, § 3 EEG, Rn. 181 f.

nen Auffangtatbestand für alle Anlagenbetreiber, die keine Förderung in Anspruch nehmen, darstellen soll.[503]

§ 21b Abs. 1 S. 1 EEG 2023 verpflichtet Anlagenbetreiber wie bereits erwähnt dazu, eine der Veräußerungsformen des EEG zu wählen und gem. § 21c Abs. 1 EEG 2023 die gewählte Form den Netzbetreibern mitzuteilen. Die Definition der Direktvermarktung in § 3 Nr. 16 EEG 2023 schließt jedoch Nachbarbelieferungen von der geförderten und der sonstigen Direktvermarktung aus. Diese Anlagenbetreiber sind zwar aus § 21b Abs. 1 EEG 2023 verpflichtet, eine der Veräußerungsformen des EEG 2023 zu wählen und die Entscheidung dem Netzbetreiber mitzuteilen, aber die Direktvermarktung ist für sie ausgeschlossen. Wenn sie eine Förderung durch Einspeisevergütung oder Mieterstrom nicht in Anspruch nehmen können oder wollen, können sie formal dem Netzbetreiber keine Veräußerungsform aus § 21b Abs. 1 EEG 2023 mitteilen, obwohl sie als Anlagenbetreiber dazu verpflichtet wären. Die Norm dient dem Schutz der Netzbetreiber, die in der Lage sein müssen, einen Wechsel zwischen den Veräußerungsformen technisch und rechtlich zu vollziehen.[504] Im Falle der Nachbarbelieferungen besteht diese Herausforderung für den Netzbetreiber wegen der fehlenden Netznutzung nicht. Daher erkennt § 21b Abs. 4 Nr. 2 lit. a, b EEG 2023 die Möglichkeit der Nachbarbelieferungen ausdrücklich an.[505] Überzeugend wird insofern auch von einer „Durchbrechung des numerus clausus der Vermarktungsformen des EEG" gesprochen.[506] Daraus folgt jedoch, dass die sonstige Direktvermarktung nicht den vom Gesetzgeber vorgesehenen Auffangtatbestand für alle Anlagenbetreiber, die keine Förderung in Anspruch nehmen, bildet.[507]

Bei On-Site-PPAs liegt daher – wegen der fehlenden Nutzung des Netzes der allgemeinen Versorgung oder jedenfalls wegen des Verbrauchs regelmäßig in räumlicher Nähe – kein Fall der Direktvermarktung gem. § 3 Nr. 16 EEG 2021 vor.[508] Es handelt sich vielmehr um Nachbarbelieferungen, wie sie nach § 21b Abs. 4 Nr. 2 lit. a, b EEG 2023 gesetzlich anerkannt sind.[509] Infolgedessen kommt bei On-Site-PPAs mangels Direktvermarktung keine das PPA ergänzende Inanspruchnahme einer EEG-Förderung nach dem Marktprämienmodell in Betracht.[510] Nur wenn z. B. Reststrommengen, die nicht über das On-Site-PPA vermarktet werden, über das Netz i. S. d. § 3 Nr. 35 EEG 2023 vermarktet werden, liegt für diese Reststrommengen eine Direktvermarktung vor.[511] Zu beachten ist, dass für Nachbarbelieferungen die Wechselfristen keine Anwendung finden („unbeschadet von Abs. 1"), sodass ein Wechsel in die Nachbarbelieferung jederzeit möglich ist, der Wechsel in das Fördersystem gem. § 21b Abs. 1 S. 2 EEG 2021 aber nur zum ersten eines jeden Monats.[512]

503 Entwurf eines Gesetzes zur Neuregelung des Rechtsrahmens für die Förderung der Stromerzeugung aus erneuerbaren Energien, BT-Drs. 17/6071, S. 78.

504 BerlKommEnR/*Hampel/Reimers*, § 21b EEG, Rn. 4.

505 *Uibeleisen/Groneberg*, RdE 2018, 114, 119.

506 *Uibeleisen/Groneberg*, RdE 2018, 114, 119.

507 BT-Drs. 17/6071, 78.

508 *Hilpert*, Rechtliche Bewertung von Power Purchase Agreements (PPAs) mit erneuerbaren Energien, S. 22; *Uibeleisen/Groneberg*, RdE 2018, 114, 119.

509 *Uibeleisen/Groneberg*, RdE 2018, 114, 119.

510 *Uibeleisen/Groneberg*, RdE 2018, 114, 119.

511 *Uibeleisen/Groneberg*, RdE 2018, 114, 119.

512 *Uibeleisen/Groneberg*, RdE 2018, 114, 120.

Off-Site-PPAs sind hingegen ein Fall der Direktvermarktung und mangels Förderung ein Fall der der sonstigen Direktvermarktung.[513] Sofern die weiteren Voraussetzungen erfüllt sind, ist es für Anlagenbetreiber, die Strom über ein Off-Site-PPA vermarkten, daher möglich, ergänzend eine Förderung nach dem Marktprämienmodell des EEG 2023 in Anspruch zu nehmen.

d) Vermarktung ohne Netznutzung (Mieterstrom und Eigenversorgung)

Für eine Vermarktung ohne Netznutzung bietet das EEG eine Förderung durch den sog. Mieterstromzuschlag gem. § 21 Abs. 3 EEG 2023. Dieser wird für eine Kombination mit PPAs wegen der Begrenzung auf Solaranlagen an Wohngebäuden und dem Verbrauch in diesen Wohneinrichtungen wohl keine Rolle spielen.[514]

Nach dem EEG 2021 stellten On-Site-PPAs eine Alternative zu sog. Eigenversorgungsmodellen dar.[515] Allerdings wurden die Regelungen des EEG 2021 zur Eigenversorgung mit der endgültigen Abschaffung der EEG-Umlage in der Novellierung des EEG im Rahmen des sog. Osterpakets[516] obsolet. Es handelte sich bei der Eigenversorgung, zuvor noch definiert in § 3 Nr. 19 EEG 2021, nicht um eine Vermarktungsform des EEG. Vielmehr gingen mit der Eigenversorgung verschiedene Privilegierungen einher, wie eine vollständige oder teilweise Befreiung von der EEG-Umlage sowie steuer- und abgabenrechtliche Befreiungs- bzw. Entlastungstatbestände.[517] Die noch bestehenden Umlagen fallen aufgrund der neuen Systematik im Energiefinanzierungsgesetzes (EnFG)[518] in Eigenversorgungsmodellen nicht mehr an.[519] Zudem sollen Eigenversorgungsmodelle durch die Aufhebung des Eigenversorgungsverbots in den Ausschreibungen (§ 27a EEG 2023) gestärkt werden.[520] Damit können Eigenversorgungsmodelle zukünftig mit dem Modell der geförderten Direktvermarktung kombiniert werden. Eigenversorgungsmodelle kommen insofern auch ohne Regelung im EEG 2023 weiterhin in Betracht. PPAs erfüllten jedoch ohnehin nie die tatbestandlichen Voraussetzungen der Eigenversorgung. Die Eigenversorgung setzte gem. § 3 Nr. 19 EEG 2021 den Verbrauch im unmittelbaren räumlichen Zusammenhang zur Anlage durch den Anlagenbetreiber selbst ohne Netzdurchleitung voraus. Erforderlich war eine Personenidentität zwischen Erzeuger und Verbraucher.[521] Das Gegenstück zur Eigenversorgung war insofern die Lieferung an eine andere Person.[522] PPAs setzen als Lieferverträge begrifflich eine Lieferung an eine andere Person als den Anlagenbetreiber voraus, fielen daher nie unter die Definition des EEG 2021. Auch wenn On-Site-PPAs ei-

---

513 *Uibeleisen/Groneberg*, RdE 2018, 114, 119.

514 *J. Held/Imolauer*, in: Corporate PPA erfolgreich gestalten, Deutschland, 46.

515 *J. Held/Imolauer*, in: Corporate PPA erfolgreich gestalten, Deutschland, 39; *Uibeleisen/Groneberg*, RdE 2018, 114, 119.

516 BT-Drs. 20/1630.

517 *J. Held/Imolauer*, in: Corporate PPA erfolgreich gestalten, Deutschland, 47.

518 Gesetz zu Sofortmaßnahmen für einen beschleunigten Ausbau der erneuerbaren Energien und weiteren Maßnahmen im Stromsektor v. 20. 7. 2022, BGBl. I 2022, 1237.

519 BT-Drs. 20/1630, 142.

520 BT-Drs. 20/1630, 142.

521 *Ruttloff*, NVwZ 2014, 1128, 1129.

522 Vgl. BerlKommEnR/*Schumacher*, § 3 EEG, Rn. 98.

nen Verbrauch in räumlicher Nähe ohne Netznutzung zulassen, ist bei ihnen wie bei anderen PPAs eine Lieferung an eine andere Person begriffsnotwendig.[523] On-Site-PPAs waren damit allenfalls eine Alternative zu Eigenversorgungsmodellen nach dem EEG 2021.[524]

In den Fällen von PPAs ohne Netznutzung oder der Lieferung in räumlicher Nähe, wie bei On-Site-PPAs, ergeben sich daher keine besonderen förderspezifischen Rechtsfolgen mehr aus dem EEG. Lediglich die allgemeinen Bestimmungen, die unabhängig von der Veräußerungsform gelten, sind dann anwendbar.[525] Das umfasst die Vorschriften zum Netzanschluss (§ 8 EEG 2023), zur vorrangigen Abnahme (§ 11 Abs. 1 S. 1 EEG 2023) und der Netzerweiterung (§ 12 EEG 2023).[526] Aus diesen Vorschriften leiten jedoch primär einspeisewillige, also netznutzungswillige Anlagenbetreiber Rechte und Pflichten ab.[527] Sofern Anlagenbetreiber ohne Netznutzung vermarkten, sind sie also regelmäßig auch von diesen Vorschriften nicht betroffen.

e) Direktvermarktungsunternehmer

Vor diesem Hintergrund ist es sinnvoll, sich erneut die Person des Veräußerers (Direktvermarkters) nach dem EEG zu vergegenwärtigen. Das ist immer der in § 3 Nr. 2 EEG 2023 definierte Anlagenbetreiber. Nur der Anlagenbetreiber führt die Direktvermarktung durch und ist damit möglicher Inhaber eines Förderanspruchs nach dem EEG 2023. Nicht zu verwechseln ist der direktvermarktende Anlagenbetreiber mit dem sog. Direktvermarktungsunternehmer. Dabei handelt es sich um ein auf Vermarktung spezialisiertes Unternehmen, das aufgrund der besonderen Qualifikation regelmäßig in der Praxis die Vermarktung für den Anlagenbetreiber übernimmt.[528] Gem. § 3 Nr. 17 EEG 2023 ist „‚Direktvermarktungsunternehmer', wer von dem Anlagenbetreiber mit der Direktvermarktung von Strom aus erneuerbaren Energien oder aus Grubengas beauftragt ist oder Strom aus erneuerbaren Energien oder aus Grubengas kaufmännisch abnimmt, ohne insoweit Letztverbraucher dieses Stroms oder Netzbetreiber zu sein." Der Direktvermarktungsunternehmer kann bestimmte Pflichten aus dem EEG 2023 übernehmen, die eigentlich den Anlagenbetreiber träfen.[529] Er ist ein Dienstleister, der die Verpflichtung zur Direktvermarktung, als entscheidende Fördervoraussetzung, für den Anlagenbetreiber gegen Zahlung einer Vergütung vertraglich übernimmt.[530] Damit hat der Direktvermarktungsunternehmer wesentliche Risiken des Anlagenbetreibers zu tragen.[531]

---

523 *J. Held/Imolauer*, in: Corporate PPA erfolgreich gestalten, Deutschland, 39; *Uibeleisen/Groneberg*, RdE 2018, 114, 119.

524 *J. Held/Imolauer*, in: Corporate PPA erfolgreich gestalten, Deutschland, 39; *Uibeleisen/Groneberg*, RdE 2018, 114, 119.

525 Vgl. FA Wind, Was tun nach 20 Jahren? – Repowering, Weiterbetrieb oder Stilllegung von Windenergieanlagen nach Förderende, S. 45 f.; *Hilpert*, Rechtliche Bewertung von Power Purchase Agreements (PPAs) mit erneuerbaren Energien, S. 18.

526 FA Wind, Was tun nach 20 Jahren? – Repowering, Weiterbetrieb oder Stilllegung von Windenergieanlagen nach Förderende, S. 45 f.; *Hilpert*, Rechtliche Bewertung von Power Purchase Agreements (PPAs) mit erneuerbaren Energien, S. 18; *Uibeleisen/Groneberg*, RdE 2018, 114, 122.

527 Vgl. BerlKommEnR/*L. Scholz*, § 8 EEG, Rn. 13.

528 *Lüdemann/Ortmann*, EnWZ 2014, 387; *Gawel/Lehmann*, Wirtschaftsdienst 2014, 651, 654.

529 BerlKommEnR/*Schumacher*, § 3 EEG, Rn. 77.

530 Vgl. *Woltering*, REE 2015, 141.

531 Vgl. *Woltering*, REE 2015, 141.

Das EEG 2023 lässt zwei mögliche Ausgestaltungen zu: Nach § 3 Nr. 17 Alt. 1 EEG 2023 agiert der Direktvermarktungsunternehmer als (entgeltlich) „beauftragter" Stellvertreter des Anlagenbetreibers, der über den Strom verfügt, sodass der Anlagenbetreiber Vertragspartei wird und Rechte und Pflichten aus der Vermarktung selbst zu tragen hat.[532] Der Direktvermarktungsunternehmer benötigt in einem solchen Fall keinen eigenen Bilanzkreis.[533]

Nach § 3 Nr. 17 Alt. 2 EEG 2023 nimmt der Direktvermarktungsübernehmer den Strom kaufmännisch ab, um ihn dann selbst zu veräußern, d. h. ohne den Strom selbst zu verbrauchen. Er tritt bei der dann folgenden Vermarktung selbst als veräußernde Partei auf und nicht für den Anlagenbetreiber.[534] In diesem Fall führt der Direktvermarktungsunternehmer einen eigenen Bilanzkreis.[535]

Ein wesentlicher Unterschied zwischen beiden Alternativen ist, dass nach Alt. 2 das Leistungsrisiko schon mit der kaufmännisch bilanziellen Abnahme vollständig auf den Direktvermarktungsunternehmer übergeht.[536] Nach Alt. 1 wird der mit der Vermarktung „Beauftragte" allerdings im Direktvermarktungsvertrag das Leistungsrisiko (bzw. das Risiko einer nicht erfolgreichen kaufmännischen Abnahme) übernehmen. Darin liegt gerade der Zweck des Direktvermarktungsvertrags.[537] In beiden Konstellationen wird regelmäßig eine Vereinbarung „geliefert wie erzeugt" getroffen, sodass der Direktvermarktungsunternehmer auch das Risiko der volatilen Stromerzeugung dargebotsabhängiger Anlagen (sog. Profilrisiko, vgl. Teil 2, D. I. 2.) übernimmt.[538]

Von Bedeutung ist zudem, dass ein Direktvermarktungsunternehmer nicht Letztverbraucher sein kann, weil er den Strom abnimmt, um ihn weiter zu veräußern.[539] Der Letztverbraucher hat nach dem EEG 2023 eine andere Marktrolle mit anderen Aufgaben.

Auch den Netzbetreibern wird eine andere Rolle nach dem EEG 2023 zugeordnet. Deswegen können Netzbetreiber nicht gleichzeitig Direktvermarktungsunternehmer sein.[540]

Bei der kaufmännischen Abnahme durch den Direktvermarktungsunternehmer gem. Alt. 2 handelt es sich um eine „Veräußerung" an einen Dritten gem. § 3 Nr. 16 EEG 2023. Wenn der Direktvermarktungsunternehmer „Dritter" i. S. d. § 3 Nr. 16 EEG 2023 ist, liegen die Voraussetzungen der Direktvermarktung schon mit der Veräußerung an den Direktvermarktungsunternehmer vor. Empfänger der Direktvermarktung kann also auch ein Direktvermarktungsunternehmer sein.[541]

Wichtig festzuhalten ist, dass die (sonstige) Direktvermarktung, die auch eine Vermarktung über physisch abgewickelte Off-Site-PPAs erfasst, nur vom Anlagenbetreiber

---

532 BerlKommEnR/*Schumacher*, § 3 EEG, Rn. 78.
533 BeckOK EEG/*Sösemann*, § 3 Nr. 17 EEG, Rn. 5.
534 BerlKommEnR/*Schumacher*, § 3 EEG, Rn. 79.
535 BeckOK EEG/*Sösemann*, § 3 Nr. 17 EEG, Rn. 7.
536 Vgl. BerlKommEnR/*Schumacher*, § 3 EEG, Rn. 79.
537 Vgl. *Woltering*, REE 2015, 141, 144.
538 *Woltering*, REE 2015, 141, 144.
539 BeckOK EEG/*Sösemann*, § 3 Nr. 17 EEG, Rn. 8 ff.
540 BeckOK EEG/*Sösemann*, § 3 Nr. 17 EEG, Rn. 11.
541 Vgl. BeckOK EEG/*Sösemann*, § 3 Nr. 16 EEG, Rn. 8.

gem. § 3 Nr. 2 EEG 2023 durchgeführt werden kann (vgl. § 21a EEG 2023).[542] D. h. insb., dass die Direktvermarktung nicht von einem Direktvermarktungsunternehmer durchgeführt werden kann, der lediglich im Auftrag des Anlagenbetreibers oder als dessen Abnehmer die Vermarktung übernimmt. Veräußerer (Direktvermarkter) i. S. d. EEG 2023 ist immer der Anlagenbetreiber.[543]

Die Ausgestaltung der Beziehung zwischen Anlagenbetreiber und Direktvermarktungsunternehmer erfolgt im Rahmen des Direktvermarktungsvertrags.[544] Insb. in den Verträgen nach § 3 Nr. 17 Alt. 2 EEG 2023, in denen der Direktvermarktungsunternehmer den Strom kaufmännisch abnimmt, erfolgt wie in PPAs ein Verkauf von Strom durch einen Anlagenbetreiber, sodass einige Klauseln aus Direktvermarktungsverträgen (jedenfalls ähnlich) auch in PPAs eine Rolle spielen können, z. B. zur Abnahme oder Bilanzierung.[545]

f) Rechtsfolgen der Einordnung als sonstige Direktvermarktung nach dem EEG

Für den Anlagenbetreiber ergeben sich im Falle der sonstigen Direktvermarktung mittelbar verschiedene Rechtsfolgen. Wichtigste mittelbare Rechtsfolge ist, dass die förderspezifischen Rechte und Pflichten des EEG 2023 gerade keine Anwendung finden. Das betrifft insb. das Recht eine Förderung zu erhalten.

Daraus ergeben sich gleichwohl gewisse Vorteile für die PPA-Vermarktung. Denn verschiedene Restriktionen aus dem EEG entfallen für PPAs.[546] Das gilt z. B. für die Vermarktung sog. Herkunftsnachweise, da das sog. Doppelvermarktungsverbot entfällt.[547]

IX. Zwischenergebnis

Es handelt sich bei PPAs um zivilrechtliche Kaufverträge. Infolgedessen sind die allgemeinen zivilrechtlichen Regelungen zur Kontrolle von Verträgen, insb. das AGB-Recht, und schuldrechtlich kaufrechtliche Regelungen größtenteils anwendbar. Zudem handelt es sich bei PPAs regelmäßig auch um Dauerschuldverhältnisse oder Sukzessivlieferungsverträge, da sie langfristig angelegt sind. Die Langfristigkeit spielt insb. auch für die dem Wettbewerbsrecht unterworfenen, am PPA beteiligten Unternehmen eine Rolle. PPAs können Letztverbraucher- und Weiterverteilerverträge nach dem EnWG sowie Direktvermarktungsverträge nach dem EEG sein. Als individuelle, nicht börslich gehandelte Verträge sind sie außerdem OTC-Stromhandelsverträge. Energiewirtschaftsrechtlich sind PPAs – mit Ausnahme von Finanz-PPAs – Energieversorgungsverträge i. S. v. § 3 Nr. 18a EnWG. Der Verkäufer des PPA ist zudem ein Energieversorgungsunternehmen gem. § 3 Nr. 18 EnWG. PPAs können darüber hinaus die Voraussetzungen eines Energieliefervertrages i. S. v.

---

542 Vgl. BerlKommEnR/*Hampel/Reimers*, § 21a EEG, Rn. 1.

543 Zur Abgrenzung siehe OLG Bamberg, BeckRS 2018, 37659, Rn. 53 f.

544 *Staake*, in: Windenergieanlagen, Kap. 4. IV. 4. e., Rn. 458 ff.

545 Vgl. *Hilpert*, Rechtliche Bewertung von Power Purchase Agreements (PPAs) mit erneuerbaren Energien, S. 23.

546 *Uibeleisen/Groneberg*, RdE 2018, 114, 119 ff.

547 BerlKommEnR/*Hampel/Reimers*, § 21a EEG, Rn. 2.

§§ 36ff. EnWG erfüllen. Dabei sind Corporate-PPAs als sog. Letztverbraucherverträge in Form der sog. Sonderkundenverträge zu qualifizieren, während Utility-PPAs und Merchant-PPAs sog. Weiterverteilerverträge sind.

Zentral für die Qualifizierung nach dem EEG ist die Zuordnung zu einer Veräußerungsform. Physisch abgewickelte PPAs erfüllen dabei mit Ausnahme von On-Site-PPAs, die zu den sog. Nachbarbelieferungen gehören, die Voraussetzung der Direktvermarktung. Infolgedessen sind sie der sonstigen Direktvermarktung gem. § 21a EEG 2023 zuzuordnen. Insofern bestehen auch Ähnlichkeiten zu sog. Direktvermarktungsverträgen zwischen einem Anlagenbetreiber und einem Direktvermarktungsunternehmer gem. § 3 Nr. 17 EEG 2023.

Einzelne PPAs unterliegen zudem weiteren spezialgesetzlichen Regelungen, die allerdings nur für konkrete Gestaltungsarten gelten und an entsprechender Stelle erläutert werden sollen. So gelten etwa für Finanz-PPAs wie bereits erwähnt ggf. finanzmarkt- und bilanzrechtliche Besonderheiten.

C. Exkurs: Finanzierung von Erneuerbare-Energien-Anlagen

I. Grundlagen der Finanzierung von Erneuerbare-Energien-Anlagen

Die Finanzierung des Ausbaus der erneuerbaren Energien wird als eine der größten Herausforderungen der Energiewende angesehen.[548] Denn die meisten der Energieinfrastrukturprojekte sind durch ein besonders hohes Investitionsvolumen gekennzeichnet.[549] Die Finanzierung dieser „großvolumigen Investitionsvorhaben" im Energiesektor erfolgt i. d. R. im Rahmen einer sog. Projektfinanzierung.[550] Die Anforderungen an die Finanzierung einzelner Projekte werden von den Geldgebern vorgegeben. Diese können unterschiedliche Ausprägung erfahren, je nachdem, wie die Finanzierung strukturiert ist. Im Wesentlichen zu unterscheiden sind zwei Modelle, die Projektfinanzierung und die Unternehmensfinanzierung. Bei der Projektfinanzierung liegt der Fokus der Finanzierungsanforderungen, wie der Name sagt, auf dem Projekt, genauer auf den Einnahmen des Projekts (den sog. Cashflows) des Projekts. Infolgedessen sind die über den Absatz generierten Einnahmen bzw. deren Absicherung bei der Projektfinanzierung von besonderer Bedeutung.[551] Ein langfristig gesicherter Absatz wirkt sich positiv auf die Finanzierungsbedingungen aus. Für diese langfristige Absatzsicherung wurde mit dem EEG eine gesetzliche Grundlage ge-

548 Dena, Finanzierung von Erneuerbare-Energien-Anlagen über Power Purchase Agreements, S. 3.

549 *Paul/Mervelskemper*, in: Verantwortung und Finanzierung im Zuge der Energiewende, Finanzierung von Infrastrukturprojekten im Rahmen der Energiewende, 36.

550 Dena, Finanzierung von Erneuerbare-Energien-Anlagen über Power Purchase Agreements, S. 6; *J. Böttcher*, in: Rechtliche Rahmenbedingungen für EE-Projekte, Projektfinanzierung von Vorhaben im Bereich Erneuerbare Energien, 17; für Windenergieanlagen *Portela*, in: Windenergieanlagen, Kap. 5. II., Rn. 3; *Paul/Mervelskemper*, in: Verantwortung und Finanzierung im Zuge der Energiewende, Finanzierung von Infrastrukturprojekten im Rahmen der Energiewende, 37.

551 Kümpel/Wittig/*Rossbach*, 11. Teil, Rn. 288; *Hinsch/Horn*, Das Vertragsrecht der internationalen Konsortialkredite und Projektfinanzierungen, S. 253 f.

schaffen.[552] Sie kann aber auch durch vertragliche Abnahmeverträge wie PPAs erzielt werden.[553] Die langfristige Absatzsicherung erfolgt in PPAs insb. über Abnahmeverpflichtungen, Mengen-, Preis- und Laufzeitregelungen. PPAs können bei der Projektfinanzierung daher eine entscheidende Rolle spielen. Im Folgenden sollen die Grundlagen der (Projekt-) Finanzierung sowie einige für die ökonomische Bewertung der Projektfinanzierung relevante Kennzahlen erläutert werden.

II. Grundstruktur der Projektfinanzierung

1. Allgemeines

Für den Terminus der Projektfinanzierung existieren viele Definitionen. Beispielhaft genannt sei das Verständnis von *Stockmeyer*. Danach wird unter dem Terminus der Projektfinanzierung im Kern eine Finanzierungstechnik verstanden, „bei der die Kreditvergabeentscheidung davon abhängig gemacht wird, ob der zukünftige cash-flow des finanzierten Projekts zur Aufbringung der Kapitaldienstzahlungen ausreicht."[554] Ergänzend wird vorgetragen, dass es sich um „eine sich selbst tragende Wirtschaftseinheit" handeln muss, „deren unternehmerische Aktivitäten nur auf Basis des Projekt-Cash-Flows und der Projektanlagen als einziger Sicherheit für die Kreditgeber finanziert werden sollen."[555] Daraus lassen sich zwei wesentliche Merkmale einer Projektfinanzierung (engl. *project finance*[556]) ableiten. Zu diesen Merkmalen gehört einerseits die Finanzierungsabsicherung primär über die Cashflows des Projekts (sog. *Cashflow Related Lending*) und andererseits die für das Projekt gegründete, unabhängige Projektgesellschaft mit unabhängigen Bilanzen (sog. *Off-Balance Financing*).

Ergänzt werden diese beiden Bestandteile der Projektfinanzierung durch das sog. *Risk Sharing*, der angemessenen Verteilung der Projektrisiken zwischen den Beteiligten.[557]

Die Projektgesellschaft und die Cashflow-orientierte Finanzierungsabsicherung sind Merkmale, die insb. zur Abgrenzung von der Unternehmensfinanzierung dienen.[558] Bei der

---

552 Dena, Finanzierung von Erneuerbare-Energien-Anlagen über Power Purchase Agreements, S. 6.

553 Dena, Corporate Green PPAs: Ökonomische Analyse, S. 6; *Pahle*, ET 03/2015, 18, 20; *Hilpert*, Rechtliche Bewertung von Power Purchase Agreements (PPAs) mit erneuerbaren Energien, S. 7; *Kiethe/Hektor*, DStR 1996, 977, 978.

554 *Stockmayer*, Projektfinanzierung und Kreditsicherung, S. 88.

555 *J. Böttcher*, in: Rechtliche Rahmenbedingungen für EE-Projekte, Projektfinanzierung von Vorhaben im Bereich Erneuerbare Energien, 17; *Tytko*, in: Projektfinanzierung, Grundlagen der Projektfinanzierung, 13 mit Verweis auf Financial Accounting Standard Nr. 47, Appendix B, Rn. 23, lit. a aus dem Jahre 1981.

556 Die englischen Begrifflichkeiten werden im Folgenden mit angeführt, da sie vorrangig verwendet werden, vgl. *Friese/Dickhoff*, in: Handbuch Finanzierung von Erneuerbare-Energien-Projekten, Grundlagen der Projektfinanzierung, 34.

557 Zu diesen drei Charakteristika *Uekermann*, in: Projektfinanzierung, Technik der internationalen Projektfinanzierung, 18 ff.

558 Ebenso zur Methodik der Herleitung der zentralen Merkmale *Uekermann*, Risikopolitik bei Projektfinanzierungen, S. 11.

Unternehmensfinanzierung ist für die Finanzierung eines Vorhabens die Kreditwürdigkeit des in Rede stehenden Unternehmens zu betrachten (engl. *Corporate-credit-rating-based-financing*).[559] Es handelt sich also nicht um eine nur für das Projekt gegründete, unabhängige Projektgesellschaft (Einzweckgesellschaft, engl. auch *Special Purpose Company (SPC), Special Purpose Vehicle (SPV), Special Purpose Entity (SPE), Single Purpose Entity (SPE), Limited Purpose Entity (LPE)*), sondern um ein bestehendes Unternehmen. Zur Feststellung der Kreditwürdigkeit (*Rating*) des Unternehmens wird bei einer Unternehmensfinanzierung eine vertiefte finanzielle Analyse der wirtschaftlichen Verhältnisse des Unternehmens vorgenommen. Maßgeblich sind in der Analyse unter anderem die Unternehmensbonität, die historischen und aktuellen Bilanzen, Managementfähigkeiten und Marktchancen.[560] Im Gegensatz dazu kann bei einer für die Finanzierung neugegründeten Projektgesellschaft mangels Existenz keine Analyse von historischen und aktuellen Bilanzen erfolgen.[561] Außerdem kann das Management nur aufgrund von vorhergehenden Leistungen bei anderen Projekten bewertet werden und nicht wie bei der Unternehmensfinanzierung aufgrund der Leistungen im zu finanzierenden Unternehmen.[562] Primär können daher die zukünftige Entwicklung des Projekts, die unternehmerischen Pläne der Projektgesellschaft und die daraus resultierenden Zahlungsströme, die Cashflows, bewertet werden.[563] Das bedeutet, dass ein sog. *Cashflow Related Lending* erfolgt, also die Gewährung der Kredite primär im Vertrauen auf die Stabilität des Cashflows und nicht im Vertrauen auf die Bonität eines Unternehmens oder der Projektgesellschaft.[564] Für diese prognosebasierte Bewertung des Projekts ist es hilfreich, wenn der Cashflow des Projekts möglichst konkret prognostizierbar ist, etwa indem er gesetzlich oder über PPAs vertraglich definiert wird.

Die Projektgesellschaft wird allein für die Errichtung und den Betrieb des Investitionsobjekts (des Projekts) gegründet.[565] So sollen (negative) externe Einflüsse aus der sonstigen Geschäftstätigkeit der Projektträger auf das Projekt ausgeschlossen werden.[566] Diese Projektgesellschaft hält die Rechte des Projekts und verbucht die Kredite, sodass sie nicht in den Bilanzen des das Projekt initiierenden Unternehmens (auch Sponsor, Projektträger oder eben Initiator genannt) auftaucht, also für dieses im wesentlichen bilanzneutral ist (*Off-Balance Financing*).[567] Sie haftet mit ihrem Vermögen, Eigenkapital und den Erträgen

559 *J. Böttcher*, in: Rechtliche Rahmenbedingungen für EE-Projekte, Projektfinanzierung von Vorhaben im Bereich Erneuerbare Energien, 19; *Grosse*, in: Projektfinanzierung, Projektfinanzierung aus Bankensicht, 43.

560 *Friese/Dickhoff*, in: Handbuch Finanzierung von Erneuerbare-Energien-Projekten, Grundlagen der Projektfinanzierung, 31.

561 *Friese/Dickhoff*, in: Handbuch Finanzierung von Erneuerbare-Energien-Projekten, Grundlagen der Projektfinanzierung, 32.

562 *Friese/Dickhoff*, in: Handbuch Finanzierung von Erneuerbare-Energien-Projekten, Grundlagen der Projektfinanzierung, 32.

563 *Friese/Dickhoff*, in: Handbuch Finanzierung von Erneuerbare-Energien-Projekten, Grundlagen der Projektfinanzierung, 32.

564 *J. Böttcher*, in: Rechtliche Rahmenbedingungen für EE-Projekte, Projektfinanzierung von Vorhaben im Bereich Erneuerbare Energien, 18.

565 *J. Böttcher*, in: Rechtliche Rahmenbedingungen für EE-Projekte, Projektfinanzierung von Vorhaben im Bereich Erneuerbare Energien, 20.

566 Kümpel/Wittig/*Rossbach*, 11. Teil, Rn. 276; mit Verweis auf *Reichert-Facilides*, in: Unternehmensfinanzierung, E. V. Objekt- und Projektfinanzierungen, Rn. 192.

567 *Uekermann*, in: Projektfinanzierung, Technik der internationalen Projektfinanzierung, 19 f.

anstelle des initiierenden Unternehmens, das bei einer Unternehmensfinanzierung selbst haften müsste.[568] Die Projektgesellschaft verbucht auch das Fremdkapital und bündelt so das gesamte Vermögen des Projekts.[569]

Ergänzt werden diese beiden Bestandteile der Projektfinanzierung vom sog. *Risk Sharing*, also einer angemessenen Verteilung der Projektrisiken zwischen den Beteiligten, insb. Eigen- und Fremdkapitalgebern. Darauf wird im weiteren Verlauf dieser Arbeit noch detaillierter eingegangen.

Die Ausgestaltung und die Besonderheiten des zu finanzierenden Vorhabens spielen bei der Projektfinanzierung eine bedeutende Rolle, bei der Unternehmensfinanzierung nur eine untergeordnete.[570] Daher läuft die Unternehmensfinanzierung für konservative wie für erneuerbare Energieerzeugung ähnlich ab, während bei einer Projektfinanzierung auch wegen der wetterbedingten Produktionsschwankungen Unterschiede zwischen der Finanzierung erneuerbarer und konventioneller Stromerzeugungsanlagen auftreten können.

2. Beteiligte

Beteiligt an der Projektfinanzierung sind die Sponsoren (auch Projektträger[571] oder Initiatoren[572]), die die Projektidee entwickeln und als Eigenkapitalgeber fungieren.[573] Neben dem initiierenden Unternehmen können insb. auch die Lieferanten der Vorleistungen und Abnehmer des Endprodukts des Projekts als Sponsoren auftreten, wenn ihre Liefer- bzw. Bezugsinteressen besonders stark sind.[574] EE-Anlagen benötigen für den Betrieb anders als konventionelle Anlagen nie den Bezug von Brennstoffen bei Vorlieferanten. Vorstellbar ist allerdings, dass sich ein Energieversorger als Eigenkapitalgeber am Projekt beteiligt, der den in der finanzierten Anlage produzierten Strom selbst abnehmen und weiterveräußern will. Im Rahmen von Corporate-PPAs ist ebenfalls denkbar, dass abnehmende Unternehmen sich an der Finanzierung als Sponsor beteiligen. Allerdings darf rechtlich keine Personenidentität zwischen den Abnehmern und der veräußernden Projektgesellschaft vorliegen, da es sich sonst um Eigenversorgung und nicht um ein PPA handeln würde. PPAs setzen begriffsnotwendig eine Lieferung an eine andere Person voraus.[575]

Die Anforderungen an das Projekt werden in weiten Teilen auch von den Fremdkapitalgebern geprägt, insb. den kreditgebenden Banken.[576]

---

568 Vgl. Kümpel/Wittig/*Rossbach*, 11. Teil, Rn. 276.

569 Kümpel/Wittig/*Rossbach*, 11. Teil, Rn. 276.

570 Vgl. *Stockmayer*, Projektfinanzierung und Kreditsicherung, S. 88.

571 *Hupe*, Steuerung und Kontrolle internationaler Projektfinanzierungen, S. 26.

572 *Tytko*, in: Projektfinanzierung, Grundlagen der Projektfinanzierung, 20.

573 *Hinsch/Horn*, Das Vertragsrecht der internationalen Konsortialkredite und Projektfinanzierungen, S. 221.

574 *J. Böttcher/Blattner*, Projektfinanzierung, S. 19; *Hinsch/Horn*, Das Vertragsrecht der internationalen Konsortialkredite und Projektfinanzierungen, S. 229; *Gröhl*, Bankpolitische Konsequenzen der Projektfinanzierung, S. 13.

575 *J. Held/Imolauer*, in: Corporate PPA erfolgreich gestalten, Deutschland, 39; *Uibeleisen/Groneberg*, RdE 2018, 114, 119.

576 *Gröhl*, Bankpolitische Konsequenzen der Projektfinanzierung, S. 15; *Hinsch/Horn*, Das Vertragsrecht der internationalen Konsortialkredite und Projektfinanzierungen, S. 226.

Wichtige Beteiligte sind außerdem die Abnehmer, die für den Cashflow des Projekts sorgen sollen.[577]

Rohstofflieferanten, die sonst üblicherweise beteiligt sind,[578] haben im Bereich der erneuerbaren Energieerzeugung wie erwähnt eine untergeordnete Rolle, da für den Betrieb der Anlagen gerade keine (fossilen) Rohstofflieferungen erforderlich sind.

Sofern nicht ein Generalunternehmer mit der Errichtung beauftragt wird, sind darüber hinaus üblicherweise verschiedene Anlagenbau-, Bau-, Zuliefer- und Ingenieursunternehmen (*Contractors*) über eine Vielzahl von Verträgen mit der Projektgesellschaft verbunden (sog. *Multi-Contracting*).[579] Die damit verbundenen Rechtsfragen werden hier nicht weiter behandelt, da der Fokus dieser Arbeit auf den Stromlieferverträgen liegt.[580]

Wie beschrieben bündelt die Projektgesellschaft die Rechte und Pflichten des Projekts. Abb. 4[581] skizziert, wie sich die Projektgesellschaft in das Umfeld der verschiedenen Beteiligten eingliedert. Ausgabenseitig kann sie insofern insb. mit dem erwähnten Generalunternehmer verbunden sein, während die Finanzierung durch (vertragliche) Verflechtung mit den Eigen- und Fremdkapitalgebern erfolgt. Die Projekteinnahmen (Cashflows) des Projekts werden entweder über die gesetzliche Einspeiseregelung mit der Projektgesellschaft als Inhaber des Förderanspruchs aus dem EEG 2023 oder im Rahmen eines PPAs mit der Projektgesellschaft als Verkäufer generiert. Damit fließen die Einnahmen der Projektgesellschaft zu, die darüber den Kapitaldienst absichert und bedient.

Die Sponsoren des Projekts versuchen – wie beschrieben – ihre Haftung zu begrenzen, indem sie das von ihnen eingesetzte Eigenkapital in der Projektgesellschaft bündeln, an der sie als Gesellschafter beteiligt sind.[582] Ein Rückgriff auf das projektunabhängige Vermögen der Sponsoren soll so entweder vollständig vermieden (sog. *non-recourse*-Finanzierung) oder beschränkt werden (sog. *limited-recourse*-Finanzierung).[583]

In der Praxis kann es jedoch insb. wegen der Anforderungen der Banken schwierig sein, eine Finanzierung allein durch den Cashflow und ergänzend den Wert der Projektanlagen abzusichern.[584] Dann wird regelmäßig keine vollständige Haftungsbeschränkung der Sponsoren vorgesehen sein, sondern eine *limited-recourse*-Finanzierung, die einen begrenzten Rückgriff entweder direkt auf das Vermögen der Sponsoren oder indirekt über von diesen gestellte Sicherheiten ermöglicht.[585] Daneben gibt es noch die sog. *full-recourse*-Finan-

---

577 *Tytko*, Zukunftsorientierte Kreditvergabeentscheidungen, S. 107.

578 Vgl. Kümpel/Wittig/*Rossbach*, 11. Teil, Rn. 282.

579 *Kersting*, BKR 2011, 57, 60.

580 Ausführlicher dazu z. B. *R. Busch*, NZBau 2011, 1.

581 Siehe Teil 1, B. VIII. 2. b) cc).

582 *J. Böttcher*, in: Rechtliche Rahmenbedingungen für EE-Projekte, Projektfinanzierung von Vorhaben im Bereich Erneuerbare Energien, 20.

583 Kümpel/Wittig/*Rossbach*, 11. Teil, Rn. 271.

584 *Friese/Dickhoff*, in: Handbuch Finanzierung von Erneuerbare-Energien-Projekten, Grundlagen der Projektfinanzierung, 32.

585 *Hinsch/Horn*, Das Vertragsrecht der internationalen Konsortialkredite und Projektfinanzierungen, S. 220; *Uekermann*, in: Projektfinanzierung, Technik der internationalen Projektfinanzierung, 19; *Uekermann*, Risikopolitik bei Projektfinanzierungen, S. 15.

zierung mit der Möglichkeit des vollständigen Rückgriffs auf die Sponsoren.[586] Die *full-recourse*-Finanzierung kommt jedoch charakteristisch einer Unternehmensfinanzierung gleich.[587]

Die verschiedenen in Betracht kommenden Finanzierunginstrumente sind Eigenkapital- und Fremdkapitalfinanzierung sowie die Mischform der Mezzaninfinanzierung, mit denen jeweils Vor- und Nachteile verbunden werden.[588] Üblich und wirtschaftlich sind im Rahmen größerer Investitionsprojekte Eigenkapitalanteile von ca. 20–30 %.[589] Allerdings haben die verschiedenen Beteiligten unterschiedliche Erwartungen an ihren Investitionsbeitrag. Die Fremdkapitalgeber erwarten, dass das Eigenkapital in einer Höhe vorhanden ist, die das Projekt auch in negativ verlaufenden Szenarien sichern kann.[590] Mithin stellen die fremdkapitalgebenden Banken die Anforderungen an die Höhe des Eigenkapitals.[591] Auch in einem sich negativ entwickelnden Szenario müssen Zins und Darlehen aus dem Projekt getilgt werden können.[592] Die Sponsoren wiederum haben ein gegenläufiges Interesse und wollen ihren Eigenkapitalanteil verringern, um bei gleichbleibender Rendite eine im Verhältnis zum eingesetzten Eigenkapital bessere Rendite zu erzielen.[593] Man spricht vom sog. *Leverage*-Effekt (Hebeleffekt), wenn durch die Aufnahme von mehr Fremdkapital die Rendite optimiert werden kann.[594]

Die im Folgenden zu erläuternden Finanzierungskennzahlen eines Projekts müssen diesen Erwartungen gerecht werden.

3. Zeitlicher Ablauf

Die Projektfinanzierung kann zeitlich in fünf Phasen gegliedert werden.[595] In der Planungsphase ist die Projektidee zu entwickeln und die technische und wirtschaftliche Durchführbarkeit, insb. Cashflow-betrachtungen mittels Absatz- und Kostenprognosen, zu untersuchen (Durchführbarkeitsstudie oder auch *feasibility study*).[596]

Im Anschluss folgt die Erstellungs- oder Konstruktionsphase, in der die Konstruktion des Investitionsobjekts (der Anlage) entweder ausgelagert oder von der Projektgesellschaft selbst durchgeführt wird.[597]

586 *Uekermann*, in: Projektfinanzierung, Technik der internationalen Projektfinanzierung, 19.

587 *Friese/Dickhoff*, in: Handbuch Finanzierung von Erneuerbare-Energien-Projekten, Grundlagen der Projektfinanzierung, 32.

588 Übersichtlich bei *Friese/Dickhoff*, in: Handbuch Finanzierung von Erneuerbare-Energien-Projekten, Grundlagen der Projektfinanzierung, 43 ff.

589 *Hupe*, Steuerung und Kontrolle internationaler Projektfinanzierungen, S. 28.

590 Vgl. *Friese/Dickhoff*, in: Handbuch Finanzierung von Erneuerbare-Energien-Projekten, Grundlagen der Projektfinanzierung, 40.

591 *Tytko*, in: Projektfinanzierung, Grundlagen der Projektfinanzierung, 22 f.

592 Vgl. *Friese/Dickhoff*, in: Handbuch Finanzierung von Erneuerbare-Energien-Projekten, Grundlagen der Projektfinanzierung, 40 ff.

593 *Hupe*, Steuerung und Kontrolle internationaler Projektfinanzierungen, S. 28.

594 *Hupe*, Steuerung und Kontrolle internationaler Projektfinanzierungen, S. 28; vgl. auch *Rieg*, BC 2016, 130.

595 *Hupe*, Steuerung und Kontrolle internationaler Projektfinanzierungen, S. 35 ff.

596 *Gröhl*, Bankpolitische Konsequenzen der Projektfinanzierung, S. 25.

597 *J. Böttcher/Blattner*, Projektfinanzierung, S. 23.

Die dann folgende sog. Anlaufphase dient zur Funktionskontrolle, für Probeläufe und die Abnahme des Projekts.[598] Bis zu diesem Punkt sind zwar die Erstellungskosten angefallen, diesen stehen jedoch noch keinerlei erzielte Erlöse gegenüber. D. h. es ist der Moment der höchsten finanziellen Exposition.[599] Die Bewertung von „technischen, juristischen, finanziellen, versicherungsspezifischen, steuerlichen und buchhalterischen Themen" für individuelle und komplexe Projekte führt regelmäßig zu sehr hohen Kosten.[600] Infolgedessen wird teilweise, anders als bei standardisierten Prüfprozessen, ein Mindestinvestitionsvolumen erwartet, um diese Kosten zu rechtfertigen.[601]

In der Betriebs- oder Produktionsphase wird durch den Cashflow das Fremdkapital bedient und – i. d. R. zeitlich verzögert – das Eigenkapital verzinst.[602] Der nach Bedienung des Fremdkapitals übrige Teil des Cashflows steht vollständig für die Eigenkapitalverzinsung zur Verfügung, da sich der Zweck der Projektgesellschaft in der Errichtung und dem Betrieb des konkreten Projekts erschöpft und insofern keine Re- oder Neuinvestitionen zu erwarten sind.[603]

Die letzte Phase ist die sog. Desinvestitions- oder Liquidationsphase in der das Projekt beendet oder abgebrochen werden kann (aber nicht muss) und in der die Projektgesellschaft abgewickelt wird.[604]

4. Vor- und Nachteile der Projektfinanzierung

Nach der generellen Entscheidung, eine Investition zu tätigen, ist von den Kapitalgebern abzuwägen, welche Argumente für eine Unternehmens- und welche für eine Projektfinanzierung sprechen. Die Beweggründe für eine Projektfinanzierung richten sich nach den Interessen der Beteiligten, insb. der Kapitalgeber.[605] Die Sponsoren möchten ggf. das Risiko einer Haftung mit eigenem Vermögen weitestgehend vermeiden. In diesem Fall spricht die Beschränkung der Haftung der Sponsoren für die Kredite auf das eingebrachte Eigenkapital bei einer *non-recourse-* oder *limited-recourse-*Finanzierung entscheidend für eine Projektfinanzierung.[606] Sie wird außerdem gewählt, wenn das Kreditrating des Projektentwicklers aufgrund der verfügbaren Bilanzen und Sicherheiten eine Unternehmensfinanzierung in der geplanten Größenordnung unmöglich macht.[607] Auch bei einer poten-

---

598 *J. Böttcher/Blattner*, Projektfinanzierung, S. 23.

599 *J. Böttcher/Blattner*, Projektfinanzierung, S. 23.

600 *Friese/Dickhoff*, in: Handbuch Finanzierung von Erneuerbare-Energien-Projekten, Grundlagen der Projektfinanzierung, 37.

601 *Friese/Dickhoff*, in: Handbuch Finanzierung von Erneuerbare-Energien-Projekten, Grundlagen der Projektfinanzierung, 37.

602 *J. Böttcher/Blattner*, Projektfinanzierung, S. 23; *Hinsch/Horn*, Das Vertragsrecht der internationalen Konsortialkredite und Projektfinanzierungen, S. 207.

603 *J. Böttcher/Blattner*, Projektfinanzierung, S. 23.

604 Vgl. *J. Böttcher/Blattner*, Projektfinanzierung, S. 24.

605 *J. Böttcher/Blattner*, Projektfinanzierung, S. 25.

606 *Friese/Dickhoff*, in: Handbuch Finanzierung von Erneuerbare-Energien-Projekten, Grundlagen der Projektfinanzierung, 38; *J. Böttcher/Blattner*, Projektfinanzierung, S. 26.

607 *Grosse*, in: Projektfinanzierung, Projektfinanzierung aus Bankensicht, 43; *Hinsch/Horn*, Das Vertragsrecht der internationalen Konsortialkredite und Projektfinanzierungen, S. 219.

tiell besonders ertragreichen Investition kann eine Unternehmensfinanzierung an den nicht belastbaren Bilanzverhältnissen scheitern.[608] Regelmäßig sind mittels einer Projektfinanzierung finanzierte Anlagen daher solche, die mit einem besonders hohen Finanzierungsvolumen einhergehen.[609] Gleichzeitig müssen sie aber potentiell ertragreich sein. Das trifft auf erneuerbare Energieerzeugungsanlagen zu. Hohen Anfangsinvestitionskosten stehen regelmäßig sehr geringe Grenzkosten gegenüber,[610] die wegen der Lebensdauer der Anlagen von über 25 Jahren[611] langfristig gute Erträge versprechen. Daher werden EE-Anlagen mehrheitlich mittels der Projektfinanzierung realisiert.[612]

Ist das Kreditrating nicht das Problem des Projektentwicklers, z. B. weil es sich um ein großes Industrieunternehmen wie einen großen Energieversorger handelt, kann die bilanzielle Auswirkung einer Investition der Beweggrund für eine Projektfinanzierung sein.[613] Eine Verschuldung des Unternehmens wegen größerer Investitionen kann das Rating eines Unternehmens negativ beeinflussen und so auch Auswirkungen auf andere wirtschaftliche Prozesse des Unternehmens zeitigen.

Zu den weiteren Vorteilen der Projektfinanzierung gehört die Möglichkeit der Risikoaufteilung und dadurch der Reduzierung des Gesamtrisikos für einzelne Beteiligte.[614] Insb. für die Sponsoren werden Risiken wie gesehen aus den Bilanzen ausgegliedert.[615] Besonders ist auch, dass Cashflows, die nicht mehr zur Kredittilgung verwendet werden müssen, vollständig zur Eigenkapitalverzinsung für die Sponsoren zur Verfügung stehen.[616] Sie werden dann nicht wie ggf. bei einer Unternehmensfinanzierung von nicht projektbezogenen Unternehmenspassiva aufgezehrt.

Über die Projektgesellschaft besteht außerdem die Möglichkeit, mehrere Unternehmen an der Projektgesellschaft zu beteiligen, die so unterschiedliches *Know-how* in das Projekt einbringen können.[617] Auch der Verkauf des Investitionsobjekts ist durch die Abgrenzbarkeit der Projektgesellschaft wesentlich vereinfacht.[618]

Für die Fremdkapitalgeber vereinfacht eine Projektfinanzierung einerseits die Bewertung der Risiken, da kein gesamtes Unternehmen, sondern lediglich ein konkretes Projekt

---

608 *Grosse*, in: Projektfinanzierung, Projektfinanzierung aus Bankensicht, 43.

609 *Uekermann*, Risikopolitik bei Projektfinanzierungen, S. 1.

610 Vgl. *Lüdemann/Ortmann*, EnWZ 2014, 387, 391.

611 Vgl. ISE, Stromgestehungskosten Erneuerbare Energien, S. 12 f.

612 Dena, Finanzierung von Erneuerbare-Energien-Anlagen über Power Purchase Agreements, S. 6; *J. Böttcher*, in: Rechtliche Rahmenbedingungen für EE-Projekte, Projektfinanzierung von Vorhaben im Bereich Erneuerbare Energien, 17; für Windenergieanlagen *Portela*, in: Windenergieanlagen, Kap. 5. II., Rn. 3.

613 *Friese/Dickhoff*, in: Handbuch Finanzierung von Erneuerbare-Energien-Projekten, Grundlagen der Projektfinanzierung, 35; *J. Böttcher/Blattner*, Projektfinanzierung, S. 25, Tab. 2.2.

614 Vgl. *J. Böttcher/Blattner*, Projektfinanzierung, S. 25, Tab. 2.2.

615 *Friese/Dickhoff*, in: Handbuch Finanzierung von Erneuerbare-Energien-Projekten, Grundlagen der Projektfinanzierung, 35 f.

616 *J. Böttcher/Blattner*, Projektfinanzierung, S. 25, Tab. 2.2.

617 *Friese/Dickhoff*, in: Handbuch Finanzierung von Erneuerbare-Energien-Projekten, Grundlagen der Projektfinanzierung, 35.

618 *Friese/Dickhoff*, in: Handbuch Finanzierung von Erneuerbare-Energien-Projekten, Grundlagen der Projektfinanzierung, 35.

bewertet werden muss.[619] Gleichzeitig sind unter anderem die hohen Kosten der individuellen Planung ein besonderer Nachteil der Projektfinanzierung.[620] Die Bilanzen, die zur Beurteilung der *Bankability* im Rahmen der Unternehmensfinanzierung herangezogen werden, sind außerdem vergangenheitsorientiert und haben für weit in die Zukunft gerichtete Entwicklungen nur begrenzte Aussagekraft.[621] Außerdem können sich für die Banken im Zuge einer Projektfinanzierung Möglichkeiten zum Vertrieb weiterer, kreditunabhängiger Produkte an die Projektgesellschaft ergeben, z. B. von Zinssicherungsinstrumenten oder Instrumenten zur Zinskostenreduzierung, denn ihnen stehen detaillierte Projektinformationen zur Verfügung.[622] Die Potentiale zu diesem sog. *Cross-Selling* werden durch die enge Beziehung zwischen Bank und Kunde im Rahmen einer Projektfinanzierung verstärkt.[623]

Ein Risiko der Projektfinanzierung ist, dass von der Bank als Fremdkapitalgeber ggf. sehr individuelle, projektbezogene und eventuell teure Finanzierungskonzepte erstellt, aber am Ende nicht umgesetzt werden.[624] Als Vorteile der Unternehmensfinanzierung gelten zudem eine relativ kostengünstige Kapitalaufnahme und ein geringerer Einfluss der Geldgeber als bei einer Projektfinanzierung.[625]

5. Risikomanagement

Die Projektrisiken sind ein entscheidender Punkt für die Projektfinanzierung, dadurch dass sie die Kreditwürdigkeit eines Projekts direkt beeinflussen.[626] Da der Cashflow des Projekts primär über die Kreditwürdigkeit entscheiden soll, muss dieser besonders sicher, stabil und verlässlich sein. Die mit dem Projekt verbundenen Risiken beeinträchtigen die Sicherheit des Cashflows und müssen daher identifiziert und, sofern sie nicht mit einem passenden Instrument minimiert werden können, einem der Projektbeteiligten zugeordnet werden. Risiken, die so nicht minimiert oder zugeordnet werden können, sind im Rahmen eines Cashflow-Modells bzw. eines Rating-Verfahrens darzustellen und zu quantifizieren. Dieser Maßnahmen werden als sog. Risikomanagement bezeichnet.[627] So besteht die Möglichkeit, die Kreditwürdigkeit des Projekts noch genauer zu beurteilen.[628]

Der Begriff „Risiko" wird wirtschaftswissenschaftlich unterschiedlich verstanden.[629] Vorliegend wird folgendes Begriffsverständnis zugrunde gelegt: Risiken i. w. S. sind sämt-

---

619 *J. Böttcher/Blattner*, Projektfinanzierung, S. 25, Tab. 2.2.

620 *Friese/Dickhoff*, in: Handbuch Finanzierung von Erneuerbare-Energien-Projekten, Grundlagen der Projektfinanzierung, 37.

621 *Grosse*, in: Projektfinanzierung, Projektfinanzierung aus Bankensicht, 43.

622 *J. Böttcher/Blattner*, Projektfinanzierung, S. 25.

623 *J. Böttcher/Blattner*, Projektfinanzierung, S. 27; *B. Wolf/Hill/Pfaue*, Strukturierte Finanzierungen, S. 142.

624 *J. Böttcher/Blattner*, Projektfinanzierung, S. 28.

625 *Grosse*, in: Projektfinanzierung, Projektfinanzierung aus Bankensicht, 43.

626 *Friese/Dickhoff*, in: Handbuch Finanzierung von Erneuerbare-Energien-Projekten, Grundlagen der Projektfinanzierung, 37.

627 *J. Böttcher/Blattner*, Projektfinanzierung, S. 44 f.

628 *J. Böttcher*, in: Rechtliche Rahmenbedingungen für EE-Projekte, Projektfinanzierung von Vorhaben im Bereich Erneuerbare Energien, 18.

629 Vgl. *Uekermann*, Risikopolitik bei Projektfinanzierungen, S. 23.

liche Abweichungen vom geplanten Zielwert.[630] Risiken i. e. S. werden verstanden als die negativen Abweichungen vom geplanten Zielwert,[631] als ein Gegenbegriff zu Chancen (positive Abweichungen). Der Begriff Risikomanagement beschreibt den Umgang mit diesen negativen Abweichungen.[632] Zum Instrumentarium des Risikomanagements gehören die Identifikation der Risiken der Projektbeteiligten, die Beurteilung (Risikoquantifizierung) sowie (Auf-)Teilung (Risikoallokation) dieser Risiken nach den Gesichtspunkten des sog. *Risk Sharings*.[633] Schließlich sind die Risiken zu kontrollieren.

In einem ersten Schritt sind die relevanten Risiken zu identifizieren (Risikoidentifikation). Es bestehen bei der Projektfinanzierung von EE-Anlagen technische, ökonomische, rechtliche und natürliche Risiken, die im Einzelnen vorliegend nicht alle erläutert werden können.[634] Cashflow relevante Risiken treten z. B. auf der Beschaffungsseite, den Absatzmärkten, bei den Betriebskosten, den Finanzierungskonditionen und Einflussgrößen des öffentlichen Sektors auf.[635] Zentral für den Cashflow ist allerdings das Absatz- bzw. Marktrisiko.[636] Es wird gar vertreten, dass es neben dem Fertigstellungsrisiko, das in dieser Arbeit mangels unmittelbarer Relevanz für PPAs nicht vertieft behandelt werden soll, das für die Projektfinanzierung wichtigste Risiko sei.[637] Denn für die Wirtschaftlichkeit des Projekts ist entscheidend, ob ein nachhaltiger Bedarf am Markt für das Produkt besteht, sodass bestenfalls Absatzmenge und Absatzpreise langfristig kalkulierbar sind. Man unterscheidet daher auch zwischen dem Preis- und dem Mengenrisiko.[638] Das Preisrisiko entsteht dadurch, dass die Entwicklung der Weltmarktpreise nicht mit völliger Sicherheit vorherzusehen und ein Preisverfall möglich ist.[639] Das Mengenrisiko kann sich z. B. durch das Auftreten möglicher Substitutionsprodukte und einen dadurch verursachten Rückgang der Nachfrage verwirklichen.[640] Um dem Absatzrisiko im (Strom-)Handel zu begegnen, ist der Absatz möglichst langfristig abzusichern. Anlagenbetreiber können eine Absatzsicherung durch die staatliche EEG-Förderung erreichen oder aber langfristige Abnahme- bzw. Lieferverträge abschließen.[641] Diese können die Abhängigkeit von aktuellen, volatilen Börsenstrompreisen ausschließen und auch das Risiko einer sinkenden Nachfrage minimieren.

---

630 Vgl. *Hupe*, Steuerung und Kontrolle internationaler Projektfinanzierungen, S. 43; ähnlich *Uekermann*, Risikopolitik bei Projektfinanzierungen, S. 23 f.

631 Vgl. *Hupe*, Steuerung und Kontrolle internationaler Projektfinanzierungen, S. 43; ähnlich *Uekermann*, Risikopolitik bei Projektfinanzierungen, S. 23 f.

632 *J. Böttcher/Blattner*, Projektfinanzierung, S. 45.

633 *J. Böttcher*, in: Rechtliche Rahmenbedingungen für EE-Projekte, Projektfinanzierung von Vorhaben im Bereich Erneuerbare Energien, 18.

634 Siehe dazu *Herbes/Friege* (Hrsg.), Handbuch Finanzierung von Erneuerbare-Energien-Projekten, S. 109 ff.

635 Überblicksweise z. B. *Friese/Dickhoff*, in: Handbuch Finanzierung von Erneuerbare-Energien-Projekten, Grundlagen der Projektfinanzierung, 38; *J. Böttcher/Blattner*, Projektfinanzierung, S. 74 ff.

636 *Friese/Dickhoff*, in: Handbuch Finanzierung von Erneuerbare-Energien-Projekten, Grundlagen der Projektfinanzierung, 38; *J. Böttcher/Blattner*, Projektfinanzierung, S. 95.

637 *Uekermann*, Risikopolitik bei Projektfinanzierungen, S. 82; mit Verweis auf *Laubscher*, T&M 1987, 22, 27.

638 *Uekermann*, Risikopolitik bei Projektfinanzierungen, S. 82.

639 Vgl. *Hinsch/Horn*, Das Vertragsrecht der internationalen Konsortialkredite und Projektfinanzierungen, S. 213 f.; *Uekermann*, Risikopolitik bei Projektfinanzierungen, S. 82.

640 *Uekermann*, Risikopolitik bei Projektfinanzierungen, S. 82.

641 Vgl. *Kiethe/Hektor*, DStR 1996, 977, 978.

Ein solcher Vertrag, der je nach Vertragsgestaltung dem Preis- und Mengenrisiko begegnet, ist im Stromsektor ein PPA.[642]

Zu unterscheiden ist dieses weitere Verständnis des Mengenrisikos (i. w. S.) insb. von dem Risiko, das Folge der Ausgestaltung der vertraglichen Mengenvereinbarung ist und zum Zwecke der Abgrenzung in dieser Arbeit als das „Mengenrisiko i. e. S." bezeichnet werden soll. Risiken, die sich aus der vertraglichen Gestaltung ergeben und insb. von der Ausgestaltung der wesentlichen Vertragsklauseln abhängen,[643] sollen im Verlauf noch genauer beleuchtet werden.

Nach der Identifikation der Risiken sind diese in einem zweiten Schritt zu quantifizieren, also ökonomisch zu bewerten (Risikoquantifizierung). Die Bewertung erfolgt anhand der rechnerischen Auswirkungen des jeweiligen Risikos auf den Cashflow durch das sog. *Cashflow-Modell.* So können bspw. die Auswirkungen bestimmter Parameter wie einer Zinsänderung, einer Erhöhung der Betriebskosten oder eines Einnahmenrückgangs auf typische ökonomische Kennzahlen, die Informationen über die Wirtschaftlichkeit des Projekts geben, untersucht werden.[644] Einige dieser Kennzahlen sollen im Folgenden noch erläutert werden. Die Quantifizierung bietet Anhaltspunkte für die Ermittlung einer angemessenen Finanzierungsstruktur und ermöglicht die angemessene Verteilung von Chancen und Risiken.[645]

Drittens sind die bestehenden Risiken mittels geeigneter Instrumente, die direkt auf das jeweilige Risiko einwirken, weitestgehend zu reduzieren.[646] Risiken lassen sich z. B. vermeiden, indem bei der Errichtung eines Windparks etablierte und bewährte Technologien eingesetzt werden.[647]

Die verbliebenen Risiken werden anhand bestimmter Kriterien angemessen auf die Beteiligten aufgeteilt (*Risk Sharing*). Vermieden wird damit eine Risikoallokation bei einem Unternehmen, das das gesamte Risiko trägt. Stattdessen können die Einzelrisiken nach sinnvollen Prinzipien den Beteiligten zugewiesen werden. Grundsätzlich sind Risiken demjenigen zuzuordnen, der das spezifische Risiko aufgrund der Geschäftstätigkeit am besten beurteilen und kontrollieren kann (Kontrollfähigkeit).[648] Daneben spielt die Risikotragfähigkeit des Beteiligten eine wichtige Rolle. Insofern ist auch bei der Projektfinanzierung und nicht nur bei der Unternehmensfinanzierung die wirtschaftliche Leistungsfähigkeit der Beteiligten ein relevanter Punkt. Je mehr ein Beteiligter vertraglich gegenüber der Projektgesellschaft verpflichtet ist, desto relevanter wird seine wirtschaftliche Leistungs-

642 *Friese/Dickhoff*, in: Handbuch Finanzierung von Erneuerbare-Energien-Projekten, Grundlagen der Projektfinanzierung, 38; *Buchmüller*, in: Projektmanagement in der Windenergie, Gesetzliche Grundlagen – Der Katalysator für die deutsche Energiewende, 42.

643 Dena, Corporate Green PPAs: Ökonomische Analyse, S. 9.

644 Vgl. beispielhaft bei *J. Böttcher*, in: Rechtliche Rahmenbedingungen für EE-Projekte, Projektfinanzierung von Vorhaben im Bereich Erneuerbare Energien, 29 ff.

645 *J. Böttcher*, in: Rechtliche Rahmenbedingungen für EE-Projekte, Projektfinanzierung von Vorhaben im Bereich Erneuerbare Energien, 29.

646 *Buljevich/Park*, Project financing and the international financial markets, S. 143.

647 Vgl. *B. Wolf/Hill/Pfaue*, Strukturierte Finanzierungen, S. 117 f.

648 *J. Böttcher*, in: Rechtliche Rahmenbedingungen für EE-Projekte, Projektfinanzierung von Vorhaben im Bereich Erneuerbare Energien, 21.

fähigkeit für die Frage der Risikotragfähigkeit im Hinblick auf die Finanzierung.[649] Gleichzeitig kann durch eine angemessene Risikoverteilung projektoptimierendes Verhalten der Beteiligten angereizt werden, indem man sie in einem angemessenen Verhältnis an Chancen und Risiken des Projekts teilhaben lässt.[650]

Das *Risk-Sharing* wird insb. in der Aufteilung der Risiken zwischen Eigen- und Fremdkapitalgebern deutlich. Auf der einen Seite versuchen Eigenkapitalgeber ihr unternehmerisches Risiko durch eine *non-recourse-* oder *limited-recourse*-Finanzierung zu minimieren.[651] Auf der anderen Seite sind die Fremdkapitalgeber nicht daran interessiert, Eigenkapitalrisiken zu übernehmen, sondern versuchen eigene Risiken zu reduzieren.[652] Durch Feinjustierung der Sicherungsmaßnahmen muss eine für beide Seiten akzeptable Risikoverteilung erreicht werden.[653]

Schließlich sind Risiken im Verlauf des Projekts von ihrem jeweiligen Träger dauerhaft zu überwachen, etwa durch Berichte und Vor-Ort-Besichtigungen.[654] Verwirklichen sich Risiken, sind entsprechende Gegenmaßnahmen einzuleiten.

6. Analyseinstrumente

a) Allgemeines

Instrumente zur finanziellen Bewertung von Investitionen in der Energiewirtschaft sind die Investitionsrechnung (engl. investment appraisal), die Finanzanalyse und die ökonomische Analyse.[655]

Die Investitionsrechnung dient zur Feststellung der „Wirtschaftlichkeit von Projektvarianten“ und dazu „eine Vorzugvariante auszuwählen“, z. B. mittels Kapitalwert- interner Zinssatz- oder Annuitätenmethode.[656]

Die Finanzanalyse (oder Planerfolgsrechnung) dient zur Ermittlung des Cashflows über die Lebensdauer des Projekts und soll so die *Bankability* des Projekts, also die Erfüllung der Anforderungen der fremdkapitalgebenden Banken, nachweisen.[657]

---

649 *J. Böttcher*, in: Rechtliche Rahmenbedingungen für EE-Projekte, Projektfinanzierung von Vorhaben im Bereich Erneuerbare Energien, 21; zur Risikotragfähigkeit einzelner Beteiligter *J. Böttcher*, in: Rechtliche Rahmenbedingungen für EE-Projekte, Projektfinanzierung von Vorhaben im Bereich Erneuerbare Energien, 23, Tab. 2.

650 *J. Böttcher*, in: Rechtliche Rahmenbedingungen für EE-Projekte, Projektfinanzierung von Vorhaben im Bereich Erneuerbare Energien, 21 f.

651 *Hinsch/Horn*, Das Vertragsrecht der internationalen Konsortialkredite und Projektfinanzierungen, S. 246.

652 *Hinsch/Horn*, Das Vertragsrecht der internationalen Konsortialkredite und Projektfinanzierungen, S. 246.

653 *Uekermann*, Risikopolitik bei Projektfinanzierungen, S. 14.

654 *B. Wolf/Hill/Pfaue*, Strukturierte Finanzierungen, S. 97 f.

655 *Konstantin*, Praxisbuch Energiewirtschaft, S. 40 f.

656 *Konstantin*, Praxisbuch Energiewirtschaft, S. 41 die Methoden werden erläutert auf S. 21 ff.

657 *Konstantin*, Praxisbuch Energiewirtschaft, S. 41 f.

Im Rahmen der ökonomischen Analyse, die teilweise von internationalen Geber- und Finanzierungsinstitutionen wie der Weltbank verlangt wird, wird der volkswirtschaftliche Nutzen des Projekts bewertet.[658]

Besonders relevant für die Projektfinanzierung ist die Ermittlung des Cashflows durch die Finanzanalyse. Die im folgenden dargestellten Instrumente und Kennzahlen der Finanzanalyse dienen der Bewertung des Cashflows.

b) Kennzahlen für Fremdkapitalgeber (insbesondere DSCR)

Wichtigste Kennzahl für die Fremdkapitalgeber, also insb. die Banken, ist der Schuldendienstdeckungsgrad (*Dept Service Coverage Ratio*, kurz DSCR).[659] Er gibt an, ob der zur Verfügung stehende Cashflow eines Projekts in einem bestimmten Zeitpunkt zur Deckung des Schuldendienstes in der Lage ist.[660] Er wird bestimmt aus dem Verhältnis des für den Schuldendienst in einer Periode zur Verfügung stehenden Cashflows (*Cashflow Available for Dept Service*, CFADS) zur Höhe des Kapitaldienstes. Der CFADS ist der Cashflow abzüglich der laufenden Kosten.[661] Der Kapitaldienst ist die Kredittilgungssumme zuzüglich des zu zahlenden Kreditzinses.[662] Steht zur Deckung des Schuldendienstes in einem Zeitpunkt viel Cashflow zur Verfügung, ergibt sich ein hoher DSCR über 1,0. Steht zu wenig Cashflow zur Verfügung, ergibt sich ein DSCR niedriger 1,0. Bei einem DSCR von 1,0 reicht der Cashflow genau zur Deckung des Schuldendienstes.[663] Die Fremdkapitalgeber erwarten daher einen DSCR von über 1,0 für eine positive Finanzierungsentscheidung. Wie hoch der DSCR tatsächlich sein muss, hängt von der Einschätzung der Verlässlichkeit und Stabilität des Cashflows durch die Fremdkapitalgeber ab.[664]

Je instabiler der Cashflow abgesichert ist, desto eher wird ein Fremdkapitalgeber einen höheren DSCR verlangen. Das bedeutet, dass ein höherer prognostizierter Cashflow (im Verhältnis zum Schuldendienst) erwartet wird. Ein EE-Projekt müsste also höhere Preise verlangen oder größere Mengen absetzen, um den Cashflow zu erhöhen. Der Ertrag einer EE-Anlage ist aber faktisch, z. B. durch technische Einflussfaktoren und die Wetterabhängigkeit, begrenzt. Die Preishöhe hängt von verschiedenen Marktfaktoren ab, die nicht alle von der Projektgesellschaft beeinflusst werden können. Zur Absicherung des Cashflows müssen daher Maßnahmen getroffen werden, um die Anforderungen der Banken an den DSCR zu senken. Hierzu können – wie bereits mehrfach beschrieben – das staatliche Fördermodell und langfristige Abnahmeverträge wie PPAs dienen. Die Berechnung eines

658 *Konstantin*, Praxisbuch Energiewirtschaft, S. 41.

659 *J. Böttcher/Blattner*, Projektfinanzierung, S. 49; dena, Finanzierung von Erneuerbare-Energien-Anlagen über Power Purchase Agreements, S. 7.

660 *Uekermann*, Risikopolitik bei Projektfinanzierungen, S. 12.

661 *Friese/Dickhoff*, in: Handbuch Finanzierung von Erneuerbare-Energien-Projekten, Grundlagen der Projektfinanzierung, 41 f.

662 *J. Böttcher/Blattner*, Projektfinanzierung, S. 49.

663 *J. Böttcher/Blattner*, Projektfinanzierung, S. 122.

664 Dena, Finanzierung von Erneuerbare-Energien-Anlagen über Power Purchase Agreements, S. 7.

wahrscheinlichen Ertrags eines EE-Projekts erfolgt im Übrigen anhand einer weiteren Kennzahl, der sog. Überschreitungswahrscheinlichkeit, die noch erläutert werden soll.[665]

Neben dem DSCR existieren weitere für Fremdkapitalgeber interessante Kennzahlen, die ähnliche Verhältnisse darstellen (z. B. Project Life Cover Ratio und Loan Life Cover Ratio), auf die aber vorliegend nur verwiesen werden soll.[666]

c) Kennzahlen für Eigenkapitalgeber (insbesondere IRR)

Für die Eigenkapitalgeber relevant ist der *Internal Rate of Return* (IRR) genannte Wert, der die Projektrendite unabhängig von der Finanzierungsstruktur darstellt, also unter der Annahme von hundertprozentiger Eigenkapitalfinanzierung.[667] Sofern dieser prozentual angegebene Wert den erwarteten Mindestzinssatz übersteigt, wird der Eigenkapitalgeber eine positive Finanzierungsentscheidung treffen.[668] Dieser Zinssatz, der von dem Investitionsvorhaben mindestens erwartet wird (sog. *hurdle rate of return*), muss vor Durchführung der Wirtschaftlichkeitsbetrachtung festlegt werden. Möglich ist eine Beschreibung des Mindestzinssatzes mittles der sog. gewichteten Kapitalkosten (*Weighted Average Cost of Capital*, kurz WACC).[669] Diese ergeben sich anteilig aus Fremdkapitalzins und Eigenkapitalrendite.[670] Die WACC sind also abhängig von der Finanzierungsstruktur. Wenn der IRR über den WACC des Projekts liegt, gilt das Projekt als wirtschaftlich.[671]

Wie sehr der IRR die WACC überschreiten muss, hängt von den Anforderungen der Eigenkapitalgeber im Einzelfall ab. Die WACC können inflationsbehaftet (nominal) und -bereinigt (real) angegeben werden.[672] *Konstantin* rechnet beispielhaft bei einem Eigenkapitalanteil von 30 % mit WACC von 8,60 % (nominal) und 6,47 % (real).[673] Im EE-Bereich mit durch langfristige Abnahmeverträge wie PPAs abgesichertem Absatzrisiko hält er aber einen Eigenkapitalanteil von 20 % und eine niedrigere Eigenkapitalrendite für realistisch,[674] was die WACC senken würde. Für verschiedene EE-Anlagentypen stellt das *Fraunhofer-Institut für solare Energiesysteme* in einer Studie[675] mögliche WACC dar:

665 Siehe Teil 1, C. II. 6. f).

666 *Friese/Dickhoff*, in: Handbuch Finanzierung von Erneuerbare-Energien-Projekten, Grundlagen der Projektfinanzierung, 42.

667 *Friese/Dickhoff*, in: Handbuch Finanzierung von Erneuerbare-Energien-Projekten, Grundlagen der Projektfinanzierung, 43.

668 *J. Böttcher/Blattner*, Projektfinanzierung, S. 49.

669 *Konstantin*, Praxisbuch Energiewirtschaft, S. 17.

670 ISE, Stromgestehungskosten Erneuerbare Energien, S. 12.

671 *Konstantin*, Praxisbuch Energiewirtschaft, S. 25.

672 *Konstantin*, Praxisbuch Energiewirtschaft, S. 20.

673 *Konstantin*, Praxisbuch Energiewirtschaft, S. 18.

674 *Konstantin*, Praxisbuch Energiewirtschaft, S. 18.

675 ISE, Stromgestehungskosten Erneuerbare Energien.

Tabelle 1: WACC verschiedener Anlagentypen

	Wind onshore	**Wind offshore**	**Biogas**	**Feste Biomasse**	**PV Dach Klein-anlagen (≤ 30 kWp)**	**PV Dach Groß-anlagen (> 30 kWp)**	**PV Frei-flächen-anlagen (ab 1000 kWp)**
WACC nominal	4,20 %	6,50 %	4,40 %	4,40 %	3,40 %	3,70 %	3,70 %
WACC real	2,96 %	5,24 %	3,20 %	3,20 %	2,20 %	2,50 %	2,50 %

Diese WACC gehen von verschiedenen Prämissen wie z. B. bestimmten Eigenkapitalquoten aus. Sie können daher nur als grober Anhaltspunkt dienen. Im Einzelnen sind sie je nach Finanzierungsstruktur des Projekts zu ermitteln.

Neben dem IRR sind weitere für den Eigenkapitalgeber relevante Werte die Eigenkapitalrendite (Equity IRR) und der als absolute Zahl angegebene Nettobarwert (NPV) relevant.[676]

d) *Stromgestehungskosten (Levelized Costs of Electricity, LCOE)*

Für den Vergleich der Kosten verschiedener Energieerzeugungstechnologien werden die sog. Stromgestehungskosten (*Levelized Costs of Electricity*, LCOE*)* herangezogen.[677] Dabei wird nach dem Projekt mit den niedrigsten LCOE gesucht.[678] Denn eine Investitionsentscheidung ist – vereinfacht gesagt – dann wirtschaftlich, wenn die LCOE geringer sind als die durchschnittlich erzielbaren Erlöse.[679] Die LCOE sind deshalb regelmäßig ein Maßstab für die Wettbewerbsfähigkeit der EE-Anlagen.[680] Sie setzen die Kosten für die Errichtung und den jährlichen Betrieb einer Anlage ins Verhältnis zur Stromerzeugungsmenge über die gesamte Lebensdauer der Anlage[681] und werden üblicherweise angegeben in Euro pro mWh.[682] Berechnet werden können sie mittels Kapitalwert- oder Annuitäten-

676 *Friese/Dickhoff*, in: Handbuch Finanzierung von Erneuerbare-Energien-Projekten, Grundlagen der Projektfinanzierung, 43; zu diesen Werten *Konstantin*, Praxisbuch Energiewirtschaft, S. 27 ff. bzw. 23 ff.

677 WDBT, Gestehungskosten von Strom im Vergleich, S. 6.

678 *Konstantin*, Praxisbuch Energiewirtschaft, S. 32.

679 *Bode*, in: 20 Jahre Recht der Erneuerbaren Energien, Effekte des EEG auf die Energiepreise, 860.

680 Vgl. Kommission, Arbeitsunterlage der Kommissionsdienststellen v. 18. 5. 2022 – SWD(2022) 149 final, 41; vgl. dazu auch *Traber/Fell/Marquitan*, Eine Vollversorgung mit 100 % Erneuerbaren Energien inklusive Speicher ist bereits heute wettbewerbsfähig und würde Energiekosten senken.

681 WDBT, Gestehungskosten von Strom im Vergleich, S. 4; ISE, Stromgestehungskosten Erneuerbare Energien, S. 37.

682 Vgl. ISE, Stromgestehungskosten Erneuerbare Energien, S. 37.

methode.[683] Einen wesentlichen Teil der LCOE machen die Finanzierungkosten aus.[684] Diese Kosten können in den LCOE durch die bereits erläuterten WACC erfasst werden.[685] Für bereits errichtete Anlagen, deren ursprüngliche Finanzierungskosten bereits amortisiert wurden, gehören zu den LCOE insb. mögliche Investitionskosten für einen Weiterbetrieb bzw. eine etwaige Modernisierung und die Betriebskosten.[686] Bei neuen Anlagen, deren Realisierung finanziert werden muss, sind die Investitionskosten noch deutlich höher.

Bei EE-Anlagen ist der Kapitalbedarf zunächst generell verhältnismäßig hoch, während Betriebs- und Instandhaltungskosten im Verhältnis zu konventionellen Anlagen insb. wegen der fehlenden Brennstoffkosten sehr gering sind.[687] Zu beachten ist, dass die LCOE über die Jahre hinweg insb. bei der Photovoltaik wegen technischen Fortschritts und hoher Lerneffekte der Hersteller und Installateure bereits stark gesunken sind.[688]

Einen ausführlichen Überblick über die aktuellen LCOE verschiedener Kraftwerkstechnologien in Deutschland bietet eine Studie[689] aus dem Juni 2021. Für die Zukunft wird ein weiteres Absinken der Stromgestehungskosten erwartet, wenn auch weniger drastisch als bisher.[690]

e) Unsicherheitsanalyse

Die dargestellten Werte werden zunächst für einen Basisfall bestimmt, dem verschiedene Annahmen zugrunde gelegt werden. Um die Auswirkungen eines Risikos auf den Cashflow bzw. diese Werte zu ermitteln, erfolgt die sog. Unsicherheitsanalyse.[691] Mit den verschiedenen Methoden der Unsicherheitsanalyse kann festgestellt werden, wie sich die Investition bzw. eine Kennzahl entwickelt, wenn die den Berechnungen zugrunde gelegten Annahmen nicht eintreten. Damit können Projektrisiken quantifiziert werden. Möglich ist es zunächst, einzelne Parameter zu variieren (sog. Sensitivitätsanalyse).[692] Bspw. kann der Energieertrag einer Anlage variiert und die Auswirkungen auf den Cashflow anhand der Veränderung der Kennzahlen beurteilt werden. Außerdem können mehrere Parameter variiert werden. Dann spricht man von einer Szenarien-Analyse.[693] So können *Worst-Case-* (Ungünstigste Entwicklung), *Best-Case-* (Günstigste-Entwicklung) und *Base-* oder *Most-*

683 Vgl. dazu *Konstantin*, Praxisbuch Energiewirtschaft, S. 32 ff.

684 *Konstantin*, Praxisbuch Energiewirtschaft, S. 245; vgl. auch *Bode*, in: 20 Jahre Recht der Erneuerbaren Energien, Effekte des EEG auf die Energiepreise, 860.

685 *Konstantin*, Praxisbuch Energiewirtschaft, S. 245.

686 Energy Brainpool, Power Purchase Agreements II: Marktanalyse, Bepreisung und Hedgingstrategien, S. 3.

687 *Konstantin*, Praxisbuch Energiewirtschaft, S. 245; vgl. auch *Bode*, in: 20 Jahre Recht der Erneuerbaren Energien, Effekte des EEG auf die Energiepreise, 860.

688 WDBT, Gestehungskosten von Strom im Vergleich, S. 27.

689 ISE, Stromgestehungskosten Erneuerbare Energien.

690 Pexapark, Assessing PPA prices alongside the LCOE, S. 4 f.; WDBT, Gestehungskosten von Strom im Vergleich, S. 27.

691 *Konstantin*, Praxisbuch Energiewirtschaft, S. 44 ff.

692 *Konstantin*, Praxisbuch Energiewirtschaft, S. 44.

693 *Konstantin*, Praxisbuch Energiewirtschaft, S. 45.

Likely-Case-Szenarien (Wahrscheinlichste Entwicklung) betrachtet werden.[694] Für eine positive Finanzierungsentscheidung muss sich aus den Szenarien aus Sicht der Fremdkapitalgeber ergeben, dass die Deckung des Schuldendienstes wahrscheinlich ist, und aus Sicht der Eigenkapitalgeber, dass die Erzielung einer angemessenen Eigenkapitalrendite durch den Cashflow wahrscheinlich ist.[695] Während die risikoaverseren Fremdkapitalgeber i. d. R. auch im *Worst-Case*-Szenario zufrieden gestellt werden müssen (d. h. insb., dass der DSCR im *Worst-Case*-Szenario noch hinreichend über 1,0 liegen muss), werden die risikoaffineren Eigenkapitalgeber eher ein *Base-Case*-Szenario beurteilen (z. B. ob der IRR im *Base-Case*-Szenario über den WACC liegt).[696]

f) Überschreitungswahrscheinlichkeit

Um für dargebotsabhängige Anlagen eine angemessene Mengenvereinbarung treffen zu können, bedarf es einer Prognose über die erwartete Stromproduktion. Die Menge, die verkauft werden kann, wirkt sich direkt auf den Cashflow und die Rentabilität des Projekts aus. Die prognostizierte Produktionsmenge, die bei einer Windkraftanlage z. B. durch ein Windgutachten ermittelt werden kann, wird Energieertrag genannt. Er ergibt sich aus der erwarteten, durchschnittlichen Energieerzeugung in einem bestimmten Zeitraum, regelmäßig binnen eines Jahres.[697] Die Berechnung beruht auf Daten aus dem Windgutachten z. B. den geographischen, meteorologischen und technologischen Eigenheiten des Projekts.[698]

Der Energieertrag wird zunächst für einen Basisszenario berechnet, d. h. Unsicherheiten z. B. meteorologischer Art werden nicht abgebildet.[699] Es handelt sich beim Energieertrag dargebotsabhängiger Anlagen also nicht um eine Menge deren Produktion gesichert ist, sondern lediglich um eine prognostizierte Menge. Da insb. Anlagen zur Erzeugung von Strom aus erneuerbaren Energien stark von den natürlichen Ressourcen abhängen, benötigen Investoren ergänzend einen Wert, der die Wahrscheinlichkeit quantifiziert, mit der der prognostizierte Energieertrag erreicht bzw. nicht erreicht wird.[700] Diese sog. Überschreitungswahrscheinlichkeit (*exceedance probability*) gibt Auskunft darüber mit welcher Wahrscheinlichkeit der erwartete Energieertrag, also die erwartete Strommenge, über oder unterschritten wird.[701] Beschrieben wird also die Prognosegüte eines mengenmäßig angegebenen Energieertrags. Für den Investoren ist damit erkennbar, wie wahrscheinlich es ist, dass ein bestimmtes Produktionsniveau erreicht wird.[702] Diese Prognosegüte wird als P-Wert angegeben. Eine P50-Menge bzw. P50-Produktion beschreibt dabei eine z. B. im Windgutachten für ein Jahr ermittelte Strommenge, die mit der Wahrscheinlich-

---

694 *J. Böttcher/Blattner*, Projektfinanzierung, S. 125.

695 *J. Böttcher/Blattner*, Projektfinanzierung, S. 47 f.

696 Vgl. *J. Böttcher/Blattner*, Projektfinanzierung, S. 47 f.

697 Vgl. *Konstantin*, Praxisbuch Energiewirtschaft, S. 234.

698 Vgl. *Konstantin*, Praxisbuch Energiewirtschaft, S. 234.

699 *Konstantin*, Praxisbuch Energiewirtschaft, S. 46.

700 *Konstantin*, Praxisbuch Energiewirtschaft, S. 46.

701 *Konstantin*, Praxisbuch Energiewirtschaft, S. 46.

702 Dena, Finanzierung von Erneuerbare-Energien-Anlagen über Power Purchase Agreements, S. 11.

keit von 50 % erreicht wird. Die Wahrscheinlichkeit der Überschreitung beträgt ebenso wie die Wahrscheinlichkeit der Unterschreitung 50 %.[703] Bei einem P90-Wert beträgt die Wahrscheinlichkeit der Überschreitung 90 % und die Wahrscheinlichkeit der Unterschreitung 10 %. Der P90-Wert ist daher einer geringeren Produktionsmenge zugeordnet als der P50-Wert. Sofern z. B. die P50-Menge einer Windenergieanlage 10 gWh beträgt, liegt die P75-Menge darunter, etwa bei 9 gWh.[704] Je höher die Wahrscheinlichkeit ist, dass der Energieertrag erreicht wird, desto stärker sinkt die Menge. Bei einem höheren Energieertrag sinkt die Wahrscheinlichkeit, bei höherer Wahrscheinlichkeit sinkt der Energieertrag. Daraus ergibt sich ein aufzulösender Zielkonflikt. Denn einerseits möchte das Projekt möglichst große Menge vertraglich veräußern, um bessere Finanzierungsbedingungen zu erreichen, andererseits wollen Projektierer und Finanziers vermeiden, dass Lieferverpflichtungen nicht eingehalten werden können und Strafzahlungen anfallen, bzw. dass die fehlenden Strommengen (das sog. komplementäre Profil) am Strommarkt teuer beschafft werden müssen.[705] Wie dieser Zielkonflikt aufgelöst werden kann, soll noch erklärt werden.[706]

D. Vermarktungsoptionen von Erneuerbare-Energien-Anlagen und ihr Verhältnis zu Power-Purchase-Agreements

Vor dem Hintergrund dieser Finanzierungsgrundlagen sollen im Folgenden die Möglichkeiten zur Absicherung des Cashflows dargestellt werden. Kern von PPAs ist, dass auf Verkäuferseite nur Stromerzeuger bzw. Anlagenbetreiber und – im Hinblick auf eine Projektfinanzierung – die Projektgesellschaft auftreten. Etwaige Ersatzpersonen wie ein Direktvermarktungsunternehmer oder ein Aggregator treten lediglich als weiterverkaufende Unternehmen oder Vermittler auf, die ggf. ebenso langfristig veräußern. Insofern sollen im Folgenden die möglichen Vermarktungsoptionen für die Betreiber von EE-Anlagen sowie die damit einhergehenden Vor- und Nachteile erläutert werden.

Für Betreiber von EE-Anlagen ist die Entscheidung für eine Vermarktungsform Ausdruck einer Risikomanagementstrategie, durch die insb. ihr Marktrisiko minimiert werden soll.[707] Gesprochen wird insofern auch von Erzeugungsportfoliomanagement.[708] Das Marktrisiko ist dabei Ausdruck der Investition von Kapital in die Erzeugungsanlage, ohne dass der Mittelrückfluss über Stromerlöse schon gesichert ist.[709] Für das Erzeugungsportfoliomanagement kommen im Grundsatz die Veräußerung des Stroms über den Stromhandel (Spot- oder Terminmarkt), insb. die Börse, und über Stromlieferverträge in Betracht.[710] Er-

703 Vgl. *Konstantin*, Praxisbuch Energiewirtschaft, S. 47.

704 Beispiel übernommen aus dena, Finanzierung von Erneuerbare-Energien-Anlagen über Power Purchase Agreements, S. 11.

705 Dena, Finanzierung von Erneuerbare-Energien-Anlagen über Power Purchase Agreements, S. 11.

706 Siehe Teil 2, D. I. 1.

707 *Curtius*, in: Stromwirtschaft, Kap. 38, Rn. 75.

708 *Curtius*, in: Stromwirtschaft, Kap. 38, Rn. 75.

709 *Curtius*, in: Stromwirtschaft, Kap. 38, Rn. 75.

710 *Pritzsche/Vacha*, Energierecht, § 4 Rn. 145; *Curtius*, in: Stromwirtschaft, Kap. 38, Rn. 76.

gänzt werden diese Vermarktungsmöglichkeiten durch das aktuelle Förder- und Vermarktungssystem des EEG 2023.

Zunächst sollen hier die Möglichkeiten, die das EEG 2023 für den Absatz bietet (I.), und das Verhältnis zu einer Vermarktung über PPAs (II.). dargestellt werden. Des Weiteren werden die Bestimmungen des WindSeeG im Hinblick auf PPAs erläutert (III.). Daran anschließend sollen die Grundzüge des Stromhandels (IV.) und das Verhältnis des Stromhandels zu PPAs (V.) betrachtet werden. Schließlich erfolgt eine Auseinandersetzung mit den Themen Contracts for Difference (VI.) und Eigenversorgung (VII.). Nach einem Zwischenergebnis (VIII.) soll zudem eine Wirtschaftlichkeitsbetrachtung des Strombezugs über PPAs im Verhältnis zum Bezug von konventionell erzeugtem Strom durchgeführt werden (IX.). Die folgende Darstellung ist auf die aus Sicht des Verfassers wesentlichen Vermarktungsoptionen begrenzt. Untersucht werden insb. die Auswirkungen des jeweiligen Rechtsrahmens auf das Erzeugungsportfoliomanagement.

I. Vermarktung über das Erneuerbare-Energien-Gesetz

1. Hintergrund der staatlichen Förderung des Ausbaus der erneuerbaren Energien

Das EEG 2023 fördert den Ausbau der erneuerbaren Energien nunmehr direkt durch den Einsatz staatlicher Mittel aus dem Sondervermögen des Bundes „Energie- und Klimafonds“ und nicht mehr über den Strompreis.[711] Das gilt rechtlich trotz des Urteils des BVerfG vom 15.11.2023, nach dem Kreditermächtigungen in Höhe von 60 Milliarden Euro im Klima- und Transformationsfonds nicht mehr zur Verfügung stehen, da sie gegen die Schuldenbremse verstoßen haben und daher verfassungswidrig waren.[712] Die politisch festgelegten Ausbauziele sind in §§ 1 f. EEG 2023 festgelegt, ergänzt durch den Ausbaupfad in § 4 EEG 2023 und den Strommengenpfad in § 4a EEG 2023. Gem. § 1 Abs. 2 EEG 2023 sollen im Jahr 2030 mindestens 80 % des verbrauchten Stroms aus erneuerbaren Energien stammen. Im Anschluss an den für spätestens Ende des Jahres 2038 geplanten Kohleausstieg (§ 2 Abs. 2 Nr. 2 Kohleausstiegsgesetz[713]) soll die Stromversorgung gem. § 1a Abs. 1 EEG 2023 nahezu vollständig aus erneuerbaren Energien gedeckt werden. Damit soll im Interesse des Klima- und Umweltschutzes die Transformation zu einer nachhaltigen und treibhausgasneutralen Stromversorgung, die vollständig auf erneuerbaren Energien beruht, umgesetzt werden (§ 1 Abs. 1 EEG 2023). Flankiert werden diese Maßnahmen vom Atomausstieg, der nach der Entscheidung für einen Weiterbetrieb der letzten drei deutschen Kernkraftwerke über das bisher im Atomgesetz vorgegebene Fristende 31.12.2022 um weitere dreieinhalb Monate bis zum 15.4.2023 endgültig ist,[714] und dem erwähnten, geplanten Kohleausstieg.

---

711 BT-Drs. 20/1630, 148.

712 BVerfG, NVwZ 2023, 1892.

713 Gesetz zur Reduzierung und zur Beendigung der Kohleverstromung und zur Änderung weiterer Gesetze v. 8.8.2020, BGBl. I 2020, 1818.

714 Siehe dazu etwa *Raetzke*, NVwZ 2023, 145; *Neumann/Lißek*, N&R 2022, 258, 272.

Schon zur Begründung des Stromeinspeisungsgesetz (StromEinspG)[715], dem Vorläufer des EEG, wurde die Förderung der erneuerbaren Energien zudem mit „Ressourcenschonung“ begründet.[716] Noch bis zum EEG 2021 war die Schonung fossiler Ressourcen gem. § 1 Abs. 1 EEG 2021 ausdrücklich Teil der wesentlichen Gesetzeszwecke. Denn die Abhängigkeit Deutschlands von Energieimporten sollte verringert, der Vorsorge für künftige Generationen gedient und der Gefahr von Konflikten um knappe Energieressourcen vorgebeugt werden.[717] Heute ist dieses Ziel ausweislich der Gesetzesbegründung nur noch mittelbar im Ausbauziel des § 1 Abs. 2 EEG 2023 für das Jahr 2030 enthalten.[718] Auch vor dem Hintergrund der Energiekrise und des Kriegs in der Ukraine soll damit eine schnellere Reduzierung des Importbedarfs fossiler Energien und eine Verringerung der Abhängigkeit insb. von Erdgasimporten herbeigeführt werden.[719]

Die Förderung erneuerbarer Energien stellt außerdem ein Instrument zum Erreichen der völkerrechtlich vereinbarten Ziele der Klimarahmenkonvention der Vereinten Nationen und des Pariser Klimaschutz-Abkommens dar.[720] In Art. 2 der UN-Klimarahmenkonvention (UNFCCC) ist festgelegt, dass die beteiligten Staaten eine Stabilisierung der Treibhausgaskonzentrationen in der Atmosphäre auf einem Niveau anstreben, „auf dem eine gefährliche anthropogene Störung des Klimasystems verhindert wird.“[721] Konkretere Ziele wurden zuletzt im Jahr 2015 mit dem Pariser Klimaschutz-Abkommen bestimmt. Danach soll der Anstieg der Temperatur auf deutlich unter 2°C, möglichst 1,5°C im Vergleich zur vorindustriellen Zeit begrenzt werden.[722] Hierzu ist vom deutschen Gesetzgeber im Bundesklimaschutzgesetz (KSG)[723] eine Reduktion der Treibhausgasemissionen gegenüber dem Stand von 1990 bis zum Jahr 2030 um 65 % und bis zum Jahr 2040 um 88 % geplant, um bis zum Jahr 2045 weitgehende Treibhausgasneutralität zu erreichen.[724] Für den Energiesektor ist in Anlage 2 des KSG für das Jahr 2030 eine Jahresemissionsmenge von nur noch 108 Mio. t CO_2-Äquivalenten vorgesehen. Bis dahin sollen die Treibhausgasemissionen im Energiesektor gem. § 4 Abs. 1 S. 4 KSG möglichst stetig gesenkt werden. Für die Jahre von 2031 bis 2040 sind in Anlage 3 KSG sektorübergreifende jährliche Minderungsziele festgelegt.

---

715 Gesetz über die Einspeisung von Strom aus erneuerbaren Energien in das öffentliche Netz v. 7.12.1990, BGBl. I 1990, 2633.

716 Entwurf eines Gesetzes über die Einspeisung von Strom aus erneuerbaren Energien in das öffentliche Stromnetz, BT-Drs. 11/7816, S. 1.

717 Entwurf eines Gesetzes zur Neuregelung des Rechts der Erneuerbaren Energien im Strombereich und zur Änderung damit zusammenhängender Vorschriften, BT-Drs. 16/8148, S. 36f.; vgl. BerlKommEnR/*Mohr*, § 1 EEG, Rn. 72.

718 BT-Drs. 20/1630, 137.

719 BT-Drs. 20/1630, 137.

720 BT-Drs. 20/1630, 1; BT-Drs. 16/8148, 35.

721 UN, United Nations Framework Convention on Climate Change.

722 COP, Pariser Klimaschutzabkommen, https://unfccc.int/resource/docs/2015/cop21/eng/10a01.pdf#page=2, Art. 2 Nr. 1 lit. a.

723 Gesetz zur Einführung eines Bundes-Klimaschutzgesetzes und zur Änderung weiterer Vorschriften, BGBl. I 2019, 2513.

724 Entwurf eines Ersten Gesetzes zur Änderung des Bundes-Klimaschutzgesetzes, BT-Drs. 19/30230, S. 1.

Damit hat der Gesetzgeber auf den Beschluss des BVerfG vom 24.3.2021[725] reagiert. Die bisherigen Regelungen des KSG über die nationalen Klimaschutzziele und die bis zum Jahr 2030 zulässigen Jahresemissionsmengen waren mit den Grundrechten unvereinbar, soweit eine hinreichende Regelung über die Fortschreibung der Emissionsreduktion ab dem Jahr 2031 fehlte.[726] Der Ausbau der erneuerbaren Energien nach dem EEG 2023 dient auch dazu, die Transformation im Stromsektor hin zur Klimaneutralität nach den Vorgaben des KSG umzusetzen.[727] Auf Unionsebene ist, wie bereits erläutert, in Art. 3 Abs. 1 der EE-Richtlinie[728] das verbindliche Ziel der Mitgliedstaaten hinsichtlich des Ausbaus der erneuerbaren Energien festgelegt. Es schreibt einen „Anteil von Energie aus erneuerbaren Quellen am Bruttoendenergieverbrauch der Union im Jahr 2030 [von] mindestens 32 %" vor. Das Ziel soll im Rahmen des REPowerEU-Maßnahmenpakets, das auf „Belastungen und Störungen auf dem globalen Energiemarkt reagiert, die durch Russlands Invasion in die Ukraine verursacht wurden", auf 45 % erhöht werden.[729]

Die meisten der Energieinfrastrukturprojekte sind durch ein hohes Investitionsvolumen gekennzeichnet.[730] Die Finanzierung dieser „großvolumigen Investitionsvorhaben" im Energiesektor erfolgt i. d. R. im Rahmen einer Projektfinanzierung.[731] Die Projektfinanzierung erfolgt im Wesentlichen aufgrund der Einnahmen des Projekts, den sog. Cashflows. Insofern sind die über den Absatz generierten Einnahmen von besonderer Bedeutung.[732] Ein langfristig gesicherter und stabiler Absatz wirkt sich positiv auf die Finanzierungsbedingungen aus. Für diese langfristige Absatzsicherung wurde mit dem EEG eine gesetzliche Grundlage geschaffen.[733] Sie kann aber auch durch vertragliche Abnahmeverträge wie PPAs erzielt werden.[734] Das EEG 2023 soll also durch die Absicherung entsprechender Finanzierungsbedingungen Investitionen in einem Ausmaß anreizen, dass diese das Erreichen der festgelegten Ausbauziele möglich machen.

Historisch gesehen sollte das EEG insb. die hohen Investitionskosten der Stromerzeugung aus erneuerbaren Energien ausgleichen, sodass diese im Wettbewerb mit anderen

---

725 BVerfG, BeckRS 2021, 8946.

726 BT-Drs. 19/30230, 1.

727 BT-Drs. 20/1630, 136.

728 Richtlinie (EU) 2018/2001 des Europäischen Parlaments und des Rates zur Förderung der Nutzung von Energie aus erneuerbaren Quellen v. 11.12.2018, ABl. EU 2018 L 328/82.

729 Kommission, REPowerEU: Ein Plan zur raschen Verringerung der Abhängigkeit von fossilen Brennstoffen aus Russland und zur Beschleunigung des ökologischen Wandels, Pressemitteilung v. 18.5.2022.

730 *Paul/Mervelskemper*, in: Verantwortung und Finanzierung im Zuge der Energiewende, Finanzierung von Infrastrukturprojekten im Rahmen der Energiewende, 36.

731 *Paul/Mervelskemper*, in: Verantwortung und Finanzierung im Zuge der Energiewende, Finanzierung von Infrastrukturprojekten im Rahmen der Energiewende, 37; dena, Finanzierung von Erneuerbare-Energien-Anlagen über Power Purchase Agreements, S. 6.

732 Kümpel/Wittig/*Rossbach*, 11. Teil, Rn. 288; *Hinsch/Horn*, Das Vertragsrecht der internationalen Konsortialkredite und Projektfinanzierungen, S. 253 f.

733 Dena, Finanzierung von Erneuerbare-Energien-Anlagen über Power Purchase Agreements, S. 6.

734 Dena, Corporate Green PPAs: Ökonomische Analyse, S. 6; *Pahle*, ET 03/2015, 18, 20; *Hilpert*, Rechtliche Bewertung von Power Purchase Agreements (PPAs) mit erneuerbaren Energien, S. 7; *Kiethe/Hektor*, DStR 1996, 977, 978.

Energieträgern bestehen können.[735] Der Gesetzgeber erwartet in dieser Hinsicht, dass die Erneuerbaren Energien mittel- bis langfristig wettbewerbsfähig werden. Dies spiegelt sich in § 1a Abs. 2 EEG 2023 wider. So soll nach der geplanten Vollendung des Kohleausstiegs (gem. § 2 Abs. 2 Nr. 2 Kohleausstiegsgesetz[736] geplant für spätestens Ende des Jahres 2038) der weitere Ausbau der erneuerbaren Energien nur noch marktgetrieben fortgesetzt werden, d. h. möglichst ohne staatliche Zahlungen. Eine ähnliche Stoßrichtung hat § 1 Abs. 3 EEG 2023, der verlangt, dass der Ausbau der erneuerbaren Energien möglichst kosteneffizient erfolgen soll. Durch die im EEG gesetzlich fixierten Einspeisevergütungen und den Einspeisevorrang kamen Investoren lange Zeit in den Genuss einer auch im Vergleich zu anderen Wirtschaftssektoren hohen unternehmerischen Sicherheit, da sie typische Investitionsrisiken nicht tragen mussten.[737] Auch vor diesem Hintergrund war die fortlaufende Marktintegration und damit zugleich die Begrenzung der Kosten des weiteren Ausbaus der erneuerbaren Energien schon länger Ziel der gesetzlichen Förderregelungen.[738] Zudem ist das Ziel der Marktintegration der erneuerbaren Energien auch in Art. 4 der EE-Richtlinie festgelegt. Das Ziel der Kosteneffizienz wird im EEG 2023 insb. durch das Ausschreibungsmodell verfolgt sowie durch die Degression der gesetzlich festgelegten anzulegenden Werte.[739] Dass die Möglichkeit besteht, sogar einen Offshore-Windpark schon jetzt ohne staatliche Förderung zu verwirklichen, zeigt sich insb. an den sog. „0-Cent-Geboten“ aus den Ausschreibungsrunden der BNetzA[740], mit denen gänzlich auf eine staatliche Förderung verzichtet wurde.[741] Zudem stellen PPAs grds. schon heute eine alternative Möglichkeit für die Realisierung einer Projektfinanzierung dar.[742]

Auch die Einspeisevergütung ist für Anlagenbetreiber bei hohen Marktpreisen nicht mehr zwingend lohnenswert, da die stetige Degression der Einspeisevergütung mittlerweile so fortgeschritten ist, dass die gesetzlichen Vergütungssätze nunmehr unter dem Marktpreis liegen.[743] Allerdings wurden die Förderhöhen im EEG 2023 daraufhin nach oben angepasst.[744] Zudem wird z. B. die Degression der Höchstwerte für Windenergieanlagen an Land bis zum Jahr 2025 ausgesetzt (vgl. § 36b Abs. 2 S. 1 EEG 2023). Außerdem wird eine

---

735 *Säcker/König/L. Scholz*, Der regulierungsrechtliche Rahmen für ein Offshore-Stromnetz in der Nordsee, S. 105.

736 Gesetz zur Reduzierung und zur Beendigung der Kohleverstromung und zur Änderung weiterer Gesetze v. 8. 8. 2020, BGBl. I 2020, 1818.

737 BerlKommEnR/*Mohr*, § 1 EEG, Rn. 92; mit Verweis auf Monopolkommission, Sondergutachten 65, Rn. 225.

738 BT-Drs. 18/1304, 109; BerlKommEnR/*Mohr*, § 1 EEG, Rn. 92.

739 BT-Drs. 18/1304, 2.

740 BNetzA, Bekanntgabe v. 13. 4. 2017 – BK6-17-001; BNetzA, Bekanntgabe v. 27. 4. 2018 – BK6-18-001; BNetzA, Ergebnisse der Ausschreibungen für Offshore-Windenergie, Pressemitteilung v. 9. 9. 2021; BNetzA, Ergebnis der Ausschreibung für Offshore-Windenergie, Pressemitteilung v. 7. 9. 2022.

741 *Böhme/Bukowski*, EnWZ 2019, 243.

742 Dena, Corporate Green PPAs: Ökonomische Analyse, S. 6; *Pahle*, ET 03/2015, 18, 20; *Hilpert*, Rechtliche Bewertung von Power Purchase Agreements (PPAs) mit erneuerbaren Energien, S. 7; *Kiethe/Hektor*, DStR 1996, 977, 978.

743 *Heinhaus*, Riesige Nachfrage nach Solaranlagen v. 2. 4. 2022.

744 Vgl. *Harsch/J. Schäfer*, KlimR 2022, 334, 336.

Volleinspeisung von Solaranlagen gegenüber einer teilweisen Einspeisung und teilweisem Eigenverbrauch besonders gefördert.[745]

Dennoch wird erwartet, dass die von EE-Anlagen erzielbaren Erlöse trotz verschiedener wetter- und marktbedingter Unsicherheiten in den nächsten Jahren oberhalb der EEG-Vergütungen liegen werden.[746]

Aus Sicht des Gesetzgebers ist das EEG 2023 trotz der mit der Förderung verbundenen Kosten wegen der durch die Nutzung fossiler Energieträger entstehenden langfristig negativen externen Effekte volkswirtschaftlich sinnvoll.[747] Der Ausbau der erneuerbaren Energien trage maßgeblich dazu bei, Klimafolgeschäden zu verringern, deren Kosten voraussichtlich deutlich über den für die Umstellung auf eine nachhaltige Energieversorgung erforderlichen Kosten lägen.[748] Derartige externe Effekte der konventionellen Stromerzeugung, wie eben diese langfristigen Klimafolgeschäden, würden im aktuellen Preis nicht ausreichend berücksichtigt.[749] Das EEG 2023 solle diesen Wettbewerbsnachteil für die Erzeuger von EE-Strom ausgleichen[750] und leiste somit einen Beitrag zur verursachergerechten Berücksichtigung dieser unterschiedlichen externen Kosten der Stromerzeugung.[751] Sofern die Kosten der Stromerzeugung aus Erneuerbaren Energien wie vom Gesetzgeber erwartet weiter sinken, würden die jetzt noch teureren Erneuerbaren Energien langfristig zu geringeren Kosten der Stromerzeugung führen.[752]

2. Entwicklung des Erneuerbare-Energien-Gesetzes

a) Anfänge der Förderung des Ausbaus der erneuerbaren Energien in Deutschland

Im StromEinspG v. 7. 12. 1990[753] wurden Energieversorgungsunternehmen erstmals zur Abnahme und Vergütung von Strom aus regenerativen Energien verpflichtet. Mit dem Gesetz für den Vorrang Erneuerbarer Energien (EEG 2000)[754] wurde eine finanzielle Förderung in Form einer garantierten Mindestvergütung für 20 Jahre eingeführt (Einspeisevergütung gem. §§ 4 ff. EEG 2000) sowie die vorrangige Abnahme des EE-Stroms gegenüber konventionell erzeugtem Strom gesetzlich festgelegt (§ 3 Abs. 1 S. 1 EEG 2000). Ebenfalls etabliert wurde ein 5-stufiger Mechanismus für den Ausgleich der Kosten der Einspeisever-

---

745 *Harsch/J. Schäfer*, KlimR 2022, 334, 336.

746 *D. Ritter* et al., Monitoring der Direktvermarktung: Jahresbericht 2022 und Ausblick 2023, S. 52.

747 BT-Drs. 16/8148, 36.

748 BT-Drs. 16/8148, 36.

749 BT-Drs. 16/8148, 36.

750 Vgl. BerlKommEnR/*Mohr*, § 2 EEG, Rn. 114.

751 BT-Drs. 16/8148, 36.

752 *Bode*, in: 20 Jahre Recht der Erneuerbaren Energien, Effekte des EEG auf die Energiepreise, 869.

753 Gesetz über die Einspeisung von Strom aus erneuerbaren Energien in das öffentliche Netz v. 7. 12. 1990, BGBl. I 1990, 2633.

754 Gesetz für den Vorrang Erneuerbarer Energien (Erneuerbare-Energien-Gesetz – EEG) sowie zur Änderung des Energiewirtschaftsgesetzes und des Mineralölsteuergesetzes v. 29. 3. 2000, BGBl. I 2000, 305.

gütung. Der zum Netzanschluss und zur Abnahme verpflichtete Verteilernetzbetreiber, in dessen Netz der Strom eingespeist wurde, hatte gem. § 3 Abs. 1 S. 1 EEG 2000 die festgelegte Einspeisevergütung an den Erzeuger zu zahlen (Stufe 1). Der Verteilernetzbetreiber konnte gem. § 3 Abs. 2 EEG 2000 dann vom vorgelagerten (Satz 1) bzw. dem nächstgelegenen inländischen (Satz 2) Übertragungsnetzbetreiber Abnahme und Vergütung nach §§ 4 bis 8 EEG 2000 verlangen (Stufe 2). Die vier im deutschen Netz agierenden Übertragungsnetzbetreiber glichen unterschiedlich starke Belastungen durch die zu zahlenden Vergütungen untereinander nach § 11 Abs. 1, 2 EEG 2000 aus (Stufe 3). Sie konnten von den Elektrizitätsversorgungsunternehmen, die Strom an Letztverbraucher lieferten, anteilige Abnahme und Vergütung gem. § 11 Abs. 4 S. 1 EEG 2000 verlangen (Stufe 4). Diese ließen sich die Vergütung gem. § 11 Abs. 4 S. 6 EEG 2000 vom Letztverbraucher erstatten (Stufe 5).

Das EEG 2009[755] führte zwar die Direktvermarktung für EE-Strom ein (§ 17 EEG 2009), die Einspeisevergütung in § 16 EEG 2009 blieb aber der Regelfall.[756] Die Direktvermarktung wurde nur rudimentär in § 17 EEG 2009 geregelt.[757]

Durch die AusglMechV v. 17. 7. 2009[758] wurde der Ausgleichsmechanismus angepasst. Gem. § 1 Nr. 1 bis 3 und § 2 Abs. 1 S. 1 AusglMechV wurden die Übertragungsnetzbetreiber dazu verpflichtet, den eingespeisten Strom aus erneuerbaren Energien diskriminierungsfrei und transparent an der Strombörse zu vermarkten, sodass die Energieversorgungsunternehmen nicht mehr zur Abnahme des eingespeisten Stroms verpflichtet waren und auch die festgelegte Vergütung nicht mehr zahlen mussten.[759] Sie mussten ihren Strom im Stromhandel beschaffen und nur die Differenz zwischen den Verkaufserlösen, die die Übertragungsnetzbetreiber an der Strombörse für den EEG-Strom erzielten, und den Vergütungen, die die Übertragungsnetzbetreiber den Anlagenbetreibenden entrichtet haben, zahlen, die sog. EEG-Umlage.[760]

b) Das Erneuerbare-Energien-Gesetz 2012 und das Direktvermarktungs- und Marktprämienmodell

Durch das EEG 2012 wurde die sog. Direktvermarktung als ein optionaler Fördermechanismus und eine Alternative zur Einspeisevergütung weiter ausgestaltet.[761] Das Modell der Direktvermarktung gem. §§ 33a ff. EEG 2012 sollte zu einer marktnäheren Alternative zur Einspeisevergütung werden, bei der von den EE-Anlagenbetreibern erstmalig Vermarktungskompetenzen erwartet wurden.[762] Im Modell der Einspeisevergütung muss-

755 Gesetz zur Neuregelung des Rechts der Erneuerbaren Energien im Strombereich und zur Änderung damit zusammenhängender Vorschriften v. 1. 1. 2009, BGBl. I 2008, 2074.

756 *D. Breuer*, REE 2012, 17 f.

757 *D. Breuer*, REE 2012, 17 f.

758 Verordnung zur Weiterentwicklung des bundesweiten Ausgleichsmechanismus v. 17. 7. 2009, BGBl. I 2009, 2101.

759 Verordnung zur Weiterentwicklung des bundesweiten Ausgleichsmechanismus, BT-Drs. 16/13188, S. 1.

760 BT-Drs. 16/13188, 1.

761 BerlKommEnR/*Steffens*, Einl. EEG, Rn. 3.

762 *Mohr*, RdE 2015, 433, 438 ff.

ten sich Anlagenbetreiber nicht um den Absatz ihres Produkts kümmern (*produce and forget*).[763] Sofern sich Anlagenbetreiber für diese Alternative entschieden, mussten sie sich erstmals selbst um den Verkauf ihres Stroms kümmern, der ihnen nicht mehr vom Netzbetreiber abgenommen und vergütet wurde.[764] Sie konnten ihren Strom entweder durch Lieferverträge (abseits der Börse) oder an der Strombörse veräußern. Regelmäßig war der erzielte Marktpreis jedoch geringer, als der Preis, der durch die Einspeisevergütung erzielt werden konnte.[765] Den Ausgleich dieser Differenz konnte der Anlagenbetreiber vom Netzbetreiber als sog. Marktprämie verlangen (geförderte Direktvermarktung). Nahm der Anlagenbetreiber diese Förderung nicht in Anspruch, wurde dies als sonstige Direktvermarktung bezeichnet.

Die Berechnung der Marktprämie nach dem EEG 2012 richtete sich gem. § 33g Abs. 2 i. V. m. Anlage 4 EEG 2012 monatlich nach der Differenz zwischen dem anzulegenden Wert und dem sog. energieträgerspezifischen Referenzmarktwert (Monatsmittelwert[766] abzüglich der Managementprämie[767]). Der sog. anzulegende Wert ist ein für den jeweiligen Energieträger bestimmter Wert des Stroms. Im Rahmen der Einspeisevergütung ist das der vom Gesetzgeber festgelegte Wert, den die Energieerzeuger für eingespeisten Strom erhalten sollen. Nach dem EEG 2012 war der anzulegende Wert für die Berechnung der Marktprämie ebenfalls vom Gesetzgeber festgelegt.

Das Marktprämienmodell sollte – wie beschrieben – eine stärkere Systemintegration der erneuerbaren Energien bewirken.[768] Bisher konnten Anlagenbetreiber wegen der niedrigen Grenzkosten von nahezu null auch bei sehr niedrigen Marktpreisen Strom einspeisen.[769] Eine staatliche Förderung war nur wegen der hohen Investitionskosten notwendig.[770] Dazu sollte den Anlagenbetreibern ein Anreiz gesetzt werden, ihren Strom möglichst gewinnbringend, d. h. i. d. R. zu nachfrageintensiven Hochpreiszeiten, zu verkaufen.[771] Im Modell der geförderten Direktvermarktung bestehen die Erlöse des Anlagenbetreibers aus zwei Teilen, einerseits dem Marktpreis, der beim Verkauf des Stroms erzielt werden konnte, und andererseits der Marktprämie. Die Marktprämie ergibt sich aus der Differenz zweier Werte (anzulegender Wert und energieträgerspezifischer Referenzmarktwert), die der Anlagenbetreiber nicht beeinflussen kann. Der anzulegende Wert wurde damals noch gesetzlich bestimmt und der energieträgerspezifische Referenzmarktwert war ein monatlich berechneter Mittelwert der Spotmarktstrompreise an der Börse. Infolgedessen blieb dem Anlagenbetreiber nur die Optimierung der Erlöse aus der Direktvermarktung im nicht

---

763 *Pritzsche/Vacha*, Energierecht, § 4 Rn. 68; *Wustlich/D. Müller*, ZNER 2011, 380, 381.

764 *Pritzsche/Vacha*, Energierecht, § 4, Rn. 59, 68.

765 *Pritzsche/Vacha*, Energierecht, § 4, Rn. 75.

766 Mittelwert der Stundenkontrakte an der Strombörse EPEX SPOT SE in Leipzig.

767 Vgl. dazu Anlage 4 EEG 2012: Prämie für die notwendigen Kosten für die Börsenzulassung, für die Handelsanbindung, für die Transaktionen für die Erfassung der Ist-Werte und die Abrechnung, für die IT-Infrastruktur, das Personal und Dienstleistungen, für die Erstellung der Prognosen und für Abweichungen der tatsächlichen Einspeisung von der Prognose.

768 Vgl. BerlKommEnR/*Mohr*, § 1 EEG, Rn. 11.

769 *Mohr*, RdE 2015, 433, 439; *Mohr*, EnWZ 2015, 99, 100; *Purkus/Gawel/Deissenroth/Nienhaus/Wassermann*, ET 12/2014, 8, 11.

770 *Gawel/Lehmann*, Wirtschaftsdienst 2014, 651, 652.

771 *Wustlich/D. Müller*, ZNER 2011, 380, 388; *Gawel/Purkus*, ZUR 2012, 587, 590.

börslichen (OTC-)Handel oder an der Börse. Veräußerte der Erzeuger den Strom dabei über dem Referenzmarktwert, konnte er trotzdem die volle Marktprämie erhalten und somit höhere Erlöse erzielen. Veräußerte er hingegen unter dem Referenzmarktwert, glich die Marktprämie die Differenz zur Einspeisevergütung nicht vollständig aus und der Erzeuger erhielt einen geringeren Erlös. Auf diese Weise setzte das Modell den vorgesehenen Anreiz, den Strom möglichst gewinnbringend zu nachfrageintensiven Hochpreiszeiten zu verkaufen.[772] Zusätzlich wurden zwar auch die Vergütungsregelungen an die Gegebenheiten des Marktes angepasst. Da der anzulegende Wert gem. § 33h EEG 2012 jedoch wie bei der Einspeisevergütung gesetzlich festgelegt war, war das Modell immer noch weitgehend von der tatsächlichen Strompreisentwicklung entkoppelt. Damit bestand ein Anreiz zur Stromproduktion unabhängig von der Preisentwicklung fort.[773] Nur bei deutlich negativen Preisen mussten die Anlagenbetreiber auf die Strompreisentwicklung reagieren und die Produktion ihrer Anlagen abregeln.[774]

In der Direktvermarktung unterlagen die Anlagenbetreiber außerdem einer Bilanzierungsverantwortung.[775] Dadurch bestand für die Anlagenbetreiber ein Anreiz zur Verbesserung der Prognosegüte bei der Einspeisung und zur Anwendung von Handelsstrategien, um Prognoseabweichungen selbst auszugleichen und somit Ausgleichsenergiekosten zu sparen.[776]

c) Das Erneuerbare-Energien-Gesetz 2014

Die Neufassung des EEG im Jahr 2014 hatte insb. das Ziel, die Kosten der Energiewende durch das aktuelle Fördersystem zu begrenzen und die Belastungen für die Bürger und die Wirtschaft, wie insb. eine den Strompreis erhöhende, steigende EEG-Umlage, zu begrenzen.[777] Dies führte zum Systemwechsel weg von der durch Gesetz festgelegten Einspeisevergütung hin zur (obligatorischen) Direktvermarktung als Regelfall. Die Fördersätze wurden gesenkt und die Einspeisevergütung konnte nur noch ausnahmsweise beansprucht werden.[778] Die durch die Marktprämie geförderte Direktvermarktung wurde zum Regelfall, während die (nicht geförderte) sonstige Direktvermarktung wegen der finanziell noch deutlichen Nachteile weiterhin eine Ausnahmeerscheinung blieb.[779] Die Marktprämie ergab sich nunmehr monatlich aus der Differenz des anzulegenden Werts und des Monatsmarktwerts des Stroms (Mittelwert der Stundenkontrakte an der Strombörse European Power Exchange Spot SE (EPEX SPOT SE) in Paris). Der Monatsmarktwert ersetz-

---

772 *Lüdemann/Ortmann*, EnWZ 2014, 387; *Wustlich/D. Müller*, ZNER 2011, 380, 388.

773 *Lüdemann/Ortmann*, EnWZ 2014, 387, 391.

774 *Gawel/Lehmann*, Wirtschaftsdienst 2014, 651, 654.

775 Vgl. Beschlussempfehlung und Bericht des Ausschusses für Wirtschaft und Energie zum Gesetzentwurf der Bundesregierung – Drucksachen 18/1304, 18/1573 – Entwurf eines Gesetzes zur grundlegenden Reform des Erneuerbare-Energien-Gesetzes und zur Änderung weiterer Bestimmungen des Energiewirtschaftsrecht, BT-Drs. 18/1891, S. 204; *Mohr*, RdE 2015, 433, 439.

776 BT-Drs. 18/1891, 204.

777 BerlKommEnR/*Mohr*, § 1 EEG, Rn. 12.

778 Vgl. *Pritzsche/Vacha*, Energierecht, § 4, Rn. 70.

779 Vgl. *Pritzsche/Vacha*, Energierecht, § 4, Rn. 80.

te den Referenzmarktwert aus dem EEG 2012.[780] Systematische Änderungen ergaben sich aus den geänderten Berechnungswerten nicht.

Um die Fördersätze, insb. den anzulegenden Wert, zukünftig nicht mehr durch Gesetz festlegen zu müssen, wurde ein Pilotprojekt eingeführt. Die Bundesregierung wurde ermächtigt, eine Verordnung zu erlassen (§ 88 EEG 2014), die ein Verfahren für Ausschreibungen für Solaranlagen in Freiflächen regeln sollte (§ 55 EEG 2014), die sog. Freiflächenausschreibungsverordnung (FFAV).[781] Über dieses Ausschreibungsverfahren, dazu sogleich mehr, sollte der anzulegende Wert ermittelt werden.

Darüber hinaus wurde in § 24 EEG 2014 eine Regelung zum Entfall der Förderung bei negativen Marktpreisen geschaffen, die über einen bestimmten Zeitraum andauern (heute in § 51 EEG 2023). Negative Preise senden grds. ein Signal an Anlagenbetreiber, dass ihrer Ware ein negativer Wert zugemessen wird und im Falle der Erzeugung gegen Entgelt „entsorgt" werden muss.[782] Eine Veräußerung wäre insofern nicht mehr wirtschaftlich. Dieses Signal kommt beim im Marktprämienmodell geförderten Anlagenbetreiber erst an, wenn die Preise so negativ sind, dass sie den Erhalt der Marktprämie vollständig ausgleichen.[783] Dadurch, dass die Marktprämie nach einem bestimmten Zeitraum negativer Strompreise entfällt, soll sichergestellt werden, dass kein Anreiz mehr besteht, bei (längerfristig) negativen Strompreisen weiterhin Strom zu erzeugen.[784]

d) Das Erneuerbare-Energien-Gesetz 2017 und das Ausschreibungsmodell

Unter dem EEG 2017 blieb es beim Modell der geförderten Direktvermarktung als Regelfall (§ 19 Abs. 1 Nr. 1 EEG 2017 i. V. m. § 20 EEG 2017). Allerdings sollte die Bestimmung der Förderhöhe nun nicht mehr durch gesetzliche Festlegung des anzulegenden Werts erfolgen, sondern über das neue Ausschreibungsmodell.

Das Ausschreibungsverfahren sollte zunächst mit dem EEG 2014 im Pilotverfahren durch die FFAV getestet werden. Mit der generellen Einführung des Ausschreibungsmodells im Jahr 2017 wurde ein Systemwechsel weg von der reinen Preissteuerung vollzogen.[785] Stattdessen werden seitdem sog. Ausbaukorridore bestimmt, die die Kapazitäten für den Ausbau neuer EE-Anlagen festlegen (Mengensteuerung).[786] Der Preis bzw. die Förderhöhe wird hingegen nicht mehr vom Gesetzgeber festgelegt, sondern im Rahmen des Ausschreibungsverfahrens durch die Gebote der Ausschreibungsteilnehmer bestimmt. Die zuvor herrschende Preissteuerung hatte teilweise zu einem ineffizienten Ausbau geführt. Der Ausbau sollte sich über die Festlegung der Ausbaumengen besser steuern lassen und

---

780 Vgl. Anlage 1 EEG 2014.

781 Verordnung zur Einführung von Ausschreibungen der finanziellen Förderung für Freiflächenanlagen sowie zur Änderung weiterer Verordnungen zur Förderung der erneuerbaren Energien v. 6.2.2015, BGBl. I 2015, 108; dazu *Mohr*, N&R 2015, 76.

782 BerlKommEnR/*Haug/Hübler*, § 51 EEG, Rn. 5.

783 *Gawel/Lehmann*, Wirtschaftsdienst 2014, 651, 654.

784 BerlKommEnR/*Haug/Hübler*, § 51 EEG, Rn. 7.

785 *Pritzsche/Vacha*, Energierecht, § 4, Rn. 85.

786 BerlKommEnR/*Mohr*, § 4 EEG, Rn. 7 ff.

gleichzeitig zu einer höheren Kosteneffizienz anreizen.[787] Die Einzelheiten der Förderung ergaben sich aus den §§ 19 ff. EEG 2017, die im Folgenden für das geltende EEG 2023 genauer erläutert werden sollen. Weitere Neuregelungen betrafen das sog. Kumulierungsverbot, wonach der Anspruch auf Marktprämie nur besteht, soweit keine Steuerbegünstigung nach §§ 9 Abs. 1 Nr. 1 oder Nr. 3 StromStG „für den Strom, der durch ein Netz durchgeleitet wird", in Anspruch genommen wird (§ 19 Abs. 2 Nr. 2 EEG 2017).[788] Außerdem waren erstmalig gemeinsame Ausschreibungen für Windenergie an Land und Solaranlagen nach § 39i EEG 2017 und sog. Innovationsausschreibungen nach § 39j EEG 2017 für besonders netz- und systemdienliche Kombinationen verschiedener Erneuerbarer Energien vorgesehen.[789] Darüber hinaus wurden im Sinne der Akteursvielfalt Erleichterungen bei den Ausschreibungen für sog. Bürgerenergiegesellschaften geschaffen.[790] Noch im Jahr 2017 wurden zudem Regelungen zur Förderung von sog. Mieterstrom ins EEG 2017 eingeführt.[791]

e) Das Erneuerbare-Energien-Gesetz 2021

Die Änderungen des EEG 2021 sollten den eingeschlagenen Weg im Wesentlichen fortsetzen und nahmen dazu neben einer Anpassung der Ausbauziele auch die Netz- und Marktintegration verstärkt in den Blick.[792] Zudem wurden erstmalig Regelungen für sog. „ausgeförderte Anlagen", also EE-Anlagen, deren 20-jähriger Vergütungszeitraum ab 2021 ausläuft, geschaffen.[793]

3. Das aktuelle Erneuerbare-Energien-Gesetz 2023

Auch im EEG 2023 wurde das Modell der verpflichtenden Direktvermarktung und der Ermittlung der Förderhöhen durch Ausschreibungen fortgeführt. Die Anlagenbetreiber müssen ihr Produkt also grds. im Wege der Direktvermarktung veräußern und erhalten zusätzlich einen Ausgleich in Form der Marktprämie. Die Einspeisevergütung kommt nur in Ausnahmefällen noch in Betracht. Zudem besteht die Möglichkeit der Förderung von Mieterstrom.[794] Allgemeine Voraussetzungen für die Inanspruchnahme einer Förderzahlung nach einem der genannten Modelle sind in § 19 Abs. 2 bis 5 EEG 2023 festgelegt.

Eine wesentliche Neuerung des EEG 2023 ist die endgültige Abschaffung der EEG-Umlage. Der Finanzierungsbedarf für die erneuerbaren Energien wird künftig trotz des Urteils des BVerfG vom 15. 11. 2023, nach dem Kreditermächtigungen in Höhe von 60 Milliarden Euro im Klima- und Transformationsfonds nicht mehr zur Verfügung stehen, da

---

787 Entwurf eines Gesetzes zur Einführung von Ausschreibungen für Strom aus erneuerbaren Energien und zu weiteren Änderungen des Rechts der erneuerbaren Energien (Erneuerbare-Energien-Gesetz – EEG 2016), BT-Drs. 18/8860, S. 181; *Franzius*, JuS 2018, 28, 30.

788 *Kahl/Kahles/T. Müller*, ER 2016, 187, 190.

789 *Kahl/Kahles/T. Müller*, ER 2016, 187, 189.

790 BT-Drs. 18/8860, 152 ff.; *Mohr*, VersorgungsW 2016, 165, 169 f.

791 BT-Drs. 18/12355.

792 Entwurf eines Gesetzes zur Änderung des Erneuerbare-Energien-Gesetzes und weiterer energierechtlicher Vorschriften, BT-Drs. 19/23482, S. 1 ff.

793 BT-Drs. 19/23482, 4 f.

794 Siehe dazu insb. BT-Drs. 18/12355, 12 f.

sie gegen die Schuldenbremse verstoßen haben und daher verfassungswidrig waren,[795] über Zuschüsse aus dem Sondervermögen „Energie- und Klimafonds“ auf das EEG-Konto der Übertragungsnetzbetreiber ausgeglichen.[796] Maßgeblich hierfür sind die Vorgaben des EnFG.[797]

a) Direktvermarktung, Ausschreibung und Marktprämie

Die Höhe der Marktprämie richtet sich gem. § 23a EEG 2023 nach Anlage 1 EEG 2023. Dabei wird die Marktprämie für Strom aus Anlagen, die vor dem 1. 1. 2023 in Betrieb genommen worden sind oder deren Zuschlag vor dem 1. 1. 2023 erteilt worden ist, kalendermonatlich und für Strom aus anderen Anlagen jährlich berechnet. Die Marktprämie ist dabei die Differenz zwischen dem anzulegenden Wert und dem energieträgerspezifischen Monats- bzw. Jahresmarktwert. Der energieträgerspezifische Monats- bzw. Jahresmarktwert ist bei den steuerbaren Energieträgern (Wasserkraft, Deponiegas, Klärgas, Grubengas, Biomasse und Geothermie) ein tatsächlicher Durchschnittswert der Spotmarktpreise aller gekoppelten Strombörsen und bei den fluktuierenden Energieträgern (Wind- und Solarenergie) ebenfalls ein Durchschnittswert der Spotmarktpreise aller Strombörsen, der allerdings von den jeweils eingespeisten Mengen der Energieträger abhängt (mengengewichteter Durchschnittspreis).[798] Der anzulegende Wert wird entweder gem. § 22 i. V. m. §§ 28 bis 39q EEG 2023 durch Ausschreibungen ermittelt oder ist gesetzlich in §§ 40 bis 49 EEG 2023 festgelegt (§ 3 Nr. 3 EEG 2023).

Eine Förderung mit der Marktprämie setzt gem. § 22 Abs. 2 bis 4 EEG 2023 grds. den Zuschlag im Ausschreibungsverfahren voraus, bzw. bei Solaranlagen des ersten Segments i. S. v. § 3 Nr. 41a EEG 2023 eine von der BNetzA ausgestellte Zahlungsberechtigung, die den Zuschlag im Ausschreibungsverfahren gem. § 38 EEG 2023 voraussetzt. Ausgenommen von der Verpflichtung zur Teilnahme an den Ausschreibungen sind nur kleinere Anlagen und Anlagen in Pilotprojekten, wie dies technologiespezifisch ebenfalls in § 22 Abs. 2 bis 4 EEG 2023 beschrieben wird. Für sie gilt der gesetzlich festgelegte anzulegende Wert (§ 22 Abs. 5 S. 2 i. V. m. §§ 40 bis 49 EEG 2023).

Ein abgegebenes Gebot muss u. a. die Gebotsmenge, den Gebotswert und den Standort der Anlage enthalten.[799] Gebote, die die Anforderungen oder Formatvorgaben nicht einhalten, werden ausgeschlossen.[800] Am Gebotstermin werden sie dann in aufsteigender Reihenfolge sortiert. Begonnen wird mit dem niedrigsten Gebotswert, bei gleichem Gebotswert, mit der niedrigsten Gebotsmenge, und bei gleichem Gebotswert und gleicher Gebotsmenge entscheidet das Los (§ 32 Abs. 1 S. 3 EEG 2023). Dann erhält jeweils das niedrigste Gebot einen Zuschlag, bis das im Gesetz für den jeweiligen Gebotstermin festgelegte Aus-

---

795 BVerfG, NVwZ 2023, 1892.

796 BT-Drs. 20/1630, 4.

797 Gesetz zu Sofortmaßnahmen für einen beschleunigten Ausbau der erneuerbaren Energien und weiteren Maßnahmen im Stromsektor v. 20. 7. 2022, BGBl. I 2022, 1237.

798 BerlKommEnR/*A. Geiger/Reichegger*, Anlage 1 EEG, Rn. 27 f.

799 *Kahl/Kahles/T. Müller*, ER 2016, 187, 188.

800 *Kahl/Kahles/T. Müller*, ER 2016, 187, 188.

schreibungsvolumen erreicht bzw. überschritten ist (Zuschlagsgrenze).[801] Sofern das Gebot nach § 32 Abs. 1 S. 4 EEG 2023 unterhalb der Zuschlagsgrenze liegt und daher einen Zuschlag erhält, ergeben sich gem. § 22 Abs. 1 EEG 2023 die Anspruchsberechtigung sowie der anzulegende Wert für die Ermittlung der Marktprämie aus dem Ausschreibungsgebot. Die Förderhöhe wird somit durch die Zuschlagshöhe, genauer den anzulegenden Wert, begrenzt (vgl. § 22 Abs. 2 bis 4 EEG 2023: „soweit"). Da die Gebote den Gebotswert als Zuschlag erhalten, gilt ein sog. Pay-as-bid-Verfahren.[802] Das jeweils geringste Gebot erhält zuerst einen Zuschlag, da die Förderung in Form der Marktprämie bei einem geringeren anzulegenden Wert auch entsprechend geringer ausfällt. Die Verknappung der förderfähigen Menge durch Festlegung der Ausschreibungsmenge erhöht den Druck auf die Bieter, ihr Gebot möglichst zu senken und so die Konkurrenz auszustechen.[803] Infolgedessen sollen nunmehr allein diejenigen gefördert werden, die eine möglichst geringe Förderung in Anspruch nehmen wollen, sodass die Förderkosten insgesamt sinken.[804]

Zu beachten ist außerdem, dass der Zuschlag entwertet wird, sofern Realisierungsfristen nicht eingehalten werden (§ 35a Abs. 1 Nr. 1 EEG 2023) oder die BNetzA den Zuschlag nach §§ 48 f. VwVfG zurücknimmt oder widerruft (§ 35a Abs. 1 Nr. 3 EEG 2023). Außerdem muss der Anlagenbetreiber nach einem bestimmten Zeitraum gem. § 55 EEG 2023 mit Sanktionen rechnen.

Daneben besteht eine zeitliche Grenze für den Anspruch auf die Marktprämie. Einerseits hängt der Förderanspruch auch in zeitlicher Hinsicht vom Bestehen des Zuschlags ab (vgl. § 22 Abs. 2 bis 4 EEG 2023: „solange"). Andererseits besteht – wie bei der Einspeisevergütung – die absolute Fördergrenze von 20 Jahren ab dem Zeitpunkt der Inbetriebnahme der Anlage (§ 25 Abs. 1 S. 1, 3 EEG 2023). Für Anlagen, die nicht an der Ausschreibung teilnehmen, verlängert sich dieser Zeitraum bis zum Ende des zwanzigsten Jahres (§ 25 Abs. 1 S. 2 EEG 2023). Eine Ausnahme von der absoluten Fördergrenze gilt gem. § 25 Abs. 2 EEG 2023 für die Zahlung der Einspeisevergütung für ausgeförderte Anlagen gem. § 3 Nr. 3a EEG 2023, d. h. Anlagen mit einer installierten Leistung von bis zu 100 kW, die vor dem 1. 1. 2021 in Betrieb genommen worden sind, mit Ausnahme von Windenergieanlagen an Land (bis zum 31. 12. 2027).

b) Ausnahmen vom Ausschreibungsmodell

Für alle Anlagen, die nicht am Ausschreibungsverfahren teilnehmen, ergibt sich der anzulegende Wert gem. § 22 Abs. 5 S. 2 EEG 2023 aus den §§ 40 bis 49 EEG 2023. Für diese Anlagen wird der anzulegende Wert also weiterhin unmittelbar durch das Gesetz festgelegt.

Das betrifft zum einen Anlagen, für deren Energieträger keine Ausschreibungen vorgesehen sind, wie Wasserkraft, Geothermie sowie Deponie-, Klär- und Grubengas.[805] Für

801 BerlKommEnR/*Mohr*, § 2 EEG, Rn. 87.

802 BT-Drs. 18/8860, 187 f.; dazu und zur möglichen Alternative im Detail BerlKommEnR/*Mohr*, § 2 EEG, Rn. 86 ff.

803 *Mohr*, EnWZ 2015, 99, 102.

804 *Mohr*, EnWZ 2015, 99, 102.

805 *Kahl/Kahles/T. Müller*, ER 2016, 187, 188.

diese Energieträger ist mangels ausreichendem Bieterfeld ein wirklicher Preiswettbewerb nicht möglich.[806]

Zum anderen sind kleinere Anlagen und Anlagen in Pilotprojekten nach § 22 Abs. 2 S. 2, Abs. 3 S. 2, Abs. 4 S. 2 EEG 2023 von den Ausschreibungen ausgenommen. Das betrifft Windenergieanlagen an Land mit einer installierten Leistung bis einschließlich 1 mW oder Pilotwindenergieanlagen an Land mit einer installierten Leistung von insgesamt bis zu 125 mW pro Jahr sowie Windenergieanlagen an Land von Bürgerenergiegesellschaften mit einer installierten Leistung bis einschließlich 18 mW nach Maßgabe des § 22b EEG 2023.

Ebenso vom Ausschreibungserfordernis ausgenommen sind Solaranlagen mit einer installierten Leistung bis einschließlich 1 mW, Solaranlagen von Bürgerenergiegesellschaften mit einer installierten Leistung bis einschließlich 6 mW nach Maßgabe des § 22b EEG 2023 und Biomasseanlagen mit einer installierten Leistung bis einschließlich 150 kW, es sei denn, es handelt sich um bestehende Biomasseanlagen nach § 39g EEG 2023. Die Höhe der Marktprämie richtet sich für diese Anlagen wie bereits erörtert nach den gesetzlich festgelegten Werten.

Für Anlagenbetreiber, die die Förderung beanspruchen möchten, gilt das Ausschlussprinzip. Entweder besteht für sie eine Pflicht zur Teilnahme an den Ausschreibungen oder ein Verbot. Anlagen, die von den Ausschreibungen ausgenommen sind, dürfen auch nicht freiwillig am Ausschreibungsverfahren teilnehmen (§ 22 Abs. 5 S. 1 EEG 2023). Gleiches gilt für Anlagen anderer Energieträger wie Wasserkraft, die ebenfalls nicht freiwillig an den Ausschreibungen teilnehmen dürfen.[807]

c) Einspeisevergütung

Die gesamten Kosten des Stroms, der mittels der Einspeisevergütung durch einen garantierten Abnahmepreis vergütet wird, werden heute durch staatliche Mittel ausgeglichen und nicht mehr über den Strompreis.[808] Der bisherige Ausgleichsmechanismus gab die Kosten über mehrere Stufen bis an die Endkunden weiter. Heute ist der Anlagenbetreiber, der die Einspeisevergütung nach §§ 19 Abs. 1 Nr. 2 EEG 2023 erhält, dazu verpflichtet, gem. § 21 Abs. 2 EEG 2023 den gesamten Strom, der nicht vor Ort verbraucht und nicht durch ein Netz durchgeleitet wird, an den angeschlossenen Netzbetreiber weiterzugeben. Im Gegenzug erhält der Anlagenbetreiber die Einspeisevergütung, deren Höhe sich nach § 53 EEG 2023 bestimmt. Die Höhe der Einspeisevergütung richtet sich nach dem gesetzlich in §§ 40 bis 49 EEG 2023 festgelegten anzulegenden Wert abzüglich eines Minderungsbetrags. Der Netzbetreiber muss gem. § 56 EEG 2023 diesen Strom und das Recht, diesen Strom als „Strom aus erneuerbaren Energien, gefördert nach dem EEG“ zu kennzeichnen, an den vorgelagerten Übertragungsnetzbetreiber weitergeben. Die vier im deutschen Netz agierenden Übertragungsnetzbetreiber vermarkten den Strom dann gem. § 57

---

806 BT-Drs. 18/8860, 199.

807 BerlKommEnR/*Hermeier*, § 22 EEG, Rn. 21.

808 BT-Drs. 20/1630, 4.

EEG 2023 i. V. m. § 2 ff. EEV[809] am Spotmarkt einer Strombörse. Die Kosten der Netzbetreiber werden gem. § 58 Abs. 1 EEG 2023 nach Maßgabe des EnFG[810] ausgeglichen. Das den Übertragungsnetzbetreibern weitergeleitete Recht zur Stromkennzeichnung als „Strom aus erneuerbaren Energien, gefördert nach dem EEG" erlischt gem. § 58 Abs. 2 EEG 2023.

In Betracht kommt die Einspeisevergütung mittlerweile nur noch in Ausnahmesituationen. Das betrifft kleinere Anlagen gem. § 21 Abs. 1 Nr. 1 EEG 2023, d. h. „Anlagen mit einer installierten Leistung von bis zu 100 Kilowatt". Für größere Anlagen kann gem. § 21 Abs. 1 Nr. 2 EEG 2023 die sog. „Ausfallvergütung" als Ausnahme- bzw. Notlösung dienen. Sie soll z. B. dann möglich sein, wenn Anlagenbetreiber „aufgrund einer Insolvenz ihres Direktvermarktungsunternehmers vorübergehend keine Möglichkeit zur Direktvermarktung realisieren können oder unmittelbar nach Aufnahme des Anlagenbetriebs noch nicht zur Direktvermarktung ihres Stroms in der Lage sind."[811] So sollen sich etwaige Risiken der zur Regel gewordenen Direktvermarktung, die gerade in der Frühphase der Projekte bestehen könnten, nicht in gestiegenen Finanzierungskosten widerspiegeln, die die Projekte als Ganzes gefährden könnten.[812] Diese Ausfallvergütung ist als Notlösung folgerichtig auch zeitlich begrenzt worden und daher nur „für eine Dauer von bis zu drei aufeinanderfolgenden Kalendermonaten und insgesamt bis zu sechs Kalendermonaten pro Kalenderjahr" zulässig.

Schließlich wurde für ausgeförderte Anlagen eine Anschlusslösung gesucht, die sich in § 21 Abs. 1 Nr. 3 EEG 2023 niedergeschlagen hat.[813] Darauf soll im Folgenden noch genauer eingegangen werden.[814]

Verbunden mit der Zahlung der Einspeisevergütung ist eine stetige Degression des gesetzlich bestimmten anzulegenden Werts gem. § 53 EEG 2023. Diese ist mittlerweile so fortgeschritten, dass sich die Einspeisevergütung für Anlagenbetreiber bei hohen Marktpreisen gar nicht mehr lohnt, weil die gesetzlichen Vergütungssätze nunmehr unter dem Marktpreis liegen.[815] Vor dem Hintergrund der krisenbedingt gestiegenen Strompreise, die auch langfristig noch erwartet werden,[816] ist die Einspeisevergütung daher wohl eher früher als später endgültig ein Auslaufmodell.

d) Mieterstrom

Die Regelung von sog. Mieterstrom wurde bereits ins EEG 2017 eingeführt[817] und soll durch die Partizipationsmöglichkeit von Mietern für mehr Akzeptanz der Energiewende

---

809 Verordnung zur Durchführung des Erneuerbare-Energien-Gesetzes und des Windenergie-auf-See-Gesetzes (Erneuerbare-Energien-Verordnung) v. 20. 2. 2015, BGBl. I 2015, 146.

810 Gesetz zu Sofortmaßnahmen für einen beschleunigten Ausbau der erneuerbaren Energien und weiteren Maßnahmen im Stromsektor v. 20. 7. 2022, BGBl. I 2022, 1237.

811 BT-Drs. 18/1304, 139.

812 BT-Drs. 18/1304, 139.

813 Vgl. BT-Drs. 19/23482, 105.

814 Siehe Teil 1, D. I. 3. g) bb).

815 *Heinhaus*, Riesige Nachfrage nach Solaranlagen v. 2. 4. 2022.

816 Vgl. etwa Prognos/vbw, Strompreisprognose, S. 1.

817 BT-Drs. 18/12355.

sorgen.[818] Die Förderung der Mieterstrommodelle erfolgt durch den sog. Mieterstromzuschlag nach § 19 Abs. 1 Nr. 3 i. V. m. § 21 Abs. 3 EEG 2023. Möglich ist die Zahlung des Mieterstromzuschlags gem. § 21 Abs. 3 EEG 2023 nur für Strom aus Solaranlagen, die auf, an oder in einem Wohngebäude installiert sind, soweit der Strom von dem Anlagenbetreiber oder einem Dritten an einen Letztverbraucher geliefert und verbraucht worden ist, und zwar innerhalb dieses Gebäudes oder in Wohngebäuden oder Nebenanlagen in demselben Quartier, in dem auch dieses Gebäude liegt, und ohne Durchleitung durch ein Netz. Weitere, mit dem EEG 2021 eingeführte Änderungen sollten die Rahmenbedingungen für Mieterstrom entsprechend der Empfehlungen aus dem Mieterstrombericht der Bundesregierung verbessern,[819] insb. durch eine Anhebung der Vergütung[820] und Lockerungen der Bestimmungen zur Anlagenzusammenfassung.[821]

e) Sonstige Direktvermarktung

Trotz der Mengenfestlegung im EEG 2023 können Anlagenbetreiber auch ohne die Inanspruchnahme staatlicher Förderung Anlagen errichten und deren Strom vermarkten. Als Auffangtatbestand im EEG 2023 fungiert insofern die sonstige Direktvermarktung, die die Vermarktung von aus erneuerbaren Energien erzeugtem Strom abseits staatlicher Förderung erfasst. Zudem besteht die Möglichkeit der sog. Nachbarbelieferung.[822] Die Festlegung der Ausschreibungsvolumina in den §§ 28 ff. EEG 2023 dient nur als Regulierungsrahmen für das Ausschreibungsverfahren. Die Knappheit sorgt wie gesehen für Preisdruck bei den konkurrierenden Bietern (Mengensteuerung).[823] Wie erläutert, erfolgt die Finanzierung der „großvolumigen Investitionsvorhaben" im Energiesektor i. d. R. im Rahmen einer Projektfinanzierung.[824] Die Projektfinanzierung erfolgt im Wesentlichen aufgrund der Einnahmen des Projekts, den sog. Cashflows. Insofern sind die über den Absatz generierten Einnahmen von besonderer Bedeutung.[825] Ein langfristig gesicherter und stabiler Absatz wirkt sich positiv auf die Finanzierungsbedingungen aus. Für diese langfristige Absatzsicherung kommen neben den Vergütungsmodellen des EEG 2023 auch vertragliche Abnahmeverträge wie PPAs in Betracht.[826] Anlagen, die Strom über PPAs vermarkten, fallen – mit Ausnahme von On-Site-PPAs als Fall der Nachbarbelieferung sowie Finanz-

818 BT-Drs. 19/23482, 3.

819 BT-Drs. 19/23482, 3; BMWi, Mieterstrombericht nach § 99 Erneuerbare-Energien-Gesetz 2017.

820 BT-Drs. 19/23482, 122.

821 BT-Drs. 19/23482, 107 f.

822 Siehe bereits Teil 1, B. VIII. 2.

823 *Mohr*, EnWZ 2015, 99, 102.

824 *Paul/Mervelskemper*, in: Verantwortung und Finanzierung im Zuge der Energiewende, Finanzierung von Infrastrukturprojekten im Rahmen der Energiewende, 37; dena, Finanzierung von Erneuerbare-Energien-Anlagen über Power Purchase Agreements, S. 6.

825 Kümpel/Wittig/*Rossbach*, 11. Teil, Rn. 288; *Hinsch/Horn*, Das Vertragsrecht der internationalen Konsortialkredite und Projektfinanzierungen, S. 253 f.

826 Dena, Corporate Green PPAs: Ökonomische Analyse, S. 6; *Pahle*, ET 03/2015, 18, 20; *Hilpert*, Rechtliche Bewertung von Power Purchase Agreements (PPAs) mit erneuerbaren Energien, S. 7; *Kiethe/Hektor*, DStR 1996, 977, 978.

PPAs – in die sonstige Direktvermarktung.[827] Abseits einer Vermarktung über PPAs bliebe sonst nur die Vermarktung im volatilen und damit weniger abgesicherten Stromhandel, insb. an der Strombörse.[828] Gegenüber der EEG-Förderung gewann die förderfreie sonstige Direktvermarktung seit dem Jahr 2021 insb. wegen den ersten Anlagen, die aus der EEG-Förderung fielen, und dem starken Anstieg der Börsenstrompreise an Bedeutung.[829] Es wird erwartet, dass die von EE-Anlagen erzielbaren Erlöse trotz verschiedener wetter- und marktbedingter Unsicherheiten in den nächsten Jahren oberhalb der EEG-Vergütungen liegen werden.[830] Insofern steigt die Attraktivität der sonstigen Direktvermarktung insgesamt und nicht nur die Attraktivität der Vermarktung über PPAs.

f) Eigenversorgung als Privilegierung

Die im EEG 2021 noch enthaltenen Regelungen zur Eigenversorgung wurden mit der endgültigen Abschaffung der EEG-Umlage in der Novellierung des EEG im Rahmen des sog. Osterpakets[831] obsolet. Eigenversorgungsmodelle kommen jedoch auch ohne Regelung im EEG 2023 weiter in Betracht. Es handelte sich bei der Eigenversorgung, zuvor noch definiert in § 3 Nr. 19 EEG 2021, nicht um eine Vermarktungsform des EEG 2021. Vielmehr gingen mit der Eigenversorgung verschiedene Privilegierungen einher, wie eine vollständige oder teilweise Befreiung von der EEG-Umlage sowie steuer- und abgabenrechtliche Befreiungs- bzw. Entlastungstatbestände.[832] Die noch bestehenden Umlagen fallen aufgrund der neuen Systematik im EnFG[833] ebenso wie die übrigen netzbezogenen Kosten in Eigenversorgungsmodellen nicht mehr an.[834] Allerdings soll die Aufhebung der bisherigen Regelungen insb. zur Umlagebefreiung einen Bürokratieabbau bewirken, der die Attraktivität der Eigenversorgung erhöht.[835] Zudem sollen Eigenversorgungsmodelle durch die Aufhebung des Eigenversorgungsverbots in den Ausschreibungen (§ 27a EEG 2023) gestärkt werden.[836] Damit können Eigenversorgungsmodelle zukünftig mit dem Modell der geförderten Direktvermarktung kombiniert werden. Für Solaranlagen, die nicht an den Ausschreibungen teilnehmen müssen (d. h. gem. § 22 Abs. 3 S. 2 Nr. 1 EEG 2023 vor allem Anlagen bis einschließlich 1 mW installierter Leistung), ist der gesetzlich in § 48 EEG 2023 bestimmte anzulegende Wert maßgeblich. Speisen diese Anlagen den von ihnen erzeugten Strom vollständig ein, anstatt ihn selbst zu verbrauchen, sieht § 48 Abs. 2a S. 1 EEG 2023 eine Erhöhung des anzulegenden Werts vor. Die Vor-

---

827 *Uibeleisen/Groneberg*, RdE 2018, 114, 119.

828 Dena, Finanzierung von Erneuerbare-Energien-Anlagen über Power Purchase Agreements, S. 6.

829 *D. Ritter* et al., Monitoring der Direktvermarktung: Jahresbericht 2022 und Ausblick 2023, S. 50.

830 *D. Ritter* et al., Monitoring der Direktvermarktung: Jahresbericht 2022 und Ausblick 2023, S. 52.

831 BT-Drs. 20/1630.

832 *J. Held/Imolauer*, in: Corporate PPA erfolgreich gestalten, Deutschland, 47.

833 Gesetz zu Sofortmaßnahmen für einen beschleunigten Ausbau der erneuerbaren Energien und weiteren Maßnahmen im Stromsektor v. 20. 7. 2022, BGBl. I 2022, 1237.

834 BT-Drs. 20/1630, 142.

835 BT-Drs. 20/1630, 142.

836 BT-Drs. 20/1630, 142.

schrift soll mit der Förderung der Volleinspeisung eine Alternative für Anwendungsfälle schaffen, in denen eine Eigenversorgung nicht möglich oder nicht wirtschaftlich darstellbar ist.[837] Die Volleinspeisung wird dadurch aber auch gegenüber einer teilweisen Einspeisung und teilweisem Eigenverbrauch attraktiver.[838]

g) Post-EEG-Anlagen

Der Anspruch auf Marktprämie, Einspeisevergütung oder Mieterstromzuschlag ist zeitlich auf maximal 20 Jahre nach dem Zeitpunkt der Inbetriebnahme der Anlage begrenzt (§ 25 Abs. 1 S. 1, 3 EEG 2023). Für Anlagen, die nicht an der Ausschreibung teilnehmen, verlängert sich dieser Zeitraum bis zum Ende des zwanzigsten Jahres (§ 25 Abs. 1 S. 2 EEG 2023). Wegen des Erreichens der absoluten Fördergrenze fallen bis zum Jahr 2030 bereits Anlagen mit 51,6 gW installierter Leistung aus dem EEG-Fördersystem (sog. Post-EEG-Anlagen).[839] Davon entfallen große Teile auf die Windenergie an Land und die Photovoltaik.[840] So sollen bis Mitte der 20er Jahre bereits 16 gW Leistung der Windenergie an Land ans Ende der Förderung gelangen.[841] Bei beiden Technologien steigt die Zahl der ausgeförderten Anlagen nach 2030 sogar noch an. Bis 2037 entfallen in den Bereichen Windenergie an Land und Photovoltaik weitere 47 gW installierter Leistung. Allein im Jahr 2021 erreichten bereits 4 gW Förderleistung bei Windenergieanlagen das Förderende.[842] Sollten diese Anlagen nicht weiter betrieben werden, könnte das Erreichen der in § 1 f. EEG 2023 bestimmten Ausbauziele misslingen.[843] Ist die installierte Leistung der Anlagen, die aus dem Markt fallen, höher als die Leistung der neu hinzukommenden Anlagen, wird der Anteil der erneuerbaren Energien am Bruttostromverbrauch nicht weiter steigen (negativer Netto-Zubau). Für Anlagen, die die absolute Fördergrenze von 20 Jahren erreicht haben, kommen entweder ein Weiterbetrieb mit der Vermarktung über die verbleibenden Optionen z. B. auf dem Strommarkt, über PPA oder ein Eigenversorgungsmodell, oder aber der Rückbau und die Stilllegung der Anlage in Betracht.[844] Die Nutzung des erzeugten Stroms im Rahmen der Eigenversorgung durch den Betreiber der Anlage wird allerdings wohl nicht für alle Post-EEG-Anlagen möglich sein. Für Photovoltaikanlagen unterstellt der Gesetzgeber allerdings, dass die Eigenversorgung für jedenfalls fünf weitere Jahre nach dem Förderende eine wirtschaftliche Alternative darstellt.[845] Abgesehen von einer Eigenversorgung bleibt nur die Vermarktung an Dritte.

---

837 BT-Drs. 20/1630, 165.

838 Vgl. ebenso *Harsch/J. Schäfer*, KlimR 2022, 334, 336.

839 Dena, dena-Marktmonitor 2030 „Corporate Green PPAs“, S. 7.

840 Dena, dena-Marktmonitor 2030 „Corporate Green PPAs“, S. 7.

841 FA Wind, Was tun nach 20 Jahren? – Repowering, Weiterbetrieb oder Stilllegung von Windenergieanlagen nach Förderende, S. 21.

842 *Walker*, jurisPR-UmwR 2021, Anm. 1.

843 Dena, dena-Marktmonitor 2030 „Corporate Green PPAs“, S. 8.

844 Theobald/Kühling/*Hartmann/Wagner*, § 17 EnWG, Rn. 139.

845 BT-Drs. 18/8860, 147.

aa) Repowering

Um eine Stilllegung der Post-EEG-Anlagen zu verhindern, ist auch ein sog. Repowering (engl. für „Kraftwerkserneuerung") möglich. Beim Repowering werden alte Anlagen (oder wesentliche Teile davon) durch neue Anlagen ersetzt.[846] Nach Art. 2 Nr. 10 der EE-Richtlinie handelt es sich beim Repowering um „die Modernisierung von Kraftwerken, die erneuerbare Energie produzieren, einschließlich des vollständigen oder teilweisen Austauschs von Anlagen oder Betriebssystemen und -geräten zum Austausch von Kapazität oder zur Steigerung der Effizienz oder der Kapazität der Anlage." Danach ist nicht nur ein vollständiger, sondern auch ein teilweiser Austausch der Anlage vom Begriff erfasst. Gleiches gilt für den Begriff des Repowerings i. S. d. § 16b BImSchG.[847]

Vor dem Hintergrund der Förderregelungen des EEG 2023 gebietet sich jedoch ein anderes Begriffsverständnis. Insofern ist nicht allein untechnisch der Umbau, das Reparieren oder Modernisieren alter Anlagen gemeint,[848] sondern ein rechtlich-teleologisches Verständnis des Begriffs zugrunde zu legen, das auf das Bestehen der Möglichkeit, eine EEG-Förderung in Anspruch zu nehmen, abstellt. Dementsprechend handelt es sich nur dann um eine „Repowering-Anlage" i. S. d. EEG 2023, wenn die Möglichkeit zur Förderung nach dem EEG 2023 besteht. Voraussetzung dafür ist stets eine neue Anlage.[849] Denn für die alte Post-EEG-Anlage steht das Erreichen der absoluten Fördergrenze (20 Jahre nach dem „Zeitpunkt der Inbetriebnahme", § 3 Nr. 30 EEG 2023) bereits fest. Sofern allerdings eine alte Anlage durch eine neue ersetzt wird, ist gem. § 25 EEG 2023 der für die Dauer der EEG-Förderung maßgebliche „Zeitpunkt der Inbetriebnahme" der Anlage der Zeitpunkt der Inbetriebnahme der neuen Anlage und nicht mehr der der alten Anlage. Die 20-Jahresfrist beginnt ab dem „Zeitpunkt der Inbetriebnahme" der neuen Anlage erneut. Daher kann infolge einer Modernisierungsmaßnahme eine Förderung über das EEG 2023 für eine „Repowering-Anlage" nur möglich sein, wenn die Modernisierung die Anlage so sehr verändert, dass es sich um die Inbetriebnahme einer gänzlich neuen Anlage i. S. d. EEG 2023 handelt. Mit einer neuen Anlage kann grds. auch wieder an den EEG-Ausschreibungen teilgenommen werden. Dieses Begriffsverständnis der „Repowering-Anlage" lässt sich auf eine Legaldefinition zurückführen, die zunächst in § 10 Abs. 2 EEG 2004[850] und später in § 30 Abs. 1 EEG 2009[851] bis zum Jahr 2014[852] zu finden war.

Ob es sich um den Austausch einer bestehenden Anlage mit anschließender Inbetriebnahme einer neuen Anlage handelt, hängt vom in § 3 Nr. 1 EEG 2023 normierten Anla-

---

846 Vgl. auch FA Wind, Was tun nach 20 Jahren? – Repowering, Weiterbetrieb oder Stilllegung von Windenergieanlagen nach Förderende, S. 26; *Dix*, NVwZ 2020, 184, 185; *Seiferth/Samp*, EnWZ 2014, 106; *C.-W. Otto*, UPR 2015, 244.

847 Siehe dazu *Kliem*, ER 2022, 22, 24.

848 *Kupke/Böhlmann-Balan/C. Richter*, ER 2019, 53.

849 Vgl. *Kupke/Böhlmann-Balan/C. Richter*, ER 2019, 53, 54; ebenso *Antoni/Schäfer-Stradowsky*, in: Handbuch Klimaschutzrecht, § 26, Rn. 37.

850 Gesetz zur Neuregelung des Rechts der Erneuerbaren Energien im Strombereich v. 1. 8. 2004, BGBl. I 2004, 1918.

851 Gesetz zur Neuregelung des Rechts der Erneuerbaren Energien im Strombereich und zur Änderung damit zusammenhängender Vorschriften v. 1. 1. 2009, BGBl. I 2008, 2074.

852 BT-Drs. 18/1304, 146.

genbegriff ab.[853] Dieser bestimmt, was zur alten Anlage gehört und insofern nicht in der neuen Anlage weitergenutzt werden darf. Jedoch war für den für die Förderdauer relevanten „Zeitpunkt der Inbetriebnahme" bis zur Einführung des EEG 2014 der „Zeitpunkt der Inbetriebnahme" eines Generators und nicht der Anlage maßgeblich.[854] Damals war sehr umstritten (und scheint bis heute noch nicht in allen Punkten geklärt[855]), ob ein zu einer bestehenden Anlage zugebauter, weiterer Generator zur bestehenden Anlage gehört oder eine eigene Anlage ist. Der Anlagenbegriff konnte dabei entweder weit (alle Generatoren gehören zu einer Anlage) oder eng (ein neuer Generator ist eine eigene Anlage) verstanden werden. Der BGH urteilte,[856] dass von einem weiten Anlagenbegriff auszugehen sei, wie vom Gesetzgeber beabsichtigt.[857] Danach gehört ein weiterer Generator mit zur bestehenden Anlage. In einem Obiter Dictum verursachte der BGH jedoch Unsicherheiten im Hinblick auf den „Zeitpunkt der Inbetriebnahme."[858] Nach Ansicht des BGH gehöre ein weiterer Generator zwar zur Anlage, der „Zeitpunkt der Inbetriebnahme" knüpfe aber (entsprechend des damals geltenden Gesetzeswortlauts) an den einzelnen Generator an.[859] Dieses Verständnis könnte mithin zu unterschiedlichen Vergütungen und unterschiedlichen Förderlaufzeiten führen.[860] Dass dies nicht beabsichtigt war, stellte der Gesetzgeber in der Gesetzesbegründung zum EEG 2014 klar.[861] Danach richtete sich der „Zeitpunkt der Inbetriebnahme" nach der Inbetriebnahme der Anlage und nicht eines einzelnen Generators.[862] Durch das Ergänzen eines weiteren Generators (die Inbetriebnahme eines weiteren Generators) beginnt die Förderdauer also nicht erneut zu laufen und wird für den alten Teil der Anlage somit auch nicht verlängert. Auf diese Art soll eine zeitlich unbegrenzte Förderung durch den sukzessiven Zubau immer wieder neuer Generatoren, die vom Gesetzgeber gem. § 25 EEG 2023 (damals § 22 EEG 2014) gerade nicht gewollt war, verhindert werden.[863]

Vor diesem Hintergrund ist der für einen Austausch der Anlage maßgebliche Anlagenbegriff des § 3 Nr. 1 EEG 2023 zu verstehen. Nur bei der Errichtung einer neuen Anlage kann erneut eine Förderung nach dem EEG 2023 in Anspruch genommen werden, soweit die Voraussetzungen vorliegen. Da hierfür der weite Anlagenbegriff maßgeblich ist, müssen alle Teile der bestehenden Anlage ersetzt werden. Nur Infrastruktur, die die Anlage i. S. d. EEG 2023 nicht betrifft, kann bleiben und fortgenutzt werden. Gem. § 3 Nr. 30 Hs. 3 EEG 2023 genügt für eine „Inbetriebnahme" außerdem nicht, dass nur der Generator ausgetauscht oder sonstige technische oder bauliche Teile der Anlage ersetzt werden. Es muss eine komplett neue Anlage errichtet werden oder es müssen alle Teile

853 Reshöft/Schäfermeier/*Kahle/Reshöft*, § 30 EEG 2014, Rn. 16.

854 Vgl. noch § 21 EEG 2009 Gesetz zur Neuregelung des Rechts der Erneuerbaren Energien im Strombereich und zur Änderung damit zusammenhängender Vorschriften v. 1. 1. 2009, BGBl. I 2008, 2074.

855 Vgl. BerlKommEnR/*Schumacher*, § 3 EEG, Rn. 164; *Thomas/Vollprecht*, ZNER 2012, 334, 339 ff.

856 BGH, NVwZ 2014, 313–320, 317.

857 BT-Drs. 16/8148, 38.

858 *Hermeier*, RdE 2014, 76.

859 BGH, NVwZ 2014, 313–320, 320, Rn. 59.

860 *Hermeier*, RdE 2014, 76, 77 f.

861 BT-Drs. 18/1304, 128 f.

862 BT-Drs. 18/1304, 128.

863 BT-Drs. 18/1304, 128 f.

der Anlage nach und nach ausgetauscht werden.[864] Allein unwesentliche, nicht zur Anlage i. S. d. EEG 2023 gehörende Teile der vorhandenen Infrastruktur können weiterbenutzt werden.[865] Sollte im Einzelnen unklar sein, was zur Anlage i. S. d. EEG 2023 gehört und was nicht, ist vor dem Hintergrund des weiten Anlagenbegriffs im Zweifel nicht von einer neuen Anlage auszugehen. Der Begriff der Repowering-Anlage wird daher in dieser Arbeit nur für förderfähige neue Anlagen, die bestehende Anlagen i. S. d. EEG 2023 vollständig ersetzen, verwendet.

bb) Ausgeförderte Anlagen

Eine Anschlussregelung für Anlagen, die am 31. 12. 2020 ihr Förderende erreicht haben, fand sich im EEG zunächst nicht. Mittlerweile wurde mit dem EEG 2021 für sog. ausgeförderte Anlagen eine Übergangslösung geschaffen. Gem. § 21 Abs. 1 Nr. 3 EEG 2023 können diese Anlagen eine Einspeisevergütung erhalten. Es gilt eine Ausnahme von der absoluten Fördergrenze gem. § 25 Abs. 2 EEG 2023.

Ausgeförderte Anlagen sind gem. § 3 Nr. 3a EEG 2023 Anlagen, die keine Windenergieanlagen an Land sind, die eine installierte Leistung von bis zu 100 kW haben und vor dem 1. 1. 2021 in Betrieb genommen worden sind und bei denen der ursprüngliche Anspruch auf Zahlung nach der für die Anlage maßgeblichen Fassung des Erneuerbare-Energien-Gesetzes beendet ist. Diese Anlagen sollen durch die Einspeisevergütung weiterbetrieben werden können, da der Gesetzgeber davon ausgeht, dass für sie eine Umstellung auf die sonstige Direktvermarktung unwirtschaftlich wäre und ggf. zur Stilllegung führen könnte.[866] Die Höhe des Anspruchs auf die Einspeisevergütung bei ausgeförderten Anlagen wird gem. § 23b EEG 2023 bestimmt.[867] Die Degression der Vergütungshöhe richtet sich nach § 53 Abs. 2 EEG 2023. Diese Regelung galt bis zum 31. 12. 2021 auch für ausgeförderte Windenergieanlagen an Land. Das war allerdings nach Ansicht des Gesetzgebers nur zur zeitweisen Überbrückung von Vermarktungsschwierigkeiten notwendig, die durch die niedrigen Strompreise während der COVID-19-Pandemie verursacht wurden.[868]

Eine Anschlusslösung ist zudem für bestehende Biomasseanlagen i. S. v. § 39g Abs. 1 S. 1 EEG 2023 vorgesehen. Dabei handelt es sich um „Biomasseanlagen, die erstmals vor dem 1. 1. 2017 ausschließlich mit Biomasse im Sinn der Biomasseverordnung in der für die Inbetriebnahme maßgeblichen Fassung in Betrieb genommen worden sind." Diese bestehenden Biomasseanlagen können an den Ausschreibungen teilnehmen, sofern ihnen durch ein Umweltgutachten, das auch den Netzbetreibern vorliegt, bescheinigt wurde, dass sie wie neue Anlagen für einen bedarfsorientierten Betrieb technisch geeignet sind (§ 39g Abs. 4 EEG 2023). Gem. § 39h Abs. 3 EEG 2023 erhalten diese Anlagen im Falle eines Zuschlags einmalig einen neuen Vergütungszeitraum von zehn Jahren.[869] Den Beginn des

---

864 BerlKommEnR/*Schumacher*, § 3 EEG, Rn. 163 ff.

865 Vgl. BerlKommEnR/*Schumacher*, § 3 EEG, Rn. 164 ergänzend auch für unwesentliche Teile der Anlage.

866 BT-Drs. 19/23482, 4.

867 BT-Drs. 19/23482, 107.

868 BT-Drs. 19/23482, 108.

869 BT-Drs. 18/8860, 226.

neuen Vergütungszeitraums können die Anlagenbetreiber im Rahmen der Grenzen des § 39h Abs. 1 i. V. m. § 39g Abs. 2 EEG 2023 festlegen. Der neue Vergütungsanspruch ersetzt dann bisherige Zahlungsansprüche aus dem EEG (§ 39g Abs. 2 S. 1 EEG 2023). Auch bestehende Anlagen, die grds. schon aufgrund ihrer Größe von weniger als 150 kW installierter Leistung von der Teilnahme an den Ausschreibungen ausgeschlossen wären, können von der Anschlussförderung profitieren (vgl. §§ 22 Abs. 4 S. 2, 30 Abs. 2 S. 2 Nr. 3 Hs. 2, 39g Abs. 1 S. 2).

Für Güllekleinanlagen hat der Gesetzgeber in § 12a ff. EEV[870] ebenfalls eine Anschlusslösung geschaffen. Die Verordnung basiert auf der Ermächtigung in § 88b EEG 2023. Danach verlängert sich der ursprüngliche Anspruch auf Zahlung nach der für die Anlage maßgeblichen Fassung des EEG für Strom aus Anlagen, in denen Biogas eingesetzt wird, einmalig um zehn Jahre (Anschlusszeitraum), wenn der ursprüngliche Anspruch auf Zahlung nach der für die Anlage maßgeblichen Fassung des EEG vor dem 1. 1. 2025 beendet ist, die installierte Leistung der Anlage am Standort der Biogaserzeugungsanlage am 31. 2. 2021 150 kW nicht überschritten hat und der Anlagenbetreiber die Geltendmachung dieses verlängerten Zahlungsanspruchs dem Netzbetreiber nach Maßgabe des § 12d EEV mitgeteilt hat und mit dieser Anlage bis zur Mitteilung an den Netzbetreiber nach § 12d EEV nicht an Ausschreibungen nach § 39g EEG teilgenommen hat.

Für Post-EEG-Anlagen, für die das EEG 2023 keine Lösung bereithält und die nicht wirtschaftlich über ein Eigenversorgungsmodell betrieben werden können, kommt neben Rückbau und Stilllegung nur eine nicht EEG-geförderte Vermarktung an Dritte in Betracht. Das EEG 2023 sieht in einer solchen Vermarktung an Dritte eine sonstige Direktvermarktung, die entweder über den börslichen oder den OTC-Handel oder über PPAs erfolgen kann.

II. Das Verhältnis des Erneuerbare-Energien-Gesetzes und Power-Purchase-Agreements – Vor- und Nachteile im Vergleich

Wie bereits umrissen, handelt es sich bei PPAs grds., trotz Kombinationsmöglichkeit, um ein Konkurrenzprodukt zur geförderten Direktvermarktung im EEG 2023 und auch zur nur noch in den geregelten Ausnamefällen vorkommenden Vermarktung über die Einspeisevergütung, da sich die Parteien beim PPA i. d. R. gegen eine Förderung entscheiden.[871] Im Folgenden sollen insofern die Anwendungsbereiche der Finanzierungsabsicherung durch das EEG 2023 bzw. PPAs abgegrenzt werden, sowie im Hinblick auf eine Überschneidung der Anwendungsbereiche Vor- und Nachteile der Modelle erläutert werden.

---

870 Verordnung zur Durchführung des Erneuerbare-Energien-Gesetzes und des Windenergie-auf-See-Gesetzes (Erneuerbare-Energien-Verordnung) v. 20. 2. 2015, BGBl. I 2015, 146.

871 Vgl. *Hilpert*, Rechtliche Bewertung von Power Purchase Agreements (PPAs) mit erneuerbaren Energien, S. 31; vgl. auch dena, Finanzierung von Erneuerbare-Energien-Anlagen über Power Purchase Agreements, S. 7.

1. Anlagen ohne Möglichkeit staatlicher Förderung

Schon jetzt sind PPAs interessant für alle Anlagen, die keine staatliche Förderung in Anspruch nehmen können. Einem Anlagenbetreiber verbleibt ohne EEG-Förderung nur die Möglichkeit, den Strom im preisvolatilen börslichen oder OTC-Handel zu vermarkten, über PPAs oder im Rahmen eines Eigenversorgungsmodells.[872]

Das betrifft insb. Post-EEG-Anlagen, die die absolute zeitliche Fördergrenze von 20 Jahren gem. § 25 Abs. 1 EEG 2023 überschritten haben und die nicht als ausgeförderte Anlage i. S. d. § 3 Nr. 3a EEG 2023 weiter einen Anspruch auf die Einspeisevergütung haben. Wegen der bereits beschriebenen Dimensionen, in der das Auslaufen der Förderung zukünftig vorkommen wird, haben die Post-EEG-Anlagen eine besondere Relevanz. Für die sog. ausgeförderten Anlagen i. S. d. § 3 Nr. 3a EEG 2023 gilt daher nun gem. §§ 21 Abs. 1 Nr. 3, 25 Abs. 2 EEG 2023 eine Verlängerung der Förderdauer für die Zahlung einer Einspeisevergütung bis zum 31. 12. 2027.[873] Zudem existiert eine Anschlusslösung für bestehende Biomasseanlagen und Kleingülleanlagen.

Für Post-EEG-Anlagen, für die das EEG 2023 keine Lösung bereithält und die nicht über ein Eigenversorgungsmodell betrieben werden können, kommt neben Rückbau und Stilllegung nur eine nicht EEG-geförderte Vermarktung an Dritte in Betracht. Das EEG 2023 sähe in einer solchen Vermarktung an Dritte eine sonstige Direktvermarktung, die entweder über den börslichen oder den OTC-Handel oder über PPAs erfolgen kann. PPAs konkurrieren insofern mit den weiteren Vermarktungsmöglichkeiten des Stromhandels. Die Nutzung des erzeugten Stroms im Rahmen der Eigenversorgung durch den Betreiber der Anlage wird zudem nicht für alle Post-EEG-Anlagen möglich sein. Für Photovoltaikanlagen unterstellt der Gesetzgeber allerdings, dass die Eigenversorgung für jedenfalls fünf weitere Jahre nach dem Förderende eine wirtschaftliche Alternative darstellt.[874]

Zudem ist eine staatliche Förderung mit der Marktprämie auch in Fällen ausgeschlossen in denen ein Projekt zwar an den Ausschreibungen teilnehmen musste, aber keinen Zuschlag in den Ausschreibungen erhalten hat, etwa weil das Gebot nicht den formellen Anforderungen genügt oder das Gebot oberhalb der Zuschlagsgrenze liegt. Teilweise erhalten bis zu 25 % der Projekte keinen Zuschlag, da das aktuelle Ausschreibungssystem Anreize für sog. „strategische" Gebote setze.[875] Die Einspeisevergütung gilt wie der Mieterstromzuschlag nur für gesetzlich bestimmte Ausnahmefälle, sodass dann regelmäßig keine EEG-Förderung möglich ist. Diese Projekte könnten insb. mit einer Vermarktung über PPAs realisiert werden, damit nicht auf die nächste Ausschreibungsrunde gewartet werden muss.[876] In Betracht kommt alternativ eine Vermarktung im Stromhandel.

---

872 Siehe zum Verhältnis dieser Vermarktungsmöglichkeiten Teil 1, D. V. und VII.

873 Zunächst durch das EEG 2021, vgl. BT-Drs. 19/23482, 107 f.; Bericht des Ausschusses für Wirtschaft und Energie zu dem Gesetzentwurf der Bundesregierung – Drucksachen 19/27453, 19/28407, 19/28605 Nr. 1.16 – Entwurf eines Gesetzes zur Umsetzung unionsrechtlicher Vorgaben und zur Regelung reiner Wasserstoffnetze im Energiewirtschaftsrecht, BT-Drs. 19/31009, S. 28.

874 BT-Drs. 18/8860, 147.

875 *J. Held/Imolauer*, in: Corporate PPA erfolgreich gestalten, Deutschland, 36.

876 *J. Held/Imolauer*, in: Corporate PPA erfolgreich gestalten, Deutschland, 36.

Im Falle der sog. Nachbarbelieferung sind die Voraussetzungen von keiner der in § 21 Abs. 1 S. 1 EEG 2023 aufgeführten Vermarktungsformen erfüllt, insb. nicht die Voraussetzungen der Direktvermarktung. Daher kommt hier ebenfalls keine Vermarktung über das EEG 2023 in Betracht, auch nicht in Form der sonstigen Direktvermarktung. Denkbare Fälle der Nachbarbelieferung i. S. v. § 21b Abs. 4 Nr. 2 lit. a, b EEG 2023 sind insb. physische OTC-Stromhandelsverträge mit einem Dritten über eine Direktleitung, d. h. ohne Nutzung des Netzes der allgemeinen Versorgung. Derartige Konstellationen bringen den finanziellen Vorteil mit sich, dass Netzentgelte und die weiteren netzentgeltbezogenen Preisbestandteile entfallen. Das ist bei jeder Vermarktungsform ohne Netznutzung der Fall, folglich auch bei On-Site-PPAs.[877]

Bei einem solchen Stromverbrauch in unmittelbar räumlicher Nähe zur Anlage und ohne Netzdurchleitung konkurrieren On-Site-PPAs mit Eigenversorgungsmodellen.[878] Durch den Wegfall der Eigenversorgungsprivilegien besteht aber insoweit kein wirtschaftlicher Nachteil von PPAs gegenüber der Eigenversorgung, der im EEG 2023 begründet wäre.[879]

2. Repowering-Anlagen

Die sog. Repowering-Anlagen werden zwar an den Standorten von bestehenden Anlagen errichtet, gehören aber nach dem erläuterten Verständnis dieser Arbeit nicht zu den Anlagen ohne die Möglichkeit einer EEG-Förderung. Vielmehr zeichnen sie sich gerade dadurch aus, dass durch diese neuen Anlagen eine EEG-Förderung in Anspruch genommen werden kann. Grds. überschneiden sich im Hinblick auf Repowering-Anlagen die Anwendungsbereiche der Finanzierungsabsicherung durch das EEG 2023 und PPAs. Die für diesen Fall maßgeblichen jeweiligen Vor- und Nachteile werden im Folgenden noch erläutert. Ein ab dem Jahr 2004 bis zum Jahr 2014 vorgesehener zusätzlicher finanzieller Anreiz für Repowering-Maßnahmen (sog. Repowering-Bonus) findet sich im EEG 2023 nicht mehr.[880]

Grds. wird die Modernisierung einer Anlage wirtschaftlich sinnvoll, wenn sie – wie regelmäßig der Fall – zu einer deutlichen Erhöhung der Effizienz der Anlage führt.[881] Darüber hinaus wird die effizientere Nutzung von bereits nutzbaren, mit Anlagen bebauten Flächen immer attraktiver, weil für den weiteren Ausbau von erneuerbaren Energien, insb. Windenergieanlagen an Land, nur begrenzt Flächen zur Verfügung stehen.[882] Eine Modernisierung verlangt allerdings erneute Investitionen und geht insofern ähnlich wie ein Neubau

---

877 *Hilpert*, Rechtliche Bewertung von Power Purchase Agreements (PPAs) mit erneuerbaren Energien, S. 10f.

878 Vgl. *J. Held/Imolauer*, in: Corporate PPA erfolgreich gestalten, Deutschland, 39; *Uibeleisen/Groneberg*, RdE 2018, 114, 119.

879 Vgl. zu den Auswirkungen der Privilegierung noch *J. Held/Imolauer*, in: Corporate PPA erfolgreich gestalten, Deutschland, 47.

880 FA Wind, Was tun nach 20 Jahren? – Repowering, Weiterbetrieb oder Stilllegung von Windenergieanlagen nach Förderende, S. 26f.

881 Vgl. *Seiferth/Samp*, EnWZ 2014, 106.

882 *Seiferth/Samp*, EnWZ 2014, 106, 107; *Lehmann/Gawel/Korte/Purkus*, Wirtschaftsdienst 2017, 727, 731; *Antoni/Schäfer-Stradowsky*, in: Handbuch Klimaschutzrecht, § 26, Rn. 33.

von Anlagen mit Herausforderungen einher.[883] Für den Betreiber gilt es abzuwägen, ob der Weiterbetrieb der bestehenden Anlage mit steigenden Wartungs- und Reparaturkosten noch sinnvoll ist oder ob besser eine (kurzfristig teure) Ersatzinvestition getätigt wird, die mit langfristig niedrigeren Betriebskosten einhergeht.[884]

Allerdings sind Modernisierungsmaßnahmen nicht für alle Anlagen möglich. So soll für 40 % der ausgeförderten Windenergieanlagen an Land keine derartige Möglichkeit bestehen.[885] Das hat primär planungsrechtliche Gründe, aber auch technische, genehmigungsrechtliche und wirtschaftliche Gründe.[886] Gleichwohl wurden vom Gesetzgeber in diesem Zusammenhang zumindest Verbesserungen etwa durch die Einführung des § 16b BImSchG angestrebt, wonach geringere Anforderungen im baurechtlichen Genehmigungsverfahren gelten, und damit auch entsprechende Vorgaben der EE-Richtlinie umgesetzt.[887] Ist eine Modernisierung nicht möglich, hängt der Weiterbetrieb der Anlagen primär an der Wirtschaftlichkeit des Betriebs.[888] Andere Gründe, z. B. technischer Art, führen nur selten zu einer Stilllegung.[889] Es wird befürchtet, dass für Anlagen, die nicht im Rahmen eines Repowerings ersetzt, aber technisch grds. weiterbetrieben werden können, ein Weiterbetrieb aus wirtschaftlichen Gründen nur für 20 % der Anlagen gesichert ist.[890] Für einen wirtschaftlichen Weiterbetrieb blieben nur die erwähnten Möglichkeiten für eine alte Post-EEG-Anlage, d. h. insb. eine Vermarktung entweder über den preisvolatilen börslichen oder OTC-Handel, über PPAs oder im Rahmen eines Eigenversorgungsmodells.

Ferner könne nicht generell davon ausgegangen werden, dass modernisierte Projekte wegen der Fortnutzung von Teilen der bestehenden Infrastruktur gegenüber anderen neuen Anlagen ökonomisch vorteilhaft seien.[891] Befürchtet wird daher, dass derartige Projekte in den Ausschreibungen teilweise nicht wettbewerbsfähig sein könnten und daher ohne Förderung auskommen müssten.[892] Sofern sie keinen Zuschlag erhalten und für die Einspeisevergütung nicht in Frage kommen, besteht primär die Möglichkeit der zeitnahen Realisierung noch vor der nächsten Ausschreibungsrunde über eine Finanzierung mittels PPA.

Sofern die Modernisierung der Anlage nicht zu einer neu errichteten Anlage i. S. d. § 3 Nr. 1 EEG 2023 führt und damit für ein Repowering i. S. d. EEG 2023 sowie für die da-

---

883 *Seiferth/Samp*, EnWZ 2014, 106, 108.

884 *Lehmann/Gawel/Korte/Purkus*, Wirtschaftsdienst 2017, 727, 730.

885 FA Wind, Was tun nach 20 Jahren? – Repowering, Weiterbetrieb oder Stilllegung von Windenergieanlagen nach Förderende, S. 31.

886 FA Wind, Was tun nach 20 Jahren? – Repowering, Weiterbetrieb oder Stilllegung von Windenergieanlagen nach Förderende, S. 32; zum Planungsrecht *Dix*, NVwZ 2020, 184.

887 *Walker*, jurisPR-UmwR 2021, Anm. 1; *Kliem*, ER 2022, 22; *Antoni/Schäfer-Stradowsky*, in: Handbuch Klimaschutzrecht, § 26, Rn. 40.

888 FA Wind, Was tun nach 20 Jahren? – Repowering, Weiterbetrieb oder Stilllegung von Windenergieanlagen nach Förderende, S. 49 f.

889 FA Wind, Was tun nach 20 Jahren? – Repowering, Weiterbetrieb oder Stilllegung von Windenergieanlagen nach Förderende, S. 51.

890 FA Wind, Was tun nach 20 Jahren? – Repowering, Weiterbetrieb oder Stilllegung von Windenergieanlagen nach Förderende, S. 49.

891 FA Wind, Was tun nach 20 Jahren? – Repowering, Weiterbetrieb oder Stilllegung von Windenergieanlagen nach Förderende, S. 49 Fn. 86; *Ristau*, EE 2017, 74, 76.

892 FA Wind, Was tun nach 20 Jahren? – Repowering, Weiterbetrieb oder Stilllegung von Windenergieanlagen nach Förderende, S. 49 Fn. 86; *Ristau*, EE 2017, 74, 76.

rauf basierende Möglichkeit der Förderung nicht weit genug geht, muss bei der weiteren Vermarktung auf eine EEG-Förderung verzichtet werden. Kann eine anderweitige Finanzierungsabsicherungsmöglichkeit, etwa über ein PPA, gefunden werden, bleibt das teilweise Modernisieren der Anlage möglich und kann zu wirtschaftlichen Vorteilen führen.

Mithin kommen PPAs insb. für Post-EEG-Anlagen in Betracht, die nicht im Rahmen eines Repowerings runderneuert werden und damit auch nicht durch das EEG 2023 gefördert werden können.[893] Über PPAs kann zudem die Finanzierung kleinerer Modernisierungsmaßnahmen sichergestellt werden.

Es besteht aber auch die Möglichkeit zur Finanzierungsabsicherung einer Repowering-Anlage über ein PPA.[894] In diesem Fall konkurrieren PPAs mit den Fördermodellen des EEG 2023.

3. Anlagen mit Möglichkeit staatlicher Förderung

Sofern eine Möglichkeit der staatlichen Förderung durch die Fördermodelle des EEG 2023 besteht, konkurrieren PPAs trotz der Kombinationsmöglichkeit regelmäßig mit der geförderten Direktvermarktung bzw. seltener mit der Einspeisevergütung um die Absicherung der Finanzierung.[895] In Anbetracht dieser Überschneidung der Anwendungsbereiche sollen im Folgenden die Vor- und Nachteile der EEG-Fördermodelle im Vergleich zu denen von PPAs erläutert werden.

a) Vergütungshöhe

aa) Grundlagen

Es existiert vor allem ein ökonomischer Grund, aus dem sich Anlagenbetreiber für die EEG-Vergütung entscheiden. Oft liegen die EEG-gesicherten Einnahmen derzeit noch oberhalb der PPA-Preise.[896] Ein Wechsel in die sonstige Direktvermarktung, also aus der geförderten Direktvermarktung oder der Einspeisevergütung heraus, lohnt sich für Anlagen nur dann, wenn die etwa über ein PPA oder im sonstigen Stromhandel erzielbaren Vermarktungserlöse die EEG-Vergütung übersteigen.[897] Insofern hat die Entwicklung des Strompreises einen entscheidenden Einfluss auf das Verhältnis von PPAs (als Teil der sonstigen Direktvermarktung) zu den Förderregelungen.[898] Aktuelle Zuschlagswerte lie-

---

893 Dena, dena-Marktmonitor 2030 „Corporate Green PPAs“, S. 8.

894 Vgl. Greenpeace Energy, Wir retten ältere Windkraftanlagen, https://green-planet-energy.de/kraftwerke/kraftwerkserhalt.

895 Vgl. *Hilpert*, Rechtliche Bewertung von Power Purchase Agreements (PPAs) mit erneuerbaren Energien, S. 31; vgl. auch dena, Finanzierung von Erneuerbare-Energien-Anlagen über Power Purchase Agreements, S. 7.

896 Vgl. Energy Brainpool, Power Purchase Agreements II: Marktanalyse, Bepreisung und Hedgingstrategien, S. 7.

897 Energy Brainpool, Power Purchase Agreements II: Marktanalyse, Bepreisung und Hedgingstrategien, S. 3.

898 *Hilpert*, Rechtliche Bewertung von Power Purchase Agreements (PPAs) mit erneuerbaren Energien, S. 8.

gen zum Teil bereits unter den in Zukunft am Markt erzielbaren Vermarktungserlösen.[899] Ein Trend in Richtung einer stetig sinkenden Förderhöhe ist erkennbar.[900] Bei Windenergie Offshore haben sich schon sog. „0-Cent-Gebote“ in den Ausschreibungsrunden der BNetzA[901] ergeben, mit denen gänzlich auf eine staatliche Förderung verzichtet wurde.[902] Die aktuell krisenbedingt hohen Strompreise, die auch langfristig noch erwartet werden,[903] könnten bei gleichzeitig sinkenden Investitionskosten für EE-Anlagen die EEG-(Mindest-) Vergütung obsolet werden lassen.[904] Erwartet wird, dass die von EE-Anlagen erzielbaren Erlöse trotz verschiedener wetter- und marktbedingter Unsicherheiten in den nächsten Jahren oberhalb der EEG-Vergütungen liegen.[905] Noch ist die Preisabsicherung des EEG allerdings häufig ein „sicherer Hafen“[906] für die Anlagenbetreiber und den PPA-Preisen aus diesem Grund überlegen.

bb) Umlagebefreiung für Power-Purchase-Agreements?

Insb. im Zusammenhang mit der nunmehr abgeschafften EEG-Umlage wurde diskutiert, ob die Abnehmer eines PPAs von der Zahlung verschiedener Umlagen und insb. der EEG-Umlage befreit werden sollten.[907] Die Idee hinter der Diskussion lässt sich heute auf weiterhin bestehende Umlagen übertragen. Zu diesen gehören die KWKG-Umlage und die Offshore-Netzumlage, die in §§ 10 ff. EnFG[908] geregelt sind und von denen z. B. stromkostenintensive Unternehmen und Wärmepumpen gem. §§ 21 ff. EnFG weiterhin befreit sind (besondere Ausgleichsregelung).[909] Stromkostenintensive Unternehmen sind allerdings in Umsetzung von Rn. 415 KUEBLL[910] gem. § 30 Nr. 3 EnFG dazu verpflichtet, alternativ ihre Energieeffizienz (lit. a), die Deckung von mindestens 30 % des Stromverbrauchs durch nicht geförderten Strom aus erneuerbaren Energien (lit. b) oder Investitionen in Dekarbo-

---

899 Energy Brainpool, Power Purchase Agreements II: Marktanalyse, Bepreisung und Hedgingstrategien, S. 3.

900 *J. Held/Imolauer*, in: Corporate PPA erfolgreich gestalten, Deutschland, 34, 51; *Wiederholt/Ludwig*, EnWZ 2019, 110.

901 BNetzA, Bekanntgabe v. 13.4.2017 – BK6-17-001; BNetzA, Bekanntgabe v. 27.4.2018 – BK6-18-001; BNetzA, Ergebnisse der Ausschreibungen für Offshore-Windenergie, Pressemitteilung v. 9.9.2021; BNetzA, Ergebnis der Ausschreibung für Offshore-Windenergie, Pressemitteilung v. 7.9.2022.

902 *Böhme/Bukowski*, EnWZ 2019, 243.

903 Prognos/vbw, Strompreisprognose, S. 1.

904 Energy Brainpool, Power Purchase Agreements: Finanzierungsmodell von Erneuerbaren Energien, S. 5; vgl. auch Kommission, Arbeitsunterlage der Kommissionsdienststellen v. 18.5.2022 – SWD(2022) 149 final, 41 f.

905 *D. Ritter* et al., Monitoring der Direktvermarktung: Jahresbericht 2022 und Ausblick 2023, S. 52.

906 Vgl. dena, Finanzierung von Erneuerbare-Energien-Anlagen über Power Purchase Agreements, S. 7.

907 Dena, Green PPAs: Säule des Erneuerbare Energien Ausbaus und zentrales Instrument zur Erreichung der Klimaschutzziele, S. 4.

908 Gesetz zu Sofortmaßnahmen für einen beschleunigten Ausbau der erneuerbaren Energien und weiteren Maßnahmen im Stromsektor v. 20.7.2022, BGBl. I 2022, 1237.

909 BT-Drs. 20/1630, 142.

910 Leitlinien für staatliche Klima-, Umweltschutz- und Energiebeihilfen 2022 v. 18.2.2022, ABl. EU 2022 C 80/1.

nisierungsmaßnahmen nachzuweisen (lit. c), wenn sie eine Begrenzung der bestehenden Umlagen in Anspruch nehmen wollen. Insb. lit. b setzt einen Anreiz für den Abschluss von PPAs. Allerdings spricht Art. 15 Nr. 8 der EE-Richtlinie dafür, dass eine solche Befreiung von den verbleibenden Umlagen generell für PPAs gelten sollte. Denn danach müssen die „Mitgliedstaaten [...] die rechtlichen und administrativen Hindernisse für langfristige Verträge über den Bezug von erneuerbarem Strom bewerten, unbegründete Hindernisse beseitigen und die Verbreitung solcher Verträge unterstützen." Außerdem müssen sie sicherstellen, dass „derartige Verträge keinen unverhältnismäßigen oder diskriminierenden Verfahren sowie Umlagen und Abgaben unterworfen sind."

Zur Zahlung der EEG-Umlage an die Netzbetreiber waren Elektrizitätsversorgungsunternehmen i. S. d. § 3 Nr. 20 EEG 2021 gem. § 60 Abs. 1 S. 1 EEG 2021 für Strom verpflichtet, den sie (durch das Netz) an Letztverbraucher liefern.[911] Das war – anders als teilweise vertreten[912] – gerade nicht bei allen Stromlieferungen im Rahmen von PPAs der Fall. Weder die Lieferung an Versorgungsunternehmen (Utility-PPA) oder Stromhändler (Merchant-PPA) noch Finanz-PPAs bewirkten eine Lieferung an einen Letztverbraucher i. S. d. § 3 Nr. 33 EEG 2021. Nur bei Corporate-PPAs wurde Strom an Letztverbraucher geliefert, sodass die EEG-Umlage an die Netzbetreiber zu zahlen war. Verbrauchten die Abnehmer, wie bei Utility-PPA oder Merchant-PPA der Fall, keinen Teil der gelieferten Energie selbst, war der Anlagenbetreiber nicht gem. § 60 Abs. 1 S. 1 EEG 2021 zur Zahlung der EEG-Umlage verpflichtet.[913] Gleiches galt mangels Stromverbrauchs des Abnehmers auch für Finanz-PPAs.

Eine Befreiung oder eine Verringerung der Pflicht zur Zahlung der EEG-Umlage gem. §§ 61aff. EEG 2021 kam trotz fehlender Netznutzung auch bei On-Site-PPAs mangels eines Eigenversorgungsmodells nicht in Betracht. Die Verkäufer eines Corporate-PPAs waren mithin als Elektrizitätsversorgungsunternehmen i. S. d. § 3 Nr. 20 EEG 2021 immer zur Zahlung der EEG-Umlage verpflichtet, obwohl sie mangels Förderung nicht zu den Kosten des EEG beitrugen. Die Verpflichtung der Elektrizitätsversorgungsunternehmen basierte im Grundsatz auf dem sog. Verursacherprinzip.[914] Danach waren „diejenigen, die maßgeblich über die Stromversorgung und die hierfür bislang primär genutzten fossilen und nuklearen Erzeugungsquellen mit ihren negativen Folgen für Klima und Umwelt verfügen, die zutreffenden Adressaten der Regelungen über die Kostentragung der Förderung der erneuerbaren Energien [...] (unbeschadet ihrer Möglichkeit zur vertraglichen Abwälzung der Kosten an die Stromkunden)." Es sollte also nur mit Verhaltenspflichten belegt werden bzw. Kosten tragen, wer schädliche Klima- bzw. Umwelteinwirkungen hervorrufen bzw. diese vermeiden konnte.[915] Nach Ansicht des Gesetzgebers waren dies insb. die Elektrizitätsversorgungsunternehmen.[916] Für die Eigenversorgung war folgerichtig eine Privilegierungsmöglichkeit vorgesehen, da in diesen Konstellationen schädliche Klima- bzw.

911 *Hilpert*, Rechtliche Bewertung von Power Purchase Agreements (PPAs) mit erneuerbaren Energien, S. 20 f.

912 *Uibeleisen/Groneberg*, RdE 2018, 114, 122.

913 Vgl. *Tomala/Reimers*, in: Vertragshandbuch Stromwirtschaft, Kap. 4. D, Rn. 29 f.

914 BT-Drs. 18/1304, 109 f.

915 Frenz/Müggenborg/Cosack/Hennig/Schomerus/*Frenz*, § 2 EEG, Rn. 41.

916 BT-Drs. 18/1304, 109 f.; ebenso Frenz/Müggenborg/Cosack/Hennig/Schomerus/*Frenz*, § 2 EEG, Rn. 41.

Umwelteinwirkungen gerade unabhängig von der EEG-Förderung vermieden wurden.[917] Dasselbe gilt auch für PPAs. Die Parteien eines PPAs vermeiden durch die Lieferung von Strom aus EE-Anlagen einerseits schädliche Klima- bzw. Umwelteinwirkungen i. S. d. EEG 2023 und nehmen andererseits keine Förderung in Anspruch, sodass Förderkosten vermieden werden. Die Gedanken zur Umlagebefreiung bzw. -begrenzung bei der Eigenversorgung lassen sich insofern auf PPAs übertragen. Mit den vorstehenden Argumenten ließe sich mithin auch eine vollständige Befreiung von den fortbestehenden Umlagen für alle Arten von PPAs begründen. Allerdings fallen gem. § 12 EnFG die verbliebenen Umlagen heute ohnehin nur im Falle der Entnahme von Strom aus dem Netz an. Alle Konstellationen ohne Netznutzung, sei es im Rahmen einer Nachbarbelieferung, eines Eigenversorgungsmodells oder im Rahmen eines On-Site-PPAs, sind damit von den Umlagen befreit.[918] Zudem bestehen die genannten Befreiungs- bzw. Begrenzungsmöglichkeiten für stromkostenintensive Unternehmen (§§ 30 ff. EnFG) sowie für Einrichtungen zur Herstellung von Grünem Wasserstoff (§§ 25 ff. EnFG), die auch für PPAs relevant sein können.

cc) Strompreiskompensation

Bis Ende 2020 bestanden Nachteile beim Bezug von Strom und Herkunftsnachweisen mittels PPAs („Grünstrombezug“) für Abnehmer, die in den Anwendungsbereich der sog. Strompreiskompensation fielen.[919] Die Strompreiskompensation wird gewährt als Beihilfe zum Ausgleich der emissionshandelsbedingten Mehrkosten des Strombezugs von Unternehmen, die in besonderem Maße im internationalen Wettbewerb stehen und bei denen insofern die Gefahr der Verlagerung von Produktionsstandorten ins Ausland besteht (sog. indirektes carbon leakage).[920] Beruhend auf Art. 10a Abs. 6 der RL 2003/87/EG[921], der mit der RL (EU) 2018/410[922] in die RL 2003/87/EG überführt wurde, und den konkretisierenden, mittlerweile überarbeiteten Beihilfe-Leitlinien der EU-Kommission[923] wurde vom BMWi zur Regelung des Verwaltungsverfahrens für die Gewährung solcher Beihilfen eine Förderrichtlinie erlassen.[924] Bis zur Überarbeitung der Beihilfe-Leitlinien Ende 2020 galt hier nach Nr. 5.2.6 der Förderrichtlinie, dass für den Bezug von Strom aus „Stromlieferungsverträgen, die keine CO_2-Kosten enthalten“, keine Strompreiskompensation gewährt wird.[925] Das schloss PPA-Abnehmer vom Erhalt dieser Beihilfe aus, sodass die Kosten des

917 Vgl. BT-Drs. 18/1304, 154.

918 Vgl. BT-Drs. 20/1630, 142.

919 Dena, Corporate Green PPAs: Ökonomische Analyse, S. 26 f.

920 BerlKommEnR/*Ehrmann*, § 2 TEHG, Rn. 43.

921 Richtlinie 2003/87/EG des Europäischen Parlaments und des Rates über ein System für den Handel mit Treibhausgasemissionszertifikaten in der Gemeinschaft und zur Änderung der Richtlinie 96/61/EG des Rates v. 13. 8. 2203, ABl. EU 2003 L 275/32.

922 Richtlinie (EU) 2018/410 des Europäischen Parlaments und des Rates zur Änderung der Richtlinie 2003/87/EG zwecks Unterstützung kosteneffizienter Emissionsreduktionen und zur Förderung von Investitionen mit geringem CO_2-Ausstoß und des Beschlusses (EU) 2015/1814 v. 14. 3. 2018, ABl. EU 2018 L 76/3.

923 Mitteilung der Kommission – Leitlinien für bestimmte Beihilfemaßnahmen im Zusammenhang mit dem System für den Handel mit Treibhausgasemissionszertifikaten nach 2021 v. 25. 9. 2020, ABl. EU 2020 C 317/5.

924 BerlKommEnR/*Ehrmann*, § 2 TEHG, Rn. 43.

925 *Ehrmann*, KlimR 2022, 271, 273.

PPA-Strombezugs teilweise mehr als 10 % über den Kosten des konventionell erzeugten Stroms („Graustrombezugs") lagen.[926] Mittlerweile wurde diese Förderrichtlinie überarbeitet. In der neuen Fassung[927] wird die Strompreiskompensation unabhängig von der Herkunft des bezogenen Stroms gewährt, d.h. auch wenn der Strom CO_2-frei und ohne emissionshandelsbedingte Mehrkosten geliefert wird.[928] Um eine Doppelförderung auszuschließen, ist lediglich der Verbrauch von eigenerzeugtem Strom aus Anlagen, die vor dem 1.1.2021 in Betrieb genommen wurden und für die ein EEG-Vergütungsanspruch besteht, davon ausgenommen.[929] Die Beihilfe kommt nunmehr also auch für Abnehmer eines PPAs in Frage, sodass aus dem Steuern- und Abgabensystem nunmehr endgültig keine Vor- oder Nachteile zwischen dem Bezug von „Grünstrom" etwa über ein PPA und dem Bezug von „Graustrom" folgen.

Da die Strompreiskompensation als Beihilfe ebenso wie die besondere Ausgleichsregelung in den Anwendungsbereich von Rn. 415 KUEBLL fällt, ist Voraussetzung für die Inanspruchnahme der Strompreiskompensation die Durchführung von Klimaschutz- und Energieeffizienzmaßnahmen, etwa durch die Deckung von 30 % des Strombedarfs durch nicht geförderten Strom aus erneuerbaren Energien (gem. Nr. 4.2.2 der Förderrichtlinie[930]). Auf diese Weise wird ein weiterer Anreiz für den Abschluss von PPAs gesetzt.

b) Absatzrisiko und Finanzierungssicherheit

Entscheidender Vorteil des EEG 2023 ist die Preisabsicherung und die damit einhergehende Finanzierungssicherheit. Wesentliche Absatzrisiken – insb. das Preis- und Mengenrisiko (i.w.S.) – werden bei der Einspeisevergütung komplett und bei der geförderten Direktvermarktung weitgehend aufgehoben, indem stabile Einnahmen garantiert werden.[931] Beide Modelle helfen somit Kernrisiken für die vom Cashflow abhängige Kreditgewährung bei Projektfinanzierungen ab. Das EEG enthält verschiedene Regelungen, die direkte Relevanz für den Cashflow haben und diese Risiken beeinflussen. Ferner geht das Risiko des Ausfalls der Gegenpartei (Kontrahentenrisiko) für den staatlich garantierten Teil der Vergütung, d.h. Marktprämie oder Einspeisevergütung, gegen null.[932]

Allerdings enthält EEG 2023 auch einigen Restriktionen, die mit der Inanspruchnahme der EEG-Förderung verbunden sind und bei der Vermarktung über PPAs vermieden

---

926 Dena, Corporate Green PPAs: Ökonomische Analyse, S. 27.

927 Richtlinie für Beihilfen für Unternehmen in Sektoren bzw. Teilsektoren, bei denen angenommen wird, dass angesichts der mit den EU-ETS-Zertifikaten verbundenen Kosten, die auf den Strompreis abgewälzt werden, ein erhebliches Risiko der Verlagerung von CO_2-Emissionen besteht (Beihilfen für indirekte CO_2-Kosten) v. 24.8.2022, BAnz AT 1.9.2022, 1.

928 *Ehrmann*, KlimR 2022, 271, 273.

929 *Ehrmann*, KlimR 2022, 271, 273.

930 Richtlinie für Beihilfen für Unternehmen in Sektoren bzw. Teilsektoren, bei denen angenommen wird, dass angesichts der mit den EU-ETS-Zertifikaten verbundenen Kosten, die auf den Strompreis abgewälzt werden, ein erhebliches Risiko der Verlagerung von CO_2-Emissionen besteht (Beihilfen für indirekte CO_2-Kosten) v. 24.8.2022, BAnz AT 1.9.2022, 1.

931 *J. Held/Koch*, ER 2019, 18f.; *Bauer/Kantenwein*, EnWZ 2017, 3, 4.

932 Dena, Finanzierung von Erneuerbare-Energien-Anlagen über Power Purchase Agreements, S. 7.

werden können. Insofern bestehen auch Vorteile bei der Finanzierungsabsicherung mittels eines PPAs.

aa) Preis-, Mengen- und Kontrahentenrisiko (Netzanschluss, Einspeisevorrang, Vergütungsmodelle)

Zu den Regelungen mit direkter Relevanz für den Cashflow gehören insb. die Vorschriften zum Netzanschluss (§ 8 EEG 2023), dem Einspeisevorrang (§ 11 EEG 2023) und dem Vergütungsanspruch (§ 19 EEG 2023). Sie bestimmen den Inhalt des gesetzlichen Schuldverhältnisses gem. § 7 EEG 2023 zwischen Anlagenbetreiber und Netzbetreiber.[933]

Der Netzanschlussanspruch gem. § 8 EEG 2023 gewährleistet per Gesetz den vorrangigen Marktzugang der erneuerbaren Energien und das Vorhandensein der technischen Voraussetzungen für die Förderregelungen.[934] Der Einspeisevorrang nach § 11 Abs. 1 EEG 2023 sieht eine Einspeise- und Abnahmegarantie vor. Es handelt sich um ein gesetzliches Schuldverhältnis.[935] Unabhängig davon wie viel der Anlagenbetreiber produziert, muss der Netzbetreiber die gesamte Menge abnehmen. Man spricht vom sog. *produce and forget*-Ansatz.[936] Außerdem besteht für EE-Anlagen gem. § 13 EnWG nur dann die Möglichkeit der Abregelung durch die Netzbetreiber bei Netzengpässen (sog. Einspeisemanagement), wenn sonst ein Vielfaches an konventioneller Erzeugung abgeregelt werden müsste.[937] Sollte dies dennoch einmal passieren, werden diese Ausnahmen gem. § 13a Abs. 2 S. 3 Nr. 5 EnWG vergütet und diesbezüglich Risiken vermieden.[938] So werden Marktsignale bezogen auf das Mengenrisiko (i. w. S.) des Anlagenbetreibers weitgehend ausgeschaltet.[939]

Anreize für eine bedarfsgerechte Erzeugung wurden erst durch die Direktvermarktung und die gleitende Marktprämie im EEG 2012 eingeführt.[940] Es bestand für Anlagenbetreiber erstmalig die Möglichkeit, bessere Einnahmen zu erzielen (Marktprämie ergänzt durch die eigenen Vermarktungseinnahmen), indem man zu nachfrageintensiven Hochpreiszeiten verkaufte und die Erzeugung entsprechend anpasste.[941] Zudem erfolgt gem. § 11 Abs. 1 S. 2 EEG 2023 nur bei der Einspeisevergütung auch eine kaufmännische Abnahme durch die Netzbetreiber, nicht aber bei der Direktvermarktung. Bei der Direktvermarktung erfolgt die Vermarktung üblicherweise durch die Einschaltung eines Direktvermarktungsunternehmers, der entweder selbst kaufmännisch abnimmt oder das Risiko der

---

933 BeckOK EEG/*Woltering*, § 11 EEG, Rn. 1.

934 BerlKommEnR/*L. Scholz*, § 8 EEG, Rn. 6; BeckOK EEG/*Woltering*, § 11 EEG, Rn. 2.

935 BGH, EnWZ 2016, 419, 421, Rn. 19ff.; Altrock/Oschmann/Theobald/*Altrock*, § 8 EEG, Rn. 3.

936 BerlKommEnR/*Mohr*, § 2 EEG, Rn. 6; *Pritzsche/Vacha*, Energierecht, § 4 Rn. 144; *Wustlich/D. Müller*, ZNER 2011, 380, 381.

937 BT-Drs. 19/7375, 52.

938 *Brandstätt/Brunekreeft/Jahnke*, Energy Policy 2011, 3732.

939 *Brandstätt/Brunekreeft/Jahnke*, Energy Policy 2011, 3732; *Gawel/Purkus*, ZUR 2012, 587; BeckOK EEG/*Woltering*, § 11 EEG, Rn. 2 spricht allgemeiner von einer Verringerung des „betriebswirtschaftlichen Risikos".

940 *Lüdemann/Ortmann*, EnWZ 2014, 387; siehe auch Teil 1, D. I. 2. b).

941 *Wustlich/D. Müller*, ZNER 2011, 380, 388; *Gawel/Purkus*, ZUR 2012, 587, 590.

kaufmännischen Abnahme gegen Zahlung einer Vergütung übernimmt.[942] So werden verbleibende Risiken des Anlagenbetreibers auf den Direktvermarktungsunternehmer übertragen.[943] Insb. wird regelmäßig das Risiko volatiler Stromerzeugung dargebotsabhängiger Anlagen, indem eine Lieferung „wie erzeugt" vereinbart wird, vom Direktvermarktungsunternehmer übernommen.[944] Bis heute bestehen darüber hinaus keine Mengensignale des Marktes für Anlagenbetreiber.

Die Netzanschlussregelung gem. § 8 EEG 2023 gilt ebenso wie die Vorrangregel nach § 11 Abs. 1 S. 1 EEG 2023 über die physikalische Abnahme auch bei PPAs.[945] Das betrifft auch die Regelungen zum Einspeisemanagement.[946] Eine kaufmännische Abnahme wird durch das PPA langfristig garantiert, ähnlich wie dies in einem Direktvermarktungsvertrag vereinbart werden kann (vgl. § 3 Nr. 17 Alt. 2 EEG 2023). Wie bei einem solchen Direktvermarktungsvertrag üblich,[947] kann der Abnehmer zudem auch in einem PPA das Risiko, das sich aus der dargebotsabhängigen Produktion ergibt, übernehmen, muss dies aber nicht.[948]

Das Preisrisiko wird von den EEG-Vergütungsmodellen ausgeschaltet, bzw. minimiert. Die Art und Weise, wie die unterschiedlichen Vergütungsmodelle das Preisrisiko reduzieren, soll im Folgenden knapp dargestellt werden. Vor Einführung des EEG 2012 wurde mit der Einspeisevergütung das Preisrisiko fast vollständig ausgeschaltet. Die Übertragungsnetzbetreiber waren durch das gesetzliche Schuldverhältnis verpflichtet, für den eingespeisten Strom die gesetzlich bestimmten Vergütungssätze der Einspeisevergütung an den Erzeuger zu zahlen. Im Modell der Einspeisevergütung mussten sich Anlagenbetreiber nicht um den Absatz ihres Produkts kümmern (*produce and forget*).[949] Auch im Marktprämienmodell wurde zunächst eine feste, gesetzlich festgelegte Vergütung garantiert. Das bereits beschriebene Marktprämienmodell führte immerhin dazu, dass sich die Anlagenbetreiber um eine Vermarktung selbst oder mittels der Direktvermarktungsunternehmen kümmern mussten. Preise, die geringer waren als der durchschnittliche Marktpreis, wurden allerdings weiterhin von den Übertragungsnetzbetreibern ausgeglichen (Marktprämie). Auch im Marktprämienmodell war das Preisrisiko daher nahezu komplett ausgeschaltet und im Zusammenspiel mit dem Einspeisevorrang das Absatzrisiko fast vollständig eliminiert.[950] Verbleibende Restrisiken übernahm i. d. R. ein eingeschalteter Direktvermarktungsdienstleister.[951] Mit der Einführung des EEG 2014 wurden Pilotprojekte zur Ermittlung der Höhe der Marktprämie durch Ausschreibungen durchgeführt. Mit dem EEG 2017 erfolgte die

942 *Woltering*, REE 2015, 141, 144.

943 *J. Held/Koch*, ER 2019, 18 f.

944 *Woltering*, REE 2015, 141, 144.

945 Siehe Teil 1, B. VIII.

946 *Uibeleisen/Groneberg*, RdE 2018, 114, 122.

947 *Woltering*, REE 2015, 141, 144 wonach regelmäßig eine Lieferung „wie erzeugt" vereinbart wird.

948 Siehe Teil 2, D.

949 *Pritzsche/Vacha*, Energierecht, § 4 Rn. 68; *Wustlich/D. Müller*, ZNER 2011, 380, 381.

950 *Nestle*, ET 03/2011, 14, 15; *Gawel/Purkus*, ZUR 2012, 587, 591; R2B Energy Consulting/Consentec, Förderung der Direktvermarktung und der bedarfsgerechten Einspeisung von Strom aus Erneuerbaren Energien, S. 68; siehe zur Risikoverteilung *Woltering*, REE 2015, 141.

951 *J. Held/Koch*, ER 2019, 18, 19.

bis heute geltende Umstellung auf das Ausschreibungsmodell als Regelfall. Damit war die Vergütungshöhe nicht mehr vollständig im Gesetz festgelegt. Die Anlagenbetreiber wurden vielmehr geringfügig am Preisrisiko beteiligt. Dennoch werden auch im heutigen Ausschreibungssystem weiterhin Mindeststandards dadurch gewährleistet, dass die Erzeuger durch ihre Gebote die Höhe der Marktprämie selbst beeinflussen können. Auch den Absatz im Rahmen der Direktvermarktung können sie beeinflussen. Trotz der Einführung der wettbewerblichen Ausschreibungen ist das Preis- und Mengenrisiko daher auch heute weiterhin stark reduziert.[952] Der Cashflow von EEG geförderten EE-Anlagen ergibt sich damit im EEG 2023 einerseits aus der Marktprämie, die vom Anschlussnetzbetreiber gezahlt wird, und andererseits aus den im Rahmen der Direktvermarktung erzielten Erlösen.

Das Preisrisiko kann in PPAs durch die Gestaltung der Preisvereinbarung ebenfalls minimiert werden.[953] Das Risiko eines volatilen Strompreises wird durch die Vereinbarung eines Festpreises ausgeschaltet, was den Cashflow stabilisiert und damit üblicherweise die Finanzierungssicherheit verbessert. PPAs, die Festpreisvereinbarungen enthalten, sind wegen der damit verbundenen erhöhten Planungssicherheit am ehesten mit den aktuell geltenden Subventionssystemen des EEG vergleichbar.[954] Eine solche Vereinbarung dürfte daher insb. für neue Anlagen interessant sein. Allerdings können aus einer solchen Vereinbarung auch Wettbewerbsnachteile erwachsen, wenn sich der Strompreis zum Nachteil einer Partei entwickelt.[955] Insofern ist im Einzelfall zu entscheiden, ob eine feste – wie üblich – oder eine variablere Vereinbarung den Parteiinteressen eher entspricht. Möglich wäre auch eine Kombination beider Formen.

Wie die Fördermodelle des EEG beeinflussen PPAs also das Preis- und Mengenrisiko und ersetzen – soweit durch vertragliche Gestaltung möglich – die langfristige Absatzsicherung, die die Finanzierungskosten verringern soll.[956] Insofern hat das PPA besondere Bedeutung für die Projektfinanzierung und garantiert den Cashflow, der sich bei PPAs aus dem Produkt von Menge und Preis des verkauften Stroms ergibt.[957] PPAs haben die Aufgabe, ein privatrechtlicher Ersatz dessen zu sein, was die staatliche Förderung aus Finanzierungssicht bis jetzt so reizvoll gemacht hat.

Allerdings geht das Risiko des Ausfalls der Gegenpartei (Kontrahentenrisiko) für den staatlich garantierten Teil der EEG-Vergütung, d. h. Marktprämie oder Einspeisevergütung, gegen null.[958] Bei PPAs ist dieses hingegen sehr relevant. Insofern besteht Raum für Optimierungen.[959] Aufgrund der geringeren Risiken im Rahmen der EEG-geförderten Vermarktung werden die Anforderungen der Fremdkapitalgeber an den DSCR[960] insofern

952 *Bauer/Kantenwein*, EnWZ 2017, 3, 4.

953 Siehe Teil 2, E.

954 Dena, Corporate Green PPAs: Ökonomische Analyse, S. 9.

955 Siehe Teil 2, E. II.

956 Energy Brainpool, Power Purchase Agreements: Finanzierungsmodell von Erneuerbaren Energien, S. 2.

957 *Konstantin*, Praxisbuch Energiewirtschaft, S. 48.

958 Dena, Finanzierung von Erneuerbare-Energien-Anlagen über Power Purchase Agreements, S. 7.

959 Siehe dazu Teil 2, A. I.

960 Siehe Teil 1, C. II. 6. b).

niedriger sein als bei der risikoreicheren Vermarktung im Rahmen eines PPAs.[961] Das bedeutet, dass im Rahmen eines PPAs regelmäßig mehr Cashflow zur Deckung des Kapitaldienstes zur Verfügung stehen muss als im Rahmen der EEG-geförderten Vermarktung. Vorteile von PPAs hinsichtlich des DSCR bestehen allerdings gegenüber der Vermarktung im Stromhandel.[962]

bb) Komplexität des Erneuerbare-Energien-Gesetzes und der Fördermodelle

Das EEG 2023 und die enthaltenen Fördermodelle sind rechtliche Modelle von besonderer Komplexität.[963] Allerdings sind auch PPAs hochindividuelle, komplexe Verträge mit erheblichem Transaktionsaufwand und entsprechenden Kosten, die aber zukünftig durch Standardisierung vereinfacht werden könnten.[964]

cc) Fördervoraussetzungen

Eine Förderung nach dem EEG 2023 unterliegt einer ganzen Reihe von Voraussetzungen, die eingehalten werden müssen. Gem. § 19 Abs. 1 EEG 2023 haben nur „Anlagen, in denen ausschließlich erneuerbare Energien [i. S. d. § 3 Nr. 21 EEG 2023] oder Grubengas eingesetzt werden," Anspruch auf eine Förderung mit Einspeisevergütung, Marktprämie oder Mieterstromzuschlag. Außerdem darf gem. § 19 Abs. 2 EEG 2023 kein vermiedenes Netzentgelt in Anspruch genommen werden.[965] Der Anspruch entsteht gem. § 25 Abs. 1 S. 3 EEG 2023 mit „Inbetriebnahme" der Anlage grds. für 20 Jahre (mit Ausnahmen gem. § 25 Abs. 2 EEG 2023 länger). Der Anspruch wird fällig, wenn „der Anlagenbetreiber seine Pflichten zur Übermittlung von Daten nach § 71 erfüllt hat" (§ 26 Abs. 2 S. 1 EEG 2023).

Für den Regelfall, die Zahlung der Marktprämie, sind die Voraussetzungen in § 20 EEG 2023 definiert. Dazu gehört die Direktvermarktung des Stroms entweder mittels eines Direktvermarktungsunternehmers oder selbst im Stromhandel (§ 20 Nr. 1 EEG 2023). Außerdem ist das Recht, den Strom als „Strom aus erneuerbaren Energien oder aus Grubengas, gefördert nach dem EEG" zu kennzeichnen, an die Netzbetreiber (§ 20 Nr. 2 EEG 2023) abzutreten und die Bilanzierung ist in einem „sortenreinen" Bilanzkreis durchzuführen, also einem Bilanzkreis, in dem ausschließlich Strom aus erneuerbaren Energien oder aus Grubengas, der in der Veräußerungsform der Marktprämie direkt vermarktet wird, bilanziert wird (§ 20 Nr. 3 EEG 2023).[966] Bei der Direktvermarktung sind zusätzlich auch technische Vorgaben gem. § 10b EEG 2023 einzuhalten, etwa zur Fernsteuerbarkeit der Anlagen (Abs. 1) und den Einsatz intelligenter Messsysteme (Abs. 2).[967]

---

961 Vgl. *Holstenkamp/Degenhart/Bettinger*, Anmerkungen zur Bestimmung der Finanzierbarkeit von Erneuerbare-Energien-Projekten als Bestandteil von Smart-Microgrid-Konzepten, S. 18.

962 Vgl. dena, Finanzierung von Erneuerbare-Energien-Anlagen über Power Purchase Agreements, S. 7.

963 *J. Held/Imolauer*, in: Corporate PPA erfolgreich gestalten, Deutschland, 37.

964 *J. Held/Koch*, ER 2019, 18, 25.

965 Siehe dazu Teil 1, D. II. 3. b) ii).

966 So auch BT-Drs. 18/1304, 137; BT-Drs. 18/8860, 193.

967 BT-Drs. 19/23482, 103 f.

Der Zahlungsdauer der EEG-Förderung ist wie beschrieben grds. gem. § 25 EEG 2023 eine absolute Grenze gesetzt. Nach Ablauf dieser Grenze ist eine weitere EEG-Förderung i. d. R. ausgeschlossen. Die Möglichkeit, ein PPA zu schließen, besteht für ausgeförderte Anlagen allerdings ebenso wie für nie geförderte Anlagen.

dd) Anforderungen des Ausschreibungsmodells

Im Rahmen des Marktprämienmodells erfolgen komplizierte Ausschreibungen. Die Pflicht zur Teilnahme an den Ausschreibungen besteht allerdings nur im Falle der mit der Marktprämie geförderten Direktvermarktung und entfällt bei der sonstigen Direktvermarktung.[968] Ausgenommen von der Verpflichtung zur Teilnahme an den Ausschreibungen sind zudem kleinere Anlagen und Anlagen in Pilotprojekten, wie dies technologiespezifisch in § 22 Abs. 2 bis 4 EEG 2023 beschrieben wird. Ohne die Teilnahme an den Ausschreibungen und ohne Zuschlag können bei nicht einschlägiger Ausnahmeregelung keine Förderzahlungen beansprucht werden. Mit Ausschreibungen gehen Projekt- und Bieterrisiken sowie ebenfalls erhöhte Transaktionskosten einher, die nur durch die konkrete Ausgestaltung der Ausschreibungen verringert werden können.[969] Darüber hinaus stellen die Ausschreibungstermine auch zeitliche Restriktionen dar, auf die sich die Projektplanung einrichten muss. Ohne den Erhalt des Zuschlags müsste mit dem Projekt gar auf die nächste Ausschreibungsrunde gewartet werden, um eine EEG-Förderung zu erhalten, oder eine Vermarktungsalternative gefunden werden.[970] Bei Windenergie an Land ist gem. § 36 Abs. 1 Nr. 1 EEG 2023 Voraussetzung für den Erhalt eines Zuschlags bei den Ausschreibungen, dass die „Genehmigungen nach dem BImSchG […] für alle Anlagen vier Wochen vor dem Gebotstermin und von derselben Genehmigungsbehörde erteilt worden" sind. Die Kosten des Genehmigungsverfahrens fallen daher schon an, bevor der Zuschlag für das Projekt und damit die Refinanzierung dieser Kosten durch die Förderung gesichert ist. Deshalb besteht das Risiko, dass die Genehmigungskosten „umsonst" verursacht werden.[971] Für derartige Anlagen ohne Zuschlag kommt allein eine Vermarktung über den börslichen oder OTC-Handel sowie über PPAs in Betracht.

Denkbar ist des Weiteren – wie bereits erwähnt – eine Ergänzung der EEG-Förderung im Modell der geförderten Direktvermarktung durch ein (im zitierten Beispiel fünfjähriges) PPA, wenn in der Ausschreibung nur ein für die Absicherung der Finanzierung nicht auskömmlicher anzulegender Wert bezuschlagt wurde.[972] Mangels Direktvermarktung funktioniert eine Ergänzung durch die EEG-Förderung oder ein Wechsel zur geförderten Direktvermarktung aber wie erwähnt nicht bei der Vermarktung mittels On-Site- oder Finanz-PPAs.

---

968 *Uibeleisen/Groneberg*, RdE 2018, 114, 119 f.

969 Vgl. *Mohr*, EnWZ 2015, 99, 102; BEE, Stellungnahme zum BMWi-Eckpunktepapier für Ausschreibungen für die Förderung von Erneuerbare-Energien-Anlagen vom 31. 7. 2015, S. 3.

970 Vgl. *J. Held/Imolauer*, in: Corporate PPA erfolgreich gestalten, Deutschland, 36.

971 *Uibeleisen/Groneberg*, RdE 2018, 114, 120.

972 Enervis, Auswirkungen des geplanten Erlösdeckels im Strommarkt auf die Rentabilität von EE Investitionen mit Fokus auf PPAs und Solarprojekte, S. 16; zu den Voraussetzungen einer Kombinationsmöglichkeit siehe Teil 1, B. VIII. 2. b) bb).

Darüber hinaus besteht gem. § 55 EEG 2023 die Verpflichtung zur Zahlung von Pönalen, wenn gewisse Realisierungsfristen vom Projekt nicht eingehalten werden können.[973] Beim Anlagenbau ohne Inanspruchnahme der EEG-Förderung entfällt die Verpflichtung zur Zahlung der Pönale aus dem EEG. Gleichermaßen entfallen auch die teilweise erheblichen Kosten für Sicherheitsleistungen, die gem. § 31 Abs. 1 EEG 2023 bei der BNetzA gestellt werden müssen.[974] Diese Sicherheiten dienen zur Absicherung der Ansprüche der Übertragungsnetzbetreiber auf die Pönalen im Falle verspäteter Realisierung oder Nichtrealisierung.[975] Sie werden gem. § 55a EEG 2023 erst erstattet, wenn kein Zuschlag erhalten, eine Pönale geleistet oder das Projekt realisiert wurde. Der Zuschlag kann unter bestimmten Voraussetzungen entwertet werden, sofern Realisierungsfristen nicht eingehalten werden (§ 35a Abs. 1 Nr. 1 EEG 2023) oder die BNetzA den Zuschlag nach §§ 48 f. VwVfG zurücknimmt oder widerruft (§ 35a Abs. 1 Nr. 3 EEG 2023). Der Zuschlag ist zudem nur sehr eingeschränkt übertragbar (vgl. §§ 38a Abs. 4 S. 2, 3, 38f, 39f Abs. 1 EEG 2023) und infolgedessen i. d. R. nicht pfändbar.[976]

ee) Negative Strompreise

In § 24 EEG 2014 wurde eine Regelung zum Entfall der Förderung bei negativen Marktpreisen nach einem gewissen Zeitraum geschaffen, die sich heute in § 51 EEG 2023 findet. Negative Preise senden grds. ein Signal an Anlagenbetreiber, dass ihrer Ware ein negativer Wert zugemessen wird und sie im Falle der Erzeugung gegen Entgelt „entsorgt" werden muss.[977] Eine Veräußerung wäre insofern nicht mehr wirtschaftlich. Dieses Signal kommt beim im Marktprämienmodell geförderten Anlagenbetreiber erst an, wenn die Preise so negativ sind, dass sie den Erhalt der Marktprämie vollständig ausgleichen.[978] Indem die Marktprämie nach einem bestimmten Zeitraum negativer Strompreise entfällt, soll sichergestellt werden, dass kein Anreiz mehr besteht, bei (längerfristig) negativen Strompreisen weiterhin Strom zu erzeugen.[979]

Diese Regelung, die die Stabilität des Cashflows potentiell beeinträchtigt, gilt nicht für PPAs. Allerdings wird teilweise empfohlen, zur Regelung der Folgen negativer Strompreise auf den PPA-Preis eine an der gesetzlichen Regelung des § 51 EEG 2021 orientierte Vereinbarung im PPA aufzunehmen.[980] Eine Übertragung dieser Regelung würde bedeuten, dass sich die PPA-Vergütung oder auch nur ein vereinbarter Teil der Vergütung nach einer festgelegten Mindestdauer von negativen Spotmarktpreisen auf null verringerte, sodass der vertragliche Zahlungsanspruch in der entsprechenden Höhe entfiele.[981] Für den Abnehmer besteht bei negativen Marktpreisen ein großes Interesse an einer Kürzung der Vergütung,

---

973 *Uibeleisen/Groneberg*, RdE 2018, 114, 120.

974 *Uibeleisen/Groneberg*, RdE 2018, 114, 120.

975 *Bauer/Kantenwein*, EnWZ 2017, 3, 5 f.

976 *Bauer/Kantenwein*, EnWZ 2017, 3, 6 ff.

977 BerlKommEnR/*Haug/Hübler*, § 51 EEG, Rn. 5.

978 *Gawel/Lehmann*, Wirtschaftsdienst 2014, 651, 654.

979 BerlKommEnR/*Haug/Hübler*, § 51 EEG, Rn. 7.

980 *S. Geiger/Balland*, REE 2019, 53, 54.

981 Dena, Vertragswesen von Green Power Purchase Agreements, S. 23; mit Verweis auf *S. Geiger/Balland*, REE 2019, 53, 54.

und zwar nicht erst für den Fall von negativen Marktpreisen über die festgelegte Mindestdauer von mehrere Stunden.[982] Für den Anlagenbetreiber ist die Vereinbarung einer Mindestdauer aber von Interesse, da so die Häufigkeit einer verringerten oder entfallenen Vergütung gemindert wird.[983] Für Banken sollte sich bei einer vereinbarten Mindestdauer aus einer derartigen Vereinbarung kein Nachteil ergeben, da sie diese Risikoverteilung über § 51 EEG 2023 auch bei einer EEG geförderten Vergütung trifft.[984] Empfohlen wird außerdem, das Entfallen der Vergütungspflicht mit dem Ausschluss der Liefer- und Annahmepflicht zu kombinieren,[985] was im Ergebnis ein zeitweises Aussetzen der wesentlichen Vertragspflichten bedeutet.

ff) Andienungspflicht und Regelenergiemarkt

Bei einer Förderung durch die Einspeisevergütung sind Anlagenbetreiber gem. § 21 Abs. 2 Nr. 1 EEG 2023 verpflichtet, dem Netzbetreiber den gesamten in der Anlage erzeugten Strom zur Verfügung zu stellen. Eine Ausnahme davon besteht nur, sofern der Strom in unmittelbarer räumlicher Nähe verbraucht wird oder nicht durchs Netz durchgeleitet wird.

Im Rahmen von PPAs ist der Anlagenbetreiber hingegen frei in Bezug auf Kundenwahl, vereinbarte Liefermenge und Preis.[986]

Darüber hinaus dürfen die Anlagenbetreiber gem. § 21 Abs. 2 Nr. 2 EEG 2023 nicht am insb. preislich attraktiven Regelenergiemarkt teilnehmen.[987] Dieses Verbot der Teilnahme am Regelenergiemarkt betrifft ebenfalls nur die Einspeisevergütung (vgl. § 80 Abs. 1 S. 4 EEG 2023).

gg) Flächenkulisse

Das EEG 2023 enthält daneben auch einige flächenbezogene Ausbaubeschränkungen, die im Rahmen einer Vermarktung abseits der EEG-Fördermodelle nicht gelten. Davon sind primär Solar- und Windenenergie betroffen. So können gem. § 37 Abs. 1 EEG 2023 Gebote für sog. „Solaranlagen des ersten Segments" nur für Solaranlagen abgegeben werden, die auf einer der dort aufgeführten „Flächenkategorien" errichtet werden sollen. Nr. 1 umfasst sonstige bauliche Anlagen mit Ausnahme von Gebäuden oder Lärmschutzwänden, die zu den sog. „Solaranlagen des zweiten Segments" gehören. Nr. 2 und Nr. 3 betreffen sog. Freiflächenanlagen.[988] Die Flächenkulisse wurde im EEG 2023 moderat erweitert insb. unter Integration sog. „besonderer Solaranlagen," die bisher nur in der Innovations-

982 *S. Geiger/Balland*, REE 2019, 53, 54.
983 Vgl. *S. Geiger/Balland*, REE 2019, 53, 54 f.
984 *S. Geiger/Balland*, REE 2019, 53, 54.
985 *S. Geiger/Balland*, REE 2019, 53, 54.
986 Vgl. *Salje*, § 21 EEG, Rn. 7.
987 Zum Regelenergiemarkt siehe Teil 1, D. IV. 4.
988 Ausführlicher dazu BeckOK EEG/*Lippert*, § 37 EEG, Rn. 14 ff.

ausschreibungsverordnung[989] befristet gefördert worden waren.[990] Gebote für sog. „Solaranlagen des zweiten Segments" können gem. § 38c Abs. 1 EEG 2023 nur abgegeben werden für Solaranlagen, „die auf, an oder in einem Gebäude oder einer Lärmschutzwand errichtet werden sollen."

Außerdem gilt für Windenergie an Land gem. § 36h EEG 2023 i. V. m. Anlage 2 das sog. Referenzertragsmodell. Danach bemisst sich der für die Förderhöhe maßgebliche anzulegende Wert auch in Abhängigkeit vom tatsächlichen Ertrag der Anlage, der am Standort gegeben ist. Dieser fließt insb. durch den sog. Gütefaktor in die Förderhöhe mit ein, der durch ein Gutachten nachgewiesen werden muss, das den Anforderungen des § 36h Abs. 4 EEG 2023 zu entsprechen hat. Für den Anlagenbetreiber kann sich diese Referenz auf den prognostizierten Ertrag positiv auswirken, wenn der tatsächliche Ertrag hinter dem erwarteten Ertrag zurückbleibt, da dann frühzeitig eine Erhöhung der Förderung erfolgt.[991] Das Modell kann sich aber auch negativ auswirken, wenn der tatsächliche Ertrag höher ist als prognostiziert.[992] Im diesem Falle bestehen gem. § 36h Abs. 2 EEG 2023 im Nachhinein noch verzinsliche Erstattungsansprüche der Netzbetreiber gegen den Anlagenbetreiber.[993] Für Anlagen in der sog. „Südregion" gilt eine besondere Regelung zum Gütefaktor, durch die zusätzliche Flächen in Süddeutschland konkurrenzfähig werden sollen.[994] Die zur Südregion gehörenden Gebiete sind in Anlage 5 zum EEG 2023 abschließend aufgeführt.

hh) Zuwendungen an die Standortgemeinde (§ 6 EEG 2023)

Gem. § 6 EEG 2023 sollen die vom Ausbau der erneuerbaren Energien betroffenen Gemeinden (sog. Standortgemeinden) zur Erhöhung der Akzeptanz der Ausbauprojekte über Zuwendungen finanziell beteiligt werden.[995] Das gilt für Windenergie an Land und Solaranlagen in Form sog. Freiflächenanlagen. Die Zuwendungen können mittlerweile auch im Rahmen von PPAs an die Gemeinden gezahlt werden, sodass den Anlagenbetreibern, die Strom über PPAs vermarkten, dadurch kein Nachteil hinsichtlich der lokalen Akzeptanz des Projekts entsteht.[996]

Allerdings können nur bei EEG-geförderten Anlagen die Kosten der Beteiligung der Kommunen an die Netzbetreiber weitergegeben werden, nicht jedoch bei PPAs.[997] Bei PPAs können die freiwilligen Zahlungen an die Gemeinden aus den Vermarktungserlösen finanziert werden.[998] Sofern über das EEG 2023 geförderte Anlagen aber tatsächlich keine

---

989 Verordnung zu den Innovationsausschreibungen und zur Änderung weiterer energiewirtschaftlicher Verordnungen v. 20. 01. 2020, BGBl. I 2020, 106.

990 BT-Drs. 20/1630, 188.

991 *Bauer/Kantenwein*, EnWZ 2017, 3, 10.

992 *Bauer/Kantenwein*, EnWZ 2017, 3, 10.

993 *Bauer/Kantenwein*, EnWZ 2017, 3, 10.

994 BT-Drs. 20/1630, 187.

995 BT-Drs. 19/23482, 112.

996 BT-Drs. 19/31009, 30; BT-Drs. 20/1630, 174.

997 BT-Drs. 19/31009, 31.

998 BT-Drs. 19/31009, 31.

Zahlungen nach dem EEG 2023 erhalten haben, etwa aufgrund gestiegener Strompreise, erhalten sie ebenfalls keine Erstattung der Zahlungen an die Kommune.[999]

ii) Vermiedene Netzentgelte

Außerhalb der gesetzlichen Förderung besteht die Möglichkeit der Inanspruchnahme sog. vermiedener Netzentgelte gem. § 18 StromNEV für Anlagen, die bis zum 1. 1. 2023 in Betrieb genommen wurden. Dabei handelt es sich um Entgelte für die dezentrale Einspeisung, da dadurch i. d. R. Netzentgelte auf vorgelagerten Netz- oder Umspannebenen vermieden werden.[1000] Innerhalb der gesetzlichen Förderung können diese Entgelte gem. § 19 Abs. 2 EEG 2023 nicht in Anspruch genommen werden. Danach besteht der Förderanspruch nur, „soweit der Anlagenbetreiber für den Strom kein vermiedenes Netzentgelt nach § 18 Abs. 1 S. 1 der StromNEV in Anspruch nimmt." § 19 Abs. 2 EEG 2023 enthält ein sog. Kumulationsverbot, wonach nur eine Förderung entweder durch das EEG 2023 oder durch den Bezug vermiedener Netzentgelte möglich ist.[1001] Damit soll eine Überförderung der Anlagenbetreiber vermieden werden.[1002]

Für Anlagen, die nach dem 1. 1. 2023 in Betrieb genommen wurden, besteht die Möglichkeit zur Inanspruchnahme vermiedener Netzentgelte gem. § 18 Abs. 1 StromNEV jedoch nicht. Ist die Stromerzeugung in den Anlagen volatil, besteht diese Möglichkeit sogar nur, wenn sie vor dem 1. 1. 2018 in Betrieb genommen worden sind. Anlagen mit volatiler Erzeugung sind gem. § 3 Nr. 38a EnWG Windenergieanlagen und Solaranlagen.

Im Ergebnis besteht diese Möglichkeit also nur für Anlagen außerhalb der gesetzlichen Förderung mit Inbetriebnahmedatum vor dem 1. 1. 2023 und nicht bei Windenergieanlagen und Solaranlagen. Für PPAs schränkt das den Anwendungsbereich hinsichtlich des Energieträgers und des in Frage kommenden Zeitraums deutlich ein.

jj) Herkunfts- und Regionalnachweise

Art. 19 Abs. 1 der EE-Richtlinie[1003] verpflichtet die Mitgliedstaaten, die Herkunft von aus erneuerbaren Energiequellen erzeugter Elektrizität als solche gemäß objektiven, transparenten und nichtdiskriminierenden Kriterien zu garantieren. Damit soll die Möglichkeit geschaffen werden gegenüber Letztverbrauchern den Anteil oder die Menge erneuerbarer Energie im Energiemix eines Energieversorgers nachzuweisen. Gem. Art. 19 Abs. 2 der EE-Richtlinie ist dabei sicherzustellen, dass pro mWh nur ein Herkunftsnachweis ausgestellt wird (vgl. § 79 Abs. 5 S. 2 EEG 2023). Gem. § 79 Abs. 1 EEG 2023 ist das Umweltbundesamt die für Ausstellung, Übertragung und Entwertung zuständige Behörde. Dies erfolgt gem. § 79 Abs. 2 S. 1 EEG 2023 in elektronischer Form nach Maßgabe der Erneuer-

999 BT-Drs. 20/1630, 175.

1000 *Wyl/Thole/A. Bartsch*, in: Recht der Energiewirtschaft, § 17, Rn. 333.

1001 *Börner*, VersorgungsW 2017, 129, 131.

1002 BerlKommEnR/*Thorbecke*, § 19 EEG, Rn. 64.

1003 Richtlinie (EU) 2018/2001 des Europäischen Parlaments und des Rates zur Förderung der Nutzung von Energie aus erneuerbaren Quellen v. 11. 12. 2018, ABl. EU 2018 L 328/82.

bare-Energien-Verordnung.[1004] Konkretisierungen finden sich außerdem in der Herkunfts- und Regionalnachweis-Durchführungsverordnung.[1005] Gleiches gilt für die sog. Regionalnachweise, für die sich parallele Regelungen in § 79a EEG 2023 finden.[1006]

Die Herkunftsnachweise nach dem EEG 2023 dienen im nationalen Regelwerk dazu gem. § 42 Abs. 1 EnWG den Energieträgermix des zur Lieferung verwendeten Stroms (und dessen Umweltauswirkungen) gegenüber dem Letztverbraucher nachzuweisen. Die Möglichkeit, durch die Regionalnachweise auch einen regionalen Bezug nachzuweisen, soll die Akzeptanz der Energiewende durch Identifikation mit der regionalen Stromerzeugung erhöhen.[1007] Sie weisen damit eine weitere „Eigenschaft" des Stroms nach, können aber „grauen Strom" nicht grün färben.[1008] Die regionale Stromkennzeichnung gegenüber dem Verbraucher erfolgt optional.[1009]

In § 80 Abs. 2 S. 1 EEG 2023 ist festgelegt, dass Anlagenbetreiber, die eine Förderung nach §§ 19 oder 50 EEG 2023 erhalten, Herkunftsnachweise oder sonstige Nachweise, die die Herkunft des Stroms belegen, nicht weitergeben dürfen (sog. Doppelvermarktungsverbot). Betroffen sind davon neben den Herkunftsnachweisen gem. § 79 EEG 2023 auch die praktisch kaum relevanten privatwirtschaftlich organisierten Herkunftsnachweissysteme.[1010] Ebenfalls umfasst sein sollen CO_2-Zertifikate.[1011] Nicht betroffen sind hingegen die Regionalnachweise.[1012] Vorteile aus der Stromerzeugung aus erneuerbaren Energien dürfen also nur einmal gezogen werden.[1013] Für den Regelfall im EEG 2023, die Inanspruchnahme der geförderten Direktvermarktung, sieht § 20 Nr. 2 EEG 2023 vor, dass die Anlagenbetreiber das Recht zur Kennzeichnung des Stroms als „Strom aus erneuerbaren Energien oder aus Grubengas, gefördert nach dem EEG" als Gegenleistung für die Zahlung der EEG-Förderung an die Netzbetreiber weitergeben.[1014] Im Rahmen des Ausgleichsmechanismus geht das Kennzeichnungsrecht dann gem. § 56 Nr. 2 EEG 2023 an den zuständigen Übertragungsnetzbetreiber über und erlöscht gem. § 58 Abs. 2 Hs. 1 EEG 2023. Das Recht zur Ausweisung der EEG-Strommengen kann künftig damit nicht mehr auf die Stromlieferanten übertragen werden.[1015] Der Anteil der „erneuerbaren Energien, gefördert nach dem EEG" wird vielmehr nach dem bundesdeutschen Strommix auf den Stromrechnungen der Verbraucher ausgewiesen.[1016]

1004 Verordnung zur Durchführung des Erneuerbare-Energien-Gesetzes und des Windenergie-auf-See-Gesetzes (Erneuerbare-Energien-Verordnung) v. 20. 2. 2015, BGBl. I 2015, 146.

1005 Durchführungsverordnung über Herkunfts- und Regionalnachweise für Strom aus erneuerbaren Energien (Herkunfts- und Regionalnachweis-Durchführungsverordnung) v. 21. 11. 2018, BGBl. I 2018, 1853.

1006 BT-Drs. 18/8860, 243.

1007 BMWi, Regionale Grünstromkennzeichnung.

1008 BT-Drs. 18/8860, 244.

1009 BT-Drs. 18/8860, 244.

1010 BerlKommEnR/*Hermeier*, § 80 EEG, Rn. 25.

1011 Reshöft/Schäfermeier/*Kahle*, § 56 EEG 2014, Rn. 24; BT-Drs. 16/8148, 73; Theobald/Kühling/*Kröger*, § 80 EEG, Rn. 6.

1012 BerlKommEnR/*Hermeier*, § 80 EEG, Rn. 27.

1013 Vgl. Reshöft/Schäfermeier/*Kahle*, § 56 EEG 2014, Rn. 24.

1014 BT-Drs. 18/1304, 125.

1015 BT-Drs. 20/1630, 201.

1016 BT-Drs. 20/1630, 201.

Durch die Inanspruchnahme der Förderung für den aus EE-Anlagen erzeugten Strom wurde die Grünstromeigenschaft schon kommerziell genutzt und darf nach § 80 Abs. 2 EEG daher nicht erneut frei vermarktet werden.[1017] Wird Strom aus erneuerbaren Energien außerhalb der Förderregelungen des EEG 2023 im Wege der (nicht geförderten) sonstigen Direktvermarktung nach § 21a EEG 2023 veräußert, liegt noch keine kommerzielle Nutzung der Grünstromeigenschaft vor. Bei PPAs kann also eine kommerzielle Veräußerung von Herkunftsnachweisen neben der Veräußerung des grünen Stroms erfolgen.

Dagegen werden Regionalnachweise gem. § 79a Abs. 1 Nr. 1 EEG 2023 nur ausgestellt für Strom, der mit der Marktprämie gefördert und direkt vermarktet wird.[1018] Möglich ist damit die Ausstellung von Regionalnachweisen für die geförderte Direktvermarktung, nicht aber für die Einspeisevergütung und die sonstige Direktvermarktung.[1019] Für Anlagenbetreiber in der (nicht geförderten) sonstigen Direktvermarktung – z. B. über PPAs – ergibt sich daraus aber kein Nachteil, da sie Herkunftsnachweise ausgestellt bekommen, die nicht nur die „grüne Eigenschaft“ des Stroms nachweisen, sondern auch die Möglichkeit bieten, dem Letztverbraucher den Anlagenstandort mitzuteilen.[1020] Lediglich für Anlagenbetreiber in der Einspeisevergütung besteht keinerlei Möglichkeit, eine regionale Stromerzeugung nachzuweisen.

kk) Kumulierungsverbot

Anders als EEG-geförderte Anlagen sind Anlagen mit PPA-Vermarktung nicht ans Kumulierungsverbot gem. § 80a EEG 2023 gebunden und können insofern „Investitionszuschüsse durch den Bund, das Land oder ein Kreditinstitut, an dem der Bund oder das Land beteiligt sind“ erhalten.

ll) Rechtsänderungen

Das Risiko von Rechtsänderungen wird im Energiesektor insb. wegen der regelmäßigen Novellen des EEG als branchentypisches Risiko eingestuft.[1021] Insofern ist dieses Risiko für die EEG-geförderten Anlagen, die dem Normkomplex des EEG vollständig unterstehen, vermutlich höher als das Risiko für PPAs, die nur teilweise von den Bestimmungen des EEG betroffen sind.[1022] Da die EEG-geförderten Anlagen ebenfalls über den 20 Jahre dauernden Förderzeitraum den EEG-Bestimmungen unterliegen, besteht ein deutliches Risiko von Rechtsänderungen über diesen langen Zeitraum. Der Gesetzgeber versucht diesem Risiko, das insb. die getätigten Investitionen gefährden könnte, üblicherweise durch die in den Novellen enthaltenen Übergangsregelungen entgegenzuwirken.[1023] Insofern findet regelmäßig aus Gründen des Vertrauensschutzes die Fassung des EEG Anwendung, die

1017 BerlKommEnR/*Hermeier*, § 80 EEG, Rn. 21.

1018 BT-Drs. 18/8860, 244.

1019 BT-Drs. 18/8860, 244.

1020 BT-Drs. 18/8860, 244 f.

1021 *J. Held/Leiding*, ER 2019, 232, 235.

1022 Vgl. zur Anwendbarkeit der Vorschriften des EEG auf PPAs Kap C. VIII. 2.

1023 BerlKommEnR/*L. Scholz*, § 100 EEG, Rn. 1 ff.

bei Inbetriebnahme der jeweiligen Anlage galt.[1024] Zumindest potentiell kann Anlagenbetreiber dies unter Druck setzen, eine Anlage noch in einem bestimmten Zeitpunkt in Betrieb zu nehmen, um von diesen Übergangsregelungen zu profitieren.

Bei PPAs wiederum werden die meisten Bestimmungen vor späteren Eingriffen des Gesetzgebers durch die als Teil der allgemeinen Handlungsfreiheit grundrechtlich gewährleistete Privatautonomie[1025] geschützt sein. Eingriffe des Staates in die Vertragsabschluss- und Inhaltsfreiheit sind daher rechtfertigungsbedürftig. Auch nachträgliche Eingriffe des Staates in bereits bestehende Verträge unterliegen den allgemeinen Anforderungen an staatliche Grundrechtseingriffe und sind daher rechtfertigungsbedürftig.[1026] Dem Risiko, dass sich die ökonomischen oder rechtlichen Grundlagen des Vertrags ändern, kann im PPA konkret durch Vertragsanpassungsrechte begegnet werden.[1027] Dass der Gesetzgeber sich des für PPAs geltenden Vertrauensschutz bewusst ist, zeigt auch die in § 18 StromPBG enthaltene Ausnahmeregelung für PPAs bei der Erlösabschöpfung.[1028]

c) Marktintegration und Einsatz staatlicher Mittel

Den gesetzgeberischen Zielen werden PPAs teilweise besser gerecht als das EEG 2023. Das EEG 2023 steht im Spannungsfeld zwischen den staatlich festgelegten Ausbauzielen, den hohen Investitionsvolumina der Energieinfrastrukturprojekte und den Vorgaben zur Marktintegration der Erneuerbaren Energien bzw. auch den beihilferechtlichen Regelungen zum binnenmarktkonformen Einsatz staatlicher Mittel. Wie erläutert, werden diese „großvolumigen Investitionsvorhaben" im Energiesektor i. d. R. im Rahmen einer Projektfinanzierung ermöglicht.[1029] Wesentliches Merkmal der Projektfinanzierung ist die Absicherung der Finanzierung durch die Einnahmen des Projekts, die sog. Cashflows. Insofern sind die über den Absatz generierten Einnahmen von besonderer Bedeutung.[1030] Ein langfristig gesicherter und stabiler Absatz wirkt sich positiv auf die Finanzierungsbedingungen aus. Für diese langfristige Absatzsicherung wurde mit dem EEG eine gesetzliche Grundlage geschaffen.[1031] Sie kann aber auch durch vertragliche Abnahmeverträge wie PPAs erzielt werden.[1032] Der Gesetzgeber erwartet zudem, dass die Erneuerbaren Energien mittel-

---

1024 BT-Drs. 18/1304, 176.

1025 *BVerfGE* 8, 274, 328 – Preisgesetz; *BVerfGE* 12, 341, 347 – Umsatzsteuer; Dürig/Herzog/Scholz/*Fabio*, Art. 2 Abs. 1 GG, Rn. 101.

1026 Statt vieler *BVerfGE* 88, 384, 403 – Zinsanpassungsgesetz; *BVerfGE* 95, 267, 303 f. – Altschulden der Landwirtschaftlichen Produktionsgenossenschaften der DDR.

1027 *C. Schneider/Lüdecke*, IR 2019, 50, 51.

1028 Siehe dazu Teil 2, E. III. 1. c).

1029 *Paul/Mervelskemper*, in: Verantwortung und Finanzierung im Zuge der Energiewende, Finanzierung von Infrastrukturprojekten im Rahmen der Energiewende, 37; dena, Finanzierung von Erneuerbare-Energien-Anlagen über Power Purchase Agreements, S. 6.

1030 Kümpel/Wittig/*Rossbach*, 11. Teil, Rn. 288; *Hinsch/Horn*, Das Vertragsrecht der internationalen Konsortialkredite und Projektfinanzierungen, S. 253 f.

1031 Dena, Finanzierung von Erneuerbare-Energien-Anlagen über Power Purchase Agreements, S. 6.

1032 Dena, Corporate Green PPAs: Ökonomische Analyse, S. 6; *Pahle*, ET 03/2015, 18, 20; *Hilpert*, Rechtliche Bewertung von Power Purchase Agreements (PPAs) mit erneuerbaren Energien, S. 7; *Kiethe/Hektor*, DStR 1996, 977, 978.

bis langfristig wettbewerbsfähig werden. Dies spiegelt sich in § 1a Abs. 2 EEG 2023 wider. So soll nach der geplanten Vollendung des Kohleausstiegs (gem. § 2 Abs. 2 Nr. 2 Kohleausstiegsgesetz[1033] geplant für spätestens Ende des Jahres 2038) der weitere Ausbau der erneuerbaren Energien nur noch marktgetrieben fortgesetzt werden, d. h. möglichst ohne staatliche Zahlungen. Es ist daher davon auszugehen, dass nach der Erwartung des Gesetzgebers EE-Anlagen ab diesem Zeitpunkt so wettbewerbsfähig sind, dass eine Absatzsicherung abseits des EEG über PPAs oder den Stromhandel möglich ist. Da mit PPAs bessere Finanzierungskonditionen erzielt werden können als im Stromhandel,[1034] wird den PPAs spätestens ab diesem Zeitpunkt eine noch größere praktische Bedeutung zukommen. Im Zusammenhang mit der Wettbewerbsfähigkeit von EE-Anlagen werden die Stromgestehungskosten (LCOE) diskutiert.[1035] Die LCOE der konventionellen Kraftwerke lagen früher unter denen der EE-Anlagen.[1036] Das hatte Auswirkungen auf die Investitionsentscheidungen der Betreiber. Vereinfacht gesagt wird immer dann investiert, wenn die LCOE kleiner sind als die durchschnittlich erzielbaren Erlöse.[1037] Die Vermarktungserlöse einer Anlage müssen zur Kostendeckung regelmäßig die LCOE übersteigen.[1038] Da die LCOE der EE-Anlagen jedoch größer als die realisierbaren Erlöse waren, hat der Gesetzgeber Förderregelungen geschaffen, die entsprechende Erlöse garantierten.[1039] Abseits einer Förderung bedeutet das, dass die Vermarktungserlöse (etwa über die Laufzeit eines PPAs) mindestens die LCOE abdecken müssen.[1040] Teilweise wird in diesem Zusammenhang heute schon die Wettbewerbsfähigkeit von EE-Anlagen angenommen.[1041]

Bis zu dem Zeitpunkt, in dem der weitere Ausbau der erneuerbaren Energien nur noch marktgetrieben erfolgt, soll gem. § 1 Abs. 3 EEG 2023 der Ausbau der erneuerbaren Energien auch schon möglichst kosteneffizient erfolgen. Durch die im EEG gesetzlich fixierten Einspeisevergütungen und den Einspeisevorrang kamen Investoren lange Zeit in den Genuss einer auch im Vergleich zu anderen Wirtschaftssektoren hohen unternehmerischen Sicherheit, da sie typische Investitionsrisiken nicht tragen mussten.[1042] Auch vor diesem

1033 Gesetz zur Reduzierung und zur Beendigung der Kohleverstromung und zur Änderung weiterer Gesetze v. 8. 8. 2020, BGBl. I 2020, 1818.

1034 Vgl. Teil 1, D. V.

1035 Vgl. Kommission, Arbeitsunterlage der Kommissionsdienststellen v. 18. 5. 2022 – SWD(2022) 149 final, 41; vgl. dazu auch *Traber/Fell/Marquitan*, Eine Vollversorgung mit 100 % Erneuerbaren Energien inklusive Speicher ist bereits heute wettbewerbsfähig und würde Energiekosten senken; zum Begriff der LCOE siehe Teil 1, C. II. 6. d).

1036 Vgl. etwa *Bode*, in: 20 Jahre Recht der Erneuerbaren Energien, Effekte des EEG auf die Energiepreise, 861.

1037 *Bode*, in: 20 Jahre Recht der Erneuerbaren Energien, Effekte des EEG auf die Energiepreise, 860.

1038 Dena, Finanzierung von Erneuerbare-Energien-Anlagen über Power Purchase Agreements, S. 18.

1039 *Bode*, in: 20 Jahre Recht der Erneuerbaren Energien, Effekte des EEG auf die Energiepreise, 861.

1040 Energy Brainpool, Power Purchase Agreements II: Marktanalyse, Bepreisung und Hedgingstrategien, S. 4; Pexapark, Assessing PPA prices alongside the LCOE, S. 4.

1041 *Traber/Fell/Marquitan*, Eine Vollversorgung mit 100 % Erneuerbaren Energien inklusive Speicher ist bereits heute wettbewerbsfähig und würde Energiekosten senken; vgl. auch dena, Finanzierung von Erneuerbare-Energien-Anlagen über Power Purchase Agreements, S. 19.

1042 Monopolkommission, Sondergutachten 65, Rn. 225.

Hintergrund war die fortlaufende Marktintegration und damit zugleich die Begrenzung der Kosten des weiteren Ausbaus der erneuerbaren Energien schon länger Ziel der gesetzlichen Förderregelungen.[1043] Zudem ist das Ziel der Marktintegration der erneuerbaren Energien auch in Art. 4 der EE-Richtlinie festgelegt. Das Ziel der Kosteneffizienz wird im EEG 2023 insb. durch das Ausschreibungsmodell verfolgt sowie durch die Degression der gesetzlich festgelegten anzulegenden Werte.[1044] Schon heute tragen PPAs ebenfalls zur Marktintegration und einem kosteneffizienten Ausbau der Erneuerbaren Energien bei und sparen staatliche Mittel für den Ausbau nach dem EEG 2023 insb. dadurch ein,[1045] dass sie die Projektfinanzierung realisierbar machen.[1046] Dass die Möglichkeit besteht, sogar einen Offshore-Windpark schon jetzt ohne staatliche Förderung zu verwirklichen, zeigt sich insb. an den sog. „0-Cent-Geboten" aus den Ausschreibungsrunden der BNetzA,[1047] mit denen gänzlich auf eine staatliche Förderung verzichtet wurde.[1048] Anzumerken ist des Weiteren, dass die staatliche Förderung etwa durch die Einspeisevergütung für Anlagenbetreiber bei hohen Marktpreisen schon heute nicht mehr zwingend lohnenswert ist, da die stetige Degression der Vergütungssätze mittlerweile so fortgeschritten ist, dass die gesetzlichen Vergütungssätze nunmehr unter dem Marktpreis liegen.[1049] Trotz der bereits beschriebenen Anpassung der Förderhöhen im EEG 2023 und Maßnahmen wie der Aussetzung der Degression der Höchstwerte für Windenergieanlagen an Land bis zum Jahr 2025 (vgl. § 36b Abs. 2 S. 1 EEG 2023) sowie der Privilegierung der Volleinspeisung von Solaranlagen gegenüber einer teilweisen Einspeisung und teilweisem Eigenverbrauch[1050] wird erwartet, dass die von EE-Anlagen erzielbaren Erlöse trotz verschiedener wetter- und marktbedingter Unsicherheiten in den nächsten Jahren oberhalb der EEG-Vergütungen liegen werden.[1051] Insb. wegen dieses möglichen Preisvorteils wird den nicht geförderten PPAs auch für die Zukunft eine besondere Bedeutung beigemessen.[1052] Aus volkswirtschaftlicher Sicht sind PPAs daher ein sinnvolles, marktintegrierendes Instrument, das außerdem zu einer Stärkung des Wettbewerbs und Effizienzpotentialen führen kann.[1053] In diesem Zusammenhang ist aus unionsrechtlicher Sicht ein weiterer Aspekt zu berücksichtigen.

1043 BT-Drs. 18/1304, 109.

1044 BT-Drs. 18/1304, 2.

1045 Kommission, Arbeitsunterlage der Kommissionsdienststellen v. 18.5.2022 – SWD(2022) 149 final, 43.

1046 Dena, Corporate Green PPAs: Ökonomische Analyse, S. 6; *Pahle*, ET 03/2015, 18, 20; *Hilpert*, Rechtliche Bewertung von Power Purchase Agreements (PPAs) mit erneuerbaren Energien, S. 7; *Kiethe/Hektor*, DStR 1996, 977, 978.

1047 BNetzA, Bekanntgabe v. 13.4.2017 – BK6-17-001; BNetzA, Bekanntgabe v. 27.4.2018 – BK6-18-001; BNetzA, Ergebnisse der Ausschreibungen für Offshore-Windenergie, Pressemitteilung v. 9.9.2021; BNetzA, Ergebnis der Ausschreibung für Offshore-Windenergie, Pressemitteilung v. 7.9.2022.

1048 *Böhme/Bukowski*, EnWZ 2019, 243.

1049 Vgl. *Heinhaus*, Riesige Nachfrage nach Solaranlagen v. 2.4.2022.

1050 *Harsch/J. Schäfer*, KlimR 2022, 334, 336.

1051 *D. Ritter* et al., Monitoring der Direktvermarktung: Jahresbericht 2022 und Ausblick 2023, S. 52.

1052 *D. Ritter* et al., Monitoring der Direktvermarktung: Jahresbericht 2022 und Ausblick 2023, S. 52.

1053 Energy Brainpool, Power Purchase Agreements II: Marktanalyse, Bepreisung und Hedgingstrategien, S. 6.

Vor dem beihilferechtlichen Hintergrund des EEG gilt, dass Beihilfen zum Schutze des Binnenmarkts grds. zu vermeiden sind, wenngleich die konkret in Rede stehenden Förderregelungen nach dem EEG 2023 in Übereinstimmung mit den KUEBLL gerechtfertigt sind.[1054] PPAs tragen zu einer Stärkung des Binnenmarkts bei, indem sie den Binnenmarkt beeinflussende (wenngleich gerechtfertigte) Förderregelungen vermeiden.

Allerdings ist das EEG 2023 aus Sicht des Gesetzgebers trotz der mit der Förderung verbundenen Kosten angesichts der durch die Nutzung fossiler Energieträger entstehenden langfristig negativen externen Effekte volkswirtschaftlich sinnvoll.[1055] Der Ausbau der erneuerbaren Energien trage maßgeblich dazu bei, Klimafolgeschäden zu verringern, deren Kosten voraussichtlich deutlich über den für die Umstellung auf eine nachhaltige Energieversorgung erforderlichen Kosten lägen.[1056] Derartige externe Effekte der konventionellen Stromerzeugung, wie eben diese langfristigen Klimafolgeschäden, würden im aktuellen Preis nicht ausreichend berücksichtigt.[1057] Das EEG 2023 solle diesen Wettbewerbsnachteil für die Erzeuger von EE-Strom ausgleichen[1058] und leiste somit einen Beitrag zur verursachergerechten Berücksichtigung dieser unterschiedlichen externen Kosten der Stromerzeugung.[1059] Sofern die Kosten der Stromerzeugung aus Erneuerbaren Energien wie vom Gesetzgeber erwartet weiter sinken, würden die jetzt noch teureren Erneuerbaren langfristig zu geringeren Kosten der Stromerzeugung führen.[1060]

PPAs vermeiden Klimafolgeschäden durch den EE-Ausbau ebenso wie das EEG 2023. Sie tragen daher schon heute zur Marktintegration der EE-Anlagen und zu einem kosteneffizienten Ausbau bei. Insofern haben PPAs eine besondere Bedeutung auch für die Ziele des Gesetzgebers und sind gegenüber dem EE-Ausbau nach dem EEG 2023 aus volkswirtschaftlicher Sicht vorteilhaft. Der Unionsgesetzgeber hat dieser Bedeutung der PPAs schon Rechnung getragen und nach Art. 15 Nr. 8 der EE-Richtlinie die Verbreitung dieser Verträge insb. durch den Abbau rechtlicher Hindernisse gefordert sowie konkretisierende Leitlinien zur Verbesserung der gesetzlichen Rahmenbedingungen für PPAs herausgegeben.[1061] Ergänzend wirken die Pläne der Kommission, im Rahmen einer „Reform des EU-Strommarktes" Änderungen insb. an der Elektrizitätsbinnenmarktverordnung[1062] zur Entwicklung und Stärkung von PPA-Märkten sowie zur verbesserten Zugänglichkeit der Märkte insb. für kleinere und mittlere Unternehmen vorzunehmen.[1063] Die Bedeutung der PPAs ist des Weiteren im Koalitionsvertrag aus dem Jahr 2021 anerkannt, in dem die Stärkung von

---

1054 Vgl. Teil 1, B. VII. 4.

1055 BT-Drs. 16/8148, 36.

1056 BT-Drs. 16/8148, 36.

1057 BT-Drs. 16/8148, 36.

1058 Vgl. BerlKommEnR/*Mohr*, § 2 EEG, Rn. 114.

1059 BT-Drs. 16/8148, 36.

1060 *Bode*, in: 20 Jahre Recht der Erneuerbaren Energien, Effekte des EEG auf die Energiepreise, 869.

1061 Kommission, Arbeitsunterlage der Kommissionsdienststellen v. 18.5.2022 – SWD(2022) 149 final.

1062 Verordnung (EU) 2019/943 des Europäischen Parlaments und des Rates über den Elektrizitätsbinnenmarkt v. 5.6.2019, ABl. EU L 158/54.

1063 Siehe Teil 1, B. VII. 3.

PPAs als Teil der politischen Ziele der regierenden Parteien definiert wurde.[1064] Gefordert werden jedoch weiterhin Schritte zur Stärkung und weiteren Verbreitung von PPAs.[1065]

III. Das Windenergie-auf-See-Gesetz

1. Grundlagen

Das gemeinsam mit dem EEG 2017 beschlossene WindSeeG[1066] trat zum 1. 1. 2017 in Kraft und sollte die spezifischen Regelungen für Windenergieanlagen auf See insb. zu Flächenplanung, Raumordnung, Anlagengenehmigung, EEG-Förderung sowie Netzanbindung besser verzahnen und in einem eigenständigen Gesetz zusammenfassen.[1067] Damit sollte ein „Fadenriss", d. h. eine abrupte Unterbrechung des Ausbaus der Windenergie auf See verhindert werden.[1068] Jedoch soll sich der befürchtete „Fadenriss" insb. bereits dadurch teilweise realisiert haben, dass im Jahr 2021 kein Zubau von neuen Windenergieanlagen auf See stattgefunden hat.[1069] Ziel des Gesetzes ist gem. § 1 Abs. 1 und 2 WindSeeG der kosteneffiziente und netzverträgliche Ausbau der Windenergie auf See, wobei die installierte Leistung von Windenergieanlagen auf See, die an das Netz angeschlossen werden, auf insgesamt mindestens 30 gW bis zum Jahr 2030, auf insgesamt mindestens 40 gW bis zum Jahr 2035 und auf insgesamt mindestens 70 gW bis zum Jahr 2045 ansteigen soll. Dafür wird allerdings nach dem WindSeeG zukünftig teilweise keine staatliche Förderung mehr gezahlt.[1070]

Eine Teilnahme an den Ausschreibungen und der Erhalt eines Zuschlags sind gem. § 14 WindSeeG grds. Voraussetzung insb. für die Inanspruchnahme einer staatlichen Förderung. In §§ 26 ff. WindSeeG sind Bestimmungen über die Ausschreibungen für bestehende Projekte i. S. v. § 26 WindSeeG enthalten. Damit mussten vor Inkrafttreten des WindSeeG geplante Offshore-Windenergieprojekte, die nach dem 31. 12. 2020 in Betrieb genommen wurden und als bestehende Projekte i. S. v. § 26 WindSeeG galten, noch nicht am neu eingeführten sog. zentralen Modell teilnehmen – dazu sogleich –, aber an einem wettbewerblichen Ausschreibungsverfahren.[1071] Ein Zuschlag im Ausschreibungsverfahren berechtigt gem. § 37 Abs. 1 S. 1 WindSeeG insb. zur Inanspruchnahme der Marktprämie nach dem EEG. In den ersten beiden Ausschreibungsrunden der BNetzA für solche

---

1064 SPD/BÜNDNIS 90 / DIE GRÜNEN/FDP, Koalitionsvertrag 2021 – 2025; Mehr Fortschritt wagen, S. 56.

1065 Vgl. BDEW, Finanzierung und Marktintegration von Erneuerbare-Energien-Anlagen, S. 11 ff.; dena, Green PPAs: Säule des Erneuerbare Energien Ausbaus und zentrales Instrument zur Erreichung der Klimaschutzziele, S. 3 f.; Kommission, Arbeitsunterlage der Kommissionsdienststellen v. 18. 5. 2022 – SWD(2022) 149 final.

1066 Art. 2, Gesetz zur Einführung von Ausschreibungen für Strom aus erneuerbaren Energien und zu weiteren Änderungen des Rechts der erneuerbaren Energien v. 1. 1. 2017, BGBl. I 2016, 2258.

1067 BT-Drs. 18/8860, 2.

1068 BT-Drs. 18/8860, 3.

1069 *Kirch*, RdE 2022, 457.

1070 *Lutz-Bachmann/Liedtke*, EnWZ 2022, 313.

1071 BT-Drs. 18/8860, 2 f.

bestehenden Projekte haben sog. „0-Cent-Gebote“ einen Zuschlag erhalten,[1072] mit denen gänzlich auf eine staatliche Förderung verzichtet wurde.[1073] Ausschreibungen für Projekte, für die das sog. zentrale Modell gelten wird, fanden erstmals im Jahr 2021 statt, in denen ebenso wie in der Ausschreibung im Jahr 2022 ausschließlich „0-Cent-Gebote“ einen Zuschlag erhielten.[1074] Für die Ausschreibungsrunden in den Jahren 2021 und 2022 ist gem. § 102 Abs. 3 WindSeeG noch das WindSeeG in der am 31.12.2022 geltenden Fassung anzuwenden.[1075]

Im Bereich der Windenergie auf See ist für die Projektrealisierung eine Teilnahme an den Ausschreibungen – anders als im EEG 2023 – immer zwingend notwendig, da im Ausschreibungsverfahren die Flächen sowie der Anspruch auf die Netzanbindung und die Netzanbindungskapazität der Anlagen gesichert werden.[1076] Dennoch kann durch die Gebotshöhe auf eine Förderung verzichtet werden, wie dies bei den „0-Cent-Geboten“ der Fall ist.[1077] Anders als im EEG 2023 bei der sonstigen Direktvermarktung setzt das WindSeeG also auch bei Projekten, die keine Förderung beanspruchen und den Strom z. B. über ein PPA vermarkten, eine erfolgreiche Teilnahme an den Ausschreibungen voraus.

Die Unterscheidung zwischen zentral voruntersuchten und nicht zentral voruntersuchten Flächen hat Auswirkungen auf das anwendbare Ausschreibungs- und Genehmigungsverfahren.[1078] Welche Flächen zentral voruntersucht werden, legt der Flächenentwicklungsplan fest.[1079] Wegen der „0-Cent-Gebote“ wurden in das ab 2023 geltende WindSeeG besondere Ausschreibungsbestimmungen eingeführt, die eine Differenzierung zwischen mehreren „0-Cent-Geboten“ ermöglichen, eine Überförderung der Bieter vermeiden und einen Rückfluss von Einnahmen ermöglichen sollen.[1080] Zudem sind insb. Regelungen enthalten, die explizit eine Vermarktung über PPAs anreizen.

2. Zentral voruntersuchte Flächen

Im sog. zentralen Modell werden die Flächen für künftige Offshore-Windparks von zentraler, staatlicher Stelle voruntersucht.[1081] Das bedeutet, dass die Voruntersuchung dieser Flächen im Hinblick auf Informationsbereitstellung und Eignungsfeststellung (vgl. § 9 WindSeeG) nicht mehr vollständig von den Vorhabenträgern, sondern durch die nach § 11 WindSeeG zuständige Stelle, insb. vom Bundesamt für Seeschifffahrt und Hydrogra-

---

1072 BNetzA, Bekanntgabe v. 13.4.2017 – BK6-17-001; BNetzA, Bekanntgabe v. 27.4.2018 – BK6-18-001.

1073 *Böhme/Bukowski*, EnWZ 2019, 243.

1074 BNetzA, Ergebnisse der Ausschreibungen für Offshore-Windenergie, Pressemitteilung v. 9.9.2021; BNetzA, Ergebnis der Ausschreibung für Offshore-Windenergie, Pressemitteilung v. 7.9.2022.

1075 *Kirch*, RdE 2022, 457, 458.

1076 *Kirch*, RdE 2022, 457, 458; *Uibeleisen/Groneberg*, RdE 2018, 114, 120.

1077 BNetzA, Bekanntgabe v. 13.4.2017 – BK6-17-001; *Böhme/Bukowski*, EnWZ 2019, 243.

1078 Entwurf eines Zweiten Gesetzes zur Änderung des Windenergie-auf-See-Gesetzes und anderer Vorschriften, BT-Drs. 20/1634, S. 72.

1079 BT-Drs. 20/1634, 72.

1080 BT-Drs. 20/1634, 3.

1081 BT-Drs. 18/8860, 2.

phie, durchgeführt wird.[1082] Das zentrale Modell soll die angesprochene bessere Verzahnung der Bereiche Flächenplanung, Raumordnung, Anlagengenehmigung, EEG-Förderung und Netzanbindung umsetzen sowie zu mehr Wettbewerb und damit insb. zu einer erhöhten Kosteneffizienz führen.[1083] In der ersten Fassung des Gesetzesentwurfs war ursprünglich die Einführung von CfD mit 20 Jahren Laufzeit für zentral voruntersuchte Flächen vorgesehen.[1084] Dabei handelt es sich um eine staatliche Absicherung der Anlagenfinanzierung in Form finanzieller Ausgleichszahlungen. Gleichzeitig sollen damit Überförderungen vermieden werden. Im Rahmen eines CfD erfolgt eine Förderung in den Zeiten, in denen der Marktwert unterhalb des anzulegenden Wertes liegt, während in den Zeiten, in denen der Marktwert oberhalb des anzulegenden Wertes liegt, eine Rückzahlung der Anlagenbetreiber auf das EEG-Konto zu erfolgen hat.[1085] Damit wäre nach Ansicht des Gesetzgebers „in Anbetracht der derzeitigen Marktsituation" eine Förderung obsolet geworden.[1086] CfD seien eine auskömmliche und kostensenkende Alternative zum aktuellen Zuschlagsmechanismus.[1087] Sie wurden schon im Rahmen der Novellierung des WindSeeG im Jahr 2020[1088] diskutiert, aber im Ergebnis nicht umgesetzt.[1089] Das WindSeeG enthält zudem eine Ermächtigung zu einer Industriestrompreisverordnung (siehe unter 4.), die in diesem Zusammenhang eine Einführung von CfD für zentral voruntersuchte Flächen ermöglicht hätte.[1090] Allerdings wurde statt eines Industriestrompreises mittels CfD ein „Strompreispaket für produzierende Unternehmen" umgesetzt, wodurch ab dem Jahr 2024 für eine Übergangszeit (bis spätestens für das Jahr 2028) insb. die Stromsteuer für Unternehmen des produzierenden Gewerbes gesenkt wurde.[1091] CfD wurden des Weiteren als Möglichkeit zur Begrenzung von Übergewinnen in der Energiekrise angesehen und werden weiterhin in der Diskussion um das zukünftige Marktdesign behandelt.[1092]

Statt Einführung der CfD wurde das folgende Verfahren implementiert: Die Ausschreibungen für zentral voruntersuchte Flächen richten sich gem. §§ 14 Abs. 2 S. 1 Nr. 1, 50 ff. WindSeeG nach einer Zahlungskomponente und qualitativen Kriterien (sog. „Beauty Contest"), aus denen sich eine Punktzahl ergibt.[1093] Der Bieter mit der höchsten Punktzahl erhält den Zuschlag.[1094] Bei der Bewertung der Gebote hat die zuständige Stelle

---

1082 *Pflicht*, EnWZ 2016, 550, 551.

1083 BT-Drs. 18/8860, 150.

1084 BT-Drs. 20/1634, 4.

1085 BT-Drs. 20/1634, 6.

1086 BT-Drs. 20/1634, 6.

1087 AGOW, Ein neues Fördersystem für Offshore-Windenergie in Deutschland, S. 1 ff.

1088 Entwurf eines Gesetzes zur Änderung des Windenergie-auf-See-Gesetzes und anderer Vorschriften, BT-Drs. 19/20429.

1089 *Lutz-Bachmann/Liedtke*, EnWZ 2022, 313, 317.

1090 *Kirch*, RdE 2022, 457, 461.

1091 BReg, Strompreispaket für produzierende Unternehmen – Bundesregierung entlastet stromintensive Unternehmen, Pressemitteilung v. 9. 11. 2023; Zweite Beschlussempfehlung und Zweiter Bericht des Haushaltsausschusses (8. Ausschuss) zu dem Gesetzentwurf der Bundesregierung – Drucksachen 20/8298, 20/8765 – Entwurf eines Haushaltsfinanzierungsgesetzes, BT-Drs. 20/9792, S. 26 f.

1092 BMWK, Joint Letter by DE, DK, EE, FI, LU, LV, NL on priorities for a targeted EU electricity market reform, S. 2.

1093 *Kirch*, RdE 2022, 457, 459.

1094 *Kirch*, RdE 2022, 457, 459.

gem. § 53 Abs. 1 S. 3 WindSeeG einen Beurteilungsspielraum. Kriterien sind gem. § 53 Abs. 1 S. 1 WindSeeG die Höhe des Gebotswerts, der Beitrag zur Dekarbonisierung des Ausbaus der Windenergie auf See, die mit den eingesetzten Gründungstechnologien verbundene Schallbelastung und Versiegelung des Meeresbodens, der Beitrag zur Fachkräftesicherung sowie – und das ist für PPAs wichtig – der „Umfang der Lieferung von auf der ausgeschriebenen Fläche erzeugter Energie, die Gegenstand einer Erklärung nach § 51 Abs. 3 Nr. 2 WindSeeG ist".

Die Besonderheit und zentrale Veränderung zum bisherigen Ausschreibungsmodell ist, dass für Projekte auf den zentral voruntersuchten Flächen, die ab dem Jahr 2023 an den Ausschreibungen erfolgreich teilnehmen, keine staatliche Vergütung mehr gezahlt wird.[1095] Geboten wird vielmehr auf eine Zahlung, die die Bieter zahlen müssen, sofern sie einen Zuschlag erhalten.[1096] Die Zahlungen sind zweckgebunden und müssen zur Senkung der Offshore-Netzumlage gem. § 17f EnWG sowie zur Förderung von Projekten des Meeresnaturschutzes verwendet werden.[1097] Davon entfallen nach §§ 58 f. WindSeeG 5 % auf die sog. Meeresnaturschutzkomponente, 5 % auf die sog. Fischereikomponente und 90 % auf die sog. Stromkostensenkungskomponente. Im Rahmen dieser Gebotskomponente erhält das Gebot mit der höchsten Zahlungsbereitschaft die maximale Punktzahl von 60 Bewertungspunkten (§ 53 Abs. 2 S. 1 WindSeeG).

Neben den weiteren qualitativen Kriterien, die zu einem „Beauty Contest" zwischen den Bietern führen, ist ein Kriterium vorgesehen, das für PPAs von Bedeutung ist. Das ist der „Umfang der Lieferung von auf der ausgeschriebenen Fläche erzeugter Energie, die Gegenstand einer Erklärung nach § 51 Abs. 3 Nr. 2 WindSeeG ist." Diese Erklärung ist eine Absichtserklärung über den Abschluss eines PPAs. Bewertet wird der Umfang der Lieferung von auf der ausgeschriebenen Fläche erzeugter Energie, die über PPAs verkauft werden soll, anhand ihres Anteils an der Gesamtstromerzeugung (§ 53 Abs. 4 S. 1 WindSeeG). Das bedeutet, das dieses Kriterium gem. § 53 Abs. 4 S. 1 WindSeeG ein Verhältnis zwischen der Gesamtstromerzeugung der zu errichtenden Anlage und der über ein PPA verkauften Strommenge herstellt. Je größer der Anteil des über ein PPA verkauften Stroms, desto besser ist die Bewertung der Gebotskomponente. Die maximale Punktzahl von zehn Bewertungspunkten erhält ein Gebot, dessen angestrebtes PPA den größten Anteil an der Gesamtstromerzeugung hat (§ 53 Abs. 4 S. 5 WindSeeG).[1098]

Gem. § 53 Abs. 4 S. 2 WindSeeG erfolgt die Berechnung der Gesamtstromerzeugung durch Multiplikation der voraussichtlich zu installierenden Leistung von Windenergieanlagen auf See auf der jeweiligen Fläche mit mittleren Volllaststunden in Höhe von 3.500 Stunden pro Jahr über eine Betriebsdauer von 25 Jahren. Zur Berechnung der gesamten voraussichtlich zu liefernden Energiemenge, die über ein PPA verkauft werden soll, wird die jährlich nach dem angestrebten PPA zu liefernde Strommenge mit der jeweiligen Vertragslaufzeit in Jahren multipliziert (§ 53 Abs. 4 S. 3 WindSeeG). Der Anteil der über ein PPA zu liefernden Energiemenge an der Gesamtstromerzeugung wird aus den so ermittelten Werten durch einen Quotienten aus der gesamten voraussichtlich über ein PPA zu

1095 *Lutz-Bachmann/Liedtke*, EnWZ 2022, 313.

1096 *Lutz-Bachmann/Liedtke*, EnWZ 2022, 313, 315.

1097 BT-Drs. 20/1634, 92.

1098 *Kirch*, RdE 2022, 457, 460.

liefernden Energiemenge und der Gesamtstromerzeugung in Prozent gebildet (§ 53 Abs. 4 S. 4 WindSeeG). Der höchste Prozentsatz an der Gesamtstromerzeugung erhält dann die erwähnte Maximalpunktzahl. Die gerundete Punktzahl der weiteren Gebote errechnet sich aus dem Quotienten ihres jeweiligen Anteils der zu liefernden Energiemenge an der Gesamtstromerzeugung zum Anteil des Gebots mit dem höchsten Anteil der zu liefernden Energiemenge an der Gesamtstromerzeugung, multipliziert mit der maximalen Punktzahl (§ 53 Abs. 4 S. 6 und 7 WindSeeG).

Zweck des Kriteriums ist, den Abschluss möglichst langlaufender PPAs über eine möglichst große Energiemenge anzureizen.[1099] Ohne Förderung sei der Abschluss dieser Verträge nach Ansicht des Gesetzgebers im Interesse des Bieters, der die erzeugten Energiemengen kostendeckend und möglichst langfristig planbar veräußern müsse, insb. um den Anforderungen möglicher Fremdkapitalgeber gerecht zu werden.[1100] Die vollständige Refinanzierung der Kosten des Ausbaus der Windenergie auf See über eine marktliche Absicherung führe zu einer fortgeschrittenen Marktintegration.[1101] Relevant sei zudem die abseits der staatlichen Förderung bestehende Möglichkeit, Herkunftsnachweise auszustellen und so die Dekarbonisierung anderer Sektoren wie Industrie und Verkehr voranzutreiben.[1102]

Die Erklärung nach § 51 Abs. 3 Nr. 2 WindSeeG beinhaltet „eine oder mehrere beidseitige unterzeichnete" Absichtserklärungen über den Abschluss eines PPAs mit einem anderen Unternehmen für eine bestimmte Menge der auf der ausgeschriebenen Fläche erzeugten Energie.[1103] Der Abschluss eines PPAs muss zum Zeitpunkt der Ausschreibung also noch nicht vorliegen, sondern lediglich derartige Absichtserklärungen des Bieters und des abnehmenden, anderen Unternehmens.[1104] Wenngleich die Rechtsnatur dieser vorvertraglichen und somit nicht bindenden Erklärungen unklar bleibt, ergeben sich aus dem Gesetzeswortlaut immerhin formelle Anforderungen, die durch die Ausschreibungspraxis zukünftig konkretisiert werden können.[1105] Um den Zweck der Erklärung, die Bewertung des in Rede stehenden Kriteriums, erfüllen zu können, müssen sich wohl jedenfalls die zu liefernde Strommenge und die Vertragslaufzeit des angestrebten PPAs aus der Erklärung ergeben.[1106] Zudem ist die Absicht einer konzerninternen Lieferung („mit einem anderen Unternehmen") wohl ausgeschlossen.[1107] Aus zivilrechtlicher Sicht kann eine Absichtserklärung („letter of intent") entweder eine rechtlich unverbindliche Erklärung sein, aus der sich die grds. Bereitschaft zum Vertragsschluss ergibt, oder eine vertragliche Vorfeldvereinbarung.[1108] Kommt man durch Auslegung der Erklärung zu dem Schluss, dass

1099 BT-Drs. 20/1634, 92; *Kirch*, RdE 2022, 457, 460.

1100 BT-Drs. 20/1634, 92.

1101 BT-Drs. 20/1634, 92.

1102 *Kirch*, RdE 2022, 457, 460.

1103 *Kirch*, RdE 2022, 457, 460.

1104 *Kirch*, RdE 2022, 457, 460.

1105 *Lutz-Bachmann/Liedtke*, EnWZ 2022, 313, 316.

1106 *Lutz-Bachmann/Liedtke*, EnWZ 2022, 313, 316.

1107 *Lutz-Bachmann/Liedtke*, EnWZ 2022, 313, 316; vgl. auch Bericht des Ausschusses für Klimaschutz und Energie zum Entwurf eines Zweiten Gesetzes zur Änderung des Windenergie- auf-See-Gesetzes und anderer Vorschriften, BT-Drs. 20/2657, S. 9.

1108 MüKoBGB/*Busche*, Vor § 145 BGB, Rn. 59f.

sie rechtlich unverbindlich ist, kann die Erklärung mit der tatsächlichen Aufnahme von Vertragsverhandlungen Grundlage für Schadensersatzansprüche aus culpa in contrahendo werden.[1109] Hat die Erklärung bereits vertraglichen Charakter, kann sie Modalitäten der Vertragsverhandlungen, etwa über die Kostentragung, verpflichtend regeln.[1110]

Unsicherheiten können sich im Hinblick auf die Sanktionierung möglicher, nachträglicher Abweichungen von den qualitativen Kriterien ergeben.[1111] Im Falle eines PPAs wären Abweichungen vom Nichtabschluss des PPAs bis hin zu weniger gravierenden Änderungen im Hinblick auf die kontrahierte Menge oder die Vertragslaufzeit denkbar, die das Verhältnis zur Gesamtstromerzeugung beeinflussen und damit die Bewertung der Gebotskomponente. Gem. § 55 Abs. 2 S. 1 WindSeeG ist der bezuschlagte Bieter an seine Angaben nach § 51 WindSeeG aus dem Gebot, also auch an die Angaben im Hinblick auf das PPA, gebunden. Im Falle von vom Bieter zu vertretenden Abweichungen, die für die Erteilung des Zuschlags wesentlich waren, beendet das Bundesamt für Seeschifffahrt und Hydrographie das Verfahren durch ablehnenden Bescheid (§ 55 Abs. 2 S. 2 WindSeeG). Zudem hat der Bieter an den Bundeshaushalt eine Pönale in Höhe von 100 % der nach § 52 Abs. 1 WindSeeG zu leistenden Sicherheit zu zahlen. Die Höhe der Sicherheit bestimmt sich gem. § 52 Abs. 1 WindSeeG aus der Gebotsmenge multipliziert mit 200 Euro pro Kilowatt zu installierender Leistung. Unsicherheiten ergeben sich jedoch insb. im Hinblick auf das Merkmal der Wesentlichkeit einer Abweichung, sodass womöglich Falschangaben nicht immer sanktioniert werden.[1112]

Die weiteren Kriterien des „Beauty Contests" zwischen den Bietern gem. § 53 Abs. 1 Nr. 2, 4, 5 WindSeeG ermöglichen ebenfalls jeweils eine Maximalpunktzahl von zehn Bewertungspunkten (§ 53 Abs. 1 Nr. 2 WindSeeG zusammengesetzt aus zweimal fünf Bewertungspunkten). Insofern kommt den vier qualitativen Kriterien mit maximal 40 Bewertungspunkten (je zehn Bewertungspunkte) eine nachrangige Stellung gegenüber der finanziellen Gebotskomponente zu (maximal 60 Bewertungspunkte). Der Abschluss volumenstarker und langfristiger PPAs wird gleichwohl angereizt.

Empfohlen wird ein qualitatives Kriterium, das PPAs anreizen soll, auch in den von der Kommission geplanten Änderungen zu einer „Reform des EU-Strommarktes."[1113] Danach soll die Elektrizitätsbinnenmarktverordnung[1114] künftig für öffentliche Ausschreibungen qualitative Bewertungskriterien vorsehen, die eine Bevorzugung von Projekten mit dem Nachweis eines abgeschlossenen PPAs oder der Verpflichtung zum PPA-Abschluss ermöglichen, wodurch Anreize für den Zugang zum PPA-Markt auch für Kunden geschaffen werden, die mit Marktzutrittsschranken konfrontiert sind.[1115]

1109 MüKoBGB/*Busche*, Vor § 145 BGB, Rn. 59.

1110 MüKoBGB/*Busche*, Vor § 145 BGB, Rn. 60.

1111 *Lutz-Bachmann/Liedtke*, EnWZ 2022, 313, 316.

1112 *Lutz-Bachmann/Liedtke*, EnWZ 2022, 313, 316.

1113 Kommission, Reform des EU-Strommarktes – für mehr erneuerbare Energien, mehr Verbraucherschutz und mehr Wettbewerbsfähigkeit, Pressemitteilung v. 14. 3. 2023.

1114 Verordnung (EU) 2019/943 des Europäischen Parlaments und des Rates über den Elektrizitätsbinnenmarkt v. 5. 6. 2019, ABl. EU L 158/54.

1115 Kommission, Commission staff working document v. 14. 3. 2023 – SWD(2023) 58 final, 24.

3. Nicht zentral voruntersuchte Flächen

Die Regelungen zum Ausschreibungsverfahren nicht zentral voruntersuchter Flächen wurden in das ab 2023 geltende WindSeeG eingeführt und sollen die Flächenkulisse erweitern, um die Erreichung der Ausbauziele sicherzustellen.[1116] Der Bieter führt die Voruntersuchung der Flächen nach Erteilung des Zuschlags selbst durch.[1117] Für nicht voruntersuchte Flächen finden weiterhin Ausschreibungen anhand des Gebotswerts statt, die grds. auf die Inanspruchnahme einer Marktprämie gerichtet sind.[1118]

Gem. § 17 Abs. 1 Nr. 1 Hs. 1 WindSeeG müssen die Gebote im Ausschreibungsverfahren einen Nachweis enthalten, dass für einen Zeitraum von mindestens fünf Jahren mindestens 20 % des nach § 16 S. 2 Nr. 2 WindSeeG bekanntgemachten Ausschreibungsvolumens durch Stromlieferverträge mit einem oder mehreren Unternehmen vermarktet wird. Gebote, die dieser Anforderung nicht genügen, sind nach § 20 Abs. 1 WindSeeG vom Ausschreibungsverfahren auszuschließen.[1119] Der Nachweis wird wie bei den zentral voruntersuchten Flächen durch „eine oder mehrere beidseitige unterzeichnete" Absichtserklärungen mit einem anderen Unternehmen erbracht. Es gelten insofern die obigen Ausführungen. Der Bieter zeigt auf diese Weise, dass er sich vorab mit marktlichen Vermarktungsmöglichkeiten beschäftigt hat und beabsichtigt, diese zu nutzen.[1120] Damit soll der PPA-Markt gestärkt und die Marktintegration von Offshore-Wind weiter verbessert werden.[1121]

Eine Besonderheit ergibt sich im weiteren Verfahren zudem wie bei zentral voruntersuchten Flächen im Hinblick auf mehrere „0-Cent-Gebote". Es wird nicht mehr – wie bislang nach § 23 WindSeeG vorgesehen war – zwischen diesen Bietern gelost,[1122] sondern in einem sog. dynamischen Gebotsverfahren ein Wettbewerb zwischen den Bietern, die „0-Cent-Gebote" abgegeben haben, im Rahmen einer „zweiten, negativen Gebotskomponente" um die Höhe einer Zahlungsbereitschaft der Bieter durchgeführt (§§ 20 Abs. 3, 21 Abs. 1 WindSeeG).[1123] Die Abschöpfung der Zahlungen durch die Bieter erfolgt gem. § 23 WindSeeG wie bei den zentral voruntersuchten Flächen zweckgebunden (d. h. 5 % für die sog. Meeresnaturschutzkomponente, 5 % für die sog. Fischereikomponente und 90 % für die sog. Stromkostensenkungskomponente). Das dynamische Gebotsverfahren mit mehreren Ausschreibungsrunden soll die Gefahr der wirtschaftlichen Überforderung des bezuschlagten Bieters (sog. „Fluch des Gewinners") mindern und die Realisierungswahrscheinlichkeit für die Windenergieanlagen auf See auf dieser Fläche erhöhen.[1124] Denn so können die Bieter die Zahlungsbereitschaft ihrer Wettbewerber wahrnehmen und müs-

1116 *Kirch*, RdE 2022, 457, 462.

1117 *Kirch*, RdE 2022, 457, 462.

1118 *Lutz-Bachmann/Liedtke*, EnWZ 2022, 313, 316.

1119 BT-Drs. 20/2657, 9.

1120 BT-Drs. 20/2657, 9.

1121 BT-Drs. 20/2657, 9.

1122 *Lutz-Bachmann/Liedtke*, EnWZ 2022, 313, 316.

1123 *Kirch*, RdE 2022, 457, 462 f.; *Lutz-Bachmann/Liedtke*, EnWZ 2022, 313, 316 f.

1124 BT-Drs. 20/2657, 10; zum dynamischen Gebotsverfahren siehe auch BerlKommEnR/*Mohr*, § 2 EEG, Rn. 96 f.; *Mohr*, EnWZ 2015, 99, 104.

sen nicht höher als notwendig bieten, sodass das Risiko sinkt, dass Bieter den ökonomischen Wert des Ausschreibungsgegenstandes überschätzen.[1125]

4. Die Verordnungsermächtigung zur Einführung eines Industriestrompreises

In § 96a WindSeeG ist eine Verordnungsermächtigung enthalten, die eine Regelung zur Schaffung eines Mechanismus für Industriestrompreise ermöglichen sollte.[1126] Eine Notwendigkeit für einen solchen Strompreis wurde wegen gestiegener Strompreise bei gleichzeitigem Bedürfnis nach Dekarbonisierung der Industrie und in Anbetracht der angestrebten Sektorkopplung erwogen.[1127] Statt eines Industriestrompreises wurde ein „Strompreispaket für produzierende Unternehmen" beschlossen, wodurch ab dem Jahr 2024 für eine Übergangszeit (derzeit bis spätestens 2028) insb. die Stromsteuer für Unternehmen des produzierenden Gewerbes gesenkt wurde.[1128] Damit ist die Einführung eines Industriestrompreises in den nächsten Jahren nicht mehr zu erwarten. Langfristig kann sie aber insb. nach Ablauf der Übergangszeit, in der das „Strompreispakets für produzierende Unternehmen" Anwendung findet (Ende des Jahres 2028), noch relevant werden. Denn die Konzepte für einen Industriestrompreis sind wie z. B. der Transformationsstrompreis (dazu sogleich) durchaus langfristiger angelegt gewesen, als das „Strompreispaket für produzierende Unternehmen". Daher ist eine Darstellung der möglichen Konzepte weiterhin geboten.

Die Verordnungsermächtigung in § 96a WindSeeG hätte insb. eine von den §§ 50 bis 59 WindSeeG abweichende Regelung für Windenergieanlagen auf See auf zentral voruntersuchten Flächen ermöglicht. So wäre gem. § 96a Abs. 1 Nr. 5 WindSeeG die Wiedereinführung eines Förderanspruchs auf eine Vergütung mit der Marktprämie nach § 19 Abs. 1 Nr. 1 EEG 2023 für diese Anlagen möglich gewesen. Allerdings hätten hinsichtlich Voraussetzungen, Inhalt, Höhe und Dauer von den Vorgaben des EEG 2023 abweichende Regelungen getroffen werden können, sodass auch eine Förderung über Verträge hätte erfolgen können (§ 96a Abs. 1 Nr. 5 WindSeeG). Möglich wäre damit auch eine Umstellung auf CfD gewesen, die im Gesetzgebungsverfahren ursprünglich vorgesehen waren, aber nicht umgesetzt wurden.[1129] In diesem Falle hätten gem. § 96a Abs. 1 Nr. 11 WindSeeG auch Regelungen über die Ausstellung von Herkunftsnachweisen für in diesen Anlagen erzeugten Strom abweichend vom Doppelvermarktungsverbot gem. § 80 Abs. 2 EEG 2023 getroffen werden können. Denn im Rahmen eines CfD hätte nicht in die sonstige Direktvermarktung gewechselt werden und deshalb die Grünstromeigenschaft nicht gewinnbringend vermarktet werden können.[1130] Um dieses „Verbot" der sonstigen Direktvermarktung auszugleichen, wäre eine solche Abweichung vom Doppelvermark-

1125 BT-Drs. 20/2657, 10; vgl. zur FFAV noch *Mohr*, N&R 2015, 76, 80.

1126 Siehe dazu auch *T. T. Meier*, EnK-Aktuell 2023, 01086.

1127 BT-Drs. 20/2657, 15.

1128 BReg, Strompreispaket für produzierende Unternehmen – Bundesregierung entlastet stromintensive Unternehmen, Pressemitteilung v. 9. 11. 2023; BT-Drs. 20/9792, 26 f.

1129 *Kirch*, RdE 2022, 457, 461.

1130 BT-Drs. 20/2657, 16.

tungsverbot ermöglicht worden, die dann eine zusätzliche Möglichkeit der Generierung von Einnahmen geboten hätte.[1131]

Damit aus der Anpassung des Fördersystems ein Vorteil für die Industrie gefolgt wäre, ermächtigte § 96a Abs. 1 Nr. 12 WindSeeG zur Einführung eines Verteilungssystems für den erzeugten Strom an Unternehmen. Möglich wäre entweder eine direkte Verteilung oder eine Verteilung über ein Finanzierungssystem gewesen. Bei einer Verteilung über ein Finanzierungssystem wäre keine direkte Lieferung von Strom erfolgt, sondern es wäre lediglich ein Referenzpreis festgelegt worden, der dann – je nach Börsenpreis – zu Zahlungsströmen an die oder von den beteiligten Unternehmen geführt hätte, wobei etwaige, vorgesehene staatliche Zahlungsflüsse zu berücksichtigen gewesen wären.[1132] Auf diese Weise hätte „der Finanzierungsbedarf der beteiligten Anlagen – die ihren Strom dann unabhängig von den beteiligten Unternehmen vermarkten können – gesichert werden [können], zugleich [würde] den beteiligten Unternehmen – die ihren Strom unabhängig von den beteiligten Anlagen am Markt beziehen können – ein fester Preis garantiert".[1133] Das Modell hätte insofern jedenfalls funktionell einem CfD-Modell entsprochen.

Im Lichte dieses möglichen Regelungsvorhabens war das Arbeitspapier des BMWK zu einem Industriestrompreis zu lesen.[1134] Danach wurden Maßnahmen für wettbewerbsfähige Energiepreise basierend auf ausreichend verfügbaren Erneuerbaren Energien diskutiert. Das Konzept sah eine Senkung der Strompreise vor, um insb. die Wettbewerbsfähigkeit energieintensiver Unternehmen in Deutschland zu erhalten und eine Abwanderung ins Ausland zu vermeiden.[1135] Formuliert wurde die langfristig angelegte Idee eines Transformationsstrompreises, der den Bezug von Strom aus erneuerbaren Energien zu günstigen Preisen unter Nutzung der niedrigen Grenzkosten der EE-Anlagen ermöglicht hätte, wenn die geplante Transformation des Stromsektors auf erneuerbare Energien abgeschlossen wurde. Bis dahin sollte ein durch staatliche Förderung begrenzter Strompreis (Brückenstrompreis) die Wettbewerbsfähigkeit der Unternehmen erhalten. Der Brückenstrompreis sollte eine unmittelbar an die Strompreisbremse nach dem StromPBG anschließende Maßnahme sein.[1136] Als zeitlicher Horizont für die Transformation und die Umstellung auf den Transformationsstrompreis wurde im Arbeitspapier das Jahr 2030 bestimmt.[1137] Der langfristige Transformationsstrompreis baute im Wesentlichen auf den Instrumenten CfD und PPA auf, die Anlagenbetreibern sowie Abnehmern konstante Preise über längere Zeiträume bieten und den Abnehmern die Möglichkeit eröffnen sollten, an den günstigen Erzeugungskosten der EE-Anlagen zu partizipieren.[1138] Der Industriestrompreis sollte allerdings nicht

1131 BT-Drs. 20/2657, 16.

1132 BT-Drs. 20/2657, 16.

1133 BT-Drs. 20/2657, 16.

1134 BMWK, Wettbewerbsfähige Strompreise für die energieintensiven Unternehmen in Deutschland und Europa sicherstellen; vgl. auch *Glattfeld*, EnK-Aktuell 2023, 010118.

1135 BMWK, Wettbewerbsfähige Strompreise für die energieintensiven Unternehmen in Deutschland und Europa sicherstellen, S. 2.

1136 BMWK, Wettbewerbsfähige Strompreise für die energieintensiven Unternehmen in Deutschland und Europa sicherstellen, S. 2.

1137 BMWK, Wettbewerbsfähige Strompreise für die energieintensiven Unternehmen in Deutschland und Europa sicherstellen, S. 2.

1138 BMWK, Wettbewerbsfähige Strompreise für die energieintensiven Unternehmen in Deutschland und Europa sicherstellen, S. 3.

nur im Anwendungsbereich des WindSeeG auf Grundlage der erläuterten Verordnung umgesetzt werden, sondern auf Windenergieanlagen an Land und Photovoltaikanlagen in den Anwendungsbereich des EEG 2023 ausgeweitet werden.[1139] Zudem waren Maßnahmen zur Förderung von PPAs geplant. PPAs sollten zur Verbesserung der Finanzierungsbedingungen durch Bürgschaften abgesichert und für mittelständische Unternehmen zugänglicher gemacht werden,[1140] damit diese ebenfalls von langfristig günstiger Stromerzeugung hätten profitieren können. Das Konzept eines Industriestrompreises mittels CfD und PPA war allerdings grundsätzlicher Kritik ausgesetzt, da ein staatlich geförderter Strompreis Fehlanreize bieten und zu nicht intendierten Marktverzerrungen führen könnte.[1141] Diskutiert wurden auch sog. Strompartnerschaften, einem aus der Wirtschaft stammenden Alternativkonzept zu den Plänen des BMWK, die eine Senkung der Netzentgelte für den Strombezug über PPAs in Kombination mit einem Investitionszuschuss vorgesehen hätten.[1142] Von den so erzielbaren günstigeren Preisen sollte insb. die abnehmende Industrie profitieren. Die Umsetzung des Industriestrompreiskonzepts des BMWK war sinnvollerweise in Abstimmung mit den europäischen und deutschen Plänen für ein mögliches Strommarktdesign geplant.[1143] Statt dieser Konzepte für einen Industriestrompreis wurde nun das erwähnte „Strompreispaket für produzierende Unternehmen“ beschlossen, inklusive der übergangsweise gesenkten Stromsteuer für Unternehmen des produzierenden Gewerbes.[1144]

IV. Grundzüge des Stromhandels

Die Vermarktung über PPAs ist nur eine Variante der sonstigen Direktvermarktung nach dem EEG.[1145] Für andere Arten der sonstigen Direktvermarktung gelten vergleichbare rechtliche Bedingungen, wie etwa die Möglichkeit zur Weitergabe von Herkunftsnachweisen.[1146] Wie beschrieben, setzt die Definition der Direktvermarktung insb. die Veräußerung von Strom an eine andere Person voraus, wobei nur dann eine sonstige Direktvermarktung vorliegt, wenn keine Förderung in Anspruch genommen wird. Derartige nicht geförderte Veräußerungsformen sollen im Folgenden in ihren Grundzügen erläutert werden, um der Vollständigkeit halber nicht geförderte Alternativen zu PPAs ebenfalls darzustellen und im Anschluss ihr Verhältnis zu PPAs nachvollziehbar untersuchen zu können. PPAs sind schließlich Teil des nicht börslichen Stromhandels (OTC-Handels). Daher hat der Strom-

1139 BMWK, Wettbewerbsfähige Strompreise für die energieintensiven Unternehmen in Deutschland und Europa sicherstellen, S. 3.

1140 BMWK, Wettbewerbsfähige Strompreise für die energieintensiven Unternehmen in Deutschland und Europa sicherstellen, S. 3.

1141 Vgl. *Glattfeld*, EnK-Aktuell 2023, 010114.

1142 DIHK, So lässt sich das Energieangebot schneller und nachhaltiger steigern, Pressemitteilung v. 30. 6. 2023.

1143 Vgl. BMWK, Wettbewerbsfähige Strompreise für die energieintensiven Unternehmen in Deutschland und Europa sicherstellen, S. 6.

1144 BReg, Strompreispaket für produzierende Unternehmen – Bundesregierung entlastet stromintensive Unternehmen, Pressemitteilung v. 9. 11. 2023; BT-Drs. 20/9792, 26f.

1145 *Antoni/Schäfer-Stradowsky*, in: Handbuch Klimaschutzrecht, § 26, Rn. 66.

1146 *Antoni/Schäfer-Stradowsky*, in: Handbuch Klimaschutzrecht, § 26, Rn. 59ff.

handel etwa aufgrund seiner Preisbildung und des Bilanzkreissystems Auswirkungen auf PPAs, die bereits an dieser Stelle erläutert werden können.

Die allgemeinen Vermarktungsmöglichkeiten abseits der EEG-Zahlungsansprüche lassen sich wie folgt skizzieren.

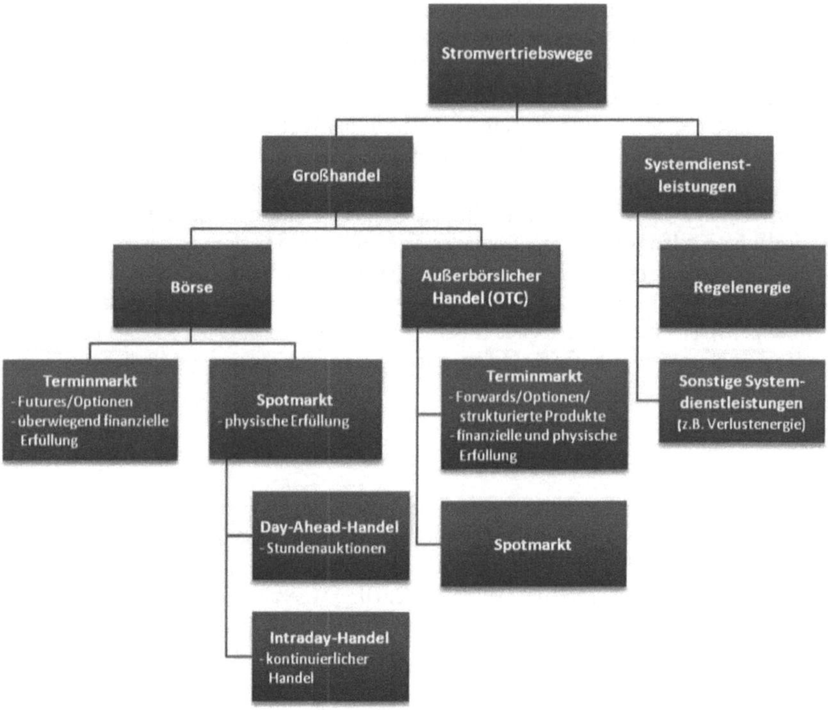

Abbildung 5: Stromvertriebswege

Sie bieten unterschiedliche Möglichkeiten und werden zur Verfolgung verschiedener Zwecke eingesetzt. Damit sind nicht alle der aufgeführten Vermarktungsmöglichkeiten gleichermaßen zur Anlagenfinanzierung geeignet. Ausgenommen von den folgenden Ausführungen wird bewusst der Stromeinzelhandel bzw. Vertrieb, in dem vordergründig die Versorgung der Letztverbraucher in den Blick genommen und „veredelte" Produkte maßgeschneidert für diese Abnehmergruppe angeboten werden, wie etwa Vollstrom-, Fahrplan- oder Reststromlieferungen.[1147] Insofern besteht nicht etwa eine Konkurrenz zu den in Rede stehenden Vermarktungsmöglichkeiten, die der Anlagenfinanzierung dienen, sondern vielmehr eine Konkurrenz zu Verträgen, die an den Interessen der letztverbrauchenden Abnehmer ausgerichtet sind. Eine Lieferung an letztverbrauchende Abnehmer erfolgt auch im Rahmen sog. Corporate-PPAs. Corporate-PPAs können zwar potentiell ähnlich

1147 Vgl. *Curtius*, in: Stromwirtschaft, Kap. 38, Rn. 73.

wie maßgeschneiderte Produkte gestaltet werden, bieten den Abnehmern aber vor allem im Falle einer Festpreisvereinbarung den Vorteil der Preisabsicherung.[1148]

Der Großhandel mit der Ware Strom (im Folgenden Stromhandel) ist ein sog. Commodity-Markt. Commodities sind Waren, die so stark standardisiert sind, dass sie nicht mehr aufgrund bestimmter Eigenschaften oder Qualitätsmerkmale differenziert werden können.[1149] Man nennt derartige Waren volkswirtschaftlich ein „homogenes Gut".[1150] Strom stellt mangels unterscheidbarer Eigenschaften ein solches homogenes Gut dar.[1151] Neben der tatsächlichen physisch-bilanziellen Lieferung der Ware Strom kann die Abwicklung auch als ein rein finanzielles Handelsgeschäft erfolgen. Auf liberalisierten Märkten spielt die tatsächliche physische Abwicklung gar eine untergeordnete Rolle.[1152] Der Sinn des physischen Handels liegt primär in der Bedarfsdeckung, d.h. in der Belieferung bzw. Versorgung von Letztverbrauchern (Daseinsvorsorge).[1153] Im Gegensatz dazu ist der Zweck finanziellen Handels entweder dem Bereich des Hedging (Risikoabsicherung), der Spekulation oder der Arbitrage zuzuordnen.[1154] Bei der Spekulation handelt es sich um den Versuch, von Kursschwankungen durch Kauf oder Verkauf von Positionen zu profitieren.[1155] Mit der physischen Ware hat der Spekulant nichts zu tun.[1156] Bei der Arbitrage wird an mindestens zwei Märkten gleichzeitig gehandelt, um Kursdifferenzen an den unterschiedlichen Märkten auszunutzen.[1157] Im Unterschied zur Spekulation, bei der auf die richtige Preisentwicklung gesetzt wird, werden größere Risiken bei der Arbitrage vermieden, da das Bestehen der Preisdifferenz an den Märkten bei der Arbitrage bekannt ist.[1158] Finanzielle Kontrakte werden langfristig geschlossen, da bei kurzfristiger Lieferung eine finanzielle Lieferung wenig Sinn ergibt.[1159] Physische Kontrakte prägen primär den Spotmarkt, können aber (jedenfalls OTC) auch langfristig abgeschlossen werden.[1160] Missbräuchliches Verhalten am Energiehandelsmarkt verbietet die „Verordnung (EU) Nr. 1227/2011 des Europäischen Parlaments und des Rates vom 25. Oktober 2011 über die Integrität und Transparenz des Energiegroßhandelsmarkts" (Regulation on Wholesale Energy Market Integrity and Transparency, REMIT).[1161] Zu beachten sind bei der rechtlichen Beurteilung finanzieller Kontrakte zudem die Bestimmungen des KWG (gilt ebenso für Finanz-

1148 Siehe Teil 2, E. II.

1149 *Hufendiek*, in: Handbuch Energiehandel, Grundlagen des Energiehandels, Rn. 13.

1150 *Jevons*, The Theory of Political Economy, S. 90 f.

1151 *Hufendiek*, in: Handbuch Energiehandel, Grundlagen des Energiehandels, Rn. 13.

1152 Physischer Handel bei börslichen Termingeschäften nur zu zehn Prozent, ansonsten finanzielle Abwicklung, vgl. *Zander* et al., Strombeschaffung im liberalisierten Energiemarkt, S. 52.

1153 *Pritzsche/Vacha*, Energierecht, § 4, Rn. 420.

1154 *Hagena*, Der Stromhandel unter Finanzmarktaufsicht, S. 13; *Wyl*, in: Recht der Energiewirtschaft, § 12, Rn. 40.

1155 *Schwintowski/F. Scholz/Schuler* (Hrsg.), Handbuch Energiehandel, S. 746.

1156 *Schwintowski/F. Scholz/Schuler* (Hrsg.), Handbuch Energiehandel, S. 746.

1157 *Schwintowski/F. Scholz/Schuler* (Hrsg.), Handbuch Energiehandel, S. 711.

1158 *Hagena*, Der Stromhandel unter Finanzmarktaufsicht, S. 39 f.

1159 *Hufendiek*, in: Handbuch Energiehandel, Grundlagen des Energiehandels, Rn. 101.

1160 *Hufendiek*, in: Handbuch Energiehandel, Grundlagen des Energiehandels, Rn. 101.

1161 Verordnung (EU) Nr. 1227/2011 des Europäischen Parlaments und des Rates über die Integrität und Transparenz des Energiegroßhandelsmarkts v. 25. 1. 2011, ABl. EU L 326/1; zusammenfassend *Pritzsche/Vacha*, Energierecht, § 4, Rn. 462.

PPAs). Relevant werden können insofern auch die unionsrechtlichen Vorgaben der sog. „Markets in Financial Instruments Directive“ (MiFID II),[1162] die mit dem KWG umgesetzt wurden,[1163] und der sog. „European Market Infrastructure Regulation“ (EMIR).[1164] Im Stromhandel ist zunächst zwischen dem börslichen und dem nicht börslichen Handel (OTC-Handel) zu unterscheiden.

1. Over-the-Counter-Handel

Der OTC-Handel dient als Sammelbegriff für den außerbörslichen Handel.[1165] Beim OTC-Handel werden die Geschäfte bilateral geschlossen, d. h. direkt zwischen den beteiligten Parteien.[1166] Möglich ist aber auch die Geschäftsanbahnung über Vermittler (Broker) oder ein Geschäftsabschluss über elektronische Handelsplattformen, die einen Spezialfall im OTC-Handel darstellen.[1167] Ein Vorteil des OTC-Handels ist die Möglichkeit der individuellen Ausgestaltung der Produkte, während in Börsen und auf den Handelsplattformen nur standardisierte Produkte vermittelt werden können.[1168] Zwar wird auf Handelsplattformen ebenso wie auf einer Börse standardisiert gehandelt, Handelsplattformen sind aber nicht hoheitlich geregelte Börsen i. S. d. BörsG und unterliegen daher teils anderen Anforderungen.[1169] Auch bei der Vermittlung des Geschäfts über Broker sind die Geschäfte regelmäßig weniger komplex und individuell.[1170] Abgesehen von diesen Einschränkungen können im OTC-Handel nicht nur verschiedene Möglichkeiten der Geschäftsdurchführung gewählt, sondern prinzipiell alle denkbaren Produkte gehandelt werden.[1171] Nicht standardisierte Produkte mit individuell angepassten Merkmalen führen allerdings zu höheren Transaktionskosten.[1172] Außerdem kann es im OTC-Handel mit individuellen Produkten für Preisabsicherungsgeschäfte im langfristigen Terminmarkt schwieriger als an der Börse sein, eine Partei zu finden, die ein kongruentes Gegengeschäft abschließen will.[1173] Das kongruente Gegengeschäft zu einem Geschäft, durch das Kauf- und Verkaufspositionen vorzeitig gegeneinander aufgehoben werden, wird als „Glattstellung“ bezeichnet.[1174] Allerdings können OTC-Handelsgeschäfte, die börslichen Standardprodukten entsprechen,

---

1162 Richtlinie 2014/65/EU des Europäischen Parlaments und des Rates vom über Märkte für Finanzinstrumente sowie zur Änderung der Richtlinien 2002/92/EG und 2011/61/EU v. 15. 5. 2014, ABl. EU L 173/349.

1163 *Buisson/Zenke/Dessau*, in: Energiehandel in Europa, § 10, Rn. 1.

1164 Verordnung (EU) 648/2012 des Europäischen Parlaments und des Rates über OTC-Derivate, zentrale Gegenparteien und Transaktionsregister v. 4. 7. 2012, ABl. EU L 201/1.

1165 *Hagena*, Der Stromhandel unter Finanzmarktaufsicht, S. 54.

1166 *Hufendiek*, in: Handbuch Energiehandel, Grundlagen des Energiehandels, Rn. 99; *Keil*, in: Windenergieanlagen, Kap. 4. IV. 4., Rn. 423.

1167 *Hufendiek*, in: Handbuch Energiehandel, Grundlagen des Energiehandels, Rn. 100.

1168 Theobald/Kühling/*Zenke/Dessau*, Energiehandel, Rn. 77.

1169 Vgl. Theobald/Kühling/*Zenke/Dessau*, Energiehandel, Rn. 91.

1170 *Hufendiek*, in: Handbuch Energiehandel, Grundlagen des Energiehandels, Rn. 100.

1171 *Hufendiek*, in: Handbuch Energiehandel, Grundlagen des Energiehandels, Rn. 99.

1172 *Wyl*, in: Recht der Energiewirtschaft, § 12, Rn. 40.

1173 *Zander* et al., Strombeschaffung im liberalisierten Energiemarkt, S. 53; *Wyl*, in: Recht der Energiewirtschaft, § 12, Rn. 40.

1174 *Hagena*, Der Stromhandel unter Finanzmarktaufsicht, S. 30.

an der Börse registriert und wie ein Börsengeschäft durch die Börse abgesichert werden (sog. OTC-Clearing).[1175] Als Referenz für Geschäfte im OTC-Handel dient üblicherweise der Börsenpreis.[1176] Die Handelsvolumina im OTC-Handel übersteigen die Handelsvolumina an der Börse. So sollen im Jahr 2020 etwa 75 % des Stromhandels im OTC-Handel durchgeführt worden sein.[1177] Rechtliche Besonderheiten ergeben sich zudem insb. im OTC-Derivatehandel.

Zu den OTC-Handelsverträgen zählen – als individuelle, abseits der Börse gehandelte Verträge – letztlich auch PPAs. Ebenso wie andere OTC-Handelsverträge werden sie maßgeblich von den Börsenpreisen beeinflusst.[1178] Es bestehen zudem weitere Wechselwirkungen. Da PPAs nämlich – wie beschrieben – selbst Preisrisiken bergen, können sie mittels des langfristigen Stromhandels (Terminmarkt) abgesichert werden (Hedging).[1179] Die Absicherung von PPA-Preisrisiken ist grds. im OTC-Handel mittels sog. Forwards und an der Börse mittels sog. Futures möglich.[1180] Börsliche Futures waren bisher für Zeiträume von maximal sechs Jahren in der Zukunft verfügbar. Ab dem 27. 9. 2021 wurde der handelbare Zeithorizont auf bis zu zehn Jahre im Voraus erweitert.[1181] Allerdings unterliegt der Terminmarkt faktischen Beschränkungen. Der langfristige Terminmarkt für mehr als drei Jahre in der Zukunft ist nicht sehr liquide, d. h. es stehen sehr wenige Handelsmöglichkeiten zum Hedging zur Verfügung.[1182] Zu den Details der Preisabsicherung von PPA-Preisrisiken mittels diverser Hedgingmethoden sei auf die entsprechende Literatur verwiesen.[1183]

2. Börslicher Handel

a) Grundlagen

Börsen sind hoheitlich – insb. durch das Börsengesetz – strukturierte Märkte für multilateralen Handel mit fungiblen Gütern.[1184] In § 2 Abs. 1 BörsG sind sie definiert als „teilrechtsfähige Anstalten des öffentlichen Rechts, die nach Maßgabe dieses Gesetzes multilaterale Systeme regeln und überwachen, welche die Interessen einer Vielzahl von Personen am Kauf und Verkauf von dort zum Handel zugelassenen Wirtschaftsgütern und Rechten innerhalb des Systems nach nichtdiskretionären Bestimmungen in einer Weise zusammen-

---

1175 BNetzA/BKartA, Monitoringbericht 2022, S. 273.

1176 BKartA, Sektoruntersuchung Stromerzeugung und -großhandel, S. 14.

1177 DIHK/EFET, Strombeschaffung und Stromhandel, S. 7.

1178 Siehe Teil 2, E. III. 1.

1179 Energy Brainpool, Power Purchase Agreements: Finanzierungsmodell von Erneuerbaren Energien, S. 10.

1180 Vgl. Energy Brainpool, Power Purchase Agreements: Finanzierungsmodell von Erneuerbaren Energien, S. 10.

1181 EEX, EEX Pressemitteilung – EEX legt Starttermin für 10-Jahresfutures fest, Pressemitteilung v. 22. 7. 2021.

1182 Vgl. *Brunnberg/Johnsen*, Power Purchase Agreements: Perspektiven auf dem europäischen Markt, S. 5; ebenso Energy Brainpool, Power Purchase Agreements: Finanzierungsmodell von Erneuerbaren Energien, S. 10.

1183 Siehe dazu Energy Brainpool, Power Purchase Agreements II: Marktanalyse, Bepreisung und Hedgingstrategien, S. 13 ff.; ausführlich auch *Schnorr*, Power Purchase Agreements, S. 36 ff.

1184 *Hagena*, Der Stromhandel unter Finanzmarktaufsicht, S. 51.

bringen oder das Zusammenbringen fördern, die zu einem Vertrag über den Kauf dieser Handelsobjekte führt". Eine Börse darf gem. § 4 Abs. 1 BörsG nur mit der schriftlichen Erlaubnis der Börsenaufsichtsbehörde errichtet werden und wird dadurch zur Anstalt des öffentlichen Rechts mit der vom Börsengesetz vorgegebenen Struktur.[1185] Am Börsenhandel teilnehmen dürfen nur zugelassene Börsenhändler (§ 19 Abs. 1 BörsG), die bestimmte Voraussetzungen erfüllen. Gehandelt werden können neben Finanzinstrumenten auch Rechte und andere Wirtschaftsgüter, wie z. B. Waren, Rohstoffe und Emissionsberechtigungen.[1186] Der Handel an einer Börse erfolgt anonymisiert und im Vertragsinhalt standardisiert.[1187] Insofern besteht an der Börse keine Möglichkeit, maßgeschneiderte Produkte zu erhalten, dafür aber mehr Transparenz hinsichtlich der Preise (Börsenstrompreis) und den an der Börse gehandelten Volumina.[1188] Im Gegensatz zum OTC-Handel ist das Kontrahentenrisiko aufgehoben, da die Börse die Abwicklung garantiert und selbst durchführt (sog. Clearing).[1189] Die standardisierten Börsenprodukte führen zu niedrigeren Transaktionskosten als bei individuellen OTC-Handelsprodukten. Im Marktgebiet Deutschland/Luxemburg werden an der European Energy Exchange (EEX) Produkte im sog. Terminhandel angeboten, an der EPEX SPOT, der Nord Pool und der Energy Exchange Austria im sog. Spotmarktbereich.[1190] Nicht jedes Unternehmen muss selbst an der Börse als Händler zugelassen sein, vielmehr kann auf börslich registrierte Händler zurückgegriffen werden.[1191]

b) Preisbildung

Der Börsenpreis hat besondere Relevanz, denn er dient als Referenzpreis auch für Geschäfte des OTC-Handels.[1192] Er bildet sich im Grundsatz nach Angebot und Nachfrage, jedoch nicht nach den Kosten, die jedem einzelnen Anbieter für die Erzeugung der Ware Strom entstehen (pay as bid; Gebotspreis), sondern, da Strom ein homogenes Gut ist, als ein einheitlicher Großhandelspreis für das Produkt Strom (uniform pricing; Einheitspreis).[1193] Die Kraftwerksbetreiber geben an der Strombörse Gebote ab, die sich aus dem Preis und der für diesen Preis zur Verfügung stehenden Leistung zusammensetzen.[1194] Der Preis bestimmt sich dabei nach den sog. Grenzkosten der Kraftwerke.[1195] Die

---

1185 Entwurf eines Gesetzes zur Umsetzung der Richtlinie über Märkte für Finanzinstrumente und der Durchführungsrichtlinie der Kommission (Finanzmarkt-Richtlinie-Umsetzungsgesetz), BT-Drs. 16/4028, S. 79.

1186 BT-Drs. 16/4028, 79; *Hagena*, Der Stromhandel unter Finanzmarktaufsicht, S. 52.

1187 *Zander* et al., Strombeschaffung im liberalisierten Energiemarkt, S. 49 f.

1188 Vgl. *Borgmann*, Preisrisikomanagement im liberalisierten deutschen Strommarkt, S. 55.

1189 *Zander* et al., Strombeschaffung im liberalisierten Energiemarkt, S. 53; *Borgmann*, Preisrisikomanagement im liberalisierten deutschen Strommarkt, S. 55.

1190 BNetzA/BKartA, Monitoringbericht 2022, S. 260; *Schwintowski/Brömmelmeyer*, NZKart 2023, 201, 202.

1191 BNetzA/BKartA, Monitoringbericht 2022, S. 260.

1192 BKartA, Sektoruntersuchung Stromerzeugung und -großhandel, S. 14; Monopolkommission, Sondergutachten 59, Rn. 453.

1193 *Oschmann/Thorbecke*, ZNER 2006, 304, 309.

1194 *Bode*, in: 20 Jahre Recht der Erneuerbaren Energien, Effekte des EEG auf die Energiepreise, 863.

1195 *Oschmann/Thorbecke*, ZNER 2006, 304, 309.

Grenzkosten sind die Kosten für die Produktion der nächsten Einheit Strom (einer mWh/kWh) und setzen sich im Wesentlichen zusammen aus den Brennstoffkosten, dem Wirkungsgrad der Anlage sowie den CO_2-Kosten.[1196]

Anlagentyp	Kapazitäts-kosten *) € /(kW a)	Brennstoff-preis €/MWh$_{th}$	Wirkungs-grad -	Brennstoff-kosten € /MWh$_{el}$	Sonstige variable Kosten **)	Grenz-kosten €/MWh$_{el}$
Photovoltaik	145	0,00	n.a.	0,00	0,00	0
Laufwasser	180	0,00	n.a.	0,00	1,00	1
Windkraft	200	0,00	n.a.	0,00	1,50	2
Kernenergie	540	1,50	37%	4,05	8,50	13
Braunkohle	240	6,00	44%	13,64	14,00	28
Steinkohle	202	13,00	46%	28,26	30,00	58
Gas GuD	80	25,00	56%	44,64	68,00	113
Gasturbine	56	30,00	35%	85,71	130,00	216

*) Nur zur Info: bezogen auf die bereitgestellte Leistung, werden nicht vergütet am "Energie-Only-Market" !

**) Kosten für Zusatzstoffe und Entsorgungsprodukte, Wartungsverträge, Rücklagen für Abriss

Abbildung 6: Beispiele für energieträgerspezifische Grenzkosten

Die Kraftwerke werden nach ihren Grenzkosten sortiert und beginnend mit dem günstigsten Kraftwerk eingesetzt, bis die Nachfrage gedeckt ist (sog. Merit-Order).[1197] Der einheitliche Großhandelspreis (sog. markträumender Preis oder Market-Clearing-Preis) richtet sich nach den Grenzkosten des teuersten Kraftwerks, das zur Deckung der Nachfrage noch erforderlich ist (sog. Grenzkraftwerk).[1198] Alle Kraftwerke, die zur Deckung der Nachfrage erforderlich sind, werden nach diesem Preis des Grenzkraftwerks bezahlt.[1199] Die Differenz zwischen den Grenzkosten der Kraftwerke und dem Market-Clearing-Preis wird als Deckungsbeitrag bezeichnet.[1200] Damit können Fixkosten der Anlagen (wie z. B. Personal- und Kapitalkosten) bedient werden.[1201] Mehr Stromerzeugung aus EE-Anlagen verdrängt – bei unterstellter unelastischer Nachfrage – aufgrund der niedrigeren Grenzkosten dieser Anlagen (s. Abb. 6) teurere konventionelle Kraftwerke aus der Merit-Order, was zu einem niedrigeren Market-Clearing-Preis führt (sog. Merit-Order-Effekt).[1202]

1196 *Konstantin*, Praxisbuch Energiewirtschaft, S. 439; *Schwintowski/Brömmelmeyer*, NZKart 2023, 201, 203.

1197 *Oschmann/Thorbecke*, ZNER 2006, 304, 309; *Ecke/N. Herrmann/Hilmes*, ET 09/2014, 18, 19.

1198 *Oschmann/Thorbecke*, ZNER 2006, 304, 309.

1199 *Bode*, in: 20 Jahre Recht der Erneuerbaren Energien, Effekte des EEG auf die Energiepreise, 863.

1200 *Bode*, in: 20 Jahre Recht der Erneuerbaren Energien, Effekte des EEG auf die Energiepreise, 863.

1201 BMWi, Ein Strommarkt für die Energiewende, S. 10.

1202 BKartA, Sektoruntersuchung Stromerzeugung und -großhandel, S. 28.

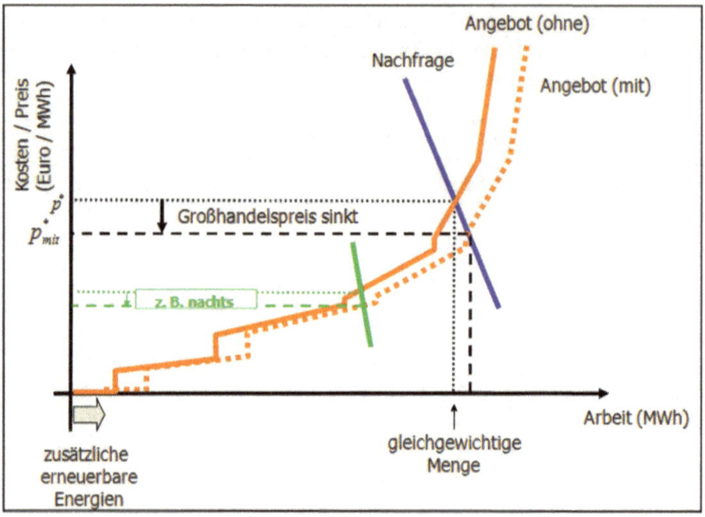

Abbildung 7: Merit-Order-Effekt

EE-Anlagen machen mittlerweile einen signifikanten Anteil der Stromerzeugung in Deutschland aus.[1203] Je mehr EE-Anlagen an der Stromerzeugung beteiligt sind, desto mehr potenziert sich dieser preisdämpfende Merit-Order-Effekt auf den Strompreis. Das gilt einerseits bei fortgesetztem Ausbau der erneuerbaren Energien langfristig, aber andererseits auch kurzfristig insb. für wind- und sonnenstarke Zeiten mit hohem Marktanteil der EE-Anlagen.[1204] Zu windarmen und sonnenarmen Zeiten steigt der Strompreis wiederum an. Für die kurzfristigen Preisschwankungen wird vom sog. „Kannibalisierungseffekt" der EE-Anlagen gesprochen.[1205] Zeitweise wurden die Marktpreise im Jahr 2021 in Deutschland sogar negativ, wenn EE-Anlagen mehr als 75 % des Strombedarfs gedeckt haben (Durchschnitt).[1206] Für den Absatz der EE-Anlagen werden damit einhergehende wirtschaftliche Nachteile befürchtet.[1207]

Sofern die nachgefragte Kapazität an die Grenze der verfügbaren Kapazität gelangt, wird der Strompreis entweder aufgrund der Zahlungsbereitschaft der Verbraucher oder durch Erzeuger, die ihre Fixkosten einpreisen, gesetzt und steigt so über die Grenzkosten der verfügbaren Kraftwerke.[1208] Die Nachfrage kann z. B. entweder dadurch gedeckt wer-

---

1203 Vgl. z. B. dena, Finanzierung von Erneuerbare-Energien-Anlagen über Power Purchase Agreements, S. 16.

1204 *Weale*, in: Verantwortung und Finanzierung im Zuge der Energiewende, Investitionen in Kraftwerke – die Risiken, die Vollkosten und wie sie beschränkt werden können, 19 f.

1205 Vgl. BDEW, Finanzierung und Marktintegration von Erneuerbare-Energien-Anlagen, S. 4; dena, Finanzierung von Erneuerbare-Energien-Anlagen über Power Purchase Agreements, S. 16; *Weale*, in: Verantwortung und Finanzierung im Zuge der Energiewende, Investitionen in Kraftwerke – die Risiken, die Vollkosten und wie sie beschränkt werden können, 19 f.

1206 BWE, Faktencheck: Strompreisauswirkungen der Erneuerbaren, S. 3.

1207 *Weale*, in: Verantwortung und Finanzierung im Zuge der Energiewende, Investitionen in Kraftwerke – die Risiken, die Vollkosten und wie sie beschränkt werden können, 19 f.

1208 BMWi, Ein Strommarkt für die Energiewende, S. 10.

den, dass Verbraucher ihren Strombezug freiwillig reduzieren oder dadurch, dass bereits am Terminmarkt gekaufter Strom gewinnbringend weiterverkauft wird.[1209] Dieses sog. „Peak-load pricing" soll dafür sorgen, dass auch die Kraftwerke am Ende der Einsatzreihenfolge (Merit-Order), die zur Erhaltung der Versorgungssicherheit benötigt werden, Deckungsbeiträge erwirtschaften und so wirtschaftlich betrieben werden können.[1210]

Vergütet wird am Spotmarkt explizit nur der gelieferte Strom in mWh (sog. „Energy-Only-Markt"), nicht aber die vorgehaltene Leistung.[1211] Etwas anders gilt auf dem Regelenergiemarkt.[1212] Auch auf den Terminmärkten bzw. in langfristigen Stromlieferverträgen wird implizit schon die Bereitschaft zur Leistung in einem zukünftigen Zeitraum vergütet und nicht nur die eigentliche Arbeit.[1213]

Eine andere Art der Preisbildung erfolgt im sog. kontinuierlichen Intraday-Handel. Hier wird kein Einheits- bzw. Market-Clearing-Preis gebildet, sondern es gilt für jede kontrahierte Einheit der Gebotspreis.[1214]

3. Termin- und Spotmarkt

Termin- und Spotmarkt existieren an Börsen aber auch im OTC-Handel.[1215] Maßgeblich für die Unterscheidung beider Märkte ist die zeitliche Distanz zum Erfüllungszeitpunkt der Geschäfte.[1216]

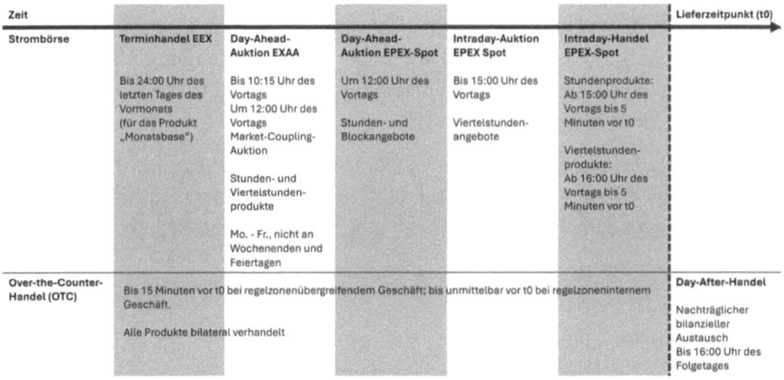

Abbildung 8: Zeitliche Aufteilung der Handelsmärkte

1209 BMWi, Ein Strommarkt für die Energiewende, S. 10.

1210 *Machate*, in: Stromwirtschaft, Kap. 39, Rn. 20.

1211 BMWi, Ein Strommarkt für die Energiewende, S. 11.

1212 BMWi, Ein Strommarkt für die Energiewende, S. 11; krit. etwa *Weale*, in: Verantwortung und Finanzierung im Zuge der Energiewende, Investitionen in Kraftwerke – die Risiken, die Vollkosten und wie sie beschränkt werden können; VDMA Power Systems, Impulse und Leitplanken für die Weiterentwicklung des Strommarkts.

1213 *Pritzsche/Vacha*, Energierecht, § 4, Rn. 178; BMWi, Ein Strommarkt für die Energiewende, S. 11.

1214 Vgl. BNetzA/BKartA, Monitoringbericht 2022, S. 240.

1215 *Hufendiek*, in: Handbuch Energiehandel, Grundlagen des Energiehandels, Rn. 38 f.

1216 *Hufendiek*, in: Handbuch Energiehandel, Grundlagen des Energiehandels, Rn. 37.

a) Spotmarkt

Am Spotmarkt werden Verträge mit kurzer Distanz zum Erfüllungszeitpunkt geschlossen, d. h. innerhalb weniger Minuten bis Tage.[1217] Unterschieden wird am Spotmarkt zwischen dem „Day-Ahead-Handel" (am Vortag der Lieferung) und dem dann folgenden „Intraday-Handel" (teilweise auch „Hour-Ahead-Handel"[1218] Stunden oder Minuten vor der Lieferung).[1219] Am Spotmarkt werden die Geschäfte physisch erfüllt und nicht finanziell, da finanzielle Handelsgeschäfte in erster Linie langfristig sinnvoll sind.[1220] Denn der Spotmarkt wird vornehmlich genutzt, um unvorhergesehene Abweichungen vom prognostizierten Bedarf der Marktteilnehmer physisch auszugleichen und dadurch sog. Ausgleichsenergiekosten zu vermeiden.[1221] Dabei können im „Intraday-Handel" auch noch Fehlprognosen aus dem „Day-Ahead-Handel" ausgeglichen werden. Durch zusätzliche Spotgeschäfte können Marktteilnehmer zudem langfristig gehandelte Band- oder Programmlieferungen ergänzen und ihren Bedarf vollständig decken.[1222] Die Marktteilnehmer tauschen durch die Teilnahme am Spotmarkt das Risiko, dass sie nicht bedarfsdeckend Strom liefern können und das sich in Ausgleichsenergiekosten äußern würde, gegen ein Preisrisiko aus, das sich aus der starken Volatilität der Preise des Spotmarkts ergibt.[1223] Ausgleichsenergie kann allerdings deutlich teurer sein als die Preise im Spot- oder Terminmarkt.[1224] Um das Preisrisiko abzusichern, können außerdem die Produkte des Terminmarkts verwendet werden.[1225] Derartige Bedarfsabweichungen können bei den Marktteilnehmern durch Prognosefehler, witterungsbedingte Lastschwankungen oder (technische) Störungen bei Erzeugern oder Verbrauchern hervorgerufen werden.[1226] Regelmäßig genügen die Produkte des Terminmarkts daher nicht, um die Bedarfsstrukturen vollständig zu befriedigen.[1227] Durch die weniger präzise Planbarkeit der Erzeugung von Strom aus erneuerbaren Energien wird der Bedarf an kurzfristigen Spotmarktgeschäften zur physischen Bedarfsdeckung weiter steigen.[1228]

Des Weiteren kann am Spotmarkt auf Strompreisveränderungen kurzfristig reagiert werden, was Chancen zu wirtschaftlicher Optimierung bietet.[1229] Ein Marktteilnehmer kann z. B. bei steigendem Strompreis mehr und teurer verkaufen bzw. bei sinkendem

---

1217 *Keil*, in: Windenergieanlagen, Kap. 4. IV. 4., Rn. 426.

1218 Vgl. *Hagena*, Der Stromhandel unter Finanzmarktaufsicht, S. 24.

1219 *Hufendiek*, in: Handbuch Energiehandel, Grundlagen des Energiehandels, Rn. 38.

1220 *Hagena*, Der Stromhandel unter Finanzmarktaufsicht, S. 24; *Hufendiek*, in: Handbuch Energiehandel, Grundlagen des Energiehandels, Rn. 101.

1221 *Keil*, in: Windenergieanlagen, Kap. 4. IV. 4., Rn. 426; *Hagena*, Der Stromhandel unter Finanzmarktaufsicht, S. 25; *Schuster*, in: Energiehandel, Kap. 11, Rn. 8.

1222 Vgl. *Zander* et al., Strombeschaffung im liberalisierten Energiemarkt, S. 50.

1223 *Zander* et al., Strombeschaffung im liberalisierten Energiemarkt, S. 50.

1224 *Schuster*, in: Energiehandel, Kap. 11, Rn. 64.

1225 *Zander* et al., Strombeschaffung im liberalisierten Energiemarkt, S. 51.

1226 *Keil*, in: Windenergieanlagen, Kap. 4. IV. 4., Rn. 429; *Schuster*, in: Energiehandel, Kap. 11, Rn. 8.

1227 *Schuster*, in: Energiehandel, Kap. 11, Rn. 8.

1228 *Pritzsche/Vacha*, Energierecht, § 4, Rn. 440.

1229 *Zenke/Dessau*, in: Recht der Energiewirtschaft, § 14, Rn. 38.

Strompreis weniger verkaufen und billiger zukaufen.[1230] Insofern sendet der Spotmarktpreis – insb. für den Einsatzzeitpunkt von Kraftwerken – ein Signal.[1231] Da sich der Preis nach Angebot und Nachfrage richtet, sollte der Spotmarktpreis in Kombination mit den drohenden Ausgleichsenergiekosten immer eine bedarfsgerechte Produktion der Kraftwerke anreizen.[1232] Bei ausreichenden Preisschwankungen (Volatilität) und ausreichendem Marktvolumen (Liquidität) ist aber auch das Erzielen von Spekulationsgewinnen am Spotmarkt möglich.[1233]

Die Bedeutung als Referenzpreis für den OTC-Handel wurde bereits erwähnt.[1234] Auch der Vertriebsmarkt wird von den Spotmarktpreisen beeinflusst.[1235] Anbieter können kaum oberhalb der Spotmarktpreise liefern, da sonst konkurrierende Anbieter günstiger Strom beschaffen und liefern könnten.[1236] Der Spotmarkt hat des Weiteren auch eine besondere Bedeutung für den Terminmarkt. Denn rein finanziell abgeschlossene Termingeschäfte können über den Spotmarkt auch physisch erfüllt werden.[1237] Insofern besteht eine Art zeitliche Wettbewerbssituation zwischen Spot- und Terminmarkt.[1238] Stromhändler werden immer dann einen Vertragsabschluss tätigen, wenn sie einen besonders günstigen Preis erwarten.[1239] Insb. auf dem Terminmarkt wird immer dann gehandelt, wenn die Erwartung besteht, dass für den Händler günstiger gehandelt werden kann als zum Erfüllungszeitpunkt am Spotmarkt. Daher sind die sich im Terminmarkt bildenden Preise immer eng an den erwarteten Spotmarktpreis am Tag vor dem Erfüllungszeitpunkt geknüpft (an den erwarteten Preis im „Day-Ahead-Handel" des Spotmarkts).[1240] Darüber hinaus bietet der Spotmarkt regelmäßig den Basispreis (Underlying) bzw. den Referenz- oder Indexpreis für den Strom (dazu sogleich).[1241]

Die Spotmarktpreisentwicklung lässt sich anhand des für das Marktgebiet gängigsten Preisindex für den Spotmarkt, dem von der EPEX SPOT veröffentlichten „Physical Electricity Index" (Phelix), nachvollziehen.[1242] Zu unterscheiden sind dabei der Phelix-Day-Base, der das arithmetische Mittel der 24 Einzelstundenpreise der gekoppelten Day-Ahead-Auktion eines Tages abbildet, und der Phelix-Day-Peak, der das arithmetische Mittel der Stunden zwischen 8 und 20 Uhr abbildet.[1243]

1230 *Keil*, in: Windenergieanlagen, Kap. 4. IV. 4., Rn. 426.

1231 Monopolkommission, Sondergutachten 59, Rn. 453.

1232 BMWi, Ein Strommarkt für die Energiewende, S. 10 f.

1233 *Hagena*, Der Stromhandel unter Finanzmarktaufsicht, S. 25; mit Verweis auf *Pilgram*, in: Handel mit Energiederivaten, Kap. 5 Abschnitt 2, Rn. 1057.

1234 BKartA, Sektoruntersuchung Stromerzeugung und -großhandel, S. 14; Monopolkommission, Sondergutachten 59, Rn. 453.

1235 *Machate*, in: Stromwirtschaft, Kap. 39, Rn. 3.

1236 *Machate*, in: Stromwirtschaft, Kap. 39, Rn. 3.

1237 *Zenke/Dessau*, in: Recht der Energiewirtschaft, § 14, Rn. 38; *Schuster*, in: Energiehandel, Kap. 11, Rn. 7.

1238 *Machate*, in: Stromwirtschaft, Kap. 39, Rn. 4.

1239 *Machate*, in: Stromwirtschaft, Kap. 39, Rn. 4.

1240 *Machate*, in: Stromwirtschaft, Kap. 39, Rn. 4.

1241 *Zenke/Dessau*, in: Recht der Energiewirtschaft, § 14, Rn. 38.

1242 BNetzA/BKartA, Monitoringbericht 2022, S. 264.

1243 BNetzA/BKartA, Monitoringbericht 2022, S. 264.

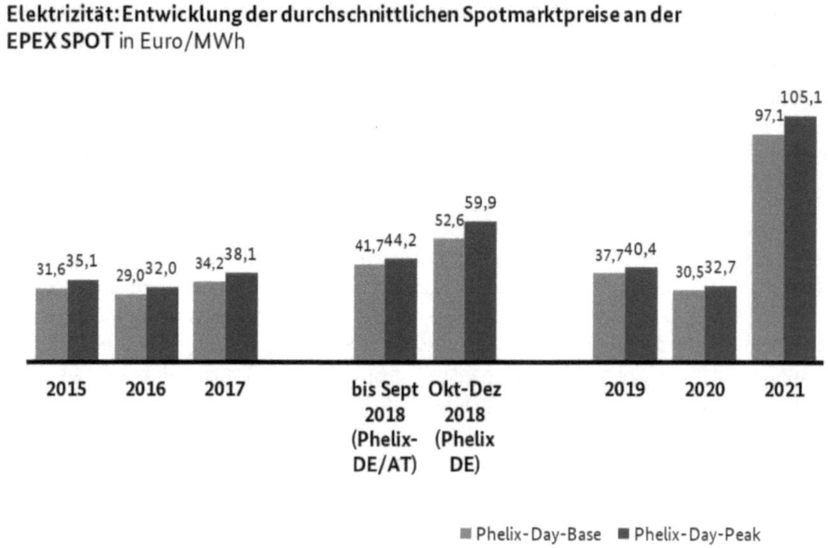

Abbildung 9: Entwicklung der Spotmarktpreise von 2015 bis 2021

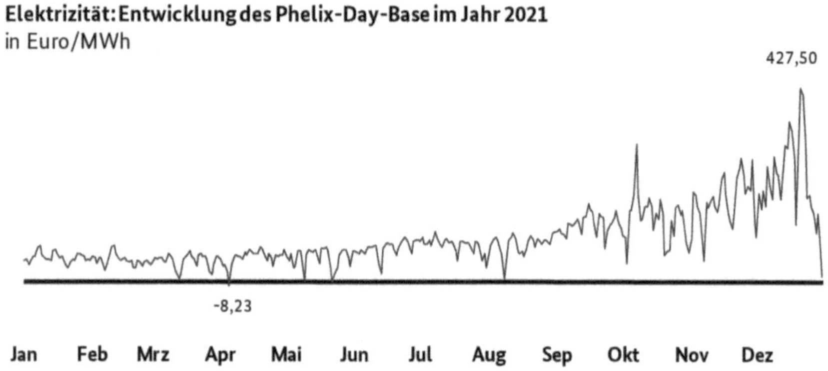

Abbildung 10: Entwicklung der Spotmarktpreise im Jahr 2021

Die Spotmarktpreise sind sehr volatil und im Vergleich zu den Vorjahren im Jahr 2021 bereits vor Beginn der Energiekrise und des Ukrainekriegs vor dem Hintergrund der Marktverknappung der Erzeugungskapazitäten, dem Anstieg der Nachfrage aufgrund der Corona-Lockerungen sowie der geringen Einspeisung von erneuerbaren Energien stark gestiegen.[1244] Die in Abb. 10 abgebildeten tagesgemittelten Preise haben typischerweise einen Wochenverlauf mit niedrigeren Preisen am Wochenende.[1245] Zu sehen sind auch negative

1244 BNetzA/BKartA, Monitoringbericht 2022, S. 266.

1245 BNetzA/BKartA, Monitoringbericht 2022, S. 265.

Preise. Beim Phelix-Day-Base kam es im Jahr 2021 an zwei Tagen zu negativen Preisen, beim Phelix-Day-Peak sogar an sechs Tagen.[1246]

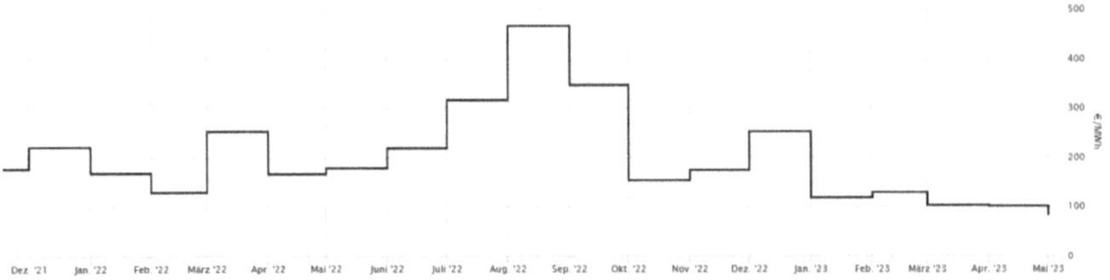

Abbildung 11: Entwicklung der durchschnittlichen Spotmarktpreise von Dezember 2021 bis Mai 2023

In Abb. 11 ist der gewichtete Stromhandelspreis der Day-Ahead-Auktion von Dezember 2021 bis Mai 2023 zu sehen. Die hohen Energiepreise während der Energiekrise werden sehr deutlich. Im August 2022 lag dieser Durchschnittswert bei 465,18 Euro/mWh. Die Energiepreise stiegen im Wesentlichen wegen einer Disproportionalität von Angebot und Nachfrage.[1247] Dazu haben insb. die auch infolge des Ukraine-Kriegs gestiegenen Beschaffungspreise für Gas beigetragen, wodurch sich die Grenzkosten der preissetzenden Gaskraftwerke wesentlich erhöhten.[1248] Einfluss auf die hohen Strompreise hatte zudem die Befürchtung von Versorgungsengpässen wegen einerseits vergleichsweise geringer Auslastung der Kohlekraftwerke auf Grund der schwierigen Versorgungslage bei niedrigen Pegelständen der Wasserstraßen im Sommer 2022, die infolgedessen geringere Produktion aus Wasserkraft und andererseits die Wartungsarbeiten an mehreren Atomkraftwerks-Reaktoren in Frankreich.[1249] Im Jahr 2023 bewegt sich der gewichtete Preis in Richtung des schon hohen Niveaus aus dem Jahr 2021 (vgl. Abb. 9 und 11). Das Niveau der Vorkrisenjahre von zwischen 30 Euro/mWh und 40 Euro/mWh scheint aktuell weit entfernt. Aktuelle Prognosen erwarten Durchschnittsstrompreise, die auch in den nächsten Jahren noch deutlich höher liegen als in den Vorkrisenjahren 2019 und 2020.[1250] Trotz eines Preisrückgangs ab dem Jahr 2024 wird erwartet, dass die Preise auch mittel- bis langfristig auf einem höheren Niveau als auf dem Vorkrisenniveau liegen werden.[1251]

Vor diesem Hintergrund ist die Entlastung für Letztverbraucher im Rahmen des Strompreisbremsengesetzes[1252] sowie die Diskussion um einen Industriestrompreis[1253] bzw. um das Marktdesign[1254] zu sehen. Im aktuellen Marktdesign wurden einerseits teilweise sehr hohe Deckungsbeiträge erwirtschaftet (die diskutierten Übergewinne), während die Ver-

---

1246 BNetzA/BKartA, Monitoringbericht 2022, S. 266.

1247 *T. T. Meier*, EnK-Aktuell 2023, 01086.

1248 *Möller-Klapperich/Rasquin*, NJ 2022, 433, 434.

1249 *Pavel*, EnK-Aktuell 2022, 01054.

1250 Prognos/vbw, Strompreisprognose, S. 1.

1251 Prognos/vbw, Strompreisprognose, S. 1.

1252 Gesetz zur Einführung einer Strompreisbremse und zur Änderung weiterer energierechtlicher Bestimmungen v. 20. 12. 2022, BGBl. I 2022, 2512.

1253 Siehe Teil 1, D. III. 4.

1254 Siehe Teil 1, D. V. 2.

braucher nicht mehr an den günstigen Erzeugungsmöglichkeiten des „grünen" Stroms beteiligt werden. Solcher wird aktuell nur im Rahmen von Corporate-PPAs direkt an Letztverbraucher geliefert. Die Auswirkungen der Energiepreiskrise speziell auf PPAs sollen noch erläutert werden.

Wie beschrieben hat diese Preisentwicklung Auswirkungen auf den OTC-Handel und auch den Terminmarkt. Der Spotmarktpreis dient als Referenzpreis für den OTC-Handel und als Underlying für die Terminmarktprodukte. Zudem sendet der Spotmarktpreis insb. für den Einsatzzeitpunkt von Kraftwerken ein Signal.[1255]

b) Terminmarkt

Am Terminmarkt werden Verträge mit einem Erfüllungszeitpunkt geschlossen, der weiter in der Zukunft liegt als am Spotmarkt (mehr als einen Tag vorher).[1256] Der Terminmarkt dient insb. der Absicherung von Preisrisiken aus vertraglichen Verpflichtungen.[1257] Diese Absicherungsgeschäfte erfolgen insb. an der Börse regelmäßig über finanziell abgewickelte Verträge.[1258] Es besteht dann aber die Möglichkeit, die finanziellen Geschäfte über den Spotmarkt physisch zu erfüllen.[1259] Wie gesehen kann das Risiko von Ausgleichsenergiekosten über Spotgeschäfte vermindert werden, führt aber zu einer Umwandlung in Preisrisiken.[1260] Preisrisiken ergeben sich außerdem daraus, dass Strom bisher nur in geringem Umfang für teure Zeiten gespeichert oder in teuren Zeiten durch andere Produkte ersetzt werden kann.[1261] Eine Absicherung des Preisrisikos kann am Terminmarkt etwa mittels sog. Forwards, Futures, Swaps und Optionen erfolgen.[1262] Dabei wird ein Vertrag mit einem sog. Stillhalter geschlossen, d. h. entweder mit einem Spekulanten, der auf eine für ihn günstige Preisentwicklung setzt und bereit ist, dafür Preisrisiken zu übernehmen, oder mit einem anderen Hedger, der eine komplementäre Position absichern möchte.[1263] Sollen finanzielle Geschäfte anschließend über den Spotmarkt durch physische Geschäfte erfüllt werden, handelt es sich um Preisabsicherung, falls nicht, wird regelmäßig Spekulation der Hintergrund des Geschäftsabschlusses sein.[1264] Bei einer physischen Lieferung gilt wie am Spotmarkt, dass das Termingeschäft auch das Mengenrisiko (i. w. S.) absichert.[1265]

1255 Monopolkommission, Sondergutachten 59, Rn. 453.

1256 *Hagena*, Der Stromhandel unter Finanzmarktaufsicht, S. 25 f.

1257 *Pritzsche/Vacha*, Energierecht, § 4, Rn. 442; *Zander* et al., Strombeschaffung im liberalisierten Energiemarkt, S. 51.

1258 *Pritzsche/Vacha*, Energierecht, § 4, Rn. 442.

1259 *Pritzsche/Vacha*, Energierecht§ 4, Rn. 443.

1260 *Zander* et al., Strombeschaffung im liberalisierten Energiemarkt, 50, 52.

1261 *Zander* et al., Strombeschaffung im liberalisierten Energiemarkt, S. 52.

1262 *F. Scholz/Schuler*, in: Handbuch Energiehandel, Formen des Risikomanagements im Energiehandel, Rn. 105; *Oehler/Unser*, Finanzwirtschaftliches Risikomanagement, S. 37.

1263 *Borgmann*, Preisrisikomanagement im liberalisierten deutschen Strommarkt, S. 109; mit Verweis auf *Blase*, Warentermin- und Warenterminoptionsmärkte, S. 68 ff., der die Details des Hedgings als Handelsstrategie näher erläutert.

1264 *Schulte-Beckhausen*, RdE 1999, 51, 53.

1265 *Borgmann*, Preisrisikomanagement im liberalisierten deutschen Strommarkt, S. 56.

Rein finanziell abgewickelte Termingeschäfte werden auch als Derivate bezeichnet.[1266] Zu den Derivaten können – neben anderen finanziell abgewickelten Termingeschäften – unter bestimmten Voraussetzungen auch Finanz-PPAs gehören (dazu mehr unter Teil 2, C. III.). Derivate sind Finanzinstrumente nach dem KWG.[1267] Gem. § 1 Abs. 11 S. 6 Nr. 1 KWG sind sie Termingeschäfte („zeitlich verzögert zu erfüllen") und können Fest- (Futures oder Forwards[1268]) oder Optionsgeschäfte sein.[1269] Ihren Wert leiten Derivate vom sog. Underlying ab (der Name stammt aus dem lateinischen von derivare für „ableiten").[1270] Das Underlying (auch genannt Basiswert, Basisinstrument, Basisgut) ist das zugrundeliegende Gut, auf das sich ein Options-, Forward- oder Futuresvertrag bezieht.[1271] Der Wert dieses Guts prägt den Wert des Termingeschäfts.

D. h. Derivate sind langfristig angelegte Verträge, die den Normen des KWG unterworfen sind. Sie leiten ihren Wert zwar von einem bestimmten Gut ab, aber ohne dieses Gut physisch zu handeln. Bei Wertsteigerungen oder -senkungen des Guts sind entsprechende Zahlungen zwischen den Parteien zu leisten. Ist das Gut Strom, kann vereinbart werden, den Wert des Stroms nach einem Strompreisindex zu bestimmen. Steigt oder sinkt der Index, d. h. der zugrundegelegte Wert von Strom, sind Zahlungen in die eine oder andere Richtung zu leisten.

Der Basiswert muss nicht physisch geliefert werden. Vielmehr müssen nur „transparente für jedermann zugängliche und allgemeingültige Preise, zu denen reale Abschlüsse getätigt werden" bestehen.[1272] Sofern Waren wie Strom[1273] als Underlying dienen, ist insb. deren Austauschbarkeit relevant.[1274] Die Austauschbarkeit der Ware (Strom als ein homogenes Gut) erhöht die Transparenz, da der Wert des Underlyings nicht von Eigenschaften des Gutes abhängt, sondern zu jeder Zeit des Termingeschäfts bestimmbar ist. So fungiert der Preisindex für den Spotmarkt der EPEX SPOT der Gebotszone Deutschland Luxemburg (Phelix-DE, für „Physical Electricity Index-Deutschland/Luxemburg")[1275] als Underlying für die Phelix-DE-Futures an der EEX.[1276] Als Underlying könnten aber auch andere Preisindizes genutzt werden, die diese Anforderungen erfüllen.[1277] Je liquider der Spotmarkt ist, desto repräsentativer und weniger manipulierbar ist der Preis, was wiederum die Akzeptanz des Spotmarktpreisindexes als Underlying für den Terminmarkt steigert.[1278]

1266 *Zander* et al., Strombeschaffung im liberalisierten Energiemarkt, S. 52.

1267 Vgl. § 1 Abs. 11 S. 1 Nr. 8 KWG.

1268 Vgl. Beck/Samm/Kokemoor/*Reschke*, § 1 Abs. 11 KWG, Rn. 1057; FSM-KWG/*F. A. Schäfer*, § 1 H., Rn. 289.

1269 FSM-KWG/*F. A. Schäfer*, § 1 H., Rn. 290.

1270 *Schwintowski/F. Scholz/Schuler* (Hrsg.), Handbuch Energiehandel, S. 720; *Hufendiek*, in: Handbuch Energiehandel, Grundlagen des Energiehandels, Rn. 63.

1271 *Schwintowski/F. Scholz/Schuler* (Hrsg.), Handbuch Energiehandel, S. 750.

1272 *Zander* et al., Strombeschaffung im liberalisierten Energiemarkt, S. 52.

1273 Strom ist Ware i. S. d. KWG, vgl. BT-Drs. 16/4028, 55.

1274 Vgl. § 2 Abs. 5 WpHG wonach Waren „fungible (also austauschbare) Wirtschaftsgüter [...] wie Strom" sind.

1275 Vgl. BNetzA/BKartA, Monitoringbericht 2021, S. 250.

1276 BNetzA/BKartA, Monitoringbericht 2021, S. 253; vgl. auch *Hagena*, Der Stromhandel unter Finanzmarktaufsicht, S. 29.

1277 *Zander* et al., Strombeschaffung im liberalisierten Energiemarkt, S. 52.

1278 *Zenke/Dessau*, in: Recht der Energiewirtschaft, § 14, Rn. 38.

Gem. § 1 Abs. 11 S. 6 Nr. 1 lit. f KWG kommen außerdem auch Emissionszertifikate und gem. § 1 Abs. 11 S. 6 Nr. 2 KWG Klima-Variablen[1279] wie Niederschlagsmengen, Regentage, Sonnenstunden, Lufttemperatur und Windgeschwindigkeit (sog. Wetterderivate) als Underlying in Betracht.[1280] Erfasst werden nur Termingeschäfte, was kurzfristig zu erfüllende Geschäfte am Spotmarkt (auch genannt Kassageschäfte[1281]) ausschließt.[1282] Nicht erfasst werden von der Definition langfristige Geschäfte, die physisch erfüllt werden sollen.[1283] Eine Abgrenzung ist jedoch häufig nicht eindeutig und kann insofern nur im Einzelfall erfolgen.[1284] Das gilt auch für entsprechende Finanz-PPAs. In § 3 Nr. 15a EnWG ist die Definition des Energiederivats enthalten. Das Underlying muss dafür auf Elektrizität oder Gas bezogen sein. Energiederivate sind keine Energieversorgungsverträge i. S. d. § 3 Nr. 18a EnWG. Auch sog. finanzielle Differenzgeschäfte (CfD) sind gem. § 1 Abs. 11 S. 6 Nr. 3 KWG Derivate. Sie können ebenfalls als Fest- oder Optionsgeschäft ausgestaltet sein.

Wie zuvor bereits beschrieben, besteht auch eine Art Wettbewerbssituation zwischen dem Spot- und Terminmarkt.[1285] Stromhändler werden immer dann einen Vertragsabschluss tätigen, wenn sie einen besonders günstigen Preis erwarten.[1286] Insb. auf dem Terminmarkt wird dann gehandelt, wenn die Erwartung besteht, dass für den Händler günstiger gehandelt werden kann als zum Erfüllungszeitpunkt am Spotmarkt. Daher sind die sich im Terminmarkt bildenden Preise immer eng an den von den Marktteilnehmern erwarteten Spotmarktpreis am Tag vor dem Erfüllungszeitpunkt geknüpft (im „Day-Ahead-Handel“).[1287] Insofern weicht der Terminmarktpreis vom durchschnittlichen Spotmarktpreis ab, wenn bestimmte preisbeeinflussende Faktoren in der Zukunft erkennbar verändert sein werden.[1288] Derartige Faktoren können tatsächlicher Art sein, wie etwa Engpasssituationen, z. B. bei gestiegenen Brennstoffkosten, oder auch rechtlicher Art, wenn Gesetzesänderungen die kurzfristigen Grenzkosten beeinflussen.[1289] Die Faktoren haben teilweise kurzfristigere Auswirkungen auf die Preiserwartungen, z. B. Brennstoff- oder CO_2-Preise,

1279 Vgl. BaFin, Merkblatt Finanzinstrumente (Derivate), https://www.bafin.de/SharedDocs/Veroeffentlichungen/DE/Merkblatt/mb_120521_finanzinstrumente_derivate.html; BT-Drs. 16/4028, 55.

1280 *Amelung/Stein*, in: Energiehandel in Europa, § 6, Rn. 1.

1281 BT-Drs. 16/4028, 55; *Pilgram*, in: Handbuch Energiehandel, Formen des Handels an der EEX, Rn. 52.

1282 BT-Drs. 16/4028, 55; BaFin, Merkblatt Finanzinstrumente (Derivate), https://www.bafin.de/SharedDocs/Veroeffentlichungen/DE/Merkblatt/mb_120521_finanzinstrumente_derivate.html; *Buisson/Zenke/Dessau*, in: Energiehandel in Europa, § 10, Rn. 15; FSM-KWG/*F. A. Schäfer*, § 1 H., Rn. 296.

1283 *Uibeleisen/Groneberg*, RdE 2018, 114, 122; BaFin, Merkblatt Finanzinstrumente (Derivate), https://www.bafin.de/SharedDocs/Veroeffentlichungen/DE/Merkblatt/mb_120521_finanzinstrumente_derivate.html.

1284 *Buisson/Zenke/Dessau*, in: Energiehandel in Europa, § 10, Rn. 18 ff.

1285 *Machate*, in: Stromwirtschaft, Kap. 39, Rn. 4.

1286 *Machate*, in: Stromwirtschaft, Kap. 39, Rn. 4.

1287 *Machate*, in: Stromwirtschaft, Kap. 39, Rn. 4.

1288 *Machate*, in: Stromwirtschaft, Kap. 39, Rn. 38.

1289 *Machate*, in: Stromwirtschaft, Kap. 39, Rn. 38.

Kraftwerksverfügbarkeiten und Wetterlagen, oder langfristigere wie die Angebots- bzw. Nachfragekapazität.[1290]

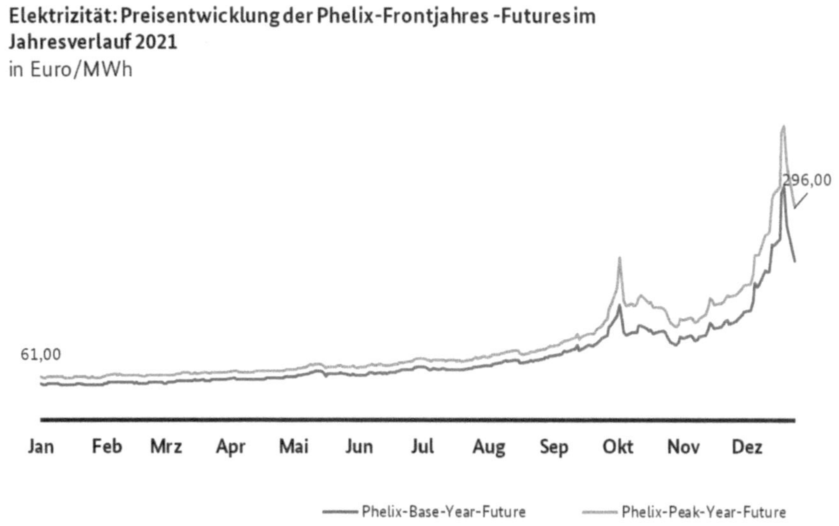

Abbildung 12: Entwicklung der Terminmarktpreise im Jahr 2021

Wie am Spotmarkt ist auch bei den Phelix-Futures mit Lieferzeitpunkt im Folgejahr im Jahresverlauf 2021 ein deutlicher Preisanstieg zu erkennen. Der erwartete Durchschnittspreis im Folgejahr 2022 lag nach dem Phelix-Peak-Year-Future zu Beginn des Jahres 2021 noch bei 61 Euro/mWh und zum Ende des Jahres bei 296 Euro/mWh. Dieser Preisanstieg am Terminmarkt wurde insb. durch eine Verknappung der Erzeugungskapazitäten sowie den Anstieg der Nachfrage aufgrund der Corona-Lockerungen bedingt.[1291] Die Erzeugungskapazitäten fielen insb. wegen der Drosselung von Gaslieferungen bzw. die Nicht-Befüllung der Speicher sowie der geringen Einspeisung von Erneuerbaren Energien geringer aus.[1292]

1290 Dena, Preisleitfaden Green PPA, S. 7.

1291 BNetzA/BKartA, Monitoringbericht 2022, S. 268.

1292 BNetzA/BKartA, Monitoringbericht 2022, S. 268.

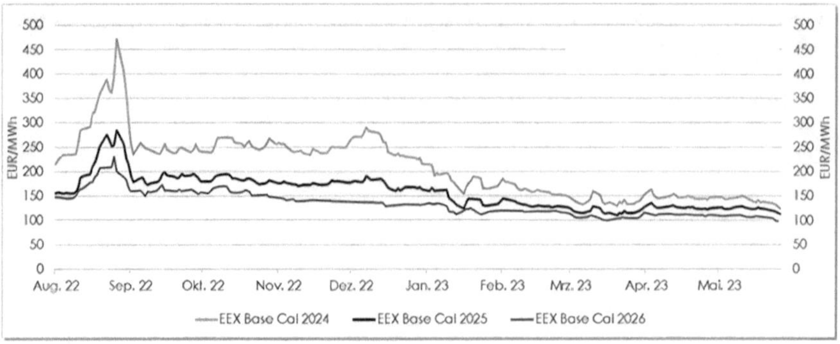

Abbildung 13: Preise am Terminmarkt von August 2022 bis Mai 2023 der EEX-Jahreskontrakte für die Jahre 2024 bis 2026

Die Abhängigkeit vom Spotmarkt ist auch in der Abb. 13 noch gut zu erkennen. Dargestellt sind die Preise der EEX-Jahreskontrakte für Stromlieferungen in den Jahren 2024 bis 2026. Erkennbar ist, dass mit zunehmendem zeitlichem Abstand zur Lieferphase die Terminmarktpreise sinken. So hätte man z. B. im August 2022 für das Jahr 2026 günstiger Strom kaufen können als für das Jahr 2025 und für das Jahr 2025 günstiger als für das Jahr 2024. Reiht man die Terminmarktprodukte mit unterschiedlichem Erfüllungszeitpunkt chronologisch aneinander, erhält man eine Preiskurve, die sog. Terminmarktkurve,[1293] die – wie beschrieben – die Erwartung der Marktteilnehmer an die zukünftige Entwicklung der Spotmarktpreise abbildet. Steigt diese Kurve an, da die Terminmarktpreise über dem Spotpreis liegen, wird dies als Contango bezeichnet, sinkt die Kurve, da die Terminmarktpreise unter dem Spotmarktpreis liegen, wird dies als Backwardation bezeichnet.[1294] Die Möglichkeit, dass sich die Spotmarktpreise anders entwickeln als die Terminmarktkurve prognostiziert, steigt, je weiter der Zeitpunkt in der Zukunft liegt.[1295]

Diese Terminmarktkurve hat regelmäßig Auswirkungen auf die Vereinbarung des PPA-Preises, der im Wesentlichen auf den Erwartungen der Parteien an die Strompreisentwicklung basiert.[1296] Eine steigende Terminmarktkurve (Contango) wirkt preissteigernd, eine sinkende Terminmarktkurve (Backwardation) wirkt preissenkend.[1297] Der vorstehenden Abb. 13 lässt sich insofern entnehmen, dass sich der Terminmarkt aktuell im Zustand der Backwardation befindet.

c) Produktstruktur

Prägend für den Markt ist, dass es sich bei Strom um eine Commodity, also ein „homogenes Gut" handelt.[1298] Auf diesen Märkten können Produkte anhand verschiedener Krite-

---

1293 Dena, Preisleitfaden Green PPA, S. 12.

1294 Dena, Preisleitfaden Green PPA, S. 12.

1295 Dena, Preisleitfaden Green PPA, S. 12.

1296 Dena, Preisleitfaden Green PPA, S. 12.

1297 Dena, Preisleitfaden Green PPA, S. 12.

1298 Dazu ausführlich *Hufendiek*, in: Handbuch Energiehandel, Grundlagen des Energiehandels, Rn. 13 ff.

rien unterschieden werden. Wie gesehen wird die Ware Strom im Energiehandel physisch und finanziell sowie mit unterschiedlichen Erfüllungszeitpunkten gehandelt. Unterschieden werden kann aber auch nach Liefermenge, Lieferort, Lieferdauer und nach dem Lieferprofil.[1299] Insb. im Hinblick auf das Lieferprofil wird dabei zwischen Standardprodukten und sog. (individuell) strukturierten Produkten unterschieden.[1300] Zu den standardisierten Produkten im Terminmarkt gehören die als Monats-, Quartals- oder Jahresprodukt gehandelten Produkte „Base“ (Grundlast) und „Peak“ (Spitzenlast).[1301] „Base“ bezeichnet die Grundlast-Bandlieferung von Strom, der in jeder Viertelstunde die gleiche Leistung bietet über die 24 Stunden des Tages.[1302] Beim „Peak“ ist die Bandlieferung auf die Spitzenlastzeit am Montag bis Freitag von 8 bis 20 Uhr beschränkt.[1303] Im Spotmarkt gibt es dieselben Standardprodukte. „Base“ meint im Spotmarkt die Lieferung konstanter Leistung für alle 24 Stunden des Folgetags, „Peak“ die Lieferung konstanter Leistung für die 12 Stunden von 8 bis 20 Uhr des Folgetags.[1304] Im Spotmarkt werden regelmäßig auch Einzelstunden gehandelt, die die Lieferung von konstanter Leistung für eine definierte Stunde des Folgetags betreffen,[1305] sowie einzelne 15-Minuten-Kontrakte.[1306] Im Gegensatz dazu stehen die strukturierten Produkte, die an die individuellen Bedürfnisse der Parteien angepasst werden können. Dabei handelt es sich i. d. R. wegen der größeren Komplexität um zeitaufwendigere und daher langfristig angelegte Verträge, die OTC gehandelt werden.[1307] Allerdings können derartige Strukturen teilweise auch durch die Kombination verschiedener Standardprodukte nachgebildet werden.[1308]

4. Regelenergiemarkt

Im Rahmen der sonstigen und der geförderten Direktvermarktung ist eine Teilnahme am sog. Regelenergiemarkt möglich (vgl. § 80 Abs. 1 S. 4 EEG 2023). Die Vermarktung von Strom auf dem Regelenergiemarkt stellt daher eine weitere Variante der Direktvermarktung nach dem EEG dar, die mit PPAs konkurriert und deren Funktionsweise und Bedeutung für die Netzsicherheit im Folgenden beleuchtet werden soll. Für PPAs hat die Darstellung des Regelenergiemarkts und des damit eng verbundenen Bilanzkreissystems zudem Bedeutung im Hinblick auf das vertraglich aufzuteilende sog. Bilanzabweichungsrisiko, das sich in Ausgleichsenergiekosten äußert.[1309]

1299 *Hufendiek*, in: Handbuch Energiehandel, Grundlagen des Energiehandels, Rn. 53.
1300 *Hufendiek*, in: Handbuch Energiehandel, Grundlagen des Energiehandels, Rn. 58 f.
1301 *Keil*, in: Windenergieanlagen, Kap. 4. IV. 4., Rn. 425.
1302 *Hufendiek*, in: Handbuch Energiehandel, Grundlagen des Energiehandels, Rn. 57.
1303 *Hufendiek*, in: Handbuch Energiehandel, Grundlagen des Energiehandels, Rn. 57.
1304 *Hufendiek*, in: Handbuch Energiehandel, Grundlagen des Energiehandels, Rn. 124.
1305 *Hufendiek*, in: Handbuch Energiehandel, Grundlagen des Energiehandels, Rn. 124.
1306 *Pilgram*, in: Handbuch Energiehandel, Formen des Handels an der EEX, Rn. 51.
1307 *Hufendiek*, in: Handbuch Energiehandel, Grundlagen des Energiehandels, Rn. 125.
1308 *Hufendiek*, in: Handbuch Energiehandel, Grundlagen des Energiehandels, Rn. 60.
1309 Siehe Teil 2, C. II.

a) Grundlagen

Der Regelenergiemarkt ist notwendig, um die Netzfrequenz von 50 Hertz in den Übertragungsnetzen aufrecht zu erhalten und damit die technischen Voraussetzungen der Versorgungssicherheit zu gewährleisten.[1310] Mangels Speicherbarkeit des Stroms müssen Einspeisung und Verbrauch des Stroms sich zu jeder Zeit entsprechen.[1311] Auf diesem Regelenergiemarkt können Übertragungsnetzbetreiber die sog. Regelenergie von den Stromerzeugern beziehen.[1312] Regelenergie ist eine besondere Form der Ausgleichsleistung gem. §§ 3 Nr. 1b, 22 EnWG, mit der zur Erhaltung der Netzfrequenz Differenzen zwischen der eingespeisten und der entnommenen Strommenge ausgeglichen werden, die von den Netznutzern nicht spätestens durch den Kauf oder Verkauf von Strom am Intraday-Markt beseitigt werden konnten. Vor dem Bezug von Regelenergie gleichen die Übertragungsnetzbetreiber außerdem Differenzen in der Bilanz im Rahmen eines Netzregelverbunds der vier Übertragungsnetzbetreiber untereinander aus, damit über die Regelzonen hinaus nicht gegenläufig Regelenergie benötigt wird („kein Gegenregeln“; Zusammenarbeitsverpflichtung gem. § 22 Abs. 2 S. 4 EnWG).[1313] Diese Saldierung der Leistungsungleichgewichte (Imbalance Netting) wurde über den Netzregelverbund der vier deutschen Übertragungsnetzbetreiber durch eine internationale Kooperation mit weiteren über das Netz verbundenen Staaten ausgeweitet und wird mittels der Imbalance Netting Plattform gem. Art. 22 der Verordnung (EU) 2017/2195 umgesetzt.[1314] Dafür können allerdings nur freigebliebene Kapazitäten der grenzüberschreitenden Verbindungsleitungen genutzt werden.[1315] Sofern nach Saldierung aller Bilanzkreise einer Regelzone dennoch eine Differenz zwischen Ein- und Ausspeisung verbleibt, beziehen die Übertragungsnetzbetreiber positive oder negative Regelenergie (konkreter: Regelarbeit), um einen Zusammenbruch des Stromnetzes zu verhindern.[1316] In Betracht kommt dabei nicht nur zusätzlich benötigter Strom („positive Regenenergie“), sondern auch das Abnehmen von zu viel Strom im Netz durch Stromabnehmer oder die Verringerung der Erzeugung („negative Regelenergie“). Gem. § 22 Abs. 2 EnWG i. V. m. §§ 6 f. StromNZV wird die benötigte Regelenergie durch die Übertragungsnetzbetreiber wettbewerblich ausgeschrieben.[1317] Unterschieden wird zwischen für Sekunden („Primärreserve“), fünf Minuten („Sekundärreserve“) oder Viertelstunden („Minutenreserve“) benötigter Regelenergie.[1318] Gem. § 6 Abs. 1 StromNZV erfolgt dazu eine gemeinsame, regelzonenübergreifende, anonymisierte Ausschreibung über eine Internetplattform (www.regelleistung.net). Verfahrensvorgaben dafür wurden von der BNetzA festgelegt.[1319] Anforderungen an die Bieter (sog. Präqualifikationen) können von

---

1310 *Schuster*, in: Energiehandel, Kap. 11, Rn. 17.

1311 *Hagena*, Der Stromhandel unter Finanzmarktaufsicht, S. 24; BNetzA, Beschluss v. 02. 10. 2019 – BK6-18-004-RAM, 5.

1312 *Hagena*, Der Stromhandel unter Finanzmarktaufsicht, S. 23 f.

1313 BerlKommEnR/*Kroneberg/Berg*, § 22 EnWG, Rn. 42.

1314 BNetzA/BKartA, Monitoringbericht 2022, S. 224 f.

1315 BNetzA/BKartA, Monitoringbericht 2022, S. 224 f.

1316 BerlKommEnR/*Kroneberg/Berg*, § 22 EnWG, Rn. 29.

1317 BerlKommEnR/*Kroneberg/Berg*, § 22 EnWG, 36 und 12 ff.

1318 BNetzA/BKartA, Monitoringbericht 2021, S. 206 f.

1319 So z. B. BNetzA, Beschluss v. 13. 12. 2018 – BK6-18-006; BNetzA, Beschluss v. 12. 04. 2011 – BK6-10-097.

den Übertragungsnetzbetreibern gem. § 6 Abs. 4 und 5 StromNZV bestimmt werden. Das können insb. Anforderungen an die technischen Fähigkeiten zur Gewährleistung der Versorgungssicherheit sein (§ 6 Abs. 5 StromNZV).[1320] Die Termine für die Ausschreibungen werden über die Internetplattform bekannt gegeben.

Für Sekundär- und Minutenreserve wird seit dem 2.11.2020 aufgrund unionsrechtlicher Vorgaben[1321] zwischen einem Regelarbeitsmarkt und einem Regelleistungsmarkt unterschieden.[1322] Regelleistung bezeichnet die Vorhaltung der Bereitschaft zur Leistung einer bestimmten Menge Strom in einem bestimmten Zeitraum, während Regelarbeit die tatsächlich eingesetzte Regelenergie meint. Regelarbeit kann nunmehr von jedem präqualifizierten Erzeuger erbracht werden, ohne das die Teilnahme am Leistungsmarkt Voraussetzung dafür wäre.[1323] Auf den Leistungsmarkt muss daher nur noch notfalls zurückgegriffen werden, wenn der Regelarbeitsmarkt bspw. wegen technischer Probleme ausfällt.[1324] Dazu sind die im Leistungsmarkt bezuschlagten Anbieter verpflichtet, auf dem Regelarbeitsmarkt Gebote zu platzieren, die dem Volumen ihrer Leistungsbereitschaftsverpflichtung entsprechen.[1325] Erst wenn diese nicht benötigt werden, werden sie zur anderweitigen Vermarktung freigegeben.[1326] Insofern wird ausnahmsweise nicht nur der gelieferte Strom (die Arbeit) explizit vergütet („Energy-Only-Markt"), sondern auch das Vorhalten von Leistungskapazitäten für Regelenergie.[1327]

Auch auf den Terminmärkten bzw. in langfristigen Stromlieferverträgen wird implizit schon die Bereitschaft zur Leistung in einem zukünftigen Zeitraum vergütet und nicht nur die eigentliche Arbeit.[1328] Das gilt auch bei PPAs, die ebenfalls die Leistungsbereitschaft in einem zukünftigen Zeitraum vergüten.

Bei der Primärreserve erfolgt diese Trennung von Regelleistung und Regelarbeit mangels europäischer Vorgaben nicht.[1329]

Bereitgestellt wird die Regelleistung hauptsächlich noch von konventionellen Kraftwerken, doch auch Energiespeicher sind in zunehmendem Maße daran beteiligt.[1330] Im Bereich der erneuerbaren Energien sind vor allem Wasserkraft und Biogas in der Lage, derartige

1320 BerlKommEnR/*Laubenstein*, § 6 StromNZV, Rn. 40.

1321 Verordnung (EU) 2017/2195 der Kommission zur Festlegung einer Leitlinie über den Systemausgleich im Elektrizitätsversorgungssystem v. 23.11.2017, ABl. EU L 312/6; Verordnung (EU) 2019/943 des Europäischen Parlaments und des Rates über den Elektrizitätsbinnenmarkt v. 5.6.2019, ABl. EU L 158/54.

1322 BNetzA, Beschluss v. 02.10.2019 – BK6-18-004-RAM; BNetzA/BKartA, Monitoringbericht 2021, S. 208.

1323 BNetzA, Beschluss v. 02.10.2019 – BK6-18-004-RAM, 7; BNetzA/BKartA, Monitoringbericht 2021, S. 205.

1324 BNetzA, Beschluss v. 02.10.2019 – BK6-18-004-RAM, 7.

1325 BNetzA, Beschluss v. 02.10.2019 – BK6-18-004-RAM, 8.

1326 BNetzA/BKartA, Monitoringbericht 2021, S. 205 f.

1327 BNetzA, Beschluss v. 02.10.2019 – BK6-18-004-RAM, 7.

1328 *Pritzsche/Vacha*, Energierecht, § 4, Rn. 178; BMWi, Ein Strommarkt für die Energiewende, S. 11.

1329 BNetzA, Beschluss v. 02.10.2019 – BK6-18-004-RAM, 4.

1330 BNetzA/BKartA, Monitoringbericht 2021, S. 208.

Systemdienstleistungen zu erbringen.[1331] Anlagenbetreiber, die auf dargebotsabhängige Energieträger zurückgreifen, können aufgrund der fluktuierenden Einspeisemöglichkeiten nicht ohne Weiteres langfristig sicher Leistung vorhalten und die Ausschreibungsbedingungen erfüllen.[1332] Sie sind daher auf flexiblere bzw. spontanere Absatzmöglichkeiten angewiesen, wollen sie am Regelenergiemarkt teilnehmen. Um die Bedingungen für solche EE-Anlagen und kleinere Anlagen zu verbessern, wurden die Ausschreibungsbedingungen und Veröffentlichungspflichten für Sekundär- und Minutenreserve geändert.[1333] Insb. wurde der Ausschreibungszyklus von Sekundär- und Minutenreserve[1334] und die Produktzeit der Minutenreserve (sog. Produktzeitscheibe)[1335] zugunsten der Erneuerbare-Energien-Anlagenbetreiber verkürzt. Diese Änderungen gelten im neben den Regelleistungsmarkt eingeführten Regelarbeitsmarkt nun fort.[1336] Da Regelarbeitsgebote bis eine Stunde vor Beginn der Produktzeitscheibe abgegeben bzw. angepasst werden können, sind Erneuerbare-Energien-Anlagenbetreiber nun besser in der Lage, am Regelarbeitsmarkt teilzunehmen.[1337]

Die vormals nationalen Märkte für die Primärreserve wurden mittlerweile durch eine Kooperation mehrerer europäischer Staaten geöffnet, sodass ein von der BNetzA genehmigtes, harmonisiertes Ausschreibungsverfahren für die Primärreserve durchgeführt wird.[1338] Zukünftig sollen gem. der Verordnung (EU) 2017/2195[1339] die europäischen Regelenergiemärkte weiter integriert werden. Dafür sollen die europäischen Übertragungsnetzbetreiber auch beim grenzüberschreitenden Austausch von Regelarbeit zusammenarbeiten.[1340] Zu diesem Zweck werden die Plattform „PICASSO" (gem. Art. 21 der Verordnung (EU) 2017/2195) für den Austausch von Regelarbeit aus Frequenzwiederherstellungsreserven mit automatischer Aktivierung (aFRR; entspricht der deutschen Sekundärreserve) seit Juni 2022 und die Plattform „MARI" (gem. Art. 20 der Verordnung (EU) 2017/2195) für den Austausch von Regelarbeit aus Frequenzwiederherstellungsreserven mit manueller Aktivierung (mFRR; entspricht der deutschen Minutenreserve) seit Oktober 2022 eingesetzt.[1341] Die deutschen Übertragungsnetzbetreiber gehören zu den ersten Nutzern dieser Plattformen, denen bis 2024 die weiteren europäischen Übertragungsnetzbetreiber sukzessive beitreten werden.[1342]

1331 BNetzA/BKartA, Monitoringbericht 2021, S. 208.

1332 BNetzA, Beschluss v. 13.06.2017 – BK6-15-158, 11; BNetzA, Beschluss v. 13.06.2017 – BK6-15-159, 12.

1333 BNetzA, Beschluss v. 13.06.2017 – BK6-15-158; BNetzA, Beschluss v. 13.06.2017 – BK6-15-159.

1334 BNetzA, Beschluss v. 13.06.2017 – BK6-15-158, 13 ff.; BNetzA, Beschluss v. 13.06.2017 – BK6-15-159, 11 ff.

1335 BNetzA, Beschluss v. 13.06.2017 – BK6-15-158, 24 ff.

1336 BNetzA/BKartA, Monitoringbericht 2021, S. 209.

1337 BNetzA/BKartA, Monitoringbericht 2021, S. 209.

1338 BNetzA, Beschluss v. 13.12.2018 – BK6-18-006.

1339 BNetzA/BKartA, Monitoringbericht 2022, S. 224 f.

1340 BNetzA/BKartA, Monitoringbericht 2022, S. 237.

1341 BNetzA/BKartA, Monitoringbericht 2022, S. 237.

1342 BNetzA/BKartA, Monitoringbericht 2022, S. 237.

Die saldierten Gesamtkosten der sog. Systemdienstleistungen, die über die Netzentgelte an die Verbraucher abgewälzt werden, lagen nach dem Monitoringbericht der BNetzA aus dem Jahr 2021 im Vorjahr bei 2.018,3 Mio. Euro und im Jahr 2019 bei 1.931,2 Mio. Euro.[1343] Von diesen Kosten entfielen auf die Vorhaltung der Regelleistung im Jahr 2020 152,4 Mio. Euro (2019: 285,7 Mio. Euro). Die Kosten waren damit im Vergleich zum Jahr 2019 gesunken. Die BNetzA führte dies auf mehr Wettbewerb durch die Kopplung der Primärregelleistungs-Märkte von Deutschland, Belgien, Niederlande, Frankreich, Schweiz und Österreich (sog. internationale PRL-Kooperation[1344]) sowie eine Rückkehr vom sog. Mischpreis- zum Zuschlagsverfahren bei Sekundär- und Minutenreserveleistung zurück.[1345] Im Jahr 2021 sind die Kosten wegen des generellen Energiepreisanstiegs auf 568,6 Mio. Euro gestiegen.[1346]

Für EE-Anlagenbetreiber, die ihren erzeugten Strom mittels Inanspruchnahme der Einspeisevergütung vermarkten, gilt gem. § 21 Abs. 2 Nr. 2 EEG 2023 ein gesetzliches Verbot der Teilnahme am Regelenergiemarkt. Auch negative Regelenergie durch Abschaltung der Anlagen darf nicht vermarktet werden.[1347] Begründet wird dies einerseits mit der Vermeidung eines „Rosinenpickens" durch die Anlagenbetreiber, die durch die Einspeisevergütung Sicherheit erhalten und nicht auch noch Chancen des Regelenergiemarkts erhalten sollen.[1348] Andererseits werden auch ökonomische Nachteile für den Regelenergiemarkt befürchtet, wie eine Verschlechterung der Wettbewerbssituation, weil EE-Anlagenbetreiber aufgrund ihrer niedrigen Produktionskosten andere Anbieter verdrängen könnten.[1349] Im Rahmen der Direktvermarktung ist eine Teilnahme am Regelenergiemarkt indes möglich (vgl. § 80 Abs. 1 S. 4 EEG 2023). Anlagenbetreiber können auf dem Regelarbeitsmarkt teils hohe Preise erzielen, die deutlich über den Preisen des Spotmarkts liegen, sodass eine Vermarktung des Stroms als Regelenergie für Anlagenbetreiber attraktiv sein kann.[1350] Wegen vermehrt auftretender extrem hoher Preise bis zur technischen Preisgrenze i. H. v. 99.999,99 Euro/mWh, wurde am 16. 12. 2020 eine neue Preisobergrenze für den Regelarbeitsmarkt in Höhe von 9.999,99 Euro/mWh von der BNetzA genehmigt.[1351] Diese wurde vom BGH mangels Zuständigkeit der BNetzA einstweilig ausgesetzt, sodass ab dem 13. 1. 2022 nun wieder die alte Obergrenze von 99.999,99 Euro/mWh galt.[1352] Um hohen Regelarbeitspreisen bei der Einführung der Plattformen PICASSO und MARI vorzubeugen, wurde von der Agentur der Europäischen Union für die Zusammenarbeit der Energieregulierungsbehörden (ACER) auf Antrag der europäischen Übertragungsnetzbetreiber eine übergangsweise reduzierte Preisobergrenze für Regelarbeit in Höhe von

1343 BNetzA/BKartA, Monitoringbericht 2021, S. 202.

1344 BNetzA/BKartA, Monitoringbericht 2021, S. 220f.

1345 BNetzA/BKartA, Monitoringbericht 2021, S. 202.

1346 BNetzA/BKartA, Monitoringbericht 2022, S. 233.

1347 Reshöft/Schäfermeier/*Reshöft*, § 16 EEG, Rn. 69.

1348 BerlKommEnR/*Schulz*, § 21 EEG, Rn. 80.

1349 Consentec, Auswirkungen der Teilnahme von EEG-Anlagen aus der festen Einspeisevergütung auf die Regelenergiemärkte, S. 28f.

1350 Vgl. BNetzA, Beschluss v. 16. 12. 2020 – BK6-20-370, 10.

1351 BNetzA, Beschluss v. 16. 12. 2020 – BK6-20-370.

1352 BGH, EnWZ 2022, 124.

15.000 Euro/mWh für die ersten 48 Monate der Plattformnutzung genehmigt, die seit dem 22. 6. 2022 Anwendung findet.[1353]

b) Das Bilanzkreissystem und die Maßnahmen der Netzbetreiber

Im Gegensatz zu den Kosten, die auf dem Regelleistungsmarkt für die Regelleistungsvorhaltung anfallen und die über die Netzentgelte gewälzt werden, werden die sog. Ausgleichsenergiepreise (Preise für Regelarbeit) von den Verursachern der Differenzen zwischen der eingespeisten und der entnommenen Strommenge getragen, den sog. Bilanzkreisverantwortlichen.[1354] Marktakteure, die zur Stromlieferung das Stromnetz nutzen, müssen Bilanzkreiskonten beim Netzbetreiber führen. Diese Bilanzkreiskonten sind ausgeglichen zu halten, d. h. der Bilanzkreisverantwortliche hat dafür Sorge zu tragen, dass Einspeise- und Entnahmemengen in jeder Viertelstunde des Tages einander entsprechen (§ 4 Abs. 2 S. 2 StromNZV). Denn mangels signifikanter Speicherbarkeit des Stroms müssen Einspeisung und Verbrauch des Stroms sich zu jeder Zeit entsprechen,[1355] um die Netzfrequenz von 50 Hertz aufrecht zu erhalten.[1356]

Die Bilanzkreisverantwortlichen übermitteln dazu um 14.30 Uhr am Tag vor der Lieferung einen sog. Fahrplan an den Übertragungsnetzbetreiber, d. h. eine Prognose für den Bilanzkreis in jeder Viertelstunde des Folgetags (vgl. § 5 Abs. 1 S. 3 StromNZV). Darin hat der Bilanzkreisverantwortliche viertelstundenscharf zu prognostizieren, wie hoch die Erzeugungsleistung und der Energieverbrauch seiner Ein- und Ausspeisepunkte ausfallen.[1357] Der Saldo muss für jede Viertelstunde null ergeben (vgl. § 5 Abs. 1 S. 5 StromNZV).[1358] Für diese ausgeglichene Bilanz ist – wie zur Einhaltung der vertraglichen Verpflichtung aus dem PPA – der Kauf oder Verkauf von Reststrommengen im kurzfristigen Stromhandel am Spotmarkt notwendig. Der Spotmarkt ist der Handelsort, um unvorhergesehene Abweichungen vom prognostizierten Bedarf des Marktteilnehmers physisch auszugleichen und dadurch Ausgleichsenergiekosten zu vermeiden.[1359] Der Marktteilnehmer tauscht durch die Teilnahme am Spotmarkt das Risiko von Ausgleichsenergiekosten gegen ein Preisrisiko aus, das sich aus der Volatilität der Spotmarktpreise ergibt.[1360] Am Spotmarkt können im „Intraday-Handel" auch noch Fehlprognosen aus dem „Day-Ahead-Handel" ausgeglichen werden. § 5 Abs. 3 StromNZV ermöglicht zudem das sog. „After-Day-Trading", bei dem bis um 16 Uhr des folgenden Werktages regelzonenintern Fahrplanänderungen möglich

1353 ACER, Amendment to the methodology for pricing balancing energy and crosszonal capacity used for the exchange of balancing energy or operating the imbalance netting process, https://eepublicdownloads.entsoe.eu/clean-documents/nc-tasks/220225_EB%20Regulation_Art.30_Amendment_ACER%20Decision_Annex%20I%20(1).pdf.

1354 BNetzA/BKartA, Monitoringbericht 2021, S. 217.

1355 *Hagena*, Der Stromhandel unter Finanzmarktaufsicht, S. 24; BNetzA, Beschluss v. 02. 10. 2019 – BK6-18-004-RAM, 5.

1356 *Schuster*, in: Energiehandel, Kap. 11, Rn. 17.

1357 *Linnemann*, Energiewirtschaft für (Quer-)Einsteiger, S. 155 f.

1358 *Linnemann*, Energiewirtschaft für (Quer-)Einsteiger, S. 156.

1359 *Keil*, in: Windenergieanlagen, Kap. 4. IV. 4., Rn. 426; *Hagena*, Der Stromhandel unter Finanzmarktaufsicht, S. 25; *Schuster*, in: Energiehandel, Kap. 11, Rn. 8.

1360 Vgl. *Zander* et al., Strombeschaffung im liberalisierten Energiemarkt, S. 50.

sind.[1361] Diese Regelung entbindet den Bilanzkreisverantwortlichen jedoch nicht von der Pflicht zur Führung eines ausgeglichenen Bilanzkreises.[1362]

Ausnahmsweise können Lieferungen elektrischer Energie zwischen mehreren Bilanzkreisen – wenn Einspeisung und Entnahme nicht in derselben Regelzone erfolgen – unter bestimmten Voraussetzungen regelzonenübergreifend erfolgen.[1363] Sie werden ebenfalls durch die Meldung der sog. Fahrpläne umgesetzt (§ 5 Abs. 1 S. 1 StromNZV). Insofern müssen neben Einspeisungen und Entnahmen auch Fahrplanbezüge und Fahrplanlieferungen im Gleichgewicht gehalten werden.[1364] Für Lieferungen zwischen Bilanzkreisen ist die Meldung von zwei korrespondierenden Fahrplänen (Abgabe- und Bezugsfahrplan) erforderlich.[1365] Die Abrechnung der tatsächlichen Einspeisung und Entnahme innerhalb der Regelzone erfolgt grds. aufgrund von Messdaten an den Einspeise- und Entnahmestellen.[1366] Kurzfristige Abweichungen entstehen regelmäßig dadurch, dass sich die Erzeugungsanlage oder der Verbraucher anders verhalten als erwartet.[1367]

Sofern die Marktakteure es nicht schaffen, einen Gleichlauf von Einspeisung und Entnahme herzustellen, muss der überwachende und verantwortliche Netzbetreiber durch Maßnahmen zur Aufrechterhaltung der Netzfrequenz gem. § 13 Abs. 1 EnWG, wie etwa den Einsatz von Regelenergie, einspringen. Das Bilanzkreissystem ermöglicht es, den Bilanzkreisverantwortlichen als wirtschaftlich verantwortlichen Verursacher der Bilanzdifferenzen feststellen zu können (vgl. § 4 Abs. 2 S. 2 StromNZV). Auf diesen Verursacher legt der Netzbetreiber dann die ihm durch die Maßnahmen, wie den Bezug der Regelarbeit, entstanden Kosten um (§ 8 Abs. 2 S. 2 StromNZV). Besonders hohe Regelarbeitspreise können für die Bilanzkreisverantwortlichen daher auch potentiell existenzbedrohend wirken.[1368] Vor diesem Hintergrund hat auch die Debatte um eine Preisobergrenze für den Regelenergiemarkt Bedeutung.

Zur Erhaltung der Netzstabilität stehen den Netzbetreibern die Maßnahmen aus dem Katalog des § 13 Abs. 1 Nr. 1 bis 3 EnWG zur Verfügung. Noch vor der Durchführung marktbezogener Maßnahmen wie dem Einsatz von Regelenergie sind danach sog. netzbezogene Maßnahmen durchzuführen. Das sind technische Maßnahmen, die unabhängig von den Netznutzern möglich sind.[1369] Ist der Ausgleich weder durch technische Maßnahmen noch durch den Einsatz von Regelenergie möglich, kommen weitere marktbezogene Maßnahmen in Betracht. Das kann z. B. die Entlastung kritischer Netzbereiche durch die Anpassung von Last und Erzeugung sein, also die Steuerung von Ein- und Ausspeisung durch die Übertragungsnetzbetreiber.[1370] Aufgrund einer vertraglichen Grundlage mit Betreibern von Erzeugungs-, Speicher und Verbrauchsanlagen können die Übertragungs-

---

1361 *Wyl*, in: Recht der Energiewirtschaft, § 12, Rn. 38; BerlKommEnR/*Laubenstein*, § 6 StromNZV, Rn. 9.

1362 *Wyl*, in: Recht der Energiewirtschaft, § 12, Rn. 38.

1363 Vgl. *Wyl/Thole/A. Bartsch*, in: Recht der Energiewirtschaft, § 17, Rn. 373.

1364 *Neveling/Schönrock*, in: Energiehandel in Europa, § 25, Rn. 79.

1365 Theobald/Kühling/*Lüdtke-Handjery*, § 5 StromNZV, Rn. 8.

1366 *Wyl/Thole/A. Bartsch*, in: Recht der Energiewirtschaft, § 17, Rn. 373.

1367 *Linnemann*, Energiewirtschaft für (Quer-)Einsteiger, S. 156.

1368 BNetzA, Beschluss v. 16. 12. 2020 – BK6-20-370, 10.

1369 *Pritzsche/Vacha*, Energierecht, § 4, Rn. 253.

1370 BerlKommEnR/*König*, § 13 EnWG, Rn. 26.

netzbetreiber Anweisungen für den Betrieb dieser Anlagen geben (vertragliches Erzeugungsmanagement (Redispatch) und vertragliches Lastmanagement).[1371] Die Anlagen in der Netz- und Kapazitätsreserve sind entsprechend der in § 13 Abs. 1 EnWG gesetzlich festgelegten Reihenfolge nachrangig in Anspruch zu nehmen.[1372]

V. Das Verhältnis von Stromhandel und Power-Purchase-Agreements

1. Das Verhältnis von Stromhandel und Power-Purchase-Agreements im Hinblick auf die Anlagenfinanzierung

Im Hinblick auf die Anlagenfinanzierung bietet die Vermarktung über PPAs deutliche, auch messbare Vorteile gegenüber der Vermarktung von Strom an der Börse oder im OTC-Handel. Entscheidender Nachteil der Vermarktung von Strom an der Börse ist, dass die Preise am Spotmarkt einer Börse deutlich volatiler sind als bei einem Festpreissystem wie vom EEG 2023 festgelegt oder in einem PPA vereinbar.[1373] Das gilt auch für den kurzfristigen OTC-Handel, der sich preislich an den Börsenpreisen orientiert. Zwar bietet die Börse gegenüber einem Festpreissystem auch Chancen. Diese werden allerdings im Hinblick auf die Finanzierung wohl von den Preisrisiken überwogen. Darüber hinaus besteht auch bei PPAs die Möglichkeit mit etwaigen zusätzlich produzierten Mengen an den Marktchancen teilzuhaben. Das Risiko höherer Preisvolatilität schlägt sich nieder in schlechteren Finanzierungsbedingungen und insofern höheren Finanzierungskosten als bei abgesicherten, stabilen Preisen.[1374] Ein maßgeblicher Anhaltspunkt ist der bereits in Teil 1, C. II. 6. b) erläuterte Schuldendienstdeckungsgrad (*Dept Service Coverage Ratio*, kurz DSCR), der beschreibt, inwieweit die Erträge eines Projekts zur Tilgung der Schulden (des Kapitaldiensts, bestehend aus Kreditsumme und Kreditzins) ausreichen. Der Kapitaldienst ist bei einem DSCR von 1,0 durch den Cashflow gedeckt.[1375] Steht zur Deckung des Schuldendienstes mehr Cashflow zur Verfügung, ergibt sich ein DSCR über 1,0 (Überdeckung). Erzielt das Projekt nicht ausreichend Erträge zur Deckung der laufenden Kosten von Kreditsumme und Kreditzins, liegt ein DSCR von unter 1,0 vor. Die Anforderungen der Banken an den DSCR hängen von der Verlässlichkeit und Volatilität des Cashflows ab, da dieser die Tilgung des Kapitaldiensts bei der Projektfinanzierung gewährleistet.[1376] Banken haben insofern ein Interesse an einem DSCR über 1,0, weil die Überdeckung Risiken des Cashflows absichert.[1377] Laut Informationen einer Studie der dena verlangen Banken bei der Vermarktung des Stroms an der Börse einen höheren DSCR („etwa 1,4"),

---

1371 BerlKommEnR/*König*, § 13 EnWG, Rn. 26.

1372 Entwurf eines Gesetzes zur Weiterentwicklung des Strommarktes, BT-Drs. 18/7317, S. 85; BerlKommEnR/*König*, § 13 EnWG, Rn. 30.

1373 Dena, Finanzierung von Erneuerbare-Energien-Anlagen über Power Purchase Agreements, S. 6; *J. Böttcher/Blattner*, Projektfinanzierung, S. 95 f.

1374 Vgl. *May/Neuhoff/Richstein*, DIW Wochenbericht 2018, 625, 626 f.

1375 *J. Böttcher/Blattner*, Projektfinanzierung, S. 122.

1376 Dena, Finanzierung von Erneuerbare-Energien-Anlagen über Power Purchase Agreements, S. 7.

1377 *J. Böttcher/Blattner*, Projektfinanzierung, S. 122; *Konstantin*, Praxisbuch Energiewirtschaft, S. 42.

als bei der Vermarktung über PPA („bspw. 1,2“).[1378] Die Banken vertrauen dem Cashflow, der von der Volatilität der Börsenpreise abhängt, also weniger als den über ein PPA abgesicherten Zahlungsströmen.

Für die Finanzierung von EE-Anlagen hat das zwei zentrale Auswirkungen. Die Banken stellen bei der Vermarktung über PPAs wegen des geringeren DSCR mehr Fremdkapital zur Verfügung, sodass weniger Eigenkapital eingesetzt werden muss.[1379] Je weniger Eigenkapital eingesetzt werden muss bzw. je mehr Fremdkapital verfügbar ist, desto höher kann grds. die Rendite für das eingesetzte Eigenkapital, die sog. (Eigenkapitalrendite), ausfallen.[1380] Dieses Phänomen setzt voraus, dass das Fremdkapital günstiger zu beschaffen ist als der Einsatz von Eigenkapital, und nennt sich Leverage-Effekt (zu Deutsch Hebel-Effekt).[1381] Bei einer Vermarktung über die Börse oder OTC stehen entsprechend weniger Fremdmittel zur Verfügung, was entsprechend des Leverage-Effekts zu einer schlechteren Eigenkapitalrendite führt. Eine für Investoren interessante Finanzierungsstruktur wäre entsprechend deutlich schwieriger umzusetzen.[1382]

Auch für Abnehmer hat das PPA gegenüber dem kurzfristigen Bezug von Strom an der Börse oder im OTC-Handel einen zentralen Vorteil. Bei einer Festpreisvereinbarung, wie sie im PPA möglich ist, erhalten Abnehmer eine langfristige Preisabsicherung gegen die Volatilität der Strompreise an der Börse und auch OTC.[1383] Die Volatilität an den Märkten soll sich durch die verstärkte Teilnahme dargebotsabhängiger Anlagen und die erläuterten Kannibalisierungseffekte noch weiter verstärken.[1384] Ein Festpreis macht die Stromkosten für Abnehmer außerdem besser kalkulierbar, was positive Auswirkungen auf andere Wirtschaftstätigkeiten der Abnehmer haben kann. Gleichzeitig gehen Abnehmer bei einem Festpreis aber auch das Risiko ein, dass der Börsenpreis zeitweise unter den PPA-Preis sinkt und Konkurrenten dort günstiger Strom ankaufen können. PPA-Abnehmer setzen mit dem Vertragsschluss aber auf einen im Schnitt höheren Börsenstrompreis und versuchen, einen PPA-Preis zu vereinbaren, der für sie auch bei zeitweise sinkenden Spotpreisen akzeptabel bleibt.[1385] Vorteilhaft ist mithin vor allem die Kalkulierbarkeit des Preises für den Abnehmer.

Eine Preisabsicherung ist allerdings auch über den Terminmarkt möglich (börslich wie OTC). Der PPA-Preis ist für den Abnehmer im Verhältnis zu langfristigen Verträgen an der Börse regelmäßig niedriger, weil der PPA-Abnehmer Risiken übernimmt, die in Preisabschlägen resultieren.[1386]

1378 Dena, Finanzierung von Erneuerbare-Energien-Anlagen über Power Purchase Agreements, S. 7.

1379 Dena, Finanzierung von Erneuerbare-Energien-Anlagen über Power Purchase Agreements, S. 7; vgl. *May/Neuhoff/Richstein*, DIW Wochenbericht 2018, 625, 627.

1380 Vgl. *Rieg*, BC 2016, 130.

1381 Dazu ausführlich *Rieg*, BC 2016, 130.

1382 *J. Böttcher/Blattner*, Projektfinanzierung, S. 95f.

1383 BDEW, Finanzierung und Marktintegration von Erneuerbare-Energien-Anlagen, S. 6; ISI, Zukunftsszenarien für erneuerbare Energien – wie viel und welche Förderung wird zukünftig benötigt?, S. 34.

1384 BDEW, Finanzierung und Marktintegration von Erneuerbare-Energien-Anlagen, S. 4.

1385 Vgl. Energy Brainpool, Power Purchase Agreements: Finanzierungsmodell von Erneuerbaren Energien, S. 9f.

1386 Siehe dazu Teil 2, E. III.; dena, Finanzierung von Erneuerbare-Energien-Anlagen über Power Purchase Agreements, S. 7.

PPAs sind als außerbörsliche Verträge schließlich Teil des OTC-Handels. Als solche sind PPAs besonders individuelle und komplexe Regelwerke und daher fallen – wie bei OTC-Handelsverträgen üblich – höhere Transaktionskosten an als an der Börse.

An den Börsen ist der Zeithorizont für die Preisabsicherung zudem auf maximal zehn Jahre in der Zukunft begrenzt. Die 10-Jahres-Futures, die an der EEX handelbar sind, wurden entwickelt, um ein börsliches Produkt zur Absicherung von Preisrisiken eines PPAs anbieten zu können.[1387] Allerdings ist im längerfristigen Segment des börslichen Terminmarkts nur eine geringe Marktliquidität vorhanden. So werden Futures ebenso wie OTC-gehandelte Forwards mit über dreijähriger Laufzeit kaum gehandelt.[1388] Wenngleich die Möglichkeit besteht, rollierend Futures oder Forwards neu abzuschließen, z. B. Jahr für Jahr für das Folgejahr,[1389] wird im Hinblick auf die Anlagenfinanzierung über den Terminmarkt i. d. R. keine mit einem PPA vergleichbar langfristige Preisabsicherung geboten. Bei einer Laufzeit von über zehn Jahren steht schon grds. kein börsliches Produkt mehr als Alternative zur Verfügung. Zudem kann an der Börse wegen der Produktstandardisierung nicht auf Besonderheiten des Investitionsobjekts durch finanzierungsspezifische Vertragsgestaltung reagiert werden.

2. Einflüsse von Power-Purchase-Agreements auf ein mögliches Marktdesign

Die Vorteile von PPAs werden auch vor dem Hintergrund der Diskussion um ein Strommarktdesign deutlich. Das Strommarktdesign wird derzeit unter verschiedenen Gesichtspunkten diskutiert, denen besondere Bedeutung für die Stromversorgung beigemessen wird. In der sog. „Plattform Klimaneutrales Stromsystem" sollen in vier Arbeitsgruppen mit Vertretern aus Wirtschaft, Wissenschaft und Zivilgesellschaft Vorschläge im Hinblick auf ein zukünftiges Marktdesign entwickelt werden, das insb. das Erreichen der gesetzlich in §§ 1 Abs. 2, 1a EEG 2023 festgelegten Ziele gewährleistet.[1390] Die Arbeitsgruppen haben jeweils Arbeitsaufträge, die den gesetzlich bestimmten Zielen der Energiewirtschaft entsprechen, wie sie etwa in § 1 Abs. 1 EnWG im sog. energiewirtschaftlichen Dreieck (mittlerweile Sechseck) festgelegt worden sind.

So behandelt eine Arbeitsgruppe effiziente Investitionsanreize für erneuerbare Energien, deren Ausbau der Umwelt- bzw. Klimafreundlichkeit und Treibhausgasneutralität dienen soll.[1391] Aktuell werden Nachteile für EE-Anlagen befürchtet, die sich aus dem Strommarktdesign ergeben und insb. in Verbindung mit der börslichen Preisbildung ste-

---

1387 EEX, EEX Pressemitteilung – EEX legt Starttermin für 10-Jahresfutures fest, Pressemitteilung v. 22. 7. 2021.

1388 Energy Brainpool, Power Purchase Agreements II: Marktanalyse, Bepreisung und Hedgingstrategien, S. 16.

1389 Energy Brainpool, Power Purchase Agreements II: Marktanalyse, Bepreisung und Hedgingstrategien, S. 16.

1390 BMWK, Habeck eröffnet Diskussionsprozess zum Strommarktdesign – Plattform Klimaneutrales Stromsystem startet, Pressemitteilung v. 20. 2. 2023.

1391 BMWK, Habeck eröffnet Diskussionsprozess zum Strommarktdesign – Plattform Klimaneutrales Stromsystem startet, Pressemitteilung v. 20. 2. 2023.

hen.[1392] Diese sollen sich aus den kurzfristigen Preisschwankungen bedingt durch die Dargebotsabhängigkeit eines signifikanten Anteils der Stromerzeugung in Deutschlang ergeben, dem sog. Kannibalisierungseffekt der EE-Anlagen.[1393] Zudem habe der Ausbau der EE-Anlagen zwar den preisdämpfenden Merit-Order-Effekt, das wirke sich aber langfristig negativ auf die Erlöse und damit die Investitionsbedingungen für EE-Anlagen aus.[1394] So wurden aufgrund dieses Effekts die Marktpreise im Jahr 2021 in Deutschland sogar negativ, wenn EE-Anlagen mehr als 75 % des Strombedarfs gedeckt haben (Durchschnitt).[1395] Um eine gleichzeitig versorgungssichere und (für Verbraucher) bezahlbare Energieversorgung zu gewährleisten, wird in diesem Zusammenhang etwa eine Vergütung für Verfügbarkeit der EE-Anlagen diskutiert, d. h. eine Art Kapazitätselement, das die Vorhaltung von Leistung zu bestimmten Zeiten vergütet, wie dies derzeit bereits im Regelleistungsmarkt erfolgt.[1396] Dass die Preisgünstigkeit der Energieversorgung ebenfalls wesentliche Relevanz hat, haben Deutschland und sechs weitere EU-Mitgliedstaaten in einem Positionspapier verdeutlicht.[1397] In diesem Zusammenhang können PPAs ein Instrument sein, das einerseits eine Anlagenfinanzierung aus den Projekterlösen ermöglicht und andererseits den Abnehmern langfristig günstige sowie stabile Preise bietet.[1398]

Alternativ werden auch CfD diskutiert, die eine Finanzierung ermöglichen können und gleichzeitig preissenkende Effekte haben sollen.[1399] Diese Instrumente wurden bis zur anderweitigen Umsetzung des Industriestrompreises durch das „Strompreispaket für produzierende Unternehmen"[1400] parallel für das Konzept eines Industrie- bzw. Transformationsstrompreises diskutiert, das mit den Plänen für das Strommarktdesign abgestimmt werden sollte.[1401]

1392 *Weale*, in: Verantwortung und Finanzierung im Zuge der Energiewende, Investitionen in Kraftwerke – die Risiken, die Vollkosten und wie sie beschränkt werden können, 19 f.

1393 Vgl. BDEW, Finanzierung und Marktintegration von Erneuerbare-Energien-Anlagen, S. 4; dena, Finanzierung von Erneuerbare-Energien-Anlagen über Power Purchase Agreements, S. 16; *Weale*, in: Verantwortung und Finanzierung im Zuge der Energiewende, Investitionen in Kraftwerke – die Risiken, die Vollkosten und wie sie beschränkt werden können, 19 f.

1394 *Weale*, in: Verantwortung und Finanzierung im Zuge der Energiewende, Investitionen in Kraftwerke – die Risiken, die Vollkosten und wie sie beschränkt werden können, 19 f.; VDMA Power Systems, Impulse und Leitplanken für die Weiterentwicklung des Strommarkts, S. 4 f.

1395 BWE, Faktencheck: Strompreisauswirkungen der Erneuerbaren, S. 3.

1396 VDMA Power Systems, Impulse und Leitplanken für die Weiterentwicklung des Strommarkts, S. 10 ff.

1397 BMWK, Joint Letter by DE, DK, EE, FI, LU, LV, NL on priorities for a targeted EU electricity market reform, S. 1.

1398 Vgl. BMWK, Joint Letter by DE, DK, EE, FI, LU, LV, NL on priorities for a targeted EU electricity market reform, S. 2 f.

1399 BMWK, Joint Letter by DE, DK, EE, FI, LU, LV, NL on priorities for a targeted EU electricity market reform, S. 2.

1400 BReg, Strompreispaket für produzierende Unternehmen – Bundesregierung entlastet stromintensive Unternehmen, Pressemitteilung v. 9. 11. 2023; BT-Drs. 20/9792, 26 f.

1401 Vgl. BMWK, Wettbewerbsfähige Strompreise für die energieintensiven Unternehmen in Deutschland und Europa sicherstellen, S. 6.

Die Kommission plant wie erwähnt im Rahmen einer „Reform des EU-Strommarktes" Änderungen an der Elektrizitätsbinnenmarktverordnung,[1402] der Elektrizitätsbinnenmarktrichtlinie[1403] und der REMIT-Verordnung[1404] vorzunehmen.[1405] Dafür sind Instrumente zur Entwicklung und Stärkung von „PPA-Märkten" in den Mitgliedstaaten sowie zur verbesserten Zugänglichkeit der Märkte insb. für kleinere und mittlere Unternehmen geplant.[1406] Des Weiteren sollen staatliche Förderungen für neue Investitionen „in inframarginale und unumgängliche Stromerzeugung aus erneuerbaren und nichtfossilen Brennstoffen" zukünftig nur noch in Form zweiseitiger Differenzverträge erfolgen, bei denen die Mitgliedstaaten Übergewinne wohl in Form vergünstigter Preise an die Haushalte weitergeben.[1407]

Eine weitere Arbeitsgruppe hat mit der Diskussion um ein Kapazitätselement im Strommarkt zu tun.[1408] Sie soll sich mit der Steuerbarkeit von Kapazitäten auseinandersetzen, um die Versorgungssicherheit in jedem Zeitpunkt zu gewährleisten (Sicherheit der Energieversorgung).[1409] Bis jetzt wird die Vorhaltung von Leistungsbereitschaft im aktuellen Marktdesign des „Energy-Only-Markts" explizit nur im Regelenergiemarkt sowie implizit beim Verkauf von Strom auf dem Terminmarkt oder mittels langfristiger Lieferverträge wie PPAs vergütet.[1410] Bei PPAs wird implizit die Vorhaltung der Leistungsbereitschaft in einem zukünftigen Zeitraum mitvergütet. Die Versorgungssicherheit wird in Deutschland bislang über den Maßnahmenkatalog gem. § 13 Abs. 1 Nr. 1 bis 3 EnWG und vor allem die Kapazitäts- und Netzreserven (§§ 13d f. EnWG) sichergestellt, die als strategische Reserven den „Energy-Only-Markt" ergänzen.[1411]

Es wird allerdings teilweise befürchtet, dass das aktuelle Marktdesign keine ausreichenden Investitionsanreize setze, und dass nur durch einen weiteren festen Einkommensstrom (eine Kapazitätszahlung) die Versorgungssicherheit vollständig gewährleistet werden könne.[1412] Dem aktuellen Marktdesign liegt die Erwartung zugrunde, dass die zur Versorgungssicherheit notwendigen steuerbaren und flexibel einsatzbaren Spitzenlastkraftwerke, die nur selten genutzt werden, trotz teurer Grenzkosten (am Ende der Merit-Order) hinrei-

---

1402 Verordnung (EU) 2019/943 des Europäischen Parlaments und des Rates über den Elektrizitätsbinnenmarkt v. 5. 6. 2019, ABl. EU L 158/54.

1403 Richtlinie (EU) 2019/944 des Europäischen Parlaments und des Rates vom mit gemeinsamen Vorschriften für den Elektrizitätsbinnenmarkt und zur Änderung der Richtlinie 2012/27/EU v. 5. 6. 2019, ABl. EU 2019 L 158/125.

1404 Verordnung (EU) Nr. 1227/2011 des Europäischen Parlaments und des Rates über die Integrität und Transparenz des Energiegroßhandelsmarkts v. 25. 1. 2011, ABl. EU L 326/1.

1405 Kommission, Reform des EU-Strommarktes – für mehr erneuerbare Energien, mehr Verbraucherschutz und mehr Wettbewerbsfähigkeit, Pressemitteilung v. 14. 3. 2023.

1406 Siehe Teil 1, B. VII. 3.

1407 Kommission, Reform des EU-Strommarktes – für mehr erneuerbare Energien, mehr Verbraucherschutz und mehr Wettbewerbsfähigkeit, Pressemitteilung v. 14. 3. 2023.

1408 Siehe zur Diskussion auch *Mohr*, in: Recht und Energie, Das wettbewerbsrechtliche Verbot von Marktmachtmissbräuchen unter Geltung des Strommarktes 2.0, 636 ff.

1409 BMWK, Habeck eröffnet Diskussionsprozess zum Strommarktdesign – Plattform Klimaneutrales Stromsystem startet, Pressemitteilung v. 20. 2. 2023.

1410 BMWi, Ein Strommarkt für die Energiewende, S. 11.

1411 Enervis, Marktdesign für einen sicheren, wirtschaftlichen und dekarbonisierten Strommarkt, S. 22.

1412 Dazu *Weale*, in: Verantwortung und Finanzierung im Zuge der Energiewende, Investitionen in Kraftwerke – die Risiken, die Vollkosten und wie sie beschränkt werden können.

chende Deckungsbeiträge erwirtschaften, die zur Deckung aller Fixkosten (insb. der Investitionen) langfristig hinreichen.[1413] Dafür seien nachfragebasierte, knappheitsinduzierte Preisspitzen notwendig (sog. Peak-load-pricing).[1414] Die Befürworter eines Kapazitätsmechanismus erwarten hingegen, dass die Preisspitzen zu unsicher seien, um Investitionen anzureizen, die die Versorgungssicherheit gewährleisten können.[1415] Daher würde das aktuelle Marktdesign nicht zu den für Neuinvestitionen erforderlichen Anreizen, sondern immer häufiger zur Stilllegung der Kraftwerke am Ende der Merit-Order führen.[1416] Insb. wegen des Kohleausstiegs und weiteren Stilllegungen ergebe sich aus aktueller Sicht in Deutschland daher bis zum Jahr 2030 ein Leistungsdefizit von mindestens 15 gW Leistung.[1417] Der Zubau fehlender Kraftwerkskapazitäten solle daher durch einen Kapazitätsmarkt angereizt werden.[1418] Als vorzugswürdig wird teilweise ein sog. umfassender Kapazitätsmarkt angesehen,[1419] in dem Kraftwerke weiterhin am „Energy-Only-Markt" teilnehmen und ergänzend Erlöse aus dem über wettbewerbliche Ausschreibungen organisierten Kapazitätsmarkt erzielen können.[1420] Die Ausschreibungen sollten technologieoffen erfolgen[1421] und entsprechend der Ausschreibungstheorie nach einem passenden Ausschreibungsverfahren[1422] und mit einem passenden Preisbildungsmechanismus (pay-as-bid bzw. uniform-pricing).[1423] In existierenden Kapazitätsmärkten (Belgien) würden durch den ergänzenden Kapazitätsmarkt etwa die Hälfte der fixen Kapitalkosten gedeckt.[1424] Aus der Elektrizitätsbinnenmarktverordnung[1425] sowie der EU-Taxonomieverordnung[1426] ergäben sich rechtliche Anforderungen an die Ausgestaltung eines Kapazitätsmarkts, der nicht nur

---

1413 BMWi, Ein Strommarkt für die Energiewende, S. 47.

1414 BMWi, Ein Strommarkt für die Energiewende, S. 47.

1415 BMWi, Ein Strommarkt für die Energiewende, S. 43.

1416 *Pritzsche/Vacha*, Energierecht, § 4 Rn. 173, 176.

1417 Enervis, Marktdesign für einen sicheren, wirtschaftlichen und dekarbonisierten Strommarkt, S. 21.

1418 Enervis, Marktdesign für einen sicheren, wirtschaftlichen und dekarbonisierten Strommarkt, S. 13f.

1419 Enervis, Marktdesign für einen sicheren, wirtschaftlichen und dekarbonisierten Strommarkt, S. 43ff.

1420 Enervis, Marktdesign für einen sicheren, wirtschaftlichen und dekarbonisierten Strommarkt, S. 34f.

1421 Enervis, Marktdesign für einen sicheren, wirtschaftlichen und dekarbonisierten Strommarkt, S. 53.

1422 Enervis, Marktdesign für einen sicheren, wirtschaftlichen und dekarbonisierten Strommarkt, S. 51; zu den auktionstheoretischen Grundlagen ausführlich BerlKommEnR/*Mohr*, § 2 EEG, Rn. 84ff.

1423 Enervis, Marktdesign für einen sicheren, wirtschaftlichen und dekarbonisierten Strommarkt, S. 50f.; ausführlich zu den Preisbildungsmechanismen BerlKommEnR/*Mohr*, § 2 EEG, Rn. 86ff.

1424 Enervis, Marktdesign für einen sicheren, wirtschaftlichen und dekarbonisierten Strommarkt, S. 25; mit Verweis auf Fichtner, Cost of Capacity for Calibration of the Belgian Capacity Remuneration Mechanism (CRM).

1425 Verordnung (EU) 2019/943 des Europäischen Parlaments und des Rates über den Elektrizitätsbinnenmarkt v. 5.6.2019, ABl. EU L 158/54.

1426 Delegierte Verordnung (EU) 2021/2139 der Kommission zur Ergänzung der Verordnung (EU) 2020/852 des Europäischen Parlaments und des Rates durch Festlegung der technischen Bewertungskriterien, anhand deren bestimmt wird, unter welchen Bedingungen davon auszugehen ist, dass eine Wirtschaftstätigkeit einen wesentlichen Beitrag zum Klimaschutz oder zur Anpassung an den Klimawandel leistet, und anhand deren bestimmt wird, ob diese Wirtschaftstätigkeit erhebliche Beeinträchtigungen eines der übrigen Umweltziele vermeidet v. 4.6.2021, ABl. EU L 442/1.

zu mehr Versorgungssicherheit führen solle, sondern auch zu einer klimaverträglichen sowie kosteneffizienten Energieversorgung.[1427] Im Vergleich zum aktuellen System könnten die Kosten allerdings entweder um 300 Mio. Euro sinken oder um 600 Mio. Euro steigen.[1428]

Die beiden weiteren existierenden Arbeitsgruppen der Plattform Strommarktdesign beschäftigen sich insb. mit der Flexibilisierung der Stromnachfrage sowie der Nutzbarmachung netzdienlicher Marktsignale (betreffen ebenfalls insb. die Versorgungssicherheit).[1429]

PPAs sind mithin insb. für einen kostengünstigen Ausbau der erneuerbaren Energien von Vorteil und garantieren gleichzeitig eine bezahlbare Energieversorgung. Denn sie ermöglichen einerseits eine Anlagenfinanzierung aus den Projekterlösen und bieten andererseits den Abnehmern langfristig stabile Preise. Die Bedeutung von PPAs für den Strommarkt wird weiter zunehmen, wenn die Konzepte für ein Strommarktdesign umgesetzt werden.

VI. Contracts for Difference als staatliches Förderinstrument

Eine weitere Finanzierungsvariante können die sog. Contracts for Difference (CfD) mit einer staatlichen Förderung sein. Zu beachten ist, dass CfD die Bezeichnung für ein komplementär ausgestaltetes Finanzprodukt ist und sie daher grds. auch ohne staatliche Beteiligung bzw. Förderung geschlossen werden können. CfD zeichnen sich dadurch aus, dass Differenzen von einem vereinbarten (Fest-)Preis, die beim Verkauf des Stroms im Stromhandel auftreten, von den Vertragsparteien finanziell ausgeglichen werden. Liegt der erzielte Verkaufspreis unter dem üblicherweise vereinbarten Festpreis, erhält der Verkäufer die Differenz vom Abnehmer. Liegt der Preis über dem vereinbarten Festpreis, erhält der Abnehmer die Differenz vom Verkäufer ausgezahlt (sog. zweiseitiger CfD).[1430] Übernimmt der Staat den Ausgleich negativer Abweichungen vom festgelegten Preis (der insb. aufgrund der unionsrechtlichen Beihilfevorschriften wettbewerblich durch Ausschreibungen ermittelt werden müsste[1431]), handelt es sich um ein Modell staatlicher Förderung, wie es in Großbritannien erfolgreich praktiziert wird.[1432] Im Gegensatz zu solchen – in Großbritannien üblichen – zweiseitigen CfD mit staatlicher Beteiligung bestünde auch die Möglichkeit, dem Verkäufer die Gewinne zu belassen. Dann spricht man von einem sog. einseitigen CfD.[1433]

Ist der Staat nicht am CfD beteiligt, ist ein zweiseitiger CfD ein übliches finanzielles Handelsprodukt. Verschiedene als CfD ausgestaltete Produkte werden im Stromhandel

---

1427 Enervis, Marktdesign für einen sicheren, wirtschaftlichen und dekarbonisierten Strommarkt, S. 29 ff.

1428 Enervis, Marktdesign für einen sicheren, wirtschaftlichen und dekarbonisierten Strommarkt, S. 57.

1429 BMWK, Habeck eröffnet Diskussionsprozess zum Strommarktdesign – Plattform Klimaneutrales Stromsystem startet, Pressemitteilung v. 20. 2. 2023.

1430 *Böhme/Bukowski*, EnWZ 2019, 243, 247.

1431 *Harsch/Antoni*, EnWZ 2023, 3, 9; *Mohr*, RdE 2015, 433, 437 f.; *Mohr*, EnWZ 2015, 99, 101.

1432 *Böhme/Bukowski*, EnWZ 2019, 243, 247; *May/Neuhoff/Richstein*, DIW Wochenbericht 2018, 625, 629.

1433 *Böhme/Bukowski*, EnWZ 2019, 243, 247.

kontrahiert und dann als Derivate qualifiziert.[1434] So sind auch Finanz-PPA i. d. R. CfD ohne eine staatliche Förderung.[1435] Da in Großbritannien einerseits der Staat beteiligt ist und andererseits der Differenzvertrag als langfristiger Abnahmevertrag auf 15 Jahre angelegt ist, lässt sich dieses britische Modell auch als Kombination eines Finanz-PPAs mit einer staatlichen Förderung begreifen.[1436]

CfD mit staatlicher Beteiligung werden insb. für den Bereich der Stromerzeugung aus Offshore-Wind diskutiert.[1437] Sie wurden schon im Rahmen der Novellierung des WindSeeG im Jahr 2020[1438] diskutiert[1439] und waren außerdem in der ersten Fassung des Gesetzesentwurfs zum WindSeeG für zentral voruntersuchte Flächen vorgesehen.[1440] Im Ergebnis wurden sie jeweils nicht umgesetzt.[1441] Der Gesetzgeber hätte aufgrund der Ermächtigung zu einer Industriestrompreisverordnung noch CfD für Anlagen auf zentral voruntersuchten Flächen einführen können.[1442] Allerdings hat der Gesetzgeber statt eines Industriestrompreises das „Strompreispaket für produzierende Unternehmen“ beschlossen, das statt CfD insb. eine Stromsteuersenkung beinhaltet.[1443] Im Gesetzgebungsverfahren zum EEG 2023 war außerdem zunächst eine Verordnungsermächtigung in § 88f EEG 2023 vorgesehen, die für Anlagen im Anwendungsbereich der Marktprämie nach § 19 Abs. 1 Nr. 1 EEG 2023 und außerhalb des Anwendungsbereichs des WindSeeG die Einführung von CfD ermöglicht hätte.[1444] Diese Verordnungsermächtigung wurde jedoch gestrichen und durch die „Verordnungsermächtigung zu den Ausschreibungen für Anlagen zur Erzeugung von Strom aus Grünem Wasserstoff“ ersetzt.[1445]

Im Rahmen der Novellierung des WindSeeG im Jahr 2020 wurden CfD als eine mögliche Lösung für die sog. „0-Cent-Gebote“ aus den Ausschreibungsrunden der BNetzA[1446] diskutiert.[1447] Bei mehreren „0-Cent-Geboten“ ist es nicht mehr möglich, nach der Gebotshöhe zu differenzieren und infolgedessen zu entscheiden, welches Gebot einen Zuschlag

1434 Siehe Teil 1, D. IV. 3. b).

1435 Siehe bereits Teil 1, A. VI. 2.

1436 Dena, How to use PPAs for cost efficient extension of renewable energies, S. 26 f.; ebenfalls dahingehend *May/Neuhoff/Richstein*, DIW Wochenbericht 2018, 625, 629.

1437 *Böhme/Bukowski*, EnWZ 2019, 243.

1438 BT-Drs. 19/20429.

1439 BT-Drs. 19/20429, 1 f.; *Böhme/Bukowski*, EnWZ 2019, 243.

1440 BT-Drs. 20/1634, 4.

1441 *Lutz-Bachmann/Liedtke*, EnWZ 2022, 313, 317.

1442 *Kirch*, RdE 2022, 457, 461.

1443 BReg, Strompreispaket für produzierende Unternehmen – Bundesregierung entlastet stromintensive Unternehmen, Pressemitteilung v. 9. 11. 2023; BT-Drs. 20/9792, 26 f.

1444 BT-Drs. 20/1630, 163.

1445 Beschlussempfehlung des Ausschusses für Klimaschutz und Energie zum Entwurf eines Gesetzes zu Sofortmaßnahmen für einen beschleunigten Ausbau der erneuerbaren Energien und weiteren Maßnahmen im Stromsektor, BT-Drs. 20/2580, S. 30 ff.

1446 BNetzA, Bekanntgabe v. 13. 4. 2017 – BK6-17-001; BNetzA, Bekanntgabe v. 27. 4. 2018 – BK6-18-001; BNetzA, Ergebnisse der Ausschreibungen für Offshore-Windenergie, Pressemitteilung v. 9. 9. 2021; BNetzA, Ergebnis der Ausschreibung für Offshore-Windenergie, Pressemitteilung v. 7. 9. 2022.

1447 BT-Drs. 19/20429, 1 f.; *Böhme/Bukowski*, EnWZ 2019, 243.

erhalten soll und welches nicht.[1448] Exakt gleiche Gebote seien bei CfD sehr unwahrscheinlich, da die Gebote auf den jeweiligen individuellen Projektkosten beruhten und nicht mehr eine „Wette“ auf die Entwicklung des Strompreises seien.[1449] Die Gebote des Bieters dürfen nicht zu hoch sein, da er sonst riskiere, in der Auktion nicht berücksichtigt zu werden, und gleichzeitig nicht zu niedrig, weil der Bieter sonst nur eine geringe Rendite realisieren könne.[1450] So sei eine Differenzierung der Gebote äußerst wahrscheinlich. Umgesetzt wurde zur Differenzierung im WindSeeG eine andere Lösung. Für zentral voruntersuchte Flächen richten sich die Ausschreibungen gem. §§ 14 Abs. 2 S. 1 Nr. 1, 50 ff. WindSeeG nach einer Zahlungskomponente und qualitativen Kriterien (sog. „Beauty Contest“).[1451] Bei den nicht zentral voruntersuchten Flächen konkurrieren im Rahmen eines sog. dynamischen Gebotsverfahrens die Bieter, die „0-Cent-Gebote“ abgegeben haben, im Rahmen einer „zweiten, negativen Gebotskomponente“ um die Höhe der eigenen Zahlungsbereitschaft (§§ 20 Abs. 3, 21 Abs. 1 WindSeeG).[1452] In beiden Fällen sind Anreize zum Abschluss von PPAs enthalten, wie sie auch von der Kommission in den Plänen zu einer „Reform des EU-Strommarktes“ vorgesehen sind, nach denen grds. Änderungen insb. an der Elektrizitätsbinnenmarktverordnung[1453] zur Entwicklung und Stärkung von PPA-Märkten sowie zur verbesserten Zugänglichkeit der Märkte insb. für kleinere und mittlere Unternehmen vorgenommen werden sollen.

Zusätzlich soll nach den Plänen der Kommission aber auch staatliche Förderung für neue Investitionen in „Stromerzeugung aus erneuerbaren und nichtfossilen Brennstoffen“ zukünftig nur noch in Form zweiseitiger Differenzverträge erfolgen, bei denen die Mitgliedstaaten Übergewinne wohl in Form vergünstigter Preise an die „Haushalte“ (gemeint sind wohl generell Letztverbraucher) weitergeben.[1454] Denn die Kommission nimmt z. B. die überwiegende Wettbewerbsfähigkeit von Offshore-Windenergieanlagen an.[1455] Sofern im Bereich der EE-Anlagen allerdings weiterhin staatliche Förderregelungen notwendig sind, etwa weil der lokale PPA-Markt nicht imstande ist, ausreichend Finanzierungssicherheit zu bieten, sollten diese in einer Art und Weise ausgestaltet sein, dass Überförderungen im Sinne der Verbraucher vermieden werden.[1456] CfD könnten insb. in der Energiekrise mit hohen Strompreisen aufseiten der Erzeuger zu hohen Abschöpfungsbeträgen führen, die den Verbrauchern über die Preise zugutekämen.[1457]

1448 *Böhme/Bukowski*, EnWZ 2019, 243.

1449 AGOW, Ein neues Fördersystem für Offshore-Windenergie in Deutschland, S. 3; *Böhme/Bukowski*, EnWZ 2019, 243, 247.

1450 *Böhme/Bukowski*, EnWZ 2019, 243, 247; mit Verweis auf AGOW, Ein neues Fördersystem für Offshore-Windenergie in Deutschland, S. 3.

1451 *Kirch*, RdE 2022, 457, 459.

1452 *Kirch*, RdE 2022, 457, 462 f.; *Lutz-Bachmann/Liedtke*, EnWZ 2022, 313, 316 f.

1453 Verordnung (EU) 2019/943 des Europäischen Parlaments und des Rates über den Elektrizitätsbinnenmarkt v. 5. 6. 2019, ABl. EU L 158/54.

1454 Kommission, Reform des EU-Strommarktes – für mehr erneuerbare Energien, mehr Verbraucherschutz und mehr Wettbewerbsfähigkeit, Pressemitteilung v. 14. 3. 2023.

1455 Kommission, Commission staff working document v. 14. 3. 2023 – SWD(2023) 58 final, 26.

1456 Vgl. Kommission, Commission staff working document v. 14. 3. 2023 – SWD(2023) 58 final, 26 ff.

1457 Kommission, Commission staff working document v. 14. 3. 2023 – SWD(2023) 58 final, 29.

Insofern sollen Fördermodelle künftig grds. nachrangig zum marktgetriebenen Ausbau der EE-Anlagen das Erreichen der Dekarbonisierungs- und somit der politischen Energieautarkieziele ermöglichen.[1458] Die Förderregelungen müssten zudem so ausgestaltet sein, dass Überförderungen mit staatlichen Mitteln, etwa zu Zeiten besonders hoher Strompreise, möglichst vermieden werden.[1459] Wegen der Einnahmegarantie für die Erzeuger bei gleichzeitiger Begrenzung der Einnahmen nach oben seien CfD mit staatlicher Förderung in Zukunft das Mittel der Wahl.[1460] Die CfD mit staatlicher Förderung seien so auszugestalten, dass Marktsignale für eine bedarfsgerechte Erzeugung weiterhin bei den Erzeugern ankämen und mithin nicht zu einem „produce and forget"-Verhalten führten.[1461] Denkbar seien Ausnahmen für bestehende sowie für innovative neue Technologien.[1462] Des Weiteren solle eine Kombination mit Projekten ermöglicht werden, die beabsichtigen, den Strom jedenfalls teilweise über PPAs zu vermarkten.[1463] Die Weitergabe der Rückzahlungen an Verbraucher solle derart ausgestaltet werden, dass Anreize für die Verbraucher, ihren Verbrauch in Zeiten niedriger Preise zu verlagern, und der Wettbewerb zwischen den Stromversorgern nicht beseitigt werden.[1464] Zudem sollten Kündigungen der Parteien etwa durch Strafzahlungen verhindert werden, sofern diese dazu dienen, Rückzahlungen zu vermeiden und den Preissenkungsmechanismus zu umgehen.[1465]

Vor diesem Hintergrund wird weitgehend vertreten, dass CfD mit staatlicher Förderung eine auskömmliche und kostensenkende Alternative zum aktuellen Zuschlagsmechanismus bieten.[1466] Allerdings sollten durch staatlich abgesicherte CfD marktnahe Vermarktungsinstrumente nicht behindert werden; vielmehr müsse diesen ein besseres regulatorisches Umfeld geboten werden.[1467] Insb. PPAs seien eine solche marktnahe Alternative zur Preisabsicherung für Käufer und Verkäufer,[1468] zumal Finanz-PPAs wie ein CfD ohne staatliche Förderung ausgestaltet sein können. Anerkannt wird insofern auch von Befürwortern einer staatlichen Förderung über CfD, dass PPAs wie CfD eine Möglichkeit bieten, Finanzierungskosten durch langfristige Preisabsicherung gegenüber dem volatilen Handelspreis zu drücken.[1469] Angesichts dessen sind die eingeführten Anreizmechanismen für den Abschluss von PPAs im WindSeeG positiv zu bewerten. Jedoch wird teilweise vertreten, dass die Vorteile einer langfristigen Preisabsicherung bei PPAs nicht vollständig durchgreifen

---

1458 Kommission, Commission staff working document v. 14.3.2023 – SWD(2023) 58 final, 32.

1459 Kommission, Commission staff working document v. 14.3.2023 – SWD(2023) 58 final, 32.

1460 Kommission, Commission staff working document v. 14.3.2023 – SWD(2023) 58 final, 32.

1461 Kommission, Commission staff working document v. 14.3.2023 – SWD(2023) 58 final, 32 f.

1462 Kommission, Commission staff working document v. 14.3.2023 – SWD(2023) 58 final, 33.

1463 Kommission, Commission staff working document v. 14.3.2023 – SWD(2023) 58 final, 33.

1464 Proposal for a Regulation of the European Parliament and of the Council amending Regulations (EU) 2019/943 and (EU) 2019/942 as well as Directives (EU) 2018/2001 and (EU) 2019/944 to improve the Union's electricity market design v. 14.3.2023, 37.

1465 Kommission, Commission staff working document v. 14.3.2023 – SWD(2023) 58 final, 33.

1466 Für Windenergieanlagen auf See z. B. auch AGOW, Ein neues Fördersystem für Offshore-Windenergie in Deutschland, S. 1 ff.

1467 EEX, Stellungnahme im Rahmen der öffentlichen Anhörung zu dem Entwurf eines Gesetzes zur Änderung des Windenergie-auf-See-Gesetzes und anderer Vorschriften, S. 2 ff.

1468 EEX, Stellungnahme im Rahmen der öffentlichen Anhörung zu dem Entwurf eines Gesetzes zur Änderung des Windenergie-auf-See-Gesetzes und anderer Vorschriften, S. 2 ff.

1469 *May/Neuhoff/Richstein*, DIW Wochenbericht 2018, 625, 627.

würden. Es wird daher eingewandt, dass PPAs das Rating der Beteiligten so verschlechtern würden, dass wiederum Finanzierungskosten auf den Projektierer zukämen, die die Vorteile der langfristigen Preisabsicherung aufzehrten.[1470] Die Vorteile einer Preisabsicherung mittels PPAs werden jedoch nicht vollständig aufgewogen, denn die Finanzierungsbedingungen bei PPAs sind im Verhältnis zum Verkauf im übrigen Stromhandel wie zuvor beschrieben besser. Gleichwohl können die Finanzierungskosten bei einer Absicherung über PPAs über denen in einem staatlich abgesicherten CfD-Modell bzw. dem Marktprämienmodell liegen.[1471] Insofern handelt es sich jedoch nur um ein generelles Argument für einen staatlichen Preissicherungsmechanismus, der eine „größere" Sicherheit bieten solle, ob nun über eine Marktprämie wie im EEG 2023 oder über CfD mit dem Staat. Langfristig und teilweise auch schon kurzfristig (bei Windenergieanlagen auf See auf zentral voruntersuchten Flächen) soll der Ausbau der erneuerbaren Energien jedoch marktgetrieben, d. h. gerade ohne staatliche Förderung erfolgen. Zweiseitige CfD mit staatlicher Beteiligung könnten allerdings die Anreize zu einer bedarfsgerechten Erzeugung und zur Veräußerung zu Zeiten hoher Marktpreise verringern, da die Anlagenbetreiber die hohen Gewinne ohnehin zurückzuzahlen hätten. Knappheitssignale des Marktpreises kämen so nicht beim Anlagenbetreiber an. Daher ist auf eine Ausgestaltung zu achten, die dies berücksichtigt.[1472]

Die Möglichkeiten zur Kostensenkung im Rahmen eines CfD-Modells gegenüber dem Marktprämienmodell wurden für Deutschland im Jahr 2018 auf ca. 0,8 Milliarden Euro jährlich ungefähr ab dem Jahr 2030 beziffert, da die Finanzierungsbedingungen dann deutlich verbessert seien.[1473] Die Einsparungen ergäben sich aus der Rückzahlungsverpflichtung der Anlagenbetreiber in Zeiten hoher Strompreise, die über den Festpreis hinausgehen.[1474] Diese Daten gehen von Preisen vor der Energiekrise aus. Insofern ist davon auszugehen, dass die möglichen Einsparungen deutlich höher liegen und bereits früher eintreten könnten. Im August 2022 schätzte die französische Regulierungsbehörde, dass in Frankreich Einnahmen in Höhe von 30,9 Mrd. Euro innerhalb von zwei Jahren möglich seien.[1475] Zu betonen ist insofern jedoch, dass PPAs zu jedem Zeitpunkt ohne staatliche Förderung auskommen und damit auch dauerhaft zur Kostensenkung des EE-Ausbaus beitragen können.

Die Diskussion wird jedenfalls nicht dahingehend geführt, dass das Instrument CfD zur Verdrängung von PPAs führen solle. Vielmehr wünschen sich Befürworter von CfD eine Kombination der Instrumente. CfD mit staatlicher Förderung sollen den Markt für PPAs nicht behindern, sondern diesen um eine weitere Möglichkeit ergänzen, damit das Ausbautempo von EE-Anlagen – insb. den Windenergieanlagen im Bereich Offshore-Wind – gewährleistet bleibe.[1476] Die Diskussion um CfD ist daher wohl als eine Diskussion über

---

1470 *May/Neuhoff/Richstein*, DIW Wochenbericht 2018, 625, 627.

1471 *May/Neuhoff/Richstein*, DIW Wochenbericht 2018, 625, 627.

1472 Siehe zu Vorschlägen etwa Kommission, Commission staff working document v. 14.3.2023 – SWD(2023) 58 final, 29 ff.

1473 *May/Neuhoff/Richstein*, DIW Wochenbericht 2018, 625, 631.

1474 *May/Neuhoff/Richstein*, DIW Wochenbericht 2018, 625, 634.

1475 CRE, Délibération de la CRE du 3 novembre 2022 relative à la réévaluation des charges de service public de l'énergie pour 2023, Pressemitteilung v. 3.11.2022, S. 2.

1476 *Köpke*, CfD-Förderung + PPAs = ideale Kombination, E&M v. 3.5.2021; Kommission, Commission staff working document v. 14.3.2023 – SWD(2023) 58 final, 32.

eine Alternative zum Marktprämienmodell zu sehen und nicht als Diskussion über eine Alternative zu PPAs.

VII. Das Verhältnis der Eigenversorgung zu Power-Purchase-Agreements

Die im EEG 2021 noch enthaltenen Regelungen zur Eigenversorgung wurden mit der endgültigen Abschaffung der EEG-Umlage in der Novellierung des EEG im Rahmen des sog. Osterpakets[1477] obsolet. Eigenversorgungsmodelle kommen jedoch auch ohne Regelungen im EEG 2023 weiter in Betracht. Die Eigenversorgung und eine Stromlieferung über PPAs schließen sich wie im EEG 2021 grds. gegenseitig aus. Denn das Gegenstück zur Eigenversorgung war nach der Definition des EEG 2021 die Lieferung von Strom an eine andere Person.[1478] PPAs setzen als Lieferverträge begriffsnotwendig eine Lieferung an eine andere Person als den Anlagenbetreiber voraus, fielen daher nie unter die Definition der Eigenversorgung.[1479] Dennoch haben On-Site-PPAs, d. h. PPAs mit physischer Lieferung ohne Nutzung des allgemeinen Stromnetzes, und Eigenversorgungsmodelle Überschneidungen im Anwendungsbereich. Wenn der Stromverbrauch in unmittelbar räumlicher Nähe zur Anlage und ohne Netzdurchleitung erfolgen soll, konkurrieren sie miteinander.[1480] Denn dann kann entweder eine Eigenversorung oder die Stromlieferung eines Dritten aus unmittelbar räumlicher Nähe und ohne Netzdurchleitung, z. B. über ein On-Site-PPA, erfolgen. Durch den Wegfall der Eigenversorgungsprivilegien besteht aber insoweit kein wirtschaftlicher Nachteil mehr von PPAs gegenüber der Eigenversorgung.[1481] In beiden Fällen entfallen mangels Netznutzung die Netzkosten und verbliebenen Umlagen vollständig. Die Eigenversorgung ist zwar grds. gem. § 1 StromStG stromsteuerpflichtig, allerdings ist sie bei der Verwendung von Strom aus Anlagen mit einer Nennleistung von bis zu zwei Megawatt gem. § 9 Abs. 1 Nr. 6 StromStG von der Stromsteuer befreit.[1482]

Die Wirtschaftlichkeit der Eigenversorgung richtete sich primär nach ihren über die Lebensdauer der Anlage erzielten Erträgen.[1483] Unter den Erträgen der eigenen Anlage sind zum einen die eingesparten Kosten durch die Eigennutzung des selbst produzierten Stroms und zum anderen die erhaltene Vergütung für dessen Einspeisung zu verstehen.[1484] Sofern die Eigenversorgung günstiger ist als der aktuelle Spotmarktpreis, ist es von wirtschaftlichem Vorteil, den Strom einer eigenen Anlage vorrangig selbst zu nutzen und lediglich

---

1477 BT-Drs. 20/1630.

1478 Vgl. BerlKommEnR/*Schumacher*, § 3 EEG, Rn. 98.

1479 *J. Held/Imolauer*, in: Corporate PPA erfolgreich gestalten, Deutschland, 39; *Uibeleisen/Groneberg*, RdE 2018, 114, 119.

1480 Vgl. *J. Held/Imolauer*, in: Corporate PPA erfolgreich gestalten, Deutschland, 39; *Uibeleisen/Groneberg*, RdE 2018, 114, 119.

1481 Vgl. zu den Auswirkungen der Privilegierung noch *J. Held/Imolauer*, in: Corporate PPA erfolgreich gestalten, Deutschland, 47.

1482 *Antoni/Schäfer-Stradowsky*, in: Handbuch Klimaschutzrecht, § 26, Rn. 50.

1483 Landesenergieagentur Sachsen-Anhalt GmbH, Strom aus Photovoltaik-Anlagen zur Eigenversorgung, S. 20.

1484 Landesenergieagentur Sachsen-Anhalt GmbH, Strom aus Photovoltaik-Anlagen zur Eigenversorgung, S. 20.

Überkapazitäten zu veräußern.[1485] Mit steigendem Strompreis gewinnt die Eigennutzung des selbst erzeugten Stroms zunehmend an Bedeutung.[1486] Langfristig sollen (On-Site-) PPAs dem Abnehmer, wie die Eigenversorgung dem Betreiber der Anlage selbst, einen im Verhältnis zum Spotmarktpreis günstigen Strompreis sichern.[1487] Die für den Abnehmer anfallenden Kosten bleiben bei einer Festpreisvereinbarung in einem On-Site-PPA zudem konstant, wohingegen bei der Eigenversorgung Kostenschwankungen insb. der Betriebskosten denkbar sind.[1488] Des Weiteren kann sich das Verhältnis der genannten Erträge aus der Eigenversorgung zum Strompreis auch nachteilig entwickeln, sodass eine Veräußerung des erzeugten Stroms sinnvoller erscheint als ein eigener Verbrauch. Zudem kann der Anlagenbetreiber im On-Site-PPA vertraglich Risiken übernehmen, die den Eigenversorger sonst selbst träfen. Schließlich können im Rahmen von On-Site-PPAs Herkunftsnachweise gem. § 79 EEG 2023 für Anlagenbetreiber i. S. d. § 3 Nr. 2 EEG 2023 ausgestellt und zum Nachweis der Grünstromeigenschaft genutzt werden, da sie nicht unter das Doppelvermarktungsgebot gem. § 80 Abs. 2 EEG 2023 fallen. Das ist bislang nur bei der Lieferung von Strom an eine andere Person möglich, wie dies bei einem On-Site-PPA, nicht aber bei der Eigenversorgung der Fall ist.[1489] Insofern wird allerdings diskutiert, zukünftig auch für EE-Strom, der zur Eigenversorgung genutzt wird, Herkunftsnachweise zu generieren.[1490] Neben dem finanziellen Wert des Herkunftsnachweises bietet dies Unternehmen die Möglichkeit, den Umweltnutzen des Stroms nachzuweisen. Zukünftig wird bei der Eigenversorgung allerdings die nunmehr bestehende Möglichkeit Bedeutung erlangen, nicht selbst verbrauchte Mengen über die geförderte Direktvermarktung zu veräußern. Diese Möglichkeit eines kurzfristigen Wechsels in die geförderte Direktvermarktung setzt jedoch das Vorliegen der Fördervoraussetzungen voraus und besteht daher nicht für alle Anlagen. So ist denkbar, dass z. B. Anlagen, die grds. zuschlagsverpflichtet wären, nicht an einem Ausschreibungsverfahren teilgenommen haben und in Zukunft auch nicht teilnehmen können, weil sie zu einem früheren Zeitpunkt allein für die Eigenversorgung konzipiert wurden.

Als eine weitere Kombinationsmöglichkeit aus Eigenversorgung und sonstiger Direktvermarktung gelten zudem sog. Cloud- bzw. Community-Stromtarife.[1491] Dabei nimmt ein Direktvermarktungsunternehmer den nicht zur Eigenversorgung verwendeten Strom gegen eine Gebühr ab. Eine Strom-Cloud wird daraus dadurch, dass der Abnehmer diese Strommengen dem Erzeuger zunächst virtuell gutschreibt und später eine Entnahme des Erzeugers kostenlos oder vergünstigt anbietet.[1492] Insofern fungiert der Direktver-

---

1485 Landesenergieagentur Sachsen-Anhalt GmbH, Strom aus Photovoltaik-Anlagen zur Eigenversorgung, S. 20.

1486 Landesenergieagentur Sachsen-Anhalt GmbH, Strom aus Photovoltaik-Anlagen zur Eigenversorgung, S. 20.

1487 Vgl. Teil 2, E.

1488 Vgl. zu den Betriebskosten bei der Eigenversorgung Landesenergieagentur Sachsen-Anhalt GmbH, Strom aus Photovoltaik-Anlagen zur Eigenversorgung, S. 20.

1489 UBA, Nichtamtliche Lesefassung der Verordnung zur Einrichtung des Regionalnachweisregisters, zur Fortentwicklung des Herkunftsnachweisregisters und zur Änderung der Herkunfts- und Regionalnachweis-Gebührenverordnung (HkRNDV) vom 8. 11. 2018 inkl. Begründung, S. 123.

1490 VEA, Aus dem Ministerium: EEG, EnUG und Herkunftsnachweise, https://www.vea.de/newsroom/aktuelles/thema/konsultation-eeg-enug-und-herkunftsnachweise.

1491 *Antoni/Schäfer-Stradowsky*, in: Handbuch Klimaschutzrecht, § 26, Rn. 56 ff.

1492 *Antoni/Schäfer-Stradowsky*, in: Handbuch Klimaschutzrecht, § 26, Rn. 57.

marktungsunternehmer als virtueller Stromspeicher. Der direkte Austausch von Lieferungen zwischen mehreren kleineren Eigenversorgern (Prosumern) wird bis jetzt für rechtlich nicht umsetzbar gehalten, insb. wegen der gesetzlichen Regelungen, die von einem Auseinanderfallen von Lieferant und Verbraucher ausgehen.[1493] Bei einer Anpassung der Rechtslage sind derartige Lieferungen künftig denkbar.[1494] Wie bereits erwähnt, setzt das EEG 2023 allerdings auch einen Anreiz gegen die Kombination aus Einspeisung und Eigenversorgung. Für Solaranlagen, die nicht an den Ausschreibungen teilnehmen müssen (d. h. gem. § 22 Abs. 3 S. 2 Nr. 1 EEG 2023 vor allem Anlagen bis einschließlich 1 mW installierter Leistung), ist der gesetzlich in § 48 EEG 2023 bestimmte anzulegende Wert maßgeblich. Speisen diese Anlagen den von ihnen erzeugten Strom vollständig ein, anstatt ihn selbst zu verbrauchen, sieht § 48 Abs. 2a S. 1 EEG 2023 eine Erhöhung des anzulegenden Werts vor. Die Vorschrift soll mit der Förderung der Volleinspeisung eine Alternative für Anwendungsfälle schaffen, in denen eine Eigenversorgung nicht möglich oder nicht wirtschaftlich darstellbar ist.[1495] Die Volleinspeisung wird dadurch aber auch gegenüber einer teilweisen Einspeisung und teilweisem Eigenverbrauch attraktiver.[1496]

VIII. Zwischenergebnis

PPAs werden für die Vermarktung der Betreiber von EE-Anlagen insb. relevant, wenn das EEG 2023 wie bei Post-EEG-Anlagen keine Vermarktungsalternative darstellt. Sofern PPAs mit dem EEG 2023 konkurrieren, finden sich viele Argumente, die schon heute für eine Vermarktung über PPAs sprechen. Dazu gehören die Restriktionen des EEG 2023, die mit einer förderfreien Vermarktung entfallen. Insb. die Vergütungshöhe ist von Bedeutung. Insofern wird erwartet, dass die von EE-Anlagen erzielbaren Erlöse trotz verschiedener wetter- und marktbedingter Unsicherheiten in den nächsten Jahren oberhalb der EEG-Vergütungen liegen werden.[1497] Noch dient die Preisabsicherung des EEG allerdings häufig als ein „sicherer Hafen“[1498] für die Anlagenbetreiber. PPAs sparen zudem staatliche Mittel ein und führen zu einer weiteren Marktintegration der EE-Anlagen.

Das WindSeeG enthält verschiedene Anreize für den Abschluss von PPAs. Im Bereich Offshore-Windenergie entbindet die förderfreie Vermarktung allerdings nicht von der Pflicht zur Teilnahme an den Ausschreibungen.

PPAs haben zudem Vorteile gegenüber einer Vermarktung im Stromhandel. Sie bieten eine bessere und langfristigere Absicherung des Cashflows und damit der Finanzierungsbedingungen. Zudem sind PPAs für einen kostengünstigen Ausbau der erneuerbaren Energien von Vorteil und garantieren gleichzeitig eine bezahlbare Energieversorgung. Damit

1493 *Antoni/Schäfer-Stradowsky*, in: Handbuch Klimaschutzrecht, § 26, Rn. 56; *Herbst*, EnWZ 2022, 357; *Buchmüller*, EWeRK 2018, 117.

1494 *Buchmüller*, EWeRK 2018, 117, 125.

1495 BT-Drs. 20/1630, 165.

1496 Vgl. ebenso *Harsch/J. Schäfer*, KlimR 2022, 334, 336.

1497 *D. Ritter* et al., Monitoring der Direktvermarktung: Jahresbericht 2022 und Ausblick 2023, S. 52.

1498 Vgl. dena, Finanzierung von Erneuerbare-Energien-Anlagen über Power Purchase Agreements, S. 7.

können sie eine bedeutende Rolle für ein zukünftiges Strommarktdesign oder einen langfristig doch noch eingeführten Industrie- bzw. Transformationsstrompreis spielen. Sie können dabei neben das Instrument der CfD und neben die Eigenversorgung treten.

IX. Preisvorteile oder Preisnachteile beim Bezug von Strom über Power-Purchase-Agreements gegenüber dem Bezug von konventionell erzeugtem Strom?

Die vorstehende Untersuchung der Vor- und Nachteile verschiedener Vermarktungsmodelle für Betreiber von EE-Anlagen lässt die künftige Bedeutung von PPAs erkennen. Allerdings steht die Vermarktung von Strom aus EE-Anlagen über PPAs auch in einem wirtschaftlichen Konkurrenzverhältnis zum Bezug von konventionell erzeugtem Strom, sofern man den Umweltnutzen der EE-Anlagen ausklammert und den Strombezug aus Abnehmersicht rein wirtschaftlich betrachtet.

Der Strompreis enthält verschiedene preisbildende Komponenten wie den Preis der Strombeschaffung, Netzentgelte, Entgelte für Messung und Abrechnung, Steuern und Abgaben sowie Vertrieb und Marge.[1499] Es handelt sich aber gerade nicht um einen Kostenpreis, basierend auf den Stromgestehungskosten (LCOE), sondern um einen Wettbewerbspreis nach Angebot und Nachfrage, der insb. vom Stromhandel an den Energiebörsen geprägt ist.[1500] Variabel und vom Parteiverhalten abhängig ist lediglich der Preisbestandteil der Strombeschaffung.[1501] Dieser beinhaltet entweder das Entgelt für den Kauf vom Anlagenbetreiber oder soll die LCOE des Anlagenbetreibers decken.[1502] In einer Preisanalyse aus dem Jahr 2020 wurden der Preis der Strombeschaffung von konventionellen mit dem von EE-Anlagen verglichen und langfristig ein ein Preisvorteil des Bezugs von Strom über PPA aus EE-Anlagen festgestellt.[1503] Denn die Kosten für den Bezug von konventionell erzeugtem Strom sollen regelmäßig über den Kosten liegen, die sich für dieselbe Strommenge aus den Kosten für den Bezug über das PPA zuzüglich der Kosten für die über das PPA nicht lieferbaren Strommengen (das zum Erzeugungsprofil der dargebotsabhängigen Anlage „komplementäre Profil") ergäben.[1504] Zusätzlich falle die sog. Marge, d. h. die Differenz zwischen Kosten und Verkaufspreis, die den Gewinn des Anlagenbetreibers beim Verkauf ausmache, im Rahmen eines PPAs geringer aus als beim „Graustrombezug", da die Marge nur für den Bezug des komplementären Profils anfalle und nicht für die gesamte Bezugsmenge.[1505] Diese Analyse stützt sich auf vier Beispielsfälle und geht daher von Prämissen aus, die nicht in jedem Fall und zu jeder Zeit zutreffen werden.

Ein Faktor in diesem Zusammenhang ist – in den Jahren 2022 und 2023 durch die Energiekrise besonders sichtbar –, dass die konventionelle Energieerzeugung auf fossile

---

1499 *Konstantin*, Praxisbuch Energiewirtschaft, S. 452.

1500 *Konstantin*, Praxisbuch Energiewirtschaft, S. 452; *Laakmann*, in: Vertragshandbuch Stromwirtschaft, Kap. 3, Rn. 4.

1501 *J. Held/Imolauer*, in: Corporate PPA erfolgreich gestalten, Deutschland, 48.

1502 *Konstantin*, Praxisbuch Energiewirtschaft, S. 452.

1503 Vgl. dazu mit Beispielen dena, Corporate Green PPAs: Ökonomische Analyse, S. 18 ff.

1504 Dena, Corporate Green PPAs: Ökonomische Analyse, S. 18.

1505 Dena, Corporate Green PPAs: Ökonomische Analyse, S. 18.

Brennstoffe angewiesen ist. EE-Anlagen haben zwar zunächst einen verhältnismäßig hohen Kapitalbedarf, allerdings äußerst geringe Betriebs- und Instandhaltungskosten vor allem wegen der fehlenden Brennstoffkosten.[1506] Steigen die Brennstoffpreise etwa krisenbedingt an, wie in den Jahren 2021 und 2022 die Gaspreise, wirkt sich das erhöhend auf den Preis von Strom aus konventionell erzeugten Energien aus. Zu sehen ist dies an den krisenbedingt zeitweise hohen Strompreisen, die sich nach den Grenzkosten richten und im Merit-Order-Modell im Normalfall von den Grenzkosten der Gaskraftwerke geprägt werden.[1507] Insb. die aufgrund der gestiegenen Gaspreise erhöhten Grenzkosten der Gaskraftwerke haben einen wesentlichen Teil zur Erhöhung des Strompreises beigetragen.[1508] Die hohen Strompreise waren aber nicht nur darauf, sondern auf eine generelle Angebotsverknappung zurückzuführen, bedingt z. B. durch eine vergleichsweise geringe Auslastung der Kohlekraftwerke aufgrund der schwierigen Versorgungslage bei niedrigen Pegelständen der Wasserstraßen im Sommer 2022 und andererseits etwa durch Wartungsarbeiten an mehreren Atomkraftwerks-Reaktoren in Frankreich.[1509]

Steuern und Abgaben fallen bei konventionellen wie bei EE-Anlagen gleichermaßen an, sodass hieraus weder für die Abnehmer der einen noch der anderen Anlagenart preisliche Vor- oder Nachteile, insb. auch nicht im Sinne einer ggf. politisch erwünschten ökologischen Lenkungswirkung, erwachsen.[1510] Allerdings ergaben sich bis Ende 2020 Nachteile beim „Grünstrombezug" mittels PPAs für Abnehmer, die in den Anwendungsbereich der bereits erläuterten Strompreiskompensation fielen.[1511] Bis zur Überarbeitung der Beihilfe-Leitlinien Ende 2020 galt nach Nr. 5.2.6 der Förderrichtlinie, dass für den Bezug von Strom aus „Stromlieferungsverträgen, die keine CO_2-Kosten enthalten," keine Strompreiskompensation gewährt wird.[1512] Das schloss PPA-Abnehmer, wie bereits beschrieben, von der Gewährung dieser Beihilfe aus, sodass die Kosten des PPA-Strombezugs teilweise mehr als 10 % über den Kosten des „Graustrombezugs" lagen.[1513] In der überarbeiten Fassung der Förderrichtlinie[1514] wird die Strompreiskompensation unabhängig von der Herkunft des bezogenen Stroms gewährt, d. h. auch wenn der Strom CO_2-frei und ohne emissionshandelsbedingte Mehrkosten geliefert wird.[1515] Um eine Doppelförderung auszuschließen, ist lediglich der Verbrauch von eigenerzeugtem Strom aus Anlagen, die vor dem 1. 1. 2021 in Betrieb genommen wurden und für die ein EEG-Vergütungsanspruch besteht, davon ausgenommen.[1516] Die Beihilfe kommt mittlerweile also auch für Abnehmer eines PPAs in Betracht, sodass aus dem Steuern- und Abgabensystem keinerlei Nachteile aus dem Bezug

1506 *Konstantin*, Praxisbuch Energiewirtschaft, S. 245.

1507 *Möller-Klapperich/Rasquin*, NJ 2022, 433, 434.

1508 *Möller-Klapperich/Rasquin*, NJ 2022, 433, 434.

1509 *Pavel*, EnK-Aktuell 2022, 01054.

1510 Dena, Corporate Green PPAs: Ökonomische Analyse, S. 26.

1511 Vgl. Teil 1, D. II. 3. a) cc); dena, Corporate Green PPAs: Ökonomische Analyse, S. 26 f.

1512 *Ehrmann*, KlimR 2022, 271, 273.

1513 Dena, Corporate Green PPAs: Ökonomische Analyse, S. 27.

1514 Richtlinie für Beihilfen für Unternehmen in Sektoren bzw. Teilsektoren, bei denen angenommen wird, dass angesichts der mit den EU-ETS-Zertifikaten verbundenen Kosten, die auf den Strompreis abgewälzt werden, ein erhebliches Risiko der Verlagerung von CO_2-Emissionen besteht (Beihilfen für indirekte CO_2-Kosten) v. 24. 8. 2022, BAnz AT 1. 9. 2022, 1.

1515 *Ehrmann*, KlimR 2022, 271, 273.

1516 *Ehrmann*, KlimR 2022, 271, 273.

von „Grünstrom“ resultieren. Zudem bestehen Befreiungs- bzw. Begrenzungsmöglichkeiten für stromkostenintensive Unternehmen (§§ 30 ff. EnFG) sowie für Einrichtungen zur Herstellung von Grünem Wasserstoff (§§ 25 ff. EnFG), die auch bei PPAs relevant sein können. Stromkostenintensive Unternehmen sind zudem in Umsetzung von Rn. 415 KUEBLL[1517] gem. § 30 Nr. 3 EnFG dazu verpflichtet, alternativ ihre Energieeffizienz (lit. a), die Deckung von mindestens 30 % des Stromverbrauchs durch nicht geförderten Strom aus erneuerbaren Energien (lit. b) oder Investitionen in Dekarbonisierungsmaßnahmen nachzuweisen (lit. c), wenn sie eine Begrenzung der bestehenden Umlagen über die besondere Ausgleichsregelung in Anspruch nehmen wollen. Insb. lit. b setzt einen Anreiz für den Abschluss von PPAs. Da die Strompreiskompensation als Beihilfe ebenfalls in den Anwendungsbereich von Rn. 415 KUEBLL fällt, ist Voraussetzung für die Inanspruchnahme der Strompreiskompensation ebenfalls die Durchführung von Klimaschutz- und Energieeffizienzmaßnahmen, etwa durch die Deckung von 30 % des Strombedarfs durch nicht geförderten Strom aus erneuerbaren Energien (gem. Nr. 4.2.2 der Förderrichtlinie[1518]). Vertreten wird zudem, dass vor dem Hintergrund des Unionsrechts eine vollständige Umlagebefreiung für alle Arten von PPAs gelten sollte.[1519]

1517 Leitlinien für staatliche Klima-, Umweltschutz- und Energiebeihilfen 2022 v. 18.2.2022, ABl. EU 2022 C 80/1.

1518 Richtlinie für Beihilfen für Unternehmen in Sektoren bzw. Teilsektoren, bei denen angenommen wird, dass angesichts der mit den EU-ETS-Zertifikaten verbundenen Kosten, die auf den Strompreis abgewälzt werden, ein erhebliches Risiko der Verlagerung von CO_2-Emissionen besteht (Beihilfen für indirekte CO_2-Kosten) v. 24. 8. 2022, BAnz AT 1. 9. 2022, 1.

1519 Siehe Teil 1, D. II. 3. a) bb).

Zweiter Teil

In den folgenden Kapiteln werden die am PPA beteiligten Personen und deren jeweilige Interessenlage beschrieben. Daran anschließend werden zentrale Vertragsklauseln von PPAs und diverse Rechtsfragen untersucht.

A. Beteiligte

I. Vertragsparteien

1. Anlagenbetreiber und Abnehmer

PPAs sind üblicherweise bilaterale Verträge zwischen Stromerzeugern (Anlagenbetreibern i. S. d. EEG 2023) und Stromabnehmern. In physisch abgewickelten PPAs handelt es sich hierbei um Verkäufer und Käufer. Finanz-PPAs unterscheiden sich hiervon, da sie schuldrechtlich als Verträge eigener Art mit kapitalmarktrechtlicher Prägung zu qualifizieren sind (siehe Teil 2, C. III.). Kennzeichen von PPAs ist, dass als eine Vertragspartei typischerweise „*unmittelbar*" der Anlagenbetreiber selbst auftritt. Kern der zuvor erläuterten Projektfinanzierung ist die zu diesem Zweck gegründete Projektgesellschaft, die die Aktiva und Passiva des Projekts bündelt. Insofern wird i. d. R. die Projektgesellschaft Partei des PPAs sein. Damit fließen die Einnahmen aus dem PPA auch der Projektgesellschaft zu, die darüber den Kapitaldienst absichert und bedient. Nicht unmittelbar Partei der Lieferbeziehung des PPAs sind regelmäßig Direktvermarktungs- oder Energieversorgungsunternehmen, die insb. den Bilanzausgleich der Lieferung übernehmen können (sog. Sleeving).[1]

Freilich können Direktvermarktungsunternehmer und Aggregatoren ebenfalls langfristige Lieferverträge abschließen. Das zugrunde gelegte Verständnis eines Direktvermarktungsunternehmers richtet sich nach der Definition i. S. d. § 3 Nr. 17 EEG 2023.[2] Aggregatoren übernehmen auf dem Strommarkt die Aufgabe der Bündelung von Lasten (Ausspeisung) oder Erzeugungskapazitäten (Einspeisung).[3] Sofern Direktvermarktungsunternehmer oder Aggregatoren allerdings langfristige Lieferverträge über bereits eingekauften Strom abschließen, kann der Vertrag damit seine unmittelbare Anlagenbezogenheit verlieren, wie sie auch das Unionsrecht voraussetzt. Nach der Definition eines „renewables power purchase agreement" in Art. 2 Nr. 17 der EE-Richtlinie[4] hat der Strombezug aus

---

1 So aber dena, Vertragswesen von Green Power Purchase Agreements, S. 16.

2 Siehe dazu Teil 1, B. VIII. 2. e).

3 BeckOK EnWG/*M. Pfeiffer*, § 3 Nr. 1a EnWG, Rn. 1.

4 Richtlinie (EU) 2018/2001 des Europäischen Parlaments und des Rates zur Förderung der Nutzung von Energie aus erneuerbaren Quellen v. 11. 12. 2018, ABl. EU 2018 L 328/82.

Abnehmersicht „unmittelbar von einem Elektrizitätsproduzenten“ zu erfolgen. Anders als teilweise behauptet,[5] liegt damit in Fällen, in denen der Verkäufer eines langfristigen Liefervertrags nicht der Anlagenbetreiber ist, kein PPA in diesem Sinne mehr vor. Denkbar ist allenfalls, dass die Direktvermarktungsunternehmer und Aggregatoren in Vertretung des Anlagenbetreibers auftreten und das PPA zwischen dem Anlagenbetreiber und dem Abnehmer vermitteln oder dass aufgrund eindeutiger vertraglicher Regelungen die Zuordnung des Stroms zu einer Anlage auch in einer Vertragskette unzweifelhaft bleibt. Sofern diese Unternehmen allerdings einen langfristigen Stromliefervertrag mit dem Anlagenbetreiber über den Kauf des Stroms abschließen (erster langfristiger Stromliefervertrag) und dann einen langfristigen Weiterverkauf vornehmen, der die Herkunfts-Unmittelbarkeit nicht hinreichend dokumentiert (zweiter langfristiger Stromliefervertrag), ist nur der erste Stromliefervertrag unmittelbar anlagenbezogen und hat damit ggf. eine Finanzierungsfunktion für den Verkäufer (konkret regelmäßig die Projektgesellschaft). Ob der zweite Stromliefervertrag ebenfalls als langfristiger Verkauf von Strom ausgestaltet ist, spielt für den Erstverkäufer keine Rolle. Nur der erste Stromliefervertrag mit Finanzierungsfunktion für den Erstverkäufer ist dann nach dem unionsrechtlichen und in dieser Arbeit verwendeten Verständnis unmittelbar mit einem Elektrizitätsproduzenten abgeschlossen und daher unter die Definition eines PPAs zu fassen.

Teilweise wurde angenommen, dass die den Strom produzierende Partei eines PPAs (Anlagenbetreiber) nur ein sog. Independent Power Producer (IPP) sein könne.[6] Dabei handelt es sich um ein von den weiteren Wertschöpfungsstufen Netz und Vertrieb getrenntes Unternehmen,[7] das damit gerade nicht unter die Definition des vertikal integrierten Unternehmens i. S. d. § 3 Nr. 38 EnWG fällt. Die Erzeugungsstufe ist wegen der im EnWG enthaltenen Entflechtungsvorschriften allerdings ohnehin im Wesentlichen vom Netzbereich getrennt. Daher hat diese Reduzierung auf Unternehmen ohne eigenes Netz im Bereich des deutschen und europäischen Rechts nur geringfügige praktische Auswirkungen. Auch vertikal integrierte Unternehmen können PPAs abschließen, sofern sie als Anlagenbetreiber agieren und mit dem Vertragsschluss eine Preisabsicherung bzw. Finanzierung bezwecken. Für ein IPP sind langfristige Lieferverträge mit einer (Finanzierungs-)Absicherungsfunktion, insb. PPAs, allerdings von besonderer Wichtigkeit, da ein IPP mangels diversifizierter Einnahmequellen aus den anderen Wertschöpfungsstufen bzw. häufig nur einer geringen Anzahl unterschiedlicher Anlagen besonders von Preisschwankungen auf dem Erzeugungsmarkt getroffen wird.[8] Mittels PPAs können sie langfristig und kalkulierbar ihren Absatz sichern.[9]

Rechtlich relevanter als die Abgrenzung des Anlagenbetreibers von den anderen Wertschöpfungsstufen ist etwa die Abgrenzung von der Eigenversorgung. Denn bei PPAs wird Strom begriffsnotwendig an einen anderen Abnehmer geliefert, sodass die Eigenversorgung ausgeschlossen ist.[10]

---

5 *Hilpert*, Rechtliche Bewertung von Power Purchase Agreements (PPAs) mit erneuerbaren Energien, S. 4.

6 HCOB, Corporate PPA, S. 8; *Munyaka*, in: Corporate PPA erfolgreich gestalten, Kenia, 64.

7 *Schwintowski/F. Scholz/Schuler* (Hrsg.), Handbuch Energiehandel, S. 729.

8 *Zander* et al., Strombeschaffung im liberalisierten Energiemarkt, S. 80.

9 *Zander* et al., Strombeschaffung im liberalisierten Energiemarkt, S. 80.

10 Vgl. *J. Held/Imolauer*, in: Corporate PPA erfolgreich gestalten, Deutschland, 39; *Uibeleisen/Groneberg*, RdE 2018, 114, 119.

Als Abnehmer treten Energieversorgungsunternehmen (sog. Utility-PPAs), Stromhändler (sog. Merchant-PPAs) und (vor allem industrielle) Letztverbraucher auf.[11] Zu den Letztverbrauchern gehören insb. stromkostenintensive (Industrie-)Unternehmen, die durch das PPA ihren Strompreis langfristig sichern bzw. die Herkunftsnachweise für „grünen" Imagewettbewerb nutzen wollen (sog. Corporate-PPAs).[12] Bei den Energieversorgungsunternehmen haben insb. die Anbieter von Ökostromtarifen einen Bedarf am Bezug von Strom samt den über ein PPA zu erwerbenden Herkunftsnachweisen.[13] Der Markthochlauf von „grünem" Wasserstoff wird den Bedarf an „grünem" Strom weiter erhöhen, da auch Hersteller „grünen" Wasserstoffs für die Produktion einen hohen Bedarf am Bezug von Strom einer gewissen „Qualität" haben werden.[14] Die „Qualität", die der zur Herstellung von „grünem" Wasserstoff genutzte Strom z. B. mittels Zertifikaten wie etwa den Regional- und Herkunftsnachweisen i. S. d. § 79f. EEG 2023 belegen können muss, soll noch erläutert werden.[15] Nur wenn mit den PPAs Strom entsprechender „Qualität" für die Wasserstoffproduktion geliefert wird, kann der Wasserstoff entsprechend deklariert werden.

Anders als bei einer Förderung durch das EEG ist in PPAs nicht der Staat gesetzlicher Schuldner, sondern ein Privater aufgrund des vertraglichen Vergütungsanspruchs.[16] Im Rahmen der EEG-Förderung geht das Risiko des Ausfalls der Gegenpartei (Kontrahentenrisiko) für den staatlich garantierten Teil der EEG-Vergütung, d. h. Marktprämie oder Einspeisevergütung, gegen null.[17] An der Börse wird durch die Abwicklung über das Clearinghaus das Kontrahentenrisiko gegen die Stellung von Sicherheiten ebenfalls aufgehoben.[18] Im Rahmen von PPAs besteht das Risiko, dass der Abnehmer zahlungsunfähig wird.[19] Besonders an den Abnehmer sind daher aus Sicht der Finanzierer Anforderungen zu stellen, die dieser einhalten muss.[20] Das betrifft insb. dessen Liquidität bzw. Kreditwürdigkeit, da diese die stetige Zahlung der PPA-Vergütung, also des wesentlichen Cashflows des Projekts, garantiert.[21] Die Kreditwürdigkeit des Abnehmers muss aus Sicht der Fremdkapitalgeber, also insb. der Banken, über die gesamte Laufzeit des PPAs gegeben sein. Vom Abnehmer ist insofern zu beachten, dass die Verbindlichkeit aus dem PPA möglichst nicht zu einer verminderten Kreditwürdigkeit führt. Damit der Cashflow aus dem

---

11 BDEW, Finanzierung und Marktintegration von Erneuerbare-Energien-Anlagen, S. 5.

12 *C. Schneider/Lüdecke*, IR 2018, 290, 291.

13 KPMG, Neuer Wind durch Power Purchase Agreements, S. 21.

14 Dena, Finanzierung von Erneuerbare-Energien-Anlagen über Power Purchase Agreements, S. 16; *Munyaka*, in: Corporate PPA erfolgreich gestalten, Kenia, 64; Rödl & Partner, PPA – Power Purchase Agreement: Mittelfristig eine Chance für Unternehmen für die Strombeschaffung?, https://www.roedl.de/themen/energiekosten-kompass/2020/03/power-purchase-agreement-mittelfristige-chance-strombeschaffung.

15 Siehe dazu Teil 2, C. I. 3. b).

16 Vgl. *Hilpert*, Rechtliche Bewertung von Power Purchase Agreements (PPAs) mit erneuerbaren Energien, S. 13.

17 Dena, Finanzierung von Erneuerbare-Energien-Anlagen über Power Purchase Agreements, S. 7.

18 *Zander* et al., Strombeschaffung im liberalisierten Energiemarkt, S. 53; *Borgmann*, Preisrisikomanagement im liberalisierten deutschen Strommarkt, S. 55.

19 Vgl. dena, Finanzierung von Erneuerbare-Energien-Anlagen über Power Purchase Agreements, S. 7.

20 *C. Schneider/Lüdecke*, IR 2019, 50, 52.

21 *C. Schneider/Lüdecke*, IR 2019, 50, 52; HCOB, Corporate PPA, S. 8.

PPA den Banken überhaupt als Sicherheit dienen kann, sollte der Abnehmer seine Zustimmung zu einer sicherungsweisen Abtretung der Zahlungsansprüche an die Bank erklären.[22] Ggf. werden die Banken vom Abnehmer selbst oder vom Anlagenbetreiber (bzw. den sog. Sponsoren des Projekts) Sicherheiten für den Fall verlangen, dass sich die Kreditwürdigkeit des Abnehmers verschlechtert.[23] Für Ersteres kommen Bürgschaften, Garantien oder Patronatserklärungen in Betracht.[24] Von der Kommission geplante Optimierungen für die Absicherung des Kontrahentenrisikos insb. kleinerer und mittlerer Unternehmen sollen im Folgenden noch erläutert werden.

Für den umgekehrten Fall, dass der Anlagenbetreiber nicht mehr in der Lage ist, das Projekt fortzuführen oder den Kredit zu bedienen, wird i. d. R. ein sog. Direktvertrag (engl., *direct agreement*) vereinbart, der dem Finanzierer ermöglicht, anstelle des Anlagenbetreibers in das PPA einzutreten und das Projekt fortzuführen.[25] Ein solches *direct agreement* verlangt allerdings aus Bankensicht auch, dass die Kündigungsrechte des Abnehmers so ausgestaltet sind, dass für die Banken die Möglichkeit besteht, vom Anlagenbetreiber verursachte Kündigungsrechte nach Übernahme des PPAs zu heilen.[26] Sonst könnte die Fortführung des PPAs durch den Finanzierer durch eine Kündigung des Abnehmers verhindert werden.

Auch der Abnehmer kann sich gegen verschiedene Risiken absichern, etwa gegen Lieferunterbrechungen, die für ein produzierendes Unternehmen ein großes Risiko darstellen können, durch Versicherungen, Belieferungs-Reallasten, Erfüllungsbürgschaften sowie Vorkaufsrechte und Sicherungsübereignungen an der Anlage.[27]

2. Schwierigkeiten kleinerer und mittlerer Unternehmen

Dass die Abnehmer über die gesamte Vertragslaufzeit den Anforderungen der Banken an die Kreditwürdigkeit gerecht werden müssen, stellt bisher besonders für kleinere und mittlere Abnehmer ein entscheidendes Hindernis beim Abschluss von PPAs dar.[28] Sie verfügen teilweise nicht über geforderte Kreditratings oder die erforderliche Bonität.[29] Die Kommission identifiziert insofern als besonders problematisch für kleinere und mittlere Abnehmer, dass die Prognose des Umfangs ihrer künftigen Stromnachfrage mit mehr Unsicherheiten behaftet, ihre Bonität niedriger sowie ihre Verbrauchsmengen geringer seien

---

22 *Wiederholt/Ludwig*, EnWZ 2019, 110, 114.

23 *C. Schneider/Lüdecke*, IR 2019, 50, 52.

24 *Wiederholt/Ludwig*, EnWZ 2019, 110, 114; mit Verweis insb. auf *Schöne*, in: Vertragshandbuch Stromwirtschaft, Kap. 4. C, Rn. 322 ff.

25 *C. Schneider/Lüdecke*, IR 2019, 50, 52; ausführlich zur Thematik der Direktverträge *Sester*, ZBB 2004, 283; *Minuth/Stiller*, NZBau 2009, 574.

26 *C. Schneider/Lüdecke*, IR 2019, 50, 52.

27 *J. Held/Koch*, ER 2019, 18, 24; dena, Vertragswesen von Green Power Purchase Agreements, S. 31.

28 Vgl. Kommission, Arbeitsunterlage der Kommissionsdienststellen v. 18. 5. 2022 – SWD(2022) 149 final, 47.

29 Vgl. Kommission, Arbeitsunterlage der Kommissionsdienststellen v. 18. 5. 2022 – SWD(2022) 149 final, 47.

als bei größeren Unternehmen.[30] Für einen einzelnen kleineren Abnehmer kann es schwer sein, die Anforderungen der Banken an die Kreditwürdigkeit zu erfüllen. Als Refinanzierungsinstrument werden PPAs regelmäßig langfristig und für größere Strommengen geschlossen, was den Bedarf kleinerer Abnehmer übersteigt.[31] Allerdings finden sich im Bereich der bestehenden, ausgeförderten sog. Post-EEG-Anlagen schon kürzere Vertragslaufzeiten, sodass PPAs, die Strom aus solchen Anlagen vermarkten, womöglich auch für kleinere Abnehmer interessant sind.[32] Für neue Anlagen werden kürzere Vertragslaufzeiten vermutlich erst dann realistisch, wenn ein etablierter Markt für PPAs existiert, auf den auch die Banken vertrauen, sodass erwartbar ist, dass nach der Laufzeit eines ersten PPAs problemlos ein weiteres zu vergleichbaren Konditionen geschlossen werden kann.[33] Denn unterschreitet die Laufzeitvereinbarung des PPAs die Laufzeit des Finanzierungsvertrags für die neue Anlage, stellt sich für den Anlagenbetreiber die Frage, wie er den Schuldendienst nach dem Vertragsende sichern und tilgen kann. Entweder kann ein Anschluss-PPA abgeschlossen werden, bei dem allerdings die Gefahr von ggf. schlechteren, mithin risikoreicheren Konditionen besteht, oder es muss auf die risikoreichere Vermarktung im preisvolatilen Stromhandel zurückgegriffen werden.[34] Aus Sicht der Banken bestehen dagegen Bedenken, wenn in der ursprünglichen Laufzeit des PPAs noch keine aus Bankensicht ausreichende Rückzahlung des Kapitaldiensts erfolgen konnte.[35] Sobald kürzere PPAs in größerer Zahl zur Verfügung stehen, wird die Attraktivität von PPAs für kleinere Abnehmer erhöht. Zuletzt sind während der Energiekrise sog. Mini-PPAs[36] mit Laufzeiten von einem Jahr oder einem Quartal vereinbart worden, die wie andere PPAs mit kurzen Laufzeiten besonders für ausgeförderte Post-EEG-Anlagen interessant sind.[37] Ihnen wird vom BMWK bisher eine sehr geringe Relevanz im Strommarkt zugesprochen.[38] Für kleinere Abnehmer kommt erschwerend hinzu, dass es sich um individuelle, komplexe Verträge handelt, für die sich noch keine Vertragsstandards etabliert haben, was die Transaktionskosten erhöht.[39] Diesen kleineren Abnehmern bleiben daher die Möglichkeiten langfristiger Preisabsicherung bei Bezug von Grünstromzertifikaten meist verwehrt, obwohl sie ebenso wie große Unternehmen davon profitieren könnten.[40]

---

30 Kommission, Arbeitsunterlage der Kommissionsdienststellen v. 18. 5. 2022 – SWD(2022) 149 final, 47.

31 Dena, Vertragswesen von Green Power Purchase Agreements, S. 11.

32 *Hilpert*, Rechtliche Bewertung von Power Purchase Agreements (PPAs) mit erneuerbaren Energien, S. 16.

33 *S. Geiger/Balland*, REE 2019, 53, 57.

34 HCOB, Corporate PPA, S. 14.

35 Vgl. HCOB, Corporate PPA, S. 14, wonach regelmäßig Laufzeiten von mindestens zehn Jahren für die Bankability des PPAs erforderlich seien.

36 Trianel, Trianel startet Mini-PPAs für PV-Anlagen, https://www.trianel.com/pressemeldungen/trianel-startet-mini-ppas-fuer-pv-anlagen.

37 Trianel, Trianel startet Mini-PPAs für PV-Anlagen, https://www.trianel.com/pressemeldungen/trianel-startet-mini-ppas-fuer-pv-anlagen.

38 BMWK, FAQ Liste: Abschöpfung von Zufallsgewinnen, S. 6.

39 Dena, Vertragswesen von Green Power Purchase Agreements, S. 11.

40 Kommission, Arbeitsunterlage der Kommissionsdienststellen v. 18. 5. 2022 – SWD(2022) 149 final, 46 f.

Probleme bestehen allerdings nicht nur für kleinere Abnehmer, sondern ggf. auch für kleinere Verkäufer insb. hinsichtlich der Sichtbarkeit ihres PPA-Angebots und etwaigen technischen wie kompetenziellen Beschränkungen.[41]

3. Vertragliche und gesetzgeberische Lösungsansätze für kleinere und mittlere Unternehmen

Sofern die mittels PPA vermarkteten Anlagen einen Zuschlag nach dem EEG erhalten und die Voraussetzungen der Direktvermarktung und damit der EEG-Förderung erfüllen, besteht grds. die Möglichkeit des Wechsels von der PPA-Vermarkung in die EEG-Vergütung. Für kleinere Abnehmer kann die EEG-Förderung damit als „sicherer Hafen" genutzt werden,[42] sofern ein PPA zur Finanzierungsabsicherung nicht genügt. Die Finanzierungssicherheit durch die EEG-Förderung ergänzt in einem solchen Fall hilfsweise die aufgrund der nicht ausreichenden Kreditwürdigkeit kleinerer PPA-Abnehmer noch fehlende Finanzierungssicherheit. Die Ergänzung der Erlöse aus der EEG-Vermarktung durch ein z. B. fünfjähriges PPA kommt etwa zur Sicherung der Finanzierung von Solaranlagen in Betracht, bei denen in der Ausschreibung nur ein nicht auskömmlicher anzulegender Wert bezuschlagt wurde.[43]

Zudem bietet ein sog. Pooling der Abnehmer eine von der EEG-Förderung unabhängige Lösungsmöglichkeit: Mehrere kleinere, stromverbrauchende Abnehmer finden sich zusammen und beziehen ihren Strom gemeinsam über ein PPA,[44] dessen Umfang den Bedarf eines einzelnen Abnehmers überstiegen hätte. Gleichzeitig führt das Pooling zu einer Diversifizierung der Abnehmerstruktur, was aus Sicht der Finanzierer die Sicherheit erhöht. Voraussetzung für ein Pooling wären jedoch ein größeres PPA-Angebot als aktuell vorhanden sowie standardisierte PPA-Vertragskonditionen, die nicht individuell zugeschnitten sind, sondern für jeden der Abnehmer des Abnehmer-Pools passen.[45] Bei der Ausgestaltung eines solchen Abnehmer-Pools ist zu beachten, dass derartige sog. Einkaufskooperationen nicht zu einer spürbaren Wettbewerbsbeschränkung führen oder zumindest gerechtfertigt sind.[46] Die niederländische Verbraucher- und Marktaufsichtsbehörde (Autoriteit Consument en Markt, ACM) hat eine solche Einkaufskooperation für mit dem Wettbewerbsrecht vereinbar erklärt.[47] Im konkreten Fall sollte von der Abnehmervereinigung VEMW („Vereniging voor Energie, Milieu en Water") Strom über ein PPA aus dem Offshore-Windpark „Hollandse Kust West" bezogen werden.[48] Die ACM hat die

---

41 Kommission, Arbeitsunterlage der Kommissionsdienststellen v. 18. 5. 2022 – SWD(2022) 149 final, 47.

42 Dena, Finanzierung von Erneuerbare-Energien-Anlagen über Power Purchase Agreements, S. 7.

43 Enervis, Auswirkungen des geplanten Erlösdeckels im Strommarkt auf die Rentabilität von EE Investitionen mit Fokus auf PPAs und Solarprojekte, S. 16.

44 Vgl. dena, Marktmonitor Green PPAs 2021, S. 18.

45 Dena, Marktmonitor Green PPAs 2021, S. 18.

46 Zur wettbewerbsrechtlichen Zulässigkeit von Einkaufskooperationen *Säcker/Mohr*, WRP 2011, 793.

47 ACM, ACM favors collaborations between businesses promoting sustainability in the energy sector, Pressemitteilung v. 28. 2. 2022.

48 *Beetstra/van Vijver/Willis*, Dutch regulator actively facilitating sustainability developments, Pressemitteilung v. 10. 3. 2022.

Vereinbarkeit mit Art. 6 des Dutch Competition Act, dem niederländischen Pendant zum Kartellverbot gem. Art. 101 AEUV, aufgrund sog. Leitlinien zu Nachhaltigkeitsvereinbarungen[49] überprüft.[50] Da der Anlagenbetreiber des Windparks und die abnehmenden Unternehmen künftig weiterhin andere Möglichkeiten zum Verkauf und Bezug von erneuerbarer Energie hätten, sei das Pooling-Vorhaben mit dem Wettbewerbsrecht vereinbar.[51] Diese Überlegungen sind potentiell auf den deutschen Strommarkt übertragbar. Dafür spricht insb. die unionsrechtliche Prägung des niederländischen und deutschen Wettbewerbsrechts über Art. 101 AEUV.

Eine Diversifizierung der Abnehmerstruktur kann außerdem durch sog. Drittverkaufsoptionen (engl. *third party sales*) erreicht werden, die es ermöglichen – unter Umständen nach Ablauf einer Exklusivitätsperiode – produzierte Zusatzmengen an andere Abnehmer zu veräußern.[52]

Eine weitere Möglichkeit zur Minderung des Kontrahentenrisikos ist die Begrenzung der Vertragslaufzeit oder eine rollierende Verlängerung des PPAs.[53] Allerdings wird das Kontrahentenrisiko damit nur vermindert, während die durch die Langfristigkeit des PPAs begründeten Vorteile, insb. im Hinblick auf die Verbesserung der Finanzierungskonditionen, nicht voll ausgeschöpft werden können.[54] Ob eine solche Regelung den Parteiinteressen gerecht wird, ist daher im Einzelfall zu entscheiden.

Die Kommission hat neben allgemeinen Vorschlägen zur Verbesserung der Bedingungen des PPA-Markts Verbesserungen für kleine und mittlere Unternehmen geplant. Konkrete Aussagen trifft die Kommission dazu in den „Leitlinien für die Mitgliedstaaten zur Förderung von Verträgen über den Bezug erneuerbarer Energie."[55] Um die Bedingungen beim Abschluss von PPAs für diese kleinen und mittleren Unternehmen zu verbessern, werden die folgenden Maßnahmen vorgeschlagen:[56] Durch die Einrichtung einer öffentlichen Plattform könne die Transparenz des PPA-Markts für kleinere Unternehmen in Bezug auf Preis, Volumen, PPA-Arten und beteiligte Parteien verbessert werden. Zudem solle die Umsetzung insb. der EU-Taxonomieverordnung[57] gewährleistet und ggf. ihre freiwil-

---

49 ACM, Guidelines Sustainability agreements, https://www.acm.nl/sites/default/files/documents/second-draft-version-guidelines-on-sustainability-agreements-oppurtunities-within-competition-law.pdf.

50 *Beetstra/van Vijver/Willis*, Dutch regulator actively facilitating sustainability developments, Pressemitteilung v. 10. 3. 2022.

51 ACM, ACM favors collaborations between businesses promoting sustainability in the energy sector, Pressemitteilung v. 28. 2. 2022.

52 *Kerf* et al., Concessions for infrastructure, S. 107.

53 Vgl. dena, Finanzierung von Erneuerbare-Energien-Anlagen über Power Purchase Agreements, S. 21.

54 Vgl. dena, Finanzierung von Erneuerbare-Energien-Anlagen über Power Purchase Agreements, S. 21.

55 Kommission, Arbeitsunterlage der Kommissionsdienststellen v. 18. 5. 2022 – SWD(2022) 149 final, 41 ff.

56 Kommission, Arbeitsunterlage der Kommissionsdienststellen v. 18. 5. 2022 – SWD(2022) 149 final, 49.

57 Verordnung (EU) 2020/852 des Europäischen Parlaments und des Rates über die Einrichtung eines Rahmens zur Erleichterung nachhaltiger Investitionen und zur Änderung der Verordnung (EU) 2019/2088 v. 18. 6. 2020, ABl. EU L 198/13.

lige Anwendung über die rechtlichen Anforderungen hinaus gefördert werden. Denn dieser Rechtsakt soll den Rahmen für mehr Transparenz im Hinblick auf Nachhaltigkeit von Unternehmen bilden, auf diese Weise für die Verlagerung von Kapitalflüssen hin zu nachhaltigeren Tätigkeiten sorgen (vgl. Erw. 6ff. EU-Taxonomieverordnung) und damit für die anwendenden Unternehmen einen Anreiz schaffen, Strom aus erneuerbaren Energien über ein PPA zu beziehen.[58] Zudem solle kleineren Unternehmen eine flexible Vertragsgestaltung, einschließlich spezifischer Leitlinien für Vertragskündigungsgebühren unter Beachtung von Art. 12 der Elektrizitätsbinnenmarktrichtlinie[59], und der Abschluss mehrerer Lieferverträge unter Beachtung von Art. 4 der Elektrizitätsbinnenmarktrichtlinie ermöglicht werden. Ohne konkrete inhaltliche Verbesserungsvorschläge bleibt die Aussage, dass auch die Bedingungen für On-Site-PPAs verbessert werden sollten („die Entwicklung von Erneuerbare-Energie-Projekten im Rahmen von PPAs am Standort oder in der Nähe des Standorts, insb. wenn sie ‚hinter dem Zähler' oder durch ‚private Leitungen' also ohne Netznutzung entwickelt werden"). Dagegen ist die Minderung der Risiken eines PPAs durch Kreditgarantien oder Versicherungen, die aus öffentlichen Mitteln finanziert werden und im Einklang mit dem Beihilferecht stehen, ein zielgerichteter und sinnvoller Vorschlag zur Absicherung des Kontrahentenrisikos. In diese Richtung zielt auch der Vorschlag der „Bestärkung nationaler Förderbanken und -institute, Schuldtitel für groß angelegte Projekte im Bereich der erneuerbaren Energien, einschließlich Offshore-Windenergie, auf Märkten anzubieten, auf denen es angesichts der Größe der Anlagen und der Baudauer schwierig ist, vor finanziellen Investitionsentscheidungen ein ausreichendes Volumen von Verträgen über den Bezug erneuerbarer Energie zu schließen."[60] Des Weiteren solle es Energiegemeinschaften ermöglicht werden, überschüssige Energie im Rahmen von PPAs zu veräußern und schließlich solle das sog. Pooling der PPA-Vermarktung rechtlich ermöglicht werden. D. h., dass mehrere Abnehmer zukünftig durch Bündelung der Nachfrage und Wirtschaftskraft in die Lage versetzt werden sollen, PPAs abzuschließen. Insb. für stromkostenintensive Industrieunternehmen läge darin die Möglichkeit, günstig Strom aus erneuerbaren Energien zu beziehen. In Griechenland werde bereits an der Umsetzung eines solchen „*Green-Pools*" gearbeitet.[61]

Zusammenfassend lassen sich diesen Vorschlägen vier zentrale Ziele entnehmen. Für einen Marktzutritt kleinerer und mittlerer Unternehmen sollte erstens die Transparenz des PPA-Markts insb. hinsichtlich verbreiteter rechtlicher Marktstandards erhöht werden. Diesen Abnehmern sollte zweitens mehr Flexibilität bei der vertraglichen Bindung zugestanden werden. Aus Sicht der Anlagenbetreiber und Banken kann das jedoch der Finanzierungsabsicherung entgegenstehen. Insofern werden weiterhin vor allem Post-EEG-Anlagen für kleinere und mittlere Abnehmer interessant sein, die PPAs mit kürzeren

---

58 Vgl. Kommission, Arbeitsunterlage der Kommissionsdienststellen v. 18. 5. 2022 – SWD(2022) 149 final, 48.

59 Richtlinie (EU) 2019/944 des Europäischen Parlaments und des Rates vom mit gemeinsamen Vorschriften für den Elektrizitätsbinnenmarkt und zur Änderung der Richtlinie 2012/27/EU v. 5. 6. 2019, ABl. EU 2019 L 158/125.

60 Kommission, Arbeitsunterlage der Kommissionsdienststellen v. 18. 5. 2022 – SWD(2022) 149 final, 49.

61 *Aposporis*, Karatzis, Mytilineos sign solar power PPA in Greece for 271 MW, Balkan Green Energy News v. 28. 11. 2023; siehe auch Kommission, Arbeitsunterlage der Kommissionsdienststellen v. 18. 5. 2022 – SWD(2022) 149 final, 47.

Vertragslaufzeiten anbieten können. Weiterhin müsse drittens die Absicherung des Kontrahentenrisikos bei kleineren Abnehmern verbessert werden, durch beilhilferechtskonforme Kreditgarantien oder Versicherungen, die aus öffentlichen Mitteln finanziert werden. Dazu trägt viertens die Ermöglichung eines Abnehmer-Pooling bei.

Ergänzt werden diese Leitlinien, an denen sich die Mitgliedstaaten orientieren können, durch die geplanten Änderungen im Rahmen einer „Reform des EU-Strommarktes" an der Elektrizitätsbinnenmarktverordnung,[62] der Elektrizitätsbinnenmarktrichtlinie[63] und der REMIT-Verordnung.[64] Danach soll insb. die Gewährleistung der Verfügbarkeit marktbasierter Garantien dem Ausfallrisiko des Abnehmers begegnen.[65] Des Weiteren sollen Anlagenbetreibern, die staatliche Beihilfen für den Ausbau der erneuerbaren Energien in Anspruch nehmen, Möglichkeiten zur Kombination der Beihilfen mit PPAs eröffnet werden, um Risiken zu mindern und die Finanzierungsbedingungen zu verbessern.[66] Umgesetzt werden soll dies in einem geplanten Artikel 19a „Power purchase agreements" der Elektrizitätsbinnenmarktverordnung.[67]

II. Weitere Beteiligte

Beteiligt an PPAs sind neben den Vertragsparteien insb. die schon erwähnten fremdkapitalgebenden Banken.[68] Sie prägen die Anforderungen an das PPA, dessen Parteien und dessen Gestaltung maßgeblich. Nicht nur im Hinblick auf die Sicherheiten, sondern auch auf die wesentlichen Vertragsklauseln (Preis, Menge, Laufzeit) haben die Banken entscheidenden Einfluss.[69]

Daneben kann ein Intermediär am PPA beteiligt werden, der z.B. für die Beschaffung der Ausgleichsmengen (sog. komplementäres Profil) gegen ein Entgelt (sog. *Sleeving Fee*) verantwortlich ist.[70] Das können Energieversorgungsunternehmen oder Energiehändler sein.[71] Auch andere Dienstleistungen können von diesem übernommen werden.[72] Diesen Prozess bezeichnet man als das *Sleeving* des PPAs, sodass das PPA auch als Sleeved-PPA bezeichnet werden kann.[73]

---

62 Verordnung (EU) 2019/943 des Europäischen Parlaments und des Rates über den Elektrizitätsbinnenmarkt v. 5.6.2019, ABl. EU L 158/54.

63 Richtlinie (EU) 2019/944 des Europäischen Parlaments und des Rates vom mit gemeinsamen Vorschriften für den Elektrizitätsbinnenmarkt und zur Änderung der Richtlinie 2012/27/EU v. 5.6.2019, ABl. EU 2019 L 158/125.

64 Verordnung (EU) Nr. 1227/2011 des Europäischen Parlaments und des Rates über die Integrität und Transparenz des Energiegroßhandelsmarkts v. 25.1.2011, ABl. EU L 326/1.

65 Kommission, Commission staff working document v. 14.3.2023 – SWD(2023) 58 final, 24.

66 Kommission, Commission staff working document v. 14.3.2023 – SWD(2023) 58 final, 24.

67 Siehe Teil 1, B. VII. 3.

68 *C. Schneider/Lüdecke*, IR 2019, 50, 52.

69 Dena, Corporate Green PPAs: Ökonomische Analyse, S. 9f.

70 Dena, Vertragswesen von Green Power Purchase Agreements, S. 11.

71 Vgl. dena, Corporate Green PPAs: Ökonomische Analyse, S. 16f.

72 Vgl. dena, Vertragswesen von Green Power Purchase Agreements, S. 11.

73 *Broom* et al., Corporate Power Purchase Agreements, S. 4.

Eine enge Abstimmung ist mit Beratern und Dienstleistern notwendig, vor allem Kanzleien und Wirtschaftsberatern, um für eine rechtssichere Ausgestaltung zu sorgen, die die Besonderheiten der Projektfinanzierung von EE-Anlagen berücksichtigt. Durch den hohen Beratungsaufwand in der Planungs- und Konstruktionsphase der Projektfinanzierung entstehen allerdings früh schon hohe Kosten.[74]

Ebenso wichtig ist die Koordination des PPAs mit der Planung und Errichtung der Anlage. Das kann z. B. maßgeblich für Haftungsfragen beim Vertragsbeginn des PPAs sein, da hiervon der Zeitpunkt der technischen Inbetriebnahme abhängt. Die baurechtlichen Fragen von EE-Anlagen sollen in dieser Arbeit nicht näher erläutert werden. Allerdings sind, sofern nicht ein Generalunternehmer mit der Errichtung beauftragt wird, üblicherweise verschiedene Anlagenbau-, Bau-, Zuliefer- und Ingenieursunternehmen (*Contractors*) über eine Vielzahl von Verträgen mit der Projektgesellschaft verbunden (sog. *Multi-Contracting*).[75]

Über weitere Verträge, die grds. für die Durchführung von Stromlieferungen über das Netz der allgemeinen Versorgung abzuschließen sind (z. B. Netznutzungs- und Bilanzkreisvertrag), sind mittelbar an der Umsetzung von Off-Site-PPAs auch die Übertragungs- bzw. Verteilernetzbetreiber beteiligt.[76] Im Rahmen von On-Site- bzw. Finanz-PPAs spielen die Netzbetreiber mangels Netznutzung keine Rolle.

Die standortbezogene Akzeptanzregelung in § 6 EEG 2023 ermöglicht neuerdings auch die finanzielle Beteiligung von Kommunen an den Gewinnen der Stromerzeugungsanlage bezüglich solcher Erzeugungsanlagen, die ihren Strom über PPAs vermarkten.[77] Damit soll die lokale Akzeptanz des Anlagenbaus erhöht werden.[78]

Wesentlichen Einfluss auf das PPA haben zudem die Strombörsen, die eine wichtige Rolle bei der Preisgestaltung und dem Hedging des PPAs haben.[79] Das gilt insb. für den börslichen Terminhandel.

B. Laufzeitvereinbarung

I. Interessenlage

Maßgeblich für die Laufzeitvereinbarung in einem PPA ist die Funktion des PPAs als Preissicherungs- und Refinanzierungsinstrument.[80] Die Beteiligten haben also im Grundsatz ein ökonomisches Interesse an einer langfristigen Laufzeitvereinbarung. Aus der langen Laufzeit folgen aber für die Beteiligten auch Nachteile bzw. Risiken.

---

74 *Friese/Dickhoff*, in: Handbuch Finanzierung von Erneuerbare-Energien-Projekten, Grundlagen der Projektfinanzierung, 37.

75 *Kersting*, BKR 2011, 57, 60.

76 Vgl. *Hilpert*, Rechtliche Bewertung von Power Purchase Agreements (PPAs) mit erneuerbaren Energien, S. 12.

77 BT-Drs. 20/1630, 174 f.

78 BT-Drs. 20/1630, 3.

79 Siehe Teil 2, E. III. 1.

80 *S. Geiger/Balland*, REE 2019, 53, 57.

Aus Sicht des Anlagenbetreibers sind die langen Vertragslaufzeiten der PPAs vor dem Hintergrund des Refinanzierungszwecks regelmäßig eine Notwendigkeit. Hohen Anfangsinvestitionskosten stehen bei der Errichtung von EE-Anlagen gleichzeitig sehr geringe Grenzkosten nahe null gegenüber.[81] Insb. bei Windenergieanlagen sind besonders große Investitionsvolumina notwendig, für die Kredite aufgenommen werden müssen, die von den Anlagenbetreibern erst über Jahre amortisiert werden können.[82] Daher haben Anlagenbetreiber ein Interesse an entsprechend langen Vertragslaufzeiten zu möglichst gut kalkulierbaren Mengen und Preisen, die ihnen einen stabilen Cashflow zur Amortisation bieten.[83] Die Anlagenbetreiber verzichten zugunsten dieser langfristigen Preis- und Finanzierungsabsicherung zumindest bei einer vereinbarten Festpreisregelung regelmäßig auf Chancen, die der Spotmarkt in der Zukunft bieten kann.[84]

Für den Abnehmer wiederum sichert eine lange Vertragslaufzeit den Strombezug (bei festen Mengen- und Preisklauseln) zu einem gut kalkulierbaren Preis. Zudem bietet diese Vereinbarung eine Preisabsicherung über die gesamte Vertragslaufzeit.[85] Sofern der Spotmarktpreis über den PPA-Preis steigt, hat der Abnehmer durch den Strombezug zum günstigeren PPA-Preis einen Wettbewerbsvorteil gegenüber Unternehmen, die Strom zum aktuellen, teureren Spotmarktpreis beziehen müssen. Ein Risiko ergibt sich aus der langfristigen Vereinbarung für den Abnehmer aber, wenn sich der Strompreis anders entwickelt. Sofern der Spotmarktpreis nämlich günstiger ist als der PPA-Preis, hat der Abnehmer über die Vertragsdauer einen Kostennachteil gegenüber Wettbewerbern, die Strom kurzfristig günstiger einkaufen können.[86] Durch variablere Preis- und Mengenvereinbarungen lassen sich diese Effekte allerdings abschwächen. Je weiter der Zeitpunkt in der Zukunft liegt, desto wahrscheinlicher wird es, dass sich die Spotmarktpreise anders entwickeln als prognostiziert.[87] Insofern geht mit einer längeren Vertragslaufzeit ein höheres Risiko des Abnehmers[88] einher, für das entsprechend Risikoabschläge eingepreist werden, die sich proportional zur Länge der Vertragslaufzeit erhöhen.[89] Bei neuen Anlagen „zahlt“ der Anlagenbetreiber mithin für die zur Finanzierungsabsicherung notwendige Länge der Vertragslaufzeit durch Risikoabschläge auf den Preis. Will ein Anlagenbetreiber einen höheren Preis generieren, kann er stattdessen eine kürzere Vertragslaufzeit vereinbaren. Das wird allerdings vor allem bei bereits refinanzierten Bestandsanlagen möglich sein, wie etwa den erwähnten Post-EEG-Anlagen. So können Risikoabschläge verringert und die

---

81 Vgl. *Lüdemann/Ortmann*, EnWZ 2014, 387, 391.

82 Vgl. *J. Held/Leiding*, ER 2019, 232, 233.

83 Dena, Vertragswesen von Green Power Purchase Agreements, S. 16.

84 HCOB, Corporate PPA, S. 14.

85 Vgl. Energy Brainpool, Power Purchase Agreements: Finanzierungsmodell von Erneuerbaren Energien, S. 9f.

86 Dena, Vertragswesen von Green Power Purchase Agreements, S. 16; Energy Brainpool, Power Purchase Agreements: Finanzierungsmodell von Erneuerbaren Energien, S. 9f.

87 Dena, Preisleitfaden Green PPA, S. 12.

88 Es handelt sich um ein Risiko nur des Abnehmers, da – wie zuvor beschrieben – der Anlagenbetreiber sich gerade gegen das Risiko einer für ihn negativen Preisentwicklung absichert (gegen niedrige Strompreise) und dafür auf Mehreinnahmen aus einer für ihn günstigen Strompreisentwicklung (bei steigenden Strompreisen) verzichtet.

89 Dena, Preisleitfaden Green PPA, S. 12.

Vermarktungsbedingungen kontinuierlich evaluiert werden. Dies kann gerade zum Ende der technischen Lebenszeit einer Anlage im Interesse des Anlagenbetreibers liegen.

Aus Sicht der Finanzierer, insb. der fremdkapitalgebenden Banken, erscheint wie aus Sicht des Anlagenbetreibers eine Mindestlaufzeit aus wirtschaftlichen Gesichtspunkten notwendig. Während des Bestehens des Abnahmevertrags – hier des PPAs – muss der Schuldendienst getilgt werden können.[90] Daher verlangen Banken teilweise eine mindestens zehnjährige Absicherung durch das PPA.[91] Die Refinanzierungszeiträume von EE-Erzeugungsanlagen werden nämlich auf 10 bis 20 Jahre geschätzt.[92] Die Laufzeit des PPAs überschreitet in der Praxis zuweilen leicht die Laufzeit des Finanzierungsvertrags, um auch verspätete Rückzahlungen an die Banken mit dem Cashflow des PPAs abzusichern.[93]

Unterschreitet die Laufzeitvereinbarung die Laufzeit des Finanzierungsvertrags, stellt sich für den Anlagenbetreiber die Frage, wie er den Schuldendienst tilgen kann. Entweder kann ein Anschluss-PPA geschlossen werden, allerdings ggf. zu schlechteren Konditionen, oder es muss auf die risikoreichere Vermarktung im preisvolatilen Stromhandel zurückgegriffen werden.[94] Eine Absicherung böte hier lediglich die EEG-Vermarktung, sofern deren Voraussetzungen im entsprechenden Zeitpunkt erfüllt wären. Die Möglichkeit des Wechsels in die EEG-Vergütung stellte dann den „sicheren Hafen“ für das Projekt dar.[95] Insb. ein Zuschlag im Ausschreibungsverfahren und die Direktvermarktung wären insofern aber i. d. R. zu erfüllende Voraussetzungen. Mit dem Refinanzierungszweck des PPAs geht die Erwartung größtmöglicher Rechtssicherheit zwischen den Beteiligten im Vorfeld und während der Laufzeit des PPAs einher.[96] Dazu beitragen kann auch eine möglichst bestimmte und vollständige Ausgestaltung der vertraglichen Vereinbarungen.[97]

Da PPAs – wie beschrieben – selbst preisliche Risiken bergen, die aus der Laufzeitvereinbarung resultieren, können sie mittels des Terminmarkts abgesichert werden (Hedging).[98] Die Absicherung von PPA-Preisrisiken ist grds. im OTC-Handel mittels sog. Forwards und an der Börse mittels sog. Futures möglich.[99] Börsliche Futures waren bisher für Zeiträume von maximal sechs Jahren in der Zukunft verfügbar. Ab dem 27. 9. 2021 wurde der handelbare Zeithorizont auf bis zu zehn Jahre im Voraus erweitert.[100] Allerdings unterliegt der Terminmarkt faktischen Beschränkungen. Der langfristige Terminmarkt ist

---

90 *Rieger*, in: Projektfinanzierung, Juristische Aspekte der Projektfinanzierung, 74.

91 *S. Geiger/Balland*, REE 2019, 53, 57.

92 *J. Held/Leiding*, ER 2019, 232, 233; mit Verweis auf AfA-Tabelle für die allgemein verwendbaren Anlagegüter („AV“) v. 31. 12. 2000, BStBl. I, 1532, 1534, Nr. 3.1.

93 Vgl. *Wiederholt/Ludwig*, EnWZ 2019, 110, 111.

94 HCOB, Corporate PPA, S. 14.

95 Dena, Finanzierung von Erneuerbare-Energien-Anlagen über Power Purchase Agreements, S. 7.

96 *J. Held/Leiding*, ER 2019, 232.

97 *J. Held/Leiding*, ER 2019, 232 f.

98 Energy Brainpool, Power Purchase Agreements: Finanzierungsmodell von Erneuerbaren Energien, S. 10.

99 Vgl. Energy Brainpool, Power Purchase Agreements: Finanzierungsmodell von Erneuerbaren Energien, S. 10.

100 EEX, EEX Pressemitteilung – EEX legt Starttermin für 10-Jahresfutures fest, Pressemitteilung v. 22. 7. 2021.

für mehr als drei Jahre in der Zukunft nicht sehr liquide, d. h. es stehen sehr wenige Handelsmöglichkeiten zum Hedging zur Verfügung.[101] Zu den Details der Preisabsicherung von PPA-Preisrisiken sei auf die entsprechende Literatur verwiesen.[102]

Die Vereinbarung der Vertragsdauer erfolgt unter Berücksichtigung dieser skizzierten Parteiinteressen. Neben den Refinanzierungszeiträumen müssen bei Festlegung der Vertragsdauer auch die technischen Bedingungen der Anlage beachtet werden, etwa ihre prognostizierte Lebensdauer.[103] Die technische Lebensdauer von Windenergieanlagen wurde im Jahr 2021 in einer Studie pauschal auf 25 Jahre, für Photovoltaikanlagen auf 30 Jahre geschätzt.[104] Insofern übersteigt diese technische Lebensdauer der Anlage regelmäßig die Laufzeit des PPAs. Soll die Anlage nach dem Ende der Vertragslaufzeit weiter betrieben werden, solange die Technik dies zulässt, ist eine Anschlussvermarktung sicherzustellen. In Betracht kommen insofern alle bereits erläuterten Vermarktungsformen, d. h. Anschluss-PPA, EEG-Vermarktung und Stromhandel, wenn die Anlage die jeweiligen rechtlichen Voraussetzungen erfüllt. Eine EEG-Anschlussvermarktung setzt i. d. R. einen Zuschlag im Ausschreibungsverfahren und die Direktvermarktung voraus.

Regelmäßig werden wegen der technischen Lebensdauer der Anlagen bei PPAs Vertragslaufzeiten von zehn bis 30 Jahren diskutiert. Beispielhaft genannt werden Laufzeiten etwa von zehn bis 15 Jahren,[105] zehn bis 30 Jahren je nach Größe der Anlage,[106] „bis zu 15 Jahre und mehr“,[107] bis zu 20 Jahre[108] oder mindestens zehn Jahre.[109] All diese Zeitangaben umfassen recht unkonkret lange Zeiträume. Denn PPAs müssen den spezifischen Anforderungen der einzelnen Projekte im Hinblick auf die Finanzierungsbedingungen und auf die technischen Bedingungen der jeweiligen Anlagen gerecht werden. Eine generelle Laufzeitvorgabe, die jedem Projekt gerecht wird, das über PPAs vermarktet werden soll, existiert daher nicht. Nimmt man den Förderzeitraum des EEG als einen Anhaltspunkt, der vom Gesetzgeber gewählt wurde, so könnte man pauschalierend von einer technologieneutralen 20-jährigen Refinanzierungsdauer ausgehen.[110] Aktuell sind lediglich für bestehende, ausgeförderte sog. Post-EEG-Anlagen kürzere Laufzeiten wirtschaftlich.[111] Wie beschrieben, können durch kürzere Laufzeiten zudem Risikoabschläge verringert[112] und

---

101 Vgl. *Brunnberg/Johnsen*, Power Purchase Agreements: Perspektiven auf dem europäischen Markt, S. 5; ebenso Energy Brainpool, Power Purchase Agreements: Finanzierungsmodell von Erneuerbaren Energien, S. 10.

102 Siehe dazu Energy Brainpool, Power Purchase Agreements II: Marktanalyse, Bepreisung und Hedgingstrategien, S. 13 ff.; ausführlich auch *Schnorr*, Power Purchase Agreements, S. 36 ff.

103 *Wiederholt/Ludwig*, EnWZ 2019, 110, 111.

104 ISE, Stromgestehungskosten Erneuerbare Energien, S. 12 f.

105 Vgl. *S. Geiger/Balland*, REE 2019, 53, 57.

106 *J. Held/Leiding*, ER 2019, 232, 233 f.

107 *Uibeleisen/Groneberg*, RdE 2018, 114, 116.

108 *Bellefleur*, Corporate Power Purchase Agreements (Corporate PPAs) für erneuerbare Energien in Deutschland und Frankreich, S. 5.

109 HCOB, Corporate PPA, S. 8.

110 Vgl. *J. Held/Koch*, ER 2019, 18, 23.

111 *Hilpert*, Rechtliche Bewertung von Power Purchase Agreements (PPAs) mit erneuerbaren Energien, S. 16.

112 Wie zuvor beschrieben treffen nur den Abnehmer Risiken einer längeren Vertragslaufzeit, da der Anlagenbetreiber sich gerade gegen das Risiko einer für ihn negativen Preisentwicklung absichert

die Vermarktungsbedingungen kontinuierlich evaluiert werden, was gerade zum Ende der technischen Lebenszeit einer Anlage interessant werden kann. Für neue Anlagen werden kürzere Vertragslaufzeiten vermutlich erst dann realistisch, wenn ein etablierter Markt für PPAs existiert, auf den auch die Banken vertrauen, sodass erwartbar ist, dass nach der Laufzeit eines ersten PPAs problemlos ein weiteres PPA zu vergleichbaren Konditionen geschlossen werden kann.[113] Denn unterschreitet die Laufzeitvereinbarung die Laufzeit des Finanzierungsvertrags für die neue Anlage, stellt sich für den Anlagenbetreiber die Frage, wie er den Schuldendienst tilgen kann. Entweder kann ein Anschluss-PPA abgeschlossen werden, bei dem aktuell allerdings die Gefahr von ggf. schlechteren, will heißen risikobehafteteren und insofern teureren Konditionen besteht, oder es muss auf die risikoreichere Vermarktung im preisvolatilen Stromhandel zurückgegriffen werden.[114] Den beiden Alternativen stehen momentan noch die Bedenken der Banken entgegen, wenn in der ursprünglichen Laufzeit noch keine aus Bankensicht ausreichende Rückzahlung des Kapitaldiensts erfolgen konnte.[115]

Zuletzt sind während der Energiekrise sog. Mini-PPAs[116] mit Laufzeiten von einem Jahr oder einem Quartal aufgetreten, die nach Ansicht des BMWK allerdings vor allem aufgrund der hohen Energiepreise wirtschaftlich tragfähig wurden.[117] Die Preisentwicklung am Terminmarkt, der für die PPA-Preise von besonderer Relevanz ist, zeugte von der Erwartung, dass die Preise kurzfristig deutlich höher liegen würden als langfristig.[118] Daher galt für PPAs, dass mit kürzerer PPA-Laufzeit entsprechend höhere PPA-Preise erzielt werden konnten.[119] Auf diese Weise boten Mini-PPAs im Jahr 2022 für Anlagenbetreiber eine Möglichkeit, sich hohe Strompreise zu sichern.[120] Zugleich waren sie auch für Direktvermarktungsunternehmen und andere weiterveräußernde Unternehmen wirtschaftlich.[121] Ihnen wird vom BMWK noch eine sehr geringe Relevanz im ohnehin noch kleinen PPA-Markt zugesprochen.[122] Die Mini-PPAs sind ebenfalls besonders für ausgeförderte Post-EEG-Anlagen interessant.[123] Laufzeiten von deutlich über fünf Jahren bleiben dennoch der Regelfall. Insofern sind im Folgenden die rechtlichen Grenzen der Laufzeitvereinbarungen in PPAs zu untersuchen.

(gegen niedrige Strompreise) und dafür auf Mehreinnahmen aus einer für ihn günstigen Strompreisentwicklung (bei steigenden Strompreisen) verzichtet.

113 *S. Geiger/Balland*, REE 2019, 53, 57.

114 HCOB, Corporate PPA, S. 14.

115 Vgl. HCOB, Corporate PPA, S. 14, wonach regelmäßig Laufzeiten von mindestens zehn Jahren für die Bankability des PPAs erforderlich seien.

116 Trianel, Trianel startet Mini-PPAs für PV-Anlagen, https://www.trianel.com/pressemeldungen/trianel-startet-mini-ppas-fuer-pv-anlagen.

117 BMWK, FAQ Liste: Abschöpfung von Zufallsgewinnen, S. 6.

118 Vgl. *D. Ritter* et al., Monitoring der Direktvermarktung: Jahresbericht 2022 und Ausblick 2023, S. 19 f.

119 *D. Ritter* et al., Monitoring der Direktvermarktung: Jahresbericht 2022 und Ausblick 2023, S. 19 f.

120 BMWK, FAQ Liste: Abschöpfung von Zufallsgewinnen, S. 6.

121 BMWK, FAQ Liste: Abschöpfung von Zufallsgewinnen, S. 6.

122 BMWK, FAQ Liste: Abschöpfung von Zufallsgewinnen, S. 6.

123 Trianel, Trianel startet Mini-PPAs für PV-Anlagen, https://www.trianel.com/pressemeldungen/trianel-startet-mini-ppas-fuer-pv-anlagen.

II. Rechtliche Vorgaben für die Laufzeiten von PPAs, insbesondere Mindest- oder Maximallaufzeit

Rechtliche Grenzen für die im Grundsatz privatautonome Entscheidung über die Vereinbarung der Vertragsdauer ergeben sich aus § 138 BGB (Sittenwidrigkeit), dem AGB-Recht sowie dem Kartellrecht.

1. Sittenwidrigkeit gemäß § 138 BGB

Sofern eine vertragliche Klausel gegen „die guten Sitten" verstößt, ist sie gem. § 138 Abs. 1 BGB nichtig. Der Privatautonomie der Parteien und deren Interesse an langfristiger Bindung steht die Möglichkeit gegenüber, dass eine Partei größere wirtschaftliche Macht zu ihren Gunsten ausnutzt und die Gegenseite in einen „Knebelvertrag" zwingt.[124] Schon nach Ansicht des Reichsgerichts ist ein Rechtsgeschäft, bei der die eine Seite eine solche übermächtige Position ausnutzt, immer dann nichtig, wenn die Partei ihre Position „dazu missbraucht, um dem allgemeinen Verkehr unbillige, unverhältnismäßige Opfer aufzuerlegen, unbillige und unverhältnismäßige Bedingungen vorzuschreiben."[125] Generell eröffnet die als Teil der allgemeinen Handlungsfreiheit grundrechtlich geschützte Privatautonomie[126] aber die Möglichkeit, „rechtsgeschäftliche Bindungen über einen langen Zeitraum einzugehen."[127] Regelmäßig trägt auch eine Kündigungsmöglichkeit („aus wichtigem Grund") dem Beendigungsinteresse beider Seiten ausreichend Rechnung.[128] Erst wenn eine Partei ihre Handlungsfreiheit „ganz oder in einem wesentlichen Teil" einbüßt, liegt ein „Knebelvertrag" vor.[129] Allerdings soll im Hinblick auf die Vertragslaufzeit schon ein nach Abwägung der beiderseitigen schützenswerten Interessen nicht mehr hinnehmbares Übermaß bei der Beschränkung der wirtschaftlichen Freiheit ausreichen.[130]

Sofern die Verträge ökonomisch sinnvoll sind, verstoßen sie i. d. R. nicht gegen „die guten Sitten."[131] Im Umkehrschluss ist die Sittenwidrigkeit einer Laufzeitvereinbarung denkbar, sofern die Laufzeit nicht mehr aus ökonomischen Gründen erklärbar ist.[132] Solche ökonomischen Gründe, die eine lange Laufzeit rechtfertigen können, sind etwa Investitionen und Vorhaltekosten, die Voraussetzung für die Vertragsdurchführung sind.[133] Bei PPAs als Refinanzierungsinstrument sind es gerade ökonomische Gründe, die eine lange

124 *Wyl*, in: Recht der Energiewirtschaft, § 12, Rn. 169; vgl. auch *Mohr*, WuW 2011, 112.

125 *RGZ* 62, 264, 266.

126 *BVerfGE* 8, 274, 328 – Preisgesetz; *BVerfGE* 12, 341, 347 – Umsatzsteuer; Dürig/Herzog/Scholz/*Fabio*, Art. 2 Abs. 1 GG, 101.

127 BGH, NJW 1975, 1268, 1269.

128 *Mayer-Maly*, AcP 1994, 105, 167; *Bydlinski*, Zulässigkeit und Schranken „ewiger" und extrem langdauernder Vertragsbindung, S. 8 ff.; LG Mönchengladbach, BeckRS 2014, 22115.

129 Statt vieler BGH, NJW 1993, 1587, 1588.

130 Vgl. BGH, NJW-RR 1986, 982, 983; zustimmend Erman/*Schmidt-Räntsch*, § 138 BGB, Rn. 102.

131 *Jickeli*, Der langfristige Vertrag, S. 155.

132 *Jickeli*, Der langfristige Vertrag, S. 155 f.

133 Erman/*Schmidt-Räntsch*, § 138 BGB, Rn. 102; mit Verweis auf BGH, NJW 1975, 1268, 1269; BGH, NJW-RR 1993, 1460, 1461.

Laufzeit erforderlich machen. Wegen der großen Investitionssummen, die für die Errichtung der EE-Anlagen notwendig sind, müssen Kredite aufgenommen werden, die von den Anlagenbetreibern erst über Jahre amortisiert werden können.[134] Ein Verstoß der Laufzeitvereinbarung in einem PPA gegen „die guten Sitten", der sich dabei allein aus der vereinbarten Laufzeit eines Vertrags ergeben soll, ist daher angesichts der derzeit diskutierten Vertragslaufzeiten nur schwer vorstellbar.[135] Dies wurde bei „Energielieferverträgen, die vor der Neuordnung der leitungsgebundenen Energieversorgung [durch die unionsrechtlich vorgegebene Liberalisierung in den neunziger Jahren] abgeschlossen wurden," auch deshalb vertreten, „weil Verträge mit einer Laufzeit von bis zu 20 Jahren nicht unüblich waren."[136] Allerdings unterliegt das Verständnis von dem, was „die guten Sitten" ausmacht, einem stetigen gesellschaftlichen Wandel.[137] Dass Gerichte dies heute anders bewerten würden, ist daher grds. möglich. Überzeugenderweise ist jedoch auch heute von der Vereinbarkeit derartiger Vertragslaufzeiten mit den guten Sitten auszugehen. Dafür spricht auch die – wenn auch in PPAs regelmäßig eingeschränkte[138] – Möglichkeit zur Kündigung des PPAs. Die lange Laufzeit ist wegen des Refinanzierungsaspekts von PPAs darüber hinaus nicht nur ökonomisch sinnvoll, sondern für die Verträge auch notwendig. Dass längere Vertragsdauern heute weiterhin üblich – i. S. v. mit dem derzeitigen Verständnis der guten Sitten vereinbar – sind, lässt sich auch dem gesetzgeberisch bestimmten 20-jährigen EEG-Vergütungszeitraum entnehmen. Denn dieser ist in der Praxis Grundlage der Planung und wirtschaftlichen Bewertung der Projekte und entspricht den Markterwartungen von Unternehmen und Banken.[139] Ein Verstoß gegen „die guten Sitten" kommt daher wohl nur dann in Betracht, wenn ein Zusammenspiel der wesentlichen Klauseln des PPA über Lieferumfang, Preisregelung und Laufzeit zu einer unangemessenen Benachteiligung durch das Ausnutzen einer Macht- oder Monopolstellung führen sollte.[140]

Die privatrechtliche Inhaltskontrolle auf Sittenwidrigkeit der Klauseln steht neben der kartellrechtlichen Kontrolle. Wertungsmäßig liegt dabei nach überzeugender Ansicht ein weitgehender Gleichklang der Kriterien aus Wettbewerbs- und Privatrecht vor.[141] Die Anforderungen an die Sittenwidrigkeit stimmen insofern teilweise mit den Kriterien des Kartellrechts überein. Daher werden im Anschluss an die AGB-rechtlichen Bestimmungen auch die kartellrechtlichen Normen noch geprüft.

---

134 Vgl. *J. Held/Leiding*, ER 2019, 232, 233.

135 Vgl. dena, Vertragswesen von Green Power Purchase Agreements, S. 17.

136 *Wyl*, in: Recht der Energiewirtschaft, § 12, Rn. 169; unter Berufung auf OLG Jena, RdE 1998, 121, 122.

137 Siehe dazu MüKoBGB/*Armbrüster*, § 138 BGB, 38 ff.

138 Vgl. *S. Geiger/Balland*, REE 2019, 53, 57 f.

139 *S. Geiger/Balland*, REE 2019, 53, 57; mit Verweis auf Grüneberg/*Grüneberg*, § 309 BGB, Rn. 96; ähnlich *J. Held/Koch*, ER 2019, 18, 23.

140 Vgl. dena, Vertragswesen von Green Power Purchase Agreements, S. 17.

141 *Mohr*, WuW 2011, 112, 118; BGH, NJW 2009, 1751, 1753; *Mohr*, Sicherung der Vertragsfreiheit durch Wettbewerbs- und Regulierungsrecht, S. 816 ff.; mit Hinweis auf unterschiedliche Schutzzwecke hingegen Staudinger/*Fischinger*, § 138 BGB, Rn. 52; BeckOGK/*Jakl*, § 138 BGB, Rn. 697.

2. AGB-rechtliche Beschränkungen

Konkretere Anforderungen an die Laufzeitregelungen des PPA können sich auch aus dem AGB-Recht ergeben. Das AGB-Recht gilt dabei entweder als lex specialis zu § 138 BGB[142] oder es wird ein Nebeneinander der Normen angenommen.[143] Anders als § 138 BGB führt das AGB-Recht nicht zur Nichtigkeit des gesamten Vertrags, sondern gem. § 306 Abs. 1 BGB zur Nichtigkeit einer einzigen Klausel.[144]

Es gelten im Grundsatz die allgemeinen Ausführungen zur AGB-Kontrolle.[145] Das bedeutet insb., dass § 305 Abs. 2 und 3, § 308 Nr. 1, 2 bis 8 und § 309 BGB gem. § 310 Abs. 1 BGB direkt keine Anwendung finden, da beide Parteien eines PPAs Unternehmer i. S. d. § 14 BGB sind. §§ 308 und 309 BGB kommen insofern allenfalls eine Indizwirkung für eine unangemessene Benachteiligung des Vertragspartners i. S. d. § 307 Abs. 1 S. 1 BGB zu, soweit die Wertungen auf den unternehmerischen Verkehr übertragbar sind.[146]

Da es sich jedenfalls bei Coporate-PPAs um Sonderkundenverträge handelt,[147] wäre eine Überprüfung mittels §§ 308, 309 BGB ebenfalls nach § 310 Abs. 2 BGB ausgeschlossen, sofern die Bestimmungen nicht von den allgemeinen Versorgungsbedingungen abweichen. Bei einer vereinbarten Laufzeit liegt eine Abweichung von den Versorgungsbedingungen i. S. d. § 310 Abs. 2 BGB immer vor, da „die einschlägigen Rechtsverordnungen einen unbefristeten Vertrag vorsehen, der mit einer Frist von einem Monat bzw. zwei Wochen gekündigt werden kann“ (§ 20 Abs. 1 StromGVV).[148] PPAs sind befristete Verträge, sodass der Ausschluss nicht nach § 310 Abs. 2 BGB, sondern nur nach § 310 Abs. 1 BGB gilt.

a) § 309 Nr. 9 BGB

Eine inhaltliche Vorgabe für die Laufzeit von Dauerschuldverhältnissen ergibt sich aus § 309 Nr. 9 BGB. Dabei wird ein Vertragsverhältnis vorausgesetzt, das „die regelmäßige Lieferung von Waren oder die regelmäßige Erbringung von Dienst- oder Werkleistungen durch den Verwender zum Gegenstand hat.“ Ausgeschlossen sind Verträge über die Lieferung zusammengehörig verkaufter Sachen und Versicherungsverträge. Nach Auffassung der Rechtsprechung werden auch Stromlieferverträge vom Anwendungsbereich dieser Norm umfasst, obwohl es sich bei Strom mangels Körperlichkeit nicht um „Waren“ als bewegliche, körperliche Gegenstände (vgl. §§ 241a, 90 BGB) handelt.[149] Denn die fehlende Körperlichkeit von Strom ändert nichts an der Interessenlage der Parteien bzw. deren Schutzbedürftigkeit, sodass jedenfalls eine entsprechende Anwendung gebo-

---

142 MüKoBGB/*Armbrüster*, § 138 BGB, Rn. 8; BeckOK/*Wendtland*, § 138 BGB, Rn. 10.

143 Staudinger/*Fischinger*, § 138 BGB, Rn. 37 ff.; BeckOGK/*Jakl*, § 138 BGB, Rn. 684.

144 Staudinger/*Fischinger*, § 138 BGB, Rn. 42.

145 Siehe Teil 1, B. III.

146 BeckOGK/*Friesen*, § 310 BGB, Rn. 53; vgl. MüKoBGB/*Fornasier*, § 310 BGB, Rn. 11 ff.; krit. Staudinger/*Piekenbrock*, § 310 BGB, Rn. 28 ff.

147 Siehe Teil 1, B. VIII. 1. b).

148 BeckOGK/*Weiler*, § 309 Nr. 9 BGB, Rn. 30.

149 Vgl. BGH, NJW 2013, 926, 927, Rn. 21 ff.; OLG Naumburg, BeckRS 2011, 17486.

ten ist.[150] Kumulativ zu einem solchen Vertragsverhältnis muss entweder „a) eine den anderen Vertragsteil länger als zwei Jahre bindende Laufzeit des Vertrags, b) eine den anderen Vertragsteil bindende stillschweigende Verlängerung des Vertragsverhältnisses, es sei denn das Vertragsverhältnis wird nur auf unbestimmte Zeit verlängert und dem anderen Vertragsteil wird das Recht eingeräumt, das verlängerte Vertragsverhältnis jederzeit mit einer Frist von höchstens einem Monat zu kündigen, oder c) eine zu Lasten des anderen Vertragsteils längere Kündigungsfrist als einen Monat vor Ablauf der zunächst vorgesehenen Vertragsdauer“ vorliegen.

aa) § 309 Nr. 9 lit. a BGB

Nach § 309 Nr. 9 lit. a BGB sind vertragliche Erstlaufzeiten von über zwei Jahren unwirksam. Anders als dies der Wortlaut („Laufzeit des Vertrags“) suggeriert, wird von Teilen der Literatur vertreten, dass maßgeblicher Zeitpunkt für den Beginn der Berechnung dieser Zweijahresfrist erst der Zeitpunkt der erstmaligen Leistungserbringung sei[151] und nicht schon der Vertragsschluss. Begründet wird dies mit einem Verständnis des Telos der Norm, das auf dem Streit um die Anrechnungsfähigkeit einer vereinbarten Probezeit bei der Fristberechnung basiert. Wenngleich in PPAs üblicherweise keine Probezeit vereinbart wird, dient die folgende Darstellung dieses Meinungsstreits zu einem besseren Verständnis der Norm. Während einer im Vertrag vereinbarten Probezeit ist eine Lösung vom Vertrag durch ordentliche Kündigung i. d. R. noch möglich. Das spricht dafür, dass die „Bindung“ durch die Laufzeit i. S. d. § 309 Nr. 9 lit. a BGB erst nach der Probezeit beginnt.[152] Die Gegenauffassung beruft sich auf den vom Gesetzgeber gewählten, nach dieser Ansicht verhältnismäßig langen Zeitraum von zwei Jahren, der gerade berücksichtige, dass ein Kunde erst nach einer gewissen Zeit ein Interesse an einer Lösung vom Vertrag entwickle.[153] Es sei daher nicht sachgerecht, ausgerechnet den Zeitraum bei der Fristberechnung auszuklammern, in dem der Kunde seine Bindung noch nicht bereue und in dem er „gefahrlos“ ein ordentliches Kündigungsrecht vom Klauselverwender eingeräumt bekommen kann.[154] Das überzeugt nicht, da die Probezeit gerade dazu bestimmt ist, dass sich der Kunde überlegt, ob der Vertrag langfristig bindend fortbestehen soll.[155] Eine nicht „bindende“ Zeit zu berücksichtigen widerspräche vielmehr dem Wortlaut und auch dem Schutzzweck der Norm. Letzterer ist nach dem Gesetzgeber vor allem dazu da, dass vertragliche Bindungen, die den gesetzgeberisch auf zwei Jahre festgelegten Zeitraum von zwei Jahren überschreiten, grundsätzlich im Wege der Individualvereinbarung geschlossen werden sollen.[156] Nur eine Individualvereinbarung werde bei längerfristigen Verträgen der Bedeutung der Vereinbarung und den zu bedenkenden in die Zukunft reichenden Umständen und ihren möglichen

---

150 BeckOGK/*Weiler*, § 309 Nr. 9 BGB, Rn. 61; Wolf/Lindacher/Pfeiffer/*Dammann*, § 309 Nr. 9 BGB, Rn. 14.

151 Wolf/Lindacher/Pfeiffer/*Dammann*, § 309 Nr. 9 BGB, Rn. 42.

152 BGH, NJW 1993, 326, 327 f.; BeckOGK/*Weiler*, § 309 Nr. 9 BGB, Rn. 86.

153 Wolf/Lindacher/Pfeiffer/*Dammann*, § 309 Nr. 9 BGB, Rn. 41.

154 Wolf/Lindacher/Pfeiffer/*Dammann*, § 309 Nr. 9 BGB, Rn. 41.

155 BeckOGK/*Weiler*, § 309 Nr. 9 BGB, Rn. 86.1.

156 BT-Drs. 7/3919, 37.

Änderungen gerecht.[157] Der Kunde kann nämlich nur auf eine begrenzte Zeit überblicken, „ob und inwieweit sein Bedarf und Interesse an den in Anspruch genommenen Leistungen erhalten bleiben oder infolge veränderter Umstände entfallen werden."[158] Anders als teilweise vertreten,[159] ist der Schutzzweck der Norm daher nicht primär das Sicherstellen der Überschaubarkeit des Leistungsumfangs.[160] Geschützt wird vielmehr die Dispositionsfreiheit des Kunden (Schutz vor langfristiger Bindung).[161] Unter Berufung darauf, dass Schutzzweck der Norm primär das Sicherstellen der Überschaubarkeit des Leistungsumfangs sei, vertreten Teile der Literatur auch, dass die Zweijahresfrist erst ab dem Zeitpunkt der erstmaligen Leistungserbringung zu laufen beginne[162] und nicht schon mit Vertragsschluss. Vor der fehlenden Überschaubarkeit des Leistungsumfangs müsse nicht schon ab Vertragsschluss geschützt werden, sondern erst ab dem Beginn der Leistungserbringung. Da jedoch die Dispositionsfreiheit des Kunden Schutzzweck der Norm ist und diese schon ab dem bindenden Vertragsschluss für die „Laufzeit des Vertrages" eingeschränkt wird, beginnt die Frist – auch nach Ansicht des BGH – bereits mit dem Vertragsschluss zu laufen.[163] Keine Auswirkungen auf diese Auslegung des Normzwecks hat, dass § 308 Nr. 1 Hs. 1 Alt. 1 BGB ebenfalls die Dispositionsfreiheit schützt, da sich dieser Schutz „vor allem auf die Geltendmachung von Erfüllungs- und Sekundäransprüchen" bezieht.[164] Zuzustimmen ist jedoch der Ansicht, dass mit diesem frühen Beginn der Fristberechnung den praktischen Bedürfnissen (insb. des Lieferanten) bei Energielieferverträgen nicht ausreichend Rechnung getragen wird.[165] So liegen die Vertragsschlüsse bei Energielieferverträgen teilweise mehrere Monate vor dem Lieferbeginn.[166] Bei PPAs im Speziellen kann die Zwischenzeit sogar noch bedeutend länger sein. Denn PPAs werden regelmäßig weit vor der Anlagenerrichtung und der Inbetriebnahme der Anlage geschlossen, um als Grundlage der Projektfinanzierung dienen zu können.[167] Der Lieferbeginn kann sich außerdem ohne Verschulden des Lieferanten verzögern.[168] Dennoch bleibt das Absatzinteresse des Lieferanten – gerade bei PPAs, die der Finanzierung dienen – uneingeschränkt bestehen.[169] Beachtenswert ist außerdem, dass der Gesetzgeber in anderen Fällen eine ausdrückliche Regelung mit Festlegung auf den – teilweise deutlich vorverlagerten – Zeitpunkt des Vertragsschlusses getroffen hat (vgl. § 3 Abs. 1 Nr. 1 lit. d PrKG).[170] Dennoch sind Verträge wie PPAs rechtssicher

157 BT-Drs. 7/3919, 37.

158 BGH, NJW 1993, 1651, 1652.

159 Wolf/Lindacher/Pfeiffer/*Dammann*, § 309 Nr. 9 BGB, Rn. 42.

160 BGH, NJW 1993, 1651, 1652; ebenso BeckOGK/*Weiler*, § 309 Nr. 9 BGB, Rn. 84.

161 BeckOGK/*Weiler*, § 309 Nr. 9 BGB, Rn. 84.

162 Wolf/Lindacher/Pfeiffer/*Dammann*, § 309 Nr. 9 BGB, Rn. 42.

163 BGH, NJW 1993, 1651, 1652 f.; BeckOGK/*Weiler*, § 309 Nr. 9 BGB, Rn. 84; BeckOK/*J. Becker*, § 309 Nr. 9 BGB, Rn. 16.

164 BeckOGK/*Weiler*, § 309 Nr. 9 BGB, Rn. 84.2; a. A. Wolf/Lindacher/Pfeiffer/*Dammann*, § 309 Nr. 9 BGB, Rn. 42.

165 *Schöne/Garbers*, in: Vertragsrecht und AGB-Klauselwerke, Stromlieferverträge, Rn. 131; im Wortlaut gleich *Schöne*, in: Vertragshandbuch Stromwirtschaft, Kap. 4. C, Rn. 119.

166 Vgl. *Schöne/Garbers*, in: Vertragsrecht und AGB-Klauselwerke, Stromlieferverträge, Rn. 131; mit Verweis auf *Wojtek/Woltering/Baltus*, in: Münchener Vertragshandbuch, Kap. X. 1., § 13 Abs. 1.

167 *J. Held/Koch*, ER 2019, 18, 22.

168 *Schöne/Garbers*, in: Vertragsrecht und AGB-Klauselwerke, Stromlieferverträge, Rn. 131.

169 Vgl. *Schöne/Garbers*, in: Vertragsrecht und AGB-Klauselwerke, Stromlieferverträge, Rn. 131.

170 *Schöne/Garbers*, in: Vertragsrecht und AGB-Klauselwerke, Stromlieferverträge, Rn. 131.

zu gestalten, sodass die Ansicht des BGH zu berücksichtigen ist und die Zweijahresfrist mit Vertragsschluss zu laufen beginnt. Gleichermaßen nicht zu berücksichtigen sind bei der Fristberechnung Lieferunterbrechungen,[171] da diese wie der Zeitpunkt der erstmaligen Leistungserbringung für die vertragliche Bindung nicht von Belang sind.

Neben kalendarischen Befristungen für mehr als zwei Jahre gilt die Vorschrift auch für Verträge, deren Beendigung von einem bestimmten Ereignis abhängt, das nach Ansicht der Parteien nach einem Ablauf von zwei Jahren eintreten wird.[172] Sofern Verträge nicht befristet sind, kann ihre Laufzeit durch einen Ausschluss der Kündigungsmöglichkeiten verlängert werden. Für eine Unwirksamkeit gem. § 309 Nr. 9 lit. a BGB muss eine Laufzeit von mehr als zwei Jahren für den Kunden „bindend" sein. D. h., dass eine ordentliche Kündigung nicht für mehr als zwei Jahre ausgeschlossen werden[173] oder die Ausübung der ordentlichen Kündigung innerhalb dieses Zeitraums mit erheblichen Nachteilen verbunden werden darf, wie z. B. bei einer Deaktivierungsgebühr, die zu einer faktischen Bindung führt.[174] Sofern die Vertragslaufzeit unbestimmt und eine ordentliche Kündigung zum Ablauf von zwei Jahren möglich ist, ist § 309 Nr. 9 lit. a BGB nicht erfüllt.[175] Kürzere Laufzeiten als zwei Jahre, die gem. § 309 Nr. 9 lit. a BGB zulässig sind, können dennoch unwirksam sein, wenn sie gegen § 307 BGB verstoßen.[176]

Nicht ausreichend ist eine Beendigungsmöglichkeit nach spätestens zwei Jahren mittels außerordentlicher Kündigung aus wichtigem Grund.[177] Diese beseitigt die Vertragsbindung gerade nicht, weil zusätzlich besondere Voraussetzungen vorliegen müssen.[178] Notwendig ist vielmehr eine begründungs- und voraussetzungslose ordentliche Kündigungsmöglichkeit.[179] Für § 309 Nr. 9 lit. a BGB spielt ein Ausschluss der außerordentlichen Kündigung daher keine Rolle, kann aber gegen § 307 BGB verstoßen.[180]

bb) § 309 Nr. 9 lit. b und c BGB

§ 309 Nr. 9 lit. a BGB kann in PPAs, als auf Dauer angelegten Verträgen, jedenfalls über die Indizwirkung grds. eine Bedeutung zukommen. Erwähnt werden sollen aber auch die weiteren Klauseln zur Laufzeit bei Dauerschuldverhältnissen, die nach § 309 Nr. 9 lit. b und c BGB unwirksam sind, wenngleich ihnen in PPAs nur im Falle einschlägiger Vertragsgestaltungen eine Bedeutung zukommen mag.

---

171 BGH, NJW 1993, 1651, 1653.

172 BGH, NJW 2007, 213, 214, Rn. 11.

173 LG Lüneburg, NJW-RR 2001, 1637; BeckOGK/*Weiler*, § 309 Nr. 9 BGB, Rn. 79.

174 Wolf/Lindacher/Pfeiffer/*Dammann*, § 309 Nr. 9 BGB, Rn. 51; *Lindacher*, ZIP 2002, 49, 50 f.; BeckOGK/*Weiler*, § 309 Nr. 9 BGB, Rn. 82.

175 Wolf/Lindacher/Pfeiffer/*Dammann*, § 309 Nr. 9 BGB, Rn. 38; MüKoBGB/*Wurmnest*, § 309 Nr. 9 BGB, Rn. 16.

176 Vgl. MüKoBGB/*Wurmnest*, § 309 Nr. 9 BGB, Rn. 18; BeckOGK/*Weiler*, § 309 Nr. 9 BGB, Rn. 102.

177 BGH, NJW 2019, 1280, 1282, Rn. 29.

178 BGH, NJW 2019, 1280, 1282, Rn. 29; BeckOGK/*Weiler*, § 309 Nr. 9 BGB, Rn. 83.

179 BeckOK/*J. Becker*, § 309 Nr. 9 BGB, Rn. 17.

180 BeckOGK/*Weiler*, § 309 Nr. 9 BGB, Rn. 83.

Nicht in AGBs vereinbart werden kann demnach „eine den anderen Vertragsteil bindende stillschweigende Verlängerung des Vertragsverhältnisses, es sei denn das Vertragsverhältnis wird nur auf unbestimmte Zeit verlängert und dem anderen Vertragsteil wird das Recht eingeräumt, das verlängerte Vertragsverhältnis jederzeit mit einer Frist von höchstens einem Monat zu kündigen oder eine zu Lasten des anderen Vertragsteils längere Kündigungsfrist als einen Monat vor Ablauf der zunächst vorgesehenen Vertragsdauer.“ In befristeten Verträgen ohne monatliche voraussetzungslose[181] Kündigungsmöglichkeit ist nach § 309 Nr. 9 lit. b BGB eine befristete stillschweigende Verlängerung unzulässig („unbestimmte Zeit“). Ist eine stillschweigende Verlängerung in ein unbefristetes Vertragsverhältnis vorgesehen, die nur durch Kündigung verhindert werden kann, darf die Kündigungsfrist für die Verhinderung dieser ansonsten stillschweigenden Verlängerung einen Monat nicht überschreiten (§ 309 Nr. 9 lit. c BGB).[182]

cc) Bedeutung für PPAs

Obwohl es sich bei § 309 Nr. 9 BGB eigentlich um ein Klauselverbot ohne Wertungsmöglichkeit handelt, ist bei PPAs eine Einzelfallabwägung vorzunehmen, da primär § 307 BGB maßgeblich ist. § 309 BGB könnte im unternehmerischen Verkehr im Rahmen des § 307 BGB eine Indizwirkung zukommen.

b) § 307 BGB

§ 307 BGB setzt eine „unangemessene Benachteiligung“ des Vertragspartners entgegen der Gebote von „Treu und Glauben“ voraus. Die Inhaltskontrolle nach § 307 Abs. 3 BGB ist hinsichtlich der Laufzeitvereinbarung uneingeschränkt eröffnet, weil nicht der Gegenstand der Hauptleistung betroffen ist, der privatautonom bestimmt wird und der Inhaltskontrolle mangels gesetzlichem Kontrollmaßstab entzogen ist,[183] sondern eine Ausgestaltung der Hauptleistungspflichten.[184] Klauseln, die das Hauptleistungsversprechen „einschränken, verändern, ausgestalten oder modifizieren“, sind zu kontrollieren,[185] da sie geeignet sind, den durch die Norm bezweckten Schutz des Kunden „vor einseitig ausbedungener, inhaltlich unangemessener Verkürzung der vollwertigen Leistung“ zu beeinträchtigen.[186] Dazu gehört auch die Ausgestaltung der Laufzeit eines Vertrages.[187]

Die Generalklausel des § 307 BGB macht eine umfassende Abwägung der schützenswerten Interessen beider Parteien notwendig.[188] Im unternehmerischen Verkehr ist darüber

---

181 So jedenfalls BeckOGK/*Weiler*, § 309 Nr. 9 BGB, Rn. 113.

182 Vgl. BeckOGK/*Weiler*, § 309 Nr. 9 BGB, Rn. 124.

183 Statt vieler BGH, NJW 2018, 534, 535, Rn. 15; BGH, NJW 2015, 328, 331, Rn. 37; BGH, NJW 2011, 1726, Rn. 15.

184 BGH, NJW 1994, 2693–2696, 2694; BeckOGK/*Eckelt*, § 307 Inhaltskontrolle, 189 spricht von „Ausgestaltung der vereinbarten Leistungspflicht nach Art und Weise oder Zeit“.

185 So etwa BGH, NJW 2018, 534, 535, Rn. 15.

186 Zum maßgeblichen Schutzzweck des AGB-Rechts siehe BGH, NJW 1987, 1931, 1935.

187 BGH, NJW 1994, 2693–2696, 2694; BeckOGK/*Eckelt*, § 307 Inhaltskontrolle, 189 spricht von „Ausgestaltung der vereinbarten Leistungspflicht nach Art und Weise oder Zeit“.

188 BeckOGK/*Zschieschack*, § 307 BGB Laufzeitklauseln, Rn. 27.

hinaus zu berücksichtigen, dass die Beteiligten wegen der „dort herrschenden Handelsbräuche, Usancen, Verkehrssitten und wegen der zumeist größeren rechtsgeschäftlichen Erfahrung der Beteiligten auf eine stärkere Elastizität der für [sie] maßgeblichen vertragsrechtlichen Normen angewiesen" sind.[189] Wenn Klauseln gegen § 309 BGB verstoßen, folgt daraus zwar – wie bereits erläutert –, dass im Grundsatz ein Indiz für ihre Unwirksamkeit vorliegt. Dieses Indiz kann aber „wegen der besonderen Interessen und Bedürfnisse des kaufmännischen Geschäftsverkehrs ausnahmsweise" widerlegt werden, sodass die Klauseln „als angemessen angesehen werden".[190] Von einem Unternehmer kann grundsätzlich erwartet werden, „dass er seinen betrieblichen Bedarf längerfristig abzuschätzen imstande ist und weiß, worauf er sich einlässt, wenn er unter mehreren Varianten die längste Laufzeit wählt," sodass eine zwei Jahre überschreitende Laufzeitvereinbarung in AGB „unbedenklich" sein kann.[191] Unternehmer sind mithin weniger schutzbedürftig als Verbraucher, weshalb im Einzelfall zu untersuchen ist, ob die konkrete Laufzeitvereinbarung noch zulässig ist. Vielfach wird daher davon ausgegangen, dass eine Abweichung von § 309 Nr. 9 BGB bei PPAs durch übliche Handelsbräuche ausnahmsweise gerechtfertigt sei.[192] Auch der BGH geht davon aus: § 309 Nr. 9 lit. a BGB enthalte als verbraucherorientierte Norm gerade „kein Indiz für die Unangemessenheit einer entsprechenden Laufzeitregelung im unternehmerischen Geschäftsverkehr" nach § 307 Abs. 1 S. 1 BGB.[193] Gleiches soll auch für § 309 Nr. 9 lit. b und c BGB gelten.[194]

Insofern ist im Einzelfall zu prüfen, ob die „vereinbarte Laufzeit den Anforderungen der Generalklausel" des § 307 Abs. 1 BGB genügt.[195] Unternehmerische Handelsbräuche sind dabei ebenfalls zu berücksichtigen. Daher können besonders lange Laufzeiten durch ökonomische Bedürfnisse der unternehmerischen Vertragsparteien gerechtfertigt werden. Nach überzeugender Ansicht des BGH sind bei der Interessenabwägung auf Seiten des Verwenders insb. hohe Investitionen zu berücksichtigen, die sich erst über eine längere Vertragslaufzeit amortisieren lassen.[196] Es sind im Einzelfall aber alle durch den Vertrag begründeten gegenseitigen Rechte und Pflichten gegenüberzustellen.[197] Die hohen Investitionskosten sind also nur Teil einer Gesamtbetrachtung des Vertrags. Maßgeblich sind auch nicht lediglich die Verhältnisse im Betrieb des Verwenders, sondern die Verhältnisse des gesamten Wirtschaftszweigs.[198] Grds. hat der Verwender nachzuweisen, dass die in seinem Angebot enthaltene Vertragslaufzeit zur Amortisation notwendig ist und den Verhältnissen des Wirtschaftszweigs entspricht, da dem Kunden der „Einblick in die Kalkulationsgrundlagen des Verwenders fehlt und ihm deshalb der Vergleich mit den maßgeb-

---

189 BT-Drs. 7/3919, 14.

190 BGH, NJW 1984, 1750, 1751; BGH, NJW 2007, 3774, 3775, Rn. 12.

191 BGH, NJW-RR 2018, 683, 686, Rn. 22.

192 *Wiederholt/Ludwig*, EnWZ 2019, 110, 111; *J. Held/Leiding*, ER 2019, 232, 233.

193 BGH, NJW-RR 2018, 683, 686, Rn. 22; BGH, NJW-RR 2012, 626, 627, Rn. 13; BGH, NJW-RR 1997, 942.

194 Wolf/Lindacher/Pfeiffer/*Dammann*, § 309 Nr. 9 BGB, Rn. 170.

195 BGH, NJW 2003, 886, 887.

196 BGH, NJW 1993, 1133, 1134 f.; BGH, NJW 2003, 886, 887; BGH, NJW-RR 2012, 249, 250, Rn. 23.

197 BGH, NJW-RR 2008, 818, 819, Rn. 18; BGH, NJW 2003, 886, 887.

198 BGH, NJW 2003, 1313, 1315.

lichen typischen Verhältnissen am Markt erschwert ist."[199] Im Falle von PPAs geht es um die langfristige Refinanzierung der Investitionen für die Errichtung von EE-Anlagen. Die lange Refinanzierungsdauer und die Absicherung des Cashflows über diesen Zeitraum sind für eine Projektfinanzierung von EE-Anlagen und damit für das PPA notwendig.[200] Dies spricht für die ausnahmsweise Zulässigkeit langer Vertragslaufzeiten.

Anders als bei großen Windenergieprojekten[201] wird für Photovoltaik-Anlagen zuweilen in Zweifel gezogen, dass Investitionskosten in einem Umfang vorliegen, die derartig lange Laufzeiten rechtfertigen.[202] Dies gilt es im Einzelfall festzustellen. Eine bestimmte und übergreifend rechtssichere Grundlage für die Laufzeitbestimmung folgt aus dem einzelfallbezogenen Kriterium der „Amortisation erforderlicher Investitionen" insofern nicht. Als allgemeingültiger Maßstab für die unternehmerische Praxis kann mithin allenfalls der vom Gesetzgeber bestimmte 20-jährige EEG-Förderzeitraum angesehen werden.[203] Auch dieser deutet auf die Zulässigkeit solcher längeren Vertragslaufzeiten hin.

Damit lässt sich allerdings keine Aussage zur generellen Zulässigkeit der Laufzeit einzelner PPAs treffen. Vertreten wird, dass jedenfalls Laufzeiten von bis zu fünf Jahren bei Stromlieferverträgen AGB-rechtlich zulässig sind.[204] Für PPAs sollen aber – wiederum sehr allgemein formuliert – auch längere Laufzeiten wegen der Investitionen gerechtfertigt sein.[205] Der zehnte Zivilsenat des BGH vertritt die Ansicht, dass eine zehnjährige Vertragsdauer i. d. R. besondere Umstände auf Seiten des Klauselverwenders erfordere.[206] Längere Laufzeiten werden kritisch gesehen.[207] Gegen eine solche „starre" Grenze ausgesprochen hat sich der achte Zivilsenat.[208] Es sei vielmehr stets eine unter Berücksichtigung von Inhalt, Motiv und Zweck des jeweiligen Vertrages vorzunehmende Abwägung der schutzwürdigen Interessen beider Parteien im Einzelfall notwendig.[209] Der achte und der zwölfte Zivilsenat haben zuletzt offengelassen, ob es bei einer mindestens zehnjährigen Vertragsdauer wirklich besonderer Umstände bedarf.[210] Auch der zehnte Zivilsenat erkennt jedoch an, dass grds. der Kapitalaufwand eine lange Vertragslaufzeit rechtfertigen kann und insofern Teil der Abwägung ist.[211] Da entsprechend hohe Investitionskosten fehlten, wurde vom achten Zivilsenat in einer zehnjährigen Vertragsbindung eines Wärmelieferungsvertrags eine unangemessene Benachteiligung gesehen.[212] Keine unangemessene Benachtei-

199 BGH, NJW 2003, 1313, 1315.

200 So auch *S. Geiger/Balland*, REE 2019, 53, 57.

201 Dena, Vertragswesen von Green Power Purchase Agreements, S. 17.

202 Dena, Vertragswesen von Green Power Purchase Agreements, S. 17, Fn. 54.

203 *J. Held/Koch*, ER 2019, 18, 23; *S. Geiger/Balland*, REE 2019, 53, 57; mit Verweis auf Grüneberg/*Grüneberg*, § 309 BGB, Rn. 96.

204 *Wojtek/Woltering/Baltus*, in: Münchener Vertragshandbuch, Kap. X. 1., Anm. 14; mit Verweis auf Grüneberg/*Grüneberg*, § 309 BGB, Rn. 96.

205 *Schöne/Garbers*, in: Vertragsrecht und AGB-Klauselwerke, Stromlieferverträge, Rn. 140.

206 BGH, NJW 2003, 886, 887; BGH, NJW-RR 1997, 942, 943.

207 BGH, NJW-RR 1997, 942, 943.

208 BGH, GRUR 1984, 298, 299 f.

209 BGH, GRUR 1984, 298, 299.

210 BGH, NJW 2000, 1110, 1112; BGH, NJW-RR 2008, 818, 819, Rn. 19; BGH, NJW 2007, 3774.

211 BGH, NJW 2003, 886, 888; BGH, NJW-RR 1997, 942, 943.

212 BGH, NJW-RR 2012, 249, 250, Rn. 23.

ligung lag hingegen nach einer Entscheidung des siebten Zivilsenats über die Zehnjahreslaufzeit zweier „Kükenmastrahmenverträge“ vor.[213] Maßgeblich waren dabei aber weniger die Amortisationsgesichtspunkte, sondern die beidseitigen Interessen an der Sicherung der Bezugs- und Absatzmöglichkeiten.[214] Ein derartiges beidseitiges Interesse besteht grds. auch bei PPAs. Jedoch wird sich dieser Rechtsprechungsansatz nicht auf PPAs übertragen lassen, da er explizit nur für besonders eng umgrenzte Märkte gilt, bei denen eine lange Vertragsdauer nicht zu einer Beschränkung der wirtschaftlichen Bewegungsfreiheit und Selbstständigkeit des Kunden führen soll.[215] In Fällen, in denen durch langfristige vertragliche Bezugsbindungen dem Kunden „die Möglichkeit genommen wird, die von ihm vertriebenen Waren auf dem freien Markt zu beziehen,“ ist weiterhin das Verhältnis der Vertragsdauer zur Amortisation der getätigten Investitionen maßgeblich.[216] So ist bei Verträgen zwischen Unternehmern im Ergebnis anzunehmen, dass hohe Investitionskosten i. d. R. auch Vertragslaufzeiten von deutlich über zehn Jahren rechtfertigen können.[217] Bei PPAs werden insofern die notwendigen Investitionskosten der EE-Anlagen den Ausschlag geben und die lange Vertragslaufzeit rechtfertigen.

Wie bereits beschrieben, ist für die Berechnung der Laufzeit nach Ansicht unter anderem des BGH, die für eine rechtssichere Vertragsgestaltung maßgeblich ist, der Vertragsschluss und nicht der zeitlich verzögerte Zeitpunkt der Leistungserbringung ausschlaggebend. Trotz der bereits geäußerten Bedenken wird sich daraus i. d. R. für PPAs kein Problem ergeben, da auch die Zeit zwischen Vertragsschluss und Beginn der Lieferung gerechtfertigt sein wird.[218] Unter Berufung auf ein Urteil des OLG Hamm wird vertreten, dass eine sachliche Rechtfertigung bspw. die Planungs- und Entwicklungsphase eines Kraftwerks sein könne.[219] Das OLG Hamm befasste sich in seinem Urteil mit einer Vorlaufzeit von acht Jahren, die in diesem Fall nicht zu besonderen Vertragslösungsrechten geführt hat.[220] Allerdings trifft das Urteil nur Aussagen zu den besonderen Vertragslösungsrechten und nicht zur gem. § 307 Abs. 1 BGB zulässigen Vertragslaufzeit. Daher wird das entscheidende Argument bei der Rechtfertigung auch längerer Vorlaufzeiten nicht irgendein „sachlicher Grund“[221] sein können, sondern – wie zuvor beschrieben – die Amortisation der zur Errichtung der EE-Anlage notwendigen Investitionskosten.

Sofern das Laufzeitende nicht durch Vertrag bestimmt ist, sondern durch Kündigung herbeigeführt werden muss, sind die Kündigungsfristen bei der Berechnung der Vertragslaufzeit hinzuzurechnen.[222] Überschreiten Vertragslaufzeit und Kündigungsfrist gemein-

213 BGH, NJW-RR 2012, 626.

214 BGH, NJW-RR 2012, 626, 627 f., Rn. 18 f.

215 BGH, NJW-RR 2012, 626, 627 f., Rn. 16 ff.

216 Vgl. BGH, NJW-RR 2012, 626, 627, Rn. 17.

217 BeckOGK/*Zschieschack*, § 307 BGB Laufzeitklauseln, Rn. 33.

218 *J. Held/Leiding*, ER 2019, 232, 233; BGH, NJW 2013, 926, 927–928, Rn. 21 ff.

219 *J. Held/Leiding*, ER 2019, 232, 233 f.

220 OLG Hamm, BeckRS 2019, 13412.

221 So aber *J. Held/Leiding*, ER 2019, 232, 233; BGH, NJW 2013, 926, 927–928, Rn. 21 ff.; dieses Urt. äußert sich nicht zur Rechtfertigung von Vorlaufzeiten, sondern behandelt einen im konkreten Fall verzögerten Zeitpunkt des Vertragsschlusses.

222 BeckOGK/*Zschieschack*, § 307 BGB Laufzeitklauseln, Rn. 19; BGH, NJW 2011, 597.

sam die höchstens zulässige Vertragslaufzeit, liegt eine unangemessene Benachteiligung vor.[223]

Beinhaltet der Vertrag eine Option zur Verlängerung, ist auf die Gesamtlaufzeit des Vertrages im Falle der Ausübung der Option abzustellen.[224] Die ursprüngliche Laufzeit ist durch die optionale Laufzeit bei der Berechnung zu ergänzen. Insofern kann sich eine unzulässige Dauer auch aus der Vereinbarung einer Verlängerungsoption ergeben.

Festzustellen ist bei PPAs außerdem, dass neben der durch die Laufzeitvereinbarung inzident ausgeschlossenen, begründungs- und voraussetzungslosen ordentlichen Kündigung[225] regelmäßig die Lösungsmöglichkeiten generell beschränkt sein werden, um den Cashflow nicht den wandelbaren Interessen der Parteien auszusetzen.[226] Der Ausschluss der ordentlichen Kündigung macht es aber nicht erforderlich, einen ausdrücklichen Hinweis auf die Möglichkeit der außerordentlichen Kündigung aufzunehmen, da die außerordentliche Kündigung nicht durch die Vereinbarung einer bestimmten Vertragslaufzeit ausgeschlossen wird und insofern keine Notwendigkeit besteht, das Recht ausdrücklich aufzuführen.[227]

c) Zwischenergebnis

Im Ergebnis wird für PPAs unter Bezugnahme auf die regelmäßig hohen Investitionskosten vertreten, dass Vertragslaufzeiten von zehn, 15 oder 20 Jahren zuzüglich der Planungs- und Entwicklungsphase noch zulässig sein können.[228] Bei besonders großen Projekten sollen auch Verträge mit einer Laufzeit von 20 bis 30 Jahren noch verkehrsüblich und damit angemessen sein.[229] Richtig ist, dass die Projektgröße im Einzelfall einen Einfluss auf die Zulässigkeit der Vertragsdauer haben wird, wenngleich die Amortisationsdauer kein rechtssicheres Kriterium darstellt. Denn maßgeblich sind die Investitionskosten im Einzelfall. Die Vertragsdauer muss der Amortisation dieser Projektkosten dienen. Dahingehend überzeugt es jedenfalls, wenn zuweilen bei kostenintensiven, großen Windenergieprojekten die Zulässigkeit langfristiger Bindungen angenommen,[230] für kostenärmere Photovoltaik-Anlagen aber in Zweifel gezogen wird.[231] Als allgemeingültiger Anhaltspunkt für die unternehmerische Praxis kann der vom Gesetzgeber bestimmte 20-jährige EEG-Förderzeitraum angesehen werden.[232]

---

223 BeckOGK/*Zschieschack*, § 307 BGB Laufzeitklauseln, Rn. 19; BGH, NJW 2011, 597.

224 BGH, NJW 2000, 1110, 1112.

225 Siehe dazu Teil 2, F. III. 1.

226 Vgl. *C. Schneider/Lüdecke*, IR 2019, 50, 51 f.; *S. Geiger/Balland*, REE 2019, 53, 57 f.; *Wiederholt/Ludwig*, EnWZ 2019, 110, 114.

227 BGH, NJW 1993, 1133, 1135.

228 *J. Held/Koch*, ER 2019, 18, 23; ähnlich *S. Geiger/Balland*, REE 2019, 53, 57.

229 *J. Held/Leiding*, ER 2019, 232, 234.

230 Dena, Vertragswesen von Green Power Purchase Agreements, S. 17.

231 Dena, Vertragswesen von Green Power Purchase Agreements, S. 17, Fn. 54.

232 *J. Held/Koch*, ER 2019, 18, 23; *S. Geiger/Balland*, REE 2019, 53, 57; mit Verweis auf Grüneberg/*Grüneberg*, § 309 BGB, Rn. 96.

Wegen der ungeklärten höchstrichterlichen Rechtsprechung verbleibt den Parteien eine Rechtsunsicherheit.[233] Insofern empfiehlt es sich, der AGB-rechtlichen Kontrolle vorzubeugen. Dies kann z. B. durch eine individuelle Vereinbarung der Vertragslaufzeit erfolgen. Allerdings zieht der BGH dafür enge Grenzen. Der Kunde muss tatsächlich und unbeeinflusst durch Vorformulierungen die freie Wahl hinsichtlich der zu vereinbarenden Laufzeit haben.[234] Demnach fehlt es an einer Individualvereinbarung, wenn der Kunde nur die Wahl zwischen bestimmten, vom Verwender vorgegebenen Alternativen hat.[235] Das wäre z. B. der Fall, wenn verschiedene Alternativen auf einem Formular angekreuzt werden könnten.[236] Ebenso wenig genügt nach Ansicht des BGH ein Leerfeld, in dem formal Änderungen hätten eingetragen werden können, um ein individuelles Aushandeln nachzuweisen.[237] Die rein formale Möglichkeit zur Eintragung einer anderen Laufzeit wird in einem solchen Falle von der vorangestellten, vorformulierten Bestimmung der Vertragslaufzeit überlagert.[238] Notwendig ist also ein tatsächliches, unbeeinflusstes und freies Aushandeln der Vertragslaufzeit.

Zuweilen wird argumentiert, dass Kündigungs- und Vertragsanpassungsrechte einen Einfluss auf die höchstens zulässige Vertragslaufzeit haben.[239] Dass Kündigungs- und Vertragsanpassungsrechte in der Gesamtbetrachtung der Rechte und Pflichten des Vertrags im Rahmen der Interessenabwägung gem. § 307 Abs. 1 BGB eine Rolle spielen können, ist im Grundsatz zutreffend. Sie werden jedoch bei PPAs i. d. R. keinen Einfluss auf die höchstens zulässige Vertragslaufzeit haben. Die die Vertragslaufzeit beeinflussende begründungs- und voraussetzungslose ordentliche Kündigungsmöglichkeit wird in PPAs durch die Festlegung der Laufzeit ausgeschlossen und andere Kündigungsmöglichkeiten werden häufig zur Absicherung des Cashflows eingeschränkt sein.[240] Notwendig ist dabei jedoch ein zielgenaues Ausgestalten der Kündigungsmöglichkeiten.[241]

3. Kartellrecht

a) Kartellverbot

Die am PPA beteiligten Parteien fallen als Unternehmen i. S. d. Art. 101 AEUV grds. in den personellen Anwendungsbereich des Kartellverbots. Zu klären ist jedoch, ob langfristige Lieferverträge überhaupt ein kartellrechtliches Problem darstellen, also eine spürbare Wettbewerbsbeschränkung entweder bezwecken oder bewirken. Denn durch den Abschluss von Austauschverträgen wird zwar die Handlungsfreiheit der Beteiligten begrenzt,

233 Dena, Vertragswesen von Green Power Purchase Agreements, S. 17.

234 BGH, NJW 1998, 1066, 1067.

235 BGH, NJW 1992, 503, 504.

236 BeckOGK/*Zschieschack*, § 307 BGB Laufzeitklauseln, Rn. 8.

237 BGH, NJW 1996, 1676, 1677.

238 BGH, NJW 1996, 1676, 1677.

239 *Hilpert*, Rechtliche Bewertung von Power Purchase Agreements (PPAs) mit erneuerbaren Energien, S. 26; mit Verweis auf *Wyl*, in: Recht der Energiewirtschaft, § 12, Rn. 170.

240 Vgl. *S. Geiger/Balland*, REE 2019, 53, 57 f.

241 Siehe Teil 2, F. III.

indem Angebot und Nachfrage der Parteien bindend gedeckt werden.[242] Eine solche Bedarfsdeckung ist Austauschverträgen allerdings immanent und insofern wettbewerbsrechtlich neutral.[243] Etwas anderes gilt nur, wenn die vereinbarten Beschränkungen in sachlicher und zeitlicher Hinsicht das beim Absatz von Waren oder der Erbringung von Leistungen notwendige Maß überschreiten,[244] sodass der Vertrag für Wettbewerber eine marktverschließende Wirkung hat.[245] Das kann etwa gegeben sein, wenn langfristige Verträge mit einer Gesamtbedarfsdeckungsverpflichtung bzw. einer hohen Deckungsquote kombiniert werden.[246] Für derartige Lieferverträge mit einer Alleinbezugsverpflichtung gilt nach der Rechtsprechung des EuGH, wie bereits festgestellt, dass sie eine Wettbewerbsbeschränkung i. S. d. Art. 101 AEUV nicht bezwecken.[247] Denn eine bezweckte Wettbewerbsbeschränkung liegt nur vor, wenn das relevante Verhalten schon seiner Natur bzw. Art nach typischerweise objektiv geeignet ist, den Wettbewerb zu beschränken.[248] Das trifft auf PPAs als langfristige Verträge mit ggf. hoher Deckungsquote nicht zu.

Zu untersuchen ist aber, ob derartig gestaltete PPAs eine Wettbewerbsbeschränkung bewirken.[249] Dabei ist eine Vereinbarung insb. in ihrem wirtschaftlichen und rechtlichen Gesamtzusammenhang zu prüfen und eine kumulative Wirkung auf den Wettbewerb zu berücksichtigen, die sich aus dem Bestehen weiterer gleichartiger Vereinbarungen im Markt ergibt.[250] Derartige Vereinbarungen sind daher als Bündel zu betrachten (sog. Bündeltheorie).[251] Bewirkte Wettbewerbsbeschränkungen müssen zudem spürbar sein. Wird der Wettbewerb auf dem relevanten Markt nur geringfügig beeinträchtigt, liegt keine Wettbewerbsbeschränkung vor.[252]

Der EuGH hat in seiner Entscheidung Delimitis/Henninger Bräu[253] zwei Voraussetzungen für eine spürbare Wettbewerbsbeschränkung formuliert: „Erstens muß unter Berücksichtigung der wirtschaftlichen und rechtlichen Begleitumstände des streitigen Vertrags der nationale Markt […] für Mitbewerber, die auf diesem Markt Fuß fassen oder ihren Marktanteil vergrößern könnten, schwer zugänglich sein. Daß der streitige Vertrag zu ei-

---

242 Bunte/*Hengst*, Art. 101 AEUV, Rn. 215.

243 BGH, NJW 2009, 1751, 1752, Rn. 15; zu § 18 GWB a. F. BGH, NJW 1990, 2815, 2818; Bunte/*Krauß*, § 1 GWB, Rn. 18, 290.

244 Zu § 18 GWB a. F. BGH, NJW 1990, 2815, 2818; BGH, GRUR 1997, 937, 941; BGH, NJW-RR 2009, 1635, 1638, Rn. 35; BGH, NZKart 2018, 372, 374, Rn. 52 f.

245 BGH, NJW-RR 2009, 1635, 1638, Rn. 35; BGH, NZKart 2018, 372, 374, Rn. 52 f.

246 BGH, NJW-RR 2009, 1635, 1638 f., Rn. 37.

247 EuGH, Slg. 1991, I-977 – Delimitis/Henninger Bräu, Rn. 13.

248 EuGH, Slg. 2008, I-8637 – BIDS, Rn. 17; EuGH, BeckRS 2012, 82643 – Expedia, Rn. 36 f.; ausführlich zur bezweckten und bewirkten Wettbewerbsbeschränkung *Mohr*, ZWeR 2015, 1; *Mohr*, Sicherung der Vertragsfreiheit durch Wettbewerbs- und Regulierungsrecht, S. 455 ff.

249 EuGH, Slg. 1991, I-977 – Delimitis/Henninger Bräu, Rn. 13.

250 EuGH, Slg. 1994, I-1508 – Almelo, Rn. 37; EuGH, Slg. 1991, I-977 – Delimitis/Henninger Bräu, Rn. 14; EuGH, Slg. 1967, 545–557, 555 f. – Brasserie De Haecht/Wilkin Janssen.

251 EuGH, Slg. 1994, I-1508 – Almelo, Rn. 37; EuGH, Slg. 1991, I-977 – Delimitis/Henninger Bräu, Rn. 14; EuGH, Slg. 1967, 545–557, 555 f. – Brasserie De Haecht/Wilkin Janssen; MüKoWettbR/*M. Wolf*, Art. 101 AEUV, Rn. 517; Immenga/Mestmäcker/*Zimmer*, Art. 101 Abs. 1 AEUV, Rn. 179; Bunte/*Hengst*, Art. 101 AEUV, Rn. 266.

252 Statt vieler EuGH, Slg. 1969, 296–303 – Völk/Vervaecke, Rn. 7.

253 EuGH, Slg. 1991, I-977 – Delimitis/Henninger Bräu.

nem Bündel gleichartiger Verträge auf diesem Markt gehört, die sich kumulativ auf den Wettbewerb auswirken, ist nur einer unter mehreren Faktoren, anhand deren zu beurteilen ist, ob dieser Markt tatsächlich schwer zugänglich ist. Zweitens muß der streitige Vertrag in erheblichem Maße zu der Abschottungswirkung beitragen, die das Bündel dieser Verträge aufgrund ihres wirtschaftlichen und rechtlichen Gesamtzusammenhangs entfaltet. Die Bedeutung des Beitrags des einzelnen Vertrags hängt von der Stellung der Vertragspartner auf dem relevanten Markt und von der Vertragsdauer ab."[254] Zunächst ist also festzustellen, ob der relevante Markt für Wettbewerber schwer zugänglich ist.

Insofern ist der für PPAs relevante Markt zu bestimmen. Der Strommarkt lässt sich kartellrechtlich in die bereits erläuterten Wertschöpfungsstufen unterteilen.[255] Zu klären ist, ob PPAs eine Sonderstellung einnehmen, weil sie – wie beschrieben – je nach Ausgestaltung unterschiedliche Wertschöpfungsstufen verbinden bzw. mit PPAs auch die Nachweisbarkeit des Umweltnutzens vermarktet wird. Für die Marktabgrenzung bei zwischenstaatlichen Sachverhalten hat die Kommission Aussagen getroffen, für deutsche Sachverhalte das Bundeskartellamt bestätigt durch den BGH.

aa) Die Methodik der Marktabgrenzung

Zur Marktabgrenzung existieren verschiedene Methoden. Dazu gehören neben dem Bedarfsmarktkonzept ökonometrische Partialanalysen – wie insb. die Ermittlung der Kreuzpreiselastizitäten und die Preiskorrelationsanalyse – oder der sog. SSNIP-Test.[256] Das Bedarfsmarktkonzept ist nach ständiger Rechtsprechung des EuGHs,[257] BGHs,[258] der Entscheidungspraxis der Kommission[259] und des Bundeskartellamts[260] Ausgangspunkt der Abgrenzung. Danach gehören zum relevanten Markt alle Erzeugnisse oder Dienstleistungen, die sich aufgrund ihrer Merkmale zur Befriedigung eines gleichbleibenden Bedarfs besonders eignen und mit anderen Erzeugnissen oder Dienstleistungen nur in geringem Maße austauschbar sind.[261] Maßgeblich ist damit zunächst einmal die Austauschbarkeit des Produkts Strom aus Nachfragesicht. Das ist für den Strommarkt aber gerade nicht der einzige ausschlaggebende Punkt, da Strom als homogenes Wirtschaftsgut keine Eigen-

---

254 EuGH, Slg. 1991, I-977 – Delimitis/Henninger Bräu, Ls. 1.

255 Zur Marktabgrenzung im Stromsktor siehe auch BerlKommEnR/*Mohr*, § 29 GWB, Rn. 76 ff.; *Mohr*, in: Recht und Energie, Das wettbewerbsrechtliche Verbot von Marktmachtmissbräuchen unter Geltung des Strommarktes 2.0, 660 ff.

256 *Ewald*, ZWeR 2004, 512; speziell für den Energiesektor *Mohr*, in: Recht und Energie, Das wettbewerbsrechtliche Verbot von Marktmachtmissbräuchen unter Geltung des Strommarktes 2.0; *Godde*, Marktabgrenzung im Stromsektor, S. 48 ff.

257 Statt vieler EuGH, Slg. 1983, 3466–3529 – Michelin, Rn. 37.

258 Statt vieler BGH, NJW-RR 2009, 264, 265, Rn. 15.

259 Bekanntmachung der Kommission über die Definition des relevanten Marktes im Sinne des Wettbewerbsrechts der Gemeinschaft v. 9. 12. 1997, ABl. EG 1997 C 372/5, Rn. 7.

260 Statt vieler BKartA, Beschluss v. 10. 2. 2022 – B 8 - 77/21, Rn. 49.

261 Statt vieler EuGH, Slg. 1983, 3466–3529 – Michelin, Rn. 37; BGH, NJW-RR 2009, 264, Rn. 15; mit geringfügig anderem Wortlaut, inhaltlich aber gleich Bekanntmachung der Kommission über die Definition des relevanten Marktes im Sinne des Wettbewerbsrechts der Gemeinschaft v. 9. 12. 1997, ABl. EG 1997 C 372/5, Rn. 7.

schaften oder Qualitätsmerkmale aufweist[262] und die Austauschbarkeit daher auf den verschiedenen Wertschöpfungsstufen immer gegeben ist. Entscheidende Bedeutung haben die technischen und wirtschaftlichen Besonderheiten des Strommarkts.[263] Strom ist praktisch in größeren Mengen schwer speicherbar, weswegen er im Moment der Erzeugung auch nachgefragt und verbraucht werden muss.[264] Die Erzeugung bestimmt insofern und wegen der durch die Kapazitäten der Grenzkuppelstellen stark begrenzten Importmöglichkeiten das Marktergebnis auf der Endverbraucherstufe.[265] Oft wird daher dasselbe Stromerzeugnis auf unterschiedlichen Marktstufen mehrfach gehandelt, bevor es physisch an einen Endverbraucher geliefert wird.[266] Bedeutung erlangt bei der „technisch funktionell übereinstimmenden Leistung" der Stromlieferung insofern auch ein Blick auf die Angebotsseite, insb. auf bestehende Preisunterschiede.[267] Demnach haben sich in der Praxis folgende Märkte herausgebildet.

bb) Die sachliche Marktabgrenzung des Bundekartellamts und des Bundesgerichtshofs

Das BKartA und der BGH unterscheiden ein dreistufiges Handelsmodell: die Erzeugungs-, die Distributions- und die Letztverbraucherstufe.[268] Der Erstabsatzmarkt für Strom ist somit von der Distributionsstufe, dem Großhandel, abzugrenzen.[269] Nach dem Bedarfsmarktkonzept wäre zwar die Austauschbarkeit des Produkts aus Nachfragesicht entscheidend. Für die Nachfrager ist die Herkunft der gelieferten Elektrizität vom Erzeuger oder vom Händler bzw. Weiterverteiler aber aufgrund der Homogenität dieses Produkts irrelevant,[270] sodass mit dem Bedarfsmarktkonzept diese Abgrenzung nicht gerechtfertigt werden kann. Der BGH begründet die Unterscheidung zwischen Erstabsatzmarkt und Distributionsstufe stattdessen mit einem Rückgriff auf seine „Staubsaugerbeutelmarkt"-Entscheidung:[271] Danach ist eine Marktabgrenzung fehlerhaft, „wenn sie dazu führt, dass Erzeuger und Weiterverkäufer auf eine Handelsstufe gestellt werden, obwohl die gesamte gehandelte Ware von den Erzeugern in den Verkehr gebracht worden ist."[272] Wegen der geringen Bedeutung des Stromimports, der durch die Grenzkuppelstellen stark begrenzt wird, können Weiterverkäufer im Großhandel nur den Strom verkaufen, der zuvor von den Erzeugern bezogen wurde.[273] Um eine Mehrfachzählung zu vermeiden, die den Marktanteil

262 *Hufendiek*, in: Handbuch Energiehandel, Grundlagen des Energiehandels, Rn. 13.

263 Theobald/Kühling/*Judith*, Missbrauchsaufsicht in der Energiewirtschaft, Rn. 14.

264 *Fried*, in: Handbuch Energiehandel, Rechtliche Bewältigung des OTC-Handels, Rn. 190; *Müsgens*, EnWZ 2017, 243.

265 Theobald/Kühling/*Judith*, Missbrauchsaufsicht in der Energiewirtschaft, Rn. 16.

266 BKartA, Sektoruntersuchung Stromerzeugung und -großhandel, S. 70.

267 BKartA, Beschluss v. 30. 11. 2009 – B 8 - 107/09, Rn. 29.

268 BKartA, Beschluss v. 30. 11. 2009 – B 8 - 107/09, Rn. 25.

269 BGH, NJW-RR 2009, 264, 265, Rn. 16 ff.

270 *Gleave*, ZfE 2008, 120, 122.

271 BGH, NJW 2004, 3711.

272 BGH, NJW-RR 2009, 264, 265, Rn. 18.

273 BGH, NJW-RR 2009, 264, 265, Rn. 18.

der Unternehmen auf dem Erstabsatzmarkt „unzutreffend“ verringern würde,[274] sind dem Erstabsatzmarkt nur die erzeugten und importierten Strommengen zuzurechnen.[275] Damit wird nicht mehr rein nach dem Bedarfsmarktkonzept entschieden, denn grds. bliebe das Produkt Strom auf dem Erstabsatzmarkt und dem Großhandel austauschbar.[276]

Ausgenommen vom Erstabsatzmarkt wurde bisher ebenfalls die Erzeugung und Vermarktung von EEG-Strom wegen der eigenen Vergütungsregeln, die vorwiegend losgelöst sind von der Nachfragesituation und den Preisen im Stromgroßhandel.[277] Die Begründung des BKartA stellt allerdings u. a. auf nicht mehr geltende Rechtsnormen wie die damals noch geltende Einspeisevergütung und den Ausgleichsmechanismus nach der AusglMechV[278] und AusglMechAV[279] ab. Heute erfolgt die Vermarktung i. d. R. durch den Anlagenbetreiber selbst in der geförderten Direktvermarktung und dem durch Ausschreibung und Marktprämienmodell deutlich marktnäheren System, das auch Preissignale setzt.[280] Insb. aus diesem Grund wird die Ausklammerung der EEG-Stromvermarktung kritisiert.[281] Das BKartA sieht jedoch aufgrund der noch bestehenden Vergütungsabsicherung durch das Fördermodell weiterhin keinen gemeinsamen Markt von EEG-Strom und sonstigem Erstabsatz.[282] PPAs sind gerade nicht Teil der EEG-Vermarktung, sondern unabhängig von den Vergütungsregelungen des EEG. IdR. sind PPAs jedoch Teil der sonstigen (nicht geförderten) Direktvermarktung. Damit gelten die Vergütungsregeln nicht, wohl aber die allgemeinen Vorschriften des Teil 2 EEG 2023.[283] Das betrifft auch die Vorschriften zum Netzanschluss (§ 8 EEG 2023), zur vorrangigen Abnahme (§ 11 Abs. 1 S. 1 EEG 2023) und der Netzerweiterung (§ 12 EEG 2023).[284] Allein aufgrund dieser netzbezogenen Regelungen lässt sich indes keine Zuordnung zum EEG-Strommarkt treffen. Die Argumentation des BKartA bezieht sich allein auf die Vergütungsregelungen des EEG. Das BKartA hat bis zum Jahr 2023 allerdings keine Aussage dazu getroffen, welches der relevante Markt für nicht geförderte EEG-Strommengen ist, da diese als quantitativ vernachlässigbar an-

---

274 BGH, NJW-RR 2009, 264, 265, Rn. 18; BKartA, Sektoruntersuchung Stromerzeugung und -großhandel, S. 70.

275 BKartA, Beschluss v. 30. 11. 2009 – B 8 - 107/09, Rn. 26.

276 BKartA, Sektoruntersuchung Stromerzeugung und -großhandel, S. 70.

277 BKartA, Sektoruntersuchung Stromerzeugung und -großhandel, S. 73 f.

278 Verordnung zur Weiterentwicklung des bundesweiten Ausgleichsmechanismus v. 17. 7. 2009, BGBl. I 2009, 2101.

279 Verordnung zur Ausführung der Erneuerbare-Energien-Verordnung (Erneuerbare-Energien-Ausführungsverordnung); vormals AusglMechAV v. 22. 2. 2010, BGBl. I 2010, 134.

280 Frontier Economics, Konsultation Leitfaden Strom – Marktabgrenzung/Marktbeherrschung, Rn. 27.

281 Frontier Economics, Konsultation Leitfaden Strom – Marktabgrenzung/Marktbeherrschung, Rn. 27 ff.; siehe auch schon *Säcker*, Marktabgrenzung, Marktbeherrschung, Markttransparenz und Machtmissbrauch auf den Großhandelsmärkten für Elektrizität, S. 46 ff.; BerlKommEnR/*Mohr*, § 29 GWB, Rn. 77.

282 BKartA, Wettbewerbsverhältnisse im Bereich der Erzeugung elektrischer Energie 2021, Rn. 31 ff.

283 Vgl. FA Wind, Was tun nach 20 Jahren? – Repowering, Weiterbetrieb oder Stilllegung von Windenergieanlagen nach Förderende, S. 45 f.; *Hilpert*, Rechtliche Bewertung von Power Purchase Agreements (PPAs) mit erneuerbaren Energien, S. 18.

284 FA Wind, Was tun nach 20 Jahren? – Repowering, Weiterbetrieb oder Stilllegung von Windenergieanlagen nach Förderende, S. 45 f.; *Hilpert*, Rechtliche Bewertung von Power Purchase Agreements (PPAs) mit erneuerbaren Energien, S. 18; *Ubeleisen/Groneberg*, RdE 2018, 114, 122.

gesehen wurden.[285] Diese Ansicht ist mit dem derzeitigen Bedeutungszuwachs der sonstigen Direktvermarktung überholt.[286] Erst mit dem Marktmachtbericht aus dem August 2023 hat das BKartA festgestellt, dass Anlagen in der sonstigen Direktvermarktung „nicht mehr dem Kreis der EEG-geförderten Anlagen außerhalb des Stromerstabsatzmarktes" angehören.[287] Damit sind sie auch nach Ansicht des BKartA dem Stromerstabsatzmarkt zuzuordnen, wenngleich das BKartA dies nicht explizit äußert. Unklar bleibt zudem, ob das BKartA unter nicht gefördertem EEG-Strom neben Anlagen in der sonstigen Direktvermarktung auch solche Anlagen fasst, die aufgrund von 0-Cent-Geboten in den Ausschreibungen oder besonders hoher Marktpreise keine Förderung erhalten.[288] Hier wäre eine differenzierende Aussage des BKartA angezeigt, um Rechtsklarheit zu schaffen. Im Ergebnis sind PPAs – anders als Erzeugung und Vermarktung von EEG-Strom – einer der drei genannten Marktstufen des Strommarkts zuzuordnen. Hierfür spricht ergänzend, dass sogar für den EEG-Strom anerkannt ist, dass es sich aus Nachfragesicht im Grunde um „ein perfektes Substitut" für nicht geförderten Strom handelt.[289] Dann muss dies erst recht für die Vermarktung von Strom aus erneuerbaren Energien gelten, die nicht gefördert wird und für die die Vergütungsregelungen des EEG keine Anwendung finden.

Vom Stromerstabsatzmarkt abgegrenzt werden aufgrund regulatorischer oder ökonomischer Besonderheiten außerdem Eigenverbrauch und Bahnstrom,[290] ein eigener Markt für Regelenergie,[291] Reservekapazitäten[292] und Redispatch-Leistungen.[293]

Auf der „zweiten" Marktstufe, der Distributionsstufe, agieren Unternehmen, die „mit Strom handeln, Strom verkaufen oder nicht zum eigenen Verbrauch kaufen."[294] Eine Unterscheidung weiterer (Teil-)Märkte wurde bis jetzt offengelassen.[295] Vorgeschlagen wird hier eine Unterscheidung entweder zwischen Spot- und Terminmärkten, also eine zeitliche Separierung, oder eine Unterscheidung nach dem „Ort" des Geschäftsschlusses, also zwischen börslichem Handel, dem Handel über Broker-Plattformen und dem sonstigen OTC-Handel.[296]

Auf der dritten Stufe der Belieferung der Letztverbraucher unterscheidet das BKartA zwischen „Großkunden, die über eine registrierende Leistungsmessung verfügen (sogenannte RLM-Kunden), und Haushaltskunden, die nicht über eine registrierende Leistungsmessung verfügen und deswegen über ein Standardlastprofil abgerechnet werden (soge-

285 BKartA, Wettbewerbsverhältnisse im Bereich der Erzeugung elektrischer Energie 2021, Rn. 31.

286 Siehe Teil 1, D. I. 3. e); das erkennt auch BKartA, Wettbewerbsverhältnisse im Bereich der Erzeugung elektrischer Energie 2022, Rn. 33, 38.

287 BKartA, Wettbewerbsverhältnisse im Bereich der Erzeugung elektrischer Energie 2022, Rn. 38.

288 Offengelassen in BKartA, Wettbewerbsverhältnisse im Bereich der Erzeugung elektrischer Energie 2022, Rn. 40.

289 BKartA, Wettbewerbsverhältnisse im Bereich der Erzeugung elektrischer Energie 2021, Rn. 31.

290 BKartA, Wettbewerbsverhältnisse im Bereich der Erzeugung elektrischer Energie 2021, Rn. 21.

291 BKartA, Wettbewerbsverhältnisse im Bereich der Erzeugung elektrischer Energie 2021, Rn. 22 ff.

292 BKartA, Wettbewerbsverhältnisse im Bereich der Erzeugung elektrischer Energie 2021, Rn. 28.

293 BKartA, Wettbewerbsverhältnisse im Bereich der Erzeugung elektrischer Energie 2021, Rn. 29 f.

294 BKartA, Beschluss v. 30. 11. 2009 – B 8 - 107/09, Rn. 27.

295 BKartA, Beschluss v. 30. 11. 2009 – B 8 - 107/09, Rn. 31.

296 Vgl. BKartA, Beschluss v. 30. 11. 2009 – B 8 - 107/09, Rn. 31; *Gleave*, ZfE 2008, 120, 126.

nannte SLP-Kunden)."[297] Diese Unterscheidung wird damit begründet, dass Großkunden mit registrierender Leistungsmessung, z. B. Industrie- und größere Gewerbekunden, wegen ihres besonders hohen Stromverbrauchs stärker auf Preise reagieren und eher bereit sind, ihren Lieferanten zu wechseln, als SLP-Kunden.[298] Bei den (kleineren) SLP-Kunden bestehen wiederum drei weitere Märkte: ein Markt für die Belieferung von SLP-Kunden zu Allgemeinen Preisen der Grundversorgung gem. § 36 Abs. 1 EnWG, der sog. Grundversorgungsmarkt, ein Markt für die Belieferung von SLP-Kunden außerhalb Allgemeiner Preise mit Heizstrom, sog. Heizstrommarkt, und ein Markt für die Belieferung von SLP-Kunden außerhalb von Allgemeinen Preisen mit Haushaltsstrom, der sog. Sondervertragsmarkt.[299]

Zumindest im Grundsatz wäre es denkbar, dass für PPAs ein anderer oder gar ein eigener, neuer Markt existieren könnte. Denn PPAs sind ein Produkt mit einer besonderen, neuen vertraglichen Struktur. Zudem kann mittels PPAs auch der Nachweis des Umweltnutzens etwa durch Herkunftsnachweise vermarktet werden. Grds. handelt es sich allerdings bei dem im PPA-gehandelten Strom aus erneuerbaren Energien um ein aus Nachfragesicht austauschbares Gut. Selbst der EEG-Strom ist wie erwähnt aus Nachfragesicht im Grunde „ein perfektes Substitut" für den nicht geförderten Strom,[300] was erst recht für die Vermarktung von Strom aus erneuerbaren Energien gelten muss, der nicht gefördert wird. Da der Verkäufer dieses Stroms in einem PPA immer ein Anlagenbetreiber ist und der erzeugte Strom über das PPA erstmalig veräußert wird, sollten PPAs grds. dem Erstabsatzmarkt für Strom zuzuordnen sein. Allerdings treten als Nachfrager neben Händlern oder Weiterverteilern (Merchant- oder Utility-PPAs) – und das ist auf dem Erstabsatzmarkt eine Besonderheit – auch Letztverbraucher auf, insb. größere Unternehmen (bei Corporate-PPAs). Solche Letztverbraucher sind regelmäßig auf dem RLM-Kundenmarkt vertreten, möglich wären aber auch SLP-Kunden außerhalb der Grundversorgung, da PPAs gerade keine Grundversorgungsverträge darstellen.[301]

Obwohl verschiedene Nachfragegruppen für PPAs existieren, überzeugt die Zuordnung zum Ersatzabsatzmarkt für Strom; denn ein Anlagenbetreiber, der Strom erstmalig absetzt, muss am PPA immer beteiligt sein. Zu berücksichtigen ist außerdem, dass das Argument der Doppelzählung, das zur Abgrenzung von Erstabsatz- und Distributionsstufe herangezogen wird, bei PPAs teilweise nicht funktioniert. Denn im Rahmen eines Corporate-PPAs wird der Strom bis zum Verbrauch nur ein einziges (und erstes) Mal gehandelt. Das spricht ebenfalls für die Zuordnung zum Erstabsatzmarkt und gegen eine Zuordnung zur Distributionsstufe, also dem Markt für den wiederholten Absatz von Strom. Allerdings besteht die Möglichkeit der Doppelzählung im Rahmen von Merchant-, Utility- und Finanz-PPAs. Auch für diese PPAs gilt indes, dass ein Anlagenbetreiber, der Strom erstmalig absetzt, am PPA immer beteiligt sein muss, sodass sie ebenfalls dem Ersatzabsatzmarkt für Strom zugehörig sind. Für eine Zuordnung zur Distributionsstufe spricht allenfalls, dass der Preis eines PPAs als langfristig angelegter Vertrag überwiegend vom Terminmarkt beeinflusst ist, der bisher als Teil der Distributionsstufe angesehen wird. Allerdings enthält der PPA-Preis weitere Preisbestandteile exklusiv, etwa den Preisaufschlag für die Nach-

297 BKartA, Beschluss v. 30. 11. 2009 – B 8 - 107/09, Rn. 28.

298 BKartA, Beschluss v. 30. 11. 2009 – B 8 - 107/09, Rn. 33.

299 BKartA, Beschluss v. 30. 11. 2009 – B 8 - 107/09, Rn. 32.

300 BKartA, Wettbewerbsverhältnisse im Bereich der Erzeugung elektrischer Energie 2021, Rn. 31.

301 Siehe Teil 1, B. VIII. 1. b).

weisbarkeit des grünen Stroms. Zudem besteht ein solcher preislicher Zusammenhang üblicherweise auch zwischen verschiedenen Stromhandelsprodukten.[302] Mit PPAs wird zudem wie bei Terminmarktprodukten regelmäßig der Zweck der Preisabsicherung verfolgt. Dennoch sollten PPAs dem Erstabsatzmarkt für Strom zugeordnet werden. Denn es handelt sich insb. auch um eine Preisabsicherung, die der Finanzierungssicherheit der erstabsetzenden Anlagenbetreiber dient.

Vor diesem Hintergrund ist nicht von einem eigenen PPA-Markt auszugehen. Vielmehr sind PPAs als Teil des Ersatzabsatzmarkts für Strom anzusehen. Die im Rahmen des PPAs ebenfalls vermarkteten Herkunftsnachweise ändern an dieser Einschätzung nichts. Sie sind als ein vom Strom getrenntes Produkt zu betrachten, sodass ein eigener Markt für Herkunftsnachweise neben den Strommärkten existiert und nicht etwa ein Grünstrom- und ein Graustrommarkt. Denn um den Nachweis des Umweltnutzens über die Herkunftsnachweise führen zu können, wird der erzeugte Strom in zwei Produkte aufgeteilt, den Strom und das Grünstrom-Zertifikat.[303] Während für den Verkauf des Stroms infolgedessen alle bereits erläuterten Vertriebswege offenstehen, werden Herkunftsnachweise bisher vorwiegend abseits der Börse (OTC) gehandelt. Seit dem 30. 9. 2022 werden an der Leipziger Börse EEX ergänzend monatlich europaweite Spotmarktauktionen für Herkunftsnachweise durchgeführt.[304] Ein physischer Bezug von „grünem" Strom kann mangels unterscheidbarer Qualität des Stroms im Netz abseits der Lieferung über eine Direktleitung ohnehin nicht erfolgen.[305] Ein eigener „Grünstrommarkt" existiert mithin nicht.

cc) Die räumliche Marktabgrenzung des Bundeskartellamts und des Bundesgerichtshofs

Im Rahmen der räumlichen Marktabgrenzung besteht aktuell ein gemeinsamer Markt in Deutschland und Luxemburg.[306] Der Binnenmarkt der Union befindet sich noch in der Entwicklung: Wegen unzureichender Kapazitäten an den Grenzkuppelstellen bestehen weiterhin nationale Märkte.[307] Außerdem bestehen erhebliche Preisdifferenzen zwischen dem deutsch-luxemburgischen und den benachbarten elektrisch angebundenen Marktgebieten, die für dieses Ergebnis sprechen.[308]

dd) Die Marktabgrenzung der Kommission

Die Kommission unterscheidet sachlich einen einheitlichen Erzeugungs- und Großhandelsmarkt[309] von der Netzebene, unterteilt in einen Markt für Stromübertragung über

302 Vgl. *Machate*, in: Stromwirtschaft, Kap. 39, Rn. 5.

303 Theobald/Kühling/*Zenke/Dessau*, Energiehandel, Rn. 36.

304 EEX, EEX Group Press Release – Successful start of pan-European spot market for Guarantees of Origin, Pressemitteilung v. 30. 9. 2022.

305 Siehe Teil 2, C. II.

306 BKartA, Wettbewerbsverhältnisse im Bereich der Erzeugung elektrischer Energie 2021, Rn. 35.

307 Zuletzt BGH, NJW-RR 2009, 264, 266, Rn. 24; BKartA, Beschluss v. 23. 10. 2014 – B 8 - 69/14, 245.

308 BKartA, Wettbewerbsverhältnisse im Bereich der Erzeugung elektrischer Energie 2021, Rn. 39.

309 Statt vieler Kommission, Entscheidung v. 14. 12. 2020 – COMP/M.9990, Rn. 52.

Hochspannungsnetze („transmission“)[310] und einen für die Stromverteilung über Niederspannungsnetze („distribution“).[311] Ebenfalls gesondert behandelt wird der Einzelhandel (Vertrieb), der für unterschiedliche Kundengruppen weiter unterteilt wird.[312] Die Bereitstellung von Regelenergie und Systemdienstleistungen wird vom Großhandelsmarkt abgegrenzt.[313] Ausdrücklich offengelassen hat die Kommission bisher die Frage, ob EEG-Strom zum Markt für Erzeugung und Großhandel gehört.[314]

Räumlich erkennt die Kommission vorwiegend nationale Märkte an, ohne dabei die Entwicklungen der Marktkopplung außer Acht zu lassen.[315] Anders als das BKartA hat die Kommission mangels Entscheidungserheblichkeit bisher offengelassen, ob ein gemeinsamer Markt von Deutschland und Luxemburg besteht.[316]

ee) Die Marktabgrenzung von Finanz-PPAs

Die Kommission hat außerdem eine Unterscheidung der Märkte aufgrund von der Abwicklungsart (physisch bzw. finanziell) in Erwägung gezogen, im Ergebnis aber offengelassen.[317] Zwar besteht zwischen physischem und finanziellem Handel national eine enge Verbindung der Preise.[318] Entscheidend dürfte aber sein, dass es sich praktisch nicht mehr um den Handel mit dem Produkt Elektrizität handelt, sondern um den Handel mit Finanzprodukten bei denen Hedging, Spekulation und Arbitrage als Motive im Vordergrund stehen.[319] Nach dem Bedarfsmarktkonzept handelt es sich insofern um nicht austauschbare Produkte, die aus Nachfragesicht einen unterschiedlichen Bedarf bedienen.

Das hat auch Auswirkungen auf die räumliche Marktabgrenzung. Diese ist nur bei einer physischen Lieferung durch die geringen Kapazitäten der Grenzkuppelstellen beschränkt, während Finanzprodukte potentiell europa- bzw. weltweit gehandelt werden können, je nachdem welche Restriktionen der Handelsplatz enthält.[320]

---

310 Statt vieler Kommission, Entscheidung v. 9. 12. 2004 – COMP/M.3440, Rn. 34.

311 Vgl. statt vieler Kommission, Entscheidung v. 16. 11. 2007 – COMP/M.4841, Rn. 12.

312 Vgl. statt vieler Kommission, Entscheidung v. 29. 4. 2009 – COMP/M.5467, Rn. 57 ff.; Kommission, Entscheidung v. 14. 12. 2020 – COMP/M.9990, Rn. 65.

313 Vgl. statt vieler Kommission, Entscheidung v. 14. 11. 2006 – COMP/M.4180, Rn. 683; Kommission, Entscheidung v. 14. 12. 2020 – COMP/M.9990, Rn. 52.

314 Kommission, Entscheidung v. 14. 12. 2020 – COMP/M.9990, Rn. 52, 54; Kommission, Entscheidung v. 17. 9. 2019 – COMP/M.8870, Rn. 35.

315 Vgl. statt vieler Kommission, Entscheidung v. 29. 4. 2009 – COMP/M.5467, Rn. 26 ff.; Kommission, Entscheidung v. 17. 9. 2019 – COMP/M.8870, Rn. 36.

316 Kommission, Entscheidung v. 17. 9. 2019 – COMP/M.8870, Rn. 36.

317 Kommission, Entscheidung v. 17. 9. 2019 – COMP/M.8870, Rn. 52; Kommission, Mitteilung v. 29. 3. 2003 – COMP/M.3268, Rn. 66; Kommission, Mitteilung v. 27. 10. 1999 – COMP/JV.28, Rn. 18 ff.

318 Vgl. Kommission, Mitteilung v. 29. 3. 2003 – COMP/M.3268, Rn. 65.

319 Vgl. Kommission, Mitteilung v. 29. 3. 2003 – COMP/M.3268, Rn. 63.

320 Vgl. Kommission, Mitteilung v. 29. 3. 2003 – COMP/M.3268, Rn. 67; Kommission, Entscheidung v. 29. 4. 2009 – COMP/M.5467, Rn. 53.

ff) Die Zugänglichkeit des relevanten Markts und die mögliche Marktabschottungswirkung des einzelnen Power-Purchase-Agreements

Wie beschrieben, müsste der relevante Markt erstens tatsächlich schwer zugänglich sein und zweitens der streitige Vertrag in erheblichem Maße zur Abschottungswirkung beitragen, damit eine spürbare Wettbewerbsbeschränkung bewirkt wird. Insofern müsste der Erstabsatzmarkt für Strom in Deutschland und Luxemburg für Wettbewerber schwer zugänglich sein oder durch den Abschluss von PPAs schwer zugänglich werden. Dafür genügt es nicht eine einzelne Vereinbarung zu betrachten, sondern nach der Bündeltheorie ist eine kumulative Wirkung auf den Wettbewerb zu berücksichtigen, die sich aus dem Bestehen weiterer gleichartiger Vereinbarungen im Markt ergibt.[321]

PPAs sind derzeit noch nicht so verbreitet, dass sie den Erstabsatzmarkt für Strom verschließen. Stand 31.10.2020 wurden in Deutschland PPAs unterschiedlichsten Umfangs mit einer Leistung von insgesamt 600 mW geschlossen.[322] Gegenüber der nach dem Marktmachtbericht des BKArtA am 31.12.2020 im Stromerstabsatzmarkt zur Verfügung stehenden gesamten Erzeugungskapazität von 92,6 gW[323] wäre das noch weit unter einem Prozent. Auch alle PPAs gemeinsam haben daher keinen hohen Marktanteil. Selbst wenn man weitere langfristige Verträge, z.B. langfristige Lieferverträge, die Strom aus konventioneller Erzeugung vermarkten, als gleichartige Verträge betrachten würde, käme man vermutlich zu keinem anderen Ergebnis. Die verschiedenen Produkte des Terminmarkts werden jedenfalls nicht in ihrer Gesamtheit durch ein PPA austauschbar sein. Gegen ein Bündel aus PPAs und anderen langfristigen Verträgen spricht zudem, dass es sich bei PPAs um sehr individuelle Verträge handelt. Für eine vollständige Bewertung der Sachlage fehlt es allerdings an einer hinreichenden Datenlage. Im Grundsatz sollten PPAs, die Strom aus erneuerbaren Energien vermarkten, zwar als ein Bündel im Sinne der Bündeltheorie betrachtet werden. Allerdings kann nach dem verfügbaren Datenmaterial bei einem derart geringen Marktanteil noch nicht von einer marktverschließenden Wirkung ausgegangen werden. Weitere praktische Faktoren hinsichtlich einer potentiell marktverschließenden Wirkung wie erstens die tatsächlichen Möglichkeiten für neue Mitbewerber zur Umgehung der Marktzutrittsschranken[324] und zweitens aktuelle Bedingungen auf dem Markt, wie der „Sättigungsgrad dieses Marktes und die Treue der Verbraucher zu bestehenden Marken,“[325] können mangels hinreichender Markttransparenz ebenfalls nicht letztgültig beurteilt werden. Die Schwierigkeiten kleinerer Verkäufer und Abnehmer beim Abschluss von PPAs sprechen allerdings für vorhandene Einschränkungen im Hinblick auf diese Faktoren.[326]

---

321 EuGH, Slg. 1994, I-1508 – Almelo, Rn. 37; EuGH, Slg. 1991, I-977 – Delimitis/Henninger Bräu, Rn. 14; EuGH, Slg. 1967, 545–557, 555f. – Brasserie De Haecht/Wilkin Janssen; MüKoWettbR/*M. Wolf*, Art. 101 AEUV, Rn. 517; Immenga/Mestmäcker/*Zimmer*, Art. 101 Abs. 1 AEUV, Rn. 179; Bunte/*Hengst*, Art. 101 AEUV, Rn. 266.

322 HCOB, Corporate PPA, S. 24.

323 BKartA, Wettbewerbsverhältnisse im Bereich der Erzeugung elektrischer Energie 2021, Rn. 61.

324 EuGH, Slg. 1991, I-977 – Delimitis/Henninger Bräu, Rn. 21.

325 EuGH, Slg. 1991, I-977 – Delimitis/Henninger Bräu, Rn. 22.

326 Kommission, Arbeitsunterlage der Kommissionsdienststellen v. 18.5.2022 – SWD(2022) 149 final, 46f.

Sofern die Verbreitung von PPAs – gefördert etwa durch verbesserte Bedingungen bei der Anpassung des Strommarktdesigns auf europäischer oder nationaler Ebene – in Deutschland (und Luxemburg) weiter zunimmt, könnten sich diese Verhältnisse ändern.[327] Nähme man dementsprechend an, dass der Erstabsatzmarkt in Zukunft schwerer zugänglich wäre, ist davon auszugehen, dass einzelne PPAs in der Lage wären, „in erheblichem Maße zu der Abschottungswirkung" beizutragen. Bedeutung hätten dafür die jeweilige Vertragsgestaltung, insb. die Gestaltung der Vertragslaufzeit, und der Marktanteil der beteiligten Unternehmen.[328] Derzeit ist jedoch nicht davon auszugehen, dass ein PPA eine spürbare Wettbewerbsbeschränkung bewirkt. Möglich ist, dass eine Ausweitung des Binnenmarkts dies zumindest teilweise auch in Zukunft verhindern kann. Denn mit zunehmender Integration des Binnenmarktes werden die Marktanteile der einzelnen Unternehmen weiter sinken.[329]

gg) Die Bagatellgrenze der Kommission

Zu beachten ist außerdem die Praxis der Kommission, die aufgrund ihrer De-minimis-Bekanntmachung (auch Bagatellbekanntmachung) geringfügige Fälle nicht aufgreift.[330] Dazu gehören auch vertikale Vereinbarungen wie PPAs, in denen jedes der beteiligten Unternehmen auf den relevanten Märkten einen geringeren Marktanteil als 15 % hat.[331] Allerdings gilt bei einem Bündel entsprechender Vereinbarungen nach der De-minimis-Bekanntmachung ein geringerer Schwellenwert für den Marktanteil der beteiligten Unternehmen von nur 5 %.[332] Dieser Marktanteil kann von den Beteiligten eines PPAs zumindest potentiell durchaus erreicht werden.

Zu beachten ist allerdings, dass ein kumulativer Marktabschottungseffekt durch das Vertragsbündel nach der De-Minimis-Bekanntmachung unwahrscheinlich ist, solange „weniger als 30 % des relevanten Marktes von nebeneinander bestehenden (Netzen von) Vereinbarungen, die ähnliche Wirkungen auf dem Markt haben, abgedeckt werden." Erst wenn alle langfristigen Strombezugsverträge zusammen über 30 % des relevanten Marktes abdecken, ist also von einer Marktabschottungswirkung durch das Vertragsbündel auszu-

---

327 Vgl. *Hilpert*, Rechtliche Bewertung von Power Purchase Agreements (PPAs) mit erneuerbaren Energien, S. 27.

328 EuGH, Slg. 1991, I-977 – Delimitis/Henninger Bräu, Ls. 1.

329 *Wyl*, in: Recht der Energiewirtschaft, § 12, Rn. 181.

330 Mitteilung der Kommission – Bekanntmachung über Vereinbarungen von geringer Bedeutung, die im Sinne des Artikels 101 Absatz 1 des Vertrags über die Arbeitsweise der Europäischen Union den Wettbewerb nicht spürbar beschränken (De-minimis-Bekanntmachung) v. 30. 8. 2014, ABl. EU 2014 C 291/1.

331 Mitteilung der Kommission – Bekanntmachung über Vereinbarungen von geringer Bedeutung, die im Sinne des Artikels 101 Absatz 1 des Vertrags über die Arbeitsweise der Europäischen Union den Wettbewerb nicht spürbar beschränken (De-minimis-Bekanntmachung) v. 30. 8. 2014, ABl. EU 2014 C 291/1, Rn. 8 lit. b.

332 Mitteilung der Kommission – Bekanntmachung über Vereinbarungen von geringer Bedeutung, die im Sinne des Artikels 101 Absatz 1 des Vertrags über die Arbeitsweise der Europäischen Union den Wettbewerb nicht spürbar beschränken (De-minimis-Bekanntmachung) v. 30. 8. 2014, ABl. EU 2014 C 291/1, Rn. 10.

gehen. Insofern hat der einzelne Vertrag erst recht keine Marktabschottungswirkung, bei einem geringeren Marktanteil.

Für PPAs war bisher ungeklärt, ob bereits ein Netz an Vereinbarungen besteht, die einen Marktanteil von 30 % überschreiten. Wie beschrieben, haben PPAs derzeit (Stand 31. 10. 2020) gegenüber der nach dem Marktmachtbericht des BKArtA am 31. 12. 2020 im Stromerstabsatzmarkt zur Verfügung stehenden gesamten Erzeugungskapazität von 92,6 gW[333] einen Anteil von unter einem Prozent. Alle PPAs gemeinsam haben daher keinen Marktanteil von fünf bzw. 30 %, der für ein Aufgreifen der Kommission nach der De-minimis-Bekanntmachung erforderlich wäre. Allerdings sinkt das Gesamtvolumen der Erzeugungskapazitäten[334] (solange EEG-Strom trotz der bestehenden Kritik nicht mit einbezogen wird) und die über PPA kontrahierten Strommengen werden nach aktuellen Prognosen weiterhin zunehmen.[335] Deshalb könnten in Zukunft andere Verhältnisse herrschen, die auch eine Beurteilung der Frage relevant werden lassen, ob die am Vertragsbündel der PPAs beteiligten Unternehmen auf den relevanten Märkten einen geringeren Marktanteil als 5 % haben. Anderenfalls würde die De-Minimis-Bekanntmachung nicht mehr ein Aufgreifen der Fälle durch die Kommission verhindern.

hh) Die Gruppenfreistellungsverordnung für vertikale Vereinbarungen

Vertikale Vereinbarungen gem. Art. 1 Abs. 1 lit. a Vertikal-GVO sind Vereinbarungen oder abgestimmte Verhaltensweisen zwischen mindestens zwei Unternehmen, die jeweils auf einer anderen Stufe der Produktions- oder Vertriebskette tätig sind und die Bezugs-, Verkaufs- oder Weiterverkaufsbedingungen betreffen. Zu denen gehören auch PPAs. Aufgrund der bereits erwähnten möglichen Effizienzgewinne von vertikale Vereinbarungen – insb. sollen sie im Allgemeinen zu einer Verbesserung der Produktion oder des Vertriebs und zu einer angemessenen Beteiligung der Verbraucher an dem daraus entstehenden Gewinn führen[336] – sind sie gem. Art. 2 Vertikal-GVO vom Verbot wettbewerbsbeschränkender Vereinbarungen nach Art. 101 Abs. 1 AEUV freigestellt. Das gilt nach Art. 3 Abs. 1 Vertikal-GVO allerdings nur, „wenn der Anteil des Anbieters an dem relevanten Markt, auf dem er die Vertragswaren oder -dienstleistungen anbietet, und der Anteil des Abnehmers an dem relevanten Markt, auf dem er die Vertragswaren oder -dienstleistungen bezieht, jeweils nicht mehr als 30 % beträgt." Weder Anbieter noch Abnehmer dürfen also einen höheren Marktanteil als 30 % haben. Ein so hoher Marktanteil wird bei den meisten Parteien eines PPAs nicht vorliegen, ist aber im Einzelfall anhand von Art. 8 Vertikal-GVO festzustellen.

Außerdem dürfen die vertikalen Vereinbarungen gem. Art. 5 Abs. 1 lit. a Vertikal-GVO keine unmittelbaren oder mittelbaren Wettbewerbsverbote enthalten, die für eine unbe-

333 BKartA, Wettbewerbsverhältnisse im Bereich der Erzeugung elektrischer Energie 2021, Rn. 61.

334 BKartA, Wettbewerbsverhältnisse im Bereich der Erzeugung elektrischer Energie 2021, Rn. 61 ff.

335 Siehe Teil 1, A. IV.

336 Erw. 8 der Verordnung (EU) 2022/720 der Kommission über die Anwendung des Artikels 101 Absatz 3 des Vertrags über die Arbeitsweise der Europäischen Union auf Gruppen von vertikalen Vereinbarungen und abgestimmten Verhaltensweisen v. 10. 5. 2022, ABl. EU L 134/4; vgl. auch Leitlinien für vertikale Beschränkungen v. 30. 6. 2022, ABl. EU 2022 C 248/1-85, Rn. 10.

stimmte Dauer oder für eine Dauer von mehr als fünf Jahren gelten.[337] PPAs werden i. d. R. jedoch für deutlich längere Zeiträume als fünf Jahre abgeschlossen. Kürzere Vertragsdauern inkl. der sog. Mini-PPAs sind wie erwähnt allenfalls für bestehende Anlagen vorstellbar.[338] Für neue Anlagen werden kürzere Vertragslaufzeiten vermutlich erst dann realisierbar, wenn ein etablierter Markt für PPAs existiert, auf den auch die Banken vertrauen, sodass erwartbar ist, dass nach der Laufzeit eines ersten PPAs problemlos ein weiteres PPA zu vergleichbaren Konditionen geschlossen werden kann.[339] Regelmäßig wird für die Frage der Freistellung nach der Vertikal-GVO eines länger als fünf Jahre laufenden PPAs insofern entscheidend sein, ob es „unmittelbare oder mittelbare Wettbewerbsverbote" enthält. Ein Wettbewerbsverbot liegt nach Art. 1 Abs. 1 lit. f Vertikal-GVO insb. vor, wenn eine „unmittelbare oder mittelbare Verpflichtung des Abnehmers" vereinbart wurde, „auf dem relevanten Markt mehr als 80 % des Gesamtbezugs" an der Ware „vom Anbieter [...] zu beziehen." Sofern mit dem PPA eine Bezugsverpflichtung des Abnehmers von über 80 % des gesamten Bedarfs einhergeht, besteht keine Möglichkeit zur Freistellung nach der Vertikal-GVO.

Unwahrscheinlich ist, dass die vom BKartA entwickelten[340] und vom BGH bestätigten[341] Grundsätze der E.ON-Ruhrgas-Entscheidung zur Zulässigkeit langfristiger Gaslieferverträge, die sich an den Marktanteilsschwellen der Vertikal-GVO orientieren, für PPAs in der Praxis Relevanz entfalten. Denn danach sind hohe Marktanteile der beteiligten Unternehmen von je über 30 % erforderlich. Sofern der Marktanteil eines Beteiligten von 30 % überschritten wird (bei PPAs derzeit nicht der Fall), sind in Kombination mit Bedarfsdeckungen von über 80 % nur noch deutlich kürzere Vertragslaufzeiten als fünf Jahre möglich.[342] Auch das BKartA geht schon bei hohen Prozentsätzen wie 80 % des Gesamtbezugs von einer wirtschaftlichen Quasi-Gesamtbedarfsdeckung aus.[343] Dabei gilt es zu beachten, dass Verträge über Teilmengen ebenso wie zeitlich gestapelte Verträge, die im Ergebnis eine (Quasi-)Gesamtbedarfsdeckung herbeiführen, nicht zu einer Umgehung führen können, sondern als einheitlicher Vertrag anzusehen sind.[344] Im Grundsatz gilt für solche Fälle mit hohem Marktanteil der Beteiligten, „je höher die Bezugsmenge [ist], desto kürzer ist dann die Vertragslaufzeit und umgekehrt."[345] So wurde in der E.ON-Ruhrgas-Entscheidung für langfristige Gaslieferverträge des Lieferanten mit einem Marktanteil von deutlich über 30 % entschieden, dass „bei einer Liefermenge von mehr als 80 % bis 100 % des tatsächlichen Vertriebsbedarfs [sogar nur] eine Vertragslaufzeit von bis zu zwei Jahren und bei einer Liefermenge von mehr als 50 % bis einschließlich 80 % eine Vertragslaufzeit

---

337 Siehe dazu auch *Mohr*, WuW 2011, 112, 120 f.

338 *Hilpert*, Rechtliche Bewertung von Power Purchase Agreements (PPAs) mit erneuerbaren Energien, S. 16.

339 *S. Geiger/Balland*, REE 2019, 53, 57.

340 BKartA, Beschluss v. 13. 1. 2006 – B 8 - 113/03 - 1.

341 BGH, NJW-RR 2009, 1635.

342 BKartA, Beschluss v. 13. 1. 2006 – B 8 - 113/03 - 1, 19; MüKoWettbR/*M. Wolf*, Art. 101 AEUV, Rn. 516.

343 BKartA, Beschluss v. 13. 1. 2006 – B 8 - 113/03 - 1, 10.

344 BKartA, Beschluss v. 13. 1. 2006 – B 8 - 113/03 - 1, 31; MüKoWettbR/*M. Wolf*, Art. 101 AEUV, Rn. 515.

345 BKartA, Beschluss v. 13. 1. 2006 – B 8 - 113/03 - 1, 35.

von bis zu vier Jahren vereinbart" werden darf.[346] Wegen des besonders hohen Marktanteils des Lieferanten (von rund 75 %[347]) sah das BKartA Laufzeiten von deutlich unter den in Art. 5 Abs. 1 lit. a Vertikal-GVO festgelegten fünf Jahren als erforderlich an.[348] Maßgeblich für die kartellrechtliche Zulässigkeit ist also das Verhältnis von Marktanteil, Grad der Bezugsverpflichtung und Laufzeit. Damit hat auch die Definition des räumlich relevanten Marktes eine besondere Relevanz für die Möglichkeit der Gruppenfreistellung.[349] Denn mit zunehmender Integration des Binnenmarktes werden die Marktanteile der einzelnen Unternehmen weiter sinken und so immer mehr Unternehmen von der Freistellungsverordnung profitieren können.[350]

ii) Die Einzelfreistellung (Art. 101 Abs. 3 AEUV)

Es verbleibt darüber hinaus die Möglichkeit der Einzelfreistellung nach Art. 101 Abs. 3 AEUV. Danach ist insb. auch ein Beitrag zur Verbesserung der Warenerzeugung oder -verteilung und Förderung des technischen oder wirtschaftlichen Fortschritts erforderlich. Die zuvor beschriebenen Wettbewerbsverbote in Form von Gesamtbezugsverpflichtungen in vertikalen Vereinbarungen (über 80 % des Gesamtbedarfs) können nach den Leitlinien der Kommission für vertikale Beschränkungen zur Lösung von sog. „Hold-up"-Problemen bei Investitionen beitragen, die der Verfolgung von Nachhaltigkeitszielen dienen. Auf diese Weise können sie einen Beitrag zur Verbesserung der Warenerzeugung oder -verteilung und Förderung des technischen oder wirtschaftlichen Fortschritts leisten. Ein „Hold-up"-Problem liegt z. B. bei vertragsspezifischen Investitionen (Investitionen, die besonderen Wert nur für den konkreten Vertrag haben) vor, bei denen der Investor nach Vornahme der vertragsspezifischen Investition riskiert, dass man ihn während der Verhandlungen mit dem Handelspartner „in der Luft hängen lässt."[351] Wenn z. B. ein Energieanbieter „angesichts einer gestiegenen Nachfrage nach erneuerbaren Energien in ein Wasserkraftwerk oder einen Windpark investieren möchte," ist er möglicherweise „nur dann bereit, dieses langfristige Investitionsrisiko einzugehen, wenn genügend Abnehmer bereit sind, sich für einen längeren Zeitraum zur Abnahme erneuerbarer Energie zu verpflichten."[352] Das langfristige Wettbewerbsverbot dient in einem solchen Falle dazu, die Investition „überhaupt oder in der vorgesehenen Größenordnung oder Zeit" zu ermöglichen.[353] Es ist dann wettbewerbsfördernd und erfüllt die Voraussetzungen der Einzelfreistellung nach Art. 101 Abs. 3 AEUV.[354] Die vertikale Vereinbarung ist dann zulässig, obwohl die Investition des Anbieters eine Abschreibungsdauer hat, die länger ist als die fünf Jahre, die

---

346 BKartA, Beschluss v. 13. 1. 2006 – B 8 - 113/03 - 1, 35; Immenga/Mestmäcker/*Fuchs*, § 19 GWB, Rn. 179.

347 Vgl. BGH, NJW-RR 2009, 1635, 1637, Rn. 30.

348 BKartA, Beschluss v. 13. 1. 2006 – B 8 - 113/03 - 1, 35.

349 *Wyl*, in: Recht der Energiewirtschaft, § 12, Rn. 181.

350 *Wyl*, in: Recht der Energiewirtschaft, § 12, Rn. 181.

351 Vgl. Leitlinien für vertikale Beschränkungen v. 30. 6. 2022, ABl. EU 2022 C 248/1-85, Rn. 16 lit. e.

352 Leitlinien für vertikale Beschränkungen v. 30. 6. 2022, ABl. EU 2022 C 248/1-85, Rn. 316.

353 Leitlinien für vertikale Beschränkungen v. 30. 6. 2022, ABl. EU 2022 C 248/1-85, Rn. 316.

354 Leitlinien für vertikale Beschränkungen v. 30. 6. 2022, ABl. EU 2022 C 248/1-85, Rn. 316.

schon durch die Vertikal-GVO freigestellt sind.[355] Konkrete Angaben über die zulässige Dauer von Wettbewerbsverboten fehlen jedoch auch in den Leitlinien der Kommission. Die vereinbarte Bindungsdauer der Gesamtbezugsverpflichtung muss zur Ermöglichung der Amortisation der Investition „erforderlich“ sein.[356] In der E.ON-Ruhrgas-Entscheidung wurde die Möglichkeit der Einzelfreistellung zwar erwogen, im Ergebnis aber mangels vertragsspezifischer Investitionen abgelehnt.[357] Bei derartigen vertragsspezifischen Investitionen wird der Kommissionspraxis, wie z. B. dem Verfahren Scottish-Nuclear[358], entnommen, dass nach Ansicht der Europäischen Kommission Laufzeiten von 15 Jahren ausreichen, aber auch erforderlich sein können, um die Rentabilität von Investitionen zu sichern und eine Einzelfreistellung zu ermöglichen.[359] Dieser Zeitraum soll außerdem auch der vom BGH für Bierbezug- und Tankstellenstationärverträge festgelegten Frist von ebenfalls 15 Jahren entsprechen.[360] Im Ergebnis lassen sich aber keine einheitlichen rechtssicheren Aussagen treffen, die über diese Anhaltspunkte aus der Kommissionspraxis hinausgehen. Es bleibt insofern bei einer Prüfung der Verhältnisse für das einzelne PPA.

jj) Englische oder Escape-Klauseln

Englische oder auch Escape-Klauseln lockern zwar eine vereinbarte Ausschließlichkeitsbindung zwischen den Parteien, bleiben aber faktisch eine Ausschließlichkeitsbindung.[361] Sofern Abnehmer ein günstiges Konkurrenzangebot über die vertragsgegenständliche Ware erhalten, müssen sie den Vertragspartner darüber informieren und ihm die Möglichkeit einräumen, das Konkurrenzangebot zu denselben Konditionen zu erfüllen.[362] Nur sofern man sich darauf nicht einigen kann, darf der Abnehmer das Konkurrenzangebot annehmen und die Ware vom Konkurrenten beziehen.[363] Wettbewerber werden ggf. aber kein Konkurrenzangebot abgeben, da sie damit rechnen, unterboten zu werden.[364] Aber auch wenn es zu einem Konkurrenzangebot kommt, kann dieses durch den bisherigen Lieferanten unterboten und umgangen werden.[365] Es bleibt bei einer faktischen Ausschließlichkeitsbindung. Unabhängig von ihrer kartellrechtlichen Wirksamkeit[366] ermöglichen diese Klauseln daher keine längeren Laufzeiten als bei einer üblichen Gesamtbezugsverpflichtung.[367]

---

355 Leitlinien für vertikale Beschränkungen v. 30. 6. 2022, ABl. EU 2022 C 248/1-85, Rn. 316.

356 Leitlinien für vertikale Beschränkungen v. 30. 6. 2022, ABl. EU 2022 C 248/1-85, Rn. 316.

357 BKartA, Beschluss v. 13. 1. 2006 – B 8 - 113/03 - 1, 23 f.

358 Kommission, ABl. EG L 178, 31.

359 *Wyl*, in: Recht der Energiewirtschaft, § 12, Rn. 178.

360 *Wyl*, in: Recht der Energiewirtschaft, § 12, Rn. 178.

361 *Dallmann*, WRP 2006, 347.

362 Vgl. *Dallmann*, WRP 2006, 347347.

363 Vgl. *Dallmann*, WRP 2006, 347347.

364 *Wyl*, in: Recht der Energiewirtschaft, § 12, Rn. 184.

365 *Wyl*, in: Recht der Energiewirtschaft, § 12, Rn. 184.

366 Siehe dazu *Dallmann*, WRP 2006, 347.

367 *Wyl*, in: Recht der Energiewirtschaft, § 12, Rn. 184; unter Berufung auf BKartA, Kartellrechtliche Beurteilungsgrundsätze zu langfristigen Gasverträgen, S. 15.

b) Missbrauch von Marktmacht

Wie bereits erwähnt, wird aktuell lediglich auf dem Erstabsatzmarkt für Strom eine marktbeherrschende Stellung für den derzeit größten Anbieter erwogen.[368] Die Verhältnisse können sich aber weiterhin ändern, insb. durch eine erwartete Verknappung der Erzeugungskapazitäten.[369] Sofern ein Beteiligter eines PPAs eine marktbeherrschende Stellung i. S. d. Art. 102 AEUV bzw. §§ 19, 29 GWB einnimmt, kommt auch die Unwirksamkeit der Vereinbarungen des PPAs nach den genannten Normen in Betracht.[370] Wie zuvor bereits erläutert, ist das missbräuchliche Verhalten eines Marktbeherrschers unter Berücksichtigung der Ziele des Wettbewerbsschutzes im Rahmen einer umfassenden Interessenabwägung festzustellen, bei der die Interessen des Marktbeherrschers denen der Wettbewerber gegenüberstehen.[371] Es verbieten sich insofern allgemeine Aussagen, sondern es ist die konkrete Situation zu beurteilen.[372] Dabei ist zu beachten, dass der Wettbewerb aufgrund der Marktbeherrschung schon geschwächt ist.[373] Insofern ist es überzeugend, wenn es heißt, dass an Ausschließlichkeitsbindungen von Unternehmen mit sehr hohen Marktanteilen strengere Anforderungen zu stellen sind als für ihre Zulässigkeit nach Art. 101 AEUV und § 1 GWB.[374] Daher sollen Alleinbezugsbindungen wie Gesamtbedarfsdeckungsverpflichtungen in Stromlieferverträgen ein missbräuchliches Verhalten i. S. v. Art. 102 AEUV bzw. §§ 19, 29 GWB darstellen, wenn sie eine gewisse Laufzeit überschreiten und ausgeprägte Formen der Marktbeherrschung vorliegen.[375] Denn dann kann die Vereinbarung eine marktausschließende Wirkung für Wettbewerber beinhalten.[376]

Eine ebenso abschottende Wirkung können Verträge mit hohen Bedarfsdeckungsquoten und langer Laufzeit eines Unternehmens mit hohen Marktanteilen haben.[377] Auch der EuGH schließt aus solchen Vereinbarungen eines marktbeherrschenden Unternehmens, dass damit Wettbewerbern der Zugang zum Markt verwehrt werden soll.[378] Daran ändern auch die bereits im Rahmen des Kartellverbots behandelten „Englischen Klauseln" nichts.[379] Sofern von den Alleinbezugsbindungen bzw. hohen Bedarfsdeckungsquoten allerdings keine marktverschließende Wirkung ausgeht und die Wettbewerber jeweils um die gesamte Nachfrage der Abnehmer unter vergleichbaren Bedingungen konkurrieren kön-

---

368 BKartA, Wettbewerbsverhältnisse im Bereich der Erzeugung elektrischer Energie 2021, Rn. 134.

369 BKartA, Kartellrechtliche Beurteilungsgrundsätze zu langfristigen Gasverträgen, Rn. 135.

370 Dazu generell auch Bunte/*C. Becker*, Sonderb. II Energiewirtschaft, Rn. 199 ff.; *Wyl*, in: Recht der Energiewirtschaft, § 12, Rn. 185 ff.

371 BT-Drs. 8/3690, 25; statt vieler BGH, GRUR 2020, 1318, 1327, Rn. 98.

372 Vgl. *Lukes*, BB Beilage 1999, 1, 13.

373 EuGH, Slg. 1979, 464–561 – Hoffmann-La Roche, Rn. 91.

374 *Markert*, in: Energiewirtschaft im Aufbruch, III. 2. Langfristige Energiebezugsbindungen im deutschen und europäischen Kartellrecht, 150.

375 LG Düsseldorf, ZNER 2000, 136.

376 LG Düsseldorf, ZNER 2000, 136, 137; ebenso *Lukes*, BB Beilage 1999, 1, 14.

377 Vgl. Kommission, Beschluss v. 17. 3. 2010 – COMP/39.386, Rn. 29 ff.

378 EuGH, Slg. 1979, 464–561 – Hoffmann-La Roche, Rn. 89 f.

379 EuGH, Slg. 1979, 464–561 – Hoffmann-La Roche, Rn. 102 ff.

nen, ist der Wettbewerb nach Ansicht der Kommission nicht beeinträchtigt.[380] Es gelte aber generell: „je länger die Bezugspflicht, desto stärker die marktverschließende Wirkung."[381] Sofern das marktbeherrschende Unternehmen derart relevant für die Abnehmer ist, dass es als Handelspartner gar nicht zu umgehen ist, kann auch eine Alleinbezugsbindung von kürzerer Dauer wettbewerbswidrig den Markt verschließen.[382] Insofern bleibt auch für Art. 102 AEUV bzw. §§ 19, 29 GWB das Verhältnis von Marktanteil, Grad der Bezugsverpflichtung und Laufzeit entscheidend für die Zulässigkeit der Vereinbarungen. Im Übrigen kann das in Rede stehende Verhalten des marktbeherrschenden Unternehmens objektiv gerechtfertigt sein.[383] Die Kommission sieht bestimmte Alleinbezugsbindungen als gerechtfertigt an, die für den Abnehmer von Vorteil sind, da sie für vertragsspezifische Investitionen[384] erforderlich sind, die eine Belieferung des Abnehmers erst ermöglichen.[385] Hier besteht insofern eine Parallele zur Möglichkeit der Einzelfreistellung vom Kartellverbot, die ebenfalls besteht, wenn vertragsspezifische Investitionen vorliegen.[386] Ob derartige vertragsspezifische Investitionen im Rahmen eines PPAs vorliegen, ist daher auch im Hinblick auf Art. 102 AEUV bzw. §§ 19, 29 GWB sicherzustellen.

Zunächst ist aber in jedem Einzelfall zu überprüfen, ob ein am PPA beteiligtes Unternehmen überhaupt eine marktbeherrschende Stellung innehat.[387] Aktuell wird lediglich auf dem Erstabsatzmarkt für Strom eine marktbeherrschende Stellung für den derzeit größten Anbieter erwogen.[388]

4. Zwischenergebnis

Solange sich die Vereinbarung über die Laufzeit des PPAs ökonomisch durch die Refinanzierung der Investitionskosten rechtfertigen lässt, ist die Laufzeitvereinbarung nicht sittenwidrig. Auch AGB-rechtlich können wegen der regelmäßig hohen Investitionskosten Vertragslaufzeiten von zehn, 15 oder 20 Jahren zuzüglich der Planungs- und Entwicklungs-

---

380 Mitteilung der Kommission – Erläuterungen zu den Prioritäten der Kommission bei der Anwendung von Artikel 82 des EG-Vertrags auf Fälle von Behinderungsmissbrauch durch marktbeherrschende Unternehmen v. 24.2.2009, ABl. EU 2009 C 45/7, Rn. 36.

381 Mitteilung der Kommission – Erläuterungen zu den Prioritäten der Kommission bei der Anwendung von Artikel 82 des EG-Vertrags auf Fälle von Behinderungsmissbrauch durch marktbeherrschende Unternehmen v. 24.2.2009, ABl. EU 2009 C 45/7, Rn. 36.

382 Mitteilung der Kommission – Erläuterungen zu den Prioritäten der Kommission bei der Anwendung von Artikel 82 des EG-Vertrags auf Fälle von Behinderungsmissbrauch durch marktbeherrschende Unternehmen v. 24.2.2009, ABl. EU 2009 C 45/7, Rn. 36.

383 Bunte/*Bulst*, Art. 102 AEUV, Rn. 139 ff.

384 Zum Begriff siehe Teil 2, B. II. 3. a) ii).

385 Mitteilung der Kommission – Erläuterungen zu den Prioritäten der Kommission bei der Anwendung von Artikel 82 des EG-Vertrags auf Fälle von Behinderungsmissbrauch durch marktbeherrschende Unternehmen v. 24.2.2009, ABl. EU 2009 C 45/7, Rn. 46; für die Berücksichtigung von Investitionskosten auch *Büdenbender*, ET 05/2000, 359, 374 f.

386 Siehe zum Gleichklang der Kontrollmaßstäbe und -methoden im Wettbewerbs- und Privatrecht *Mohr*, Sicherung der Vertragsfreiheit durch Wettbewerbs- und Regulierungsrecht, S. 827 ff.

387 Bunte/*Bulst*, Art. 102 AEUV, Rn. 43 ff.; MüKoWettbR/*Eilmansberger/Bien*, Art. 102 AEUV, Rn. 197 ff.

388 BKartA, Wettbewerbsverhältnisse im Bereich der Erzeugung elektrischer Energie 2021, Rn. 134.

phase zulässig sein.[389] Bei besonders großen Projekten sollen sogar Verträge mit einer Laufzeit von 20 bis 30 Jahren noch verkehrsüblich und damit angemessen i. S. d. AGB-Rechts sein.[390] Maßgeblich ist, dass die Vertragsdauer der Amortisation der konkreten Projektkosten dienen muss, sodass die Projektgröße bzw. der Investitionsumfang einen konkreten Einfluss auf die Zulässigkeit der Vertragsdauer haben. Derzeit ist auch nicht davon auszugehen, dass ein PPA eine spürbare Wettbewerbsbeschränkung bewirkt. Des Weiteren kann eine Ausweitung des Binnenmarkts dies zumindest teilweise auch in Zukunft verhindern. Denn mit zunehmender Integration des Binnenmarktes werden die Marktanteile der einzelnen Unternehmen weiter sinken.[391] Ein Aufgreifen von Fällen durch die Kommission verhindert derzeit zudem die De-Minimis-Bekanntmachung der Kommission. Sofern Marktveränderungen in Zukunft zu einer Wettbewerbsbeschränkung durch PPAs führen und die Bagatellgrenze überschritten wird, kommt eine Freistellung in Betracht. Wenngleich es im Grundsatz bei einer einzelfallbezogenen Entscheidung verbleibt, sollten wegen der aktuellen Entscheidungspraxis der Kommission bei Laufzeiten von über fünf Jahren und einer vereinbarten Gesamtbezugsverpflichtung von über 80 % derzeit maximal 15-jährige Vertragslaufzeiten vereinbart werden. Eine längere Laufzeit ist nur dann denkbar, wenn vertragsspezifische Investitionen eine nachweislich längere Amortisationsdauer und insofern Dauer und Gesamtbezugsbindung erfordern. Selbst für derzeit marktbeherrschende Unternehmen besteht (parallel zur Möglichkeit der Freistellung vom Kartellverbot) bei vertragsspezifischen Investitionen eine Rechtfertigungsmöglichkeit i. S. d. Art. 102 AEUV bzw. §§ 19, 29 GWB.

Allgemein lässt die Sittenwidrigkeitskontrolle eine Begründung der Vertragslaufzeit mit der Notwendigkeit der Amortisation von Investitionskosten ebenso zu wie die kartell- und AGB-rechtliche Kontrolle. Insofern wird eine Berechnung aus Investitionskosten sowie vertraglicher Mengen-, Preis- und Laufzeitvereinbarung darüber entscheiden, ob die vertraglich vereinbarte Laufzeit im Einzelfall noch zulässig sein kann. Einen allgemeingültigen Maßstab bietet allein die 20-jährige EEG-Vergütung als Grundlage der Planung und wirtschaftlichen Bewertung der Projekte und der Markterwartungen von Unternehmen und Banken in der Praxis.[392] Wenngleich daraus bisher teilweise nur auf die Zulässigkeit einer höchstens 15-jährigen Laufzeit geschlossen wurde,[393] ist nicht ersichtlich, weshalb mit derselben Begründung nicht auch eine 20-jährige Laufzeit zulässig sein sollte. Zu berücksichtigen ist in diesem Zusammenhang aber die Freistellungspraxis der Kommission, sodass eine höchstens 15-jährige Laufzeit derzeit empfehlenswert ist.

5. Vertragsbeginn

Der Vertragsschluss liegt bei Energielieferverträgen teilweise mehrere Monate vor dem Lieferbeginn.[394] Bei PPAs im Speziellen kann dieser Zeitraum sogar noch bedeutend länger

389 *J. Held/Koch*, ER 2019, 18, 23; ähnlich *S. Geiger/Balland*, REE 2019, 53, 57.

390 *J. Held/Leiding*, ER 2019, 232, 234.

391 *Wyl*, in: Recht der Energiewirtschaft, § 12, Rn. 181.

392 *S. Geiger/Balland*, REE 2019, 53, 57; mit Verweis auf Grüneberg/*Grüneberg*, § 309 BGB, Rn. 96; ähnlich *J. Held/Koch*, ER 2019, 18, 23.

393 *S. Geiger/Balland*, REE 2019, 53, 57; mit Verweis auf Grüneberg/*Grüneberg*, § 309 BGB, Rn. 96; ähnlich *J. Held/Koch*, ER 2019, 18, 23.

394 Vgl. *Schöne/Garbers*, in: Vertragsrecht und AGB-Klauselwerke, Stromlieferverträge, Rn. 131; mit Verweis auf *Wojtek/Woltering/Baltus*, in: Münchener Vertragshandbuch, Kap. X. 1., § 13 Abs. 1.

sein. Denn PPAs werden regelmäßig weit vor der Anlagenerrichtung und der Inbetriebnahme der Anlage geschlossen, um als Grundlage der Projektfinanzierung dienen zu können.[395] Auch bei bestehenden Anlagen, die aus der EEG-Förderung fallen, ist es wirtschaftlich und rechtlich sinnvoll, die Weitervermarktung schon lang- bis mittelfristig vor dem Förderende sicherzustellen.[396] Rechtliche Bedeutung erlangt dies im Rahmen der Laufzeitüberprüfung nach § 307 BGB. Wie bereits beschrieben, ist für die Berechnung der Laufzeit nach auch vom BGH vertretener Ansicht, die für eine rechtssichere Vertragsgestaltung maßgeblich ist, der Vertragsschluss und nicht der zeitlich verzögerte Zeitpunkt der Leistungserbringung ausschlaggebend.[397] Trotz der bereits geäußerten Bedenken wird sich daraus regelmäßig für PPAs nicht die Unzulässigkeit der Vertragslaufzeit ergeben. Auch die Zeit zwischen Vertragsschluss und Beginn der Lieferung wird gerechtfertigt sein.[398] Entscheidend dafür ist – wie vorstehend beschrieben – die Amortisation der zur Errichtung der EE-Anlage notwendigen Investitionskosten. Den Zeitpunkt des Lieferbeginns passend festzulegen ist zudem wichtig, da ab diesem Zeitpunkt die vereinbarten Leistungspflichten aus dem Vertrag erfüllt werden müssen und bei Nichterfüllung Haftungsfragen entstehen.[399]

Aus Sicht des Verkäufers ist aus diesem Grund ein flexibler Termin für den Lieferbeginn wünschenswert, der bei Lieferverzögerungen noch nicht zu einer Haftung führt.[400] Für den Abnehmer ist es jedoch relevant, einen festen Termin für den Lieferbeginn zu bestimmen, da er sonst seinen Strombedarf anderweitig und ggf. teurer decken muss.[401] Er wünscht sich also ab einem bestimmten Liefertermin eine Haftung des Lieferanten für etwaige Lieferverzögerungen.[402] Diese Haftung bedeutet für den Lieferanten aber ein erhebliches Risiko, da der Lieferant zu diesem Zeitpunkt noch keinerlei Einnahmen aus der Anlage generieren kann.[403] Sinnvollerweise wird daher vorgeschlagen, den Lieferbeginn für einen Zeitpunkt einige Monate nach Inbetriebnahme der Anlage zu vereinbaren, um ein gravierendes Haftungsrisiko des Lieferanten aufgrund unvorhersehbarer technischer Probleme oder Verzögerungen bei Errichtung oder Netzanschluss der Anlage zu minimieren.[404] Daher sollte im Vertrag zwischen den bauvertraglichen Terminen, dem Zeitpunkt der technischen Inbetriebnahme der Anlage und dem Zeitpunkt der kommerziellen Inbetriebnahme der Anlage (sog. „commercial operation date", COD) unterschieden werden.[405] Der Zeitpunkt der kommerziellen Inbetriebnahme ist für das PPA der relevante Lieferbeginn, ab dem der Lieferant für Lieferverzögerungen entsprechend der vertraglichen Regelungen haftet. Schadensersatzansprüche und Vertragsstrafen für eingetretene Verzögerungen bei der Lieferung sollten sich an den Kosten der Stromersatzbeschaffung orientieren.[406] Da-

395 *J. Held/Koch*, ER 2019, 18, 22.

396 Dena, Vertragswesen von Green Power Purchase Agreements, S. 19.

397 Siehe Teil 2, B. II. 2. a) aa).

398 *J. Held/Leiding*, ER 2019, 232, 233; BGH, NJW 2013, 926, 927 f., Rn. 21 ff.

399 Dena, Vertragswesen von Green Power Purchase Agreements, S. 19.

400 Dena, Vertragswesen von Green Power Purchase Agreements, S. 19.

401 Dena, Vertragswesen von Green Power Purchase Agreements, S. 19.

402 Dena, Vertragswesen von Green Power Purchase Agreements, S. 19.

403 Dena, Vertragswesen von Green Power Purchase Agreements, S. 19.

404 Dena, Vertragswesen von Green Power Purchase Agreements, S. 19.

405 *J. Held/Koch*, ER 2019, 18, 22.

406 *J. Held/Koch*, ER 2019, 18, 23.

bei sind die AGB-rechtlichen Angemessenheitsgrenzen für Schadensersatzansprüche und Vertragsstrafen zu berücksichtigen.[407] Eine entsprechende terminliche Differenzierung gilt im Übrigen auch für die Pflicht des Käufers zur Abnahme: Etwaige Schäden können durch die begrenzten Möglichkeiten der Alternativvermarktung und entsprechende Einnahmenausfälle für den Lieferanten entstehen.[408]

C. Die Hauptpflichten eines Power-Purchase-Agreements und ihre Abwicklung

I. Hauptpflichten

Wie bei anderen Energielieferverträgen auch haben die Hauptpflichten von physisch abgewickelten PPAs ihren Ausgangspunkt im Wesentlichen im Pflichtenprogramm des zivilrechtlichen Kaufvertrags gem. § 433 BGB.[409] Abweichungen ergeben sich jedoch insb. auch aufgrund der physikalischen und technischen Besonderheiten des Vertragsgegenstands, die im Folgenden erläutert werden sollen. Außerdem geht mit der Ausgestaltung der Hauptpflichten eine besondere Risikoaufteilung einher, die vor dem Hintergrund der Projektfinanzierung beurteilt werden muss. Daher sollen die unterschiedlichen Gestaltungsmöglichkeiten nicht nur aus rechtlicher Sicht, sondern auch vor dem Hintergrund der angemessenen Risikoverteilung im Vertrag beurteilt werden.[410] Daran anschließend ergeben sich Rechtsfolgen für die etwaigen Sekundäransprüche der Parteien. Die unterschiedlichen Auswirkungen der in PPAs üblichen Mengenvereinbarungen auf Primär- und Sekundäransprüche sollen in dieser Arbeit erstmalig umfassend beschrieben werden.

Wichtig ist außerdem, dass PPAs als physisch oder als finanziell zu erfüllende Verträge geschlossen werden können. Bei physisch zu erfüllenden PPAs steht die physische Lieferung von Elektrizität im Zentrum des Vertrags. Bei finanziellen Stromlieferverträge erfolgt gerade keine physische Lieferung der Ware Strom selbst. Es handelt sich vielmehr um ein Produkt zum finanziellen Ausgleich von Preisschwankungen.[411] Positive oder negative Abweichungen von einem vertraglich vereinbarten Preis werden finanziell kompensiert. Beispielsweise kann eine Differenz zwischen dem Börsenspotmarktpreis für Strom als Referenzpreis und dem festgelegten Vertragspreis bestehen, die auszugleichen ist (CfD). Neben der Stromlieferung wird bei PPAs sinnvollerweise auch die Lieferung von Herkunftsnachweisen vereinbart. Gegenleistung zur „Stromlieferung“ in physischer oder finanzieller Art und zur Lieferung der Herkunftsnachweise ist die Zahlung eines Entgelts. Zu den vertraglich vereinbarten Hauptpflichten eines PPAs gehören also die Lieferung von Strom gegen

---

407 *J. Held/Koch*, ER 2019, 18, 22f.

408 *J. Held/Koch*, ER 2019, 18, 23.

409 Für Energielieferverträge im Allgemeinen *Rauch*, ER 2022, 135, 138.

410 Zur Vertragsgerichtigkeit durch eine angemessene Verteilung von Risiken bzw. von Leistung und Gegenleistung siehe *Mohr*, Sicherung der Vertragsfreiheit durch Wettbewerbs- und Regulierungsrecht, S. 18ff., 185.

411 *Wyl*, in: Recht der Energiewirtschaft, § 12, Rn. 40.

Zahlung eines Entgelts (physisches PPA) bzw. gegenseitige Zahlungspflichten (Finanz-PPA) und die Lieferung von Herkunftsnachweisen gegen Zahlung eines Entgelts.

1. Pflichten der Beteiligten bei physischer Lieferung

Ist die physische Lieferung von Strom vereinbart, gehört zu den vereinbarten Hauptleistungspflichten des Verkäufers erstens die Lieferung von Strom[412] und zweitens ggf. die Lieferung von Herkunftsnachweisen.[413] Die Gegenleistungspflichten des Käufers bei physischer Lieferung sind erstens die Zahlung eines Entgelts für die Lieferung von Strom[414] und zweitens die Zahlung eines Entgelts für die Lieferung von Herkunftsnachweisen.[415] Darüber hinaus ist der Käufer zur Abnahme der vereinbarten Lieferung verpflichtet.[416] Die Hauptleistungspflichten entsprechen bei physischer Lieferung daher der klassischen Ausgestaltung eines Kaufvertrags. Die Verkäuferpflichten sind an § 433 Abs. 1 S. 1 BGB ausgerichtet, die Gegenleistungspflichten entsprechen der Pflicht zur Zahlung des Kaufpreises durch den Käufer gem. § 433 Abs. 2 BGB. Da somit synallagmatische Pflichten im PPA vereinbart werden, kommt auch § 326 BGB zur Anwendung. Entsprechend dieses Pflichtenprogramms korrespondieren in Kaufverträgen im Grundsatz das sog. Beschaffungsrisiko des Verkäufers mit dem sog. Verwendungsrisiko des Abnehmers.[417] Als Beschaffungsrisiko wird das Risiko bezeichnet, dass der Verkäufer die Übergabe und Übereignung der Kaufsache Strom und ggf. der Herkunftsnachweise durch rechtzeitige Beschaffung zu jedem zumutbaren Preis zu gewährleisten hat, sofern ihm die Beschaffung nicht unmöglich ist.[418] Da es sich bei der Lieferung von Strom in PPAs um eine Gattungsschuld handelt,[419] wird der Verkäufer – sofern nicht vertraglich etwas anderes vereinbart ist – aufgrund der am Strommarkt jederzeit bestehenden Möglichkeit der Ersatzbeschaffung üblicherweise nicht gem. § 275 BGB von der Übereignungspflicht befreit.[420] An der Börse gewährleisten die sog. Market Maker, dass Strom zu jedem Zeitpunkt gekauft und verkauft werden kann. Market Maker sind Händler, die zu jedem Zeitpunkt ein Kauf- oder Verkaufsangebot stellen.[421]

Dem Beschaffungsrisiko des Verkäufers steht in Kaufverträgen typischerweise das sog. Verwendungsrisiko des Käufers gegenüber,[422] das sich insb. daraus ergibt, dass der Käufer gem. § 433 Abs. 2 BGB zur Abnahme der vereinbarten Liefermenge verpflichtet ist. Der Abnehmer muss sich darum kümmern, dass er die vereinbarte Liefermenge – wie von ihm bei Vertragsschluss angenommen – auch (vollständig) für die vorgesehenen Zwecke

412 EFET, Individueller Stromkaufvertrag, S. 29.
413 EFET, Individueller Stromkaufvertrag, S. 31.
414 EFET, Individueller Stromkaufvertrag, S. 29.
415 EFET, Individueller Stromkaufvertrag, S. 31.
416 Für Energielieferverträge im Allgemeinen *Rauch*, ER 2022, 135, 139.
417 *Rauch*, ER 2022, 135, 138 ff.
418 Vgl. *Kötz*, JuS 2018, 1, 7.
419 *Rauch*, ER 2022, 135, 138.
420 Vgl. *U. Scholz/Tüngler*, EnWZ 2020, 201, 206.
421 *Keil*, in: Windenergieanlagen, Kap. 4. IV. 4., Rn. 421.
422 *Jickeli*, Der langfristige Vertrag, S. 316.

verwenden,[423] also entweder weiterveräußern oder als Letztverbraucher verbrauchen kann. Neben dem Verwendungsrisiko trägt der Käufer das sog. Finanzierungsrisiko, da er für die Finanzierung des Kaufpreises Sorge zu tragen hat.[424]

In Bezug auf PPAs wird üblicherweise verallgemeinernd vom Mengenrisiko des Verkäufers (Beschaffungsrisiko) bzw. des Käufers (Verwendungsrisiko) gesprochen, ohne dass dabei Bezug zum kaufvertraglichen Pflichtenprogramm genommen würde.[425] Es wird vielmehr das Risiko von Abweichungen der Produktion (Mengenrisiko des Verkäufers) bzw. vom Bedarf (Mengenrisiko des Käufers) von der vereinbarten Liefermenge beschrieben. Dieses Mengenrisiko, das insofern als „Mengenrisiko i. e. S." bezeichnet werden soll, ist zu unterscheiden vom „Mengenrisikos i. w. S.", welches aus der Finanzierungsperspektive das Risiko beschreibt, dass produzierte Mengen etwa aufgrund sinkender Nachfrage überhaupt nicht vermarktet werden können.[426] Das „Mengenrisiko i. w. S." wird durch die vertragliche Veräußerung selbst (und ergänzt durch den Einspeisevorrang der erneuerbaren Energien im Rahmen von Off-Site-PPAs) aufgehoben. Das „Mengenrisiko i. e. S." ist hingegen eine Folge der Ausgestaltung der vertraglichen Mengenvereinbarung. Die Mengenvereinbarung im Vertrag führt insofern zum „Mengenrisiko i. e. S.", das ebenfalls relevant für den Cashflow und mithin die Projektfinanzierung ist, aber keine unmittelbare Folge für das „Mengenrisiko i. w. S." hat. Im Folgenden wird aufgrund dieses Verständnisses der Terminologie differenziert. Neben das Beschaffungs- und Verwendungsrisiko bzw. das Mengenrisiko i. e. S. tritt im Stromsektor das Bilanzabweichungsrisiko, das sich in Ausgleichsenergiekosten äußert.[427]

2. Pflichten der Beteiligten bei finanzieller Lieferung

Für rein finanziell abgewickelte PPAs (Finanz-PPAs) gilt ein anderes Pflichtenprogramm. Es handelt sich nicht um eine Vereinbarung über die physische Lieferung der Ware Strom gegen ein Entgelt, sondern – wie beschrieben – um Verträge eigener Art über einen finanziellen Ausgleich.[428] Leistung und Gegenleistung bestehen mithin jeweils in einer Zahlungsverpflichtung. Üblich ist die Ausgestaltung als CfD. Als maßgeblicher Vertragspreis kommen wie bei einer physischen Lieferung verschiedene Gestaltungen in Betracht,[429] wenngleich Festpreise aufgrund der Preisabsicherungsfunktion für die Parteien in PPAs üblich sind.[430] Eine Preisabsicherung gegen die Volatilität der Spotmarktpreise kann allerdings ebenso bei physischer Lieferung durch eine Festpreisvereinbarung

---

423 Vgl. *Rauch*, ER 2022, 135, 139.

424 MüKoBGB/*Finkenauer*, § 313 BGB, Rn. 73.

425 Vgl. etwa dena, Vertragswesen von Green Power Purchase Agreements, S. 20: „Mengen- und Anlagenverfügbarkeitsrisiko"; HCOB, Corporate PPA, S. 13 „Volumenrisiko"; *Metzger/M. Schmidt/Bickel*, Power-Purchase-Agreements (PPA) zur Belieferung von Elektrolyseanlagen zur Herstellung synthetischer Kraftstoffe aus erneuerbare Energien, S. 11 f.

426 Siehe Teil 1, C. II. 5.

427 Siehe Teil 1, D. IV. 4.

428 *Wyl*, in: Recht der Energiewirtschaft, § 12, Rn. 40.

429 Siehe dazu Teil 2, E. II.

430 HCOB, Corporate PPA, S. 12; dena, Finanzierung von Erneuerbare-Energien-Anlagen über Power Purchase Agreements, S. 8; *Martin/Langenbach*, ER 2023, 135, 137.

erreicht werden. Als Referenzpreis dient regelmäßig der börsliche Spotmarktpreis, entweder als stündlicher Wert oder als monatlicher Durchschnittswert.[431] Auch die vertragliche Menge, für die der finanzielle Ausgleich durchgeführt werden soll, kann wie im Rahmen einer physischen Abwicklung frei vereinbart werden. Üblich sind im Interesse des Anlagenbetreibers und der Finanzierungsabsicherung aber sog. As-produced-Vereinbarungen, die sich nach der Produktionsmenge der Anlage richten.[432] Haben die Parteien tatsächlich ein Interesse an der physischen Veräußerung bzw. am physischen Bezug von Strom, müssen sie dieses Interesse anderweitig befriedigen. Ein Anlagenbetreiber kann den produzierten Strom z. B. physisch am Spotmarkt im Stromhandel veräußern.[433] Der Abnehmer kann seinen physischen Strombedarf durch anderweitige Stromlieferverträge decken.[434] Im Rahmen des Finanz-PPAs trägt der Abnehmer mithin kein Verwendungsrisiko für Strom, sondern nur das Finanzierungsrisiko. Der anlagenbetreibende Verkäufer trägt im Rahmen des Finanz-PPAs kein Beschaffungsrisiko, sondern ebenfalls nur ein Finanzierungsrisiko. Wie bei der physischen Abwicklung von PPAs kann beim Abschluss eines Finanz-PPAs allerdings vertraglich vereinbart werden, dass der Anlagenbetreiber jedenfalls die Herkunftsnachweise an den Abnehmer physisch liefern muss und nicht frei im Stromhandel veräußern kann.[435] Im Hinblick auf die mögliche Lieferung von Herkunftsnachweisen bestehen auch Beschaffungs- und Verwendungsrisiko.

Als eine weitere Gestaltungsmöglichkeit von finanziellen PPAs kommen sog. Optionsverträge in Betracht.[436] Eine sog. Call-Option beinhaltet das zeitlich bedingte Recht des Optionsinhabers zum Kauf von Strom zu einem vereinbarten Preis ohne eine Verpflichtung zum Kauf, während im Gegensatz dazu die sog. Put-Option ein Recht zum Verkauf beinhaltet.[437] Die Call-Option wird wirtschaftlich dann attraktiv, wenn der Spotmarktpreis für Strom über dem vereinbarten Preis liegt, der Strom also mit der Option günstiger bezogen werden kann als am Markt.[438] Andersherum wird die Ausübung einer Put-Option attraktiv, wenn Strom billiger am Markt verkauft werden müsste als mit der Option.[439] Die Option verfällt, wenn sie nicht innerhalb des vereinbarten Zeitraums ausgeführt wird.[440] Für die Gegenpartei, den sog. Stillhalter, besteht mangels Verpflichtung des Optionsinhabers zum Kauf bzw. Verkauf eine Unsicherheit darüber, ob er den vereinbarten Preis erhält. Diese Unsicherheit wird durch eine Optionsgebühr (auch Optionspreis[441]) ausgeglichen, die unabhängig von der Wahrnehmung der Option und zusätzlich zum Vertragspreis zu zahlen ist.[442]

---

431 *Martin/Langenbach*, ER 2023, 135, 137.

432 *Martin/Langenbach*, ER 2023, 135, 136 f.; siehe dazu Teil 1, D.

433 HCOB, Corporate PPA, S. 11.

434 *Uibeleisen/Groneberg*, RdE 2018, 114, 117.

435 Vgl. *Uibeleisen/Groneberg*, RdE 2018, 114, 117.

436 *Uibeleisen/Groneberg*, RdE 2018, 114, 118.

437 *Schwintowski/F. Scholz/Schuler* (Hrsg.), Handbuch Energiehandel, S. 739.

438 Sie befindet sich dann „in-the-money", vgl. *Schwintowski/F. Scholz/Schuler* (Hrsg.), Handbuch Energiehandel, S. 729.

439 Sie befindet sich dann „in-the-money", vgl. *Schwintowski/F. Scholz/Schuler* (Hrsg.), Handbuch Energiehandel, S. 729.

440 *Uibeleisen/Groneberg*, RdE 2018, 114, 118.

441 *Schwintowski/F. Scholz/Schuler* (Hrsg.), Handbuch Energiehandel, S. 739.

442 *Uibeleisen/Groneberg*, RdE 2018, 114, 118.

3. Der Nachweis der Erzeugungsart

Neben der Lieferung von Strom ist für den Abschluss von PPAs regelmäßig ein entscheidendes Motiv, die Art der Erzeugung nachweisen zu können. Bei PPAs ist dies etwa durch die Lieferung von Herkunftsnachweisen oder – wenn es sich beim Abnehmer um einen Letztverbraucher handelt – durch Ausweis der „Herkunft" des Stroms auf der Rechnung gem. § 42 EnWG möglich. Der Einsatz der Herkunftsnachweise dient zu eben diesem Zweck und kann auf diese Weise insb. eine umwelt- und klimaschützende Geschäftspolitik eines (industriellen) Abnehmers nachweisen.[443] Zudem werden auch Hersteller „grünen" Wasserstoffs zukünftig einen hohen Bedarf am Bezug von Strom über ein PPA ggf. samt eines Nachweises über die „Herkunft" bzw. „Qualität" des Stroms haben.[444] Auch die beteiligten Fremdkapitalgeber, die Banken, können mit der Investition in nachhaltige, regelmäßig förderfreie Energieerzeugung werben.[445] Im Rahmen der geförderten Direktvermarktung nach dem EEG 2023 ist eine Weitergabe der Herkunftsnachweise hingegen nicht möglich. Ein Großteil der in Deutschland vorhandenen Herkunftsnachweise wird derzeit importiert.[446] Der Handel mit Herkunftsnachweisen in Deutschland fand bis jetzt vorwiegend abseits der Börse im OTC-Handel statt. Seit dem 30. 9. 2022 werden an der Leipziger Börse EEX zudem monatlich europaweite Spotmarktauktionen für Herkunftsnachweise durchgeführt.[447]

a) Die Übertragung von Herkunftsnachweisen in Power-Purchase-Agreements und ihre Nutzung zur Stromkennzeichnung

Hintergrund der Regelungen zu Herkunftsnachweisen ist insb. Art. 19 Abs. 1 der EE-Richtlinie,[448] der die Mitgliedstaaten verpflichtet, die Herkunft von aus erneuerbaren Energiequellen erzeugter Elektrizität als solche gemäß objektiven, transparenten und nichtdiskriminierenden Kriterien zu garantieren. Damit soll die Möglichkeit geschaffen werden, gem. § 42 EnWG gegenüber Letztverbrauchern den Anteil oder die Menge erneuerbarer Energie im Energiemix eines Energieversorgers nachzuweisen. Gem. Art. 19 Abs. 2 der EE-Richtlinie ist sicherzustellen, dass pro mWh nur ein Herkunftsnachweis ausgestellt wird (vgl. auch § 79 Abs. 5 S. 2 EEG 2023). Für ihre Ausstellung, Übertragung und Entwertung ist das Umweltbundesamt gem. § 79 Abs. 1 EEG 2023 die zuständige Behörde. Diese Maßnahmen erfolgen gem. § 79 Abs. 2 S. 1 EEG 2023 in elektroni-

443 Dena, Vertragswesen von Green Power Purchase Agreements, S. 25.

444 Dena, Finanzierung von Erneuerbare-Energien-Anlagen über Power Purchase Agreements, S. 16; *Munyaka*, in: Corporate PPA erfolgreich gestalten, Kenia, 64; Rödl & Partner, PPA – Power Purchase Agreement: Mittelfristig eine Chance für Unternehmen für die Strombeschaffung?, https://www.roedl.de/themen/energiekosten-kompass/2020/03/power-purchase-agreement-mittelfristige-chance-strombeschaffung.

445 Pexapark, What is a PPA? Your Definitive Guide to Power Purchase Agreement, https://pexapark.com/solar-power-purchase-agreement-ppa/.

446 *D. Ritter* et al., Monitoring der Direktvermarktung: Jahresbericht 2022 und Ausblick 2023, S. 18 f.

447 EEX, EEX Group Press Release – Successful start of pan-European spot market for Guarantees of Origin, Pressemitteilung v. 30. 9. 2022.

448 Richtlinie (EU) 2018/2001 des Europäischen Parlaments und des Rates zur Förderung der Nutzung von Energie aus erneuerbaren Quellen v. 11. 12. 2018, ABl. EU 2018 L 328/82.

scher Form nach Maßgabe der Erneuerbare-Energien-Verordnung.[449] Konkretisierungen finden sich in der Herkunfts- und Regionalnachweis-Durchführungsverordnung (im Folgenden HkRNDV).[450] Gleiches gilt für die sog. Regionalnachweise, für die sich parallele Regelungen in § 79a EEG 2023 finden.[451] Organisiert wird die Ausstellung, Anerkennung, Übertragung und Entwertung von Herkunftsnachweisen über deren Registrierung in einer elektronischen Datenbank, die vom Umweltbundesamt betrieben wird (sog. Herkunftsnachweisregister; § 79 Abs. 4 EEG 2023). Nach § 3 Nr. 29 EEG 2023 ist ein Herkunftsnachweis ein „elektronisches Dokument, das ausschließlich dazu dient, gegenüber einem Letztverbraucher im Rahmen der Stromkennzeichnung nach § 42 Abs. 1 Nr. 1 des Energiewirtschaftsgesetzes nachzuweisen, dass ein bestimmter Anteil oder eine bestimmte Menge des Stroms aus erneuerbaren Energien erzeugt wurde." Die Herkunftsnachweise dienen mithin dazu, gem. § 42 Abs. 1 EnWG den Energieträgermix des zur Lieferung verwendeten Stroms (und dessen Umweltauswirkungen) gegenüber dem Letztverbraucher nachzuweisen. Die Möglichkeit, durch die Regionalnachweise auch einen regionalen Bezug nachzuweisen, soll die Akzeptanz der Energiewende durch Identifikation mit der regionalen Stromerzeugung erhöhen.[452] Die Herkunftsnachweise weisen damit eine weitere „Eigenschaft" des Stroms nach, können aber „grauen Strom" nicht grün färben.[453] Die regionale Stromkennzeichnung gegenüber dem Verbraucher ist im Gegensatz zum Herkunftsnachweis jedoch optional.[454]

In § 80 Abs. 2 S. 1 EEG 2023 ist festgelegt, dass Anlagenbetreiber, die eine Förderung nach § 19 oder § 50 EEG 2023 erhalten, Herkunftsnachweise oder sonstige Nachweise, die die Herkunft des Stroms belegen, nicht weitergeben dürfen (sog. Doppelvermarktungsverbot). Betroffen sind davon neben den Herkunftsnachweisen gem. § 79 EEG 2023 auch die praktisch kaum relevanten privatwirtschaftlich organisierten Herkunftsnachweissysteme.[455] Ebenfalls umfasst sein sollen CO_2-Zertifikate.[456] Nicht betroffen sind hingegen die Regionalnachweise.[457] Vorteile dürfen aus der Stromerzeugung aus erneuerbaren Energien also nur einmal gezogen werden.[458] Durch die Inanspruchnahme der Förderung für den aus EE-Anlagen erzeugten Strom wurde die Grünstromeigenschaft schon kommerziell genutzt und darf nach § 80 Abs. 2 EEG nicht erneut frei vermarktet werden.[459] Wird Strom aus erneuerbaren Energien außerhalb der Förderregelungen des EEG 2023 im Wege der (nicht geförderten) sonstigen Direktvermarktung nach § 21a EEG 2023 veräußert, liegt

449 Verordnung zur Durchführung des Erneuerbare-Energien-Gesetzes und des Windenergie-auf-See-Gesetzes (Erneuerbare-Energien-Verordnung) v. 20.2.2015, BGBl. I 2015, 146.

450 Durchführungsverordnung über Herkunfts- und Regionalnachweise für Strom aus erneuerbaren Energien (Herkunfts- und Regionalnachweis-Durchführungsverordnung) v. 21.11.2018, BGBl. I 2018, 1853.

451 BT-Drs. 18/8860, 243.

452 BMWi, Regionale Grünstromkennzeichnung.

453 BT-Drs. 18/8860, 244.

454 BT-Drs. 18/8860, 244.

455 BerlKommEnR/*Hermeier*, § 80 EEG, Rn. 25.

456 Reshöft/Schäfermeier/*Kahle*, § 56 EEG 2014, Rn. 24; BT-Drs. 16/8148, 73; Theobald/Kühling/*Kröger*, § 80 EEG, Rn. 6.

457 BerlKommEnR/*Hermeier*, § 80 EEG, Rn. 27.

458 Vgl. Reshöft/Schäfermeier/*Kahle*, § 56 EEG 2014, Rn. 24.

459 BerlKommEnR/*Hermeier*, § 80 EEG, Rn. 21.

noch keine kommerzielle Nutzung der Grünstromeigenschaft vor. Bei PPAs kann also eine kommerzielle Veräußerung von Herkunftsnachweisen neben der Veräußerung des grünen Stroms erfolgen.

Dagegen werden Regionalnachnachweise gem. § 79a Abs. 1 Nr. 1 EEG 2023 nur ausgestellt für Strom, der mit der Marktprämie gefördert und direkt vermarktet wird.[460] Möglich ist die Ausstellung von Regionalnachweisen damit für die geförderte Direktvermarktung, nicht aber für die Einspeisevergütung und die sonstige Direktvermarktung.[461] Für Anlagenbetreiber in der (nicht geförderten) sonstigen Direktvermarktung – z. B. über PPAs – ergibt sich daraus aber kein Nachteil, da sie Herkunftsnachweise ausgestellt bekommen, die nicht nur die „grüne Eigenschaft" des Stroms nachweisen, sondern auch die Möglichkeit bieten, dem Letztverbraucher den Anlagenstandort mitzuteilen.[462] Lediglich für Anlagenbetreiber in der Einspeisevergütung besteht keinerlei Möglichkeit, eine regionale Stromerzeugung nachzuweisen.

Im Rahmen der sonstigen Direktvermarktung kann der Nachweis des ökologischen Werts der nicht geförderten Stromerzeugung also mittels der Herkunftsnachweise erfolgen. Für den Regelfall im EEG 2023, die Inanspruchnahme der geförderten Direktvermarktung, soll der erzeugte Strom zunächst als „Strom aus erneuerbaren Energien oder aus Grubengas, gefördert nach dem EEG" gekennzeichnet werden. § 20 Nr. 2 EEG 2023 sieht vor, dass die Anlagenbetreiber das Recht zur Kennzeichnung des Stroms als „Strom aus erneuerbaren Energien oder aus Grubengas, gefördert nach dem EEG" als Gegenleistung für die Zahlung der EEG-Förderung an die Netzbetreiber weitergeben.[463] Im Rahmen des Ausgleichsmechanismus geht das Kennzeichnungsrecht dann gem. § 56 Nr. 2 EEG 2023 auf den zuständigen Übertragungsnetzbetreiber über und erlischt gem. § 58 Abs. 2 Hs. 1 EEG 2023. Das Recht zu einer Ausweisung der EEG-Strommengen gem. § 42 EnWG kann künftig damit nicht mehr auf die Stromlieferanten, die Strom an Letztverbraucher liefern, übertragen werden.[464] Der Anteil der „erneuerbaren Energien, gefördert nach dem EEG" wird vielmehr in der Höhe ihres Anteils am bundesdeutschen Strommix auf den Stromrechnungen der Verbraucher im sog. Produktmix bzw. im sog. Unternehmensverkaufsmix ausgewiesen,[465] da dieser „EEG-Strom" mit der Einspeisung in das Stromnetz im bundesdeutschen Strommix aufgeht und nicht mehr differenzierbar ist. Feststellbar ist nur noch sein Anteil am bundesdeutschen Strommix.

Grds. sind gem. § 42 Abs. 1 Nr. 1 EnWG die Anteile der unterschiedlichen Energieträger am Gesamtenergieträgermix des Lieferanten auszuweisen, um ein auch ökologisch orientiertes Nachfrageverhaltens der Verbraucher zu ermöglichen.[466] Dazu soll der Gesamtenergieträgermix das Beschaffungsverhalten der Stromlieferanten aus dem vorangegangenen Kalenderjahr darstellen.[467] Zu den auszuweisenden Energieträgern gehören gem. § 42

---

460 BT-Drs. 18/8860, 244.

461 BT-Drs. 18/8860, 244.

462 BT-Drs. 18/8860, 244 f.

463 BT-Drs. 18/1304, 125.

464 BT-Drs. 20/1630, 201.

465 BT-Drs. 20/1630, 201.

466 Bourwieg/Hellermann/Hermes/*Hellermann/Bockermann*, § 42 EnWG, Rn. 2.

467 Bourwieg/Hellermann/Hermes/*Hellermann/Bockermann*, § 42 EnWG, Rn. 14.

Abs. 1 Nr. 1 EnWG Kernkraft, Kohle, Erdgas und sonstige fossile Energieträger, zudem Mieterstrom (gefördert nach dem EEG), sowie erneuerbare Energien mit Herkunftsnachweis (nicht gefördert nach dem EEG). Nicht auszuweisen ist im Gesamtenergieträgermix des Lieferanten der Strom aus „erneuerbaren Energien, gefördert nach dem EEG", da der EEG-Strom von den Elektrizitätsversorgungsunternehmen nicht mehr als EEG-Strom am Strommarkt beschafft wird.[468] Mangels Kennzeichnung geht dieser Strom vielmehr mit der Einspeisung in das Stromnetz im bundesdeutschen Strommix auf. Allerdings ist der Anteil der „erneuerbaren Energien, gefördert nach dem EEG" am bundesdeutschen Strommix entweder im Rahmen des sog. Produktmixes oder im Rahmen des sog. Unternehmensverkaufsmixes auszuweisen:

Sofern Lieferanten im Rahmen des Verkaufs an Letztverbraucher Produkte anbieten, die hinsichtlich des Energieträgers differenzieren, ist der Anteil der „erneuerbaren Energien, gefördert nach dem EEG", als Energieträger im Produktmix sowie im verbleibenden Energieträgermix anzugeben (§ 42 Abs. 3 S. 1 EnWG). Ohne eine Produktdifferenzierung ist ein sog. Unternehmensverkaufsmix auszuweisen, bei dem es sich um den Gesamtenergieträgermix unter Einbeziehung des Anteils der „erneuerbare[n] Energien, gefördert nach dem EEG" handelt (§ 42 Abs. 3 S. 2 EnWG).

Gem. § 42 Abs. 3a EnWG sind die Anteile der anderen Energieträger anteilig um den Anteil der „erneuerbaren Energien, gefördert nach dem EEG" am bundesdeutschen Strommix zu kürzen. Die Ausweisung des Anteils der „erneuerbaren Energien, gefördert nach dem EEG" wird zukünftig nicht mehr als „Gegenleistung" für die individuell bemessene Zahlung der EEG-Umlage angesehen, sondern kann gegenüber den Letztverbrauchern entsprechend des Anteils am bundesdeutschen Strommix ausgewiesen werden, da die Letztverbraucher gemeinsam die EEG-Förderung nunmehr mittelbar über Steuerzahlungen finanzieren.[469] Die Regelung zur anteiligen Kürzung der anderen Energieträger führt zu einer prozentualen Verschiebung des Anteils zugunsten der „erneuerbaren Energien, gefördert nach dem EEG", die aufgrund ihrer Auswirkungen deutliche Kritik erfahren hat, insb. weil sie den Bezug von Herkunftsnachweisen in Teilen entwerten soll.[470] Denn die anteilige Kürzung der anderen Energieträger kann zulasten des Anteils von „Strom aus erneuerbaren Energien" wirken, der mittels der Verwendung von Herkunftsnachweisen gem. § 42 Abs. 5 Nr. 1 EnWG ausgewiesen wurde.

Der Nachweis des ökologischen Werts der Stromerzeugung erfolgt folgendermaßen:

§ 42 Abs. 5 EnWG legt drei Wege fest, nach denen eine Ausweisung von „Strom aus erneuerbaren Energien" für Stromlieferanten möglich ist. Zentrale Bedeutung hat § 42 Abs. 5 Nr. 1 EnWG,[471] der für die Ausweisung von „Strom aus erneuerbaren Energien" voraussetzt, dass ein Stromlieferant i. S. v. § 3 Nr. 31a EnWG Herkunftsnachweise für Strom aus erneuerbaren Energien verwendet, die durch die zuständige Behörde nach § 79

---

468 *Sakhel* et al., Perspektiven für die Weiterentwicklung von Erneuerbare-Energien-Nachweisen für Strom, S. 14.

469 BT-Drs. 20/1630, 246 f.

470 Vgl. zur Kritik *Seebach* et al., Weiterentwicklung der Ausweisung geförderter EE-Mengen und der allgemeinen Stromkennzeichnung in Deutschland, S. 28 ff.

471 *I. Hoffmann/Lehnert*, ZUR 2012, 658, 660.

Abs. 4 EEG 2023 entwertet wurden, d. h. von der erneuten Verwendung ausgeschlossen.[472] Verwendung in diesem Sinne bedeutet mithin die elektronische Entwertung des Herkunftsnachweises im Herkunftsnachweisregister und infolgedessen ausschließlich die Führung des entsprechenden Nachweises gegenüber einem Letztverbraucher in der Stromrechnung bzw. der Anlage zur Stromrechnung (vgl. § 30 HkRNDV). Die Verwendung kann nach der gesetzlichen Definition nur durch Stromlieferanten (§ 3 Nr. 31a EnWG) gegenüber einem Letztverbraucher (§ 3 Nr. 25 EnWG) erfolgen. Eine Entwertung durch den Letztverbraucher selbst ist somit nicht möglich. Daher müssen die Anlagenbetreiber die Ausstellung und Entwertung zum Nachweis der Grünstromeigenschaft im Rahmen eines Corporate-PPAs, bei dem der Abnehmer ein Letztverbraucher ist, selbst übernehmen oder von einem an der Lieferung beteiligten Energieversorger durchführen lassen.[473] Zu beachten ist dabei, dass eine Entwertung nur für die eigene Stromlieferung eines Lieferanten zulässig ist (§ 30 Abs. 3 HkRNDV). Die Veräußerung von Herkunftsnachweisen an den Abnehmer ist im Rahmen eines Corporate-PPAs somit ausgeschlossen. Vielmehr kann der Stromlieferant bei einer Lieferung in einem Corporate-PPA, d. h. der Anlagenbetreiber, Herkunftsnachweise entwerten lassen und den gelieferten Strom in der Stromrechnung oder der Anlage zur Stromrechnung als Strom aus erneuerbaren Energien kennzeichnen.

Die Verwendung von Herkunftsnachweisen für den Ausweis der Grünstromeigenschaft setzt zudem die Lieferung an eine andere Person (den Letztverbraucher) voraus. Es kann mithin keine Personenidentität zwischen Stromlieferant und Letztverbraucher bestehen.[474] Das bedeutet insb., dass es im Rahmen von Eigenversorgungsmodellen aktuell keine Möglichkeit für den Ausweis der „Grünstromeigenschaft" mittels Herkunftsnachweisen gibt.[475]

Die Netznutzung ist hingegen keine Voraussetzung der Verwendung in diesem Sinne, sodass eine Möglichkeit zur Verwendung von Herkunftsnachweisen für die Ausweisung der „Grünstromeigenschaft" im Rahmen von On-Site-PPAs besteht. Allerdings gehen mit einer solchen Konstellation erweiterte Übermittlungs- und Mitteilungspflichten für den Anlagenbetreiber einher. Denn gem. § 41 Abs. 3 S. 2 HkRNDV muss ein Anlagenbetreiber, soweit „Strom aus einer im Herkunftsnachweisregister registrierten Anlage ohne Durchleitung durch ein Netz in unmittelbarer räumlicher Nähe zur Anlage von einem Dritten verbraucht wird," die Daten des direktverbrauchten Stroms gem. § 41 Abs. 1 und 2 sowie Abs. 4 S. 1 und 3 HkRNDV an den Netzbetreiber übermitteln, sofern diese Daten dem Netzbetreiber, an dessen Netz die Anlage angeschlossen ist, nicht schon vorliegen.

Die Übertragung von Herkunftsnachweisen erfolgt typischerweise rechtsgeschäftlich im Rahmen des PPAs durch eine Änderung der Dispositionsbefugnis nach Maßgabe des § 28 HkRNDV.[476] Dafür wird auf Antrag des verfügungsberechtigten Kontoinhabers beim Herkunftsnachweisregister ein Herkunftsnachweis durch die Registerverwaltung auf das Konto eines anderen Kontoinhabers übertragen (§ 28 HkRNDV).

---

472 Vgl. Theobald/Kühling/*Kröger*, § 79 EEG, Rn. 14; *I. Hoffmann/Lehnert*, ZUR 2012, 658, 663.

473 Dena, Vertragswesen von Green Power Purchase Agreements, S. 25.

474 UBA, Nichtamtliche Lesefassung der Verordnung zur Einrichtung des Regionalnachweisregisters, zur Fortentwicklung des Herkunftsnachweisregisters und zur Änderung der Herkunfts- und Regionalnachweis-Gebührenverordnung (HkRNDV) vom 8. 11. 2018 inkl. Begründung, S. 123.

475 Siehe Teil 1, D. VII.

476 *Uibeleisen/Groneberg*, RdE 2018, 114, 121.

Abseits der Entwertung und Verwendung von Herkunftsnachweisen gem. § 42 Abs. 5 Nr. 1 EnWG ist eine Ausweisung von Strom aus erneuerbaren Energien nur möglich, indem der Lieferant die auszuweisende Eigenschaft des Stroms aus erneuerbaren Energien ohne eigenes Dazutun zugewiesen bekommt.[477] So wird dem Lieferanten nach § 42 Abs. 5 Nr. 2 EnWG die anteilige Ausweisung des EEG-Stroms als Strom aus „erneuerbaren Energien, gefördert nach dem EEG," zugeschrieben. Diesen „EEG-geförderten" Strom hat der Lieferant zwar nicht bezogen, die „grüne Eigenschaft" steht aber allen Letztverbrauchern zu, da sie die EEG-Förderung über Steuerzahlungen finanzieren und damit für den Anteil von EEG-Strom im Netz zahlen.[478] Zudem kann gem. § 42 Abs. 5 Nr. 3 EnWG ein Anteil von Strom aus erneuerbaren Energien im ENTSO-E-Mix enthalten sein, den Lieferanten bei Strommengen unbekannter Herkunft für die Stromkennzeichnung zu Grunde legen.[479]

Bei PPAs kann also eine kommerzielle Veräußerung von Herkunftsnachweisen neben der Veräußerung des grünen Stroms erfolgen, wenn der Abnehmer kein Letztverbraucher ist. Dadurch wird eine Kennzeichnung des Stroms als „Strom aus erneuerbaren Energien" gem. § 42 Abs. 5 Nr. 1 EnWG ermöglicht. In PPAs wird daher neben der Lieferung von Strom regelmäßig auch die Lieferung entsprechender Herkunftsnachweise als Hauptleistungspflicht vereinbart. Ist der Abnehmer Letztverbraucher kann die „Grünstromeigenschaft" gegenüber ihm wie beschrieben auf der Rechnung bzw. der Anlage zur Rechnung nachgewiesen werden. Die Vereinbarung über die Lieferung der Herkunftsnachweise bzw. über den Nachweis der „Grünstromeigenschaft" ist jedoch nicht zwingend und bleibt den Vertragsparteien überlassen, die darüber entsprechend ihrer Motivlage entscheiden können. Eine vertragliche Regelung im Rahmen des PPAs über den Umgang mit der „Grünstromeigenschaft" wird empfohlen.[480] Im Rahmen dieser Vereinbarung ist zu berücksichtigen, dass grds. mit der Zuteilung des Mengenrisikos i. e. S. durch die Mengenvereinbarung im PPA auch die Zuteilung des Mengenrisikos hinsichtlich der Herkunftsnachweise erfolgen kann. Der Verkäufer kann bei einer festen Mengenvereinbarung dazu verpflichtet werden, neben den nicht erzeugten Mindermengen auch die entsprechenden Herkunftsnachweise zuzukaufen.[481] Bei einer variablen Mengenvereinbarung trägt wiederum der Abnehmer das Risiko, dass er seinen Bedarf an Herkunftsnachweisen nicht vollständig decken kann und selbst zukaufen muss. Ein vergleichbares Risiko besteht im Hinblick auf Einspeisemanagementmaßnahmen, bei denen ebenfalls grds. kein Ausgleich der Herkunftsnachweismindermengen vorgesehen ist.[482] Eine von der Mengenvereinbarung bei der Stromlieferung abweichende Regelung bei der Lieferung von Herkunftsnachweisen ist im Rahmen der rechtlichen Grenzen allerdings möglich. Jedenfalls handelt es sich gem. § 79 Abs. 7 EEG 2023 bei Herkunftsnachweisen nicht um ein Derivat, sodass keine finanzmarktrechtlichen Anforderungen zu berücksichtigen sind.

Bei der Vereinbarung über die Lieferung von Herkunftsnachweisen sind zukünftige Entwicklungen zu beachten, wie etwa mögliche Änderungen des Art. 19 der EE-Richtlinie

---

477 Dena, Vertragswesen von Green Power Purchase Agreements, S. 25.

478 Noch zur alten Rechtslage *I. Hoffmann/Lehnert*, ZUR 2012, 658, 660.

479 *I. Hoffmann/Lehnert*, ZUR 2012, 658, 660.

480 Dena, Vertragswesen von Green Power Purchase Agreements, S. 25.

481 *Hilpert*, Rechtliche Bewertung von Power Purchase Agreements (PPAs) mit erneuerbaren Energien, S. 17.

482 Dena, Vertragswesen von Green Power Purchase Agreements, S. 29.

im Rahmen der geplanten Strommarktreform. Derzeit sind allerdings keine Änderungen des Art. 19 der EE-Richtlinie vorgesehen.[483]

b) Qualitative Vorgaben zur Stromerzeugung für „grünen" Wasserstoff und ihre Anreize für den Abschluss von Power-Purchase-Agreements

Der Nachweis der Herkunft des Stroms ist insb. für die Herstellung von „grünem" Wasserstoff von Bedeutung. Denn nur, wenn bestimmte Kriterien erfüllt sind, kann der erzeugte Wasserstoff als „grün" deklariert werden. Die Kriterien betreffen insb. den für die Herstellung des Wasserstoffs im Rahmen der Elektrolyse benötigten Strom. Grundlegend ist, dass dieser Strom durch erneuerbare Energien, d. h. treibhausgasneutral, erzeugt worden ist.[484] Die im Rahmen der Stromkennzeichnung relevanten Herkunftsnachweise können hinsichtlich „grünen" Wasserstoffs allerdings nicht alle erforderlichen Kriterien ausreichend abbilden (dazu sogleich). Für die Herstellung „grünen" Wasserstoffs hat die Lieferung und Entwertung von Herkunftsnachweisen im Rahmen von PPAs daher keine Bedeutung. Dennoch kommt PPAs große Relevanz zu. Denn die Lieferung von Strom über PPAs kann die Anforderungen für die Herstellung „grünen" Wasserstoffs erfüllen. Daraus folgt ein Anreiz für den Abschluss von PPAs für die Hersteller „grünen" Wasserstoffs.

Die Anforderungen sind rechtlich auf Unionsebene von der Kommission in einem am 10. 7. 2023 in Kraft getretenen Delegierten Rechtsakt[485] zu Art. 27 Abs. 3 der EE-Richtlinie i. V. m. Art. 290 AEUV festgelegt worden. Der Geltungsbereich des Delegierten Rechtsakts ist grds. auf den Verkehrssektor beschränkt. Es wird aber erwartet, dass die beschriebenen Kriterien auch für andere Sektoren gelten werden.[486] In Deutschland werden diese Kriterien ebenfalls als Maßstab zu beachten sein. Denn nach den Plänen des Gesetzgebers sollen sie durch „Berücksichtigung der relevanten EU-rechtlichen Vorgaben aus der Richtlinie (EU) 2018/2001 oder ihrer Überarbeitung" im parlamentarischen Verfahren auch in das deutsche Recht übernommen werden.[487]

Eine Stromlieferung genügt zur Herstellung „grünen" Wasserstoffs, wenn die Folgenden Kriterien erfüllt sind:

Zu unterscheiden sind die Anforderungen bei der Stromlieferung über eine Direktleitung (Art. 3 Delegierter Rechtsakt) und bei der Stromlieferung über das allgemeine Stromnetz (Art. 4 Delegierter Rechtsakt). Außerdem bestehen drei weitere wichtige Vor-

---

483 Proposal for a Regulation of the European Parliament and of the Council amending Regulations (EU) 2019/943 and (EU) 2019/942 as well as Directives (EU) 2018/2001 and (EU) 2019/944 to improve the Union's electricity market design v. 14. 3. 2023, 49.

484 Erw. 1, Delegierte Verordnung (EU) 2023/1184 der Kommission zur Ergänzung der Richtlinie (EU) 2018/2001 des Europäischen Parlaments und des Rates durch die Festlegung einer Unionsmethode mit detaillierten Vorschriften für die Erzeugung flüssiger oder gasförmiger erneuerbarer Kraftstoffe nicht biogenen Ursprungs für den Verkehr v. 10. 2. 2023, ABl. EU L 157/11.

485 Delegierte Verordnung (EU) 2023/1184 der Kommission zur Ergänzung der Richtlinie (EU) 2018/2001 des Europäischen Parlaments und des Rates durch die Festlegung einer Unionsmethode mit detaillierten Vorschriften für die Erzeugung flüssiger oder gasförmiger erneuerbarer Kraftstoffe nicht biogenen Ursprungs für den Verkehr v. 10. 2. 2023, ABl. EU L 157/11.

486 *Buchmüller*, ZUR 2021, 195, 196; *Decker/Mallmann*, EnK-Aktuell 2022, 01088.

487 BT-Drs. 20/1630, 224.

gaben: die Zusätzlichkeit gem. Art. 5 Delegierter Rechtsakt, die zeitliche Korrelation bzw. Gleichzeitigkeit gem. Art. 6 Delegierter Rechtsakt und die geografische Korrelation gem. Art. 7 Delegierter Rechtsakt.

Der Nachweis der erforderlichen „Eigenschaften" des Stroms ist bei der physikalischen Lieferung von „Grünstrom" über eine Direktleitung einfacher zu führen.[488] Diesbezügliche Vorgaben sind Art. 3 des Delegierten Rechtsakts zu entnehmen: Nachzuweisen ist, dass die Anlage zur Erzeugung des Wasserstoffs mit der Stromerzeugungsanlge direkt verbunden ist, dass sichergestellt ist, dass kein Strom aus dem Netz bezogen wird und dass die Stromerzeugungsanlage für die Wasserstoffherstellung errichtet oder erweitert wurde, und zwar frühestens 36 Monate vor der Anlage zur Erzeugung des Wasserstoffs. Der bezogene Strom gilt dann als „vollständig erneuerbar" und treibhausgasneutral, also „grün".

Komplizierter sind die Nachweispflichten im Falle des Bezugs von Strom über das Netz. Denn der im Netz befindliche sog. Strommix ist derzeit nur selten ausschließlich von EE-Anlagen treibhausgasneutral erzeugt worden.[489] Die rein bilanzielle Ausweisung von erneuerbarem Strom, wie etwa im Rahmen der vorstehend geschilderten Stromkennzeichnung durch die Entwertung von Herkunftsnachweisen, reicht nicht aus.[490] Der Umweltnutzen der Wasserstofferzeugung kann nur umfassend gezogen werden, wenn erneuerbare Stromerzeugung und der Strombezug des Elektrolyseurs auch zeitgleich erfolgen (Stichwort: zeitliche Korrelation).[491] Die Wasserstoffproduktion soll nämlich nur zu Zeiten stattfinden, in denen entsprechend viel erneuerbarer Strom erzeugt wird. Mittels Herkunftsnachweisen kann dieser Nachweis einer Gleichzeitigkeit gerade nicht erbracht werden.[492] Denn die Herkunftsnachweise werden bisher nur für den Bilanzierungszeitraum eines gesamten Kalenderjahres ausgestellt.[493] Eine engere zeitliche Korrelation zwischen Stromerzeugung und Wasserstoffherstellung ist mit ihnen daher nicht zu belegen. Stattdessen sind in den vier Absätzen des Art. 4 Delegierter Rechtsakt vier Varianten für den Bezug von Strom über das Netz vorgesehen, bei deren Einhaltung eine engere zeitliche Korrelation besteht und bei denen der Strom auch i. S. d. Delegierten Rechtsakts als „vollständig erneuerbar" gilt.

Nach Abs. 1 muss der im Stromnetz befindliche Strom zum größten Teil in EE-Anlagen erzeugt worden sein und die Produktionsdauer der Wasserstofferzeugungsanlage muss diesem Anteil entsprechen: Die Anlage muss in einer Gebotszone liegen, in der der durchschnittliche Anteil des erneuerbaren Stroms im Vorjahr über 90 % betrug, während gleichzeitig die Produktion der Anlage eine Höchstzahl an Stunden nicht übersteigt, die dem prozentualen durchschnittlichen Anteil des erneuerbaren Stroms an der Gesamtzahl der Stunden eines Kalenderjahres entspricht. Liegt der gemeldete Anteil des erneuerbaren Stroms in einer Gebotszone etwa bei 95 %, beträgt die Höchstzahl 8.322 Stunden (Ge-

---

488 *Buchmüller*, ZUR 2021, 195, 196.

489 *Buchmüller*, in: Handbuch Klimaschutzrecht, § 22, Rn. 20; mit Verweis auf *Buchmüller/Wilms/Kalis*, ZNER 2019, 194, 195.

490 *Buchmüller*, ZUR 2021, 195, 196.

491 *Buchmüller*, ZUR 2021, 195, 196; mit Verweis auf *Buchmüller*, in: Handbuch Klimaschutzrecht, § 22, Rn. 20 ff.

492 *Buchmüller*, ZUR 2021, 195, 196.

493 *Buchmüller*, ZUR 2021, 195, 196.

samtzahl der Stunden eines Kalenderjahres multipliziert mit dem Anteil des erneuerbaren Stroms, der für die Gebotszone gemeldet wurde; 8760 × 0,95 = 8322). Übersteigt der durchschnittliche Anteil von erneuerbarem Strom in einem Kalenderjahr 90 %, wird dies für die kommenden fünf Jahre vermutet. Nach Abs. 3 kann Strom außerdem als „vollständig erneuerbar" deklariert werden, wenn er den Einsatz von Redispatchmaßnahmen bei Stromerzeugungsanlagen, in denen erneuerbare Energiequellen genutzt werden, durch den Strombezug aus der Abnahmeanlage um eine entsprechende Menge mindern konnte. Um dies belegen zu können, ist ein Nachweis des nationalen Übertragungsnetzbetreibers notwendig.

Für PPAs relevant sind die Kriterien in Abs. 2 und 4.

Als „vollständig erneuerbar" gilt der Strom aus dem Netz gem. Abs. 2, wenn der erneuerbare Strom tatsächlich über ein PPA bezogen wird und daneben weitere Kriterien erfüllt sind. Der Abschluss von PPAs wird also vorausgesetzt und somit angereizt. Zu den weiteren Kriterien gehört, dass die Emissionsintensität des Stroms im Netz in der Gebotszone, in der die Anlage steht, besonders gering sein muss, nämlich unter 18 g CO_2-Äquivalenten pro erzeugtem Megajoule Wasserstoff. Darüber hinaus müssen die noch zu erläuternden Bedingungen für die zeitliche und geografische Korrelation gem. Art. 6 f. Delegierter Rechtsakt erfüllt sein, die den Abschluss von PPAs ebenfalls voraussetzen. Ist die Bedingung der Emissionsintensität in einem Kalenderjahr unterschritten, wird dies für fünf weitere Jahre angenommen.

Sofern die Voraussetzungen nach Abs. 1 bis 3 nicht erfüllt sind, kann Strom gem. Abs. 4 schließlich nur als „vollständig erneuerbar" ausgewiesen werden, wenn die Voraussetzungen der Zusätzlichkeit sowie der zeitlichen und der geographischen Korrelation erfüllt sind (Art. 5 ff. Delegierter Rechtsakt). Darin wird ebenfalls der Abschluss von PPAs vorausgesetzt und somit angereizt. Abs. 4 soll den „praktischen Normalfall" darstellen und damit die größte praktische Relevanz entfalten.[494]

Das Kriterium der Zusätzlichkeit soll sicherstellen, dass für den der Wasserstofferzeugung dienenden Strombezug neue erneuerbare Stromerzeugungskapazitäten geschaffen werden.[495] Denn die Wasserstoffproduktion und die damit einhergehende erhöhte Stromnachfrage soll nicht zu einer wachsenden fossilen Stromproduktion führen.[496] Die Strommenge aus erneuerbaren Energien muss entweder in einer eigenen Anlage des Wasserstoffherstellers erzeugt oder über ein PPA bezogen werden. Dass es sich um zusätzliche Erzeugungskapazitäten handelt, wird dadurch sichergestellt, dass die Stromerzeugungsanlage frühestens 36 Monate vor der Anlage zur Wasserstofferzeugung in Betrieb genommen worden sein darf. Ist ein erstes PPA mit einer Stromerzeugungsanlage, die diese Voraussetzung ursprünglich erfüllt hat, ausgelaufen, gilt diese Stromerzeugungsanlage, wenn für sie ein neues PPA abgeschlossen wurde, als gleichzeitig mit der Wasserstofferzeugungsanlage in Betrieb genommen. Wird die Produktionskapazität einer Stromerzeugungsanlage erweitert, gilt sie als „gleichzeitig mit der ursprünglichen Anlage [zur Stromerzeugung] in Be-

494 *Wichmann*, EWeRK 2023, 116, 121.

495 *Purr* et al., Integration von Power to Gas/Power to Liquid in den laufenden Transformationsprozess, S. 14 f.

496 *Purr* et al., Integration von Power to Gas/Power to Liquid in den laufenden Transformationsprozess, S. 14 f.

trieb genommen [...], sofern sich die zusätzliche Kapazität am selben Standort befindet und die Erweiterung spätestens 36 Monate nach Inbetriebnahme der ersten Anlage erfolgt." Des Weiteren darf die Anlage keine Förderung „in Form von Betriebs- oder Investitionsbeihilfen erhalten" haben. Keine Förderung in diesem Sinne liegt vor bei einer „Förderung, die die Anlagen vor ihrem Repowering erhalten, finanzieller Förderung für Land oder für Netzanschlüsse, Förderung, die keine Nettoförderung darstellt, wie z. B. Förderung, die vollständig zurückgezahlt wurde, und Förderung für Anlagen zur Erzeugung von erneuerbarem Strom, die Anlagen zur Erzeugung von flüssigen oder gasförmigen erneuerbaren Kraftstoffe nicht biogenen Ursprungs für den Verkehr versorgen, die für Forschung, Erprobung und Demonstration genutzt werden."

Die Vorgaben zur Zusätzlichkeit gem. Art. 5 lit. a und b des Delegierten Rechtsakts gelten erst nach dem Ende der Übergangsphase, d. h. für Anlagen, die nach dem 1. 1. 2028 in Betrieb genommen werden. Insofern gilt insb., dass geförderter Strom aus erneuerbaren Energien nur bis zu diesem Zeitpunkt bezogen werden darf. Eine Kombination aus EEG-Förderung und PPA ist für Anlagenbetreiber, die Strom zur Herstellung von „grünem" Wasserstoff an Elektrolyseure liefern, danach nicht mehr möglich. Denn der Strom darf dann nicht mehr einer staatlichen Förderung unterliegen und muss infolgedessen über ein PPA bezogen werden,[497] das nicht mit einer staatlichen Förderung kombiniert wird.

Eine zeitliche Korrelation zwischen Strombezug und Stromerzeugung besteht bis zum 31. 12. 2029, wenn der Wasserstoff in demselben Kalendermonat erzeugt wird wie der im Rahmen des PPAs „erzeugte" und bilanziell gelieferte erneuerbare Strom. Alternativ muss der Strom aus einer neuen Speicheranlage stammen, die sich hinter demselben Netzanschlusspunkt wie der Elektrolyseur oder die Anlage zur Erzeugung von erneuerbarem Strom befindet und die im Monat der Wasserstoffproduktion geladen wurde. Nicht genauer beschrieben ist, was als „neue" Speicheranlage zu verstehen ist.

Ab dem 1. 1. 2030 muss der Wasserstoff mit höchstens einer Stunde Abstand zur Stromproduktion erzeugt worden sein. Eine der voranstehenden Regelung entsprechende Ausnahme für neue Speicheranlagen hinter demselben Netzanschlusspunkt wie der Elektrolyseur oder die Stromerzeugungsanlage, die mit einer Stunde Abstand zur Wasserstoffproduktion geladen wurde, gilt für den Zeitraum ab dem 1. 1. 2030 ebenfalls. Damit ist nicht geklärt, ob die maßgebliche Stunde die jeweilige Stunde eines Tages ist oder ob ein Abstand der Stromproduktion von 30 bzw. 60 Minuten vor oder nach der Wasserstoffproduktion genügt.

Schließlich besteht eine zeitliche Korrelation, wenn der Wasserstoff in einer Stunde erzeugt wird, in der der Clearingpreis für Strom im Day-Ahead-Handel (z. B. an der EPEX SPOT) niedriger oder gleich 20 Euro/mWh oder niedriger als das 0,36-fache des Preises eines Emissions-Zertifikats für eine Tonne Kohlendioxidäquivalent ist.[498] Die Kommission geht gem. Erw. 11 des Delegierten Rechtsakts davon aus, dass nur Strom aus EE-Anlagen so günstig verkauft werden kann: Eine auf fossilen Brennstoffen beruhende Stromerzeugung wäre nicht wirtschaftlich und die auf der Wasserstoffherstellung basierende, zusätz-

497 Vgl. *Wilms*, EnK-Aktuell 2023, 01060.

498 Vgl. *Wichmann*, EWeRK 2023, 116, 122.

liche Stromnachfrage würde daher nur dazu führen, dass „mehr Strom aus erneuerbaren Quellen erzeugt wird, nicht jedoch mehr Strom aus fossilen Brennstoffen."

Die geographische Korrelation ist in drei möglichen Fällen erfüllt. Entweder befindet sich die Anlage, aus der der Strom über das PPA erzeugt und bilanziell geliefert werden soll, „in derselben Gebotszone wie der Elektrolyseur oder sie befand sich zum Zeitpunkt ihrer Inbetriebnahme in derselben Gebotszone." Alternativ kann sich diese Anlage auch in einer verbundenen Gebotszone befinden, die prinzipiell auch in einem anderen Mitgliedstaat liegen kann, wenn die Strompreise im betreffenden Zeitraum auf dem Day-Ahead-Markt (z. B. der EPEX SPOT) gem. Art. 6 des Delegierten Rechtsakts in der verbundenen Gebotszone mindestens so hoch waren wie in der Gebotszone, in der der Wasserstoff erzeugt wird. Durch diese Regelung sollen Netzengpässe vermieden werden (vgl. Erw. 12 des Delegierten Rechtsakts).[499] Ansonsten kann die Anlage in einer Offshore-Gebotszone liegen, die mit der Gebotszone verbunden ist, in der sich der Elektrolyseur befindet. Die Mitgliedstaaten können gem. Art. 7 Abs. 2 des Delegierten Rechtsakts zudem weitere Vorgaben zur geographischen Korrelation machen, um die Verträglichkeit zusätzlicher Kapazitäten für die Wasserstoff- und Stromnetze sicherzustellen, sofern dadurch der Binnenmarkt nicht beeinträchtigt wird.

Die Regelungen zur zeitlichen und geographischen Korrelation werden nur im Rahmen von Art. 4 Abs. 2 und Abs. 4 des Delegierten Rechtsakts relevant. Die Vorgaben zur Zusätzlichkeit gelten nur für Abs. 4 und das auch erst nach Ablauf der Übergangsphase. Sie setzen den Abschluss von PPAs vielfach voraus und beinhalten dadurch einen Anreiz für den Vertragsschluss.

Eine Harmonisierung der Regelungen zur Stromkennzeichnung und der Vorgaben für die Stromerzeugung zur Produktion von „grünem" Wasserstoff ist derzeit noch nicht vorhanden. Vielmehr gehen die Vorgaben für die Erzeugung von „grünem" Wasserstoff deutlich über das Nachweissystem zur Stromkennzeichnung mittels Herkunftsnachweisen hinaus, insb. was die zeitliche Korrelation angeht. Das Nachweissystem der Stromkennzeichnung bilanziert die Herkunft des Stroms für ein Kalenderjahr, während das Merkmal der zeitlichen Korrelation auf Monats- bzw. Stundenzeiträume abstellt. Zudem ist bei der Stromkennzeichnung auch bei reinen Grünstromprodukten gem. § 42 Abs. 3, 3a EnWG der Anteil der EEG-Strommengen im Netz anteilig auszuweisen. Dahinter steht die Wertung, dass die Kosten der EEG-Förderung über Steuern alle Letztverbraucher gemeinsam tragen, sodass ihnen der im Netz vorhandene Strom entsprechend nachgewiesen werden sollte.[500] Jedenfalls für den Zeitraum ab dem 1. 1. 2028 ist jedoch für die Herstellung „grünen" Wasserstoffs sicherzustellen, dass gerade kein geförderter Strom mehr bezogen wird. In dieser Hinsicht konfligieren die Regelungen zur Stromkennzeichnung und zu „grünem" Wasserstoff. Gründe für eine Harmonisierung sind abseits des nachvollziehbaren Wunsches nach Vereinheitlichung aber nicht ersichtlich.

Die Lieferung von Herkunftsnachweisen bzw. die Ausweisung des Stroms als „grün" hat insofern primär Bedeutung für die Stromkennzeichnung. Allerdings mindert das nicht die Bedeutung von PPAs für die Erzeugung von „grünem" Wasserstoff. Vielmehr reizen

499 *Wichmann*, EWeRK 2023, 116, 122.

500 Siehe Teil 2, C. I. 3. a).

die vorgestellten Regelungen zur Erzeugung von „grünem" Wasserstoff den Abschluss von PPAs an, indem sie den Strombezug über PPAs insb. in Art. 4 Abs. 2 und 4 i. V. m. Art. 5 bis 7 des Delegierten Rechtsakts zur Bedingung für die Herstellung des „grünen" Wasserstoffs machen.

II. Der Liefergegenstand bei physischer Lieferung

Der Liefergegenstand bei PPAs ist die vereinbarte Menge an Elektrizität bzw. Strom. Der Begriff Elektrizität findet sich insb. im EnWG an unterschiedlichen Stellen und wird dort zwar umrissen, aber nicht definiert. Z. B. wird Energie nach § 3 Nr. 14 EnWG definiert als Elektrizität, Gas und Wasserstoff, soweit sie zur leitungsgebundenen Energieversorgung verwendet werden. Gas ist in § 3 Nr. 19a EnWG ebenfalls definiert, Elektrizität hingegen nicht. Theobald definiert Elektrizität i. S. v. § 3 Nr. 14 EnWG als „durch Umwandlung anderer Energieträger entstehende veredelte Sekundärenergie."[501] Mit einem Blick auf die in dieser Definition enthaltenen Begrifflichkeiten wird der so umrissene Begriff deutlicher. Energieträger sind Objekte, deren Energieinhalt nutzbar gemacht werden kann. Zu unterscheiden sind dabei die Primärenergieträger als Objekte, die von Natur aus einen Energiegehalt haben, und Sekundärträger als Objekte, die einen Energiegehalt durch Umwandlung oder technische Aufbereitung aus den Primärenergieträgern erhalten.[502] Durch Umwandlung veredelte Primärenergie bezeichnet man als Sekundärenergie.[503] So kann Wind oder Sonnenlicht als Primärenergieträger umgewandelt werden in Elektrizität. Der Begriff Strom wird rechtlich nur in § 1 Abs. 1 S. 1 StrStG wenig hilfreich definiert als elektrischer Strom i. S. d. Position 2716 der Kombinierten Nomenklatur.[504] Gemeint ist damit ein physikalischer Vorgang: „die Bewegung von Ladungsträgern, normalerweise Elektronen, durch eine Fläche."[505] Für die Angabe von Strommengen in einem Vertrag sind daher auch die physikalischen Maßeinheiten heranzuziehen. Sofern von elektrischer Leistung als potentieller Erzeugungskapazität gesprochen wird, wird in Watt (Kilowatt, kW; Megawatt, mW; Gigawatt, gW) gemessen.[506] Die Maßeinheit für den tatsächlich lieferbaren und verbrauchbaren Strom, die sog. elektrische Arbeit, wird in Kilo-, Mega-, Giga- oder Terrawattstunden (kWh, mWh, gWh, tWh) gemessen.[507] Strom ist handelbare Ware im Sinne der Grundfreiheiten des AEUV.[508] Als ein „sonstiger Gegenstand" i. S. v. § 453 BGB ist Strom auch nach deutschem Recht ein kaufrechtlich handelbarer Gegenstand. Die energiewirtschaftsrechtliche Einordnung von PPAs wurde bereits ausführlich diskutiert. Hier sei noch einmal darauf hingewiesen, dass der Liefergegenstand bzw. die Abwicklungsart Einfluss auf die energiewirtschaftsrechtliche Einordnung von PPAs hat.

---

501 Theobald/Kühling/*Theobald*, § 3 EnWG, Rn. 99.

502 Vgl. *Pritzsche/Vacha*, Energierecht, S. 15.

503 *Haas/Neumair/Schlesinger*, Sekundärenergie, https://wirtschaftslexikon.gabler.de/definition/sekundaerenergie-44956/version-268258.

504 Verordnung (EWG) 2658/87 des Rates über die zolltarifliche und statistische Nomenklatur sowie den Gemeinsamen Zolltarif v. 23. 7. 1987, ABl. EG L 256/1, Art. 1.

505 *Pritzsche/Vacha*, Energierecht, § 4 Rn. 7.

506 *Pritzsche/Vacha*, Energierecht, § 4 Rn. 23.

507 *Pritzsche/Vacha*, Energierecht, S. 23.

508 *Fried*, in: Handbuch Energiehandel, Rechtliche Bewältigung des OTC-Handels, Rn. 188.

Gem. § 3 Nr. 18a EnWG sind Energiederivate keine Energieversorgungsverträge. Finanz-PPAs sind aber regelmäßig Energiederivate.[509] Insofern knüpft die Definition direkt daran an, ob Vertragsgegenstand die finanzielle oder physische Erfüllung des Geschäfts ist.

Zu beachten ist, dass Strom nur bei der Lieferung über eine Direktleitung wie z. B. im Rahmen eines On-Site-PPAs physisch an den Abnehmer geliefert wird. Bei der Stromlieferung über das Netz der allgemeinen Versorgung wird der Strom zwar physisch in das Netz eingespeist und entnommen, aber lediglich bilanziell an den Abnehmer geliefert.[510] Eine physische Lieferung kann über das allgemeine Stromnetz nicht erfolgen, da Strom ein sog. „homogenes Gut" ist, also keine unterscheidbaren Eigenschaften oder Qualitätsmerkmale aufweist.[511] Mit der Einspeisung kann der eingespeiste Strom nicht mehr von anderem im Netz befindlichen Strom unterschieden werden.[512] Insofern erhält der Abnehmer nicht den eingespeisten Strom, sondern den im allgemeinen Stromnetz vorhandenen sog. Strommix. Es erfolgt daher im Rahmen von Off-Site-PPAs, die Strom über das Stromnetz liefern, nur eine bilanzielle Lieferung des Stroms „auf dem Papier" vom Anlagenbetreiber an den Abnehmer.[513] Mangels Unterscheidbarkeit von Strom im Netz gibt es auch keinen „grünen" oder „grauen" Strom. Lediglich die Art der Erzeugung des Stroms bzw. der Energieträger, aus dem die Elektrizität gewonnen wurde, kann „auf dem Papier", d. h. bilanziell unterschieden werden. Hier setzen auch das deutsche und das europäische System der Herkunftsnachweise an. Es wird keine unterschiedliche Qualität des Stroms nachgewiesen, sondern die Herkunft, also die Erzeugungsart, bzw. die Energiequelle/der Energieträger, die/der zur Erzeugung genutzt wurde.[514] Wenn von „grünem" Strom die Rede ist, ist also vielmehr von Strom, erzeugt aus erneuerbaren Energien, die Rede.[515] Rechtliche Folge der Homogenität von Strom ist insb., dass Strom nicht mangelhaft i. S. d. § 434 BGB sein kann.[516]

Strom weist gegenüber anderen Waren außerdem Besonderheiten auf. So kann Strom ausschließlich über Leitungen (Stromnetz) geliefert werden und benötigt für die Lieferung fast keine Transportzeit.[517] Außerdem ist Strom in größeren Mengen schwer speicherbar, weswegen er im Moment der Erzeugung auch nachgefragt und verbraucht werden muss.[518] Das hat zur Folge, dass eine Rückabwicklung nicht möglich ist und der Strom bei Nichtabnahme weiterhin vom Verkäufer verwertet werden muss.[519] Da es sich üblicherweise auch um ein „absolutes Fixgeschäft" handelt, bei dem die Leistungszeit so wesentlich ist,

---

509 Siehe dazu Teil 2, C. III. 2.

510 Dena, Preisleitfaden Green PPA, S. 4; *Linnemann*, Energiewirtschaft für (Quer-)Einsteiger, S. 128.

511 *Hufendiek*, in: Handbuch Energiehandel, Grundlagen des Energiehandels, Rn. 13.

512 Vgl. HCOB, Corporate PPA, S. 10.

513 *Uibeleisen/Groneberg*, RdE 2018, 114, 117; *Linnemann*, Energiewirtschaft für (Quer-)Einsteiger, S. 128.

514 Genauer zur Entwicklung des Grünstrommarkts *Lehnert/Rühr*, in: Energiehandel in Europa, § 7. Der Markt für Grünstrom, Rn. 7 ff.

515 *Lehnert/Rühr*, in: Energiehandel in Europa, § 7. Der Markt für Grünstrom, Rn. 5.

516 *Rauch*, ER 2022, 135, 140.

517 *Pritzsche/Vacha*, Energierecht, § 4 Rn. 14.

518 *Fried*, in: Handbuch Energiehandel, Rechtliche Bewältigung des OTC-Handels, Rn. 190.

519 *Rauch*, ER 2022, 135, 140.

dass eine spätere Leistung den Vertragszweck nicht mehr erfüllen kann, ist eine Nachholung der Lieferverpflichtung bzw. der Abnahme regelmäßig gem. § 275 Abs. 1 BGB unmöglich.[520] Grds. geht die Vergütungspflicht des Verkäufers bei Nichtleistung mithin gem. § 326 Abs. 1 S. 1 BGB ebenfalls unter. Nimmt der Käufer eine vereinbarte Menge allerdings nicht ab, bleibt der Anspruch des Verkäufers auf die Gegenleistung gem. § 326 Abs. 2 S. 1 BGB bestehen.[521] Voraussetzung dafür ist, dass entweder der Abnehmer für die Unmöglichkeit der Leistung verantwortlich ist oder dass der Veräußerer (Schuldner) nicht für die Unmöglichkeit verantwortlich ist, während sich der Abnehmer (Gläubiger) im Annahmeverzug befindet. Auf den Gegenleistungsanspruch sind gem. § 326 Abs. 2 S. 2 BGB allerdings eventuelle anderweitige Erlöse anzurechnen. Strom ist derzeit vorwiegend mittels der sog. Power-to-X-Technologien speicherbar, bei denen Strom in eine speicherbare Form wie bspw. Gas umgewandelt wird.[522] Aus dieser anderen Form kann der Strom – regelmäßig jedoch mit Effizienzverlusten – zurückgewonnen werden.

Die Lieferung von Strom im Rahmen eines Off-Site-PPAs funktioniert – wie andere Stromlieferungen über das Netz der allgemeinen Versorgung – mittels des Bilanzkreissystems.[523] Stromlieferungen über das Netz erfolgen „rein bilanziell" bzw. „virtuell" durch Zuordnung des eingespeisten Stroms zu einem Verbrauch.[524] Dazu dient die Abwicklung und Abrechnung von den auf der Grundlage des Bilanzkreisvertrages geführten Bilanzkreisen. Einspeisung und Verbrauch der existierenden Einspeise- und Entnahmestellen einer Regelzone müssen einem Bilanzkreis zugeordnet werden (gem. § 4 StromNZV). So besteht jedenfalls auf dem Papier bilanziell ein Zusammenhang zwischen den tatsächlichen Einspeise- und Entnahmemengen. Da jedoch beide Vertragspartner nicht unbedingt einen eigenen Bilanzkreis führen, wird regelmäßig ein Intermediär eingeschaltet (Sleeving), der gegen ein Entgelt das Bilanzkreismanagement und daneben weitere Aufgaben wie etwa das Portfoliomanagement, Reststrombelieferungen, die Vermarktung von Überschüssen, Einspeiseprognosen, Grünstromzertifikatsmanagement oder Risikomanagement übernehmen kann.[525]

Im Hinblick auf die Lieferung von Strom lassen sich insb. mehrere Risiken in Zusammenhang mit dem Liefergegenstand und dem Lieferumfang identifizieren. Wie bereits erwähnt, wird in Bezug auf PPAs üblicherweise verallgemeinernd vom Mengenrisiko des Verkäufers (Beschaffungsrisiko) bzw. des Käufers (Verwendungsrisiko) gesprochen, ohne dass dabei Bezug zum kaufvertraglichen Pflichtenprogramm genommen würde.[526] Dieses „Mengenrisiko i. e. S." beschreibt vielmehr das Risiko von Abweichungen der Produktion (Mengenrisiko des Verkäufers) bzw. vom Bedarf (Mengenrisiko des Käufers) von

---

520 *Büdenbender*, Energierecht, Rn. 850; vgl. auch *Röhling*, in: Energiehandel, Kap. 9, Rn. 33.

521 *Rauch*, ER 2022, 135, 140.

522 *Pritzsche/Vacha*, Energierecht, § 6 Rn. 208.

523 *Uibeleisen/Groneberg*, RdE 2018, 114, 117; *Linnemann*, Energiewirtschaft für (Quer-)Einsteiger, S. 128.

524 *Buchmüller/Wilms/Kalis*, ZNER 2019, 194, 195.

525 *Linnemann*, Energiewirtschaft für (Quer-)Einsteiger, S. 128 f.; mit Verweis auf *Hilpert*, Rechtliche Bewertung von Power Purchase Agreements (PPAs) mit erneuerbaren Energien.

526 Vgl. etwa dena, Vertragswesen von Green Power Purchase Agreements, S. 20: „Mengen- und Anlagenverfügbarkeitsrisiko"; HCOB, Corporate PPA, S. 13 „Volumenrisiko"; *Metzger/M. Schmidt/Bickel*, Power-Purchase-Agreements (PPA) zur Belieferung von Elektrolyseanlagen zur Herstellung synthetischer Kraftstoffe aus erneuerbare Energien, S. 11 f.

der vereinbarten Liefermenge. Das Mengenrisiko i. e. S. des Verkäufers verwirklicht sich, wenn die Produktion von der vereinbarten Liefermenge abweicht, da Strom bei Unter- bzw. Überschreitung anderweitig zugekauft bzw. verkauft werden muss. Das Mengenrisiko i. e. S. des Käufers wiederum verwirklicht sich dadurch, dass der Käufer bei einer Abweichung der Liefermenge vom Bedarf Strom anderweitig zukaufen bzw. verkaufen muss. Bei diesem kurzfristigen Kauf und Verkauf sind die Parteien einem Preisrisiko ausgesetzt, das sich aus der Volatilität der Spotmarktpreise ergibt.[527]

Daneben tritt das sog. Bilanzabweichungsrisiko. Die Bilanzkreise sind ausgeglichen zu halten, d. h. der Bilanzkreisverantwortliche hat dafür Sorge zu tragen, dass Einspeise- und Entnahmemengen in jeder Viertelstunde des Tages einander entsprechen (§ 4 Abs. 2 S. 2 StromNZV). Denn mangels signifikanter Speicherbarkeit des Stroms müssen Einspeisung und Verbrauch des Stroms sich zu jeder Zeit entsprechen,[528] um die Netzfrequenz von 50 Hertz aufrecht zu erhalten.[529] Gelingt es nicht, den Bilanzkreis ausgeglichen zu halten, haben die Bilanzkreisverantwortlichen sog. Ausgleichsenergiekosten zu tragen (sog. Bilanzabweichungsrisiko).[530] Diese Kosten werden üblicherweise über die Preisvereinbarung auf den Abnehmer umgelegt.[531]

Mithin drohen bei Stromlieferungen durch das Mengenrisiko i. e. S. wegen der Teilnahme am Spotmarkt Preisrisiken. Kurzfristig kann sich aber andererseits das Bilanzabweichungsrisiko verwirklichen. Die Kosten der Ausgleichsmaßnahmen können sogar potentiell existenzbedrohend wirken, z. B. im Falle besonders hoher Regelarbeitspreise.[532] Dem Preisrisiko des Spotmarkts steht daher regelmäßig das größere Risiko von Ausgleichsenergiekosten gegenüber, das es möglichst zu vermeiden gilt. Auch insofern bietet es sich an, diese Risiken durch die Einschaltung eines Dritten auszulagern, also durch ein Sleeving des PPAs.

Schließlich besteht das Risiko von einer im Transport begründeten (teilweisen) Nichtleistung der Lieferung oder Abnahme aufgrund von Netzstörungen. Sofern nicht eine der Parteien dieses Risiko ausdrücklich übernimmt, haften die Parteien für derartige Ausfälle mangels Verschuldens nicht.[533] Vielmehr sind derartige Haftungsfälle gegenüber dem Netzbetreiber zu liquidieren.[534] Bei netzseitigen Störungen werden die Parteien von ihren Leistungspflichten (Lieferung bzw. Abnahme) aufgrund von Unmöglichkeit der Lieferung gem. § 275 Abs. 1 BGB befreit.[535] Ein Verschulden des Lieferanten ist allenfalls denkbar, wenn dieser das Risiko netzbedingter Lieferstörungen mit übernimmt.[536] In solchen Fäl-

---

527 Vgl. *Zander* et al., Strombeschaffung im liberalisierten Energiemarkt, S. 50.

528 *Hagena*, Der Stromhandel unter Finanzmarktaufsicht, S. 24; BNetzA, Beschluss v. 02. 10. 2019 – BK6-18-004-RAM, 5.

529 *Schuster*, in: Energiehandel, Kap. 11, Rn. 17.

530 Siehe Teil 1, D. IV. 4.

531 Siehe Teil 2, E. III. 3.

532 BNetzA, Beschluss v. 16. 12. 2020 – BK6-20-370, 10.

533 *Klees*, Einführung in das Energiewirtschaftsrecht, Kap. 4, Rn. 71.

534 BeckOGK/*Tüngler*, § 433 BGB, Rn. 314.1.

535 *Klees*, Einführung in das Energiewirtschaftsrecht, Kap. 4, Rn. 71.

536 So z. B. bei All-Inclusive Verträgen, bei denen der Lieferant alle Verpflichtungen bezogen auf den Transport mit übernimmt *Wyl*, in: Recht der Energiewirtschaft, § 12, Rn. 272; BeckOGK/*Tüngler*, § 433 BGB, Rn. 314.

len ist der Netzbetreiber Erfüllungsgehilfe des Lieferanten i. S. v. § 278 S. 1 BGB, sodass ein Verschulden des Netzbetreibers dem Lieferanten zuzurechnen wäre.[537] Die vertragliche Leistungspflicht ist in derartigen Energielieferverträgen, bei denen der Energielieferant neben der Bereitstellung der Energie auch die Gewähr des Transports bis zur Abnahmestelle des Kunden übernimmt (sog. all-inclusive-Verträge), vergleichbar mit einer Bringschuld.[538] Allerdings lässt sich diese Haftung vertraglich ausschließen, indem eine Regelung getroffen wird, die den Bestimmungen der Grundversorgung entspricht (vgl. § 6 Abs. 3 StromGVV).[539] Nach Ansicht des BGH lässt sich diese Bestimmung über die Befreiung von der Leistungspflicht im Falle von Unterbrechungen oder Unregelmäßigkeiten, die infolge von Störungen des Netz-, Netzanschluss- oder Messstellenbetriebs auftreten, AGB-rechtskonform auf Sonderkundenverträge wie Corporate-PPAs übertragen.[540] Sofern die reine Energielieferung ohne den Transport geschuldet wird (sog. desintegrierter Liefervertrag), ist der Abnehmer für den Transport wie im Rahmen einer Holschuld selbst verantwortlich.[541] Die Parteien können das Risiko von Netzstörungen mithin frei einer Vertragspartei zuordnen.[542]

III. Der Liefergegenstand bei finanzieller Lieferung

1. Grundlagen

Bei finanziellen PPAs erfolgt, wie gesehen, keine tatsächliche physische Lieferung der Ware Strom selbst. Es handelt sich vielmehr um Produkte zum finanziellen Ausgleich.[543] Es werden keine Waren ausgetauscht, sondern lediglich Zahlungsflüsse vereinbart. Dabei kann es sich um Derivate nach dem KWG, MiFID II[544] und EMIR[545] handeln. Insofern ist im Folgenden auf die Besonderheiten finanzieller Stromlieferverträge einzugehen, die stark geprägt sind von den Gegebenheiten und rechtlichen Anforderungen des Stromhandels an der Börse und im OTC-Handel. Insofern ist auf die Ausführungen zum (in großen Teilen finanziell abgewickelten) Stromhandel hinzuweisen.[546] Finanzielle Kontrakte werden im Allgemeinen insb. für das Hedging, zur Spekulation und zur Arbitrage verwendet.

---

537 *Wyl*, in: Recht der Energiewirtschaft, § 12, Rn. 272; BeckOGK/*Tüngler*, § 433 BGB, Rn. 314; a. A. *Schöne/Garbers*, in: Vertragsrecht und AGB-Klauselwerke, Stromlieferverträge, Rn. 47 mit dem Hinweis auf die Monopolstellung des Netzbetreibers; mangels Erforderlichkeit einer Weisungsbefugnis ist die Monopolstellung jedoch unerheblich BGH, NJW-RR 2001, 396, 398.

538 *Unberath/Fricke*, NJW 2007, 3601, 3602 ff.; BeckOGK/*Tüngler*, § 433 BGB, Rn. 103.

539 *Klees*, Einführung in das Energiewirtschaftsrecht, Kap. 4, Rn. 72; *Wyl*, in: Recht der Energiewirtschaft, § 12, Rn. 273.

540 Vgl. BeckOGK/*Tüngler*, § 433 BGB, Rn. 315; mit Verweis auf BGH, NJW 2013, 291, 292.

541 *Unberath/Fricke*, NJW 2007, 3601, 3602 ff.; BeckOGK/*Tüngler*, § 433 BGB, Rn. 104.

542 Vgl. *C. Schneider/Lüdecke*, IR 2019, 50, 51.

543 *Wyl*, in: Recht der Energiewirtschaft, § 12, Rn. 40.

544 Richtlinie 2014/65/EU des Europäischen Parlaments und des Rates vom über Märkte für Finanzinstrumente sowie zur Änderung der Richtlinien 2002/92/EG und 2011/61/EU v. 15. 5. 2014, ABl. EU L 173/349.

545 Verordnung (EU) 648/2012 des Europäischen Parlaments und des Rates über OTC-Derivate, zentrale Gegenparteien und Transaktionsregister v. 4. 7. 2012, ABl. EU L 201/1.

546 Siehe Teil 1, D. 4.

Hedging meint das Absichern von Strompreisrisiken (regelmäßig aus Verträgen über die physische Lieferung von Energie) mit finanziellen Terminpositionen (also dem bloßen finanziellen Ausgleich; zu Termingeschäften siehe sogleich).[547] Ein solches Risikomanagement durch finanzielle Stromlieferverträge ist schon bei kleineren Unternehmen wegen der Volatilität der Preise notwendig.[548] Bei der Spekulation handelt es sich um den Versuch, von Kursschwankungen durch Kauf oder Verkauf von Positionen zu profitieren.[549] Bei der Arbitrage wird an mindestens zwei Märkten mit der gleichen Ware gleichzeitig gehandelt, um Kursdifferenzen an den unterschiedlichen Märkten auszunutzen.[550] Im Unterschied zur Spekulation, bei der auf die richtige Preisentwicklung gesetzt wird, werden größere Risiken bei der Arbitrage vermieden, da das Bestehen der Preisdifferenz an den Märkten bei der Arbitrage bekannt ist.[551] Werden Finanzkontrakte ohne physisches Underlying geschlossen, d. h. ohne Bezug zur einer tatsächlichen Warenlieferung, gehören sie nicht mehr zur Preisabsicherung (Hedging), sondern zur Spekulation.[552] Finanzielle Kontrakte werden zumeist langfristig geschlossen, da bei kurzfristiger Lieferung eine finanzielle Abwicklung weniger Sinn ergibt.[553] Im Rahmen von Finanz-PPAs besteht allerdings im Grunde keine anderen Interessenlage als bei physisch abgewickelten PPAs. Regelmäßig steht auf der einen Seite das Interesse des Anlagenbetreibers zur Absicherung der Finanzierung (durch Preisabsicherung wie beim Hedging) und auf Abnehmerseite ein Interesse an einer Preisabsicherung (wie beim Hedging) und ggf. an den Herkunftsnachweisen. Deshalb kann ein Finanz-PPA auch als eine Hedgingvereinbarung angesehen werden.[554]

2. Derivate nach dem Kreditwesengesetz, der Markets in Financial Instruments Directive II und der European Market Infrastructure Regulation

Finanz-PPAs können Derivate sein. Derivate i. S. d. KWG[555] werden definiert in § 1 Abs. 11 S. 6 KWG und sind gem. § 1 Abs. 11 Nr. 8 KWG Finanzinstrumente i. S. d. KWG. Finanzinstrumente sind wiederum Grundlage für die Feststellung, ob ein Unternehmen Bankgeschäfte nach § 1 Abs. 1 S. 2 Nr. 4 und 10 KWG oder Finanzdienstleistungen nach § 1 Abs. 1a S. 2 Nr. 1 bis 4 KWG durchführt sowie Grundlage für die Definition von Finanzunternehmen nach § 1 Abs. 3 KWG.[556] Daran knüpft wiederum insb. die Erlaubnispflicht gem. § 32 Abs. 1 KWG an. Außerdem unterliegen diese Geschäfte der Aufsicht der Bundesanstalt für Finanzdienstleistungen (BaFin). Beides kann also auch für Finanz-PPAs

547 *Wyl*, in: Recht der Energiewirtschaft, § 12, Rn. 40.

548 *Wyl*, in: Recht der Energiewirtschaft, § 12, Rn. 41; zum Risikomanagement *R. Breuer*, in: Energiewirtschaft im Aufbruch, III. 8. Risikomanagement – Anforderungen, Verfahren und Bedeutung für Energieversorgungsunternehmen.

549 *Schwintowski/F. Scholz/Schuler* (Hrsg.), Handbuch Energiehandel, S. 746.

550 *Schwintowski/F. Scholz/Schuler* (Hrsg.), Handbuch Energiehandel, S. 711.

551 *Hagena*, Der Stromhandel unter Finanzmarktaufsicht, S. 39 f.

552 *Wyl*, in: Recht der Energiewirtschaft, § 12, Rn. 40.

553 *Hufendiek*, in: Handbuch Energiehandel, Grundlagen des Energiehandels, Rn. 101.

554 So jedenfalls HCOB, Corporate PPA, S. 12.

555 Parallele Regelungen finden sich in im WplG insb. in §§ 2, 15 WplG.

556 FSM-KWG/*F. A. Schäfer*, § 1 H., Rn. 278.

gelten, wenn diese als Derivat zu qualifizieren sind.[557] Diese Vorgaben haben besonderes Gewicht, da eine Zuwiderhandlung schwerwiegende Folgen nach sich zieht.[558] So kann die BaFin bei einem Verstoß z. B. gegen die Genehmigungspflicht gem. § 37 Abs. 1 KWG die sofortige Einstellung des Geschäftsbetriebs und die unverzügliche Abwicklung der Geschäfte gegenüber dem Unternehmen und den Mitgliedern seiner Organe anordnen. Zu prüfen ist insb. auch, ob eine Anlagevermittlung (§ 1 Abs. 1a S. 2 Nr. 1 KWG), Abschlussvermittlung (§ 1 Abs. 1a S. 2 Nr. 2 KWG) oder ein Eigengeschäft (§ 1 Abs. 1a S. 3 KWG) eventuell von Mutter- oder Tochter- der Projektgesellschaft vorliegen.[559] Eine Befreiung von der Erlaubnispflicht kommt insofern in Betracht, wenn eine etwaige Abschlussvermittlung innerhalb desselben Konzerns erfolgt, die mithin dem sog. Konzernprivileg unterfällt, bzw. wenn das mögliche Eigengeschäft eine Nebentätigkeit zu der kapitalmarktfernen Haupttätigkeit der Parteien darstellt.[560]

Derivate sind grds. Termingeschäfte („zeitlich verzögert zu erfüllen" gem. § 1 Abs. 11 S. 6 Nr. 1 KWG) und können Fest- oder Optionsgeschäfte sein. Ihr Preis ist unmittelbar oder mittelbar abhängig vom sog. Underlying (Markt- oder Börsenpreis eines Basis- bzw. Referenzwerts).[561] D. h. Derivate sind langfristig angelegte Verträge, die ihren Wert zwar von einem bestimmten Gut ableiten ohne dieses Gut physisch zu handeln. Bei Wertsteigerungen oder -senkungen des Guts sind entsprechende Zahlungen zwischen den Parteien zu leisten. Ist das Gut Strom, kann vereinbart werden, den Wert des Stroms nach einem Strompreisindex zu bestimmen. Steigt oder sinkt der Index, d. h. der zugrundegelegte Wert von Strom, sind Zahlungen in die eine oder andere Richtung zu leisten. In § 3 Nr. 15a EnWG sind Energiederivate definiert, als Derivate deren Underlying auf Elektrizität oder Gas bezogen ist.

Erfasst werden gem. § 1 Abs. 11 S. 6 Nr. 1 KWG nur Termingeschäfte, was kurzfristig zu erfüllende Geschäfte am Spotmarkt (auch genannt Kassageschäfte[562]) ausschließt.[563] Nicht erfasst werden von der Definition aber auch langfristige Geschäfte, die physisch erfüllt werden sollen.[564] Finanz-PPAs werden gerade nicht physisch erfüllt und sind als langfristige Verträge auch Termingeschäfte. Denn sie sind gem. § 1 Abs. 11 S. 6 Nr. 1 KWG „zeitlich verzögert zu erfüllen", „als Kauf, Tausch oder anderweitig ausgestaltete Festgeschäfte oder Optionsgeschäfte" zu qualifizieren und ihr Wert leitet sich von einem „Basiswert" (Underlying) für Strom ab. Das erfüllt die Voraussetzungen der Legaldefinition des Termingeschäfts gem. § 1 Abs. 11 S. 6 Nr. 1 KWG. Strom ist als Ware gem. § 1 Abs. 11

---

557 *Uibeleisen/Groneberg*, RdE 2018, 114, 123.

558 Theobald/Kühling/*Zenke/Dessau*, Energiehandel, Rn. 109.

559 Vgl. *Martin/Langenbach*, ER 2023, 135, 137 f.

560 Vgl. *Martin/Langenbach*, ER 2023, 135, 138.

561 *Hufendiek*, in: Handbuch Energiehandel, Grundlagen des Energiehandels, Rn. 63.

562 BT-Drs. 16/4028, 55; *Pilgram*, in: Handbuch Energiehandel, Formen des Handels an der EEX, Rn. 52.

563 BT-Drs. 16/4028, 55; BaFin, Merkblatt Finanzinstrumente (Derivate), https://www.bafin.de/SharedDocs/Veroeffentlichungen/DE/Merkblatt/mb_120521_finanzinstrumente_derivate.html; *Buisson/Zenke/Dessau*, in: Energiehandel in Europa, § 10, Rn. 15; FSM-KWG/*F. A. Schäfer*, § 1 H., Rn. 296.

564 *Uibeleisen/Groneberg*, RdE 2018, 114, 122; BaFin, Merkblatt Finanzinstrumente (Derivate), https://www.bafin.de/SharedDocs/Veroeffentlichungen/DE/Merkblatt/mb_120521_finanzinstrumente_derivate.html.

S. 6 Nr. 2 KWG auch ein zulässiges Underlying für ein Derivat.[565] Außerdem müssten Finanz-PPAs, um ein Derivat zu sein, eine der drei Bestimmungen gem. § 1 Abs. 11 S. 6 Nr. 2 lit. a bis c KWG erfüllen. Dazu gehört, dass sie „(a) durch Barausgleich zu erfüllen sind oder einer Vertragspartei das Recht geben, einen Barausgleich zu verlangen, ohne dass dieses Recht durch Ausfall oder ein anderes Beendigungsereignis begründet ist, (b) auf einem organisierten Markt oder in einem multilateralen oder organisierten Handelssystem geschlossen werden, soweit es sich nicht um über ein organisiertes Handelssystem gehandelte Energiegroßhandelsprodukte handelt, die effektiv geliefert werden müssen, oder (c) die Merkmale anderer Derivatekontrakte im Sinne des Art. 7 der Delegierten Verordnung (EU) 2017/565[566] aufweisen und nichtkommerziellen Zwecken dienen.“ Finanz-PPAs erfüllen i. d. R. die Voraussetzung von lit. a, da sie wegen der fehlenden physischen Erfüllungsabsicht durch Barausgleich zu erfüllen sind.[567] Da Finanz-PPAs nicht an Börsen oder Handelssystemen standardisiert gehandelt werden, erfüllen sie jedoch nicht die Anforderungen von lit. b und c, die dies voraussetzen.[568]

Schließlich darf es sich nicht um Kassageschäfte im Sinne des Art. 7 der Delegierten Verordnung (EU) 2017/565[569] handeln. Wie bereits erwähnt, werden Kassageschäfte im Energiehandel auch Spotgeschäfte genannt.[570] Ausgeschlossen ist also explizit der kurzfristige Handel. Unabhängig von der Laufzeit sind allerdings sog. finanzielle Differenzgeschäfte (Contract for Difference, CfD) gem. § 1 Abs. 11 S. 6 Nr. 3 KWG Derivate.[571] Sie können ebenfalls als Fest- oder Optionsgeschäft ausgestaltet sein. Finanz-PPAs sind üblicherweise als CfD ausgestaltet. Insofern spricht auch dies für die Einordnung von Finanz-PPAs als Derivat. Eine Abgrenzung ist jedoch wegen der verschiedenen Ausgestaltungsmöglichkeiten von Finanz-PPAs immer im Einzelfall vorzunehmen.[572] Es existieren des Weiteren eine Reihe von Ausnahmen, die im Ergebnis von den Vorgaben des KWG befreien, aber ebenfalls im Einzelfall beurteilt werden müssen.[573] Explizit keine Derivate sind hingegen die Herkunftsnachtweise gem. § 79 Abs. 7 EEG 2023.

Diese Vorgaben des KWG sind geprägt durch die sehr konkreten Vorgaben der sog. MiFID II (Markets in Financial Instruments Directive),[574] zu deren Umsetzung die Mit-

---

565 BT-Drs. 16/4028, 55.

566 Delegierte Verordnung (EU) 2017/565 der Kommission zur Ergänzung der Richtlinie 2014/65/EU des Europäischen Parlaments und des Rates in Bezug auf die organisatorischen Anforderungen an Wertpapierfirmen und die Bedingungen für die Ausübung ihrer Tätigkeit sowie in Bezug auf die Definition bestimmter Begriffe für die Zwecke der genannten Richtlinie v. 25. 4. 2016, ABl. EU L 87/1.

567 Vgl. Theobald/Kühling/*Zenke/Dessau*, Energiehandel, Rn. 124.

568 Vgl. Theobald/Kühling/*Zenke/Dessau*, Energiehandel, Rn. 124.

569 Delegierte Verordnung (EU) 2017/565 der Kommission zur Ergänzung der Richtlinie 2014/65/EU des Europäischen Parlaments und des Rates in Bezug auf die organisatorischen Anforderungen an Wertpapierfirmen und die Bedingungen für die Ausübung ihrer Tätigkeit sowie in Bezug auf die Definition bestimmter Begriffe für die Zwecke der genannten Richtlinie v. 25. 4. 2016, ABl. EU L 87/1.

570 BT-Drs. 16/4028, 55.

571 Schwennicke/Auerbach/*Schwennicke*, § 1 KWG, Rn. 278.

572 Vgl. *Buisson/Zenke/Dessau*, in: Energiehandel in Europa, § 10, Rn. 18 ff.; *Uibeleisen/Groneberg*, RdE 2018, 114, 123.

573 Siehe dazu etwa Theobald/Kühling/*Zenke/Dessau*, Energiehandel, Rn. 152 ff.

574 Richtlinie 2014/65/EU des Europäischen Parlaments und des Rates vom über Märkte für Finanzinstrumente sowie zur Änderung der Richtlinien 2002/92/EG und 2011/61/EU v. 15. 5. 2014,

gliedsstaaten verpflichtet sind. Mit dem Zweiten Finanzmarktnovellierungsgesetz[575] sind ihre Inhalte in den Vorgaben des KWG aufgegangen.[576]

Weitere Vorgaben für Finanz-PPAs können sich aus der sog. EMIR (European Market Infrastructure Regulation) ergeben.[577] Für OTC-Derivate i. S. d. EMIR bestehen insb. Clearing-, Risikominderungs- und Meldepflichten.[578] Beim Clearing erfolgt die Geschäftsabwicklung über eine zentrale Vertragspartei (sog. Clearinghaus).[579] OTC-Derivate sind dabei definiert als Derivate i. S. d. EMIR, die nicht „auf einem geregelten Markt im Sinne von Artikel 4 Absatz 1 Nummer 14 der Richtlinie 2004/39/EG oder auf einem Markt in Drittstaaten, der gemäß Artikel 19 Absatz 6 der Richtlinie 2004/39/EG als einem geregelten Markt gleichwertig angesehen wird," ausgeführt werden (Art. 2 Nr. 7 EMIR). Derivate sind gem. Art. 2 Nr. 5 EMIR wiederum Derivate i. S. d. Definition der MiFID[580] und Art. 38, 39 der Verordnung (EG) Nr. 1287/2006.[581] Es handelt sich dabei also um außerbörslich, nämlich „over the counter“, gehandelte Derivate.[582] Auch nicht ohnehin der Finanzmarktaufsicht unterstellte „finanzielle“ Marktteilnehmer können den Regelungen der EMIR unterliegen, wenn sie OTC-Derivate abschließen und zu einer bestimmten Gruppe „nichtfinanzieller Gegenparteien“ i. S. v. Art. 2 Nr. 9 EMIR gehören.[583]

Sofern Finanz-PPAs im Einzelfall als derartige OTC-Derivate gelten, unterliegen die Parteien auch als Unternehmen der Energiewirtschaft ggf. den entsprechenden Pflichten aus der EMIR.[584] Allerdings sind daran anschließend die weiteren Voraussetzungen der jeweiligen Pflichten zu prüfen. So werden z. B. nur solche OTC-Derivate mit einem Bezug auf Waren wie Strom von der Clearingpflicht erfasst, die einen bestimmten Schwellenwert überschreiten. Dieser Schwellenwert liegt gem. Art. 11 lit. e Delegierte Verordnung (EU) 149/2013 i. V. m. Art. 10 Abs. 4 lit. b EMIR bei einem Bruttonennwert von 4 Milliarden

ABl. EU L 173/349.

575 Zweites Gesetz zur Novellierung von Finanzmarktvorschriften auf Grund europäischer Rechtsakte (Zweites Finanzmarktnovellierungsgesetz) v. 23. 6. 2017, BGBl. I 2017, 1693.

576 *Buisson/Zenke/Dessau*, in: Energiehandel in Europa, § 10, Rn. 1.

577 Verordnung (EU) 648/2012 des Europäischen Parlaments und des Rates über OTC-Derivate, zentrale Gegenparteien und Transaktionsregister v. 4. 7. 2012, ABl. EU L 201/1.

578 Dena, Finanzierung von Erneuerbare-Energien-Anlagen über Power Purchase Agreements, S. 24.

579 Vgl. *Buisson/Zenke/Dessau*, in: Energiehandel in Europa, § 10, Rn. 86.

580 Richtlinie 2004/39/EG des Europäischen Parlaments und des Rates vom über Märkte für Finanzinstrumente, zur Änderung der Richtlinien 85/611/EWG und 93/6/EWG des Rates und der Richtlinie 2000/12/EG des Europäischen Parlaments und des Rates und zur Aufhebung der Richtlinie 93/22/EWG des Rates v. 21. 4. 2004, ABl. EU 2004 L 145/1-44.

581 Verordnung (EG) 1287/2006 der Kommission zur Durchführung der Richtlinie 2004/39/EG des Europäischen Parlaments und des Rates betreffend die Aufzeichnungspflichten für Wertpapierfirmen, die Meldung von Geschäften, die Markttransparenz, die Zulassung von Finanzinstrumenten zum Handel und bestimmte Begriffe im Sinne dieser Richtlinie v. 10. 8. 2006, ABl. EU L 241/1.

582 Vgl. Erw. 4 Verordnung (EU) 648/2012 des Europäischen Parlaments und des Rates über OTC-Derivate, zentrale Gegenparteien und Transaktionsregister v. 4. 7. 2012, ABl. EU L 201/1.

583 Vgl. *Buisson/Zenke/Dessau*, in: Energiehandel in Europa, § 10, Rn. 84.

584 Vgl. dena, Finanzierung von Erneuerbare-Energien-Anlagen über Power Purchase Agreements, S. 24.

Euro.[585] Allerdings werden hierbei gem. Art. 10 Abs. 3 EMIR keine Derivate mitgezählt, die Geschäftsrisiken (einschließlich derer aus der Geldanlage) objektiv messbar reduzieren.[586] Möglich ist insofern, dass Finanz-PPAs diesen Bestimmungen nicht unterfallen. Sie dienen einerseits zur Absicherung des Anlagenbetreibers und andererseits zur Preisabsicherung des Abnehmers. Auch hier gebietet sich eine finanzmarktrechtliche Prüfung im Einzelfall.

Um diese finanzmarktrechtlichen Anforderungen an Finanz-PPAs deutlich zu vereinfachen, sollte eine gesetzliche Klarstellung über die Klassifizierung von Finanz-PPAs i. S. d. europäischen und deutschen Vorgaben erfolgen.[587] Für Herkunftsnachtweise ist dies in § 79 Abs. 7 EEG 2023 bereits geschehen. Dies wäre wohl auch im Sinne der europäischen Vorgaben, die für PPAs in Art. 15 Nr. 8 der EE-Richtlinie fordern, „derartige Verträge keinen unverhältnismäßigen [...] Verfahren" zu unterwerfen sowie rechtliche und administrative Hindernisse zu beseitigen. Die zusätzlich zu beachtenden finanzmarktrechtlichen Anforderungen und schwerwiegenden Folgen bei Verstößen können ein Finanz-PPA sonst deutlich verkomplizieren.

D. Gestaltungsmöglichkeiten bei der Vereinbarung der Liefermenge

Die Liefermenge (gleichbedeutend mit Lieferumfang oder Liefervolumen) kann im PPA von den Parteien grds. frei vereinbart werden.[588] Dies gilt auch für die Liefermenge, die bei Finanz-PPAs als Referenzgröße für den finanziellen Ausgleich herangezogen wird. Allerdings begründet die dort vereinbarte Menge – wie erläutert wegen der rein finanziellen Abwicklung – lediglich ein Finanzierungsrisiko, nicht aber ein Verwendungs- oder Beschaffungsrisiko im Hinblick auf die tatsächliche Stromlieferung. Angesichts der damit größeren praktischen und rechtlichen Bedeutung der Liefermengenvereinbarung bei physisch abgewickelten PPAs wird der folgende Abschnitt die physische Liefermenge in den Vordergrund stellen. Wegen der besonderen Wichtigkeit gilt es, eine Liefermengenvereinbarung zu treffen, die den Anforderungen und Interessen der Parteien möglichst gerecht wird. Zentrales Interesse des Anlagenbetreibers ist es, den Cashflow des Projekts zu maximieren, um Renditen und Finanzierungsbedingungen zu optimieren. Dazu spielt die Mengenvereinbarung neben der Preisvereinbarung eine zentrale Rolle.[589] Denn das Produkt aus Menge und Preis des verkauften Stroms ergibt über die Laufzeit des Vertrags die Einnahmen des Projekts.[590] Der Cashflow lässt sich erhöhen, indem der Anlagenbetreiber

---

585 Dena, Finanzierung von Erneuerbare-Energien-Anlagen über Power Purchase Agreements, S. 24.

586 *Buisson/Zenke/Dessau*, in: Energiehandel in Europa, § 10, Rn. 88.

587 So fordert dies etwa die dena, Finanzierung von Erneuerbare-Energien-Anlagen über Power Purchase Agreements, S. 24, Fn. 18.

588 Dena, Vertragswesen von Green Power Purchase Agreements, S. 19.

589 Energy Brainpool, Power Purchase Agreements II: Marktanalyse, Bepreisung und Hedgingstrategien, S. 8.

590 *Konstantin*, Praxisbuch Energiewirtschaft, S. 48.

den gesamten erzeugten Strom zu möglichst hohen Preisen verkauft. Ihm stehen hierzu die bereits erläuterten Vermarktungsoptionen für EE-Strom zur Verfügung.

Gleichzeitig ist für den Anlagenbetreiber wichtig, dass er die vereinbarte Lieferverpflichtung mit seiner dargebotsabhängigen Stromerzeugungsanlage erfüllen kann. Kann er die Liefermenge nicht allein durch die Produktion der Anlage erfüllen, muss er die fehlenden Strommengen, das sog. komplementäre Profil,[591] regelmäßig teuer am Markt beschaffen bzw. eine Ausgleichszahlung dafür leisten, dass der Abnehmer sich diese Mengen am Markt selbst beschafft (Beschaffungs- bzw. Mengenrisiko des Anlagenbetreibers).[592] Denn im Grundsatz bleibt der Anlagenbetreiber zur Lieferung der vereinbarten Strommenge verpflichtet und muss durch anderweitige Beschaffung seine Lieferfähigkeit sicherstellen. In Bezug auf fehlende Erzeugungskapazitäten kann sich der Anlagenbetreiber nicht auf Unmöglichkeit oder Unzumutbarkeit i. S. v. § 275 BGB berufen.[593] An der Börse gewährleisten bestimmte Händler, die sog. Market Maker, dass Strom zu jedem Zeitpunkt gekauft und verkauft werden kann, indem sie zu jedem Zeitpunkt Kaufs- oder Verkaufsangebote stellen.[594] Da es sich bei der Lieferung von Strom in PPAs um eine Gattungsschuld handelt,[595] wird der Verkäufer durch eine geringere Anlagenproduktion nicht gem. § 275 BGB von der Lieferpflicht befreit, sondern hat die erforderlichen Strommengen zu beschaffen. Nur wenn der Anlagenbetreiber die Erfüllung der Lieferung nicht durch Zukäufe ermöglichen kann, bestehen die Schadensersatzansprüche nach §§ 280 ff. BGB. Vertraglich geregelte Schadensersatzansprüche und Vertragsstrafen sollten sich hinsichtlich der Schadenshöhe an den Kosten der Stromersatzbeschaffung orientieren.[596] Es sind die AGB-rechtlichen Angemessenheitsgrenzen für Schadensersatzansprüche und Vertragsstrafen zu berücksichtigen.[597] Mit der Lieferverpflichtung korrespondiert grds. die Abnahmeverpflichtung des Abnehmers (vgl. § 433 Abs. 2 BGB), der damit das Verwendungsrisiko trägt.[598]

Der Abnehmer wiederum möchte seinen physischen Strombedarf möglichst preisgünstig decken bzw. zu kalkulierbaren Preisen und Mengen beziehen. Regelmäßig hat er daher ein Interesse an einer festeren Mengenvereinbarung.[599] Wenn der Anlagenbetreiber die zu liefernde Menge frei bestimmen kann, weil keine Verpflichtung zur Lieferung einer bestimmten Menge vereinbart wurde, hat der Abnehmer keine feste Kalkulationsgrundlage. Für diesen Fall hat der Abnehmer nicht benötigte Mengen zu veräußern und die zur Deckung seines Bedarfs fehlenden Strommengen, das komplementäre Profil, selbst teurer am Markt zu beschaffen, ohne dass er diese Kosten ersetzt bekommt. Denn der Verkäufer ist nicht verpflichtet, im bedarfsdeckenden Umfang zu liefern und macht sich insofern auch nicht schadensersatzpflichtig. Würde der Käufer in einem solchen Fall eine seinen Bedarf übersteigende Lieferung nicht annehmen, bliebe er gem. § 326 Abs. 2 S. 1 BGB zur Zah-

591 Dena, Corporate Green PPAs: Ökonomische Analyse, S. 17.

592 Vgl. dena, Finanzierung von Erneuerbare-Energien-Anlagen über Power Purchase Agreements, S. 11.

593 Vgl. *U. Scholz/Tüngler*, EnWZ 2020, 201, 206.

594 *Keil*, in: Windenergieanlagen, Kap. 4. IV. 4., Rn. 421.

595 *Rauch*, ER 2022, 135, 138.

596 Vgl. *J. Held/Koch*, ER 2019, 18, 23.

597 *J. Held/Koch*, ER 2019, 18, 22 f.

598 *Rauch*, ER 2022, 135, 139 f.

599 Vgl. *Rauch*, ER 2022, 135, 139 f.; *C. Schneider/Lüdecke*, IR 2019, 50.

lung der Gegenleistung verpflichtet.[600] Denn der Abnehmer wäre für die Unmöglichkeit der Leistung verantwortlich (Alt. 1) oder jedenfalls wäre der der Verkäufer (Schuldner) nicht für die Unmöglichkeit verantwortlich und der Abnehmer (Gläubiger) befände sich im Annahmeverzug (Alt. 2). Auf diesen Gegenleistungsanspruch wäre jedoch gem. § 326 Abs. 2 S. 2 BGB das anzurechnen, was der Verkäufer durch die anderweitige Verwertung des Leistungsgegenstandes an Erlösen erzielt hat oder hätte erzielen müssen („zu erwerben böswillig unterlässt").[601] Vom Zahlungsanspruch des Verkäufers wäre also das abzuziehen, was der Verkäufer durch anderweitige Verwertung des überschüssigen Stroms im Stromhandel erzielen kann. Dabei handelt es sich um eine Vorteilsausgleichung, wie sie als Figur aus dem Schadensrecht bekannt ist.[602] Der Schuldner soll durch die Unmöglichkeit nicht bessergestellt werden und nicht aufgrund der Unmöglichkeit doppelte Gewinne erzielen können.[603] Mithin müsste der Abnehmer zumindest für den Teil der Vergütung aufkommen, der nicht durch anderweitige Einnahmen gedeckt ist. Zudem besteht die Möglichkeit, dass der Verkäufer den Abnehmer mit einem Schadensersatzanspruch wegen der Unmöglichkeit der Abnahme in Anspruch nimmt.[604] Die Nichterfüllung der Abnahmepflicht kann als eine Pflichtverletzung i. S. d. allgemeinen Leistungsstörungsrechts grds. zu Schadensersatzansprüchen oder zur Vertragsbeendigung führen.[605] Schadensersatzansprüche können sich ergeben aus §§ 280 Abs. 1, 3, 283 BGB (Schadensersatz statt der Leistung) oder §§ 280 Abs. 1, 2, 286 BGB (Schadensersatz neben der Leistung). Darüber hinaus gelten die Regelungen zum Annahmeverzug gem. § 293 ff. BGB.

Generell gilt im Hinblick auf die Verteilung des Mengenrisikos i. e. S., dass der Anlagenbetreiber mehr Risiken trägt, je fester die Mengenvereinbarung ist. Je lockerer die Mengenvereinbarung ist, desto mehr Risiken trägt der Abnehmer. Durch die Mengenvereinbarung gilt es, dieses Risiko aus ökonomischer Sicht im Rahmen des Risikomanagements der Projektfinanzierung durch die vertragliche Bestimmung interessengerecht zwischen den Parteien aufzuteilen. Die Schwierigkeit erwächst dabei insb. aus der Langfristigkeit des PPAs. Einerseits können sich die Bedürfnisse der Parteien verändern, andererseits macht die Dargebotsabhängigkeit der EE-Anlagen eine angemessene Ausgestaltung der langfristigen Mengenvereinbarung anspruchsvoll.[606]

Der Lieferumfang kann auf zwei verschiedene Arten vertraglich bestimmt werden.

Einerseits kann eine bestimmte „feste Liefermenge" im Voraus, d. h. vor Beginn der Vertragsdurchführung, von den Parteien festgelegt werden (sog. „Fixed-volume-PPAs"[607] oder auch Fahrplanlieferung[608]). Da dieser vereinbarten Liefermenge ein bestimmtes Lie-

600 OLG Saarbrücken, BeckRS 2018, 39696, Rn. 32, 40.

601 OLG Saarbrücken, BeckRS 2018, 39696, Rn. 40.

602 BeckOK/*H. Schmidt*, § 326 BGB, Rn. 20.

603 BeckOK/*H. Schmidt*, § 326 BGB, Rn. 20.

604 Vgl. *Thomale/Feurstein*, NJOZ 2010, 811, 812.

605 *Thomale/Feurstein*, NJOZ 2010, 811, 812.

606 Energy Brainpool, Power Purchase Agreements II: Marktanalyse, Bepreisung und Hedgingstrategien, S. 8.

607 *Wiederholt/Ludwig*, EnWZ 2019, 110, 111; Schneider Electric, Proactively Managing Risks, S. 9.

608 *Neveling/Schönrock*, in: Energiehandel in Europa, § 25, Rn. 55 f.

ferprofil des Verkäufers zugrunde liegt, wird sie auch als profilbasierte Lieferung bezeichnet.[609]

Andererseits kann die Liefermenge im Voraus der Vertragsdurchführung noch unbestimmt bleiben, sodass nur die Lieferung einer unbestimmten, variablen Menge vereinbart wird, deren Umfang sich erst im Nachgang der Lieferung beziffern lässt (sog. offene Lieferung).[610] Sowohl bei der Vereinbarung eines festen Liefervolumens als auch bei offenen Lieferungen mit variablem Lieferumfang sind weitere Gestaltungsmöglichkeiten denkbar.

I. Feste Liefermenge

Wesentlich für die sog. Fixed-volume-Vereinbarung ist die Bestimmung eines festen Lieferumfangs bereits vor Beginn der Vertragsdurchführung. Die Mengenvereinbarung kann sowohl absolut als auch prozentual angegeben werden.[611] Eine prozentuale Angabe kann sich entweder auf die gesamte Leistungsfähigkeit der Anlage oder z. B. einzelne Solarmodule bzw. Windturbinen beziehen.[612]

Bleibt die produzierte und gelieferte Strommenge hinter der vereinbarten Menge zurück, hat der Anlagenbetreiber das komplementäre Profil (Reststrommengen) am Markt zu beschaffen.[613] Der Anlagenbetreiber trägt in diesem Fall das Beschaffungsrisiko, das in diesem Zusammenhang als Mengenrisiko i. e. S. des Verkäufers bezeichnet wird. Auch das Risiko der Nichtverfügbarkeit der Erzeugungsanlage fällt unter dieses Risiko und liegt beim Anlagenbetreiber.[614] Für überschüssig produzierte Mengen besteht keine Lieferverpflichtung aus dem PPA, sodass diese vom Anlagenbetreiber am Markt frei veräußert werden können,[615] damit allerdings einem Preisrisiko unterliegen. Für die Beschaffung der Reststrommengen bzw. Veräußerung überschüssig produzierter Mengen kann ein Energieversorgungsunternehmen am PPA beteiligt werden (Sleeved-PPA).[616] Dem Beschaffungsrisiko steht nach der Konzeption des § 433 BGB bei der Vereinbarung einer festen Liefermenge das Verwendungsrisiko des Abnehmers gegenüber.

Verletzt der Verkäufer die Lieferpflicht, weil er nicht entsprechend Strom produzieren bzw. zukaufen kann, wird die Leistungspflicht des Verkäufers gem. § 275 Abs. 1 BGB unmöglich. Es liegt, wie bereits beschrieben, ein absolutes Fixgeschäft vor, da Einspeisung und Entnahme im gleichen Moment erfolgen müssen. Die Gegenleistungspflicht geht gem.

---

609 *Bitterli*, Tipps und Tricks zur Finanzmodellierung von PPAs, https://www.greenmatch.ch/de/blog/tipps-finanzmodellierung-ppa.

610 *Neveling/Schönrock*, in: Energiehandel in Europa, § 25, Rn. 55.

611 *Wiederholt/Ludwig*, EnWZ 2019, 110, 111; mit Verweis auf *Hilpert*, Rechtliche Bewertung von Power Purchase Agreements (PPAs) mit erneuerbaren Energien, S. 16.

612 ACORE, Renewable Energy PPA Guidebook for Corporate & Industrial Purchasers, S. 13.

613 Dena, Vertragswesen von Green Power Purchase Agreements, S. 20; mit Verweis auf *C. Schneider/Lüdecke*, IR 2019, 50.

614 Vgl. dena, Vertragswesen von Green Power Purchase Agreements, S. 20.

615 Vgl. *Hilpert*, Rechtliche Bewertung von Power Purchase Agreements (PPAs) mit erneuerbaren Energien, S. 10.

616 Vgl. *Metzger/M. Schmidt/Bickel*, Power-Purchase-Agreements (PPA) zur Belieferung von Elektrolyseanlagen zur Herstellung synthetischer Kraftstoffe aus erneuerbare Energien, S. 12.

§ 326 Abs. 1 S. 1 BGB ebenfalls unter. Bei einer Verletzung der Abnahmepflicht wird die Leistungspflicht unmöglich gem. § 275 Abs. 1 BGB und die Gegenleistungspflicht bleibt gem. § 326 Abs. 2 BGB bestehen, weil der Abnehmer für die Unmöglichkeit verantwortlich ist bzw. weil sich der Abnehmer im Annahmeverzug befindet, ohne dass der Verkäufer für die Unmöglichkeit verantwortlich ist. Ggf. sind Erlöse aus einem anderweitigen Verkauf der nicht abgenommenen Strommengen auf den Gegenleistungsanspruch gem. § 326 Abs. 2 S. 2 BGB anzurechnen.

Bei Nichteinhaltung der Lieferverpflichtungen bestehen zudem die schuldrechtlichen Schadensersatzansprüche nach §§ 280 ff. BGB, die im Vertrag aufgenommen und als dispositive Bestimmungen grds. auch angepasst werden können.[617] Insb. industriellen Abnehmern wird bei einer solchen Vereinbarung geraten, sich für den Fall nicht bedarfsdeckender Stromlieferungen durch weitere Stromlieferverträge abzusichern.[618] Dafür kann ebenfalls ein Energieversorgungsunternehmen am PPA beteiligt werden (Sleeved-PPA).[619]

Bei der Vereinbarung einer Fixed-volume-Lieferung stellen sich zwei Anschlussprobleme. Einerseits muss der feste Lieferumfang bestmöglich praxistauglich unter Berücksichtigung der Dargebotsabhängigkeit der Anlagen bestimmt werden. Andererseits ist die Struktur der Lieferung zu bestimmen (vgl. oben „profilbasierte Lieferung").

1. Bestimmung der Liefermenge

Um für dargebotsabhängige Anlagen eine zu den Erzeugungsmöglichkeiten passende Liefermenge bestimmen zu können, bedarf es einer Prognose über die Menge Strom, die in Zukunft von der Anlage produziert werden kann. Das ist insb. für die Investoren der Anlage relevant, da sich die Strommenge, die verkauft werden kann, auf den Cashflow und die Rentabilität des Projekts auswirkt. Wie gesehen, ergibt sich der Cashflow aus dem Produkt von Liefermenge und Preis des verkauften Stroms über die Vertragslaufzeit.[620] Zu ermitteln ist – bei einer Windkraftanlage z. B. durch ein Windgutachten – zunächst der sog. Energieertrag der Stromerzeugungsanlage. Der Energieertrag ist die erwartete, durchschnittliche Energieerzeugung in einem bestimmten Zeitraum, regelmäßig binnen eines Jahres.[621] Die Berechnung beruht auf den geographischen, meteorologischen und technologischen Eigenheiten des Projekts.[622] Der Energieertrag wird zunächst für einen Basisszenario berechnet, d. h. Unsicherheiten werden nicht abgebildet.[623] Es handelt sich beim Energieertrag dargebotsabhängiger Anlagen daher nicht um eine Menge, deren Produktion gesichert ist, sondern lediglich um eine prognostizierte Menge.

Da insb. Anlagen zur Erzeugung von Strom aus erneuerbaren Energien stark von den natürlichen Ressourcen abhängen, benötigen Investoren ergänzend einen Wert, der die

617 Dena, Vertragswesen von Green Power Purchase Agreements, S. 20.

618 Vgl. *Hilpert*, Rechtliche Bewertung von Power Purchase Agreements (PPAs) mit erneuerbaren Energien, S. 10.

619 Dena, Corporate Green PPAs: Ökonomische Analyse, S. 8.

620 *Konstantin*, Praxisbuch Energiewirtschaft, S. 48.

621 Vgl. *Konstantin*, Praxisbuch Energiewirtschaft, S. 234.

622 Vgl. *Konstantin*, Praxisbuch Energiewirtschaft, S. 234.

623 *Konstantin*, Praxisbuch Energiewirtschaft, S. 46.

Wahrscheinlichkeit quantifiziert, mit der der prognostizierte Energieertrag erreicht bzw. nicht erreicht wird.[624] Dazu dient die sog. Überschreitungswahrscheinlichkeit (*exceedance probability*).[625] Beschrieben wird die Prognosegüte des als Menge angegebenen Energieertrags. Diese Prognosegüte wird als Wert „PXX“ angegeben, wobei „XX“ die Höhe der Überschreitungswahrscheinlichkeit beschreibt. Eine mit P50 beschriebene Produktionsmenge beschreibt z. B. eine im Windgutachten für ein Jahr ermittelte Strommenge, die mit der Wahrscheinlichkeit von 50 % erreicht wird. Die Wahrscheinlichkeit der Überschreitung beträgt ebenso wie die Wahrscheinlichkeit der Unterschreitung 50 %.[626] Bei einem P90-Wert beträgt die Wahrscheinlichkeit der Überschreitung 90 % und die Wahrscheinlichkeit der Unterschreitung 10 %. Der P90-Wert ist daher einer geringeren Produktionsmenge zugeordnet als der P50-Wert. Sofern z. B. die P50-Menge einer Windenergieanlage 10 gWh beträgt, liegt die P75-Menge darunter, z. B. bei 9 gWh.[627] Je höher die Wahrscheinlichkeit ist, dass der Energieertrag erreicht wird, desto stärker sinkt die Menge. Bei einem höheren Energieertrag sinkt die Wahrscheinlichkeit, bei höherer Wahrscheinlichkeit sinkt der Energieertrag.[628]

Daraus ergibt sich ein Zielkonflikt. Denn einerseits möchten Eigen- und Fremdkapitalgeber, dass eine möglichst große Menge vertraglich veräußert wird, um den Cashflow als Produkt von Menge und Preis zu maximieren. So sollen die Finanzierungsbedingungen optimiert werden, denn eine bessere Mengenrisikoabsicherung macht einen niedrigeren Schuldendienstdeckungsgrad (DSCR) aus Sicht der Fremdkapitalgeber akzeptabel.[629] Andererseits wollen Projektierer und Finanziers vermeiden, dass Lieferverpflichtungen nicht eingehalten werden können, dass das komplementäre Profil am Strommarkt teuer beschafft werden muss oder dass Strafzahlungen anfallen.[630] Dieser Zielkonflikt ist möglichst aufzulösen. Dazu ist eine Sensivitätsanalyse durchzuführen und zu quantifizieren, wie sich eine Nichtlieferung in Phasen hoher Strompreise auswirken würde.[631] Entweder fallen dann hohe Beschaffungskosten für den am Spotmarkt zu beschaffenden Strom an oder es müssen Strafzahlungen geleistet werden.[632] Insofern ist zu untersuchen, wie sich diese Kosten im Verhältnis zur Mengenvereinbarung entwickeln.[633] Je größer die vereinbarte Liefermenge, desto stärker fallen Lieferausfälle ins Gewicht. Gleichzeitig steigt die Wahrscheinlichkeit für Lieferausfälle (vgl. P-Wert). Können die P-Produktionsmengen in ein Verhältnis zu die-

624 *Konstantin*, Praxisbuch Energiewirtschaft, S. 46.

625 Siehe Teil 1, C. II. 6. f); *Konstantin*, Praxisbuch Energiewirtschaft, S. 46.

626 Vgl. *Konstantin*, Praxisbuch Energiewirtschaft, S. 47.

627 Beispiel entnommen aus dena, Finanzierung von Erneuerbare-Energien-Anlagen über Power Purchase Agreements, S. 11.

628 Vgl. dazu ausführlich *Konstantin*, Praxisbuch Energiewirtschaft, S. 47.

629 Vgl. dena, Finanzierung von Erneuerbare-Energien-Anlagen über Power Purchase Agreements, S. 11.

630 Dena, Finanzierung von Erneuerbare-Energien-Anlagen über Power Purchase Agreements, S. 11.

631 Vgl. dena, Finanzierung von Erneuerbare-Energien-Anlagen über Power Purchase Agreements, S. 11.

632 Vgl. dena, Finanzierung von Erneuerbare-Energien-Anlagen über Power Purchase Agreements, S. 11.

633 Dena, Finanzierung von Erneuerbare-Energien-Anlagen über Power Purchase Agreements, S. 11 f.

sen Kosten gesetzt werden, besteht die Möglichkeit, eine optimale Mengenvereinbarung zu treffen. Entscheidend ist, dass die Fremdkapitalgeber mit einbezogen werden. Ihre Einschätzung der Mengenvereinbarung und den aus dieser für die Finanzierung erwachsenden Konsequenzen, wird für die Finanzierung am Ende entscheidend sein.[634]

Regelmäßig wird sich die Vereinbarung zwischen einer P50- bzw. P90-Menge bewegen.[635] Häufig reichen PPA-Mengenvereinbarungen für Solar- oder Windenergieanlagen an Land derzeit knapp an P75-Werte heran.[636]

Ausgehend von der auf diese Weise bestimmten Liefermenge kann der Anlagenbetreiber berechnen, wie hoch der Preis sein muss, damit er seine Kosten über die Vertragslaufzeit decken kann.

2. Lieferstruktur

Zu unterscheiden ist die so vorgenommene Bestimmung einer Fixed-volume-Liefermenge von der Festlegung der Lieferstruktur, bei der es darum geht, in welchem Zeitraum wie viel der vereinbarten Energiemenge geliefert werden muss. Sofern sich die Parteien für eine feste Liefermenge entscheiden, muss die Lieferstruktur ebenfalls geregelt werden.[637] Während die Bestimmung der Liefermenge das Beschaffungs- und Verwendungsrisiko bzw. das Mengenrisiko i. e. S. betrifft, regelt die Festlegung der Lieferstruktur eine besondere Ausprägung des Mengenrisikos i. e. S. Dieses wird als Profilrisiko[638] oder Produktionsprofilrisiko[639] bezeichnet. Parallel zum Mengenrisiko i. e. S. beschreibt das Profilrisiko das Risiko von Abweichungen der Produktion (Profilrisiko des Verkäufers) bzw. vom Bedarf (Profilrisiko des Käufers) von der vereinbarten Lieferstruktur. Im Hinblick auf die Lieferstruktur sind ebenfalls feste oder variable Vereinbarungen denkbar. Es gilt – wie zuvor für die Mengenvereinbarung beschrieben –, dass der Anlagenbetreiber mehr Risiko trägt, je fester die Lieferstrukturvereinbarung ist. Je lockerer die Lieferstrukturvereinbarung ist, desto mehr Risiko trägt der Abnehmer.

a) Feste Lieferstruktur (insbesondere Baseload)

Bei Liefermengen nach Lieferfahrplan kommen insb. sog. Programm- oder Bandlieferungen in Betracht. Bei einer Bandlieferung handelt es sich um die Deckung einer kons-

---

634 Vgl. dena, Finanzierung von Erneuerbare-Energien-Anlagen über Power Purchase Agreements, S. 12.

635 Vgl. Energy Brainpool, Power Purchase Agreements II: Marktanalyse, Bepreisung und Hedgingstrategien, S. 8.

636 Dena, Finanzierung von Erneuerbare-Energien-Anlagen über Power Purchase Agreements, S. 12.

637 Energy Brainpool, Power Purchase Agreements II: Marktanalyse, Bepreisung und Hedgingstrategien, S. 8.

638 Dena, Preisleitfaden Green PPA, S. 6 ff.

639 Vgl. *Brunnberg/Johnsen*, Power Purchase Agreements: Perspektiven auf dem europäischen Markt, S. 4 f.

tanten Grundlast des Abnehmers (engl. Baseload).[640] Bei Programmlieferungen handelt es sich um ein Lieferprogramm von bestimmten Mengen zu bestimmten Tageszeiten an bestimmten Wochentagen.[641] Ergänzend zu den Baseloadprodukten bestehen z. B. Produkte zur Belieferung der Spitzenlast zwischen 8 und 20 Uhr (engl. Peakload).[642] Programmlieferungen sind i. d. R. stärker an die zu erwartenden Bedürfnisse des Abnehmers angepasst. Da in einer derart festen Lieferstruktur für den Abnehmer die geringsten Mehraufwände entstehen, ist sie für den Abnehmer regelmäßig besonders komfortabel.[643] Trotzdem haben sich Baseloadvereinbarungen in PPAs im deutschen Markt noch nicht als Standard etabliert.[644] Ursächlich dafür sind die Schwierigkeiten, die eine Baseloadvereinbarung für Anlagenbetreiber mit sich bringt.

Wie bereits beschrieben, ist für einen Anlagenbetreiber bei der Vereinbarung der Liefermenge und der Lieferstruktur die Frage von Bedeutung, ob er die vereinbarte Liefermenge aufgrund der Produktion seiner Erzeugungsanlage auch erfüllen kann. Ist eine stündliche, konstante Baseloadlieferung vereinbart, wird es für den Betreiber einer dargebotsabhängigen Anlage deutlich schwerer sein, seiner Verpflichtung nachzukommen, als wenn die Liefermengenverpflichtung für ein längeres Zeitintervall vereinbart wurde und er die Struktur seiner Lieferung innerhalb des Intervalls selbst bestimmen kann. Kann der Anlagenbetreiber seine Lieferverpflichtung aus der Produktion seiner Anlage nicht erfüllen, muss er den übrigen Strom am Markt zu eventuell hohen Preisen beschaffen (Beschaffungsrisiko bzw. Profilrisiko als Ausprägung des Mengenrisikos i. e. S.). Bei Baseloadprodukten, die i. d. R. zur Grundlastsicherung die stündliche, konstante Lieferung einer bestimmten Menge Elektrizität beinhalten, besteht für Betreiber von dargebotsabhängigen Erzeugungsanlagen ein relativ hohes Profilrisiko.[645] EE-Anlagen sind wegen ihrer Dargebotsabhängigkeit mithin schlechter für Baseload- oder Programmlieferungen geeignet als Anlagen deren Erzeugung vom Wetter unabhängig ist.[646] Das Risiko kann gemindert werden, wenn die EE-Anlagen mit anderen Anlagen, insb. Speicheranlagen oder anderen grundlastfähigen Anlagen wie Biomasse-, Wasserkraft- oder KWK-Anlagen, kombiniert werden.[647] Womöglich lassen sich teilweise auch die Erzeugungsprofile von verschiedenen Wind- und Solaranlagen abstimmen und zu einem Profil ergänzen, das dem Baseloadprofil nahe kommt. Ein solches sog. „Projekt-" oder „Anlagen-Pooling" führt jedenfalls zu einer Risikodiversifizierung.[648] Sofern keine anderen Anlagen für die Lieferung zur Verfügung stehen, muss der Verkäufer die Mengenabweichungen am Markt beschaffen oder von einem Dritten beschaffen lassen, damit er sich nicht gegenüber dem Abnehmer schadensersatzpflichtig macht.[649] Die Aus-

640 *Theobald/Nill-Theobald*, Grundzüge des Energiewirtschaftsrechts, S. 140.

641 *Theobald/Nill-Theobald*, Grundzüge des Energiewirtschaftsrechts, S. 140.

642 *Schwintowski/F. Scholz/Schuler* (Hrsg.), Handbuch Energiehandel, S. 740.

643 Dena, Vertragswesen von Green Power Purchase Agreements, S. 21.

644 Dena, Vertragswesen von Green Power Purchase Agreements, S. 21.

645 Vgl. *Brunnberg/Johnsen*, Power Purchase Agreements: Perspektiven auf dem europäischen Markt, S. 4 f.

646 Vgl. dena, Finanzierung von Erneuerbare-Energien-Anlagen über Power Purchase Agreements, S. 16.

647 *Zander* et al., Strombeschaffung im liberalisierten Energiemarkt, S. 59; ähnlich *S. Geiger/ Balland*, REE 2019, 53, 55.

648 *Pohl*, ZfRV 2010, 92, 95 f.

649 Vgl. dena, Vertragswesen von Green Power Purchase Agreements, S. 20 f.

wirkungen von Pflichtverletzungen auf Primär- und Sekundäransprüche bei einer festen Liefermenge wurden bereits erläutert.

Die Beschaffung des komplementären Profils setzt vertiefte Strommarktkenntnisse voraus, die Anlagenbetreiber insofern aufweisen sollten, wenn sie eine Baseloadvereinbarung treffen wollen.[650] Alternativ sollte dafür ein Energieversorgungsunternehmen am PPA beteiligt werden, das diese Aufgabe übernimmt (Sleeved-PPA).[651] Insb. industriellen Abnehmern ist bei einer festen Lieferstruktur zu raten, sich trotz der bestehenden Lieferverpflichtung für den Fall fehlender Stromlieferungen im Hinblick auf mögliche gesetzliche Schadensminderungsobliegenheiten durch weitere Stromlieferverträge abzusichern.[652]

Vornehmlich bei Solaranlagen sind außerdem sog. Pre-defined-Profile-Vereinbarungen zu finden, die sich am üblichen Erzeugungsprofil der Anlage orientieren und bestimmte Liefermengenverpflichtungen für jede Stunde eines Tages und für jeden Monat beinhalten.[653] Solaranlagen haben ein wiederkehrendes Einspeiseprofil mit weniger starken Abweichungen durch klimatische Bedingungen als Windenergieanlagen und sind insofern für derartige Vereinbarungen besser geeignet.[654] Im Rahmen einer solchen Vereinbarung sind wegen der Anpassung der Lieferverpflichtung an das Produktionsprofil der Anlage regelmäßig nur geringfügige Produktionsabweichungen zu erwarten, sodass das Profilrisiko verhältnismäßig klein ist.[655]

b) Variable Lieferstruktur

Die Lieferstruktur kann, anders als bei Programm- und Bandlieferungen, auch deutlich variabler gestaltet werden, indem dem Verkäufer die Möglichkeit gegeben wird, seine Verpflichtung zur Lieferung des vertraglichen Lieferumfangs über einen längeren Zeitraum wie Jahre oder Vierteljahre zu erfüllen („Fixed volume for defined period").[656] Bei derart längeren Zeitintervallen hat das zur Folge, dass das erläuterte Profilrisiko nicht besteht.[657] Der Anlagenbetreiber kann die Struktur seiner Lieferung innerhalb dieses Intervalls nämlich selbst bestimmen und nur liefern, wenn seine Anlage Strom erzeugt. Er muss nur dafür Sorge tragen, dass er die Lieferverpflichtung insgesamt erfüllt. Innerhalb des Zeitintervalls kann der Anlagenbetreiber die Lieferung mithin an den Produktionskapazitäten der Anlage ausrichten („As-produced"). Diese hinsichtlich des Gesamtlieferumfangs feste, aber innerhalb des Zeitintervalls flexibilisierte Lieferverpflichtung führt zu einem geminderten

650 *Metzger/M. Schmidt/Bickel*, Power-Purchase-Agreements (PPA) zur Belieferung von Elektrolyseanlagen zur Herstellung synthetischer Kraftstoffe aus erneuerbare Energien, S. 12; *C. Schneider/Lüdecke*, IR 2019, 50.

651 Dena, Corporate Green PPAs: Ökonomische Analyse, S. 16 f.

652 Dena, Vertragswesen von Green Power Purchase Agreements, S. 20; mit Verweis auf *Hilpert*, Rechtliche Bewertung von Power Purchase Agreements (PPAs) mit erneuerbaren Energien, S. 10.

653 Dena, Preisleitfaden Green PPA, S. 9.

654 Dena, Preisleitfaden Green PPA, S. 9.

655 Vgl. dena, Preisleitfaden Green PPA, S. 9.

656 *Brunnberg/Johnsen*, Power Purchase Agreements: Perspektiven auf dem europäischen Markt, S. 5.

657 *Brunnberg/Johnsen*, Power Purchase Agreements: Perspektiven auf dem europäischen Markt, S. 5; dena, Preisleitfaden Green PPA, S. 8.

Beschaffungsrisiko des Verkäufers. Die Abnahmeverpflichtung ist allerdings nicht gleichermaßen flexibilisiert, sondern besteht zu jedem Zeitpunkt innerhalb des Zeitintervalls bis der Gesamtlieferumfang erreicht ist. Das Verwendungsrisiko ist mithin erhöht, da der Abnehmer die genauen Lieferzeitpunkte innerhalb des Intervalls nicht kennt. Im Hinblick auf den festen Gesamtlieferumfang bleibt es allerdings konstant. Der Abnehmer trägt zudem das Profilrisiko, da der Lieferumfang innerhalb des Zeitintervalls zeitweise seinen Bedarf über- oder unterschreiten kann. Eine derartige Vereinbarung hat des Weiteren Auswirkungen auf den Fixschuldcharakter der vertraglichen Pflichten. Während für die Lieferung kein fester Termin vorgeschrieben ist, sodass diese keine Fixschuld darstellt, ist die jederzeitige Abnahmeverpflichtung weiterhin ein absolutes Fixgeschäft.[658]

Nur eine Unterschreitung des Gesamtlieferumfangs stellt eine vertragliche Pflichtverletzung des Verkäufers dar. Bei einer Verletzung der Abnahmepflicht wird die Leistungspflicht auch bei einer „Fixed volume for defined period-Vereinbarung" unmöglich gem. § 275 Abs. 1 BGB und die Gegenleistungspflicht bleibt gem. § 326 Abs. 2 S. 1 BGB bestehen, weil der Abnehmer für die Unmöglichkeit verantwortlich ist bzw. weil sich der Abnehmer im Annahmeverzug befindet, ohne dass der Verkäufer für die Unmöglichkeit verantwortlich ist. Zudem sind etwaige Erlöse aus einem anderweitigen Verkauf gem. § 326 Abs. 2 S. 2 BGB anzurechnen. Des Weiteren kommen Schadensersatzansprüche des Lieferanten in Betracht.

Wie beschrieben, lassen sich Mengenvereinbarungen etwa anhand der P-Werte treffen. Die Vereinbarung einer As-produced-Lieferstruktur ist besonders für die Kombination mit einer P50-Menge geeignet,[659] d. h. heißt einer Ertragsmenge, die nur mit 50-prozentiger Wahrscheinlichkeit erreicht wird. Das Risiko der Unterproduktion ist bei einer P50-Menge größer, eine solche Vereinbarung aus Sicht der Verkäuferseite mithin risikoreicher. Investoren, die wie insb. die fremdkapitalgebenden Banken derartige Risiken meiden wollen, streben üblicherweise einen geringeren Lieferumfang auf Basis des wahrscheinlicheren P90-Werts an (Risiko der Unterproduktion ist geringer, da die Wahrscheinlichkeit, dass der erwartete Energieertrag tatsächlich erreicht wird bei 90 % liegt).[660] Will der Anlagenbetreiber eine risikoreichere P50-Menge vereinbaren, muss er eine Möglichkeit finden, den gesamten erzeugten Strom möglichst sicher zu veräußern. Dazu ist die As-produced-Lieferstruktur geeignet. Diese schließt nämlich – wie erläutert – das Profilrisiko des Verkäufers aus[661] und mindert dessen Beschaffungsrisiko. As-produced-Lieferstrukturklauseln sichern zwar nicht ab, dass die gesamte erzeugte Strommenge auch abgenommen wird (Mengenrisiko i. w. S.), sondern nur der vereinbarte Lieferumfang, sie sichern aber ab, dass der Anlagenbetreiber im Rahmen der vereinbarten Menge die Struktur seiner Lieferung selbst bestimmen und an das Lieferprofil der Anlage anpassen kann.

---

658 Bei bestehender Abnahmeverpflichtung in Stromlieferverträgen liegt Fixschuld in dieser Hinsicht vor *Büdenbender*, Energierecht, Rn. 850; vgl. auch *Röhling*, in: Energiehandel, Kap. 9, Rn. 33.

659 Vgl. *Brunnberg/Johnsen*, Power Purchase Agreements: Perspektiven auf dem europäischen Markt, S. 5.

660 *Konstantin*, Praxisbuch Energiewirtschaft, S. 47.

661 Dena, Preisleitfaden Green PPA, S. 8.

Die Verteilung von Risiken wie dem Mengenrisiko i. e. S. bzw. dem Profilrisiko kann analysiert und mittels Preisauf- oder Preisabschlägen eingepreist werden.[662] Da der Abnehmer bei der Vereinbarung einer variablen Lieferstruktur das Risiko übernimmt, dass der Lieferumfang innerhalb des Zeitintervalls zeitweise seinen Bedarf über- oder unterschreitet (Profilrisiko), ist er nur zur Zahlung geringerer Preise bereit.[663] Vor diesem Hintergrund wird angenommen, dass PPAs mit As-produced-Lieferstruktur seltener geschlossen werden als PPAs mit fester Lieferstruktur,[664] wenngleich sich dies bis jetzt noch nicht bewahrheitet hat.[665]

Diese feste Mengenvereinbarung mit einer variablen Lieferstruktur (As-produced-Lieferstruktur) ist abzugrenzen von der Vereinbarung einer variablen Menge, die sich ebenfalls nach der Erzeugung richten kann und auch „As-produced" genannt wird (As-produced-Liefermenge).

II. Variable Mengenvereinbarung (insbesondere As-produced)

1. Variable Mengenvereinbarung in Power-Purchase-Agreements

Ist im PPA eine variable Liefermenge vereinbart, die erst im Nachhinein genau gemessen und bestimmt wird, kann entweder die Lieferung der gesamten gemessenen Erzeugung („As-produced" oder „As-generated") vereinbart werden oder die Lieferung eines Teils der gesamten gemessenen Erzeugung.[666] Wichtig ist die bereits erwähnte Unterscheidung der Vereinbarung einer festen Liefermenge mit As-produced-Lieferstruktur („Fixed volume for defined period") von dieser offenen Lieferung „nach Können und Vermögen" des Anlagenbetreibers.[667] Mit der Lieferung „nach Können und Vermögen" des Anlagenbetreibers im Rahmen einer As-produced-Liefermenge wird das Beschaffungsrisiko des Verkäufers aufgehoben und es besteht allein das Verwendungsrisiko des Abnehmers (Mengenrisiko i. e. S. vollständig auf den Abnehmer übertragen), der wie gesehen Reststrommengen zu Marktpreisen beschaffen oder durch weitere Lieferverträge selbst decken muss.[668] Überschüssige Mengen, die den Bedarf des Abnehmers übersteigen, muss der Abnehmer entweder selbst verkaufen[669] oder von einem Dienstleister veräußern lassen.[670]

---

662 Dena, Preisleitfaden Green PPA, S. 6.

663 *Brunnberg/Johnsen*, Power Purchase Agreements: Perspektiven auf dem europäischen Markt, S. 5.

664 *Brunnberg/Johnsen*, Power Purchase Agreements: Perspektiven auf dem europäischen Markt, S. 5.

665 Vgl. dena, Vertragswesen von Green Power Purchase Agreements, S. 21.

666 Schneider Electric, Proactively Managing Risks, S. 9.

667 Vgl. *Brunnberg/Johnsen*, Power Purchase Agreements: Perspektiven auf dem europäischen Markt, S. 5.

668 Dena, Preisleitfaden Green PPA, S. 8 f.

669 *Metzger/M. Schmidt/Bickel*, Power-Purchase-Agreements (PPA) zur Belieferung von Elektrolyseanlagen zur Herstellung synthetischer Kraftstoffe aus erneuerbare Energien, S. 11.

670 Dena, Vertragswesen von Green Power Purchase Agreements, S. 19.

Bei einer As-produced-Lieferung liegt ein absolutes Fixgeschäft nur im Hinblick auf die Einhaltung der Abnahmeverpflichtung vor.[671] Die Lieferverpflichtung hingegen besteht nicht über die tatsächliche Produktion hinaus. Bei einer Verletzung der Abnahmepflicht wird die Leistungspflicht unmöglich gem. § 275 Abs. 1 BGB und die Gegenleistungspflicht bleibt gem. § 326 Abs. 2 S. 1 BGB bestehen, weil der Abnehmer für die Unmöglichkeit verantwortlich ist bzw. weil sich der Abnehmer im Annahmeverzug befindet, ohne dass der Verkäufer für die Unmöglichkeit verantwortlich ist.[672] Zudem sind etwaige Erlöse des Verkäufers aus einem anderweitigen Verkauf gem. § 326 Abs. 2 S. 2 BGB anzurechnen. Insofern besteht die Möglichkeit, dass der Abnehmer einen Teil der nicht angenommenen Leistung dennoch bezahlen muss. Des Weiteren besteht die Möglichkeit eines Schadensersatzanspruchs des Lieferanten insb. wegen der Unmöglichkeit.[673] Der Verkäufer kann seine völlig flexibilisierte Lieferverpflichtung fast nicht verletzen, da sich der Umfang seiner Lieferpflicht nach seinem Produktionsverhalten richtet.

Die bereits ausgeführten Punkte zum Profilrisiko bei As-produced-Lieferstruktur lassen sich im Wesentlichen auf das Mengenrisiko i. e. S. bei einer As-produced-Liefermenge übertragen. Ein Beschaffungsrisiko besteht für den Verkäufer nicht. Der Abnehmer trägt ein hohes Verwendungsrisiko, da er den Zeitpunkt der Lieferung nicht kennt und die Gefahr besteht, dass die Lieferung nicht zu seinem Bedarf passt. Derartige Liefermengenvereinbarungen sind für Abnehmer, z. B. einen Letztverbraucher aus der Industrie mit konstant hohem Strombedarf, schlecht kalkulierbar, sodass eine geringere Nachfrage bestehen dürfte.[674] Folge der Risikoverlagerung ist insb., dass der Anlagenbetreiber bei der Festlegung einer As-produced-Liefermenge nur einen deutlich geringeren Preis als bei Baseload- und einen geringeren Preis als bei „Fixed volume for a defined period"-Vereinbarungen verlangen kann, da sich der Preis an der Strenge der Lieferverpflichtungen und der daraus folgenden vertraglichen Risikoverteilung orientiert.[675] Mit strengeren Lieferverpflichtungen des Verkäufers steigt der Preis, mit lockereren Lieferverpflichtungen des Verkäufers sinkt der Preis, den der Anlagenbetreiber verlangen kann. Vor diesem Hintergrund wird – wie für PPAs mit As-produced-Lieferstruktur – angenommen, dass PPAs mit einer As-produced-Liefermenge seltener abgeschlossen werden als PPAs mit festem Lieferumfang,[676] was sich – wie erwähnt – jedoch bis jetzt nicht bewahrheitet hat.[677] Allerdings werden As-produced-Liefermengen wegen ihrer geringen Komplexität als für kleinere Anlagen geeignet angesehen.[678]

---

671 Bei bestehender Abnahmeverpflichtung in Stromlieferverträgen liegt Fixschuld in dieser Hinsicht vor *Büdenbender*, Energierecht, Rn. 850; vgl. auch *Röhling*, in: Energiehandel, Kap. 9, Rn. 33.

672 OLG Saarbrücken, BeckRS 2018, 39696, Rn. 32, 40.

673 Vgl. *Thomale/Feurstein*, NJOZ 2010, 811, 812.

674 *C. Schneider/Lüdecke*, IR 2019, 50.

675 *Brunnberg/Johnsen*, Power Purchase Agreements: Perspektiven auf dem europäischen Markt, S. 5.

676 *Brunnberg/Johnsen*, Power Purchase Agreements: Perspektiven auf dem europäischen Markt, S. 5.

677 Vgl. dena, Vertragswesen von Green Power Purchase Agreements, S. 21.

678 Energy Brainpool, Power Purchase Agreements II: Marktanalyse, Bepreisung und Hedgingstrategien, S. 8.

Es bestehen die folgenden Möglichkeiten, die Risiken im Rahmen eines As-produced-PPAs angemessener zu verteilen. Möglich ist es etwa, hinsichtlich der Übertragung des Mengenrisikos auf den Abnehmer z. B. eine Unterscheidung zwischen wetterbedingten und technischen Ausfällen vorzunehmen.[679] Wenn sich der Anlagenbetreiber im Rahmen eines As-produced-PPA zu regelmäßigen Instandsetzungs- und Instandhaltungsmaßnahmen verpflichtet, übernimmt der Abnehmer nur das Risiko der wetterbedingten Unterproduktion, nicht aber das Risiko technischer Ausfälle, das der Anlagenbetreiber maßgeblich beeinflussen kann.[680] Der Anlagenbetreiber wiederum kann sich für das Risiko technischer Ausfälle durch Wartungsverträge absichern.[681] Er sollte aber mit Blick auf die Finanzierungsbedingungen keine weitergehende Haftung übernehmen, als durch den Wartungsvertrag mit dem Wartungsunternehmen abgedeckt.[682]

Eine angemessenere Risikoverteilung als die Vereinbarung eines reinen As-produced-Lieferumfangs beinhaltet die Mengenvereinbarung anhand der sog. Day-Ahead- oder Intraday-Prognose (As-nominated[683]). Dabei wird der Anlagenbetreiber zur Abgabe einer Prognose für die Soll-Einspeisung verpflichtet, die er aufgrund von Wettervorhersagen, entweder am Tag zuvor oder noch am selben Tag z. B. erst Stunden zuvor, erstellt.[684] Der Anlagenbetreiber trägt dann das Risiko einer geringeren Ist-Einspeisung gegenüber der von ihm prognostizierten Soll-Einspeisung.[685] Es handelt sich insofern nicht um eine variable Liefermengenvereinbarung, sondern um einen festen Lieferumfang, der zwar bei Vertragsschluss noch freibleibt, aber vor der Vertragsdurchführung durch die Prognose bestimmt wird. Das Risiko kann für den Anlagenbetreiber begrenzt werden, indem eine Abweichungstoleranz von z. B. 5 % vom Abnehmer akzeptiert und im Vertrag vereinbart wird.[686] Darüber hinaus kann zugunsten des Anlagenbetreibers die Möglichkeit der Korrektur der Prognose durch den Anlagenbetreiber (etwa bis zu einem bestimmten Zeitpunkt) vereinbart werden.[687] Für den Abnehmer besteht im Rahmen einer solchen Vereinbarung immerhin ein gewisser Vorlauf, um auf die Differenzen zwischen der Einspeiseprognose des Anlagenbetreibers und seinem prognostizierten Bedarf zu reagieren.

Ist eine As-produced-Liefermenge vertraglich vereinbart und wird gleichzeitig eine Festpreisvereinbarung getroffen, spricht man von einer sog. „Pay-as-produced-Klausel". Klauseln, in denen eine As-produced-Liefermenge vorgesehen ist, aber keine Festpreisvereinbarung, sondern ein Erlös, den der Abnehmer (regelmäßig ein Utility mit Marktzugang) für den Verkauf am Spotmarkt abzüglich einer Servicegebühr erhält, werden Route-to-market-Klauseln genannt.[688] Der Anlagenbetreiber muss zwar den Strom nicht selbst vermarkten, benötigt also keinen Marktzugang oder Marktkenntnisse, erhält aber keine

679 Vgl. dena, Vertragswesen von Green Power Purchase Agreements, S. 19 f.

680 Vgl. *S. Geiger/Balland*, REE 2019, 53, 55.

681 Dena, Vertragswesen von Green Power Purchase Agreements, S. 20.

682 *S. Geiger/Balland*, REE 2019, 53, 55.

683 Vgl. dena, Preisleitfaden Green PPA, S. 9.

684 *S. Geiger/Balland*, REE 2019, 53, 55.

685 *S. Geiger/Balland*, REE 2019, 53, 55.

686 *S. Geiger/Balland*, REE 2019, 53, 55.

687 *S. Geiger/Balland*, REE 2019, 53, 55.

688 *Brunnberg/Johnsen*, Power Purchase Agreements: Perspektiven auf dem europäischen Markt, S. 5.

Preisabsicherung, weswegen Route-to-market-Klauseln eine hohe Risikobereitschaft des Anlagenbetreibers voraussetzen.[689] Gerade vor dem Hintergrund der Finanzierung werden Anlagenbetreiber beim Abschluss eines PPAs regelmäßig nicht derart risikoaffin sein. Wenn Anlagenbetreiber und die finanzierenden Banken mit einem steigenden Strompreis rechnen, können mit der Route-to-market-Klausel allerdings potentiell auch höhere Erlöse erzielt werden als mit einer Festpreisvereinbarung.[690]

2. Vollversorgung und Gesamtbedarfsdeckung des Abnehmers

Im Übrigen handelt es sich auch um eine offene Lieferung bei Klauseln, die sich nicht an der Erzeugung der Anlage, sondern am Bedarf des Abnehmers orientieren. Dazu gehören insb. die sog. Vollversorgungsklauseln bzw. aus Sicht des Verkäufers Gesamtbedarfsdeckungsklauseln. Im Rahmen einer sog. (Gesamt-)Bedarfsdeckungsklausel verpflichtet sich der Kunde, seinen gesamten Bedarf in einem bestimmten Zeitraum nur bei diesem Lieferanten zu beziehen.[691] Mindestabnahmevereinbarungen können eine ähnliche Wirkung haben, wenn eine Mindestabnahmemenge vereinbart ist, die faktisch den gesamten Bedarf oder einen großen Teil des Bedarfs deckt.[692] Derartige Klauseln sind das bedarfsbezogene Gegenstück zu anlagenbezogenen As-produced-Klauseln. Der Verkäufer schuldet die Lieferung gewissermaßen „As-consumed." Der Lieferumfang wird im Rahmen einer solchen Klausel erst nachträglich durch die tatsächlich entnommene Strommenge bestimmbar.[693] Folge einer derartigen Vereinbarung ist, dass der Käufer die Gegenleistung nur für die tatsächlich abgenommene Energiemenge schuldet.[694] Eine Abnahmepflicht des Käufers über eine bestimmte Mindestmenge besteht mithin nicht. Der Verkäufer ist allen Faktoren ausgesetzt, die das Abnahmeverhalten des Kunden beeinflussen.[695] Er trägt vollständig das Mengenrisiko i. e. S.[696] und muss das komplementäre Profil am Markt beschaffen, damit er sich nicht gegenüber dem Abnehmer schadensersatzpflichtig macht (hohes Beschaffungsrisiko).[697] Weist er selbst die notwendigen Marktkenntnisse nicht auf, ist für die Beschaffung des komplementären Profils ein Energieversorgungsunternehmen am PPA zu beteiligen (Sleeved-PPA).[698] Teilweise werden zur Eindämmung der Risiken des Anlagenbetreibers sog. Take-or-Pay-Klauseln vereinbart, die dem Abnehmer eine Mindestvergütung unabhängig von der tatsächlich abgenommenen Strommenge garantieren.[699]

---

689 *Brunnberg/Johnsen*, Power Purchase Agreements: Perspektiven auf dem europäischen Markt, S. 5.

690 *Brunnberg/Johnsen*, Power Purchase Agreements: Perspektiven auf dem europäischen Markt, S. 5.

691 *Schnichels*, EuZW 2003, 171, 172.

692 *Schnichels*, EuZW 2003, 171, 172.

693 *Neveling/Schönrock*, in: Energiehandel in Europa, § 25, Rn. 58.

694 *U. Scholz/Tüngler*, EnWZ 2020, 201, 204.

695 *U. Scholz/Tüngler*, EnWZ 2020, 201, 204.

696 Vgl. dena, Vertragswesen von Green Power Purchase Agreements, S. 8.

697 Vgl. dena, Vertragswesen von Green Power Purchase Agreements, S. 20 f.

698 Dena, Corporate Green PPAs: Ökonomische Analyse, S. 16 f.

699 *U. Scholz/Tüngler*, EnWZ 2020, 201, 204.

(Gesamt-)Bedarfsdeckungsklauseln binden den Abnehmer an den Verkäufer und dienen damit der Absatzsicherung.[700] Sie können mit einem Weiterleitungsverbot verbunden werden, das dazu führt, dass die Liefermenge bei einer Bedarfsdeckungsklausel kalkulierbar wird.[701] Wäre nicht vereinbart, dass Energie nur für den eigenen Letztverbrauch des Abnehmers geliefert werden soll, wäre nicht vorab kalkulierbar, wieviel Energie der Abnehmer beziehen will.[702] Dieser könnte grds. unbegrenzt Energie zur Weiterleitung nachfragen. Gleiches gilt für sog. Eigenerzeugungsverbote, die ebenfalls den Energiemengenbezug gegen eine Minderung durch Eigenversorgung absichern.[703] Die Zulässigkeit derartiger Klauseln unterliegt in Kombination mit den langen Laufzeiten eines PPAs insb. AGB- und kartellrechtlichen Grenzen, die schon erläutert wurden.[704]

Vollversorgungsklauseln sind in PPAs zwar möglich, sie gehören aber nicht zu den üblichen Klauseln eines PPAs.[705] Denn PPAs weisen Bezug zu einer konkreten Erzeugungsanlage auf und nicht zu einem Verbrauch.[706] Auf Grundlage dieser einseitigen Risikoverteilung wird eine Finanzierungsabsicherung mit einer Verpflichtung zur Vollversorgung zudem schwer vereinbar sein. Des Weiteren sind EE-Anlagen wegen ihrer Dargebotsabhängigkeit schlechter für die Vollversorgung eines Abnehmers geeignet.[707] Etwas anderes gilt nur, wenn sie mit anderen Anlagen kombiniert werden (das erwähnte sog. „Projekt-“ oder „Anlagen-Pooling“).[708] Dadurch kann eine Risikodiversifizierung erfolgen.[709]

III. Beurteilung der Risikoverteilung

Je fester die Liefermengen- bzw. Lieferstrukturvereinbarung ist, desto mehr Risiken trägt der Anlagenbetreiber. Je lockerer die Mengenvereinbarung ist, desto mehr Risiken trägt der Abnehmer. Bei festen Mengenvereinbarungen und Lieferstrukturvereinbarungen bietet es sich an, für die Beschaffung des komplementären Profils ein Energieversorgungsunternehmen am PPA zu beteiligen (Sleeved-PPA).[710] So kann der vor dem Hintergrund der Finanzierung risikoaverse Anlagenbetreiber ggf. ein für den Abnehmer komfortables Baseload-PPA anbieten, bei dem er das Mengenrisiko an das beteiligte Energieversorgungsunternehmen auslagert. Darüber hinaus besteht die Möglichkeit, durch Kombination mehrerer Anlagen (sog. „Projekt-“ oder „Anlagen-Pooling“) das Mengenrisiko des Anlagenbetreibers zu mindern.[711] Die vornehmlich für Solaranlagen geeigneten sog. Pre-

700 *Wyl*, in: Recht der Energiewirtschaft, § 12, Rn. 161.

701 *Wyl*, in: Recht der Energiewirtschaft, § 12, Rn. 200.

702 Vgl. *Wyl*, in: Recht der Energiewirtschaft, § 12, Rn. 200.

703 *Wyl*, in: Recht der Energiewirtschaft, § 12, Rn. 198.

704 Siehe Teil 2, B. II.

705 Vgl. dena, Vertragswesen von Green Power Purchase Agreements, S. 19 ff.

706 Vgl. BT-Drs. 20/4685, 75 wonach ein PPA einen anlagenbezogenen Vermarktungsvertrag i. S. v. § 2 Nr. 1 StromPBG darstellt.

707 *Zander* et al., Strombeschaffung im liberalisierten Energiemarkt, S. 59.

708 *Zander* et al., Strombeschaffung im liberalisierten Energiemarkt, S. 59; ähnlich *S. Geiger/Balland*, REE 2019, 53, 55.

709 *Pohl*, ZfRV 2010, 92, 95 f.

710 Dena, Corporate Green PPAs: Ökonomische Analyse, S. 16 f.

711 *Pohl*, ZfRV 2010, 92, 95 f.

defined-Profile-Vereinbarungen mindern ebenfalls das Profilrisiko des Anlagenbetreibers.[712] Variable Mengen- und Lieferstrukturvereinbarungen sind für die Abnehmer unattraktiver[713] und müssen daher zu geringeren Preisen angeboten werden.[714] Sie entbinden den Anlagenbetreiber von Risiken und sind daher für diesen eher unkompliziert. Aus diesem Grund sollen sie für kleinere Anlagen geeignet sein.[715] Die Risiken sind bei variableren Vereinbarungen auf den Abnehmer übertragen, können aber durch die Verpflichtung des Anlagenbetreibers zu regelmäßigen Instandsetzungs- und Instandhaltungsmaßnahmen reduziert werden. Damit übernimmt der Abnehmer nur das Risiko der wetterbedingten Unterproduktion, nicht aber das Risiko technischer Ausfälle, das der Anlagenbetreiber maßgeblich beeinflussen kann.[716] Eine angemessene Risikoverteilung beinhalten zudem die erwähnten As-nominated-Klauseln, bei denen sich die Lieferverpflichtung aus einer wetterbasierten Erzeugungsprognose des Anlagenbetreibers entweder am Vortag oder am Tag der Lieferung ergibt.[717] Der Anlagenbetreiber trägt das Risiko einer geringeren Ist-Einspeisung gegenüber der von ihm prognostizierten Soll-Einspeisung.[718] Wegen der Kurzfristigkeit der Prognose ist das Abweichungsrisiko aber geringer als bei einer festen Mengen- oder Lieferstrukturvereinbarung, die weit im Vorfeld der Lieferung vereinbart werden muss. Die sog. Route-to-market-Klauseln sind vor dem Hintergrund des Finanzierungszwecks des PPAs regelmäßig nur schlecht geeignet. Sie bieten zwar höhere Gewinnchancen, aber beinhalten auch deutlich höhere Risiken und sind daher nur für risikoaffine Anlagenbetreiber geeignet.[719] Ebenso wenig bieten sich Klauseln an, die sich am Bedarf des Abnehmers orientieren, wie z. B. sog. Gesamtbedarfsdeckungs- bzw. Vollversorgungsklauseln.

Zu Bedenken ist außerdem Folgendes: Strom soll heutzutage vermehrt aus erneuerbaren Energien erzeugt werden. Je mehr EE-Anlagen an der Stromerzeugung beteiligt sind, desto mehr potenziert sich der preisdämpfende Merit-Order-Effekt auf den Strompreis.[720] Das gilt einerseits bei fortgesetztem EE-Ausbau langfristig, aber andererseits auch kurzfristig insb. für wind- und sonnenstarke Zeiten mit hohem Marktanteil der EE-Anlagen.[721] Zu windarmen und sonnenarmen Zeiten steigt der Strompreis wiederum an. Für kurzfristige Preisschwankungen wird vom Kannibalisierungseffekt der EE-Anlagen gesprochen.[722]

---

712 Vgl. dena, Preisleitfaden Green PPA, S. 9.

713 *C. Schneider/Lüdecke*, IR 2019, 50.

714 Vgl. *Brunnberg/Johnsen*, Power Purchase Agreements: Perspektiven auf dem europäischen Markt, S. 5; vgl. auch Schneider Electric, Proactively Managing Risks, S. 10.

715 Energy Brainpool, Power Purchase Agreements II: Marktanalyse, Bepreisung und Hedgingstrategien, S. 8.

716 Vgl. *S. Geiger/Balland*, REE 2019, 53, 55.

717 *S. Geiger/Balland*, REE 2019, 53, 55.

718 *S. Geiger/Balland*, REE 2019, 53, 55.

719 *Brunnberg/Johnsen*, Power Purchase Agreements: Perspektiven auf dem europäischen Markt, S. 5.

720 Siehe Teil 1, D. IV. 2. b).

721 *Weale*, in: Verantwortung und Finanzierung im Zuge der Energiewende, Investitionen in Kraftwerke – die Risiken, die Vollkosten und wie sie beschränkt werden können, 19 f.

722 Vgl. BDEW, Finanzierung und Marktintegration von Erneuerbare-Energien-Anlagen, S. 4; dena, Finanzierung von Erneuerbare-Energien-Anlagen über Power Purchase Agreements, S. 16; *Weale*, in: Verantwortung und Finanzierung im Zuge der Energiewende, Investitionen in Kraftwerke – die Risiken, die Vollkosten und wie sie beschränkt werden können, 19 f.

Dieser Effekt hat starke Auswirkungen auf das PPA[723] und verstärkt insb. das Profilrisiko (Abweichungen der Produktion (Profilrisiko des Verkäufers) bzw. des Bedarfs (Profilrisiko des Käufers) von der vereinbarten Lieferstruktur). Ist z. B. eine Lieferung mit einer As-produced-Lieferstruktur vereinbart, wird über das PPA gerade zu den Zeiten, zu denen der Abnehmer Strom ohnehin günstig beschaffen kann, Strom geliefert. Im Rahmen einer Baseloadvereinbarung wiederum erhöht der Kannibalisierungseffekt die Kosten für das komplementäre Profil,[724] das der Anlagenbetreiber im Rahmen einer Baseloadvereinbarung beschaffen muss.

Schließlich sind die Auswirkungen, die die durch die Mengenvereinbarung begründete Risikoverteilung auf den PPA-Preis hat, zu bedenken.[725]

IV. Take-or-Pay-Klauseln

1. Ausgestaltung

Sog. Take-or-Pay-Klauseln modifizieren das Zusammenspiel der in § 433 BGB beschriebenen kaufrechtlichen Primärpflichten.[726] Nach § 433 BGB stehen der Pflicht des Verkäufers zur Lieferung des Kaufgegenstandes gem. § 433 Abs. 1 BGB grds. die Pflichten des Käufers zur Zahlung des Kaufpreises und Abnahme des Kaufgegenstandes gem. § 433 Abs. 2 BGB gegenüber. Durch die Vereinbarung einer Take-or-Pay-Klausel wird die Zahlungspflicht von Liefer- und insb. Abnahmeverpflichtungen entkoppelt.[727] Take-or-Pay-Klauseln werden daher häufig auch als „unbedingte Zahlungsverpflichtungen“ bezeichnet.[728] Wegen des dogmatisch engen Zusammenhangs zu den Vergütungsregelungen werden Take-or-Pay-Klauseln in PPAs teilweise nicht bei der Mengenvereinbarung, sondern bei der Preisregelung angesiedelt.[729]

Für den Abnehmer kann eine starre Zahlungs- und Abnahmepflicht nachteilig sein, wenn er einen volatilen Bedarf hat.[730] Insofern kann vereinbart werden, dass sich die Liefer- und Abnahmepflichten nicht an der Erzeugung der Anlage, sondern am Bedarf des Abnehmers, wie z. B. bei Vollversorgungsklauseln bzw. Gesamtbedarfsdeckungsklauseln orientieren. Derartige Klauseln sind in PPAs wie erläutert nicht üblich, aber möglich. Bei einer solchen Vereinbarung schuldet der Käufer die Gegenleistung nur für die tatsächlich abgenommene Energiemenge.[731] Eine Pflicht des Käufers zur Abnahme einer Mindestmenge besteht nicht. Der Verkäufer erhält nur für die Mengen eine Vergütung, die der Abnehmer tatsächlich auch abnimmt. Diese Mengen sind vor der Lieferung nicht bestimmt.

723 Schneider Electric, Proactively Managing Risks, S. 9f.

724 Vgl. dena, Corporate Green PPAs: Ökonomische Analyse, S. 17.

725 Siehe dazu Teil 2, E. III. 5.

726 *Thomale/Feurstein*, NJOZ 2010, 811, 812.

727 Vgl. *Wyl*, in: Recht der Energiewirtschaft, § 12, Rn. 191.

728 *Thomale/Feurstein*, NJOZ 2010, 811 mit Verweis auf § 25 S. 1 EnWG.

729 Dena, Vertragswesen von Green Power Purchase Agreements, S. 22; *Schöne/Garbers*, in: Vertragsrecht und AGB-Klauselwerke, Stromlieferverträge, Rn. 158.

730 Dena, Vertragswesen von Green Power Purchase Agreements, S. 21.

731 *U. Scholz/Tüngler*, EnWZ 2020, 201, 204.

Mithin trägt der Verkäufer vollständig das Risiko, dass Mengen nicht abgenommen und vergütet werden,[732] und ist allen Faktoren ausgesetzt, die das Abnahmeverhalten des Kunden beeinflussen.[733] Diese zu Lasten des Verkäufers gehende Risikoverteilung bei einer Reduzierung der Abnahmeverpflichtung kann durch die Vereinbarung einer Zahlungsverpflichtung für eine vertraglich vereinbarte Mindestmenge (sog. Take-or-Pay-Klausel) zugunsten des Verkäufers beeinflusst werden.[734] Der Abnehmer wird im Interesse des Verkäufers durch die Take-or-Pay-Klausel zur Bezahlung dieser Mindestmenge verpflichtet, unabhängig davon, wie viel Strom der Käufer tatsächlich abnimmt bzw. abnehmen muss („unbedingte Zahlungsverpflichtung").[735]

Der Verkäufer muss sich nicht auf einen Schadensersatzanspruch nach §§ 280 ff. BGB stützen, sondern hat einen vertraglichen Zahlungsanspruch.[736] Die Vergütungspflicht in einem PPA knüpft grds. an die Lieferung und tatsächliche Abnahme der vereinbarten Strommenge an.[737] Stromlieferung (Leistung) und Entgelt (Gegenleistung) sind gem. § 326 Abs. 1 S. 1 BGB verknüpft und sind nur unter bestimmten Voraussetzungen (insb. § 326 Abs. 2 BGB, aber auch an § 447 BGB ist prinzipiell zu denken) unabhängig voneinander zu leisten. Die Take-or-Pay-Klausel entkoppelt grds. auch von den Voraussetzungen dieser Ausnahmevorschriften. Infolgedessen findet, selbst wenn die Voraussetzungen des § 326 Abs. 2 S. 1 BGB vorliegen, grds. keine Anrechnung der Erlöse aus einer anderweitigen Verwertung des Stroms durch den Verkäufer nach § 326 Abs. 2 S. 2 BGB auf die Zahlungspflicht des Abnehmers statt.[738] Im Hinblick auf diese Modifikation wird auch von einer „Take-or-Take-not, but-pay"-Klausel gesprochen.[739] Die Take-or-Pay-Klausel garantiert dem Verkäufer mithin bestimmte Einnahmen und kann auf diese Weise die Finanzierungsbedingungen verbessern.[740] Zudem werden die Investitionsrisiken des Verkäufers abgesichert.[741]

Eine ähnliche Gestaltung (auch „weiche" Take-or-Pay-Klausel genannt[742]), die den Verkäufer mit weniger Risiken belastet als eine Vollversorgungsklausel, bei der keine Abnahmeverpflichtung des Käufers besteht, ist die Reduzierung der Abnahmeverpflichtung auf eine Mindestabnahmemenge, etwa eine Teilmenge der vertraglichen Liefermenge. Dabei gilt bei Nichtabnahme der Mindestabnahmemenge, dass die Vergütungspflicht unter Anrechnung der Weiterverkaufserlöse bestehen bleibt (§ 326 Abs. 2 BGB). Denn obwohl die Lieferverpflichtung des Verkäufers als ein „absolutes Fixgeschäft" gem. § 275 Abs. 1 BGB untergeht, bleibt der Gegenleistungsanspruch des Verkäufers auf die Vergütung gem. § 326 Abs. 2 S. 1 BGB unter Anrechnung der Weiterverkaufserlöse bestehen, wenn der Käufer durch die Nichtabnahme die Unmöglichkeit verursacht hat und insofern für die-

[732] Vgl. dena, Vertragswesen von Green Power Purchase Agreements, S. 8.

[733] *U. Scholz/Züngler*, EnWZ 2020, 201, 204.

[734] *U. Scholz/Züngler*, EnWZ 2020, 201, 204.

[735] *Wyl*, in: Recht der Energiewirtschaft, § 12, Rn. 191.

[736] *Schöler*, Langfristige Gaslieferverträge, S. 11.

[737] Dena, Vertragswesen von Green Power Purchase Agreements, S. 24.

[738] *Wegerich/Seiferth*, RdE 2009, 48, 51.

[739] *Bunte*, Langfristige Gaslieferverträge nach nationalem und europäischem Kartellrecht, S. 4.

[740] Vgl. *C. Schneider/Lüdecke*, IR 2018, 290, 291.

[741] Vgl. für Gasproduzenten *Schöler*, Langfristige Gaslieferverträge, S. 13 ff.

[742] *Gronemeyer*, ZNER 2012, 376 mit Fn. 4.

se verantwortlich ist.[743] Zudem kommen infolge der Verletzung der Abnahmepflicht auch Schadensersatzansprüche in Betracht.[744] Bei der Nichtabnahme von Mengen, die die Mindestabnahmemenge überschreiten, verletzt der Abnehmer hingegen keine Pflicht aus dem Schuldverhältnis. Im Grunde handelt es sich dabei um die Ergänzung einer Baseload-Lieferung durch eine Vollversorgungsklausel. Take-or-Pay-Klauseln beziehen sich i. d. R. auf einen Teil der Mindestabnahmemenge. Üblicherweise werden unbedingte Zahlungsverpflichtungen für zwischen 65 und 90 % der Mindestabnahmemenge vereinbart.[745] Der Abnehmer hat das Recht, mehr als die vertraglich vereinbarte Mindestabnahmemenge abzunehmen, aber keine Pflicht zur Abnahme über die vereinbarte Teilmenge hinaus.[746] Nimmt der Käufer diese darüber hinausgehenden Mengen nicht ab, treffen ihn keine Vergütungs- oder Schadensersatzpflichten.[747] Unterschreitet der Abnehmer jedoch die Mindestabnahmemenge und nimmt z. B. nur 50 % statt der vereinbarten Mindestabnahmemenge ab, bleibt er zur Vergütung der Mindestabnahmemenge aus der Take-or-Pay-Klausel verpflichtet.[748] Wegen dieser Flexibilisierung der Abnahmeverpflichtung wird auch von einem vereinbarten „Toleranzband“ bzw. einer „weichen“ Take-or-Pay-Klausel gesprochen.[749]

Diese vertragliche Gestaltung führt bei einer jedenfalls teilweise bestehenden festen Abnahmeverpflichtung nach Ansicht des Verfassers nicht zu einer wesentlichen Modifikation der vertraglichen Pflichten nach dem dispositiven Gesetzesrecht. Denn die Verpflichtung zur Zahlung der Vergütung bleibt bei einer Verletzung der Abnahmepflicht gem. § 326 Abs. 2 S. 1 Alt. 1 BGB ohnehin bestehen, da üblicherweise der Käufer durch die Nichtabnahme die Unmöglichkeit verursacht hat und insofern für diese verantwortlich ist.[750] Zudem befände sich der Käufer im Annahmeverzug und die Unmöglichkeit wäre nicht vom Verkäufer verursacht, sodass auch die Regelung des § 326 Abs. 2 S. 1 Alt. 2 BGB erfüllt wäre. Es kommt ohne entsprechende Ausgestaltung der Take-or-Pay-Klausel jedoch nicht zu einer Anrechnung der Kosten aus einem eventuellen anderweitigen Verkauf, wie dies nach § 326 Abs. 2 S. 2 BGB vorgesehen ist. Eine entsprechende vertragliche Regelung ist aber regelmäßig AGB-rechtlich geboten.[751] Man spricht von einer sog. Rückvergütungsregelung, nach der der Kunde für nicht abgenommene Strommengen ein Entgelt erhält, für das, was der Verkäufer durch anderweitige Verwertung der Strommengen erspart (z. B. den aktuellen Spotmarktpreis abzüglich einer Abwicklungspauschale).[752] Dadurch wird – wie erwähnt – verhindert, dass der Verkäufer einen doppelten Gewinn erzielt,[753] wie dies auch im Rahmen der schadensersatzrechtlichen Vorteilsanrechnung vorgesehen ist.[754] Ist

---

743 OLG Saarbrücken, BeckRS 2018, 39696, Rn. 32, 40.

744 *Thomale/Feurstein*, NJOZ 2010, 811, 812.

745 *U. Scholz/Tüngler*, EnWZ 2020, 201, 204.

746 Dena, Vertragswesen von Green Power Purchase Agreements, S. 21.

747 Dena, Vertragswesen von Green Power Purchase Agreements, S. 21.

748 *Thomale/Feurstein*, NJOZ 2010, 811, 812.

749 *Gronemeyer*, ZNER 2012, 376 mit Fn. 4.

750 OLG Saarbrücken, BeckRS 2018, 39696, Rn. 32, 40.

751 Siehe Teil 2, D. IV. 2.

752 Vgl. *Gronemeyer*, ZNER 2012, 376, Fn. 5.

753 *Gronemeyer*, ZNER 2012, 376, 381.

754 BeckOK/*H. Schmidt*, § 326 BGB, Rn. 20; dena, Vertragswesen von Green Power Purchase Agreements, S. 21.

die Abnahmepflicht – wie z. B. bei den in PPAs üblichen Baseload- oder As-produced-Liefervereinbarungen – nicht modifiziert, kommt mithin einer Take-or-Pay-Klausel nach Ansicht des Verfassers keine eigenständige Bedeutung gegenüber dem dispositiven Gesetzesrecht zu. Vielmehr dient die Klausel somit Klarstellungszwecken.

Ergänzend zur Take-or-Pay-Klausel kann vereinbart werden, dass für den Abnehmer die Möglichkeit besteht, Mengen vorab zu beziehen oder nicht bezogene Mengen später nachzubeziehen.[755] Derartige Vor- bzw. Nachbezugsklauseln werden auch „Make-up“- oder „Carry-forward“-Klauseln genannt.[756] Sie führen im Ergebnis dazu, dass der Abnehmer die bezahlte Energie zeitversetzt zur Vergütung, aber vollständig erhält.[757]

Zu beachten ist, dass diese Klauseln nicht unmittelbar Wirkung auf die Vereinbarung des Liefervolumens haben, sondern auf das Verhältnis von Abnahme- und Zahlungsverpflichtung. Wenn sich der Lieferumfang nicht wie nach einer Vollversorgungsklausel nach dem Abnahmeverhalten des Käufers richten soll, ist der vertraglich festgelegte Lieferumfang maßgeblich für die Lieferverpflichtung.

Die unbedingte Zahlungsverpflichtung sollte nur gelten, wenn die Möglichkeit der Stromeinspeisung oder Stromabnahme besteht.[758] Die Möglichkeit der Stromabnahme setzt insb. die Verfügbarkeit des Netzes voraus, während die Möglichkeit der Stromeinspeisung wegen der Volatilität der dargebotsabhängigen Erzeugungsanlagen nicht jederzeit gewährleistet werden kann.[759] Mithin sollte eine Take-or-Pay-Klausel nur in den Vertrag aufgenommen werden, wenn für den Verkäufer die Möglichkeit besteht, z. B. durch Zukäufe am Spotmarkt die Lieferverpflichtung jederzeit und vollständig zu erfüllen.[760] In diesem Zusammenhang sollte auch das Verhältnis der unbedingten Zahlungsverpflichtung zu den Klauseln über Fälle höherer Gewalt festgelegt werden.[761]

Im Interesse des Verkäufers sollte die Klausel keinen beliebigen, also jederzeitigen Wechsel des Käufers zwischen einer Abnahme bzw. einer Nichtabnahme ermöglichen.[762] Anderenfalls könnte der Abnehmer zu Zeiten negativer Börsenpreise seinen Bedarf über die Börse sogar mit Profit decken, während der Verkäufer den Stromüberschuss mit Verlusten zu eben diesen Zeiten verwerten muss.[763] Dem Anlagenbetreiber müsste jedenfalls rechtzeitig die Möglichkeit gegeben werden, eine Überproduktion in Zeiten negativer Strompreise zu vermeiden. Gleichwohl stellt die Take-or-Pay-Klausel auch in einer solchen Situation sicher, dass der Verkäufer jedenfalls ein Entgelt erhält. Darüber hinaus besteht ggf. ein Schadensersatzanspruch des Verkäufers gegen den Abnehmer für die (vorsätzliche) Verletzung der vertraglichen Abnahmepflicht. Der Schaden besteht dann in Höhe

755 *Wyl*, in: Recht der Energiewirtschaft, § 12, Rn. 191.

756 *Wegerich/Seiferth*, RdE 2009, 48.

757 *Thomale/Feurstein*, NJOZ 2010, 811, 817; *Wyl*, in: Recht der Energiewirtschaft, § 12, Rn. 194.

758 *Wiederholt/Ludwig*, EnWZ 2019, 110, 113; dena, Vertragswesen von Green Power Purchase Agreements, S. 21.

759 Vgl. *Wiederholt/Ludwig*, EnWZ 2019, 110, 113.

760 *Wiederholt/Ludwig*, EnWZ 2019, 110, 113; mit Verweis auf *Hilpert*, Rechtliche Bewertung von Power Purchase Agreements (PPAs) mit erneuerbaren Energien, S. 17.

761 Siehe dazu Teil 2, F. I. 1.

762 *Schöne/Garbers*, in: Vertragsrecht und AGB-Klauselwerke, Stromlieferverträge, Rn. 157.

763 *Schöne/Garbers*, in: Vertragsrecht und AGB-Klauselwerke, Stromlieferverträge, Rn. 157.

des Preises, den der Verkäufer bei negativen Strompreisen für die anderweitige Veräußerung des nicht abgenommenen Stroms am Strommarkt zahlen muss. Dieser Schadensersatzanspruch macht eine Regelung des Problems im Vertrag nach Ansicht des Verfassers im Grunde obsolet. Die Interessen des Verkäufers sind über den Schadensersatzanspruch sichergestellt.

2. Vereinbarkeit mit dem AGB- und Wettbewerbsrecht

Insb. das Mengenrisiko i. w. S. wird durch die Take-or-Pay-Klausel in Höhe der Mindestabnahmemenge auf den Abnehmer übertragen.[764] Darüber hinaus verbleibt es beim Verkäufer. Der Abnehmer lässt sich die Übernahme dieses Risikos durch einen niedrigeren Preis „vergüten".[765] Bezüglich der konkreten Ausgestaltung der Take-or-Pay-Klausel besteht Gestaltungsspielraum der Parteien, der in den AGB- und kartellrechtlichen Vorgaben seine Grenzen findet.[766]

a) AGB-Recht

Sofern es sich um wirksam einbezogene AGBs handelt, die nicht durch vorrangige Individualvereinbarung verdrängt werden, kommt eine AGB-rechtliche Überprüfung grds. auch im unternehmerischen Verkehr in Betracht. Im Falle einer Individualvereinbarung darf die Take-or-Pay-Klausel nicht sittenwidrig gem. § 138 BGB sein oder eine treuwidrige Geltendmachung der Take-or-Pay-Forderungen gem. § 242 BGB erfolgen.[767] Abseits der Grenzen aus §§ 138, 242 BGB sind in Individualvereinbarungen verschiedenste Gestaltungsmöglichkeiten denkbar.[768]

aa) Überprüfbarkeit

Zunächst ist für die AGB-rechtliche Bewertung von Take-or-Pay-Klauseln zwischen Preisvereinbarungen (oder Preishauptabreden[769]) und Preisnebenabreden zu unterscheiden. Diese Unterscheidung ist notwendig, da die Vereinbarung des Preises allein von den Parteien privatautonom bestimmt werden soll und insofern der gerichtlichen Überprüfung entzogen ist.[770] Allein die Grenzen der Sittenwidrigkeit gem. § 138 BGB und des Kartellrechts kommen zur Überprüfung von Preisvereinbarungen in Betracht.[771] Gem. § 307 Abs. 3 S. 1 BGB unterliegen nur Klauseln der Inhaltskontrolle, durch die „von Rechtsvorschriften abweichende oder ergänzende Regelungen vereinbart werden." Dagegen sind „Klauseln, die Art, Umfang und Güte der vertraglichen Hauptleistung und der hierfür zu

---

764 Vgl. *Wegerich/Seiferth*, RdE 2009, 48, 51; *Büttner/Däuper*, ZNER 2001, 210.

765 Vgl. *Thomale/Feurstein*, NJOZ 2010, 811, 817.

766 Dena, Vertragswesen von Green Power Purchase Agreements, S. 21.

767 *Buchwitz/Schütt*, ZVertriebsR 2022, 90, 99 f.

768 Vgl. *Buchwitz/Schütt*, ZVertriebsR 2022, 90, 99.

769 BGH, BeckRS 2018, 13731, Rn. 21.

770 BT-Drs. 7/3919, 22; statt vieler BGH, NJW 2019, 2997, 2998, Rn. 19.

771 *Buchwitz/Schütt*, ZVertriebsR 2022, 90, 93.

zahlenden Vergütung unmittelbar bestimmen (Leistungsbeschreibungen und Preisvereinbarungen)," von der Inhaltskontrolle ausgenommen.[772] Wie hoch der Kaufpreis in einem Kaufvertrag ist, soll nicht der Inhaltskontrolle nach §§ 307 ff. unterworfen sein. Handelt es sich hingegen nicht um eine Preisvereinbarung, sondern um eine Preisnebenabrede, die zwar mittelbare Auswirkung auf Leistung oder Preis hat, an deren Stelle aber dispositives Recht treten kann, ist die Inhaltskontrolle eröffnet.[773] Preisnebenabreden haben, anders als Preishauptabreden, keine „echte (Gegen-)Leistung" zum Gegenstand, sondern dienen dazu, bestimmte andere Kosten, Pflichten oder Tätigkeiten des Verwenders auf den Kunden abzuwälzen.[774] Häufig wird in der Diskussion um die Einordnung der Take-or-Pay-Klauseln daher die Frage diskutiert, ob der „unbedingten Zahlungsverpflichtung" des Abnehmers eine „echte (Gegen-)Leistung" des Verkäufers gegenübersteht.[775] Maßgeblich für die Zuordnung ist dabei die Ausgestaltung der konkreten Take-or-Pay-Klausel, sodass sich eine generalisierende Betrachtungsweise verbietet.[776]

Teilweise wird die ständige Lieferbereitschaft und Vorhalteleistung als „echte (Gegen-) Leistung" des Verkäufers angesehen und damit eine kontrollfreie Preisvereinbarung angenommen.[777] Zu Recht wird dem entgegengehalten, dass die Belieferung des Abnehmers durch den Verkäufer auch ohne die Take-or-Pay-Klausel eine Verpflichtung des Verkäufers aus dem Liefervertrag darstellt und daher im eigenen Interesse des Verkäufers erfolgt, nicht als „echte (Gegen-)Leistung" zur unbedingten Zahlungsverpflichtung aus der Take-or-Pay-Klausel.[778] Wie der BGH für eine Bring-or-Pay-Klausel entschieden hat, soll das Entgelt üblicherweise auch nicht allein die Kosten der Vorhaltung vergüten, sondern vielmehr die Leistung der Anlage selbst.[779] Dieser Gedanke lässt sich auf Take-or-Pay-Klauseln übertragen.[780] Auch aus diesem Grund handelt es sich nicht um eine „echte (Gegen-)Leistung." Richtig ist aber, dass die Take-or-Pay-Klausel durch die Risikoübertragung preismindernd wirkt, mithin unmittelbare Auswirkungen auf den Preis haben kann.[781]

Teilweise wird zwischen einer Take-or-Pay-Klausel „mit oder ohne Toleranzband" bzw. der einer Klausel mit oder ohne Rückvergütungsmöglichkeit differenziert.[782] Die Vereinbarung der Rückvergütungsmöglichkeit stellt jedoch nur eine Modifizierung des dispositiven Rechts dar (insb. § 362 Abs. 2 S. 2 BGB[783]) und keine „echte (Gegen-)Leistung".[784] Die Einräumung eines Toleranzbandes soll hingegen eine „echte (Gegen-)Leistung" dar-

772 Statt vieler BGH, NJW 2019, 2997, 2998, Rn. 19.

773 *Thüsing*, in: Vertragsrecht und AGB-Klauselwerke, Preis – Preisnebenabrede, Rn. 4.

774 Statt vieler BGH, NJW 2017, 1461, 1462, Rn. 18.

775 Vgl. *Gronemeyer*, ZNER 2012, 376, 377; *Thomale/Feurstein*, NJOZ 2010, 811, 813; ähnlich auch *Wegerich/Seiferth*, RdE 2009, 48, 53.

776 *Gronemeyer*, ZNER 2012, 376.

777 *Wegerich/Seiferth*, RdE 2009, 48, 53.

778 *Wyl*, in: Recht der Energiewirtschaft, § 12, Rn. 192.

779 BGH, NJW 2013, 856, 857, Rn. 17.

780 *Buchwitz/Schütt*, ZVertriebsR 2022, 90, 100.

781 *Wegerich/Seiferth*, RdE 2009, 48, 52.

782 *Gronemeyer*, ZNER 2012, 376, 377 f.

783 Vgl. OLG Saarbrücken, BeckRS 2018, 39696, Rn. 37.

784 *Gronemeyer*, ZNER 2012, 376, 378.

stellen, die über die allgemeine Lieferpflicht des Verkäufers hinausgehe.[785] Nach anderer Ansicht handelt es sich auch bei der Einräumung eines Toleranzbandes nicht um eine „echte (Gegen-)Leistung", sondern um eine Ausgestaltung des Lieferanspruchs.[786] Das überzeugt, da sich der Teil der Vereinbarung, der die „unbedingte Zahlungsverpflichtung" betrifft (z.B. 80 % der Liefermenge), und der Teil, der die Abnahmepflicht des Käufers mindert (z.B. 20 % der Liefermenge), gerade nicht äquivalent gegenüberstehen. Insofern ist auch in diesen Fällen von einer Preisnebenabrede auszugehen, die AGB-rechtlich überprüft werden kann.

bb) § 309 Nr. 5 BGB

Möglich ist ein Verstoß der Take-or-Pay-Klausel gegen § 309 Nr. 5 BGB, wenn sie als pauschalierter Schadensersatz ausgestaltet ist. Im unternehmerischen Verkehr kann der Gedanke des § 309 Nr. 5 BGB als Indiz für einen Verstoß gegen § 307 BGB herangezogen werden.[787] Allerdings ist ein großzügigerer Maßstab als im Verbraucherbereich anzulegen.[788]

Eine Take-or-Pay-Klausel kommt in ihrer Wirkung einer Schadenspauschalierung gleich, da die Klausel eine Kompensationszahlung für den Fall der geminderten Abnahme bewirkt.[789] Die Zahlungsverpflichtung aus der Klausel knüpft faktisch an die Verletzung der Abnahmepflicht an.[790] Diese Wirkung entfaltet die Klausel, wenngleich sie nicht auf die Kompensation eines Schadens abzielt, sondern auf die Übertragung des Mengenrisikos i.w.S. auf den Abnehmer und damit die Absicherung der Finanzierungsrisiken des Verkäufers.[791] Mithin ist eine Take-or-Pay-Klausel an § 309 Nr. 5 BGB im Rahmen des § 307 BGB zu messen.

Die Kompensationszahlung darf allerdings nur so bemessen sein, dass sie den „nach dem gewöhnlichen Lauf der Dinge" zu erwartenden Schaden des Lieferanten umfasst.[792] Die Klausel darf damit keine Überkompensation des Verkäufers bewirken, also eine Bereicherung nur aufgrund der pauschalen Schadensersatz- oder Wertminderungsansprüche.[793] Eine solche wird aber anzunehmen sein, wenn die Klausel dem Lieferanten ermöglicht, durch anderweitige Verwertung des Liefergegenstands, hier des Stroms, einen doppelten Erlös zu erzielen.[794] Neben der Kompensationszahlung würde der Verkäufer den Verwertungserlös erhalten. Der durch die Nichtabnahme entstandene Schaden des Verkäufers wird aber faktisch durch den Verwertungserlös gemindert. Der Gedanke, dass eine derartige Überkompensation vermieden werden soll, kommt so – wie bereits erwähnt – auch in

785 *Gronemeyer*, ZNER 2012, 376, 377.

786 BeckOGK/*Kähler*, § 307 BGB Schadenspauschalierungsklausel, Rn. 54.1.

787 Vgl. BGH, NJW-RR 2002, 1027, 1029; differenzierter Wolf/Lindacher/Pfeiffer/*Dammann*, § 309 Nr. 5 BGB, Rn. 141 ff.

788 BeckOGK/*Kähler*, § 307 BGB Schadenspauschalierungsklausel, Rn. 20.

789 *Gronemeyer*, ZNER 2012, 376, 378.

790 *Gronemeyer*, ZNER 2012, 376, 378.

791 Dies betonend aber *Thomale/Feurstein*, NJOZ 2010, 811, 814 f.

792 *Buchwitz/Schütt*, ZVertriebsR 2022, 90, 101.

793 Wolf/Lindacher/Pfeiffer/*Dammann*, § 309 Nr. 5 BGB, Rn. 90.

794 *Gronemeyer*, ZNER 2012, 376, 378.

§ 326 Abs. 2 S. 2 BGB zum Tragen.[795] Die Unwirksamkeit der Take-or-Pay-Klausel gem. §§ 307, 309 Nr. 5 BGB kann daher durch die Vereinbarung einer Rückvergütungsregelung vermieden werden,[796] die § 362 Abs. 2 S. 2 BGB entspricht[797] und verhindert, dass der Verkäufer einen doppelten Erlös erzielt.[798] Der Kunde erhält danach nämlich für nicht abgenommene Strommengen ein Entgelt (Rückvergütung), für das, was der Verkäufer durch anderweitige Verwertung der Strommengen einnimmt (z. B. den aktuellen Spotmarktpreis abzüglich einer Abwicklungspauschale).[799]

Des Weiteren darf die Klausel den Nachweis, der Schaden oder eine Wertminderung sei überhaupt nicht entstanden oder wesentlich geringer, nicht ausschließen, wenngleich im unternehmerischen Verkehr dieser Gegenbeweis gem. § 309 Nr. 5 lit. b BGB nicht ausdrücklich gestattet werden muss.[800] Dem Abnehmer muss mithin die Möglichkeit gewährt werden, einen geringeren Schaden als von der Kompensationszahlung in der Take-or-Pay-Klausel vorgesehen nachzuweisen (z. B. wenn durch anderweitige Veräußerung des Vertragsgegenstands der Schaden gemindert ist).[801] Eine Rückvergütungsregelung kann genau dies ermöglichen.

cc) § 309 Nr. 6 BGB

In Betracht gezogen werden kann auch die Einordnung der Take-or-Pay-Klausel als eine Vertragsstrafe gem. § 309 Nr. 6 BGB. Für den unternehmerischen Verkehr gilt § 309 Nr. 6 BGB wegen der dort zu beachtenden Besonderheiten nicht und hat auch keine Indizwirkung.[802] Allerdings können die Argumente zu Vertragsstrafen im Rahmen der Prüfung der Klausel anhand von § 307 BGB eine Rolle spielen.[803] Im unternehmerischen Verkehr kann eine Vertragsstrafe unentbehrlich sein, um die Vertragsausführung sicherzustellen, darf aber – wie zuvor im Rahmen des § 309 Nr. 5 BGB – nicht außer Verhältnis zum drohenden Schaden stehen.[804] Das würde die nun schon mehrfach erläuterte Rückvergütungsmöglichkeit, die den doppelten Gewinn des Verkäufers ausschließt, sicherstellen.

Während die Schadenspauschalierung vorwiegend der einfacheren Durchsetzung eines als bestehend vorausgesetzten Schadensersatzanspruches dient, ist vordergründiges Ziel der Vertragsstrafe, Druck auf den Vertragspartner auszuüben, sich vertragstreu zu verhalten.[805] Allerdings kann die Take-or-Pay-Klausel faktisch keinen Druck auf den Abnehmer ausüben, seiner Abnahmeverpflichtung nachzukommen.[806] Der Abnehmer kann seinen Be-

---

795 Vgl. MüKoBGB/*Ernst*, § 326 BGB, Rn. 88.

796 So auch BeckOGK/*Kähler*, § 307 BGB Schadenspauschalierungsklausel, Rn. 54.2; ebenso *U. Scholz/Tüngler*, EnWZ 2020, 201, 207.

797 OLG Saarbrücken, BeckRS 2018, 39696, Rn. 37.

798 *Gronemeyer*, ZNER 2012, 376, 381.

799 Vgl. *Gronemeyer*, ZNER 2012, 376, Fn. 5.

800 BGH, NJW-RR 2003, 1056, 1059.

801 *Buchwitz/Schütt*, ZVertriebsR 2022, 90, 101.

802 BGH, NJW 2003, 2158, 2161.

803 MüKoBGB/*Wurmnest*, § 309 Nr. 6 BGB, Rn. 19.

804 BeckOGK/*Kähler*, § 307 BGB Vertragsstrafeklausel, Rn. 1.

805 Statt vieler BGH, NJW-RR 1988, 39, 41.

806 Vgl. *Gronemeyer*, ZNER 2012, 376, 378 f.

darf mangels Speicherbarkeit des Stroms nur bedingt anpassen und damit auch seine Abnahmemenge.[807] Zu beachten ist außerdem, dass die Abnahmepflicht den Abnehmer auch schon aus dem Vertrag treffen würde.[808] Nur sofern die Möglichkeit „zur Produktion auf Vorrat“ besteht, kann sich der Druck der Klausel zur Abnahme auch auswirken.[809] Im Normalfall übt die Take-or-Pay-Klausel allerdings faktisch keinen Druck zum vertragstreuen Verhalten auf den Abnehmer aus. Insofern ist schon die Einordnung als Vertragsstrafe zu verneinen.[810]

dd) § 307 BGB

Im Übrigen verbleibt AGB-rechtlich noch die Möglichkeit der „unangemessenen Benachteiligung“ des Vertragspartners gem. § 307 BGB entgegen der Gebote von „Treu und Glauben.“ Eine unangemessene Benachteiligung liegt dann vor, wenn der „Verwender missbräuchlich eigene Interessen auf Kosten des Vertragspartners durchzusetzen versucht, ohne die Interessen des Vertragspartners hinreichend zu berücksichtigen und ihm einen angemessenen Ausgleich zuzugestehen.“[811] Hier lassen sich die Argumente des BGH[812] zu einer Bring-or-Pay-Klausel, die mit der Take-or-Pay-Klausel vergleichbar ist, übertragen.[813] Bei einer Bring-or-Pay-Klausel handelt es sich im Grunde um den umgekehrten Fall einer Take-or-Pay-Klausel: der Verkäufer erhält sein volles Entgelt, auch wenn er weniger liefert als vertraglich vereinbart (im Grunde ebenfalls eine „unbedingte Zahlungsverpflichtung“).[814] Das Entgelt ist dadurch also unabhängig von der Lieferverpflichtung (Bring-or-Pay-Klausel) und nicht von der Abnahmeverpflichtung (Take-or-Pay-Klausel) zu zahlen. Bei Übertragung der Maßstäbe der Entscheidung ergibt sich die unangemessene Benachteiligung des Abnehmers durch die Take-or-Pay-Klausel insb. daraus, dass Mengenrisiko i. w. S. und Finanzierungsrisiko auf den Abnehmer verlagert werden und der Verkäufer den Strom anderweitig verwerten kann, ohne dass es dafür eine entsprechende Kompensation gibt.[815] Das widerspreche nach Ansicht des BGH zwei wesentlichen Grundgedanken der gesetzlichen Regelung. Danach dürften im Rahmen eines Schadensersatzanspruchs nur die Nachteile zu berücksichtigen sein, die sich ursächlich aus der vertragswidrigen Handlung, hier der Nichtabnahme, ergäben.[816] Außerdem wären anderweitige Erlöse auf den Schaden anzurechnen, um eine ungerechtfertigte Besserstellung des Verkäufers zu vermeiden.[817] Eine angemessene Kompensation wurde in der konkreten

---

807 *Thomale/Feurstein*, NJOZ 2010, 811, 815.

808 *Gronemeyer*, ZNER 2012, 376, 378 f.

809 *Gronemeyer*, ZNER 2012, 376, 378.

810 OLG Saarbrücken, BeckRS 2018, 39696, Rn. 38; dem zustimmend *U. Scholz/Tüngler*, EnWZ 2020, 201, 207.

811 Statt vieler BGH, NJW 2013, 856, 858, Rn. 19.

812 BGH, NJW 2013, 856, 857, Rn. 17.

813 *Buchwitz/Schütt*, ZVertriebsR 2022, 90, 100.

814 BeckOGK/*Kähler*, § 307 BGB Schadenspauschalierungsklausel, Rn. 51.

815 BGH, NJW 2013, 856, 858, Rn. 20 ff.

816 BGH, NJW 2013, 856, 858, Rn. 21; die Höhe der Zahlungsverpflichtung auch problematisierend *Thomale/Feurstein*, NJOZ 2010, 811, 816.

817 BGH, NJW 2013, 856, 858, Rn. 21.

Entscheidung durch eine zeitlich beschränkte Nachbezugsklausel nicht erreicht.[818] Generell führen Vor- bzw. Nachbezugsklauseln allerdings dazu, dass der Abnehmer die bezahlte Energie im Endeffekt, wenn auch zeitversetzt, erhält.[819] Für den Abnehmer besteht dann keinerlei Nachteil, sodass eine angemessene Kompensation der Take-or-Pay-Verpflichtung durch Vor- bzw. Nachbezugsklauseln möglich sein sollte. Zu einem angemessenen Ausgleich beitragen können außerdem eine Flexibilisierung der Abnahmepflicht durch ein Toleranzband, Preisnachlässe, Weiteräußerungsmöglichkeiten für den Abnehmer oder Freistellungsklauseln für bestimmte Bedarfssituationen des Abnehmers.[820] Eine rechtskonforme Ausgestaltung verlangt ansonsten einerseits einen angemessenen Preis, der nur den tatsächlich durch Vorhaltung entstandenen Schaden ausgleicht,[821] und zusätzlich die bereits erläuterte Rückvergütung an den Abnehmer für etwaige anderweitige Verwertungserlöse. Dann entspricht die Vereinbarung im Wesentlichen der gesetzlichen Regelung, insb. § 326 Abs. 2 S. 2 BGB, und stellt keine unangemessene Benachteiligung dar.[822]

b) Wettbewerbsrecht

Für sich genommen stellen Take-or-Pay-Klauseln kein wettbewerbsrechtliches Problem dar.[823] Sofern Take-or-Pay-Klauseln mit einem Weiterleitungsverbot[824] verbunden werden, können sie gegen Art. 101 AEUV bzw. § 1 GWB verstoßen.[825] Nach Ansicht des BKartA handelte es sich sogar um eine bezweckte Wettbewerbsbeschränkung.[826] Das bedeutet, dass die Vereinbarung schon ihrer Art nach typischerweise objektiv geeignet ist, den Wettbewerb zu beschränken[827] und dass es auf die konkreten Auswirkungen auf den Markt in der Prüfung nicht mehr ankommt.[828] Denn die Kombination von Take-or-Pay-Klauseln mit einem Weiterleitungsverbot behindert den Weiterverkauf von Strom an Letztverbraucher (vom BKartA hier bezeichnet als „Sekundärhandel") und hat insofern erhebliche wirtschaftliche Bedeutung.[829] Als Alternative zu diesem Weiterverkauf kommen nur Speichermöglichkeiten in Betracht, die aber faktisch fast nicht zur Verfügung stehen.[830] Eine Rückvergütungsmöglichkeit könne nur bei entsprechender Ausgestaltung („Abschlag zum Marktreferenzpreis nicht größer als 10 %") zu einer wettbewerbsrechtlichen Zulässigkeit führen.[831] Da es

---

818 Vgl. BGH, NJW 2013, 856, 858, Rn. 23.

819 *Thomale/Feurstein*, NJOZ 2010, 811, 817; *Wyl*, in: Recht der Energiewirtschaft, § 12, Rn. 194.

820 *Thomale/Feurstein*, NJOZ 2010, 811, 817.

821 So auch *Buchwitz/Schütt*, ZVertriebsR 2022, 90, 101.

822 *U. Scholz/Tüngler*, EnWZ 2020, 201, 207; so im Ergebnis auch *Gronemeyer*, ZNER 2012, 376, 379; vgl. auch OLG Saarbrücken, BeckRS 2018, 39696, Rn. 40 ff.

823 *Schöne/Garbers*, in: Vertragsrecht und AGB-Klauselwerke, Stromlieferverträge, Rn. 159; mit Verweis auf *U. Scholz*, in: Handbuch des Kartellrechts, § 34, Rn. 144; *Gronemeyer*, ZNER 2012, 376, 380.

824 Siehe zum Begriff Teil 2, D. II. 2.

825 *U. Scholz*, in: Handbuch des Kartellrechts, § 34, Rn. 145.

826 BKartA, Beschluss v. 5. 07. 2010 – B 10 - 48/09, Rn. 18.

827 EuGH, Slg. 2008, I-8637 – BIDS, Rn. 17; EuGH, BeckRS 2012, 82643 – Expedia, Rn. 36 f.

828 EuGH, Slg. 2008, I-8637 – BIDS, Rn. 16.

829 BKartA, Beschluss v. 5. 07. 2010 – B 10 - 48/09, Rn. 19.

830 BKartA, Beschluss v. 5. 07. 2010 – B 10 - 48/09, Rn. 19.

831 BKartA, Beschluss v. 5. 07. 2010 – B 10 - 48/09, Rn. 19.

sich beim Weiterverkaufsverbot um eine Kernbeschränkung im Sinne des Art. 4 lit. b Vertikal-GVO handele, komme auch keine Gruppenfreistellung in Betracht.[832] Eine Einzelfreistellung sei ebenfalls ausgeschlossen, da allein die Take-or-Pay-Klausel schon den Interessen des Verkäufers genüge und eine Kombination mit dem Weiterveräußerungsverbot, der hier in Rede stehenden Wettbewerbsbeschränkung, nicht unerlässlich i. S. d. Art. 101 Abs. 3 lit. a AEUV bzw. § 2 Abs. 1 Nr. 1 GWB sei.[833] Als Reaktion auf diese Ansicht des BKartA haben sich zwölf der größten deutschen Strom- und Gasversorger selbst auferlegt, in Zukunft auf entsprechende Klauseln zu verzichten.[834] Wie gesehen, dienen Weiterverkaufsverbote im Grundsatz dazu, die Liefermenge bei offenen Liefermengenvereinbarungen wie Bedarfsdeckungsklauseln kalkulierbar zu machen.[835] Ohne ein Weiterverkaufsverbot kann die Kalkulierbarkeit der Liefermenge für den Verkäufer nur sichergestellt werden, indem nicht nur die Liefermenge vertraglich vereinbart wird, sondern auch die Leistung, die der Kunde zu Weiterveräußerungszwecken in Anspruch nehmen darf.[836]

3. Zwischenergebnis

Eigenständige Bedeutung haben Take-or-Pay-Klauseln primär dann, wenn sie die zu Lasten des Verkäufers gehende Risikoverteilung bei Vollversorgungsklauseln ausgleichen sollen. Ist jedenfalls teilweise eine feste Abnahmeverpflichtung vereinbart, kommt es nach Ansicht des Verfassers nicht zu einer wesentlichen Modifikation der vertraglichen Pflichten. Vielmehr hat die Klausel dann nur klarstellende Bedeutung, denn das ohnehin geltende dispositive Gesetzesrecht findet über die Take-or-Pay-Klausel Anwendung. Take-or-Pay-Klauseln sind in AGB als Preisnebenabrede der Inhaltskontrolle unterworfen. AGB-rechtlich sind Rückbezugsklauseln und Vor- bzw. Nachbezugsklauseln nach Ansicht des Verfassers geboten. Die Kombination einer Take-or-Pay-Klausel mit einem Weiterleitungsverbot ist kartellrechtlich unzulässig, sodass zur Sicherstellung der Kalkulierbarkeit der Liefermenge für den Verkäufer auch die Leistung, die der Kunde zu Weiterveräußerungszwecken in Anspruch nehmen darf, bestimmt werden muss.

E. Bepreisung

I. Grundlagen

Die Preisvereinbarung erfolgt üblicherweise in Euro pro kWh bzw. mWh.[837] Bei finanzieller Abwicklung erfolgt hingegen eine Ausgleichszahlung in Relation zum vereinbarten

---

832 BKartA, Beschluss v. 5.07.2010 – B 10 - 48/09, Rn. 26f.

833 BKartA, Beschluss v. 5.07.2010 – B 10 - 48/09, Rn. 30f.

834 *Wyl*, in: Recht der Energiewirtschaft, § 12, Rn. 195; vgl. statt vieler BKartA, Beschluss v. 5.07.2010 – B 10 - 48/09, Rn. 9.

835 *Wyl*, in: Recht der Energiewirtschaft, § 12, Rn. 200.

836 *Wyl*, in: Recht der Energiewirtschaft, § 12, Rn. 200.

837 Vgl. so jedenfalls EFET, Individueller Stromkaufvertrag, S. 3; *Hilpert*, Rechtliche Bewertung von Power Purchase Agreements (PPAs) mit erneuerbaren Energien, S. 15.

Preis.[838] In Stromlieferverträgen kann zwischen verschiedenen Bestandteilen für einzelne Kostenelemente unterschieden werden. Dafür werden nominal ein Grundpreis, ein Leistungspreis und ein Arbeitspreis festgelegt.[839] Der Grundpreis dient dazu, bestehende Fixkosten des Lieferanten zu vergüten.[840] Der Leistungspreis soll einen Mittelwert der maximal angeforderten Leistung in einem bestimmten Zeitraum abbilden, unabhängig von der verbrauchten Energiemenge.[841] Er steigt also parallel zur maximal angeforderten Leistung. Der Arbeitspreis dient als Entgelt für die tatsächlich verbrauchte Energiemenge, ggf. differenziert nach Hochtarif- und Niedertarifzeiten.[842] Eine derartige Unterscheidung wird regelmäßig nur bei größeren Kunden vereinbart.[843] Bei kleineren Kunden wird diese Differenzierung nicht vorgenommen.[844]

Regelmäßig steht bei einem PPA für beide Parteien die Möglichkeit der Absicherung gegen Preisschwankungen im Vordergrund.[845] Die Preisvereinbarung muss allerdings unterschiedlichen Interessen verschiedener Beteiligter mit Einfluss auf die Preisvereinbarung Rechnung tragen. Der Anlagenbetreiber wird darauf achten, dass er seine Kosten decken kann.[846] Wesentlich dafür sind die sog. Stromgestehungskosten und deren erwartete Entwicklung.[847] Gleichzeitig besteht ein Interesse der beteiligten Investoren zur Renditemaximierung.[848] Diese wollen über die Laufzeit des PPAs einen möglichst hohen Preis erzielen, auch nachdem die Kosten des Projekts bereits gedeckt sind. Sie wollen möglichst an allen Absatzmarktchancen beteiligt sein und Risiken vermeiden.[849] Der Abnehmer hat grds. ein gegenläufiges Interesse, den Strom im Verhältnis zum aktuellen Marktpreis möglichst günstig und ohne Übernahme vieler Risiken zu erwerben.[850]

Ob der PPA-Preis für beide Parteien günstig ist, lässt sich durch einen Vergleich mit den für die Vertragslaufzeit prognostizierten Strompreisen feststellen, sodass dieser prognostizierten Strompreisentwicklung eine besondere Bedeutung für die Preisvereinbarung beizumessen ist (dazu sogleich).[851] Daneben sind insb. vertragliche Risiken, die sich etwa aus der Gestaltung der Liefer- und Abnahmepflichten ergeben, als Auf- oder Abschlag im Vertragspreis zu berücksichtigen.[852] Sofern die Refinanzierung der Investitionen primärer Zweck des PPA ist, muss die Bepreisung zudem den Anforderungen an die Finanzierung

---

838 *Hilpert*, Rechtliche Bewertung von Power Purchase Agreements (PPAs) mit erneuerbaren Energien, S. 15.

839 Vgl. *Zander* et al., Strombeschaffung im liberalisierten Energiemarkt, S. 46 f.; *Schöne/Garbers*, in: Vertragsrecht und AGB-Klauselwerke, Stromlieferverträge, Rn. 247 ff.

840 *Schöne/Garbers*, in: Vertragsrecht und AGB-Klauselwerke, Stromlieferverträge, Rn. 247.

841 Vgl. *Zander* et al., Strombeschaffung im liberalisierten Energiemarkt, S. 46 f.

842 *Konstantin*, Praxisbuch Energiewirtschaft, S. 458; vgl. *Zander* et al., Strombeschaffung im liberalisierten Energiemarkt, S. 46.

843 *Schöne/Garbers*, in: Vertragsrecht und AGB-Klauselwerke, Stromlieferverträge, Rn. 247.

844 *Schöne/Garbers*, in: Vertragsrecht und AGB-Klauselwerke, Stromlieferverträge, Rn. 247.

845 *J. Held/Leiding*, ER 2019, 232, 234.

846 Pexapark, Assessing PPA prices alongside the LCOE, S. 3.

847 Pexapark, Assessing PPA prices alongside the LCOE, S. 1 ff.

848 *J. Held/Koch*, ER 2019, 18, 22.

849 *J. Held/Koch*, ER 2019, 18, 22.

850 Vgl. *J. Held/Koch*, ER 2019, 18, 22; *C. Schneider/Lüdecke*, IR 2019, 50 f.

851 Vgl. dena, Corporate Green PPAs: Ökonomische Analyse, S. 11.

852 Vgl. dena, Corporate Green PPAs: Ökonomische Analyse, S. 11.

insb. von den fremdkapitalgebenden Banken genügen und dem Anlagenbetreiber bzw. der Projektgesellschaft ermöglichen, genügend Fremdkapital aufzunehmen.[853] Denn die Preisvereinbarung im PPA hat direkte Auswirkung auf den über den Erfolg der Projektfinanzierung entscheidenden Cashflow. Der Vertragspreis muss über die Vertragslaufzeit die Rückzahlung das Kapitaldiensts gewährleisten.[854] Die Banken haben regelmäßig ein Interesse an einer kalkulierbaren, d. h. festen Preisvereinbarung bei einer möglichst langen Vertragslaufzeit, damit der Kapitaldienst sicher und konstant bedient werden kann.[855] Um den Interessen der fremdkapitalgebenden Banken gerecht zu werden, wird empfohlen, diese frühzeitig in die Verhandlungen über den PPA-Preis einzubeziehen.[856]

II. Preismodelle

Grds. sind die Parteien in der Ausgestaltung der Preisvereinbarung frei.[857] Regelmäßig gestalten die Parteien die Preisvereinbarung in Abhängigkeit von den vereinbarten Liefer- und Abnahmepflichten.[858] Es kann zwischen festen und variablen Preisvereinbarungen unterschieden werden. Wegen der Preisabsicherungsfunktion des PPAs für Verkäufer und Abnehmer ist eine Festpreisvereinbarung oder eine äquivalente Preisvereinbarung üblich.[859] Möglich sind aber auch Vereinbarungen, bei denen der Preis über die Laufzeit des PPAs variiert bzw. Kombinationen aus fester und variabler Preisvereinbarung.

Festpreisvereinbarungen bieten eine höhere Kalkulationssicherheit für den Anlagenbetreiber und liegen daher – wie beschrieben – auch im Interesse der Banken.[860] Damit wird vermieden, dass die Erlöse aus dem PPA bei sinkenden Marktpreisen ebenfalls sinken. Wegen der erhöhten Planungssicherheit kommen Festpreisvereinbarungen den aktuell geltenden Subventionssystemen des EEG nahe und sind bei Anlagenbetreibern daher sehr beliebt.[861] Da die laufenden Kosten im Bereich der Stromerzeugung aus Wind und Photovoltaikanlagen nicht nur sehr gering sind, sondern auch nur wenig variabel, besteht bei diesen Anlagen nur ein geringfügiges Bedürfnis, diese Kostenbestandteile über variable Preisvereinbarungen weiterzugeben.[862] Die laufenden Kosten unterliegen allerdings dem Inflationsrisiko.[863] In dieser Preissicherheit liegt ein wesentliches Vertriebsargument für PPAs, insb. auch für Corporate-PPAs.[864]

Der Abnehmer hat ebenfalls einen Vorteil aus der Festpreisvereinbarung. Er erhält eine Absicherung gegen langfristig steigende Marktpreise, weil er während der Vertragslaufzeit

853 Dena, Corporate Green PPAs: Ökonomische Analyse, S. 11.
854 HCOB, Corporate PPA, S. 14.
855 Vgl. *S. Geiger/Balland*, REE 2019, 53, 58.
856 *S. Geiger/Balland*, REE 2019, 53, 58.
857 *Wiederholt/Ludwig*, EnWZ 2019, 110, 113.
858 *Wiederholt/Ludwig*, EnWZ 2019, 110, 113.
859 So überzeugend *Linnemann*, Energiewirtschaft für (Quer-)Einsteiger, S. 127.
860 *S. Geiger/Balland*, REE 2019, 53, 58.
861 Dena, Corporate Green PPAs: Ökonomische Analyse, S. 9.
862 *J. Held/Koch*, ER 2019, 18, 22; *J. Held/Leiding*, ER 2019, 232, 234.
863 HCOB, Corporate PPA, S. 14.
864 *J. Held/Leiding*, ER 2019, 232, 234.

nur den Festpreis zahlen muss.[865] Damit einher geht ein potentieller Wettbewerbsvorteil, wenn die Konkurrenz Strom zum aktuellen Spotmarktpreis teurer erwerben muss. Außerdem erzielt der Abnehmer damit einen Kalkulationsvorteil. Seine betriebswirtschaftlichen Kosten für den Strombezug lassen sich so leichter prognostizieren.[866] Da keine Vollversorgung durch das PPA erfolgt, ist der Abnehmer jedoch nicht völlig frei von Marktrisiken. Bei Schwankungen der Liefermenge, z. B. aufgrund der Dargebotsabhängigkeit der Erzeugungsanlage, muss der Abnehmer seinen verbleibenden Strombedarf anderweitig am Markt decken.

Für beide Parteien ist die Festpreisvereinbarung eine Art Wette darauf, dass der vereinbarte Preis – über die gesamte Vertragslaufzeit betrachtet – für sie besser ist als der Kauf bzw. Verkauf des Stroms am Spotmarkt zu den entsprechenden Preisen.[867] Dafür liegt der Festpreis üblicherweise zunächst etwas über dem aktuellen, aber unter dem erwarteten Strompreis.[868] Zunächst ist der PPA-Preis mithin verhältnismäßig teuer, wird dann aber über die gesamte Laufzeit überdurchschnittlich günstig. In einer solchen Konstellation hat der Verkäufer vor dem Hintergrund der Finanzierung das Risiko von Preis- und damit Cashflowschwankungen abgesichert, verzichtet aber auf potentielle Mehrerlöse in den Folgejahren.[869] Der Abnehmer erhält einen – über die gesamte Vertragslaufzeit betrachtet – überdurchschnittlich günstigen Strompreis und den erwähnten Wettbewerbsvorteil.[870] Erweisen sich die Erwartungen der Parteien an den ohnehin nur schwer prognostizierbaren Marktpreis im Stromsektor jedoch als fehlerhaft, kann sich diese Festpreisvereinbarung für die Parteien zu einem finanziellen Nachteil im Wettbewerb entwickeln.[871] Insofern wird die Bedeutung deutlich, die die Einschätzung der Marktpreisentwicklung bei der Bestimmung eines Festpreises hat.[872]

Um dem Risiko zu begegnen, dass sich die Preise anders entwickeln als von den Parteien bei der Bestimmung des Festpreises angenommen und um die wirtschaftliche Angemessenheit des Preises über die gesamte Vertragslaufzeit sicherzustellen, können variable Preise (etwa mittels sog. Preisanpassungsklauseln) z. B. für Teile der Liefermenge vereinbart werden.[873] Eine variable Preisvereinbarung, die (zumindest teilweise oder mittelbar) von

---

865 Dena, Vertragswesen von Green Power Purchase Agreements, S. 22; *C. Schneider/Lüdecke*, IR 2019, 50 f.

866 Dena, Vertragswesen von Green Power Purchase Agreements, S. 22.

867 *C. Schneider/Lüdecke*, IR 2019, 50, 51.

868 Dena, Vertragswesen von Green Power Purchase Agreements, S. 22.

869 Energy Brainpool, Power Purchase Agreements: Finanzierungsmodell von Erneuerbaren Energien, S. 10.

870 Energy Brainpool, Power Purchase Agreements: Finanzierungsmodell von Erneuerbaren Energien, S. 9.

871 Vgl. *C. Schneider/Lüdecke*, IR 2019, 50, 51.

872 Vgl. auch Energy Brainpool, Power Purchase Agreements: Finanzierungsmodell von Erneuerbaren Energien, S. 10.

873 Dena, Vertragswesen von Green Power Purchase Agreements, S. 23; mit Verweis für die Kombination von Fest- und Marktpreisen auf *S. Geiger/Balland*, REE 2019, 53, 54; *J. Held/Leiding*, ER 2019, 232, 234; sowie *Hilpert*, Rechtliche Bewertung von Power Purchase Agreements (PPAs) mit erneuerbaren Energien, S. 15.

den aktuellen Marktpreisen abhängt, ermöglicht die Partizipation an Marktchancen.[874] Bei einer Festpreisvereinbarung ist dies nicht möglich.[875] Variable Preisvereinbarungen bieten nicht nur die Möglichkeit, auf unerwartete Marktpreisschwankungen zum Nachteil der Parteien zu reagieren, sondern auch auf Änderungen des regulatorischen Umfelds.[876] Sinnvoll sind daher Preisanpassungsrechte, sofern im Steuer- und Abgabensystem Änderungen drohen[877] und – bei grenzüberschreitenden PPAs – ggf. auch Klauseln, die etwaige Änderungen der Währungswechselkurse ausgleichen.[878] Eine Klausel zum Inflationsausgleich sollte neben der Festpreisvereinbarung ebenfalls vereinbart werden.[879] Die vollständige Kopplung der Preisvereinbarung im PPA an den Marktpreis lässt allerdings den Aspekt der Risikoabsicherung entfallen.[880] Wie gesehen, wirkt sich die große Volatilität des Marktpreises negativ auf die Finanzierungsbedingungen aus. Banken schenken dem Cashflow, der von der Volatilität der Börsenpreise abhängt, weniger Vertrauen als den über ein PPA abgesicherten Zahlungsströmen, sodass eine vollständige Kopplung an Marktrisiken aus Sicht des Anlagenbetreibers nicht sinnvoll scheint.[881] Für den Abnehmer ist ein PPA außerdem regelmäßig günstiger als langfristige Verträge an der Börse, weil der Abnehmer Risiken übernimmt, die in Preisabschlägen resultieren.[882]

Variable Preisvereinbarungen können neben einer Indexierung auf den Spotmarktpreis sich über die Laufzeit entwickelnde (aber ggf. festgelegte) Stufenpreise, saisonal differenzierende Preisvereinbarungen oder die Kopplung an andere Referenzpreise beinhalten.[883] Um die höheren Risiken bei variablen Preisvereinbarungen zu minimieren, können Absicherungselemente genutzt werden. Z. B. können Preisober- bzw. Preisuntergrenzen (sog. *caps* und *floors*) oder eine Kombination aus beidem (sog. *collar*) vereinbart werden.[884] Es wird vermutet, dass derart risikogeminderte variable Preisvereinbarungen künftig zu einer üblichen Variante der zumeist vorkommenden Festpreisvereinbarungen werden könnten.[885] Um auf unerwartete Entwicklungen der Marktlage besser reagieren zu können, kann der Preis auch zunächst für einen gewissen Zeitraum – z. B. sechs Jahre – festgesetzt und dann rollierend neu vereinbart werden.[886] Damit werden die Vorteile der Festpreisvereinbarung, wie insb. die Preisabsicherung, in den ersten Jahren gewahrt, fallen dann aber weg, um

---

874 Vgl. für die sog. Route-ro-market-Vereinbarung *Brunnberg/Johnsen*, Power Purchase Agreements: Perspektiven auf dem europäischen Markt, S. 5.

875 HCOB, Corporate PPA, S. 14.

876 Für erhebliche Prognoseabweichungen der Marktpreise *J. Held/Koch*, ER 2019, 18, 22; für die Änderungen des regulatorischen Umfelds *S. Geiger/Balland*, REE 2019, 53, 58.

877 Vgl. *J. Held/Koch*, ER 2019, 18, 22.

878 HCOB, Corporate PPA, S. 15.

879 HCOB, Corporate PPA, S. 14.

880 *Brunnberg/Johnsen*, Power Purchase Agreements: Perspektiven auf dem europäischen Markt, S. 5.

881 Siehe Teil 1, D. V. 1.

882 Dena, Finanzierung von Erneuerbare-Energien-Anlagen über Power Purchase Agreements, S. 7.

883 Vgl. etwa Energy Brainpool, Power Purchase Agreements II: Marktanalyse, Bepreisung und Hedgingstrategien, S. 8.

884 Dena, Corporate Green PPAs: Ökonomische Analyse, S. 9.

885 Dena, Corporate Green PPAs: Ökonomische Analyse, S. 9.

886 Energy Brainpool, Power Purchase Agreements: Finanzierungsmodell von Erneuerbaren Energien, S. 3.

auf unerwartete Entwicklungen der Marktpreise besser reagieren zu können. Ob derartige Vereinbarungen von Parteien und Kapitalgebern akzeptiert werden oder ob sich die Finanzierungsbedingungen dadurch zu deutlich verschlechtern, hängt vermutlich – wie bei der Vereinbarung der Vertragslaufzeit – davon ab, inwieweit der Kapitaldienst bis zum Wegfall der Festpreisvereinbarung bereits bedient wurde.[887] Womöglich ist es vor diesem Hintergrund empfehlenswert, schon bei Vertragsbeginn einen Preiskanal aus Preisober- und Preisuntergrenze (*collar*) für die rollierende Festsetzung festzulegen, der mindestens die vollständige Deckung des Kapitaldiensts garantiert. Teilweise wird vertreten, dass der Festpreis derzeit üblicherweise für mind. zehn Jahre vereinbart werden sollte, um den Anforderungen der Banken zu genügen.[888] Denkbar sind wie bereits erwähnt auch verschiedene Kombinationen von Fest- und Marktpreisen,[889] wobei üblicherweise – wohl vor dem Hintergrund der Finanzierungsabsicherung – der Festpreis den größeren Anteil an der gesamten Vergütung ausmacht.[890] So ist eine Kombination aus einem Festpreis für 80 % der Menge und einen durch den Spotmarkt indizierten Preis (etwa Intraday-Marktpreis oder Day-Ahead-Marktpreis) für die restlichen 20 % denkbar.[891] Dadurch werden die Vorteile der Festpreisvereinbarung, wie insb. die Preisabsicherung, zum Großteil garantiert, wenngleich Marktschwankungen – und damit verbunden sowohl Chancen als auch Risiken – ebenfalls in den Preis mit einfließen.

Sofern eine (teilweise) variable Preisvereinbarung getroffen wird, sollten zudem Regelungen zu den Folgen negativer Marktpreise auf den PPA-Preis getroffen werden.[892] Denkbar wäre insofern eine Vereinbarung, die sich an der gesetzlichen Regelung des § 51 EEG 2023 orientiert.[893] Gem. § 51 EEG 2023 verringert sich der gesetzliche Zahlungsanspruch für den gesamten Zeitraum in dem der Spotmarktpreis ohne Unterbrechung negativ ist auf null, sofern der Spotmarktpreis eine Mindestdauer negativ geblieben ist. Eine Übertragung dieser Wertung hieße, dass sich der PPA-Preis bzw. der variable Teil des PPA-Preises nach einer festgelegten Mindestdauer negativer Spotmarktpreise auf null verringert, sodass der vertragliche Zahlungsanspruch in der entsprechenden Höhe entfiele. Vereinbart werden könnte ebenfalls, dass im Falle einer Kombination von Fest- und Marktpreis nicht nur der variable Teil entfiele, sondern nach Ablauf der Mindestdauer negativer Marktpreise auch das Festpreiselement.[894] Für den Abnehmer besteht ein großes Interesse an einer Kürzung der Vergütung bei negativen Marktpreisen und das schon ab der ersten Stunde negativer Marktpreise.[895] Für den Anlagenbetreiber ist die Vereinbarung einer Mindestdauer aber von Interesse, da auf diese Weise die Häufigkeit einer verringerten oder entfallenen Vergütung gemindert wird.[896] Aus der Sicht der Banken sollte sich

887 Vgl. HCOB, Corporate PPA, S. 14.

888 Vgl. HCOB, Corporate PPA, S. 14.

889 *S. Geiger/Balland*, REE 2019, 53, 54.

890 *S. Geiger/Balland*, REE 2019, 53, 54.

891 Energy Brainpool, Power Purchase Agreements II: Marktanalyse, Bepreisung und Hedgingstrategien, S. 8.

892 *S. Geiger/Balland*, REE 2019, 53, 54.

893 *S. Geiger/Balland*, REE 2019, 53, 54.

894 Dena, Vertragswesen von Green Power Purchase Agreements, S. 23; mit Verweis auf *S. Geiger/Balland*, REE 2019, 53, 54.

895 *S. Geiger/Balland*, REE 2019, 53, 54.

896 Vgl. *S. Geiger/Balland*, REE 2019, 53, 54 f.

eine Übertragung der Regelung des § 51 EEG 2023 in ein PPA nicht nachteilhaft auswirken, da diese Regelung bei einer EEG geförderten Vergütung ebenfalls gilt.[897] Empfohlen wird außerdem, das Entfallen der Vergütungspflicht bei negativen Marktpreisen mit dem Ausschluss der Liefer- und Abnahmepflicht zu kombinieren,[898] was im Ergebnis zu einem zeitweisen Aussetzen der wesentlichen Vertragspflichten führt. Aus schuldrechtlicher Sicht folgt dies der zentralen Gefahrtragungsregel für gegenseitige Verträge in § 326 Abs. 1 S. 1 BGB, wonach die Leistungen in gegenseitigen Verträgen voneinander abhängig sind.[899]

III. Die Festpreisvereinbarung und ihr wirtschaftlicher Hintergrund

1. Marktpreisentwicklung des Baseload-Preises

a) Grundlagen

Um eine interessengerechte Festpreisregelung treffen zu können, die beide Vertragsparteien für fair und gerecht halten, sind verschiedene Faktoren zu beachten. Der entscheidende Faktor ist die prognostizierte Entwicklung des Marktpreises von Strom über die Vertragslaufzeit.[900] Diese macht den „Löwenanteil" des Preises aus. Ausgangspunkt ist der Preis für das Baseloadpodukt (Grundlast) an den Strombörsen.[901] Aus der prognostizierten Spotmarktpreiskurve für die Laufzeit des PPAs kann ein Durchschnittspreis gebildet werden, der die Entwicklung des Strompreises für die komplette Laufzeit des PPAs abbildet.[902] Alternativ kann für die Ermittlung des langfristigen Strompreises anstelle einer eigenen Preisprognose auf den durchschnittlichen Baseloadpreis an den Terminmärkten der Strombörsen abgestellt werden.[903] Reiht man die Terminmarktprodukte mit unterschiedlichem Erfüllungszeitpunkt chronologisch aneinander, erhält man eine Preiskurve, die sog. Terminmarktkurve,[904] die die Erwartung der Marktteilnehmer an die zukünftige Entwicklung der Spotmarktpreise abbildet. Steigt diese Kurve an, weil die Terminpreise über dem Spotpreis liegen, wird dies als Contango bezeichnet. Sinkt die Kurve, weil die Terminpreise unter dem Spotmarktpreis liegen, wird dies als Backwardation bezeichnet.[905] Eine steigende Terminmarktkurve (Contango) wirkt preissteigernd, eine sinkende Terminmarktkurve (Backwardation) wirkt preissenkend.[906] Die Wahrscheinlichkeit, dass sich die Spotmarktpreise anders entwickeln als prognostiziert, steigt, je weiter der Zeitpunkt in der

---

897 *S. Geiger/Balland*, REE 2019, 53, 54.

898 *S. Geiger/Balland*, REE 2019, 53, 54.

899 Vgl. Jauernig/*Stadler*, § 326 BGB, Rn. 1.

900 Vgl. auch Energy Brainpool, Power Purchase Agreements: Finanzierungsmodell von Erneuerbaren Energien, S. 10.

901 Vgl. dena, Preisleitfaden Green PPA, S. 7.

902 Dena, Finanzierung von Erneuerbare-Energien-Anlagen über Power Purchase Agreements, S. 16.

903 Dena, Finanzierung von Erneuerbare-Energien-Anlagen über Power Purchase Agreements, S. 16.

904 Dena, Preisleitfaden Green PPA, S. 12.

905 Dena, Preisleitfaden Green PPA, S. 12.

906 Dena, Preisleitfaden Green PPA, S. 12.

Zukunft liegt.[907] Insofern geht mit einer längeren Vertragslaufzeit ein höheres Risiko einher, für das entsprechend Risikoabschläge eingepreist werden, die sich proportional zur Länge der Vertragslaufzeit erhöhen.[908] Ergänzend sind weitere preisrelevante Positionen abzugs- bzw. anrechnungsfähig, die im Folgenden noch erläutert werden sollen. Aus diesem erwarteten durchschnittlichen Baseloadpreis samt Ab- und Aufschlägen ergibt sich ein interessengerechter, „fairer" Vertragspreis.[909]

Vor der aktuellen Energiepreiskrise herrschte überwiegend die Erwartung eines mittel- bis langfristig ansteigenden Strompreises vor.[910] Darin lag aus Sicht der Abnehmer ein zentrales Motiv für den Abschluss von PPAs, weil sich diese so gegen steigende Preise absichern konnten.[911] Diese Preisentwicklung wurde krisenbedingt nun (jedenfalls teilweise) vorweggenommen. Aktuelle Prognosen erwarten Durchschnittsstrompreise, die auch in den nächsten Jahren noch deutlich höher liegen als in den Vorkrisenjahren 2019 und 2020.[912] Trotz eines Preisrückgangs ab dem Jahr 2024 wird erwartet, dass die Preise auch mittel- bis langfristig auf einem höheren Niveau als auf dem Vorkrisenniveau liegen werden.[913] Zu den wesentlichen Treibern der Strompreise gehören „Rohstoffkosten (z. B. Kohle- und Erdgaspreise), CO_2-Preise, regulatorische Entscheidungen und der [mangelnde] Zubau neuer Erzeugungskapazität."[914] Insb. das sich aus Importen und der Kapazität der produzierenden Kraftwerke ergebende Stromangebot sowie die Entwicklung der Stromnachfrage sind langfristig Einflussfaktoren auf den Strompreis.[915] Diese Faktoren werden in den Prognosen beachtet und danach unterschiedlich wahrscheinliche Szenarien erstellt.

Trotz der nun bereits deutlich gestiegenen Marktpreise gilt im Grundsatz weiterhin, dass PPAs eine Preisabsicherungsfunktion insb. gegen eine ebenfalls erwartete[916] hohe Preisvolatilität haben können. PPAs können daneben Abnehmer gegen steigende Preise absichern.[917] Diese Preisabsicherungsfunktion stellt weiterhin ein zentrales Motiv für den Abschluss von PPAs dar. Steigt der Marktpreis weniger als bei Festlegung des PPA-Preises erwartet, bleiben die Kosten für den Abnehmer konstant, der Verkäufer ist preislich abgesichert.[918] Der Abnehmer muss den Strom aber teurer erwerben als seine Konkurrenten den Strom am Markt erwerben können.[919] Steigt der Marktpreis stärker als erwartet,

---

907 Dena, Preisleitfaden Green PPA, S. 12.

908 Dena, Preisleitfaden Green PPA, S. 12.

909 Vgl. dena, Corporate Green PPAs: Ökonomische Analyse, S. 11 ff.; zur Bestimmung eines interessengerechten Vertragspreises durch beidseitige Selbstbestimmung siehe *Mohr*, Sicherung der Vertragsfreiheit durch Wettbewerbs- und Regulierungsrecht, S. 129 ff.

910 *J. Held/Koch*, ER 2019, 18, 19.

911 *C. Schneider/Lüdecke*, IR 2018, 290, 291.

912 Prognos/vbw, Strompreisprognose, S. 1.

913 Prognos/vbw, Strompreisprognose, S. 1.

914 Dena, Corporate Green PPAs: Ökonomische Analyse, S. 12.

915 Dena, Preisleitfaden Green PPA, S. 7.

916 Prognos/vbw, Strompreisprognose, S. 1.

917 *C. Schneider/Lüdecke*, IR 2018, 290, 291.

918 Energy Brainpool, Power Purchase Agreements: Finanzierungsmodell von Erneuerbaren Energien, S. 10.

919 Vgl. Energy Brainpool, Power Purchase Agreements: Finanzierungsmodell von Erneuerbaren Energien, S. 10.

ist der Abnehmer gegen den steigenden Strompreis durch das PPA abgesichert.[920] Er kann die festgelegte Menge weiterhin zum Festpreis erwerben. Der Anlagenbetreiber ist gegen das Risiko von Preis- und damit Cashflowschwankungen abgesichert, verzichtet aber auf potentielle Mehrerlöse in den Folgejahren.[921]

Für Abnehmer besteht aufgrund der erwarteten Preisvolatilität in den nächsten Jahren ein Anreiz, sich durch PPAs mit einer Festpreisvereinbarung gegen diese Schwankungen abzusichern. Die Anlagenbetreiber können so ebenfalls eine Finanzierung und Absicherung gegen Preisschwankungen sicherstellen.

b) Krisenbedingte Auswirkungen auf die Marktwertentwicklung und potentielle Krisenfestigkeit von Power-Purchase-Agreements

Die aktuelle Strompreiskrise hatte deutliche Auswirkungen auf den Baseloadpreis und die zukünftigen Marktpreise, also auch auf die erwähnte Terminmarktkurve. Der Zusammenhang zwischen der Terminmarktentwicklung und den PPA-Preisen während der Energiekrise lässt sich folgenden Graphiken entnehmen.

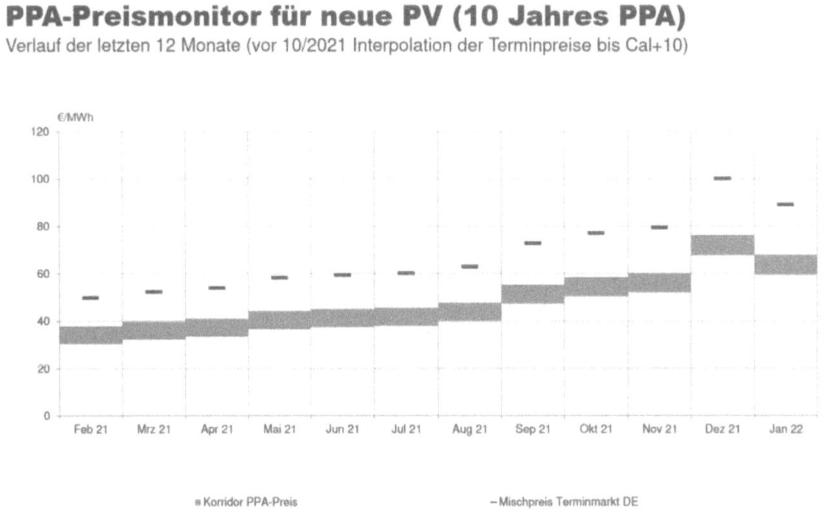

Abbildung 14: PPA-Preismonitor von Februar 2021 bis Januar 2022 (10-Jahres-PPA)

Schon während des Jahres 2021 stiegen die Preise des Terminmarkts für die hier zehnjährige Laufzeit des PPAs (in der Graphik als Strich: Mischpreis Terminmarkt DE) kontinuierlich und erheblich an, sackten aber mit dem Beginn des Jahres 2022 zumindest zwischenzeitlich geringfügig ab. Die PPA-Preise (in der Graphik als Balken: Korridor

920 Energy Brainpool, Power Purchase Agreements: Finanzierungsmodell von Erneuerbaren Energien, S. 9 f.

921 Energy Brainpool, Power Purchase Agreements: Finanzierungsmodell von Erneuerbaren Energien, S. 10.

PPA-Preis) liegen deutlich unter diesem Mischpreis, weil diverse Abschläge von diesem Preis abzuziehen sind, die im Folgenden noch erläutert werden sollen. Die PPA-Preise folgen aber im Grundsatz der Preisentwicklung des Terminmarkts, d. h. der erwarteten Strompreisentwicklung über die gesamte Vertragslaufzeit des PPAs. Die Preissenkung zu Beginn des Jahres 2022 war einerseits darin begründet, dass das teuerste Lieferjahr, das Jahr 2022, aus der Berechnung des Terminmarktmischpreises herausfiel,[922] da Strom für das Jahr 2022 nun nicht mehr handelbar war. Zudem sinken mit zunehmendem zeitlichen Abstand zur Lieferphase die Terminmarktpreise und senken so den Durchschnittspreis.[923]

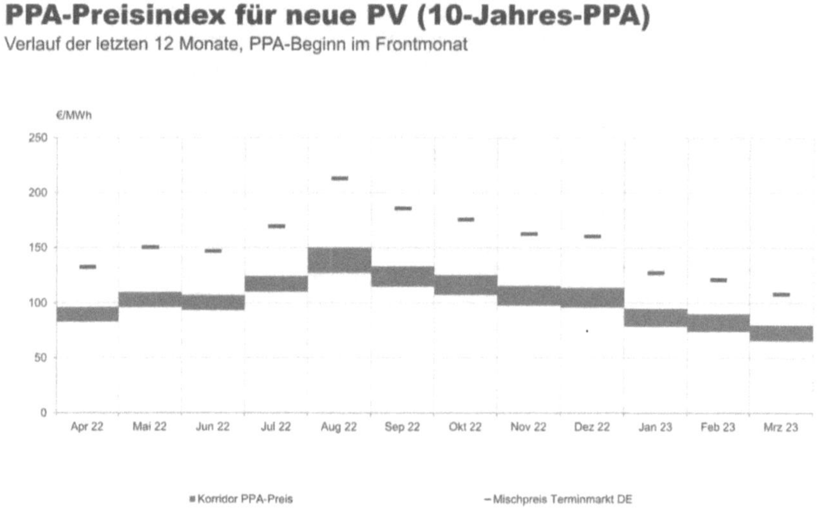

Abbildung 15: PPA-Preismonitor von April 2022 bis März 2023 (10-Jahres-PPA)

Die Preisanstiege in der Energiekrise wirkten sich insofern deutlich auf den abgebildeten PPA-Preiskorridor aus. An Relevanz gewonnen haben mit dem teilweisen Auslaufen der staatlichen Förderung für die sog. Post-EEG-Anlagen PPAs mit kürzerer Laufzeit.

922 *Eble*, Deutsche PPA-Preise knicken zum Jahresbeginn ein, E&M v. 4. 2. 2022.

923 Vgl. Teil 1, D. IV. 3. b); *Eble*, Deutsche PPA-Preise knicken zum Jahresbeginn ein, E&M v. 4. 2. 2022.

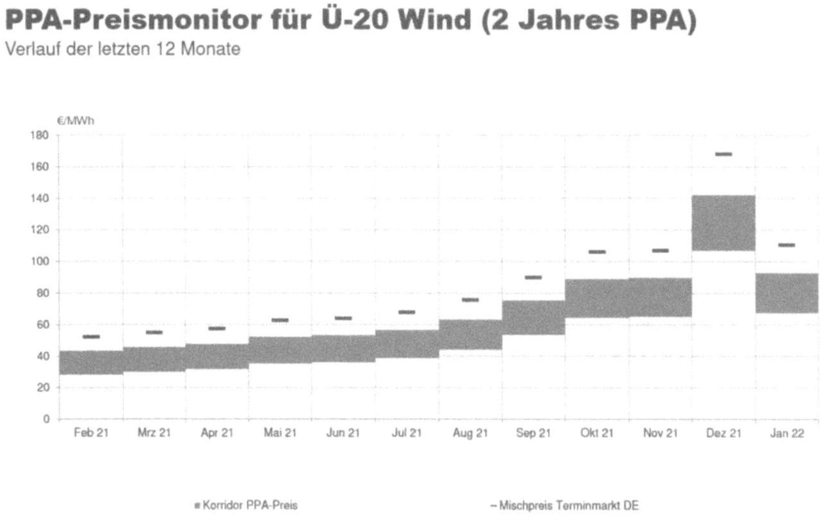

Abbildung 16: PPA-Preismonitor von Februar 2021 bis Januar 2022 (2-Jahres-PPA)

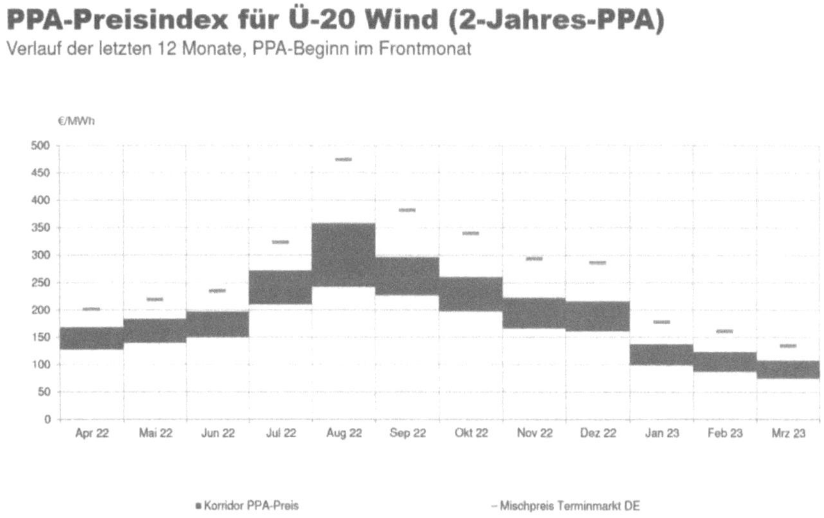

Abbildung 17: PPA-Preismonitor von April 2022 bis März 2023 (2-Jahres-PPA)

Die Preisentwicklung des PPA-Korridors folgt in Abb. 16 und 17 ebenfalls den Terminmarktpreisen. Allerdings liegen die Preise für PPAs mit zweijähriger Laufzeit deutlich über den PPAs mit zehnjähriger Laufzeit. Das liegt nicht nur an den höheren Preisrisiken und daraus folgenden Risikoabschlägen für Verträge mit längerer Laufzeit, sondern auch daran, dass die Terminmarktpreise wie erwähnt mit zunehmendem zeitlichen Abstand zur Lieferphase sinken. Der Durchschnittspreis der Terminmarktpreise der zwei Folgejahre ist deutlich höher als der Durchschnittspreis der zehn Folgejahre. Insofern kann der aktuelle Zustand des Terminmarkts mit Backwardation beschrieben werden, was sich wie erwähnt preismindernd auswirkt.[924] Die Preisentwicklung am Terminmarkt zeugte insofern von der Erwartung, dass die Preise kurzfristig deutlich höher liegen würden als langfristig.[925] Daher galt für PPAs, dass mit kürzerer PPA-Laufzeit entsprechend höhere PPA-Preise erzielt werden konnten.[926] Insofern wurden zuletzt auch sog. Mini-PPAs[927] mit Laufzeiten von nur einem Jahr oder einem Quartal abgeschlossen.

Abnehmer eines PPAs sind im Falle einer Festpreisvereinbarung wie beschrieben gegen steigende Strompreise abgesichert. Das gilt insb. in einem Szenario wie dem aktuellen, in dem die Strompreise insb. von den stark gestiegenen Beschaffungskosten für fossile Brennstoffe in die Höhe getrieben wurden. PPAs stellen daher unter materiellen Gesichtspunkten eine Art privater Strompreisbremse für Letztverbraucher dar.[928] Mit einer solchen Festpreisvereinbarung entgeht den Anlagenbetreibern allerdings auch die Chance zur Partizipation an den aktuell diskutierten Über- bzw. Zufallsgewinnen.[929] Am 15. 12. 2022 wurde jedoch der „Entwurf eines Gesetzes zur Einführung einer Strompreisbremse und zur Änderung weiterer energierechtlicher Bestimmungen“[930] in der Fassung des Ausschusses für Klimaschutz und Energie[931] vom Bundestag beschlossen und am 23. 12. 2022 im Bundesgesetzblatt verkündet (StromPBG).[932] Neben Vorgaben zur Entlastung von Letztverbrauchern von hohen Strompreisen enthält es Regelungen zur Abschöpfung der Überschusserlöse, die zur Finanzierung der Entlastungsmaßnahmen verwendet werden sollen. Schon während des Gesetzgebungsverfahrens wurden diese Regelungen zur Erlösabschöpfung umfassend diskutiert, wobei insb. die Auswirkungen dieser Regelungen auf den Markt für PPAs kritisch gesehen wurden.[933]

---

924 Vgl. dena, Preisleitfaden Green PPA, S. 12.

925 Vgl. *D. Ritter* et al., Monitoring der Direktvermarktung: Jahresbericht 2022 und Ausblick 2023, S. 19 f.

926 *D. Ritter* et al., Monitoring der Direktvermarktung: Jahresbericht 2022 und Ausblick 2023, S. 19 f.

927 Trianel, Trianel startet Mini-PPAs für PV-Anlagen, https://www.trianel.com/pressemeldungen/trianel-startet-mini-ppas-fuer-pv-anlagen.

928 *T. T. Meier*, EnK-Aktuell 2023, 01013.

929 *Pavel*, EnK-Aktuell 2022, 01054; *Möller-Klapperich/Rasquin*, NJ 2022, 433; *Stahlschmidt*, BB 2022, (Umschlagteil) I; *F.-A. Fischer*, EnK-Aktuell 2022, 01125; *Martin*, EnK-Aktuell 2022, 01053; *Stuhlmacher*, EnK-Aktuell 2022, 01066.

930 BT-Drs. 20/4685.

931 Beschlussempfehlung und Bericht des Ausschusses für Klimaschutz und Energie zu dem Entwurf eines Gesetzes zur Einführung einer Strompreisbremse und zur Änderung weiterer energierechtlicher Bestimmungen, BT-Drs. 20/4915.

932 Gesetz zur Einführung einer Strompreisbremse und zur Änderung weiterer energierechtlicher Bestimmungen v. 20. 12. 2022, BGBl. I 2022, 2512.

933 LichtBlick SE, Rechtsgutachten: Abschöpfung fiktiver Erlöse verfassungswidrig / Klagewelle gegen Erlösdeckel für Stromerzeuger erwartet, Pressemitteilung v. 24. 11. 2022; *S.-J. Otto/Weigel*, EnK-Aktuell 2022, 01147.

c) Preisbremse für Strom und potentielle Auswirkungen der Erlösabschöpfung auf den Markt für Power-Purchase-Agreements

Der Anwendungsbereich des Abschöpfungsmechanismus bezieht nach § 13 Abs. 1 und 2 StromPBG Einnahmen aus der Veräußerung von Strommengen ein, die nach dem 30. 11. 2022 und vor dem 1. 7. 2023 im Bundesgebiet (§ 2 Nr. 3 StromPBG) erzeugt werden, ursprünglich mit der Option zu einer Verlängerung bis maximal zum 30. 4. 2024. Allerdings wurde vom BMWK das Auslaufen der Regelungen zur Erlösabschöpfung zum 30. 9. 2023 bereits beschlossen.[934] Erfasst werden auch Absicherungsgeschäfte, d. h. einerseits am Terminmarkt abgeschlossene Geschäfte i. S. d. § 17 Nr. 1 und 2 StromPBG und andererseits sog. anlagenbezogene Vermarktungsverträge nach § 18 StromPBG. Ein anlagenbezogener Vermarktungsvertrag ist in § 2 Nr. 1 StromPBG definiert als „ein Vertrag, der die Lieferung erzeugten Stroms aus einer oder mehreren bestimmten Stromerzeugungsanlagen zum Gegenstand hat," die physisch oder rein finanziell erfüllt werden. Ausweislich der Gesetzesbegründung umfasst diese Definition insb. PPAs.[935] Auch bei PPAs, die zur Veräußerung von im Bundesgebiet erzeugtem Strom dienen, gilt daher grds., dass 90 % der Überschusserlöse abgeschöpft werden (§ 14 Abs. 1 StromPBG). Ausgeschlossen sind allerdings Strommengen aus EE-Anlagen mit einer installierten Leistung von bis zu 1 mW (§ 13 Abs. 3 Nr. 2 lit. b StromPBG) sowie Strommengen, die ohne Netznutzung vermarktet werden (§ 13 Abs. 3 Nr. 5 StromPBG). Das bedeutet, dass Off-Site-PPAs mit Bezug zu Anlagen mit einer installierten Leistung von bis zu 1 mW sowie On-Site-PPAs nicht von der Erlösabschöpfung betroffen sind.[936]

Die Überschusserlöse berechnen sich gem. § 14 Abs. 2 StromPBG nach den Vorgaben in den §§ 16 ff. StromPBG. Sie werden für den Zeitraum vom 1. 12. 2022 bis zum 31. 3. 2023 und im Folgenden quartalsweise berechnet. Nach § 16 StromPBG gelten als Überschusserlöse auf dem Spotmarkt erzielbare (fiktive) Erlöse in der Höhe, in der sie die energieträgerspezifischen Referenzkosten zzgl. eines Sicherheitszuschlags übersteigen. Während die jeweiligen Referenzkosten die Kosten der Stromerzeugung (Stromgestehungskosten, LCOE) abdecken sollen, dienen die Sicherheitszuschläge dazu, eine Abregelung zu vermeiden und einen zu erwartenden Standardgewinn zu sichern.[937] Dieser Standardgewinn gehört nicht zu den unerwarteten Überschusserlösen und soll daher nicht abgeschöpft werden. Die auf 90 % der Überschusserlöse begrenzte Abschöpfung soll dazu anreizen, in Zeiten hoher Energiepreise, also in den nachfragestarken Zeiten, bedarfsgerecht Strom zu erzeugen und zu vermarkten.[938] Für Windenergieanlagen und Solaranlagen werden die Überschusserlöse nicht auf der Grundlage der am Spotmarkt erzielbaren fiktiven Erlöse, sondern auf Basis der energieträgerspezifischen Monatsmarktwerte nach Anl. 1 Nr. 3.3 EEG ermittelt (§ 16 Abs. 1 StromPBG). Denn das ist das Preisniveau, das der Gesetzgeber bei diesen Anlagen als hypothetisch erzielbar ansieht.[939]

---

934 BMWK, Abschöpfung von Überschusserlösen im Rahmen der Strompreisbremse läuft aus, Pressemitteilung v. 9. 6. 2023.

935 BT-Drs. 20/4685, 75.

936 *Göken*, VersorgungsW 2023, 108, 110.

937 BT-Drs. 20/4685, 95.

938 BT-Drs. 20/4685, 4.

939 BeckOK/*T. Richter*, § 2 StromPBG, Rn. 26.

Die jedenfalls in der Krisensituation – mit vergleichsweise sehr hohen Strompreisen – auf dem Spotmarkt erzielbaren fiktiven Erlöse bzw. die in Anl. 1 Nr. 3.3 EEG festgelegten energieträgerspezifischen Monatsmarktwerte werden bei der Durchführung verschiedener Geschäfte tatsächlich gar nicht erwirtschaftet. Das betrifft neben Absicherungsgeschäften i. S. v. § 17 StromPBG auch anlagenbezogene Vermarktungsverträge gem. § 2 Nr. 1 StromPBG inkl. PPAs. So ist etwa in einem PPA regelmäßig eine Festpreisvereinbarung enthalten, die in der aktuellen Situation hoher Spotmarktpreise zu einem Erlös führt, der unter den fiktiven Erlösen bzw. den Monatsmarktwerten liegt.[940] Demgemäß wurde die Regelung aus der Praxis kritisiert.[941] Befürchtet wurden u. a. „tiefgreifende Verzerrungen des Strommarkts" als Folge der Abschöpfung „fiktiver", nicht realisierter Erlöse. Hierin liege ein Verstoß gegen Art. 8 Abs. 2 lit. d Verordnung (EU) 2022/1854 des Rates v. 6. 10. 2022 über Notfallmaßnahmen als Reaktion auf die hohen Energiepreise (im Folgenden EU-NotfallVO), der solche Verzerrungen verbiete.

Die Regelung führe außerdem zu einer Abwanderung vom Terminmarkt in den zumindest aktuell lukrativeren Spotmarkt. Das hieße für EE-Anlagen, denen die EEG-Förderung offenstehe, dass sie in die geförderte Direktvermarktung wechselten. Wegen des Doppelvermarktungsverbots gem. § 80 EEG 2023 entfielen damit Möglichkeiten zum Bezug von Herkunftsnachweisen. Diese Angebotsverknappung führe auf diese Weise zu einem Anstieg der Preise für „grünen" Strom.

Daneben würden PPA-finanzierte Projekte in die Zahlungsunfähigkeit gedrängt.

Die Regelungen verstießen zudem gegen Art. 2 Nr. 5 EU-NotfallVO, wonach nur realisierte Erlöse abgeschöpft werden dürfen. Dies gehe auch aus Erw. 30 der Verordnung hervor. Zudem seien die Eigentumsgarantie gem. Art. 14 Abs. 1 GG und das Eigentumsrecht nach Art. 1 des Ersten Zusatzprotokolls i. V. m. Art. 14 EMRK verletzt.

Die technologiespezifischen Sicherheitszuschläge enthielten außerdem eine diskriminierende Ungleichbehandlung und verstießen daher gegen Art. 8 Abs. 2 lit. a EU-NotfallVO und Art. 3 Abs. 1 GG. Schließlich handle es sich faktisch um eine grundgesetzwidrige Sonderabgabe, die der st. Rspr. des BVerfG zur Zulässigkeit von Sonderabgaben widerspricht.[942] Sie stehe damit im Widerspruch zum Ausschließlichkeitsanspruch der in Art. 104a ff. GG normierten Regeln. Auch in der öffentlichen Anhörung des Ausschusses für Klimaschutz und Energie vom 6. 12. 2022 wurden ähnliche Bedenken im Hinblick auf die Regelung zur Abschöpfung von Überschusserlösen geäußert.[943] Infolge dieser vielfältigen Bedenken wurde am 12. 3. 2023 eine Verfassungsbeschwerde eingereicht.[944]

Schon in der ersten Fassung des Gesetzesentwurfs trug der Gesetzgeber den geschilderten Einwänden durch § 18 StromPBG teilweise Rechnung. Die Vorschrift statuiert für PPAs ein Wahlrecht zwischen der Berechnung anhand der möglichen „fiktiven Erlöse"

---

940 Vgl. BT-Drs. 20/4685, 99 f.

941 LichtBlick SE, Rechtsgutachten: Abschöpfung fiktiver Erlöse verfassungswidrig / Klagewelle gegen Erlösdeckel für Stromerzeuger erwartet, Pressemitteilung v. 24. 11. 2022.

942 Vgl. dazu statt vieler *BVerfGE* 55, 274, 304 ff.

943 *S.-J. Otto/Weigel*, EnK-Aktuell 2022, 01147.

944 LichtBlick SE, Verfassungsbeschwerde eingereicht: Erlösabschöpfung ist eine unzulässige Sonderabgabe, Pressemitteilung v. 12. 3. 2023.

(Standardabrechnung) und einer Berechnung anhand des von § 18 StromPBG vorgesehenen sog. Spitzabrechnungsmodells.[945]

Der Betreiber einer Stromerzeugungsanlage, der Strommengen über einen vor dem 1. 11. 2022 geschlossenen Vermarktungsvertrag veräußert, kann nach dem sog. Spitzabrechnungsmodells bei der Berechnung der Überschusserlöse gem. § 18 Abs. 1 Nr. 1 StromPBG während der Laufzeit des Vertrags die Erlösberechnung auf Basis von Spotmarktpreisen (oder im Fall von Windenergieanlagen und Solaranlagen auf Basis von Monatsmarktwerten) durch eine Erlösberechnung auf Basis der Erlöse aus dem PPA ersetzen. Die Berechnung der Überschusserlöse erfolgt gem. § 18 StromPBG also auf der Grundlage realisierter Erlöse. In § 18 Abs. 1 Nr. 2 StromPBG wird ein Mindestwert (8 ct/kWh) für die Referenzkosten bei Erneuerbare-Energien-Anlagen festgelegt, um Anlagen Rechnung zu tragen, für die besonders niedrige Referenzkosten gelten würden. Gem. § 18 Abs. 1 Nr. 3 StromPBG verringert sich zudem der Sicherheitszuschlag auf einen Cent pro Kilowattstunde.

Für Neuanlagen, d. h. Anlagen, die ab dem 1. 11. 2022 in Betrieb genommen werden, wird gem. § 18 Abs. 2 StromPBG die Ausnahmeregelung so erweitert, dass sie unabhängig davon gilt, ob das PPA vor oder nach dem 1. 11. 2022 geschlossen wurde. Damit sollen durch PPAs abgesicherte Investitionen in Neuanlagen weiterhin möglich bleiben.

Um die individuelle Berechnung der Überschusserlöse gem. § 18 StromPBG geltend zu machen, müssen Anlagenbetreiber ihr Wahlrecht durch eine Meldung nach § 29 Abs. 1 Nr. 4 lit. c StromPBG gegenüber dem Netzbetreiber ausüben, die Informationen zum anlagenbezogenen Vermarktungsvertrag enthält. Denn die Anlagenbetreiber müssen die Grundlagen für die individuelle Berechnung der Überschusserlöse verpflichtend nachweisen. Für Anlagen, die diese Bedingungen erfüllen, werden daher dann abschöpfbare Überschusserlöse anfallen, wenn die Erlöse des PPAs die Referenzkosten (mind. 8 ct/kWh) zzgl. des Sicherheitszuschlags (1 ct/kWh) übersteigen.

Die Ausnahmeregelung des § 18 StromPBG gilt nicht für Anlagen, die vor dem 1. 11. 2022 in Betrieb genommen wurden (Bestandsanlagen), aber die erzeugten Strommengen über einen nach dem 1. 11. 2022 geschlossenen oder geänderten Vermarktungsvertrag veräußern. Bestandsanlagen, die ein PPA nach dem 1. 11. 2022 schließen, werden daher von der Abschöpfung der Überschusserlöse auf Basis fiktiver Erlöse erfasst. Ihnen steht das Spitzabrechnungsmodell nicht zur Verfügung. Das erkennt auch das BMWK in einer „FAQ Liste"[946] zur Abschöpfung von Zufallsgewinnen. Dass die Ausnahmeregelung für diese Anlagen nicht gilt, wird damit begründet, dass nur so eine Umgehung des Abschöpfungsmechanismus, etwa „durch kreative Neuverträge und Vertragsanpassungen bei Bestandsanlagen", verhindert werden könne. Über Neuverträge für Bestandsanlagen könnten sich Anlagenbetreiber sonst der Abschöpfung entziehen. Betroffen sind davon Anlagen, die sich nach Ablauf der Vertragslaufzeit um eine Anschlussvermarktung kümmern müssen, insb. Anlagen mit kurzfristigen PPAs, die nach dem 1. 11. 2022 und vor dem Ende der befristeten Erlösabschöpfung auslaufen. Vom BMWK wird den betroffenen Anlagen, insb. denen mit kurzfristigen PPA-Verträgen, allerdings nur eine geringfügige Marktrelevanz zugesprochen[947] und die Belastung dieses Marktsegments daher in Kauf genommen.

945 Vgl. *Oppen*, ER 2023, 3, 6 f.

946 BMWK, FAQ Liste: Abschöpfung von Zufallsgewinnen.

947 Vgl. BMWK, FAQ Liste: Abschöpfung von Zufallsgewinnen, S. 6.

Der im internationalen Vergleich ohnehin noch immer in den Kinderschuhen steckende deutsche Markt für PPAs war – wie bereits erläutert – bis zum Anstieg der Energiepreise vornehmlich geprägt von Verträgen mit langen Vertragslaufzeiten zwischen 10 und 15 Jahren. Kürzere Verträge von drei bis fünf Jahren sollen lediglich für sog. Post-EEG-Anlagen wirtschaftlich gewesen sein, die 20 Jahre lang von der EEG-Förderung profitiert hatten, deren Förderzeitraum dann aber abgelaufen war.[948] PPA-Verträge mit Laufzeiten von einem Jahr oder einem Quartal wurden nach Ansicht des BMWK erst durch den Anstieg der Strompreise wirtschaftlich tragfähig.[949] Sie boten im Jahr 2022 für Anlagenbetreiber eine Möglichkeit, sich hohe Strompreise zu sichern. Zugleich seien sie auch für Direktvermarktungsunternehmen und andere weiterveräußernde Unternehmen wirtschaftlich gewesen. Da ihnen aber noch immer eine geringe Relevanz für das Funktionieren des Strommarkts zukomme, sei eine Beeinträchtigung dieses Segments des PPA-Markts für Bestandsanlagen hinnehmbar. Insb. bliebe der PPA-Markt i. Ü. durch die Ausnahmeregelung für Neuanlagen erhalten und reize damit weiterhin Investitionen in Neuanlagen an. Wegen der Befristung der Strompreisbremse seien langfristige Marktverwerfungen ausgeschlossen. Es bleibt abzuwarten, ob diese Erwartungen des BMWK zutreffen. Durch das feststehende Auslaufen der Regelungen zur Erlösabschöpfung zum 30. 9. 2023,[950] sind zumindest keine Marktverwerfungen außerhalb des Abschöpfungszeitraums (30. 11. 2022 bis 30. 9. 2023) zu erwarten.

2. Profilwert von Erneuerbare-Energien-Anlagen

Bei der Bestimmung einer interessengerechten Festpreisregelung sind neben der zu Grunde zu legenden, prognostizierten Entwicklung des Marktpreises von Strom über die Vertragslaufzeit (siehe Teil 2, E. III. 1. a)) weitere Faktoren zu berücksichtigen. Spezifische Besonderheiten der jeweiligen EE-Anlage wirken sich ebenfalls auf den sog. Marktwert des produzierten Stroms aus, d. h. auf den Preis den Abnehmer bereit sind für Strom aus dieser Art der Erzeugungsanlage zu zahlen.[951] Die EE-Anlagen haben einerseits ein besonderes Erzeugungsprofil, denn sie produzieren dargebotsabhängig.[952] D. h. Windenergie- und Photovoltaikanlagen produzieren abhängig von den Gegebenheiten des Wetters. Darüber hinaus produzieren Windkraft und Photovoltaikanlagen saisonal unterschiedlich viel Strom.[953] Die Sonneneinstrahlung ist in den Frühlings- und Sommermonaten höher, was die Produktion von Photovoltaikanlagen erhöht.[954] Für Windenergieanlagen gilt das Gegenteil.[955] Dazu kommt bei der Photovoltaik ein ausgeprägtes untertägiges Profil, mit ei-

948 Siehe Teil 2, B. I.

949 BMWK, FAQ Liste: Abschöpfung von Zufallsgewinnen, S. 6.

950 BMWK, Abschöpfung von Überschusserlösen im Rahmen der Strompreisbremse läuft aus, Pressemitteilung v. 9. 6. 2023.

951 Vgl. dena, Finanzierung von Erneuerbare-Energien-Anlagen über Power Purchase Agreements, S. 16.

952 Dena, Preisleitfaden Green PPA, S. 7.

953 *Schnorr*, Power Purchase Agreements, S. 17.

954 Dena, Preisleitfaden Green PPA, S. 10; *Schnorr*, Power Purchase Agreements, S. 17 f.

955 *Schnorr*, Power Purchase Agreements, S. 17.

ner Einspeisung insb. zu den nachfragestarken Zeiten tagsüber.[956] Da EE-Anlagen mittlerweile einen signifikanten Anteil der Stromerzeugung in Deutschlang ausmachen,[957] gelten diese Besonderheiten häufig für einen Großteil der Erzeugungsanlagen gleichzeitig. Auch wenn EE-Anlagen im börslichen Preisbildungsmechanismus nach der sog. Merit-Order grds. nicht preissetzend sind,[958] führt das i. d. R. zu einem großen Angebot an Strom, wodurch teurere Kraftwerke in wind- bzw. sonnenstarken Zeiten vom Markt verdrängt werden. Das führt jedoch wegen des börslichen Preisbildungsmechanismus nach der Merit-Order zu einer starken Senkung der Börsenpreise (Merit-Order-Effekt).[959] Zu windarmen und sonnenarmen Zeiten steigt der Strompreis dann wiederum an. Dieser Kannibalisierungseffekt[960] wirkt sich auch auf den Marktwert aus. Der Wert des Stroms aus Windenergie- und Photovoltaikanlagen ist dementsprechend geringer. Da die Herbst- und Wintermonate im Schnitt höhere Strompreise aufweisen als die Frühlings- und Sommermonate, wird der saisonale Kannibalisierungseffekt für die dann erhöht produzierende Windkraft regelmäßig reduziert, für Photovoltaik hingegen verstärkt.[961] Die untertägige Produktion der Photovoltaik zu nachfragestarken Zeiten gleicht diesen Effekt im Vergleich zur Windenergie jedoch aus, sodass der Marktwert von Photovoltaik bisher insgesamt über dem der Windkraft lag.[962] Insgesamt sank der Marktwert von Photovoltaik historisch gesehen allerdings, bedingt durch dynamischeren Zubau und die im Zusammenhang mit der Corona-Krise sinkende Nachfrage in Zeiten starker Photovoltaikproduktion, stärker als der Marktwert der Windkraft.[963]

Bei Windenergie- und Photovoltaikanlagen wird dieser Kannibalisierungseffekt als Abschlag in die PPA-Vergütung eingepreist.[964] Abgebildet werden kann dies entweder durch Subtraktion einer absoluten Zahl oder durch einen Kannibalisierungsfaktor, der das Verhältnis zum Marktpreis abbildet und mit dem durchschnittlichen Baseloadpreis multipliziert wird.[965] Dadurch verringert sich der Preis gegenüber dem Marktpreis deutlich.[966] Bei Gaskraftwerken, die unabhängig von der Wetterlage produzieren, gilt dies dementsprechend nicht.[967] Zusätzliche Abschläge des jeweiligen Marktwerts können anlagenspezifisch aufgrund Lage und Bauart bestehen.[968] So sind Profilrisiken an der See in Norddeutsch-

---

956 Dena, Preisleitfaden Green PPA, S. 11; *Schnorr*, Power Purchase Agreements, S. 17.

957 Vgl. z. B. dena, Finanzierung von Erneuerbare-Energien-Anlagen über Power Purchase Agreements, S. 16.

958 Dena, Preisleitfaden Green PPA, S. 7.

959 *Glattfeld*, EnK-Aktuell 2022, 01050.

960 Vgl. BDEW, Finanzierung und Marktintegration von Erneuerbare-Energien-Anlagen, S. 4; *Weale*, in: Verantwortung und Finanzierung im Zuge der Energiewende, Investitionen in Kraftwerke – die Risiken, die Vollkosten und wie sie beschränkt werden können, 19 f.

961 Dena, Preisleitfaden Green PPA, S. 10.

962 Dena, Preisleitfaden Green PPA, S. 11.

963 Dena, Preisleitfaden Green PPA, S. 11.

964 *Eble*, Warum PPA Strom billiger bewerten als die Börse, E&M v. 10. 8. 2021.

965 *Bitterli*, Tipps und Tricks zur Finanzmodellierung von PPAs, https://www.greenmatch.ch/de/blog/tipps-finanzmodellierung-ppa; vgl. dazu ausführlich auch *Schnorr*, Power Purchase Agreements, S. 24 ff.

966 KPMG, Neuer Wind durch Power Purchase Agreements, S. 24.

967 Dena, Corporate Green PPAs: Ökonomische Analyse, S. 13.

968 *Eble*, Warum PPA Strom billiger bewerten als die Börse, E&M v. 10. 8. 2021.

land für Windenergieanlagen aufgrund besserer Windstärken geringer als weiter im Inland.[969] Offshore-Anlagen haben daher gegenüber Onshore-Anlagen einen leicht höheren Marktwert, der aber auch noch unter dem der Photovoltaik liegt.[970] Der beschriebene Kannibalisierungseffekt führt außerdem regelmäßig zu den erhöhten Kosten für das sog. komplementäre Profil.[971] Je nachdem wer nach der Mengenvereinbarung das komplementäre Profil beschaffen muss, ist diesen überdurchschnittlichen Kosten ausgesetzt. Denn die EE-Anlage wird regelmäßig den Strom dann nicht liefern, wenn auch andere EE-Anlagen nicht liefern können. Wenn Wind weht und Sonne scheint und die EE-Anlage Strom liefert, werden hingegen auch andere Erzeugungsanlagen liefern können.[972]

3. Ausgleichsenergiekosten

Einen weiteren einzupreisenden Posten bilden die Kosten der Ausgleichsenergie. Wie bereits erläutert, sind Bilanzabweichungen Differenzen zwischen Einspeisung und Entnahme in einem Bilanzkreis und müssen grds. gem. § 4 Abs. 2 S. 2 StromNZV vom Bilanzkreisverantwortlichen, der (auch wirtschaftlich) die Verantwortung trägt, ausgeglichen werden. Sofern der Bilanzkreisverantwortliche einen Ausgleich am Intraday-Markt nicht vollständig herstellen kann, entstehen Ausgleichsenergiekosten für vom Übertragungsnetzbetreiber bezogene Regelenergie, die dieser gem. § 8 Abs. 2 S. 2 StromNZV auf den Bilanzkreisverantwortlichen umlegt. Wer die Bilanzkreisverantwortung als Bilanzkreisverantwortlicher trägt, kann frei bestimmt werden. In Vollversorgungsverträgen tritt der Lieferant als Bilanzkreisverantwortlicher auf.[973] Die Kosten, die daraus für den Lieferanten entstehen, kann der Lieferant über den Preis auf den Abnehmer umlegen. Sofern sich ein Abnehmer die Bilanzkreisverantwortung zutraut, kann er sie auch selbst übernehmen.[974] Tritt der Abnehmer als Bilanzkreisverantwortlicher auf, lässt er sich die Übernahme dieser Aufgabe regelmäßig durch einen Abschlag auf den PPA-Preis vergüten.[975] Alternativ kann ein dafür eingeschalteter Dienstleister dies als Sleevingdienst gegen eine Vergütung übernehmen (dann Sleeved-PPA).[976] Die Kosten dafür trägt üblicherweise ebenfalls der Abnehmer.[977]

---

969 *Eble*, Warum PPA Strom billiger bewerten als die Börse, E&M v. 10.8.2021.

970 Vgl. dena, Preisleitfaden Green PPA, S. 11, Abb. 7.

971 Dena, Corporate Green PPAs: Ökonomische Analyse, S. 17.

972 Vgl. dena, Corporate Green PPAs: Ökonomische Analyse, S. 17.

973 *Wyl*, in: Recht der Energiewirtschaft, § 12, Rn. 43; *Tomala/Reimers*, in: Vertragshandbuch Stromwirtschaft, Kap. 4.D, Rn. 39.

974 *Wyl*, in: Recht der Energiewirtschaft, § 12, Rn. 43.

975 Dena, Preisleitfaden Green PPA, S. 16.

976 Dena, Corporate Green PPAs: Ökonomische Analyse, S. 13.

977 Dena, Corporate Green PPAs: Ökonomische Analyse, S. 13.

4. Herkunftsnachweise

Extra vergütet wird die Lieferung der bereits erläuterten Herkunftsnachweise bzw. die Kennzeichnung der „grünen“ Herkunft des Stroms.[978] Der Wert der Herkunftsnachweise bewegte sich in den letzten Jahren zwischen 0,50 und 2,00 Euro pro mWh, die zusätzlich in die PPA-Vergütung einfließen.[979]

5. Risikoverteilung

Die Höhe des PPA-Preises differiert auch nach der Art der Vertragsgestaltung. Eine Rolle spielen dabei insb. die Regelungen zu vertraglich vereinbarter Liefermenge, Vertragslaufzeit und Vertragspreis. Über diese Regelungen werden vertragliche Risiken zwischen Anlagenbetreiber und Abnehmer verteilt.[980] Die mit dem Vertrag auf den Abnehmer übertragenen Risiken werden über Abschläge ebenfalls in die PPA-Vergütung eingepreist.[981]

Das „Mengenrisiko i. e. S.“ kann wie zuvor erläutert durch eine Fixed-volume-Mengenvereinbarung mit einer Baseload-Lieferstruktur dem Anlagenbetreiber zugewiesen werden. Es wird insb. bedingt durch Wetterbedingungen und das technische Management der Anlage.[982] Da Baseload-PPAs insofern für den Abnehmer ein attraktiveres Produkt darstellen als Pay-as-produced-Verträge, kann der Anlagenbetreiber einen höheren Preis verlangen.[983] Die Preisabzüge fallen dann insgesamt deutlich geringer aus als bei Pay-as-produced-PPAs. In mehreren europäischen Ländern liegen die Preisabschläge bei Baseload-PPAs von Photovoltaik-Anlagen z. B. zwischen elf und 17 % unter dem errechneten Baseload-Marktpreisniveau, während bei Pay-as-produced-PPAs die Preisabschläge zwischen 16 und 26 % darunter liegen.[984]

Lange Laufzeiten sind bei PPAs vor dem Hintergrund des Refinanzierungszwecks regelmäßig eine Notwendigkeit. Hohen Anfangsinvestitionskosten stehen gleichzeitig sehr geringe Grenzkosten nahe null gegenüber.[985] Insb. bei Windenergieanlagen sind besonders große Investitionssummen notwendig, für die Kredite aufgenommen werden müssen, die von den Anlagenbetreibern erst über Jahre amortisiert werden können.[986] Daher haben Anlagenbetreiber ein Interesse an entsprechend langen Vertragslaufzeiten zu möglichst gut kalkulierbaren Mengen und Preisen, die ihnen einen stabilen Cashflow zur Amortisation bieten.[987] Je kürzer die PPA-Laufzeit ist, desto eher müssen die Anlagen ihren Strom frei

---

978 Dena, Corporate Green PPAs: Ökonomische Analyse, S. 13.

979 Dena, Preisleitfaden Green PPA, S. 7.

980 Dena, Corporate Green PPAs: Ökonomische Analyse, S. 9 f.

981 *Brunnberg/Johnsen*, Power Purchase Agreements: Perspektiven auf dem europäischen Markt, S. 6.

982 Dena, Preisleitfaden Green PPA, S. 7.

983 *Brunnberg/Johnsen*, Power Purchase Agreements: Perspektiven auf dem europäischen Markt, S. 5; vgl. auch Schneider Electric, Proactively Managing Risks, S. 10.

984 *Brunnberg/Johnsen*, Power Purchase Agreements: Perspektiven auf dem europäischen Markt, S. 6.

985 Vgl. *Lüdemann/Ortmann*, EnWZ 2014, 387, 391.

986 Vgl. *J. Held/Leiding*, ER 2019, 232, 233.

987 Dena, Vertragswesen von Green Power Purchase Agreements, S. 16.

am Markt veräußern. Für den Abnehmer wiederum sichert eine solche Vereinbarung den Strom (bei festen Mengen- und Preisklauseln) zu einem gut kalkulierbaren Preis. Sofern der Spotmarktpreis über dem PPA-Preis liegt, ergibt sich eine Preisabsicherung gegenüber dem gestiegenen Strompreis.[988] Gleichzeitig haben die Abnehmer ein Interesse an gewisser Flexibilität insb. auch durch kürzere Vertragslaufzeit wegen der Preisunsicherheit, die mit längeren Laufzeiten ansteigt.[989] Die Möglichkeit, dass sich die Spotmarktpreise anders entwickeln als prognostiziert, steigt zudem je weiter der Zeitpunkt in der Zukunft liegt.[990] Insofern geht mit einer längeren Vertragslaufzeit ein höheres Risiko einher, für das entsprechend Risikoabschläge eingepreist werden, die sich proportional zur Länge der Vertragslaufzeit erhöhen.[991] Bei neu zu errichtenden Anlagen „zahlt" der Anlagenbetreiber mithin für die zur Finanzierungsabsicherung notwendige Länge der Vertragslaufzeit durch Risikoabschläge auf den Preis. Will ein Anlagenbetreiber einen höheren Preis generieren, kann er stattdessen eine kürzere Vertragslaufzeit vereinbaren. Das wird allerdings vor allem bei bereits refinanzierten Bestandsanlagen, wie etwa den erwähnten Post-EEG-Anlagen, möglich sein. So können Risikoabschläge verringert und die Vermarktungsbedingungen kontinuierlich evaluiert werden. Dies kann gerade zum Ende der technischen Lebenszeit einer Anlage interessant werden.

Ebenfalls im engen Zusammenhang mit der Laufzeit des PPAs steht das Risiko, dass eine der Vertragsparteien zu einem Zeitpunkt während des Vertrags seine vertraglichen Pflichten nicht erfüllen kann, also ausfällt. Denn unabhängig von der generellen Finanzkraft des Kontrahenten steigt die Ausfallwahrscheinlichkeit der Parteien, je länger der Vertrag läuft.[992] Für die Bestimmung der Finanzkraft größerer Unternehmen, insb. möglicher Abnehmer, die mit der PPA-Vergütung für den Cashflow des Projekts sorgen, kann auf die Bewertung des Kreditrating verschiedener Ratingagenturen zurückgegriffen werden.[993] Das Kontrahentenrisiko wirkt sich ebenfalls auf den PPA-Preis aus.[994] Dabei kann das Ausfallrisiko[995] einer Partei durch die Stellung von Sicherheiten gemindert werden.[996]

Die Risikoverteilung bei der Preisvereinbarung kann ebenfalls unterschiedlich gestaltet werden. Bei Festpreisvereinbarungen übernimmt der Abnehmer das Risiko sich für ihn negativ entwickelnder Marktpreise.[997] Bei einer variablen Preisgestaltung, z. B. der Indizierung auf den Großhandelspreis, übernimmt der Anlagenbetreiber das Risiko sich volatil entwickelnder Preise.[998] Der Abnehmer hat kein verändertes Risiko, da er seinen Strom sonst ebenfalls zu diesem Preis am Markt beziehen müsste. Durch eine Indizierung mit

988 Vgl. Energy Brainpool, Power Purchase Agreements: Finanzierungsmodell von Erneuerbaren Energien, S. 9 f.

989 Dena, Corporate Green PPAs: Ökonomische Analyse, S. 10.

990 Dena, Preisleitfaden Green PPA, S. 12.

991 Dena, Preisleitfaden Green PPA, S. 12.

992 Dena, Preisleitfaden Green PPA, S. 14.

993 Dena, Preisleitfaden Green PPA, S. 14.

994 KPMG, Neuer Wind durch Power Purchase Agreements, S. 24.

995 Zur Bestimmung der Höhe des Ausfallrisikos siehe auch dena, Preisleitfaden Green PPA, S. 15.

996 KPMG, Neuer Wind durch Power Purchase Agreements, S. 24.

997 Dena, Corporate Green PPAs: Ökonomische Analyse, S. 9 f.

998 Vgl. dena, Corporate Green PPAs: Ökonomische Analyse, S. 10.

Preisober- bzw. -untergrenzen (sog. *Caps* und *Floors*) kann das Risiko zwischen Anlagenbetreiber und Abnehmer fairer verteilt werden.[999] Das Risiko sich negativ entwickelnder Strompreise, will heißen niedrigerer Spotmarktpreise, des Abnehmers bei einer Festpreisvereinbarung kann mittels eines Niedrigpreisszenarios als sog. „Wert im Risiko" berechnet werden und als Abschlag für die Risikoübernahme in den Preis mit einfließen.[1000]

Auch die sog. sekundären Vertragsklauseln, zu denen u. a. sonstige Mengenklauseln wie Take-or-Pay-Klauseln, Haftungsregelungen insb. für Lieferunterbrechungen, Vertragsanpassungs- und Beendigungsrechte gezählt werden, regeln die vertragliche Risikoverteilung und wirken sich daher auf den PPA-Preis aus.[1001] Sobald ein etablierter PPA-Markt existiert, werden diese sekundären Klauseln regelmäßig standardisiert, sodass ihr Einfluss auf die wirtschaftliche Bewertung des PPAs sinken kann.[1002]

6. Kostendeckung (Anlagenbetreibersicht)

Aus Sicht des Anlagenbetreibers muss der PPA-Preis zudem alle Kosten decken,[1003] insb. die des Fremdkapitals samt Zinsen und des Eigenkapitals samt angemessener Rendite sowie alle Betriebskosten. Um zu bestimmen, welchen Preis eine Anlage zur Kostendeckung erzielen muss, werden regelmäßig die bereits erläuterten Stromgestehungskosten (LCOE) herangezogen.[1004] Das bedeutet, dass die Vermarktungserlöse über die Laufzeit des PPAs mindestens die LCOE decken müssen.[1005] Außerdem müssen sie eventuell – sofern vereinbart – zum Aufbau einer Schuldendienstreserve (*debt service reserve acocunt, DSR*) dienen, die eine Art Risikopuffer darstellt.[1006] Daher muss sich aus Sicht des Anlagenbetreibers ein (Fest-)Preis ergeben, der dieser Anforderung gerecht wird, der also über den LCOE samt eventuellem DSR liegt. Einen wesentlichen Teil der LCOE machen die Finanzierungkosten aus.[1007] Diese Kosten werden in den LCOE durch die WACC berücksichtigt.[1008] Für bestehende Anlagen, deren ursprüngliche Finanzierungskosten bereits amortisiert wurden, gehören zu den LCOE insb. mögliche Investitionskosten für einen Weiterbetrieb, bzw. ein etwaiges Repowering und die Betriebskosten.[1009] Bei neuen Anlagen, deren Realisierung finanziert werden muss, sind die Investitionskosten wegen der

---

999 Vgl. dena, Corporate Green PPAs: Ökonomische Analyse, S. 10.

1000 Vgl. dena, Corporate Green PPAs: Ökonomische Analyse, S. 14.

1001 Dena, Corporate Green PPAs: Ökonomische Analyse, S. 10; vgl. auch KPMG, Neuer Wind durch Power Purchase Agreements, 24.

1002 Dena, Corporate Green PPAs: Ökonomische Analyse, S. 10.

1003 Vgl. Pexapark, Assessing PPA prices alongside the LCOE, S. 3 f.

1004 Dena, Finanzierung von Erneuerbare-Energien-Anlagen über Power Purchase Agreements, S. 18.

1005 Energy Brainpool, Power Purchase Agreements II: Marktanalyse, Bepreisung und Hedgingstrategien, S. 4; Pexapark, Assessing PPA prices alongside the LCOE, S. 4.

1006 Finanzielle Reserve zur Tilgung des Kapitaldiensts, wenn der Cashflow dazu zeitweise nicht ausreicht. Wird sobald wieder Einnahmen erzielt werden aus diesen wieder ausgeglichen. dena, Finanzierung von Erneuerbare-Energien-Anlagen über Power Purchase Agreements, S. 15.

1007 *Konstantin*, Praxisbuch Energiewirtschaft, S. 245.

1008 *Konstantin*, Praxisbuch Energiewirtschaft, S. 245.

1009 Energy Brainpool, Power Purchase Agreements II: Marktanalyse, Bepreisung und Hedgingstrategien, S. 3.

hohen Realisierungskosten noch deutlich höher. Bei EE-Anlagen ist der Kapitalbedarf zunächst generell hoch, während Betriebs- und Instandhaltungskosten im Verhältnis zu konventionellen Anlagen insb. wegen der fehlenden Brennstoffkosten sehr gering sind.[1010] Zu beachten ist, dass die LCOE über die Jahre hinweg insb. bei der Photovoltaik wegen technischen Fortschritts und hoher Lerneffekte der Hersteller und Installateure bereits stark gesunken sind.[1011] Einen Überblick über die aktuellen LCOE verschiedener Kraftwerkstechnologien in Deutschland bietet eine Studie aus dem Juni 2021.[1012] Für die Zukunft wird ein weiteres Absinken der Stromgestehungskosten erwartet, wenn auch in geringerem Ausmaß als bisher.[1013] Schon heute wird dazu geraten, die Finanzierungskosten zu optimieren, weil diese den größten Teil der LCOE ausmachen.[1014] Relevant ist dafür insb. die Gewichtung von Eigen- und Fremdkapital.

Zum einen möchte der Eigenkapitalgeber sein Investitionsrisiko durch einen möglichst geringen Eigenkapitalanteil minimieren, wohingegen die Banken einen gewissen Eigenkapitalanteil erwarten.[1015] Eigenkapitalgeber haben i. d. R. eine höhere Renditeerwartung als Banken, weil die Eigenkapitalgeber mit ihrer Investition für das komplette Projektrisiko haften.[1016] Prinzipiell kann zudem – unter Ausnutzung des sog. Leverage-Effekts (Hebeleffekt) – durch die Aufnahme von mehr Fremdkapital die Eigenkapitalrendite optimiert werden.[1017] Das funktioniert dann, wenn die Gesamtkapitalrendite größer ist als der Fremdkapitalzins, wenn das Fremdkapital also billiger ist als das Eigenkapital. Der Fremdkapitalgeber trägt „nur“ das Risiko des Ausfalls der Darlehensrückzahlung, weswegen das Fremdkapital günstiger ist als das Eigenkapital.[1018] Daher führt ein höherer Anteil an Fremdkapital regelmäßig zu geringeren Kapitalkosten, die in die LCOE einfließen und vom Cashflow des PPAs zu decken sind.[1019]

Damit der Anteil an Fremdkapital, der zur Verfügung gestellt wird, hoch ist, müssen wiederum die Finanzierungsbedingungen gut sein, die wiederum von den erwähnten Projektrisiken abhängen. Bei der Projektfinanzierung mit PPAs hat der Fremdkapitalgeber, anders als bei der Unternehmensfinanzierung, nur einen beschränkten Rückgriff auf die Sponsoren (*limited-recourse*). Die Sicherung des Fremdkapitals wird primär über den Cashflow des Projekts hergestellt. Bei einer Projektfinanzierung von EEG-geförderten Anlagen wird der Cashflow durch die staatliche Subvention besonders abgesichert. Abseits der EEG-Förderung kann der Cashflow nur mittels eines PPAs gegenüber den Volatilitäten des Energiehandels gesichert werden. Die Sicherheit des PPA hängt wiederum

1010 *Konstantin*, Praxisbuch Energiewirtschaft, S. 245.

1011 WDBT, Gestehungskosten von Strom im Vergleich, S. 27.

1012 ISE, Stromgestehungskosten Erneuerbare Energien.

1013 Pexapark, Assessing PPA prices alongside the LCOE, S. 4 f.; WDBT, Gestehungskosten von Strom im Vergleich, S. 27.

1014 *Konstantin*, Praxisbuch Energiewirtschaft, S. 245.

1015 *Konstantin*, Praxisbuch Energiewirtschaft, S. 245.

1016 Dena, Corporate Green PPAs: Ökonomische Analyse, S. 15; *Konstantin*, Praxisbuch Energiewirtschaft, S. 245.

1017 *Eden*, in: Finanzierung erneuerbarer Energien, Finanzierungsstrukturierung und Risikomanagement von Solarprojekten, 726.

1018 Dena, Corporate Green PPAs: Ökonomische Analyse, S. 15.

1019 Dena, Corporate Green PPAs: Ökonomische Analyse, S. 15.

ab von der Bonität des Abnehmers. Für gute Finanzierungsbedingungen bei nicht geförderten EEG-Anlagen, deren Cashflow aus einem PPA resultieren soll, sorgt also ein Abnehmer mit besonders guter Bonität.[1020] Vor diesem Hintergrund sind die Vorschläge der Kommission zur Verbesserung der Bedingungen für kleinere und mittlere Abnehmer sowie der Finanzierungsbedingungen zu verstehen. Aktuell sind die Risiken bei einem durch das EEG gesicherten gesetzlichen Zahlungsanspruch noch geringer als bei einem vertraglichen Zahlungsanspruch aus einem PPA.[1021] Infolgedessen wird bei einem durch ein PPA abgesicherten Cashflow von Banken eine höhere Eigenkapitalquote als bei einer EEG-Vergütung verlangt, die wiederum in höheren WACC und damit auch LCOE resultiert.[1022] Eine Minimierung der Risiken des vertraglichen Zahlungsanspruchs verbessert daher die Finanzierungsbedingungen und senkt die zu deckenden LCOE.

Eine Festpreisvereinbarung sichert einen stabilen Cashflow, wird daher von den Banken bevorzugt und kann mithin die Finanzierungsbedingungen verbessern.[1023] In der Festpreisvereinbarung ist zwar ein Verzicht auf potentielle Mehrerlöse in den Folgejahren begründet, der Anlagenbetreiber sichert damit aber das Risiko von Preis- und damit Cashflowschwankungen ab.[1024] Das Risiko sinkender Preise trägt nun der Abnehmer. Wie bereits gesehen, besteht wegen der sehr geringen und wenig variablen laufenden Kosten im Bereich der Stromerzeugung aus Wind und Photovoltaikanlagen außerdem nur ein geringfügiges Bedürfnis, diese Kostenbestandteile über variable Preisvereinbarungen auf den Abnehmer umzulegen.[1025] Auch die Mengenvereinbarung betrifft die Risikoverteilung insb. des „Mengenrisikos i. e. S." Einfluss auf die vertraglichen Risiken hat außerdem die vereinbarte Vertragslaufzeit. Genügt der PPA-Festpreis während einer kurzen Vertragslaufzeit nicht zur Darlehensrückzahlung, verschlechtern sich die Finanzierungsbedingungen. Denn der Cashflow wäre – wie bei einer variablen Preisvereinbarung – nicht mehr dauerhaft garantiert und die Darlehensrückzahlung dem Marktrisiko ausgesetzt. Notwendig wäre insofern eine längere Vertragslaufzeit und eine langfristigere Absicherung der nach Ablauf der Festpreisvereinbarung am Markt zu erzielenden Preise für die Finanzierungsperiode z. B. für zehn Jahre.[1026] Positiv wirkt es sich daher außerdem aus, wenn der Abnehmer außerdem über die gesamte Laufzeit des PPA eine gute Bonität nachweisen und etwaige Sicherheiten stellen kann.[1027]

Interessant ist insofern, dass die Risikoverteilung einerseits Auswirkungen auf die Finanzierungsbedingungen und damit die LCOE hat, die der Anlagenbetreiber decken muss. Wobei die Risikoverlagerung auf den Abnehmer prinzipiell positive Auswirkungen hat und kostenmindernd wirkt. Andererseits hat die Risikoverteilung auch die erwähnten Auswir-

---

1020 Dena, Corporate Green PPAs: Ökonomische Analyse, S. 15.

1021 Energy Brainpool, Power Purchase Agreements II: Marktanalyse, Bepreisung und Hedgingstrategien, S. 4.

1022 Energy Brainpool, Power Purchase Agreements II: Marktanalyse, Bepreisung und Hedgingstrategien, S. 4.

1023 Vgl. dena, Corporate Green PPAs: Ökonomische Analyse, S. 9.

1024 Energy Brainpool, Power Purchase Agreements: Finanzierungsmodell von Erneuerbaren Energien, S. 10.

1025 *J. Held/Koch*, ER 2019, 18, 22; *J. Held/Leiding*, ER 2019, 232, 234.

1026 HCOB, Corporate PPA, S. 14.

1027 Vgl. dena, Corporate Green PPAs: Ökonomische Analyse, S. 15.

kungen auf den PPA-Preis in Form von Abschlägen, sofern die Risken auf den Abnehmer übertragen werden. Andersherum steigen bei einer Risikoverlagerung auf den Anlagenbetreiber die LCOE und der mögliche PPA-Preis (wegen niedrigerer Abschläge). Bei der Risikoverteilung muss also gewährleistet werden, dass die Kapitalkosten in den LCOE möglichst gesenkt werden, ohne dass dadurch der PPA-Preis aufgrund der Risikoabschläge nicht mehr kostendeckend sein kann.

7. Weitere Einflussfaktoren

Zu den weiteren, sekundären Einflussfaktoren auf den Preis gehört insb. aus Anlagenbetreibersicht die Gewinnerwartung der Investoren.[1028] Wie bei allen Verträgen kann außerdem das konkrete Größen- bzw. Marktmachtgefälle der Parteien Einfluss auf die Risikoverteilung und den Preis haben.[1029] Bei Finanz-PPAs besteht zudem ein zu bepreisendes Risiko, wenn die Parteien in unterschiedlichen Preiszonen handeln, in denen die Preisentwicklung sehr unterschiedlich verlaufen kann. Das kann für eine Seite zu stärkeren Belastungen führen.[1030]

IV. Variable Preisvereinbarungen

Die generelle wissenschaftliche und gerichtliche Diskussion um (Preis-)Anpassungen insb. in Energielieferverträgen erfährt durch Krisen regelmäßig eine Wiederbelebung, zuletzt durch die Corona-Krise[1031] und die Energiekrise im Zusammenhang mit dem Krieg in der Ukraine.[1032] Denn die Preisanpassung soll auch in PPAs vor allem veränderten wirtschaftlichen oder regulatorischen Rahmenbedingungen Rechnung tragen.[1033] Darüber hinaus sollen variable Preisvereinbarungen – wie erläutert – die Möglichkeit der Beteiligung an Marktchancen bieten, führen aber gleichzeitig zu höheren wirtschaftlichen Risiken.

1. Gründe für die Vereinbarung einer Preisanpassungsklausel

Grds. dienen Preisanpassungs- (oder Preisänderungsklauseln), in Verträgen dazu, den sich verändernden Parteiinteressen über die Laufzeit des Vertrags Rechnung zu tragen. Dazu gehören bei PPAs etwa die erwähnten Gewinninteressen des Anlagenherstellers, der Investoren und des Anlagenbetreibers und andererseits das Interesse des Abnehmers an einem günstigen Strompreis.[1034] Die Preisanpassungsklauseln müssen den Spagat zwischen

---

1028 *J. Held/Koch*, ER 2019, 18, 22.

1029 *J. Held/Koch*, ER 2019, 18, 22.

1030 KPMG, Neuer Wind durch Power Purchase Agreements, S. 24.

1031 Vgl. etwa *U. Scholz/Tüngler*, EnWZ 2020, 201, 207 ff.

1032 Einen Überblick über die Diskussion geben *Scholtka/Baumgart*, EnK-Aktuell 2022, 01118.

1033 *C. Schneider/Lüdecke*, IR 2019, 50, 51.

1034 *J. Held/Koch*, ER 2019, 18, 22.

einer gewissen Stabilität sowie einer bestimmten Flexibilität der Verträge schaffen.[1035] Dabei dient die Stabilität grds. dem Ziel ökonomischer und rechtlicher Sicherheit, während wegen einer Änderung der ökonomischen und rechtlichen Umstände ein Bedürfnis nach inhaltlicher Anpassung bestehen kann.[1036] Bei PPAs besteht – wie erläutert – insb. aus Sicht der finanzierenden Banken ein Interesse an (Finanzierungs-)Sicherheit und mithin an einer Festpreisvereinbarung, wodurch allerdings für den Abnehmer Risiken begründet werden. Es gilt der Grundsatz *pacta sunt servanda.* Eine Vertragsanpassung bildet eine Ausnahme von diesem Grundsatz.[1037] Preisanpassungsklauseln verhindern zudem, dass es im Falle der Änderung ökonomischer oder rechtlicher Rahmenbedingungen direkt zur Vertragsbeendigung kommt, und stellen damit ein milderes Mittel zur Vertragsbeendigung (*ultima ratio*) dar. Daher kommt de jure das Kündigungsrecht gem. § 313 Abs. 3 S. 2 BGB bei einer Störung der Geschäftsgrundlage nur nachrangig zur Vertragsanpassung in Betracht. Bei langfristigen Verträgen gelten Preisanpassungsklauseln als ein „Gebot wirtschaftlicher Vernunft".[1038] Das gilt auch für PPAs, da wegen der hohen Investitionsbeträge und den damit einhergehenden langen Refinanzierungszeiträumen bei PPAs – wie bereits beschrieben – langfristige Vertragslaufzeiten üblich sind.[1039] Die Preisanpassungen sollen das Äquivalenzverhältnis zwischen Leistung und Gegenleistung (hier dem Preis) aufrechterhalten.[1040] Außerdem kann der Verwender Risiken, die bei langfristigeren Kalkulationen bestehen, vermeiden und im Grundsatz so trotz belastender Kostensteigerungen seine Gewinnspanne behalten, ohne den Vertrag kündigen zu müssen.[1041] Der Vertragspartner wiederum profitiert davon, dass der Verwender etwaige belastende Kostensteigerungen bei Vertragsbeginn noch nicht einpreist.[1042] Das Risiko belastender Kostensteigerungen ist im Bereich der Stromerzeugung aus Wind und Photovoltaikanlagen wie bereits gesehen wegen der geringen und wenig variablen laufenden Kosten allerdings sehr gering, sodass höchstens ein geringfügiges Bedürfnis besteht, diese Kostenbestandteile über variable Preisvereinbarungen auf den Abnehmer umzulegen.[1043] Im Übrigen haben Vertragsanpassungsklauseln eine vereinfachende Wirkung für die Vertragsparteien, indem sie zu einer Anpassung ohne Vertragsbeendigung oder langwierige Neuverhandlung führen.[1044] Generell enthalten Preisanpassungsklauseln häufig Potential vor allem für Preiserhöhungen, jedoch auch die Chance auf eine Preissenkung.[1045] Ein Interesse an Preisanpassungs-

1035 Zu Vertragsanpassungsklauseln *Säcker*, in: Europäisches, deutsches und internationales Kartellrecht, Die Anpassung von Energielieferverträgen an durch die Energiewende veränderte Umstände, 724.

1036 *Horn*, NJW 1985, 1118.

1037 BT-Drs. 7/3919, 27.

1038 *Büdenbender*, ZIP 2017, 1041; mit Verweis auf BGH, ZIP 2014, 1435, Rn. 24.

1039 *J. Held/Koch*, ER 2019, 18, 22.

1040 BGH, NJW 2016, 936, 942, Rn. 46; *Gutkin*, Die Europäisierung der AGB-Kontrolle von Preisänderungsklauseln, S. 33.

1041 BGH, NJW 2016, 936, 942, Rn. 46.

1042 BGH, NJW 2016, 936, 942, Rn. 46.

1043 *J. Held/Koch*, ER 2019, 18, 22; *J. Held/Leiding*, ER 2019, 232, 234.

1044 *Gutkin*, Die Europäisierung der AGB-Kontrolle von Preisänderungsklauseln, S. 33.

1045 *Büdenbender*, ZIP 2017, 1041.

klauseln für langfristige Verträge wurde vom Unionsgesetzgeber,[1046] vom deutschen Gesetzgeber[1047] sowie von der deutschen und europäischen Rspr. ausdrücklich anerkannt.[1048]

2. Arten von Preisanpassungsklauseln

In der Literatur wird keine einheitliche Terminologie für die verschiedenen Arten von Preisanpassungsklauseln verwendet, sodass eine systematische Auseinandersetzung mit Schwierigkeiten verbunden ist. Unterschieden wird z. B. nach dem der Klausel zugrunde liegenden Anpassungsmechanismus oder nach den Referenzwerten für die Preisänderungsbefugnis.[1049] Ein weiterer Ansatzpunkt für eine Systematisierung ist das Preisklauselgesetz[1050] aus dem Jahr 2007. Dort werden drei Arten von Preisanpassungsklauseln definiert, sog. Leistungsvorbehaltsklauseln gem. § 1 Abs. 2 Nr. 1 PrKlG, Spannungsklauseln gem. § 1 Abs. 2 Nr. 2 PrKlG sowie Kostenelementeklauseln gem. § 1 Abs. 2 Nr. 3 PrKlG. Versucht man diese drei Ansatzpunkte zu verbinden, ergibt sich eine logische Einteilung der Arten von Preisanpassungsklauseln, wie sie insb. von *Gutkin*[1051] oder *Schöne*[1052] vorgenommen wird.

Dogmatisch ist es erforderlich, in einem ersten Schritt zwischen Preishauptabreden (Festlegung des Preises) und Preisnebenabreden zu unterscheiden. Diese Unterscheidung ist notwendig, da die originäre Bestimmung der Vertragspflichten wie etwa die Festlegung des Preises allein von den Parteien privatautonom bestimmt werden soll und der gesetzlichen Überprüfung gem. § 307 ff. BGB entzogen ist.[1053] Kontrollfähige Preisnebenabreden sind hingegen alle Klauseln die „das Hauptleistungsversprechen einschränken, verändern, ausgestalten oder modifizieren."[1054] An Stelle derartiger Ergänzungen träte sonst das dispositive Recht, insb. eine gesetzliche Bestimmung, wohingegen bei der Preisfestlegung regelmäßig eine gesetzliche Bestimmung fehlt.[1055] Kontrollfähige Preisnebenabreden enthalten sowohl Verträge, bei denen ein Preis bei Vertragsschluss festgelegt wurde, aber durch eine Klausel modifiziert werden soll (Preisänderungsklausel), als auch Verträge, bei denen der Preis bspw. durch ein einseitiges Leistungsbestimmungsrecht i. S. v.

1046 Vgl. EuGH 2013, 1–65, Rn. 46 – RWE Vertrieb; mit Verweis auf Anhang A lit. b der Richtlinie 2003/55/EG des Europäischen Parlaments und des Rates vom über gemeinsame Vorschriften für den Erdgasbinnenmarkt und zur Aufhebung der Richtlinie 98/30/EG v. 26. 6. 2003, ABl. EU L 176/57; sowie auf Nr. 2 lit. b Abs. 2 und d des Anhangs der Richtlinie 93/13/EWG des Rates vom über mißbräuchliche Klauseln in Verbraucherverträgen v. 5. 4. 1993, ABl. EG L 95/29.

1047 BT-Drs. 7/3919, 27.

1048 So etwa EuGH 2013, 1–65 – RWE Vertrieb; BGH, NJW 2016, 936, 942, Rn. 46.

1049 *Gutkin*, Die Europäisierung der AGB-Kontrolle von Preisänderungsklauseln, S. 36.

1050 Gesetz über das Verbot der Verwendung von Preisklauseln bei der Bestimmung von Geldschulden v. 7. 9. 2007, BGBl. I 2007, 2247.

1051 *Gutkin*, Die Europäisierung der AGB-Kontrolle von Preisänderungsklauseln, S. 39 ff.

1052 *Schöne*, in: Vertragshandbuch Stromwirtschaft, Kap. 4.C, Rn. 202.

1053 Vgl. BT-Drs. 7/3919, 22; statt vieler BGH, NJW 2019, 2997, 2998, Rn. 19.

1054 Statt vieler BGH, NJW 2019, 2997, 2998, Rn. 19.

1055 Vgl. statt vieler BGH, NJW-RR 1993, 375, 376; dazu auch *Mohr*, Sicherung der Vertragsfreiheit durch Wettbewerbs- und Regulierungsrecht, S. 824 f.

§ 315 BGB erst nachträglich bestimmt wird (Preisbestimmungsvorbehalt).[1056] Da Preisänderungsklauseln und Preisbestimmungsvorbehalte jeweils Preisnebenabreden sind, gehören sie in dieselbe Kategorie. Unter den Begriff der Preisänderungsklauseln lassen sich Preisbestimmungsvorbehalte jedoch nicht subsumieren, da sie gerade keine Änderung des Preises bezwecken, sondern diesen erstmalig festlegen.[1057] Daher bietet sich als Oberbegriff für Preisänderungsklauseln und Preisbestimmungsvorbehalte der Begriff Preisanpassungsklauseln an.[1058]

Preisfindungsformeln, die mehrere (Kosten-)Elemente enthalten, aus denen sich ein Preis zusammensetzt, sind keine klassischen Preisänderungsklauseln. Sie formen sowohl den Ausgangspreis als auch die zukünftigen Preise bereits aus, beinhalten also die Aktualität des Preises in der jeweiligen Formel, die den jeweils geltenden Preis bestimmt.[1059] Im Grundsatz handelt es sich bei derartigen Formeln mithin um eine Preishauptabrede.[1060] Sofern eine Klausel allerdings Elemente einer Preishauptabrede (vereinbarter Vertragspreis) und Preisnebenabrede (Änderungsklausel) in einer Klausel kombiniert, darf diese Ausgestaltung nicht zu einer Umgehung der Überprüfbarkeit der enthaltenen Preisnebenabrede führen.[1061] Der Zweck der Preisfindungsformel als Preisnebenabrede ist für die Überprüfbarkeit mithin maßgeblich.[1062]

Preisänderungsklauseln sind des Weiteren nach ihrem Mechanismus zu unterscheiden (rechtstechnische Unterscheidung). Es existieren automatische Klauseln, Preisänderungsvorbehalte und Neuverhandlungsklauseln.[1063] Die automatischen Klauseln werden dabei auch als qualifizierte Preisänderungsklauseln, die Preisänderungsvorbehalte als einfache Preisänderungsklauseln bezeichnet.[1064]

a) Preisgleit- bzw. Automatikklauseln

Man spricht von sog. Preisgleit- oder Automatikklauseln sofern der Preis über die Vertragslaufzeit fortlaufend automatisch angepasst wird.[1065] Der Preis wird etwa durch eine mathematische Formel an eine vertragsfremde Bezugsgröße gekoppelt, häufig einen Index (z. B. den Lebenshaltungskostenindex oder den Lohnpreisindex).[1066] Ist der Markt-

---

1056 Vgl. *Thüsing*, in: Vertragsrecht und AGB-Klauselwerke, Preis – Preisnebenabrede, Rn. 4; Systematisierung im Wesentlichen nach *Gutkin*, Die Europäisierung der AGB-Kontrolle von Preisänderungsklauseln, S. 39 ff.

1057 *Gutkin*, Die Europäisierung der AGB-Kontrolle von Preisänderungsklauseln, S. 39 f.

1058 *Gutkin*, Die Europäisierung der AGB-Kontrolle von Preisänderungsklauseln, S. 39 f.

1059 *Büdenbender*, ZIP 2017, 1041, 1043.

1060 *Büdenbender*, ZIP 2017, 1041, 1043.

1061 *Gutkin*, Die Europäisierung der AGB-Kontrolle von Preisänderungsklauseln, S. 41 f.; vgl. aber auch *Büdenbender*, ZIP 2017, 1041, 1043.

1062 *Gutkin*, Die Europäisierung der AGB-Kontrolle von Preisänderungsklauseln, S. 42.

1063 *Gutkin*, Die Europäisierung der AGB-Kontrolle von Preisänderungsklauseln, S. 43.

1064 So die Systematisierung nach *Schöne*, in: Vertragshandbuch Stromwirtschaft, Kap. 4.C, Rn. 202.

1065 Dena, Vertragswesen von Green Power Purchase Agreements, S. 23.

1066 MüKoBGB/*Wurmnest*, § 309 Nr. 1 BGB, Rn. 14.

preis für Strom (etwa der Spotpreisindex) die relevante Bezugsgröße, liegt im PPA eine derartige Klausel vor.

aa) Spannungsklauseln

Bei den in § 1 Abs. 2 Nr. 2 PrKlG normierten Spannungsklauseln bezieht sich der vertragliche Preis auf den Preis für ein gleichartiges oder vergleichbares Gut. So kann z. B. der vertraglich vereinbarte Preis für Gas an den Marktpreis für Öl gekoppelt werden.[1067] Eine Kopplung an nicht vergleichbare Güter ist gem. § 1 Abs. 1 PrKlG grds. verboten. § 1 Abs. 1 PrKlG normiert ein generelles Verbot von automatischen Preisänderungsklauseln, sofern diese nicht nach den im PrKlG folgenden Absätzen und Normen ausnahmsweise erlaubt sind.[1068] Die Spannungsklauseln stellen eine derartige erlaubte Ausnahme dar. Zweck des Verbots von automatischen Preisanpassungsklauseln ist vor allem der Schutz vor „inflationären Tendenzen" durch eine unbeschränkte Verwendung solcher Klauseln.[1069] Dafür dürfen Preisanpassungsklauseln insb. nicht an schuldfremde Güter anknüpfen.[1070] Von den erlaubten Spannungsklauseln werden nur geringfügige Inflationsrisiken erwartet, da wegen der Beschränkung auf ein gleichartiges Gut die Auswirkungen der erlaubten Spannungsklausel auf einen Markt beschränkt sind.[1071] Die Gleichartigkeit des Gutes muss im Einzelfall wertend festgestellt werden.[1072] Sofern die Referenz allerdings auf dasselbe Gut erfolgt, ist der Anwendungsbereich des PrKlG gar nicht eröffnet („andere Güter"), sodass kein Klauselverbot besteht.[1073] Referenziert der PPA-Preis auf den Strompreis, dürfte insofern kein Verbot bestehen, wenngleich dies noch nicht höchstrichterlich entschieden ist.[1074]

bb) Kostenelementeklauseln

Bei der Kostenelementeklauseln nach § 1 Abs. 2 Nr. 3 PrKlG handelt es sich um einen eigenständig geregelten Sonderfall einer Spannungsklausel.[1075] Kostenelementeklauseln sind nach § 1 Abs. 2 Nr. 3 PrKlG solche Preisanpassungsklauseln, bei denen der Preis automatisch durch eine Kopplung an die Entwicklung der Selbstkosten des Gläubigers angepasst wird. In einem PPA wäre das eine Kopplung an die Selbstkosten des Anlagenbetreibers.[1076] In Betracht kommt eine Änderung der Höhe nach nur, „soweit" sich die Selbstkosten des Anlagenbetreibers tatsächlich geändert haben.[1077] Außerdem dürfen nur

---

1067 MüKoBGB/*Wurmnest*, § 309 Nr. 1 BGB, Rn. 14.

1068 BeckOGK/*Leidner*, § 1 PrKlG, Rn. 6.

1069 Entwurf eines Zweiten Gesetzes zum Abbau bürokratischer Hemmnisse insbesondere in der mittelständischen Wirtschaft, BT-Drs. 16/4391, S. 27.

1070 JurisPK-BGB/*Toussaint*, § 1 PrKlG, Rn. 26 f.

1071 *Gruber*, Geldwertschwankungen und handelsrechtliche Verträge in Deutschland und Frankreich, S. 217.

1072 Staudinger/*Omlor*, § 1 PrKlG, Rn. 22.

1073 Staudinger/*Omlor*, § 1 PrKlG, Rn. 27; *Kluge*, MittRhNotK 2000, 409, 413; a. A. nur jurisPK-BGB/*Toussaint*, § 1 PrKlG, Rn. 42 allerdings ohne Begründung.

1074 Dena, Vertragswesen von Green Power Purchase Agreements, S. 23.

1075 JurisPK-BGB/*Toussaint*, § 1 PrKlG, Rn. 41.

1076 Dena, Vertragswesen von Green Power Purchase Agreements, S. 23.

1077 Vgl. Staudinger/*Omlor*, § 1 PrKlG, Rn. 35.

die Selbstkosten Berücksichtigung finden, die die Kosten der Gegenleistung unmittelbar beeinflussen.[1078] Bei PPAs sind das die unmittelbaren Kosten der Stromerzeugung.[1079] Ausgeschlossen sind damit „erzeugungsunabhängige Kostenbestandteile, etwa Lohnkosten oder Mietkosten für Verwaltungs- und Betriebsräumlichkeiten.“[1080] Über Kostenelementeklauseln können daher nur Kostensteigerungen oder -senkungen für die Stromerzeugung an den Abnehmer weitergegeben werden.[1081] Im Bereich der Stromerzeugung aus Wind und Photovoltaikanlagen ist das Risiko belastender Kostensteigerungen wie bereits gesehen allerdings aufgrund geringer und wenig variabler laufender Kosten sehr niedrig, sodass ein ebenso geringfügiges Bedürfnis besteht, diese Kostenbestandteile über variable Preisvereinbarungen wie eine Kostenelementeklausel auf den Abnehmer umzulegen.[1082]

b) Preisänderungsvorbehaltsklauseln

Bei Preisänderungsvorbehaltsklauseln gem. § 1 Abs. 2 Nr. 1 PrKlG fehlt es an einer automatischen Preisanpassung. Vielmehr kann der Verwender die Preisanpassung bei Vorliegen bestimmter Tatbestandsmerkmale nach billigem Ermessen vornehmen. Sofern eine solche Vereinbarung vorgesehen ist, ist sie insb. auch an der Billigkeitsgrenze des § 315 Abs. 3 BGB zu messen.[1083]

§ 315 Abs. 1 BGB bestimmt, dass im Zweifel eine Bestimmung nach billigem Ermessen zu erfolgen hat, sofern ein einseitiges Leistungsbestimmungsrecht vorgesehen ist. Das impliziert, dass eine anderweitige Art der Leistungsbestimmung vertraglich vereinbart werden kann. So kann etwa festgelegt werden, dass die Leistungsbestimmung nach sog. „freiem Ermessen“ zu erfolgen hat, was bedeutet, dass die Leistungsbestimmung nicht offenbar unbillig sein und in grober Weise gegen die Interessen einer Partei verstoßen darf.[1084] Möglich ist gar die Vereinbarung eines Leistungsbestimmungsrechts nach dem „freien Belieben“ einer Partei (vgl. § 319 Abs. 2 BGB). Rechtliche Grenzen der Leistungsbestimmung ergeben sich dafür insb. aus §§ 134, 138 BGB.[1085] Eine Abweichung vom Maßstab des billigen Ermessens i. S. d. § 315 BGB ist allerdings nur durch Individualvereinbarung möglich. Die Vereinbarung „freien Ermessens“ oder „freien Beliebens“ in AGB verstößt gegen § 307 Abs. 2 Nr. 1 BGB, da diese Bestimmung nicht mit der Zweifelsregelung des § 315 Abs. 1 BGB vereinbar ist.[1086] Bei der Ermittlung des billigen Ermessens sind der Vertragszweck und alle wesentlichen Umstände des Einzelfalles im Rahmen einer angemes-

1078 Staudinger/*Omlor*, § 1 PrKlG, Rn. 35.

1079 Dena, Vertragswesen von Green Power Purchase Agreements, S. 23; mit Verweis auf *Wiederholt/Ludwig*, EnWZ 2019, 110, 113; und Staudinger/*Omlor*, § 1 PrKlG, Rn. 35.

1080 Dena, Vertragswesen von Green Power Purchase Agreements, S. 23; mit Verweis auf Staudinger/*Omlor*, § 1 PrKlG, Rn. 35.

1081 Vgl. *Schöne/Garbers*, in: Vertragsrecht und AGB-Klauselwerke, Stromlieferverträge, Rn. 257.

1082 *J. Held/Koch*, ER 2019, 18, 22; *J. Held/Leiding*, ER 2019, 232, 234.

1083 *Grün/Ostendorf*, BB 2014, 259.

1084 Vgl. BAG, BB 1982, 1486, 1487.

1085 Soergel/*J. Otto*, § 315 BGB, Rn. 148.

1086 MüKoBGB/*Würdinger*, § 315 BGB, Rn. 43; mit Verweis auf Jauernig/*Stadler*, § 315 BGB, Rn. 7.

senen Abwägung der Interessen beider Parteien zu berücksichtigen.[1087] Das Äquivalenzverhältnis von Leistung und Gegenleistung darf durch die Preisanpassung nicht zerstört werden.[1088] Für die Bestimmung sind insb. die aktuelle Marktlage und der (Markt-)Wert der zu vergütenden Leistung maßgeblich.[1089] Essentiell für das Äquivalenzverhältnis ist, dass die Klausel zwar der Vermeidung von Verlusten, nicht aber der Erweiterung der Gewinnspanne dienen darf.[1090] Weitere Vorgaben für Preisänderungsvorbehaltsklauseln sind dem AGB-Recht zu entnehmen.[1091] Ein Beispiel für eine Formulierung, die diesen Anforderungen entsprechen soll, findet sich bei *Würdinger*.[1092]

c) Verhältnis des Preisklauselgesetzes zum AGB-Recht

Die Überprüfung der in § 1 Abs. 2 Nr. 1 bis 3 PrKlG normierten Klauseln anhand des PrKlG steht neben der AGB-rechtlichen Inhaltskontrolle nach § 307 BGB. Eine Klausel, die gegen das PrklG verstößt, führt auch nicht unmittelbar zu einer unangemessenen Benachteiligung gem. § 307 Abs. 1 S. 1 BGB.[1093] Denn ein Verstoß gegen AGB-Recht führt zur Unwirksamkeit der Klausel *ex tunc*, während der Verstoß gegen das PrKlG gem. § 8 PrKlG nur zur Unwirksamkeit *ex nunc* nach rechtskräftiger Feststellung des Verstoßes führt.[1094] Zudem verfolgt das PrKlG mit dem erwähnten Schutz vor „inflationären Tendenzen“ einen anderen Zweck[1095] als die AGB-Kontrolle.[1096]

d) Vertragsanpassungs- und weitere Klauseln

Vertragsanpassungsklauseln, die bei gravierender Änderung der gesamten wirtschaftlichen Grundlage nicht nur eine Preisänderung, sondern die Änderung des gesamten Vertrags betreffen, werden bei PPAs auch als Wirtschaftlichkeitsklauseln bezeichnet. Diese sowie Neuverhandlungsklauseln sollen später noch erläutert werden. Zudem sind Mischformen denkbar, bei denen z. B. eine Preisanpassungsklausel durch eine Verhandlungsklausel gerettet oder verändert werden soll. Eine solche Ausgestaltung hat eine geringere Eingriffsintensität, da es nicht zu einer Anpassung des gesamten Vertrags kommt.[1097]

Des Weiteren sind Steuer- und Abgabenklauseln im unternehmerischen Verkehr üblich[1098] und entsprechend auch in PPAs sinnvoll. Sie ermöglichen die preisliche Weitergabe

---

1087 Statt vieler BGH, NJW-RR 2007, 56, 58, Rn. 17.

1088 Vgl. etwa BGH, NJW 2009, 502, 504, Rn. 25.

1089 BeckOK/*Gehrlein*, § 315 BGB, Rn. 11.

1090 BGH, NJW 2009, 502, 504, Rn. 25.

1091 Siehe Teil 2, E. V. 1.

1092 MüKoBGB/*Würdinger*, § 315 BGB, Rn. 25.

1093 BGH, ZIP 2014, 1435, 1442, Rn. 55; BeckOGK/*Zschieschack*, § 307 BGB Preisanpassungsklausel, Rn. 12.

1094 BGH, ZIP 2014, 1435, 1442, Rn. 56.

1095 BT-Drs. 16/4391, 27.

1096 BGH, ZIP 2014, 1435, 1442, Rn. 56.

1097 Vgl. *Baur*, Vertragliche Anpassungsregelungen, S. 49 f.

1098 Vgl. *Schöne/Garbers*, in: Vertragsrecht und AGB-Klauselwerke, Stromlieferverträge, Rn. 293.

von Änderungen im Steuer- und Abgabensystem an den Abnehmer. Dies ist in AGB-rechtlich unbedenklicher Weise möglich, wenn die Steuer bzw. Abgabe dem Sinn der gesetzlichen Regelung nach bedenkenlos weitergegeben werden darf und nicht ausschließlich vom Verkäufer zu tragen ist.[1099]

V. Rechtlicher Rahmen der Preisvereinbarungen

Die Preisvereinbarung in Verträgen unterliegt eingeschränkt der zivilrechtlichen Kontrolle. Allerdings gelten für Preisanpassungsregelungen besondere rechtliche Rahmenbedingungen. Neben dem erläuterten Preisklauselgesetz existieren Kontrollmechanismen im AGB-Recht, im Kartellrecht und in §§ 134, 138 BGB.[1100] Zu klären sind außerdem die Rechtsfolgen im Falle der Unwirksamkeit von Preisregelungen.

1. AGB-Recht

Da es sich bei Corporate-PPAs um Sonderkundenverträge und bei Merchant- bzw. Utility-PPAs um Weiterverteilerverträge handelt, sind die gesetzlichen Preisregelungen der Grundversorgung gem. §§ 36ff. EnWG und der StromGVV, insb. die gesetzliche Preisanpassungsregelung in §§ 5 Abs. 2, 5a StromGVV, auf PPAs nicht anzuwenden.[1101] Nach dem bereits erläuterten sachlichen und persönlichen Anwendungsbereich der AGB-Kontrolle kommt eine Inhaltskontrolle der Preisnebenabreden daher in Betracht. Insofern ist erneut darauf hinzuweisen, dass nur die Preisnebenabreden, nicht aber die die Leistungsbestimmung betreffenden Preishauptabreden gem. § 307 Abs. 3 S. 1 BGB AGB-rechtlich überprüfbar sind. Hervorzuheben ist außerdem, dass ein individualvertraglich vereinbarter Festpreis gem. § 305b BGB in AGB enthaltene Anpassungsklauseln verdrängt.[1102] Sollen neben einem individualvertraglich vereinbarten Festpreis auch Anpassungsrechte gelten, sollten diese ebenfalls individualvertraglich geregelt werden. Unabhängig davon, dass § 309 Nr. 1 BGB, wonach kurzfristige Preiserhöhungen in AGB unzulässig sind, bei Dauerschuldverhältnissen ohnehin nicht zur Anwendung kommt und der daran anschließenden Frage, ob es sich bei PPAs um Dauerschuldverhältnisse im Sinne der Norm handelt, ist § 309 Nr. 1 BGB im unternehmerischen Verkehr und damit auch bei PPAs nicht anzuwenden.[1103] Wegen der Geschäftsgewandtheit und Geschäftserfahrung der Vertragspartner sind an Preisklauseln im unternehmerischen Verkehr geringere Anforderungen zu stellen.[1104]

1099 Vgl. *Schöne/Garbers*, in: Vertragsrecht und AGB-Klauselwerke, Stromlieferverträge, Rn. 294ff. mit Einzelbeispielen; vgl. auch *Säcker/Mengering*, BB 2013, 1859, 1867.

1100 Zur Kontrolle bei einseitigen Leistungsbestimmungsrechten gem. § 315 Abs. 3 BGB siehe *Mohr*, Sicherung der Vertragsfreiheit durch Wettbewerbs- und Regulierungsrecht, S. 823ff.

1101 Vgl. *Mohr*, Sicherung der Vertragsfreiheit durch Wettbewerbs- und Regulierungsrecht, S. 826.

1102 BGH, NJW 2013, 2745, 2746f., Rn. 22.

1103 Vgl. Wolf/Lindacher/Pfeiffer/*Dammann*, § 309 Nr. 1 BGB, Rn. 160; Staudinger/*Coester-Waltjen*, § 309 Nr. 1 BGB, Rn. 28.

1104 Vgl. Wolf/Lindacher/Pfeiffer/*Dammann*, § 309 Nr. 1 BGB, Rn. 161; hinsichtlich des Transparenzgebots so auch *Eckhoff*, GWR 2016, 243, 246.

Das gilt insb. auch für das Transparenzgebot gem. § 307 Abs. 1 S. 2 BGB,[1105] das allerdings im unternehmerischen Verkehr ebenfalls anwendbar ist.[1106] Aus dem Transparenzgebot folgt im unternehmerischen Verkehr allein die Vorgabe, dass sich aus der Klausel mit hinreichender Klarheit ergeben muss, unter welchen Voraussetzungen eine Preisanpassung vorgenommen wird.[1107] Die inhaltliche Überprüfung erfolgt im unternehmerischen Verkehr anhand von § 307 Abs. 1 S. 1 BGB.

Grds. können AGB dadurch unangemessen i. S. d. § 307 Abs. 1 S. 1 BGB benachteiligen, dass sie das bei Vertragsschluss ausgehandelte Äquivalenzverhältnis nicht hinreichend wahren.[1108] Preisanpassungsklauseln dienen regelmäßig dazu, die Äquivalenz von Leistung und Gegenleistung über die Laufzeit des Vertrags aufrecht zu erhalten.[1109] Sofern sie jedoch über die Weitergabe von Kostensteigerungen bzw. -senkungen – etwa durch eine nicht vorgesehene Erweiterung der Gewinnspanne des Verwenders – hinausgehen, liegt eine unangemessene Benachteiligung i. S. d. § 307 Abs. 1 S. 1 BGB vor. Für Verbraucherverträge ist dies bereits gerichtlich anerkannt.[1110] Das soll aber ebenso im unternehmerischen Verkehr gelten.[1111] Bei der vorzunehmenden umfassenden Bewertung, bei der die Belange des Kunden angemessen zu berücksichtigen sind, ist allerdings neben dem Äquivalenzinteresse des Kunden auch das Amortisationsinteresse des Verwenders im Hinblick auf die getätigten Investitionen zu berücksichtigen.[1112] Hier ist im Einzelfall abzuwägen, welches Interesse überwiegt.[1113] Insofern besteht eine Parallele zur Berücksichtigung des Amortisationsinteresses bei der AGB-rechtlichen Kontrolle von Laufzeitklauseln. Hohe Investitionen, die sich erst über eine längere Vertragslaufzeit amortisieren lassen, finden in der Gesamtabwägung nach § 307 Abs. 1 BGB ebenfalls Berücksichtigung.[1114]

Ein Lösungsrecht des Kunden vom Vertrag für den Fall einer erheblichen Preiserhöhung ist im unternehmerischen Verkehr nach zutreffender Ansicht AGB-rechtlich nicht geboten.[1115] Das ist für PPAs von besonderer Wichtigkeit, da die Preisanpassung vor dem Hintergrund der Finanzierungsfunktion des PPA nicht zu einer Vertragsbeendigung führen

---

1105 *Eckhoff*, GWR 2016, 243, 246; BeckOK/*J. Becker*, § 309 Nr. 1 BGB, Rn. 38.

1106 BeckOK/*J. Becker*, § 309 Nr. 1 BGB, Rn. 38.

1107 Wolf/Lindacher/Pfeiffer/*Dammann*, § 309 Nr. 1 BGB, Rn. 162.

1108 Statt vieler BGH, NJW 2008, 360, 361, Rn. 10; BeckOGK/*Eckelt*, § 307 Inhaltskontrolle, Rn. 85.1; BeckOK/*H. Schmidt*, § 307 BGB, Rn. 40.

1109 Statt vieler BGH, NJW 2016, 936, 942, Rn. 46.

1110 Statt vieler BGH, NJW 2008, 360, 361, Rn. 10 ff.; BGH, NJW 2016, 936, 942, Rn. 46.

1111 Ulmer/Brandner/Hensen/*Fuchs/Zimmermann*, § 309 Nr. 1 BGB, Rn. 46; zustimmend Wolf/Lindacher/Pfeiffer/*Dammann*, § 309 Nr. 1 BGB, Rn. 173; BeckOGK/*Zschieschack*, § 307 BGB Preisanpassungsklausel, Rn. 37; BeckOK/*J. Becker*, § 309 Nr. 1 BGB, Rn. 37; *Westphalen/Mock*, in: Vertragsrecht und AGB-Klauselwerke, Preisanpassungsklauseln, Rn. 74.

1112 *Westphalen/Mock*, in: Vertragsrecht und AGB-Klauselwerke, Preisanpassungsklauseln, Rn. 74.

1113 *Westphalen/Mock*, in: Vertragsrecht und AGB-Klauselwerke, Preisanpassungsklauseln, Rn. 74.

1114 BGH, NJW 1993, 1133, 1134 f.; BGH, NJW 2003, 886, 887; BGH, NJW-RR 2012, 249, 250, Rn. 23.

1115 Ulmer/Brandner/Hensen/*Fuchs/Zimmermann*, § 309 Nr. 1 BGB, Rn. 48; Wolf/Lindacher/Pfeiffer/*Dammann*, § 309 Nr. 1 BGB, Rn. 175; BeckOGK/*Zschieschack*, § 307 BGB Preisanpassungsklausel, Rn. 49; a. A. BeckOK/*J. Becker*, § 309 Nr. 1 BGB, Rn. 39; Staudinger/*Coester-Waltjen*, § 309 Nr. 1 BGB, Rn. 28 wonach das Lösungsrecht nicht generell entbehrlich ist, sondern von geringerer Relevanz.

darf. Der Verwender hat neben dem Anpassungsinteresse auch ein Interesse am Bestand des Vertrags.[1116] Die Gebotenheit des Lösungsrechts wird aus der Rspr. des EuGH zu Verbraucherverträgen abgeleitet.[1117] Ein rechtliches Bedürfnis für das Lösungsrecht besteht daher nur bei Verträgen mit Verbrauchern und nicht in PPAs. Denn sofern das Amortisationsinteresse wie beschrieben Berücksichtigung finden soll, darf ein Lösungsrecht, das über die gesetzlich vorgesehenen Lösungsrechte nach §§ 313, 314 BGB hinausgeht, im unternehmerischen Verkehr für den Fall der Preisanpassung nicht vereinbart sein. Auch in § 313 BGB ist nur ein Lösungsrecht vorgesehen, das nachrangig zur Vertragsanpassung ist. Darüber hinaus kommt ggf. eine Überprüfung nach §§ 315 Abs. 3, 319 BGB in Betracht, auf die ein Unternehmer sich insofern zusätzlich zu §§ 313, 314 BGB verweisen lassen muss.[1118] Diese Aussagen gelten für alle Arten von Preisanpassungsklauseln. Gem. § 41 Abs. 5 S. 4 EnWG besteht allerdings ein außerordentliches Kündigungsrecht von Letztverbrauchern, wenn der Energielieferant ein Recht zur Änderung der Preise oder sonstigen Vertragsbedingungen einseitig ausübt. Betroffen von dieser Vorschrift, die nur die Belieferung von Letztverbrauchern adressiert, sind somit Corporate-PPAs. Die Vorschrift kommt allerdings nur bei einer einseitigen Ausübung eines Preisanpassungsrechts durch den Lieferanten zur Anwendung. Im Umkehrschluss bedeutet das, dass das außerordentliche Kündigungsrecht auch bei Corporate-PPAs vermieden werden kann, indem eine Anpassungsautomatik (mittels einer Spannungs- oder Kostenelementeklausel) oder eine Anpassung aufgrund gegenseitiger Willenserklärungen der Vertragsparteien vereinbart wird.[1119]

Problematisch ist speziell bei einer in AGB enthaltenen Preisänderungsvorbehaltsklausel zudem die damit einhergehende Intransparenz für die Gegenpartei, die keinerlei Einsichtsmöglichkeiten in die zukünftige Preisentwicklung und die der Preisbestimmung zugrundliegenden Erwägungen hat.[1120] Im Hinblick auf das Transparenzgebot sollte die Klausel für den Kunden also möglichst nachvollziehbar sein.[1121] Insb. Anlass, Voraussetzungen und Umfang des Rechts müssen hinreichend konkretisiert sein.[1122] Sinnvollerweise sollten diese Kriterien für alle Arten von Preisanpassungsklauseln und nicht nur für Preisänderungsvorbehaltsklauseln bestimmt werden. Vorliegen muss außerdem ein sachlicher Grund, der die Preisänderungsvorbehaltsklausel rechtfertigt.[1123] Das gilt auch für den unternehmerischen Verkehr, um die Interessen des Kunden angemessen zu berücksichtigen.[1124] Die Preisänderungsvorbehaltsklausel muss schließlich neben dem Recht der Preisanpassung im Fall einer Kostenerhöhung auch eine Preisanpassung für den Fall vorsehen, dass eine dem Kunden günstige Kostensenkung eintritt.[1125]

1116 Dazu *Jickeli*, Der langfristige Vertrag, S. 231 f.

1117 Vgl. BeckOGK/*Zschieschack*, § 307 BGB Preisanpassungsklausel, Rn. 46 ff.; mit Verweis auf EuGH, EuZW 2012, 786–789, 787 – Invitel, Rn. 30; und EuGH 2013, 1–65, Rn. 49 ff. – RWE Vertrieb.

1118 Wolf/Lindacher/Pfeiffer/*Dammann*, § 309 Nr. 1 BGB, Rn. 175.

1119 Bourwieg/Hellermann/Hermes/*Hellermann/Pätzold*, § 41 EnWG, Rn. 38.

1120 *Westphalen/Mock*, in: Vertragsrecht und AGB-Klauselwerke, Preisanpassungsklauseln, Rn. 36; *Säcker/Mengering*, BB 2013, 1859, 1860.

1121 *Westphalen/Mock*, in: Vertragsrecht und AGB-Klauselwerke, Preisanpassungsklauseln, Rn. 36.

1122 BGH, NJW 2000, 651, 652; BGH, NJW-RR 2005, 1496, 1501; *Markert*, EnWZ 2016, 195, 196.

1123 BGH, NJW-RR 2005, 1496, 1501.

1124 *Westphalen/Mock*, in: Vertragsrecht und AGB-Klauselwerke, Preisanpassungsklauseln, Rn. 80.

1125 BGH, NJW 2008, 2172, 2173, Rn. 17; BGH, NJW 2016, 936, 942, Rn. 47.

2. Kartellrecht

a) Preisanpassungsklauseln und Konditionenmissbrauch

Bei Preisanpassungsklauseln besteht jedenfalls die theoretische Möglichkeit der kartellrechtlichen Kontrolle nach Art. 102 S. 2 lit. a AEUV bzw. § 19 Abs. 2 Nr. 2 GWB als ein Fall des Konditionenmissbrauchs.[1126] Sie setzt tatbestandlich zunächst die marktbeherrschende Stellung des Klauselverwenders voraus, sodass sie bei PPAs derzeit i. d. R. nicht einschlägig sein sollte.[1127] Missbräuchlich sind nur solche Geschäftsbedingungen, die sich im Falle hypothetisch wirksamen Wettbewerbs (sog. „als-ob-Wettbewerb“) auf dem betroffenen Markt nicht durchgesetzt hätten (Kontrollmaßstab).[1128] Als Methode zur Feststellung wettbewerbsanaloger Konditionen kann insb. das sog. Vergleichsmarktkonzept dienen.[1129] Es sind nicht einzelne Klauseln isoliert zu betrachten, sondern das gesamte Vertragswerk, sodass eine belastende durch eine günstige Regelung kompensiert werden kann.[1130] Das führt zu einer Verschärfung der ohnehin schon bestehenden Schwierigkeiten für die Praxis beim Konditionenmissbrauch rechtssichere Grundlagen für die Anwendung des Vergleichsmarktkonzepts zu finden.[1131] In diversen Branchen – etwa der Energiewirtschaft – sind aber Standards für Vertragsbedingungen verbreitet, die einen entsprechenden Anhaltspunkt bieten können.[1132] Neben diesem quantitativen Ansatz einer „Preiswürdigkeit von Konditionen“ wird ein normativer Ansatz herangezogen, bei dem im Rahmen einer umfassenden Interessenabwägung festgestellt wird, ob die Geschäftsbedingung durch Verletzung der Verhältnismäßigkeit noch interessengerecht ist.[1133] Der BGH hat das zur Präzisierung des Instituts des Konditionenmissbrauchs in den Sachen „VBL-Gegenwert I und II“[1134] und „Claudia Pechstein“[1135] erklärt.[1136] Dabei lehnt er sich an den EuGH an, der gem. Art. 102 S. 2 lit. a AEUV ebenfalls eine Abwägung der Interessen fordert.[1137] Offengelassen wurde vom BGH, ob auf § 19 Abs. 2 Nr. 2 GWB bzw. die Generalklausel des Abs. 1 abzustellen ist.[1138] In der Interessenabwägung können auch außerkartellrechtliche gesetzliche Wertungen Berücksichtigung finden,[1139] so etwa grundrechtlich geschützte Positionen der Beteiligten.[1140] Auch die Verwendung nach §§ 307 ff. BGB unwirksamer AGB kann daher zu einem Missbrauch nach § 19 GWB führen, allerdings nur,

---

1126 *Wyl*, in: Recht der Energiewirtschaft, § 12, Rn. 356.

1127 Vgl. Teil 1, B. VI. 2.

1128 *Mohr*, WuW 2020, 506, 510; Bechtold/Bosch/*Bechtold/Bosch*, § 19 GWB, Rn. 55.

1129 *Mohr*, WuW 2020, 506, 510 f.; Immenga/Mestmäcker/*Fuchs*, § 19 GWB, 209; *Wyl*, in: Recht der Energiewirtschaft, § 12, Rn. 356.

1130 BKartA, GRUR 1985, 318, 320 f.

1131 BKartA, GRUR 1985, 318, 320; Immenga/Mestmäcker/*Fuchs*, § 19 GWB, 209.

1132 Immenga/Mestmäcker/*Fuchs*, § 19 GWB, 210.

1133 BGH, NZKart 2016, 328, 331 ff., Rn. 48 ff.; Bunte/*Nothdurft*, § 19 GWB, Rn. 204.

1134 BGH, NZKart 2014, 31; BGH, NZKart 2017, 242.

1135 BGH, NZKart 2016, 328.

1136 *Mohr*, EuZW 2019, 265, 272.

1137 EuGH, Slg. 1974, 313–320 – BRT II/SABAM, Fonior, Rn. 6/8.

1138 BGH, NZKart 2016, 328, 331, Rn. 48; Bunte/*Nothdurft*, § 19 GWB, Rn. 204.

1139 Bunte/*Nothdurft*, § 19 GWB, Rn. 205.

1140 BGH, NZKart 2016, 328, 331 f., Rn. 51 ff.

sofern „die Vereinbarung der unwirksamen Klausel Ausfluss der Marktmacht oder einer großen Machtüberlegenheit des Verwenders ist."[1141] Bemerkenswert ist für PPAs vor dem Hintergrund des Finanzierungszwecks außerdem, dass ein berechtigtes Amortisationsinteresse des Marktbeherrschers im Rahmen der Abwägung rechtfertigend zu berücksichtigen sein kann.[1142] Nach dem Grundsatz der Methodenpluralität schließen sich der quantitative Ansatz des Vergleichsmarktkonzepts, sowie eine Interessenabwägung nicht aus, sondern können als geeignete Methoden zur Bestimmung wettbewerbsanaloger Geschäftsbedingungen nebeneinander herangezogen werden.[1143] Trotz der erweiternden qualitativen Prüfung des Konditionenmissbrauchs ist i. Ü. ein Kartellrechtsverstoß durch die Vereinbarung von Preisanpassungsklauseln unwahrscheinlich. Abgesehen davon, dass im Moment aus Sicht des BKartA derzeit nur ein Unternehmen eine marktbeherrschende Stellung inne hat, bestehen keine Anhaltspunkte dafür, dass sich Preisanpassungsklauseln, die den vorstehenden AGB-rechtlichen Vorgaben gerecht werden und insofern keine Erweiterung der Gewinnspanne beinhalten bei hypothetisch wirksamem Wettbewerb (sog. „als-ob-Wettbewerb") auf dem betroffenen Markt nicht durchgesetzt hätten.[1144] Darüber hinaus können Investitionen im Rahmen der Abwägung rechtfertigend zu berücksichtigen sein. Ein ungerechtfertigter Konditionenmissbrauch kann daher allenfalls vorkommen, wenn die Klauseln außergewöhnlich einschränkend ausgestaltet sind.

b) Kartellrechtliche Preiskontrolle

Von Bedeutung kann hingegen die kartellrechtliche Preishöhenkontrolle nach Art. 102 S. 2 lit. a AEUV bzw. § 19 Abs. 2 Nr. 2 GWB sein. Sie setzt zwar ebenfalls die marktbeherrschende Stellung eines Beteiligten voraus, sodass sie bei PPAs regelmäßig nicht einschlägig sein sollte.[1145] Ein Preishöhenmissbrauch tritt in der Praxis der Kartellbehörden aber bisher häufiger auf,[1146] auch wenn der Konditionenmissbrauch zuletzt insb. in der Digitalwirtschaft wegen der partiellen Unentgeltlichkeit der Leistungen an Bedeutung gewonnen hat.[1147] Im Energiebereich hat der Preishöhenmissbrauch allerdings eine besondere Stellung, was sich an der Sonderregelung des § 29 GWB zeigt, die 2007 insb. anlässlich der damals stark gestiegenen Energiepreise eingeführt wurde.[1148] Der Preishö-

---

1141 BGH, NZKart 2014, 31, 34, Rn. 65.

1142 Nicht nur für den Preismissbrauch, sondern generell für den Ausbeutungsmissbrauch Immenga/Mestmäcker/*Fuchs*, § 19 GWB, 208a; mit Verweis auf BGH, NZKart 2017, 198, 200, Rn. 31.

1143 *Mohr*, EuZW 2019, 265, 271; mit Verweis auf *Mohr*, Sicherung der Vertragsfreiheit durch Wettbewerbs- und Regulierungsrecht, S. 492 ff.

1144 Zum wertungsmäßigen Gleichklang des AGB- und Wettbewerbsrechts siehe *Mohr*, WuW 2011, 112, 118; BGH, NJW 2009, 1751, 1753; *Mohr*, Sicherung der Vertragsfreiheit durch Wettbewerbs- und Regulierungsrecht, S. 816 ff.; mit Hinweis auf unterschiedliche Schutzzwecke hingegen Staudinger/*Fischinger*, § 138 BGB, Rn. 52; BeckOGK/*Jakl*, § 138 BGB, Rn. 697.

1145 Vgl. Teil 1, B. VI. 2.

1146 Vgl. zur großen Anzahl an eingeleiteten Verfahren zum Preishöhenmissbrauch Immenga/Mestmäcker/*Fuchs*, § 19 GWB, 207.

1147 Bunte/*Nothdurft*, § 19 GWB, Rn. 197; vgl. dazu am Beispiel Facebook *Mohr*, EuZW 2019, 265; *Mohr*, WuW 2020, 506.

1148 Entwurf eines Gesetzes zur Bekämpfung von Preismissbrauch im Bereich der Energieversorgung und des Lebensmittelhandels, BT-Drs. 16/5847, S. 1; Bunte/*C. Becker*, § 29 GWB, Rn. 4; BerlKommEnR/*Mohr*, § 29 GWB, Rn. 1 ff.

henmissbrauch kann ebenfalls mittels verschiedener Methoden festgestellt werden. Dazu gehört das zuvor bereits erläuterte Vergleichsmarktkonzept ebenso wie das Konzept der Gewinnbegrenzung.[1149] Hinzuweisen ist darauf, dass ein hoheitlicher Eingriff in den Vertragspreis als wichtigstem Wettbewerbsparameter wegen etwaiger wettbewerbsschädlicher Nebenwirkungen nur als *ultima ratio* in Betracht kommen sollte.[1150] Grds. kann eine Ausbeutung mittels unangemessener Preishöhen nicht nur durch marktmächtige Anbieter, sondern auch durch besondere Nachfragemacht mittels wettbewerbswidrig niedriger Vergütung erzielt werden.[1151] Theoretisch können bei PPAs also Verkäufer wie Käufer ihre Marktmacht missbräuchlich ausnutzen. Da sowohl Anbieter als auch Nachfrager von PPAs jedoch häufig größere Unternehmen sind, wird regelmäßig keine der Parteien zur Durchsetzung erhöhter Preise in der Lage sein. Hinzuweisen ist außerdem darauf, dass auch die Verweigerung einer Vertragsanpassung, wie etwa die Verweigerung der Senkung eines in einem langfristigen Vertrag vereinbarten Preises auf das herrschende Marktpreisniveau, ein missbräuchliches „Fordern" überhöhter Preise sein kann.[1152] Für die Energiewirtschaft enthält § 29 GWB eine sektorspezifische Sonderregelung, die daher auch PPAs betrifft. Diese Sonderregelung verschärft die Beweislast für Versorgungsunternehmen, die eine Rechtfertigung der ungünstigen Entgelte oder Geschäftsbedingungen nachweisen müssen.[1153] Wegen des im Kartellverfahren geltenden Amtsermittlungsgrundsatzes hat diese Beweislastverteilung allerdings nur Bedeutung, wenn die Ermittlungen der Kartellbehörde nicht zu einem die Unternehmen entlastenden Ergebnis führen.[1154] Nur klarstellende Bedeutung hat, dass in § 29 S. 1 Nr. 2 GWB festgelegt wird, dass Entgelte, „die die Kosten in unangemessener Weise überschreiten," ebenfalls missbräuchlich sind.[1155] Auch bei der Kontrolle nach § 29 GWB können übrigens getätigte Investitionen rechtfertigend berücksichtigt werden.[1156] § 29 GWB gilt gem. § 187 Abs. 1 GWB befristet bis zum 31. 12. 2027. Im Übrigen ergeben sich für PPAs keinerlei Besonderheiten.

c) Kartellverbot

Das Kartellverbot spielt bei der Preiskontrolle eine untergeordnete Rolle. Es gelten die allgemeinen Regeln des Art. 101 AEUV bzw. § 1 GWB. Diskutiert wird aber, ob Preisgleitklauseln als Ausprägung von sog. Hub & Spoke Verhältnissen (auch Sternverträge) gegen das Kartellverbot verstoßen können.[1157] Dabei wird durch eine Mehrzahl vertikaler

---

1149 Dazu Immenga/Mestmäcker/*Fuchs*, § 19 GWB, Rn. 220 ff.; BerlKommEnR/*Mohr*, § 29 GWB, Rn. 22; *Mohr*, Sicherung der Vertragsfreiheit durch Wettbewerbs- und Regulierungsrecht, S. 492 ff.

1150 *Podszun/Palzer*, NZKart 2017, 559, 567; mit Verweis auf Immenga/Mestmäcker/*Fuchs*, § 19 GWB, Rn. 39.

1151 Bunte/*Nothdurft*, § 19 GWB, Rn. 235; *Wiedemann*, in: Handbuch des Kartellrechts, § 23 C, Rn. 208.

1152 BGH, NZKart 2017, 198, 199 ff., Rn. 25 ff.; dazu *Podszun/Palzer*, NZKart 2017, 559, 562 ff.

1153 Bunte/*C. Becker*, § 29 GWB, Rn. 41.

1154 *Wiedemann*, in: Handbuch des Kartellrechts, § 23 C, Rn. 215.

1155 *Heitzer*, WuW 2007, 854, 858; *J.-S. Ritter/Lücke*, WuW 2007, 698, 701.

1156 BerlKommEnR/*Mohr*, Anhang B zu § 39 EnWG: § 29 GWB, Rn. 37.

1157 Detailliert dazu *Gayger*, Die kartellrechtliche Beurteilung von Preisgleitklauseln als Ausprägung von Hub & Spoke Verhältnissen.

Vereinbarungen – wie etwa Preisanpassungsklauseln – zwischen nicht im Wettbewerb zueinander stehenden Unternehmen eine Wettbewerbsbeschränkung im Horizontalverhältnis, d. h. zwischen Wettbewerbern, bewirkt.[1158] Eine Kommunikation findet nur zwischen den Vertragspartnern im Vertikalverhältnis statt, nicht aber im Horizontalverhältnis.[1159] Die Auswirkungen betreffen aber lediglich das Horizontalverhältnis. Mangels Kommunikation zwischen den Wettbewerbern ist regelmäßig das Tatbestandsmerkmal der „abgestimmten Verhaltensweise" i. S. d. Art. 101 AEUV bzw. § 1 GWB entscheidend dafür, ob das Verhalten der Beteiligten zu einer Wettbewerbsbeschränkung führt oder ob es sich um erlaubtes Parallelverhalten handelt.[1160] Für PPAs bedeutet das, dass gleiche Preisanpassungsklauseln in einer Vielzahl von PPAs nicht zu einer abgestimmten Verhaltensweise zwischen den Wettbewerbern im Horizontalverhältnis, d. h. zwischen mehreren PPA-Anbietern bzw. zwischen mehreren PPA-Abnehmern, führen dürfen. Eine solche „Konzertierung" gleicher Klauseln in mehreren Verträgen entsteht regelmäßig dadurch, dass auf einer Marktstufe ein Verwender (*Hub*) steht, der Verträge mit mehreren Anbietern bzw. Abnehmern auf vor- oder nachgelagerten Märkten unterhält (*Spokes*).[1161] Zu beachten ist insb., dass derartige Verhaltensweisen isoliert betrachtet nicht wettbewerbsbeschränkend und mithin kartellrechtsneutral sind.[1162] Daher wird eine Preisanpassungsklausel in derart individuell gestalteten Verträgen wie PPAs regelmäßig keine Wettbewerbsbeschränkung in diesem Sinne darstellen. Dennoch ist dies im Einzelfall unter Betrachtung des gesamten Markts zu überprüfen.

3. §§ 134, 138 BGB

Die Preiskontrolle nach §§ 134, 138 BGB wird nur in Ausnahmefällen relevant, in denen der Preis entweder gegen ein gesetzliches Verbot verstößt oder dem recht unkonkreten Begriff der Sittenwidrigkeit unterfällt. Nach § 138 Abs. 2 BGB darf das Geschäft außerdem nicht den Sonderfall des Wuchers erfüllen. Die praktischen Auswirkungen auf PPAs sind gering. Eine sittenwidrige Preisvereinbarung wird ebenfalls nur in Ausnahmeefällen in Betracht kommen. Möglich wäre ein „Knebelvertrag" durch Äquivalenzstörung oder eine durch den Missbrauch von Marktmacht erreichte Preisüberhöhung.[1163] Rechtfertigend kann allerdings auch der hohe Investitionsbedarf der Energiewirtschaft Berücksichtigung finden, der dazu führt das die Unternehmen auf langfristige Kalkulationssicherheit angewiesen sind.[1164] Sofern sich der Preis am Investitionsbedarf orientiert, wird bei PPAs regelmäßig von der Zulässigkeit der Preisregelung gem. § 138 BGB auszugehen sein. Die

---

1158 Bunte/*Hengst*, Art. 101 AEUV, Rn. 108.

1159 *Gayger*, Die kartellrechtliche Beurteilung von Preisgleitklauseln als Ausprägung von Hub & Spoke Verhältnissen, S. 18.

1160 Ausführlich dazu *Gayger*, Die kartellrechtliche Beurteilung von Preisgleitklauseln als Ausprägung von Hub & Spoke Verhältnissen, S. 29 ff.

1161 *Streicher*, Vertikale Information im Lichte des Kartellverbots, S. 71 f.

1162 *Polley/Rhein*, KSzW 2011, 15, 24; *Röhling/Haus*, KSzW 2011, 32, 36; vgl. auch *Streicher*, Vertikale Information im Lichte des Kartellverbots, S. 46 f.

1163 MüKoBGB/*Armbrüster*, § 138 BGB, Rn. 124.

1164 MüKoBGB/*Armbrüster*, § 138 BGB, Rn. 122.

Zulässigkeit der Preisbildung kann außerdem durch Vergleiche mit anderen Unternehmen, die ähnlichen Abnehmerverhältnissen unterliegen, festgestellt werden.[1165]

Mit Blick auf § 134 BGB ist anzumerken, dass § 29 GWB ebenso wie § 19 GWB jeweils ein gesetzliches Verbot im Sinne der Vorschrift beinhalten.[1166] Ein Verstoß gegen diese Normen führt daher ebenfalls zur Nichtigkeit gem. § 134 BGB.

4. Rechtsfolgen bei Unwirksamkeit und ergänzende Vertragsauslegung

Für eine AGB-rechtlich unwirksame Preisanpassungsklausel trifft § 306 Abs. 2 BGB die Bestimmung, dass sich der Inhalt des Vertrags nach den gesetzlichen Bestimmungen richtet. Der Vertag bleibt im Übrigen wirksam (§ 306 Abs. 1 BGB), sofern nicht der unwahrscheinliche Fall vorliegt, dass ein Festhalten am Vertrag eine unzumutbare Härte für eine Vertragspartei darstellt (§ 306 Abs. 3 BGB). Zu einer Geltung der gesetzlichen Bestimmungen kommt es hingegen nicht, wenn die entstandene Vertragslücke mithilfe der Auslegung des Parteiwillens gefüllt werden kann. Eine solche ergänzende Vertragsauslegung kommt in Betracht, wenn gesetzliche Regelungen zur Ausfüllung der Lücke nicht zur Verfügung stehen und die ersatzlose Streichung der unwirksamen Klausel nicht zu einer angemessenen, den typischen Interessen des Verwenders und des Kunden Rechnung tragenden Lösung führt, sondern das Vertragsgefüge völlig einseitig zu Gunsten des Kunden verschiebt.[1167] Entfällt eine Preisanpassungsklausel, kann im Energierecht bei Sonderkundenverträgen (Corporate-PPAs) und Weiterverteilerverträgen (Utility- bzw. Merchant-PPAs) mangels entsprechender Normen nicht auf dispositives Gesetzesrecht zurückgegriffen werden.[1168]

Ein grds. Bedürfnis für eine ergänzende Vertragsauslegung wurde zunächst mit der Begründung abgelehnt, dass es das Energieversorgungsunternehmen „selbst in der Hand hatte, einer nach Widerspruch oder Vorbehaltszahlung des Kunden zukünftig drohenden unbefriedigenden Erlössituation durch Ausübung des ihm vertraglich eingeräumten Kündigungsrechts in zumutbarer Weise zu begegnen."[1169] Denn dadurch dass das Energieversorgungsunternehmens nur bis zur Kündigung an den Ausgangspeis gebunden ist, fehlt es an einem unzumutbaren Ergebnis.[1170] Nicht entschieden war damit die Frage, ob sich aus Rückforderungsansprüchen des Kunden ein existenzbedrohender, wirtschaftlicher Nachteil ergeben kann, der „eine nicht mehr hinnehmbare einseitige Verschiebung" bedeute und eine ergänzende Vertragsauslegung damit rechtfertige.[1171] Eine solche Verschiebung wur-

---

1165 OLG Stuttgart, Recht der Elektrizitätswirtschaft 1975, 1, 6.

1166 BGH, NZKart 2017, 245, 246 f., Rn. 23; zustimmend BerlKommEnR/*Mohr*, Anhang B zu § 39 EnWG: § 29 GWB, Rn. 5.

1167 Statt vieler BGH, NJW-RR 2014, 1133, 1134 f., Rn. 106; ausführlich dazu *Säcker*, in: Festschrift für Harm Peter Westermann, Die Anpassung von langfristigen Verträgen an bei Vertragsschluss unvorhergesehene und unvorhersehbare Umstände im Wege der ergänzenden Vertragsauslegung, 621 ff.

1168 *Krämer*, Preisanpassungsklauseln im Spannungsverhältnis zwischen wirtschaftlicher Erforderlichkeit und rechtlicher Zulässigkeit, S. 198.

1169 BGH, NJW-RR 2010, 1202, 1204, Rn. 27 ff.; BGH, NZM 2011, 331, 334, Rn. 38 f.

1170 BGH, NJW-RR 2010, 1202, 1204, Rn. 28.

1171 BGH, NJW-RR 2010, 1202, 1204, Rn. 29.

de für langjährige Gasversorgungsverhältnisse angenommen, bei denen „der betroffene Kunde den Preiserhöhungen und den darauf basierenden Jahresabrechnungen über einen längeren Zeitraum nicht widersprochen hat und nunmehr auch für länger zurückliegende Zeitabschnitte die Unwirksamkeit der Preiserhöhungen geltend macht.“[1172] Die nur in die Zukunft wirkende Kündigungsmöglichkeit kann in diesen Fällen keine Abhilfe schaffen.[1173] Wegen der fehlenden Beanstandung durch den Kunden hatte der Energieversorger zuvor keinen Anlass zur Kündigung.[1174] Eine ergänzende Vertragsauslegung kommt daher bei langfristigen Energielieferverträgen in Betracht.

Nach den §§ 133, 157 BGB sind der hypothetische Parteiwille und das unter Beachtung des Gebotes von Treu und Glauben typischerweise in der Vertragssituation bestehende beiderseitige Interesse an der Vertragsdurchführung maßgeblich.[1175] Wegen des Verbots der geltungserhaltenden Reduktion kommt die Aufrechterhaltung einer Bestimmung mit einem (noch) wirksamen Inhalt nicht in Betracht.[1176] Bei langfristigen Verträgen haben beide Parteien ein Interesse an der Aufrechterhaltung des Äquivalenzverhältnisses, das gefährdet wäre, sofern Rückforderungsansprüche des Kunden oder Restforderungsansprüche des Energieversorgungsunternehmens unbegrenzt geltend gemacht werden könnten.[1177] Ohne die Begrenzung etwaiger Rück- oder Restforderungsansprüche würde die Versorgung des Kunden zum Ausgangspreis eine unzumutbare Härte für den Verwender darstellen, die gar eine Gesamtnichtigkeit des Vertrags gem. § 306 Abs. 3 BGB zur Folge haben könnte.[1178] Deshalb kann die Unwirksamkeit von „Preiserhöhungen, die zu einem den vereinbarten Anfangspreis übersteigenden Preis führen,“ nicht geltend gemacht werden, wenn der Kunde „sie nicht innerhalb eines Zeitraums von drei Jahren nach Zugang der jeweiligen Jahresabrechnungen, in der die Preiserhöhung erstmals berücksichtigt worden ist, beanstandet hat“ (sog. „Dreijahreslösung“ oder „t-3 Rechtsprechung“).[1179]

Ohne eine fristgerechte Beanstandung wird die Preisanpassung also nachträglich als wirksam fingiert und eine Rückforderung ausgeschlossen.[1180] Im Falle der Unwirksamkeit einer Klausel gilt der fingierte Preis endgültig, schließt also neue Preisanpassungen aus.[1181] Da dieser endgültige Preis wie ein „vereinbarter Preis“ zu behandeln ist, kommt auch keine Billigkeitskontrolle nach § 315 Abs. 3 BGB wie bei einem einseitigen Leistungsbestimmungsrecht in Betracht.[1182]

Liegt eine wirksame Beanstandung vor, ist das Preisanpassungsrecht hingegen ausgeschlossen und es gilt der vereinbarte Anfangspreis. Daraus folgt ein bereicherungsrechtliches Rückforderungsrecht des Kunden hinsichtlich des zu viel gezahlten Preises

---

1172 BGH, NJW 2012, 1865, 1866, Rn. 23; BGH, BeckRS 2012, 7968, Rn. 28.

1173 BGH, NJW 2012, 1865, 1866, Rn. 23; BGH, BeckRS 2012, 7968, Rn. 28.

1174 BGH, NJW 2012, 1865, 1866, Rn. 23; BGH, BeckRS 2012, 7968, Rn. 28.

1175 BeckOK/*H. Schmidt*, § 306 BGB, Rn. 24.

1176 BGH, NJW 2012, 1865, 1866, Rn. 24.

1177 BGH, NJW 2012, 1865, 1866f., Rn. 26; BGH, NJW 2013, 991, 992, Rn. 22.

1178 BGH, NJW 2013, 991, 994, Rn. 37.

1179 BGH, NJW-RR 2017, 557, 558, Rn. 12; siehe dazu auch *Markert*, EnWZ 2016, 195; *Markert*, ZMR 2017, 213.

1180 *Büdenbender*, ZIP 2017, 1041, 1052.

1181 *Büdenbender*, ZIP 2017, 1041, 1052.

1182 BGH, NJW-RR 2017, 557, 560, Rn. 31.

aus §§ 812, 818 BGB[1183] oder ein Schadensersatzanspruch nach den §§ 311 Abs. 2, 241 Abs. 2, 280 Abs. 1 BGB.[1184] Letzterer setzt allerdings voraus, dass die Verwendung einer unwirksamen Klausel eine vertragliche Pflichtverletzung des Verwenders ist.

Die Dreijahreslösung wurde im Ursprung für Sonderkundenverträge hergeleitet und in der Folge auch auf Grundversorgungsverhältnisse übertragen.[1185] Da jedenfalls Corporate-PPAs Sonderkundenverträge darstellen, ist die „Dreijahreslösung" grds. auf sie anwendbar.[1186] Nicht ersichtlich ist, warum etwas anderes bspw. für Merchant- oder Utility-PPAs gelten sollte, bei denen ein anderer Abnehmer beteiligt ist. Vielmehr erscheint diese Lösung grds. auf verschiedene Arten von PPAs übertragbar. Allerdings soll ihr bei PPAs i. d. R. keine praktische Bedeutung zukommen:[1187] Denn die Dreijahreslösung sei für das Massengeschäft der Energieversorgung entwickelt worden, PPAs seien aber individuell ausgehandelte Verträge, die noch nicht in einer vergleichbaren Häufung aufträten.[1188] Ohne einen Marktstandard, könne zudem nur schwer auf den hypothetischen Willen der Parteien bei Vertragsschluss geschlossen werden.[1189] Diese Gegebenheiten können sich künftig allerdings ändern. Außerdem sei eine ergänzende Vertragsauslegung im Falle eine Festpreisvereinbarung, wie sie in PPAs üblich ist, nicht möglich, da dies dem Sinn und Zweck einer Festpreisvereinbarung gerade zuwider laufe.[1190] Denkbar sind in PPAs allerdings auch variable Preisvereinbarungen, sodass – sofern sich Marktstandards für PPAs etablieren sollten und ihre Bedeutung weiter zunimmt – für die Anwendung der Dreijahreslösung künftig ein Anwendungsbereich verbleiben könnte. Insofern ist es nicht ausgeschlossen, dass es im Einzelfall zu einer Anwendung der Dreijahreslösung auf PPAs durch die Gerichte kommt.

Allerdings wird die erläuterte Beschränkung des Anpassungsrechts für Sonderkundenverträge durch die Dreijahreslösung kritisch gesehen.[1191] Für den Verbraucherbereich, der bei PPAs allerdings nicht einschlägig ist, existieren unionsrechtliche Bedenken.[1192] Darüber hinaus sei die Fiktion eines unwirksamen Preises als wirksam nicht interessengerecht.[1193] Wünschenswert wäre für PPAs vielmehr ein dem hypothetischen Parteiwillen entsprechendes, unabhängig vom Widerspruch gültiges Preisanpassungsrecht des Verwenders, das freilich den vom BGH festgelegten inhaltlichen Anforderungen entsprechen sollte (etwa Festlegung von Anlass, Voraussetzungen und Umfang oder Weitergabe von Kostensteigerungen und -senkungen). Für eine interessengerechte Lösung ist die Unwirksamkeit der Preisanpassungsklausel aber möglichst zu vermeiden. Anderenfalls könnten Lieferant

---

1183 *Zabel*, KommJur 2011, 289, 293.

1184 *Westphalen/Mock*, in: Vertragsrecht und AGB-Klauselwerke, Preisanpassungsklauseln, Rn. 65.

1185 BGH, RdE 2016, 18, 28, Rn. 88.

1186 A. A. *vom Dahl*, Langfristige Energielieferverträge in Deutschland und den USA, S. 281 ff.

1187 *Vom Dahl*, Langfristige Energielieferverträge in Deutschland und den USA, S. 281.

1188 *Vom Dahl*, Langfristige Energielieferverträge in Deutschland und den USA, S. 281 f.

1189 *Vom Dahl*, Langfristige Energielieferverträge in Deutschland und den USA, S. 282.

1190 BGH, NJW 2015, 1167, 1169; *vom Dahl*, Langfristige Energielieferverträge in Deutschland und den USA, S. 283.

1191 *Büdenbender*, ZIP 2017, 1041, 1052; *Büdenbender*, NJW 2017, 299, 302; *Uffmann*, NJW 2012, 2225, 2226 bezeichnet Lösung als „befremdlich"; MüKoBGB/*Würdinger*, § 315 BGB, Rn. 28.

1192 Vgl. *Markert*, ZMR 2017, 213; *Markert*, EnWZ 2016, 195.

1193 *Starke*, RdE 2016, 498, 504.

oder Abnehmer des PPAs die Folgen der Dreijahreslösung in der Anwendungspraxis in seltenen Fällen treffen.

Eine anderweitige Lösung käme nur im Falle der Anwendbarkeit des § 315 Abs. 3 S. 2 BGB in Betracht. Danach bestünde die Möglichkeit, durch das Gericht eine der Billigkeit entsprechende Vertragsanpassung anstelle des Berechtigten vorzunehmen. Das ist jedoch regelmäßig nicht denkbar, da die Unwirksamkeit der Klausel das Anpassungsrecht gerade vernichtet[1194] und eine Anwendung auf das im Wege der ergänzenden Vertragsauslegung hergeleitete Preisanpassungsrecht wie erwähnt nicht in Betracht kommt.

Es bliebe nur noch die Vertragsanpassung gem. § 313 BGB, sofern mit dem Wegfall der unwirksamen Preisanpassungsklausel dem Vertrag die Geschäftsgrundlage entzogen worden wäre. Die Folge wäre ebenfalls eine Vertragsanpassung.[1195]

VI. Anknüpfungspunkt der Vergütung

Die Vergütungspflicht in einem PPA knüpft grds. an die Lieferung und tatsächliche Abnahme der vereinbarten Strommenge an.[1196] Abweichungen von diesem Grundsatz ergeben sich allerdings bei der Vereinbarung von Take-or-Pay-Klauseln oder Verfügbarkeitsklauseln.

Take-or-Pay-Klauseln begründen sog. „unbedingte Zahlungsverpflichtungen“,[1197] wonach der Abnehmer zur Bezahlung einer Teilmenge (Mindestabnahmemenge) verpflichtet ist, unabhängig davon wie viel Strom er tatsächlich abnimmt.[1198] Die Pflicht zur Vergütung besteht bei der Vereinbarung einer Take-or-Pay-Klausel also immer, unabhängig von Lieferung und Abnahme.

Verfügbarkeitsklauseln sehen eine Vergütungspflicht ebenfalls losgelöst von Lieferung und Abnahme vor, nämlich nur bei tatsächlicher Verfügbarkeit der Anlage.[1199] Für konventionell Strom erzeugende Anlagen hilft eine solche Vereinbarung bei der Absicherung der Refinanzierung.[1200] Die Verfügbarkeit von Strom aus EE-Anlagen hängt jedoch nicht nur von der technischen Produktionsmöglichkeit ab, sondern zusätzlich auch noch vom Wetter. Das sollte bei der Ausgestaltung einer entsprechenden Klausel in einem PPA berücksichtigt werden, indem zwischen technischer und wetterabhängiger Verfügbarkeit der Anlage differenziert wird.[1201] Ansonsten könnte der Anlagenbetreiber keine Vergütung er-

1194 Vgl. *Westphalen/Mock*, in: Vertragsrecht und AGB-Klauselwerke, Preisanpassungsklauseln, Rn. 68.

1195 Vgl. *Säcker/Mengering*, BB 2013, 1859, 1863; zum Verhältnis der Institute siehe *Säcker*, in: Festschrift für Harm Peter Westermann, Die Anpassung von langfristigen Verträgen an bei Vertragsschluss unvorhergesehene und unvorhersehbare Umstände im Wege der ergänzenden Vertragsauslegung, 631 ff.

1196 Dena, Vertragswesen von Green Power Purchase Agreements, S. 24.

1197 *Thomale/Feurstein*, NJOZ 2010, 811 mit Verweis auf § 25 S. 1 EnWG.

1198 *Wyl*, in: Recht der Energiewirtschaft, § 12, Rn. 191.

1199 Dena, Vertragswesen von Green Power Purchase Agreements, S. 24.

1200 Dena, Vertragswesen von Green Power Purchase Agreements, S. 24.

1201 Vgl. *Wiederholt/Ludwig*, EnWZ 2019, 110, 112.

halten oder sogar zu einer Strafzahlung verpflichtet sein, obwohl er für die wetterbedingte Nichtverfügbarkeit der Anlage nicht verantwortlich ist.[1202]

Die wetterbedingten Produktionsschwankungen sind ebenfalls zu berücksichtigen, wenn die Verfügbarkeitsklausel für das Bestehen der Vergütungspflicht eine Mindestverfügbarkeit voraussetzt.[1203] Die Festlegung der Mindestverfügbarkeit sollte daher entweder so gewählt sein, dass die wetterbedingten Schwankungen keine Auswirkung auf die Vergütungspflicht haben können, oder sie sollte gleichfalls nur auf die technische Verfügbarkeit der Anlage abstellen, nicht aber auf die wetterbedingte. Das Risiko der technischen Verfügbarkeit der Anlage kann der Anlagenbetreiber i. Ü. mittels eines Wartungsvertrags auf ein Wartungsunternehmen auslagern, das eine Verfügbarkeitsgarantie für die technische Verfügbarkeit der Anlage übernimmt.[1204] Im amerikanischen Markt sind Verfügbarkeitsklauseln bei Windenergieanlagen üblich, nicht aber bei Solaranlagen.[1205] Verfügbarkeitsklauseln werden für PPAs teilweise generell als empfehlenswert erachtet, sofern die Ausgestaltung die wetterbedingten Produktionsschwankungen entsprechend berücksichtigt.[1206]

F. Weitere Bestimmungen

I. Haftung

Die Haftung der Parteien kann im Grundsatz privatautonom verhandelt werden, allein die allgemeinen Grenzen der Sittenwidrigkeit und die AGB-rechtlichen Grenzen, insb. Transparenz und Angemessenheit der Vereinbarungen, sind zu beachten.[1207] Wesentliche Haftungsfragen sind bereits durch die Mengenvereinbarung vorgegeben. So haftet z. B. der Anlagenbetreiber bei festem Liefervolumen und festem Lieferprofil für jegliches Unterschreiten der Liefermenge. Der Abnehmer haftet für eine Nichtabnahme der vereinbarten Mengen. Einen Einfluss auf diese Haftungsfragen haben auch Take-or-Pay- bzw. Verfügbarkeitsklauseln. Durch die jeweilige Ausgestaltung der vertraglichen Primärpflichten lässt sich das Haftungsrisiko der Parteien steuern. Darüber hinaus lassen sich die Haftungsregelungen detaillierter ausgestalten. So können die haftungsbegründenden und die haftungsausfüllenden Regelungen genauer bestimmt werden. Im haftungsbegründenden Bereich der Vereinbarungen können für unterschiedliche Haftungsgründe spezielle Folgen angeordnet werden oder Haftungsfreistellungen bzw. -begrenzungen. Im haftungsausfüllenden Bereich der Vereinbarungen können z. B. Schadenspauschalierungen oder Vertragsstrafen vorgesehen werden.

1202 Vgl. *Wiederholt/Ludwig*, EnWZ 2019, 110, 112.

1203 *Wiederholt/Ludwig*, EnWZ 2019, 110, 112.

1204 *R. Busch*, NZBau 2011, 85, 88; *Cloppenburg/Mahnken*, NZBau 2014, 743, 747.

1205 ACORE, Renewable Energy PPA Guidebook for Corporate & Industrial Purchasers, S. 19.

1206 Vgl. *Wiederholt/Ludwig*, EnWZ 2019, 110, 113.

1207 Dena, Vertragswesen von Green Power Purchase Agreements, S. 27.

1. Haftung für Erzeugungsunterbrechungen

Regelmäßig werden Regelungen zu Erzeugungsunterbrechungen getroffen.[1208] Hier wird zwischen geplanten und ungeplanten Erzeugungsunterbrechungen differenziert.[1209]

Bei geplanten Erzeugungsunterbrechungen handelt es sich z. B. um Anlagenstillstände wegen notwendiger und planmäßiger Wartungsarbeiten.[1210] Hier sollten Mitteilungs- und Informationspflichten und -fristen vorgesehen werden, ggf. sogar Abstimmungspflichten, die die Erzeugungsunterbrechung für beide Beteiligten so „angenehm" wie möglich machen.[1211] Der Anlagenbetreiber kann sich für das Risiko technischer Ausfälle durch Wartungsverträge mit einem Dritten absichern.[1212] Er sollte mit Blick auf die Finanzierungsbedingungen keine weitergehende Haftung übernehmen als durch den Wartungsvertrag mit dem Wartungsunternehmen abgedeckt.[1213]

Ungeplante Erzeugungsunterbrechungen können z. B. durch Fremdeinwirkungen, technische Defekte oder Unfälle verursacht werden.[1214] Notwendig sind ebenfalls Mitteilungs- und Informationspflichten und -fristen, denn der Umfang eines möglichen Schadens hängt maßgeblich davon ab, wie schnell die Erzeugungsunterbrechung gemeldet und wieder behoben wird bzw. eine Ersatzbeschaffung erfolgen kann.[1215] Die Mitteilungs- und Informationspflichten und -fristen sollten den jeweiligen Projektgegebenheiten Rechnung tragen. Für kleinere Anlagenbetreiber können die Überwachung der Anlage „rund um die Uhr" und kurzen Reaktionsfristen auch nachts bzw. am Wochenende zu einer unangemessenen Benachteiligung gem. § 307 BGB führen.[1216] Bei Offshore-Windenergieanlagen kann die Behebung von Defekten äußerst komplex sein,[1217] sodass diesbezügliche besondere Haftungsbestimmungen für den Zeitraum der Erzeugungsunterbrechung vereinbart werden sollten.[1218] In gewissem Maße lässt sich auch das Risiko ungeplanter Erzeugungsunterbrechungen durch Wartungsverträge mit einem Dritten absichern.[1219] Der Dritte übernimmt hierbei eine technische Verfügbarkeitsgarantie, von der allerdings z. B. Fälle höherer Gewalt, Störungen im Netz, Verschulden des Betreibers, Handlungen Dritter, für die der Auftragnehmer nicht verantwortlich ist, bestimmte Witterungsverhältnisse und vom Hersteller nicht autorisierte Veränderungen an der Anlage regelmäßig ausgenommen sind.[1220] Der Anlagenbetreiber sollte mit Blick auf die Finanzierungsbedingungen keine über diese Be-

---

1208 Zur üblichen Risikoverteilung in Direktvermarktungsverträgen *Woltering*, REE 2015, 141.

1209 *J. Held/Koch*, ER 2019, 18, 21.

1210 Dena, Vertragswesen von Green Power Purchase Agreements, S. 28.

1211 *Woltering*, REE 2015, 141, 145; *J. Held/Koch*, ER 2019, 18, 21; mit Verweis auf *Staake*, in: Windenergieanlagen, Kap. 4. IV. 4. e., Rn. 463.

1212 Dena, Vertragswesen von Green Power Purchase Agreements, S. 20.

1213 *S. Geiger/Balland*, REE 2019, 53, 55.

1214 *S. Geiger/Balland*, REE 2019, 53, 57.

1215 Dena, Vertragswesen von Green Power Purchase Agreements, S. 21; mit Verweis auf *J. Held/Koch*, ER 2019, 18, 21.

1216 *J. Held/Koch*, ER 2019, 18, 21.

1217 *R. Busch*, NZBau 2011, 85, 86.

1218 *S. Geiger/Balland*, REE 2019, 53, 57.

1219 Dena, Vertragswesen von Green Power Purchase Agreements, S. 20.

1220 *R. Busch*, NZBau 2011, 85, 88.

stimmungen des Wartungsvertrags hinausgehende Haftung übernehmen.[1221] Generell lässt sich das Risiko von ungeplanten Erzeugungsunterbrechungen durch eine hohe Qualität der Erzeugungsanlage und schonende Betriebsweise inklusive hoher Inspektions-, Wartungs- und Instandsetzungsstandards beeinflussen.[1222] Es bieten sich auch „Bonus-/Malus-Regelungen“ an, die die Vornahme bzw. Nichtvornahme derartiger Maßnahmen entweder Sanktionieren oder durch eine Vergütung anreizen.[1223]

Vorgesehen werden sollten außerdem Bagatellschwellen für sehr kurze bzw. geringfügige, geplante und ungeplante Erzeugungsunterbrechungen, im Rahmen derer den Anlagenbetreiber keine Haftung trifft.[1224]

Verstößt eine Partei gegen Mitteilungs- und Informationspflichten bzw. -fristen, besteht grds. ein Schadensersatzanspruch gem. §§ 280 ff. BGB wegen der Verletzung einer vertraglichen Nebenpflicht.[1225] Anlagenbetreiber haben daher ein Interesse, ihre Haftungsrisiken durch geminderte Sorgfaltspflichten zu verringern, da leicht fahrlässige Verstöße eines Mitarbeiters gegen telefonische Meldepflichten, gegen Dokumentationspflichten oder Fristen häufig auftreten können.[1226] Zur Vereinfachung der Rechtsfolgen können außerdem Schadenspauschalierungs- bzw. Vertragsstrafenklauseln vorgesehen werden.[1227] Dabei sind wiederum die schon im Rahmen der Take-or-Pay-Klauseln erläuterten AGB-rechtlichen Begrenzungen zu berücksichtigen.[1228] Sie gelten für alle Arten von Schadenspauschalierungs- bzw. Vertragsstrafenklauseln im unternehmerischen Verkehr und damit auch in PPAs. Folglich gelten die folgenden Ausführungen auch für die Sanktion aller möglichen anderen Pflichten und nicht nur für die hier in Rede stehenden Mitteilungs- und Informationspflichten bzw. -fristen.

Bei der Beurteilung von Schadenspauschalierungsklauseln im unternehmerischen Verkehr kann der Gedanke des § 309 Nr. 5 BGB als Indiz für einen Verstoß gegen § 307 BGB herangezogen werden.[1229] Allerdings dürfte ein großzügigerer Maßstab als im Verbraucherbereich anzulegen sein.[1230] Während § 309 Nr. 5 BGB verlangt, dass sich die Pauschalierung an dem nach dem gewöhnlichen Lauf der Dinge zu erwartenden, typischen Durchschnittsschaden orientiert, ist im unternehmerischen Verkehr der zu erwartende Schaden, der auch ungewöhnliche Schadensfälle erfasst, maßgebliche Angemessenheitsgrenze für die Pauschalierung.[1231] Bei der Festlegung der Pauschale kommt den Parteien allerdings aufgrund der Ungewissheit der Schadensprognose ein gewisser Beurteilungsspielraum zu.[1232] Im unternehmerischen Verkehr braucht außerdem der Nachweis, der Schaden oder

---

1221 *S. Geiger/Balland*, REE 2019, 53, 55.

1222 *J. Held/Koch*, ER 2019, 18, 21.

1223 *J. Held/Koch*, ER 2019, 18, 21.

1224 *J. Held/Koch*, ER 2019, 18, 21.

1225 *J. Held/Koch*, ER 2019, 18, 21.

1226 *J. Held/Koch*, ER 2019, 18, 21.

1227 *J. Held/Koch*, ER 2019, 18, 21.

1228 Siehe Teil 2, D. IV. 2.

1229 Vgl. BGH, NJW-RR 2002, 1027, 1029; differenzierter Wolf/Lindacher/Pfeiffer/*Dammann*, § 309 Nr. 5 BGB, Rn. 141 ff.

1230 BeckOGK/*Kähler*, § 307 BGB Schadenspauschalierungsklausel, Rn. 20.

1231 BeckOGK/*Kähler*, § 307 BGB Schadenspauschalierungsklausel, Rn. 66 f.

1232 BeckOGK/*Kähler*, § 307 BGB Schadenspauschalierungsklausel, Rn. 13.

eine Wertminderung sei überhaupt nicht entstanden oder wesentlich geringer, zwar nicht gem. § 309 Nr. 5 lit. b BGB ausdrücklich gestattet zu werden, die Klausel darf diesen Gegenbeweis aber nicht ausschließen.[1233] Dem Abnehmer muss die Möglichkeit gewährt werden, einen geringeren Schaden (z. B. durch die etwaige anderweitige Veräußerung des Vertragsgegenstands) als die vorgesehene Kompensationszahlung nachzuweisen.[1234] Außerdem muss die Schadenspauschalierung ausreichend transparent i. S. d. § 307 Abs. 1 S. 2 BGB sein.[1235]

Für Vertragsstrafenklauseln gilt im unternehmerischen Verkehr § 309 Nr. 6 BGB wegen der dort zu beachtenden Besonderheiten nicht und hat auch keine Indizwirkung.[1236] Allerdings können die Argumente zu Vertragsstrafen im Rahmen der Prüfung der Klausel anhand von § 307 BGB eine Rolle spielen.[1237] Im unternehmerischen Verkehr kann eine Vertragsstrafe unentbehrlich sein, um die Vertragsausführung sicherzustellen, darf aber – wie zuvor im Rahmen des § 309 Nr. 5 BGB – nicht außer Verhältnis zum drohenden Schaden stehen.[1238] Während die Schadenspauschalierung vorwiegend der einfacheren Durchsetzung eines als bestehend vorausgesetzten Schadensersatzanspruches dient, ist vordergründiges Ziel der Vertragsstrafe, Druck auf den Vertragspartner auszuüben, sich vertragstreu zu verhalten.[1239] Eine Unangemessenheit der Vertragsstrafenklausel kann sich z. B. aus der Höhe der Sanktion ergeben, wenn die Sanktion außer Verhältnis zum Gewicht des Vertragsverstoßes und seinen Folgen für den Vertragsstrafenschuldner steht.[1240] Zu berücksichtigen sind aber jeweils im Einzelfall verschiedenste Faktoren, wie z. B. das Gewicht der Pflichtverletzung, die tatsächliche Schadenshöhe beim Gläubiger oder Gewinne auf Seiten des Schuldners.[1241] Insofern ist die pauschale Vereinbarung einer Vertragsstrafe für alle in Betracht kommenden Vertragsverletzungen i. d. R. unwirksam.[1242] Zu beachten ist außerdem, dass vom Verschuldenserfordernis (entsprechend der gesetzlich vorgesehenen Regelung) nur in Ausnahmefällen abgesehen werden kann, wenn „gewichtige Interessen" dies rechtfertigen.[1243] Vertragsstrafenklauseln müssen außerdem transparent und bestimmt genug i. S. d. § 307 Abs. 1 S. 2 BGB sein.[1244]

Die Parteien werden für das PPA außerdem regelmäßig Haftungsfreistellungen für ungeplante Erzeugungsunterbrechungen vorsehen, die aufgrund von höherer Gewalt („Force Majeure") auftreten.[1245] Der Begriff umfasst dabei nach Ansicht der Rechtsprechung ein „betriebsfremdes, von außen durch elementare Naturkräfte oder durch Handlungen dritter Personen herbeigeführtes Ereignis, das nach menschlicher Einsicht und Erfahrung unvor-

1233 BGH, NJW-RR 2003, 1056, 1059.

1234 *Buchwitz/Schütt*, ZVertriebsR 2022, 90, 101.

1235 BeckOGK/*Kähler*, § 307 BGB Schadenspauschalierungsklausel, Rn. 25 ff.

1236 BGH, NJW 2003, 2158, 2161.

1237 MüKoBGB/*Wurmnest*, § 309 Nr. 6 BGB, Rn. 19.

1238 BeckOGK/*Kähler*, § 307 BGB Vertragsstrafeklausel, Rn. 1.

1239 Statt vieler BGH, NJW-RR 1988, 39, 41.

1240 Statt vieler BGH, NJW 2016, 1230, Rn. 34.

1241 Vgl. BeckOGK/*Kähler*, § 307 BGB Vertragsstrafeklausel, Rn. 141 ff.

1242 Vgl. statt vieler BGH, NJW 2017, 3145, 3146, Rn. 15.

1243 BGH, NJW 2013, 2111, 2113, Rn. 23.

1244 BeckOGK/*Kähler*, § 307 BGB Vertragsstrafeklausel, Rn. 91 ff.

1245 *Wiederholt/Ludwig*, EnWZ 2019, 110, 112.

hersehbar ist, mit wirtschaftlich erträglichen Mitteln auch durch äußerste, nach der Sachlage vernünftigerweise zu erwartende Sorgfalt nicht verhütet oder unschädlich gemacht werden kann und auch nicht wegen seiner Häufigkeit vom Betriebsunternehmen in Kauf zu nehmen ist."[1246] Dabei können bestimmte Ereignisse, die nicht unter diese Definition fallen, mit dem Eintritt höherer Gewalt gleichgesetzt werden, z. B. durch den Zusatz „und Ähnliches".[1247] Genauere Definitionen und erläuternde Beispiele können zu einem besseren Verständnis führen, was von der Freistellung erfasst werden soll und was nicht.[1248] Typischerweise erfasst werden sollten schwerwiegende Naturereignisse (Erdbeben, Überschwemmungen etc.), Terroranschläge oder Krieg, wenn sie zu einer Unterproduktion oder gar zu einem vollständigen Versagen der Anlage führen.[1249] Hinsichtlich Netzstörungen wird eine Freistellung entsprechend § 6 Abs. 3 StromGVV empfohlen, die den Verkäufer von seiner Leistungspflicht befreit, soweit die Unterbrechung nicht auf unberechtigte Maßnahmen des Verkäufers zurückzuführen ist.[1250] Im Gegenzug treffen den Verkäufer gem. § 6 Abs. 3 S. 3 StromGVV Auskunftspflichten zu den Umständen der Netzstörung.

Besondere Bedeutung für die AGB-rechtliche Kontrolle der Klauseln zu höherer Gewalt hat das Transparenzgebot gem. § 307 Abs. 1 S. 2 BGB.[1251] Im unternehmerischen Verkehr kommt weder § 308 Nr. 3 BGB[1252] noch § 308 Nr. 8 BGB[1253] Indizwirkung im Rahmen des § 307 BGB zu. Das Recht zur Loslösung von den Leistungspflichten, wie es in § 308 Nr. 3 BGB beschrieben ist, ist im unternehmerischen Verkehr einerseits eher sachlich gerechtfertigt, andererseits sind geringere Bestimmtheitsanforderungen zu stellen als gegenüber Verbrauchern.[1254] Zu beachten ist aber, dass die Klauseln zu höherer Gewalt nicht dazu dienen sollten, den von den Parteien festgelegten und in § 276 Abs. 1 BGB festgehaltenen Grundsatz der Verschuldenshaftung abzuändern, weil darin eine unangemessene Benachteiligung i. S. d. § 307 BGB liegen könnte.[1255] Vielmehr geht es gerade um ein von den Parteien nicht beeinflussbares „betriebsfremdes, von außen […] herbeigeführtes Ereignis."[1256]

2. Haftung für Einspeisemanagement

Gem. § 13 EnWG haben die Übertragungsnetzbetreiber die Verantwortung für die Sicherheit und Zuverlässigkeit des Elektrizitätsversorgungssystems in ihrer Regelzone. Um diese Sicherheit und Zuverlässigkeit zu gewährleisten, stehen ihnen verschiedene Maßnahmen zur Verfügung, die im Maßnahmenkatalog gem. § 13 Abs. 1 S. 1 Nr. 1 bis 3 EnWG

1246 BGH, NJW-RR 2008, 335, 336, Rn. 14.

1247 *Schöne/Garbers*, in: Vertragsrecht und AGB-Klauselwerke, Stromlieferverträge, Rn. 476.

1248 *Kerf* et al., Concessions for infrastructure, S. 112 f.; *Wiederholt/Ludwig*, EnWZ 2019, 110, 112; mit Verweis auf *Lettl*, JuS 2001, 347, 350.

1249 *Wiederholt/Ludwig*, EnWZ 2019, 110, 112; mit Verweis auf *Kerf* et al., Concessions for infrastructure, S. 113.

1250 Siehe Teil 2, F. II.

1251 Vgl. *Thüsing*, in: Vertragsrecht und AGB-Klauselwerke, Höhere Gewalt, Rn. 3.

1252 BeckOGK/*Weiler*, § 308 Nr. 3 BGB, Rn. 167.

1253 BeckOGK/*Weiler*, § 308 Nr. 8 BGB, Rn. 51.

1254 BeckOGK/*Weiler*, § 308 Nr. 3 BGB, Rn. 167.

1255 *Thüsing*, in: Vertragsrecht und AGB-Klauselwerke, Höhere Gewalt, Rn. 3.

1256 BGH, NJW-RR 2008, 335, 336, Rn. 14.

gelistet sind.[1257] Zu diesen Maßnahmen gehört nach § 13 Abs. 1 S. 1 Nr. 2 EnWG auch die Anpassung der Erzeugung von ans Stromnetz angebundenen Erzeugungs- und Speicheranlagen gem. § 13a Abs. 1 EnWG (sog. *Redispatch-Maßnahme*). Diese Maßnahmen haben Auswirkungen auf das PPA, da zwar Strom erzeugt werden könnte, aber aus Gründen der Netzsicherheit nicht erzeugt werden darf. Insofern sind Vereinbarungen zu treffen, wie mit derartigen „netzsicherheitsbedingten Leistungsreduzierungen" umzugehen ist.[1258]

Auch EE-Anlagen i. S. d. § 3 Nr. 1 EEG 2023 werden grds. vom Maßnahmenkatalog gem. § 13 Abs. 1 S. 1 Nr. 1 bis 3 EnWG erfasst. Hier ist gem. § 13 Abs. 1a EnWG aber der Einspeisevorrang der Erneuerbaren gem. § 13 Abs. 1 und 3 EEG 2023, der auch für PPAs gilt, zu berücksichtigen. Da im Rahmen der Auswahlentscheidung für die Vornahme einer Redispatch-Maßnahme gem. § 13 Abs. 1 S. 2 EnWG immer die Anlage ausgewählt werden muss, die die geringsten Kosten verursacht, werden die Kosten für Maßnahmen in EE-Anlagen durch eine kalkulatorische Berechnung nach § 13 Abs. 2 EnWG grds. so verteuert, dass zunächst konventionelle Anlagen von den Redispatch-Maßnahmen betroffen sind.[1259] Nur ausnahmsweise, nämlich wenn „ein Vielfaches an Reduzierung von nicht vorrangberechtigter Erzeugung ersetzt werden kann," soll eine Reduzierung der Wirkleistungserzeugung von EE-Anlagen in Betracht kommen. § 13a Abs. 1 EnWG begrenzt den Anwendungsbereich der Redispatch-Maßnahmen auf Anlagen mit einer Nennleistung ab 100 kW sowie alle Anlagen, die durch einen Netzbetreiber jederzeit fernsteuerbar sind. Jederzeit fernsteuerbar sind wiederum auch EE- und KWK-Anlagen nach Maßgabe des § 9 EEG 2023.[1260] Grds. werden aber alle Erzeugungsanlagen unabhängig von der Erzeugungstechnologie vom Redispatch erfasst.[1261]

Die Redispatch-Maßnahme wird gem. § 13a Abs. 1a EnWG bilanziell für den Bilanzkreisverantwortlichen vom Übertragungsnetzbetreiber ausgeglichen. Der Bilanzkreisverantwortliche kann von den Parteien bestimmt werden, es ist also nicht notwendigerweise eine Partei des PPAs, sondern ggf. auch ein dafür eingeschalteter Dritter. Im Falle einer Abregelung der Erzeugungsanlage (negativer Redispatch) werden die Strommengen, die nicht erzeugt werden konnten und daher im Bilanzkreis der Einspeisestelle fehlen, durch den Übertragungsnetzbetreiber bilanziell „aufgefüllt", im Falle einer Hochregelung der Erzeugungsanlage (positiver Redispatch) werden die überschüssigen Strommengen durch den Übertragungsnetzbetreiber bilanziell abgenommen.[1262] Sofern im Falle des negativen Redispatchs zusätzliche Strommengen zur Verfügung gestellt werden, können damit die Handelsgeschäfte bilanziell erfüllt werden.[1263] Für die Parteien des PPAs ergibt sich daher durch eine negative Redispatch-Maßnahme nicht zwingend ein Schaden. Die zu liefernde Strommenge kann wie üblich in den Bilanzkreis des Abnehmers geliefert werden. Daher

---

1257 Siehe Teil 1, D. IV. 4. b).

1258 Dena, Vertragswesen von Green Power Purchase Agreements, S. 28 f.; *S. Geiger/Balland*, REE 2019, 53, 55 ff.

1259 BT-Drs. 19/7375, 53.

1260 BeckOK EnWG/*Assmann*, § 13a EnWG, Rn. 8.

1261 BeckOK EnWG/*Assmann*, § 13a EnWG, Rn. 10; Kment/*Tüngler*, § 13a EnWG, Rn. 9; Bourwieg/Hellermann/Hermes/*Sötebier*, § 13a EnWG, Rn. 18.

1262 BeckOK EnWG/*Assmann*, § 13a EnWG, Rn. 46; Kment/*Tüngler*, § 13a EnWG, Rn. 21; Bourwieg/Hellermann/Hermes/*Sötebier*, § 13a EnWG, Rn. 54 f.

1263 BeckOK EnWG/*Assmann*, § 13a EnWG, Rn. 81.

ist der bilanzielle Ausgleich auch auf den finanziellen Ausgleich anzurechnen (vgl. § 14 Abs. 2 S. 2 EnWG). Finanziell hat nur der Anlagenbetreiber, nicht aber der Bilanzkreisverantwortliche, einen Erstattungsanspruch gegen den Übertragungsnetzbetreiber, der die in § 13a Abs. 2 bis 4 EnWG aufgeführten Kostenbestandteile umfasst und den Anlagenbetreiber weder besser noch schlechter stellt, als er ohne die Redispatch-Maßnahme stehen würde. Ist der Anlagenbetreiber nicht auch der Bilanzkreisverantwortliche, muss bei Bedarf ein finanzieller Ausgleich zwischen dem Anlagenbetreiber und dem Bilanzkreisverantwortlichen vertraglich geregelt werden.

Zu berücksichtigen ist außerdem, dass zwar ein Ausgleich der Strommengen vorgenommen wird, nicht aber der Herkunfts- und Regionalnachweise.[1264] Insofern ist eine vertragliche Regelung notwendig, wie mit einem solchen „Lieferausfall" umzugehen ist.[1265]

3. Haftung für Inbetriebnahmeverzögerungen

Grds. ist auf die Ausführungen zur Festlegung des Vertragsbeginns zu verweisen, da damit die Haftung für Inbetriebnahmeverzögerungen im Wesentlichen festgelegt wird.[1266] Die Festlegung des Lieferbeginns betrifft insb. den Beginn der Liefer- und Abnahmeverpflichtung. Ergänzend sollten neben dem erläuterten, ausdifferenzierten Fristensystem Regelungen zu Verzögerungen bei den behördlichen Genehmigungen und Instandhaltungspflichten des Anlagenbetreibers festgelegt werden. Verzögerungen beim Erhalt behördlicher Genehmigungen oder die endgültige Verweigerung der Genehmigung werden regelmäßig Risiko des Anlagenbetreibers sein, können aber auf den Abnehmer übertragen werden.[1267] Die Wartungs- und Instandhaltungspflichten können schon vor Inbetriebnahme z. B. für bereits errichtete Anlagenteile gelten und so erst zu einer rechtzeitigen Inbetriebnahme führen. Wie bereits zuvor erläutert, können die mit diesen Pflichten des Anlagenbetreibers verbundenen Risiken durch Wartungsverträge an Dritte ausgelagert werden.

Ob eine Inbetriebnahmeverzögerung gar zu einer Vertragskündigung führen kann, ist im Einzelfall zu beurteilen.[1268] Das OLG Hamm entschied jedenfalls, dass wegen des nur nachrangig zur Vertragsanpassung in Betracht kommenden Kündigungsrechts gem. § 313 Abs. 3 S. 2 BGB bei Störung der Geschäftsgrundlage sogar eine ungewöhnlich lange Verzögerung der Inbetriebnahme die Kündigung eines langfristig angelegten PPAs nicht zu rechtfertigen vermag.[1269]

4. Schadenspauschalierungs- bzw. Vertragsstrafenklauseln

Schadenspauschalierungs- bzw. Vertragsstrafenklauseln wurden bereits ausreichend erläutert. Sie können nicht nur für Verstöße gegen die im Rahmen der Haftung für Erzeu-

1264 Dena, Vertragswesen von Green Power Purchase Agreements, S. 29.

1265 Vgl. dena, Vertragswesen von Green Power Purchase Agreements, S. 29.

1266 Siehe Teil 2, B. 5.

1267 Dena, Vertragswesen von Green Power Purchase Agreements, S. 29.

1268 Siehe zur Vertragsbeendigung Teil 2, F. III.

1269 Vgl. OLG Hamm, BeckRS 2019, 13412, Rn. 90.

gungsunterbrechungen vorgesehenen Mitteilungs- und Informationspflichten bzw. -fristen vereinbart werden, sondern für alle möglichen Pflichtverletzungen. Ihre rechtlichen Grenzen gelten daher auch für alle Arten von Schadenspauschalierungs- bzw. Vertragsstrafenklauseln im unternehmerischen Verkehr und damit immer, wenn sie in PPAs vorgesehen sind.

5. Haftungsbegrenzung und -freistellungen

Rechtliche Grenzen aus dem AGB-Recht existieren auch für Haftungsbegrenzungen und -freistellungen. Derartige Vereinbarungen werden in PPAs vorgesehen für Störungen der Leistungspflichten, die ihren Ursprung außerhalb der Risikosphären der Parteien haben.[1270] Dazu gehören typischerweise Haftungsbegrenzungen und -freistellungen für Leistungsstörungen aufgrund von höherer Gewalt, Netz- und Infrastrukturstörungen sowie Störungen die schuldhaft von Dritten verursacht werden.[1271]

Sofern es sich um AGB und nicht um eine Individualvereinbarung handelt, sind die allgemeinen AGB-rechtlichen Vorgaben wie der Grundsatz der „kundenfeindlichsten Auslegung" gem. § 305c Abs. 2 BGB und das Transparenzgebot gem. § 307 Abs. 1 S. 2 BGB zu berücksichtigen. Letzterem kommt im Bereich der Haftungsbegrenzungen und -freistellungen besondere Bedeutung zu.[1272] So ist z. B. eine Haftungsbegrenzung für die Verletzung einer im Vertrag als „Kardinalpflicht" bezeichneten Pflicht zu intransparent, weil dem Laien auch im unternehmerischen Verkehr die Unterscheidung zwischen Kardinalpflichten und sonstigen Pflichten nicht eindeutig möglich ist.[1273] Vielmehr muss die Haftungsfreistellung bzw. -begrenzung systematisch an richtiger Stelle stehen, es muss klar sein für welche Pflichten sie gelten soll und wie entsprechend das Risiko zum Nachteil der Gegenpartei verlagert wird.[1274]

Inhaltlich sind diese Klauseln im unternehmerischen Verkehr anhand der Angemessenheitsgrenzen des § 307 BGB zu messen. Dabei können mehrere Klauselverbote nach den §§ 308, 309 BGB auch für den unternehmerischen Verkehr Indizwirkung haben. So wiegt die schuldhafte Verletzung von Leben, Körper und Gesundheit gem. § 309 Nr. 7 lit. a BGB so schwer, dass eine Freizeichnung gegenüber von Unternehmern wie Verbrauchern als unangemessen anzusehen ist.[1275] Auch der vollständige Ausschluss der Haftung für Vorsatz und grobe Fahrlässigkeit gem. § 309 Nr. 7 lit. b BGB führt zur Unwirksamkeit der Freistellungsklausel. Denn „ein Unternehmer darf ebenso wie ein Verbraucher darauf vertrauen, dass sein Vertragspartner ihn nicht grob fahrlässig oder gar vorsätzlich schädigt."[1276] Darüber hinaus ist zu berücksichtigen, dass gem. § 307 Abs. 2 Nr. 2 BGB der Vertragszweck

1270 Dena, Vertragswesen von Green Power Purchase Agreements, S. 30.

1271 Dena, Vertragswesen von Green Power Purchase Agreements, S. 30.

1272 Vgl. *Westphalen*, in: Vertragsrecht und AGB-Klauselwerke, Freizeichnungs- und Haftungsbegrenzungsklauseln, Rn. 3.

1273 BGH, NJW-RR 2005, 1496, 1505.

1274 *Westphalen*, in: Vertragsrecht und AGB-Klauselwerke, Freizeichnungs- und Haftungsbegrenzungsklauseln, Rn. 4.

1275 Statt vieler BGH, NJW 2007, 3774, 3775, Rn. 14.

1276 Statt vieler BGH, NJW 2007, 3774, 3775, Rn. 15.

durch die Haftungsbegrenzung bzw. -freistellung nicht gefährdet werden darf. D.h. die Haftungsregelung darf nicht dazu führen, dass „der Verwender von Verpflichtungen befreit wird, deren Erfüllung die ordnungsgemäße Durchführung des Vertrags überhaupt erst ermöglicht und auf deren Einhaltung der Vertragspartner regelmäßig vertraut und vertrauen darf.“[1277] Das Äquivalenzverhältnis von Leistung und Gegenleistung darf durch eine solche Klausel nicht zulasten des Kunden verschoben werden.[1278] Auch insofern findet keine Unterscheidung zwischen Unternehmern und Verbrauchern statt.[1279] Das wird für PPAs regelmäßig bedeuten, dass eine Haftung wegen der Verletzung der Pflicht des Verkäufers zur Lieferung der Strommenge, bzw. der Pflichten des Käufers zur Vergütung und Abnahme nicht vollständig ausgeschlossen werden und nur begrenzt werden kann, wenn der Vertragszweck dadurch nicht gefährdet wird.[1280] Insb. diese Konstellationen sind bei der Ausgestaltung der Haftungsregelungen zu berücksichtigen. Sofern Haftungsbeschränkungen bzw. -freistellungen im Vertrag vorgesehen sind, sollten die genannten Konstellationen von den Haftungsbeschränkungen bzw. -freistellungen jeweils explizit ausgenommen werden, um die Unwirksamkeit der Klauseln zu vermeiden.[1281]

II. Sicherheiten

Wie gesehen, soll das PPA eine Projektfinanzierung primär mit Blick auf die Aktiva der Projektgesellschaft, insb. der Cashflows des Projekts, ermöglichen. In der Praxis ist es jedoch insb. wegen der Anforderungen der Banken schwierig, eine Finanzierung allein durch den Cashflow abzusichern, nur ergänzt durch den Wert der Projektanlagen.[1282] Daher wird regelmäßig keine vollständige Haftungsbeschränkung der Sponsoren vorgesehen sein, sondern eine *limited-recourse*-Finanzierung durchgeführt, die einen begrenzten Rückgriff entweder direkt auf das Vermögen der Sponsoren oder indirekt über von diesen gestellte Sicherheiten ermöglicht.[1283] Für den Cashflow aus dem PPA ist allerdings die Kreditwürdigkeit des Abnehmers entscheidend.[1284] Anders als bei einer staatlichen Förderung, bei der das Kontrahentenrisiko deutlich geringer ist, da der Staat als Vertragspartei nahezu kein Ausfallrisiko birgt, kann es bei PPAs zu einer Verschlechterung der Zah-

---

1277 Statt vieler BGH, NJW 2001, 292, 302.

1278 *Westphalen*, in: Vertragsrecht und AGB-Klauselwerke, Freizeichnungs- und Haftungsbegrenzungsklauseln, Rn. 41.

1279 Statt vieler BGH, NJW 2007, 3774, 3775, Rn. 15.

1280 Dena, Vertragswesen von Green Power Purchase Agreements, S. 30.

1281 Dena, Vertragswesen von Green Power Purchase Agreements, S. 31.

1282 *Friese/Dickhoff*, in: Handbuch Finanzierung von Erneuerbare-Energien-Projekten, Grundlagen der Projektfinanzierung, 32.

1283 *Hinsch/Horn*, Das Vertragsrecht der internationalen Konsortialkredite und Projektfinanzierungen, S. 220; *Uekermann*, in: Projektfinanzierung, Technik der internationalen Projektfinanzierung, 19; *Uekermann*, Risikopolitik bei Projektfinanzierungen, S. 15.

1284 *Friese/Dickhoff*, in: Handbuch Finanzierung von Erneuerbare-Energien-Projekten, Grundlagen der Projektfinanzierung, 38.

lungsfähigkeit des Abnehmers kommen.[1285] Der Abnehmer hat in einem PPA daher eine entscheidende Rolle.[1286]

Damit der Cashflow aus dem PPA den Banken überhaupt als Sicherheit dienen kann, sollte der Abnehmer seine Zustimmung zu einer sicherungsweisen Abtretung der Zahlungsansprüche an die Bank erklären.[1287] Im Hinblick auf diese Zahlungsansprüche gebietet sich zudem eine interessengerechte Risikoverteilung durch die entsprechende Ausgestaltung der wesentlichen Vertragsklauseln Laufzeit, Menge und Preis. Von dieser Gestaltung hängt die Sicherheit des Cashflows entscheidend ab.

Daneben werden die Banken entweder vom Verkäufer, bzw. den Sponsoren, oder vom Abnehmer selbst Sicherheiten für den Fall verlangen, dass sich die Kreditwürdigkeit des Abnehmers verschlechtert.[1288] Als Sicherheiten des Abnehmers kommen Bürgschaften, Garantien oder Patronatserklärungen in Betracht.[1289] Bürgschaft und Garantie können auch von einer Muttergesellschaft des Abnehmers gestellt werden.[1290] Die Kommission macht in diesem Zusammenhang Vorschläge zur Verbesserung der Bedingungen für solche Sicherheiten in den „Leitlinien für die Mitgliedstaaten zur Förderung von Verträgen über den Bezug erneuerbarer Energie."[1291] Danach sollen die Risiken eines PPAs durch Kreditgarantien oder Versicherungen, die aus öffentlichen Mitteln finanziert werden und im Einklang mit dem Beihilferecht stehen, gemindert werden.[1292] Zudem sollen nationale Förderbanken und -institute bestärkt werden, „Schuldtitel für groß angelegte Projekte im Bereich der erneuerbaren Energien, einschließlich Offshore-Windenergie, auf Märkten anzubieten, auf denen es angesichts der Größe der Anlagen und der Baudauer schwierig ist, vor finanziellen Investitionsentscheidungen ein ausreichendes Volumen von Verträgen über den Bezug erneuerbarer Energie zu schließen."[1293] In dem geplanten Artikel 19a „Power purchase agreements" der Elektrizitätsbinnenmarktverordnung ist dafür ausdrücklich bestimmt, dass durch die Gewährleistung der Verfügbarkeit marktbasierter Garantien durch die Mitgliedstaaten dem Ausfallrisiko des Abnehmers begegnet werden soll.[1294]

1285 Vgl. dena, Finanzierung von Erneuerbare-Energien-Anlagen über Power Purchase Agreements, S. 7.

1286 Vgl. bereits Teil 2, A. I.

1287 *Wiederholt/Ludwig*, EnWZ 2019, 110, 114.

1288 *C. Schneider/Lüdecke*, IR 2019, 50, 52.

1289 *Wiederholt/Ludwig*, EnWZ 2019, 110, 114; mit Verweis insb. auf *Schöne*, in: Vertragshandbuch Stromwirtschaft, Kap. 4.C, Rn. 322 ff.

1290 Vgl. dena, Finanzierung von Erneuerbare-Energien-Anlagen über Power Purchase Agreements, S. 21.

1291 Kommission, Arbeitsunterlage der Kommissionsdienststellen v. 18. 5. 2022 – SWD(2022) 149 final, 41 ff.

1292 Kommission, Arbeitsunterlage der Kommissionsdienststellen v. 18. 5. 2022 – SWD(2022) 149 final, 49.

1293 Kommission, Arbeitsunterlage der Kommissionsdienststellen v. 18. 5. 2022 – SWD(2022) 149 final, 49.

1294 Proposal for a Regulation of the European Parliament and of the Council amending Regulations (EU) 2019/943 and (EU) 2019/942 as well as Directives (EU) 2018/2001 and (EU) 2019/944 to improve the Union's electricity market design v. 14. 3. 2023, 36: „Die Mitgliedstaaten stellen sicher, dass Instrumente wie Garantieregelungen zu Marktpreisen, die die finanziellen Risiken im Zusammenhang mit Zahlungsausfällen von Abnehmern im Rahmen der Strombezugsverträge verringern sollen, vorhanden […] und […] für Kunden zugänglich sind".

Neben dem Cashflow kann die Projektgesellschaft als Sicherheiten die Anlagen und Grundstücke des Projekts verwerten, wobei im Einzelfall zu klären ist, ob überhaupt ein entsprechender Zweitmarkt für die Anlagen besteht.[1295] Insb. weil dieser Teil der Haftungsmasse schwer verwertbar sein kann, sollten bei einem Ausfall des Cashflows bestenfalls alle Beteiligten auf die Fortführung des Projekts drängen und ggf. sogar finanzielle Opfer in Kauf nehmen.[1296] Daher wird für den Fall, dass der Anlagenbetreiber nicht mehr in der Lage ist, das Projekt fortzuführen oder den Kredit zu bedienen, i. d. R. ein sog. Direktvertrag (engl., *direct agreement*) vereinbart, der dem Finanzierer ermöglicht, anstelle des Anlagenbetreibers in das PPA einzutreten und dieses fortzuführen.[1297] Das *direct agreement* verlangt allerdings aus Bankensicht auch, dass die Kündigungsmöglichkeiten des Abnehmers so ausgestaltet sind, dass für die Banken die Möglichkeit besteht, vom Anlagenbetreiber verursachte Kündigungsrechte des Abnehmers nach Übernahme des PPAs zu heilen.[1298] Sonst könnte die Fortführung des PPAs durch den Finanzierer durch eine Kündigung des Abnehmers verhindert werden.

Weitere Sicherungsmöglichkeiten gegen das Risiko des Ausfalls der Gegenpartei etwa durch eine Kombination von PPAs mit der EEG-Vergütung, ein Abnehmer-Pooling, die sog. Drittverkaufsoptionen (engl., *third party sales*) sowie die Begrenzung der Vertragslaufzeit i. V. m. einer rollierenden Verlängerung des PPAs wurden bereits erläutert.[1299]

Hinzuzufügen ist, dass nicht nur ein Pooling der Abnehmer möglich ist, sondern auch ein Pooling der Projekte bzw. der Verkäufer. Werden mehrere Projekte miteinander verbunden (*Projektpooling*), kann das Risiko des Ausfalls von Anlagen gemindert werden.[1300] Auf diese Weise lässt sich etwa das Risiko von wetterbedingten Ausfällen mindern.[1301] Zudem können Verluste aus einem Projekt durch die verbleibenden Gewinne aus anderen Projekten ausgeglichen werden.[1302] Weitere Möglichkeiten des Abnehmers zur Risikoabsicherung bieten z. B. Versicherungen, Belieferungs-Reallasten, Erfüllungsbürgschaften sowie Vorkaufsrechte und Sicherungsübereignungen an der Anlage.[1303] Damit lässt sich z. B. das Risiko von Lieferunterbrechungen mindern, die für ein produzierendes Unternehmen ein weitreichendes, wirtschaftliches Risiko darstellen können.[1304]

1295 *Friese/Dickhoff*, in: Handbuch Finanzierung von Erneuerbare-Energien-Projekten, Grundlagen der Projektfinanzierung, 32.

1296 *J. Böttcher*, in: Rechtliche Rahmenbedingungen für EE-Projekte, Projektfinanzierung von Vorhaben im Bereich Erneuerbare Energien, 20.

1297 *C. Schneider/Lüdecke*, IR 2019, 50, 52; ausführlich zur Thematik der Direktverträge *Sester*, ZBB 2004, 283; *Minuth/Stiller*, NZBau 2009, 574.

1298 *C. Schneider/Lüdecke*, IR 2019, 50, 52.

1299 Siehe Teil 2, A.

1300 *Pohl*, ZfRV 2010, 92, 95.

1301 Energy Brainpool, Power Purchase Agreements II: Marktanalyse, Bepreisung und Hedgingstrategien, S. 12.

1302 *Pohl*, ZfRV 2010, 92, 96.

1303 *J. Held/Koch*, ER 2019, 18, 24; dena, Vertragswesen von Green Power Purchase Agreements, S. 31.

1304 Dena, Vertragswesen von Green Power Purchase Agreements, S. 31.

III. Beendigung und Abschlusszahlungen

Die Vertragsbeendigung muss vor dem Hintergrund der Cashflow-Sicherung eingeschränkt sein.[1305] Weitreichende Lösungsrechte würden ein erhebliches Risiko für Anlagenbetreiber und Banken darstellen, das eine Finanzierung regelmäßig unmöglich machen würde.[1306] Eine Vertragsbeendigung sollte daher nur als „ultima ratio“ in Betracht kommen.[1307]

1. Kündigung

Die Möglichkeit zur ordentlichen Kündigung ist unmittelbar mit der Festlegung der Vertragslaufzeit verknüpft. Durch den Ausschluss des Rechts zur ordentlichen Kündigung wird eine (z. B. unbegrenzte) Vertragslaufzeit bestimmt.[1308] Daher ist der Ausschluss des Rechts zur ordentlichen Kündigung an den bereits erläuterten Schranken der Vertragslaufzeit zu messen.[1309] In PPAs ist das Recht zur ordentlichen Kündigung immer ausgeschlossen. Sofern nämlich umgekehrt eine Vertragslaufzeit festgelegt wird, beinhaltet dies inzident einen Ausschluss des Rechts zur ordentlichen Kündigung.[1310] Die außerordentliche Kündigung wird hingegen durch die Vereinbarung einer bestimmten Vertragslaufzeit nicht ausgeschlossen. Der Ausschluss des Rechts zur ordentlichen Kündigung macht es mithin nicht erforderlich, einen ausdrücklichen Hinweis auf die Möglichkeit zur außerordentlichen Kündigung aufzunehmen, da insofern keine Notwendigkeit besteht das vorhandene Recht in den Vertragsbestimmungen ausdrücklich aufzuführen.[1311] In jedem Dauerschuldverhältnis besteht unabhängig von der Vertragslaufzeit gem. § 314 BGB für beide Parteien das Recht zur außerordentlichen Kündigung aus wichtigem Grund.[1312] Wie bereits erläutert kann ein Energieliefervertrag wie ein PPA sowohl als ein Dauerschuldverhältnis als auch als ein Sukzessivlieferungsvertrag ausgestaltet sein. Maßgeblich ist jeweils auch, ob der Umfang der vertraglichen Hauptleistung schon bei Vertragsschluss bestimmt ist oder erst über die Dauer der Vertragslaufzeit bestimmbar wird. Sofern im PPA also eine „offene“ Lieferung vereinbart ist, wie z. B. bei Vollversorgung oder bei Lieferung wie produziert, handelt es sich um Dauerschuldverhältnisse, wenn hingegen eine Fahrplanlieferung vereinbart wurde, sodass die Liefermenge bei Vertragsschluss bestimmt ist, handelt es sich um einen „echten“ Sukzessivlieferungsvertrag.[1313] Unabhängig von der dogmatisch korrekten Einordnung wird auch bei PPAs hinsichtlich des Kündigungsrechts gem. § 314 BGB nicht differenziert und dessen Anwendbarkeit angenommen.[1314] Dieses Recht darf

1305 Dena, Vertragswesen von Green Power Purchase Agreements, S. 25.

1306 Dena, Vertragswesen von Green Power Purchase Agreements, S. 25.

1307 *C. Schneider/Lüdecke*, IR 2019, 50, 51.

1308 BeckOGK/*Zschieschack*, § 307 BGB Kündigungsklausel, Rn. 9.

1309 BeckOGK/*Zschieschack*, § 307 BGB Kündigungsklausel, Rn. 9.

1310 BeckOGK/*Zschieschack*, § 307 BGB Laufzeitklauseln, Rn. 13.

1311 BGH, NJW 1993, 1133, 1135.

1312 BGH, NJW 2012, 1431, 1432, Rn. 27.

1313 Vgl. *Behrens*, RdE 2014, 424.

1314 Vgl. dena, Vertragswesen von Green Power Purchase Agreements, S. 25; *Hilpert*, Rechtliche Bewertung von Power Purchase Agreements (PPAs) mit erneuerbaren Energien, S. 23; *Wiederholt/Ludwig*, EnWZ 2019, 110, 114.

durch AGB weder ausgeschlossen noch an zusätzliche Voraussetzungen geknüpft werden, die den Vertragspartner des Verwenders von der Ausübung des außerordentlichen Kündigungsrechts abhalten können.[1315] Anderenfalls läge eine unangemessene Benachteiligung gem. § 307 BGB vor. Da es sich bei dem Recht zur außerordentlichen Kündigung um einen wesentlichen Grundgedanken der in § 314 BGB festgelegten gesetzlichen Regelung handelt, verstieße der Ausschluss gegen § 307 Abs. 2 Nr. 1 BGB.[1316] Auch durch eine individualvertragliche Vereinbarung kann nicht auf das Kündigungsrecht gem. § 314 BGB verzichtet werden.[1317] Es handelt sich bei § 314 BGB also im Kern um zwingendes Recht.[1318] Es kann aber „unter besonderen Verhältnissen gerechtfertigt sein, eine außerordentliche Kündigung für eine begrenzte Zeit und aus einem bestimmten Grunde auszuschließen."[1319]

Im Übrigen ist z. B. eine Ausgestaltung des Kündigungsrechts möglich, die das Kündigungsrecht nicht unzumutbar einschränkt.[1320] Dabei sind Regelungen zur formellen und materiellen Ausgestaltung des Kündigungsrechts zu unterscheiden.[1321] Formal kann z. B. eine für die Kündigungserklärung erforderliche Schrift- bzw. Textform vereinbart werden.[1322] Denn § 309 Nr. 13 BGB erklärt gewisse Formvorschriften für AGB-rechtlich unzulässig, entfaltet im unternehmerischen Verkehr wegen der Geschäftserfahrung der Beteiligten aber keine Indizwirkung.[1323] Auch die Modalitäten der Abmahnung können konkretisiert werden, wobei zu beachten ist, dass § 314 Abs. 2 S. 3 BGB im Kern zwingend ist.[1324] Materiell können Regelungen getroffen werden, die die wichtigen, zur Kündigung berechtigenden Gründe beispielhaft konkretisieren.[1325] Das ist allerdings nur möglich, sofern der Kündigungsgegner nicht aufgrund struktureller Unterlegenheit besonders schutzbedürftig ist.[1326] Eine Konkretisierung der zur außerordentlichen Kündigung berechtigenden wichtigen Gründe kann sinnvoll sein, da es sich beim „wichtigen Grund" um einen wenig konturierten Begriff handelt.[1327] Ein wichtiger Grund liegt gem. § 314 Abs. 1 S. 2 BGB immer dann vor, wenn „dem kündigenden Teil unter Berücksichtigung aller Umstände des Einzelfalls und unter Abwägung der beiderseitigen Interessen die Fortsetzung des Vertragsverhältnisses bis zur vereinbarten Beendigung [...] nicht zugemutet werden kann." Regelmäßig wird der wichtige Grund seinen Ursprung in einer oder mehreren Pflichtverletzungen haben, die aus der Risikosphäre des Kündigungsgegners stammen.[1328] Ein Verschulden des Kündigungsgegners ist hingegen nicht notwendig, aber auch nicht

---

1315 Statt vieler BGH, NJW 2012, 1431, 1432, Rn. 27.

1316 BeckOGK/*Zschieschack*, § 307 BGB Kündigungsklausel, Rn. 15.

1317 BGH, NJW-RR 1059–1063, 1061, Rn. 28; MüKoBGB/*Gaier*, § 314 BGB, Rn. 7.

1318 BeckOK/*S. Lorenz*, § 314 BGB, Rn. 28.

1319 BGH, BeckRS 1973, 31125503.

1320 BeckOGK/*Martens*, § 314 BGB, Rn. 25.

1321 BeckOGK/*Martens*, § 314 BGB, Rn. 25.

1322 Vgl. MüKoBGB/*Gaier*, § 314 BGB, Rn. 8.

1323 BeckOGK/*Weiler*, § 309 Nr. 13 BGB, Rn. 64.

1324 BeckOGK/*Martens*, § 314 BGB, Rn. 25.

1325 BeckOGK/*Martens*, § 314 BGB, Rn. 25.

1326 NK-BGB/*Jung*, § 314 BGB, Rn. 67; jurisPK-BGB/*Weth*, § 314 BGB, Rn. 52; BeckOK/*S. Lorenz*, § 314 BGB, Rn. 28.

1327 Dena, Vertragswesen von Green Power Purchase Agreements, S. 25 f.

1328 BGH, NJW 2013, 2021, 2022, Rn. 17.

ausreichend für das Vorliegen eines wichtigen Grunds.[1329] Das Verschulden kann aber als ein relevanter Umstand unter Mehreren zu berücksichtigen sein.[1330] Mehrere Gründe, die jeweils allein noch keinen wichtigen Grund i. S. d. § 314 BGB darstellen, können zusammengenommen einen solchen wichtigen Grund bilden.[1331] Ein wichtiger Grund sollte danach im PPA vorgesehen werden z. B. für wiederholte oder andauernde Verstöße gegen vertragliche Hauptpflichten, d. h. Liefer-, Zahlungs- und Abnahmepflichten, bzw. bei grob fahrlässiger oder vorsätzlicher Verletzung dieser Pflichten.[1332] Wegen der Verletzung von Nebenpflichten, wie z. B. Mitteilungs- und Informationspflichten, sollte eine Kündigung hingegen nur in eng begrenzten Ausnahmefällen möglich sein, wenn diese besonderes Gewicht haben, wiederholt oder lang andauernd auftreten oder auf grob fahrlässiger oder vorsätzlicher Pflichtverletzung beruhen.[1333] Eine Kündigung sollte außerdem bei anhaltender Nichtverfügbarkeit der Anlage oder des Netzes oder bei der Eröffnung des Insolvenzverfahrens über das Vermögen einer Partei möglich sein.[1334] Bei einer Änderung der Markt- oder Rechtslage sollte kein Lösungsrecht vorgesehen werden, sondern vorrangig eine Vertragsanpassung angestrebt werden;[1335] denn hierbei handelt es sich um vertragstypische Risiken der Parteien, die diese mit Vertragsschluss übernehmen.[1336] Gleiches gilt für Fälle höherer Gewalt, für die schon vorrangige Haftungsregelungen vorgesehen sein sollten.[1337] Außerdem sollte der Vertrag nicht an das Bestehen von Verträgen des Abnehmers mit Dritten geknüpft werden, wie z. B. an den Abnahmevertrag eines Energieversorgers, der den Strom zum Weiterverkauf nutzt.[1338] Entsprechende Kündigungsrechte würden dem Finanzierungs- bzw. Preisabsicherungszweck des PPAs zuwider laufen.[1339]

Zu berücksichtigen sind bei der Kündigung aufgrund von Pflichtverletzungen die Vorgaben des § 314 Abs. 2 BGB, wonach vor der Kündigung eine zur Abhilfe bestimmte Frist abgelaufen oder eine erfolglose Abmahnung erklärt worden sein muss. Die Kündigung ist gem. § 314 Abs. 3 BGB außerdem nur im Rahmen einer angemessenen Frist nach Kenntniserlangung vom Kündigungsgrund möglich.

Schon de jure nachrangig zur Vertragsanpassung in Betracht kommt das Kündigungsrecht nach § 313 Abs. 3 S. 2 BGB bei Störung der Geschäftsgrundlage.[1340] Insb. vor dem Hintergrund dieser Nachrangigkeit entschied das OLG Hamm, dass sogar eine ungewöhn-

1329 Entwurf eines Gesetzes zur Modernisierung des Schuldrechts, BT-Drs. 14/6040, S. 178; BGH, DB 1972, 2054, 2055.

1330 NK-BGB/*Jung*, § 314 BGB, Rn. 33; BeckOGK/*Martens*, § 314 BGB, Rn. 28.

1331 NK-BGB/*Jung*, § 314 BGB, Rn. 33; BeckOGK/*Martens*, § 314 BGB, Rn. 28; jurisPK-BGB/*Weth*, § 314 BGB, Rn. 14.

1332 Dena, Vertragswesen von Green Power Purchase Agreements, S. 26; *C. Schneider/Lüdecke*, IR 2019, 50, 51.

1333 *S. Geiger/Balland*, REE 2019, 53, 57 f.

1334 *C. Schneider/Lüdecke*, IR 2019, 50, 51 f.

1335 *C. Schneider/Lüdecke*, IR 2019, 50, 52.

1336 Dena, Vertragswesen von Green Power Purchase Agreements, S. 26.

1337 *Wiederholt/Ludwig*, EnWZ 2019, 110, 114.

1338 *S. Geiger/Balland*, REE 2019, 53, 58.

1339 Vgl. dena, Vertragswesen von Green Power Purchase Agreements, S. 25.

1340 Zur Vertragsanpassung siehe Teil 2, F. IV.

lich lange Verzögerung der Inbetriebnahme die Kündigung eines langfristig angelegten PPAs nicht zu rechtfertigen vermag.[1341]

Im Falle der außerordentlichen Kündigung können Abschlusszahlungen durch die vertragsbrüchige Partei vorgesehen werden.[1342] Diese Abschlusszahlungen haben allerdings nur geringen Wert, sofern die Liquidität der zu Zahlung verpflichteten Parteien beeinträchtigt ist.[1343] Sie können aber insb. im Interesse des Anlagenbetreibers liegen, um die mit der Vertragsbeendigung für die Finanzierung verbundenen Nachteile auszugleichen.[1344] Die Berechnungsformel sollte bereits bei Vertragsbeginn festgelegt werden und sich an der verbleibenden Vertragslaufzeit, der Liefermenge, dem Vertragspreis und dem für die verbleibende Laufzeit prognostizierten Marktpreis orientieren.[1345] Der prognostizierte Marktpreis kann über die EEX-Forward-Preise oder mittels Preisprognosen ausgesuchter Broker ermittelt werden.[1346] Der bereits verschiedentlich erwähnte Verordnungsentwurf der Elektrizitätsbinnenmarktverordnung[1347] im Rahmen der „Reform des EU-Strommarktes“ verlangt, dass zukünftig in PPAs die Bedingungen festgelegt sein müssen, die Abnehmern und Erzeugern die Kündigung des PPAs ermöglichen, insb. auch etwaige Ausstiegsgebühren und Kündigungsfristen im Einklang mit dem Wettbewerbsrecht der Union.[1348]

2. Rücktritt

Anders als die Kündigung führt ein Rücktritt nicht zur Vertragsbeendigung für die Zukunft (ex nunc), sondern zur Rückabwicklung des gesamten Vertrags gem. §§ 346ff. BGB ex tunc.[1349] Allerdings lassen sich die allgemeinen Rücktrittsregelungen ebenso wie die kaufrechtlichen Bestimmungen nach § 437 BGB, auf die allgemeinen Regelungen zum Rücktrittsrecht in §§ 346 ff BGB verweisen, nicht problemlos auf die physikalische Lieferung von Strom anwenden.[1350] Die Rückabwicklung nach dem Rücktritt einer Partei ist unmöglich, da Strom im Moment der Erzeugung auch verbraucht wird.[1351] Für bereits in Vollzug gesetzte Dauerschuldverhältnisse gilt, dass die Funktionen des gesetzlichen Rücktrittsrechts wegen nicht oder nicht vertragsgemäß erbrachter Leistungen i. d. R. vom Kündigungsrecht gem. § 314 BGB übernommen werden.[1352] Bei einem Sukzessivlieferungsvertrag, bei dem der Rücktritt mangels Dauerschuldverhältnis die dogmatisch kor-

1341 Vgl. OLG Hamm, BeckRS 2019, 13412, Rn. 90, 97.

1342 *C. Schneider/Lüdecke*, IR 2019, 50, 52; *Kerf* et al., Concessions for infrastructure, S. 109f.

1343 *Kerf* et al., Concessions for infrastructure, S. 109.

1344 *Wiederholt/Ludwig*, EnWZ 2019, 110, 114.

1345 *C. Schneider/Lüdecke*, IR 2019, 50, 52.

1346 *C. Schneider/Lüdecke*, IR 2019, 50, 52, Fn. 8.

1347 Verordnung (EU) 2019/943 des Europäischen Parlaments und des Rates über den Elektrizitätsbinnenmarkt v. 5.6.2019, ABl. EU L 158/54.

1348 Proposal for a Regulation of the European Parliament and of the Council amending Regulations (EU) 2019/943 and (EU) 2019/942 as well as Directives (EU) 2018/2001 and (EU) 2019/944 to improve the Union's electricity market design v. 14.3.2023, 37.

1349 Vgl. MüKoBGB/*Gaier*, § 346 BGB, Rn. 21.

1350 MüKoBGB/*Westermann*, § 433 BGB, Rn. 11; Staudinger/*Beckmann*, § 453, Rn. 39.

1351 Vgl. *J. Held/Leiding*, ER 2019, 232, 236.

1352 MüKoBGB/*Gaier*, § 346 BGB, Rn. 21.

rekte Beendigungsmöglichkeit ist,[1353] kommt jedoch ebenfalls nur eine Rückabwicklung für die Zukunft in Betracht, sodass die Wirkung des Rücktritts einer Kündigung gleichkommt.[1354] Wie bereits gesehen, kann ein Energieliefervertrag wie ein PPA sowohl als ein Dauerschuldverhältnis, als auch als ein Sukzessivlieferungsvertrag ausgestaltet sein, sodass jedenfalls dogmatisch eine derartige Differenzierung geboten wäre. Die Regelungen zum Rücktritt können aber vor Lieferbeginn des PPAs neben der Kündigung eine eigenständige Regelungswirkung entfalten. Denn sofern es um Verzögerungen in der Projektentwicklungs- und Bauphase geht, kommen gesetzliche und vertragliche Rücktrittsrechte in Betracht.[1355] Sollen für derartige Situationen im PPA vertragliche Rücktrittsrechte vereinbart werden, ist es vor dem Hintergrund der Finanzierungsfunktion des PPAs sinnvoll die Ausübung dieser Rechte ebenfalls nur „ultima ratio" zu ermöglichen.[1356] Generell sollten daher nur extreme Pflichtverletzungen zum Rücktritt berechtigen und eine erfolglose Abmahnung sollte ebenso zur Voraussetzung der Ausübung gemacht werden wie angemessene, vorrangige Abhilfemöglichkeiten.[1357] Diese Voraussetzungen sollten vorhersehbar, transparent und nachweisbar ausgestaltet sein.[1358]

IV. Vertragsanpassung

Das Risiko, dass sich die ökonomischen oder rechtlichen Grundlagen des Vertrags ändern, ist langfristigen Verträgen immanent. Ihm kann durch Vertragsanpassungsrechte begegnet werden.[1359] Allerdings wird das Risiko von Rechtsänderungen im Energiebereich insb. wegen der regelmäßigen Novellen des EEG als branchentypisches Risiko eingestuft.[1360] Insofern ist dieses Risiko für die EEG-geförderten Anlagen, die dem Normkomplex des EEG vollständig unterstehen, vermutlich höher als das Risiko für PPAs, die nur teilweise von den Bestimmungen des EEG betroffen sind. Die EEG-geförderten Anlagen unterliegen über den 20 Jahre dauernden Förderzeitraum den EEG-Bestimmungen. Die regelmäßig aufgetretenen Gesetzesänderungen seit dem Inkrafttreten des EEG 2000 verdeutlichen das Risiko von Rechtsänderungen über diesen langen Zeitraum. Der Gesetzgeber versucht diesem Risiko, das insb. die getätigten Investitionen gefährden könnte, üblicherweise durch die in den Novellen enthaltenen Übergangsregelungen entgegenzuwirken.[1361] Insofern findet regelmäßig aus Gründen des Vertrauensschutzes die Fassung des EEG Anwendung, die bei Inbetriebnahme der jeweiligen Anlage galt.[1362] Zumindest potentiell kann Anlagenbetreiber dies unter Druck setzen eine Anlage zu einem bestimmten Zeitpunkt in Betrieb zu nehmen, um noch von diesen Übergangsregelungen zu profitieren. Bei PPAs

---

1353 BGH, NJW 1981, 679 f.

1354 MüKoBGB/*Gaier*, § 346 BGB, Rn. 21.

1355 Dena, Vertragswesen von Green Power Purchase Agreements, S. 26; *J. Held/Leiding*, ER 2019, 232, 236.

1356 *J. Held/Leiding*, ER 2019, 232, 236.

1357 *J. Held/Leiding*, ER 2019, 232, 236.

1358 *J. Held/Leiding*, ER 2019, 232, 236.

1359 *C. Schneider/Lüdecke*, IR 2019, 50, 51.

1360 *J. Held/Leiding*, ER 2019, 232, 235.

1361 BerlKommEnR/*L. Scholz*, § 100 EEG, Rn. 1 ff.

1362 BT-Drs. 18/1304, 176.

wiederum werden die meisten Bestimmungen vor späteren Eingriffen des Gesetzgebers durch die als Teil der allgemeinen Handlungsfreiheit grundrechtlich gewährleistete Privatautonomie[1363] geschützt sein. Eingriffe des Staates in die Vertragsabschluss- und Inhaltsfreiheit sind daher rechtfertigungsbedürftig. Auch nachträgliche Eingriffe des Staates in bereits bestehende Verträge unterliegen den allgemeinen Anforderungen an staatliche Grundrechtseingriffe und sind daher rechtfertigungsbedürftig.[1364] Dass der Gesetzgeber sich des für PPAs geltenden Vertrauensschutzes bewusst ist, zeigt die in § 18 StromPBG enthaltene Ausnahmeregelung für PPAs bei der Erlösabschöpfung. Befürchtet und kritisiert werden allerdings dennoch bestehende negative Auswirkungen der Erlösabschöpfung auf Anlagen mit kurzfristigen PPAs, die nach dem 1. 11. 2022 und vor dem Ende der befristeten Erlösabschöpfung auslaufen.[1365]

Für den Notfall gibt es die Möglichkeit, dem Risiko der Änderung wesentlicher ökonomischer oder rechtlicher Bedingungen durch Vertragsanpassungsrechte zu begegnen.[1366] Die Thematik ist nicht nur auf die bereits erläuterten Preisanpassungsregelungen begrenzt. Sog. Wirtschaftlichkeitsklauseln sehen das Recht oder die Pflicht der Parteien zur Vertragsanpassung vor, wenn sich die ökonomischen oder rechtsregulatorischen Bedingungen derart wesentlich geändert haben, dass einer Partei ein Festhalten am Vertrag nicht mehr zugemutet werden kann.[1367] Auch wenn § 313 BGB bereits ein gesetzliches Anpassungsinstrument bietet, sollten wegen der unbestimmten gesetzlichen Rechtsbegriffe[1368] („Vertragsgrundlage, Umstände des Einzelfalls, schwerwiegende Veränderung, Unzumutbarkeit, vertragliche oder gesetzliche Risikoverteilung, wesentliche Vorstellungen") vertragliche Anpassungsrechte für bestimmte Konstellationen im PPA vorgesehen werden.[1369] Das gesetzliche Anpassungsrecht kann zudem wegen der sich aus dem Grundsatz der Vertragstreue („pacta sunt servanda") ergebenden Höhe der tatbestandlichen Anforderungen[1370] im Einzelfall nicht interessengerecht sein.

Zudem greift das gesetzliche Anpassungsrecht gem. § 313 BGB nicht, wenn die Parteien mit einer Änderung der Bedingungen bereits gerechnet haben[1371] oder mit der Änderung bereits rechnen konnten.[1372] Dann handelt es sich nämlich um vertraglich übernommene Risiken, die Geschäftsgrundlage des Vertrags geworden sind und sich nicht verändert haben.[1373] Diese Argumentation geht davon aus, dass die Parteien in Konstellationen, in

1363 *BVerfGE* 8, 274, 328 – Preisgesetz; *BVerfGE* 12, 341, 347 – Umsatzsteuer; Dürig/Herzog/Scholz/*Fabio*, Art. 2 Abs. 1 GG, Rn. 101.

1364 Statt vieler *BVerfGE* 88, 384, 403 – Zinsanpassungsgesetz; *BVerfGE* 95, 267, 303 f. – Altschulden der Landwirtschaftlichen Produktionsgenossenschaften der DDR.

1365 Siehe Teil 2, E. III. 1. c).

1366 *C. Schneider/Lüdecke*, IR 2019, 50, 51.

1367 *C. Schneider/Lüdecke*, IR 2019, 50, 51.

1368 Vgl. BeckOK/*S. Lorenz*, § 313 BGB, Rn. 2.

1369 *Wiederholt/Ludwig*, EnWZ 2019, 110, 114.

1370 Siehe dazu BeckOK/*S. Lorenz*, § 313 BGB, Rn. 3.

1371 Statt vieler BGH, NJW 2013, 3779, 3781, Rn. 18; Erman/*L. Böttcher*, § 313 BGB, Rn. 24; zum Verhältnis des § 313 BGB zur ergänzenden Vertragsauslegung siehe *Säcker*, in: Festschrift für Harm Peter Westermann, Die Anpassung von langfristigen Verträgen an bei Vertragsschluss unvorhergesehene und unvorhersehbare Umstände im Wege der ergänzenden Vertragsauslegung, 631 ff.

1372 Vgl. BGH, NJW 2009, 1348, Rn. 11; *Ulmer*, AcP 174 (1974), 167, 185.

1373 Vgl. *Ulmer*, AcP 174 (1974), 167, 185; Erman/*L. Böttcher*, § 313 BGB, Rn. 23 f.

denen sie Risiken erkennen, die Möglichkeit gehabt hätten, durch vertragliche Regelung eine interessengerechte Risikoverteilung zu erzielen.[1374] Sofern nach Ansicht der Parteien aufgrund von Änderungspotentialen ein Bedarf besteht, müssen für diese erkannten Risiken vertraglich vereinbarte Vertragsanpassungsrechte geregelt werden. Im Umkehrschluss kann eine Vertragsanpassung gem. § 313 BGB durch die vertragliche Übernahme von Risiken auch bewusst ausgeschlossen werden. Vor diesem Hintergrund wird empfohlen, eine vertragliche Risikoübernahme in der Präambel ausdrücklich festzuhalten.[1375]

Sofern es sich bei den vereinbarten Wirtschaftlichkeitsklauseln um AGB handelt, sind die AGB-rechtlichen Grenzen zu berücksichtigen.[1376] § 309 Nr. 1 BGB gilt nur für die bereits erläuterten Preisanpassungsklauseln. § 308 Nr. 4 BGB betrifft wiederum nur einseitige Leistungsänderungsrechte des Verwenders. Bei darüberhinausgehenden Änderungsklauseln ist Maßstab nur § 307 BGB.[1377] Die Wertungen des § 308 Nr. 4 BGB können jedoch Berücksichtigung finden.[1378] Diese lassen sich teilweise auch auf den unternehmerischen Verkehr übertragen.[1379] Leistungsänderungsvorbehalte des Verwenders sind deshalb gem. § 307 BGB auch im unternehmerischen Geschäftsverkehr untersagt, wenn nicht schwerwiegende Gründe diese rechtfertigen.[1380] Maßgeblich ist insofern für die Beurteilung der Wirtschaftlichkeitsklauseln, „dass die Änderung bei Abwägung der widerstreitenden Interessen dem Vertragspartner zumutbar ist und ihn nicht unangemessen benachteiligt und zudem die Klausel hinreichend transparent ist."[1381] Zu beachten ist bei der Formulierung der Wirtschaftlichkeitsklauseln mithin, dass Inhalt und Umfang des Änderungsrechts angegeben werden müssen.[1382] Einschränkungslose, beliebige Änderungsklauseln verstoßen freilich gegen das Transparenzgebot gem. § 307 Abs. 1 S. 2 BGB.[1383] Wegen des Eingriffs in den Grundsatz der Vertragstreue („pacta sunt servanda") bedarf es für die Wirksamkeit der Wirtschaftlichkeitsklausel auch im unternehmerischen Rechtsverkehr schwerwiegender Änderungsgründe und einer angemessenen sowie erkennbaren Berücksichtigung der Interessen des Vertragspartners im Hinblick auf die Voraussetzungen und Folgen des Änderungsrechts.[1384] Derartige schwerwiegende Änderungsgründe liegen vor, wenn „unvorhersehbare Änderungen, die der Verwender nicht veranlasst und auf die er auch keinen Einfluss hat, das bei Vertragsschluss bestehende Äquivalenzverhältnis in nicht unbedeutendem Maße" stören.[1385] Darüber hinaus sind Vertragslücken als hinreichender Grund für eine Änderung anerkannt, wenn die jeweilige Vertragslücke „Schwierigkeiten bei der Durchführung des Vertrags entstehen lässt, die nur durch eine Anpassung oder Ergänzung

---

1374 MüKoBGB/*Finkenauer*, § 313 BGB, Rn. 74.

1375 *J. Held/Leiding*, ER 2019, 232, 234.

1376 *Wiederholt/Ludwig*, EnWZ 2019, 110, 114.

1377 BeckOGK/*Zschieschack*, § 307 BGB Änderungs- und Anpassungsklausel, Rn. 8.

1378 BeckOGK/*Zschieschack*, § 307 BGB Änderungs- und Anpassungsklausel, Rn. 9.

1379 Vgl. Wolf/Lindacher/Pfeiffer/*Dammann*, § 308 Nr. 4 BGB, Rn. 70.

1380 Vgl. BGH, NJW-RR 2005, 1496, 1501; BGH, NJW 1994, 1060–1069, 1063.

1381 BeckOGK/*Zschieschack*, § 307 BGB Änderungs- und Anpassungsklausel, Rn. 9.

1382 BeckOGK/*Zschieschack*, § 307 BGB Änderungs- und Anpassungsklausel, Rn. 14.

1383 Vgl. BGH, NJW 1998, 454, 456.

1384 BGH, NJW 1984, 1182, 1183.

1385 BGH, NJW 1999, 1865; BGH, BeckRS 2021, 30598, Rn. 38.

zu beseitigen sind."[1386] Schon vorhersehbare Änderungen lassen sich jedenfalls in AGB hingegen nicht als ein Änderungsgrund festlegen.[1387] Für sie muss eine Individualvereinbarung getroffen werden, die dann der Regelung des § 313 BGB vorgeht. Zulässige Anknüpfungspunkte sind üblicherweise Änderungen der rechtlichen oder wirtschaftlichen Lage.[1388] Die Anpassung darf zudem nur eine (zur Erhaltung des Äquivalenzverhältnisses) erforderliche Anpassung zur Folge haben und keine Verschiebung des Äquivalenzverhältnisses des Vertrags zulasten des Vertragspartners.[1389] Daher ist für eine Änderung der „Essentialia des Vertrags" insb. der Hauptleistungen ein Änderungsvertrag erforderlich und nicht bloß ein Anpassungsrecht.[1390]

Neben den vertraglichen und gesetzlichen Anpassungsinstrumenten können sog. Neuverhandlungsklauseln vereinbart werden, die die Parteien unter bestimmten Voraussetzungen zu ernsthaften Verhandlungen und zu dem Versuch, eine gütliche Einigung herbeizuführen, verpflichten.[1391] Rechtliche Grenzen für die Neuverhandlung ergeben sich aus § 242 BGB.[1392] Es handelt sich um ein milderes, weil kostengünstigeres und interessengerechteres Mittel als die gesetzliche Anpassung gem. § 313 BGB bzw. eine Vertragsbeendigung.[1393] Eine gesetzliche Nachverhandlungspflicht wird vom BGH schon aus § 313 Abs. 1 BGB hergeleitet.[1394] Das Bestehen einer solchen gesetzlichen Pflicht wird in der Literatur vielfach bestritten, insb. da diese Pflicht nicht oder wenig justiziabel sei.[1395] Es finden sich aber ebenso Stimmen in der Literatur, die dem BGH zustimmen.[1396] Unabhängig von diesem dogmatischen Streit ist es bei Langzeitverträgen in der Praxis ohnehin üblich, eine derartige Pflicht jedenfalls vertraglich vorzusehen.[1397] Verstöße gegen eine solche Vereinbarung können Schadensersatzpflichten begründen und mit dem BGH kann auch auf eine Änderung oder unmittelbar auf die der Änderung zugrundeliegende Leistung geklagt werden.[1398]

Gem. § 41 Abs. 5 S. 4 EnWG besteht ein außerordentliches Kündigungsrecht von Letztverbrauchern, wenn der Energielieferant ein Recht zur Änderung von Vertragsbedingungen einseitig ausübt. Betroffen von dieser Vorschrift, die nur die Belieferung von Letztverbrauchern adressiert, sind Corporate-PPAs. Das Sonderkündigungsrecht könnte sich negativ auf den Cashflow auswirken. Die Vorschrift kommt allerdings nur bei einer einseitigen Ausübung eines Anpassungsrechts durch den Lieferanten zur Anwendung. Im Umkehr-

---

1386 BGH, NJW-RR 2008, 134, Rn. 11; BGH, BeckRS 2021, 30598, Rn. 38.

1387 BeckOGK/*Zschieschack*, § 307 BGB Änderungs- und Anpassungsklausel, Rn. 18.

1388 BeckOGK/*Zschieschack*, § 307 BGB Änderungs- und Anpassungsklausel, Rn. 21 ff.

1389 BeckOGK/*Zschieschack*, § 307 BGB Änderungs- und Anpassungsklausel, Rn. 26 f.

1390 BGH, NJW-RR 2008, 134, Rn. 31 f.

1391 *Ebel*, Energielieferungsverträge, S. 204.

1392 Für eine Neuverhandlungsklausel in einem Darlehensvertrag *Fandrich*, in: Vertragsrecht und AGB-Klauselwerke, Darlehensvertrag, Rn. 92.

1393 Vgl. *Lüttringhaus*, AcP 213 (2013), 266, 275 f.

1394 BGH, NJW 2012, 373, Rn. 33 f.

1395 MüKoBGB/*Finkenauer*, § 313 BGB, Rn. 122; BeckOGK/*Martens*, § 313 BGB, Rn. 122; ausführlich zum Streitstand *Doralt*, Langzeitverträge, S. 381 ff.

1396 *Lüttringhaus*, AcP 213 (2013), 266, 273 ff.; BeckOK/*S. Lorenz*, § 313 BGB, Rn. 84; Grüneberg/*Grüneberg*, § 313 BGB, Rn. 41.

1397 JurisPK-BGB/*T. Pfeiffer*, § 313 BGB, Rn. 87.

1398 BGH, NJW 2012, 373, Rn. 33 f.; a. A.: MüKoBGB/*Finkenauer*, § 313 BGB, Rn. 122.

schluss bedeutet das, dass das außerordentliche Kündigungsrecht auch bei Corporate-PPAs vermieden werden kann, indem eine Anpassungsautomatik oder eine Anpassung aufgrund gegenseitiger Willenserklärungen der Vertragsparteien vereinbart wird.[1399]

V. Bilanzierung

1. Allgemeines

Die Bilanzierung von PPAs sollte im Rahmen der Vertragsanbahnung bereits mitbeachtet werden, um unerwünschte bilanzielle Auswirkungen zu vermeiden.[1400] Insb. wegen der Langfristigkeit der PPA-Vereinbarung können mit dem PPA nämlich nicht unwesentliche bilanzielle Folgewirkungen verbunden sein.[1401] Diese Auswirkungen können sowohl im Rahmen der internationalen Rechnungslegung nach IFRS als auch im Rahmen der handelsrechtlichen Bilanzierung nach dem HGB relevant werden.[1402] Nicht beurteilt werden bilanzrechtliche Fragen, die über die Bilanzierung des PPAs selbst hinausgehen wie z. B. die Bilanzierung von Anteilen an der Projektgesellschaft.[1403] Bemerkenswert ist, dass sich aus der Erlösabschöpfung nach dem StromPBG ergebende Verluste in analoger Anwendung der entsprechenden Normen bilanziert werden sollen.[1404] Zu berücksichtigen ist im Rahmen einer Projektfinanzierung zudem, dass die Projektgesellschaft unter anderem die Rechte und Pflichten des Projekts treffen, sodass auch das PPA nicht in den Bilanzen der Sponsoren auftaucht, also für diese im wesentlichen bilanzneutral ist (sog. *Off-Balance Financing*).[1405]

2. Die Bilanzierung nach den International Financial Reporting Standards

Bei den IFRS und den älteren IAS (International Accounting Standards) handelt es sich um internationale Standards der Rechnungslegung, die vom International Accounting Standards Board (IASB) festgelegt werden. Die Kommission entscheidet gem. Art. 3 Verordnung (EG) 1606/2002[1406] über die Anwendbarkeit der jeweiligen IFRS-Bestimmungen im Bilanzrecht der Mitgliedstaaten. Für kapitalmarktorientierte Unternehmen sind die von der Kommission anerkannten IFRS-Standards gem. Art. 4 Verordnung (EG) 1606/2002

1399 Bourwieg/Hellermann/Hermes/*Hellermann/Pätzold*, § 41 EnWG, Rn. 38.

1400 KPMG, Neuer Wind durch Power Purchase Agreements, S. 31.

1401 Vgl. dena, Finanzierung von Erneuerbare-Energien-Anlagen über Power Purchase Agreements, S. 25.

1402 Siehe dazu im Detail auch dena, Finanzierung von Erneuerbare-Energien-Anlagen über Power Purchase Agreements, S. 25 ff.; *Brüggemann/Polster*, DB 2020, 1073.

1403 Weitere Informationen zur Bilanzierung nach IFRS aber bei WBCSD, IFRS Accounting outline for Power Purchase Agreements.

1404 *Göken*, VersorgungsW 2023, 108, 112.

1405 *Uekermann*, in: Projektfinanzierung, Technik der internationalen Projektfinanzierung, 19 f.

1406 Verordnung (EG) 1606/2002 des Europäischen Parlaments und des Rates betreffend die Anwendung internationaler Rechnungslegungsstandards v. 19. 7. 2002, ABl. EG L 243/1.

verpflichtend zu beachten, während für nicht kapitalmarktorientierte Unternehmen gem. Art. 5 Verordnung (EG) 1606/2002 von den Mitgliedstaaten über die Möglichkeit der Anwendung der IFRS-Standards entschieden werden kann. Eine entsprechende Regelung findet sich in § 315e Abs. 3 HGB, wonach auch nicht kapitalmarktorientierte Mutterunternehmen ihren Konzernabschluss nach den IFRS aufstellen können, der dann den HGB-Abschluss ersetzt.[1407] Ihren Einzelabschluss müssen deutsche Unternehmen weiterhin nach dem HGB erstellen, können aber die Offenlegung des HGB-Abschlusses im Bundesanzeiger durch die Offenlegung eines zusätzlich erstellten IFRS-Abschlusses gem. § 325 Abs. 2a HGB ersetzen.[1408] In den IFRS werden dabei eigene Erläuterungen zu Begriffen vorgenommen, die durch Interpretationsregelungen des International Financial Reporting Interpretations Committee (IFRIC) ergänzt werden[1409] und den rechtlichen Definitionen, z. B. des Leasings, zwar nahe kommen, aber teilweise auch von ihnen abweichen.

Es existieren verschiedene Möglichkeiten der Bilanzierung von PPAs, die von der Ausgestaltung des PPAs, insb. auch der Art des PPAs, und der Rolle der beteiligten Parteien abhängig sind.[1410] Insofern variiert die Klassifizierung des PPAs im Rahmen der Bilanzierung in Abhängigkeit von diesen Faktoren.[1411] In Betracht kommen insb. der IFRS 16 (Leasing), IFRS 9 (Finanzinstrumente) und IFRS 15 bzw. IAS 37 (Schwebende Verträge).[1412] Diese Möglichkeiten bestehen im Grundsatz sowohl für die Bilanzierung des Käufers als auch für die des Verkäufers.[1413] Vorgeschlagen wird teilweise noch die Möglichkeit der Bilanzierung als *Hedge-Accounting* gem. IFRS 9.6, die aufgrund der Risikomanagementprozesse und Dokumentationspflichten jedoch so anspruchsvoll ist, dass diese Klassifizierungsart für die Beteiligten eines PPAs nicht interessant bzw. nur schwer umsetzbar sein soll.[1414]

a) IFRS 16 (Leasing)

Der Leasinggeber hat bei der Bilanzierung des PPAs als Leasing zu unterscheiden, ob das Leasingverhältnis als Finanzierungsleasing oder als Operating-Leasing i. S. d. IFRS anzusehen ist.[1415] Beim Finanzierungsleasing verliert der Leasinggeber das wirtschaftliche Eigentum am Objekt, erhält aber eine Leasingforderung.[1416] Beim Operating-Leasing bleibt das Leasingobjekt in der Bilanz des Leasinggebers.[1417] Der Leasingnehmer wiederum hat

---

1407 *Lüdenbach/W.-D. Hoffmann/Freiberg*, in: Haufe IFRS-Kommentar, § 7, Rn. 7.

1408 *Lüdenbach/W.-D. Hoffmann/Freiberg*, in: Haufe IFRS-Kommentar, § 7, Rn. 8.

1409 *Lüdenbach/W.-D. Hoffmann/Freiberg*, in: Haufe IFRS-Kommentar, § 1, Rn. 1.

1410 *Brüggemann/Polster*, DB 2020, 1073, 1076.

1411 *Brüggemann/Polster*, DB 2020, 1073, 1076.

1412 Dena, Finanzierung von Erneuerbare-Energien-Anlagen über Power Purchase Agreements, S. 25; deutlich detaillierter dazu WBCSD, IFRS Accounting outline for Power Purchase Agreements, S. 8 ff.

1413 *Brüggemann/Polster*, DB 2020, 1073, 1076.

1414 *Brüggemann/Polster*, DB 2020, 1073, 1078; ohne Berücksichtigung der Nachteile aber auch KPMG, Neuer Wind durch Power Purchase Agreements, S. 31.

1415 *Lüdenbach/W.-D. Hoffmann/Freiberg*, in: Haufe IFRS-Kommentar, § 15a, Rn. 2.

1416 *Lüdenbach/W.-D. Hoffmann/Freiberg*, in: Haufe IFRS-Kommentar, § 15a, Rn. 2.

1417 *Lüdenbach/W.-D. Hoffmann/Freiberg*, in: Haufe IFRS-Kommentar, § 15a, Rn. 2.

ein Nutzungsrecht (*right-of-use-asset*) und eine korrespondierende Leasingverbindlichkeit (*leasing liability*) zu bilanzieren.[1418]

Voraussetzung für eine derartige Bilanzierung ist, dass es sich überhaupt um ein Leasingverhältnis i. S. d. IFRS handelt. Das erfordert, dass der Abnehmer gem. IFRS 16.9 im Wesentlichen den gesamten wirtschaftlichen Nutzen aus einem identifizierbaren Vermögenswert ziehen („use of an identified asset") und über Art und Zweck der Nutzung des Vermögenswerts entscheiden kann („right to control the use").[1419]

Die Nutzung muss sich demnach auf einen identifizierten Vermögenswert (IFRS 16. B13-B20) beziehen, der vertraglich explizit oder implizit spezifiziert ist (IFRS 16.9B13),[1420] ohne dass ein substanzielles Austauschrecht des Lieferanten besteht (IFRS 16.9B13). Als dieser explizit vereinbarte identifizierte Vermögenswert gilt im Rahmen des PPAs die Stromerzeugungsanlage.[1421] Üblicherweise soll in PPAs zudem kein substanzielles Austauschrecht enthalten sein, da sich das PPA auf die Nutzung einer konkreten Stromerzeugungsanlage beziehe.[1422] Grds. ist jedoch denkbar (z. B. im Rahmen einer Fixed-volume-Mengenvereinbarung), dass das PPA auch zur Lieferung von Reststrommengen aus anderen Anlagen berechtigt und verpflichtet. Als identifizierter Vermögenswert können auch Teile von Vermögenswerten gelten, sofern sie physisch abgrenzbar sind (IFRS 16. B20). Denkbar wäre insofern ein einzelnes Windrad eines Windparks, nicht aber – wie bei PPAs durchaus möglich – ein Anteil der produzierten Strommenge eines Windparks.[1423] Ist Letzteres vereinbart, scheidet ein Leasingverhältnis mangels identifizierten Vermögenswerts aus.[1424]

Außerdem müsste der Abnehmer die Kontrolle über den wirtschaftlichen Nutzen der Anlage haben. Als Ziehung des gesamten wirtschaftlichen Nutzens einer Stromerzeugungsanlage gilt im Rahmen von PPAs die Abnahme der gesamten erzeugten Strommenge sowie der Herkunftsnachweise.[1425] Jedenfalls für PPAs, in denen eine As-produced-Liefermenge vereinbart ist, bei denen der Käufer also den gesamten produzierten Strom vom Anlagenbetreiber sowie die Herkunftsnachweise abnimmt, kommt eine derartige Einordnung in Betracht.[1426] Bei einem Finanz-PPA bei dem der Abnehmer nur die Grünstromzertifikate erhält, aber keine physische Lieferung von Strom, fehlt es hingegen an der Ziehung des im Wesentlichen gesamten wirtschaftlichen Nutzens der Anlage.[1427] Der Abnehmer erhält lediglich ein Nebenprodukt. Auch für Off-Site-PPAs wird diskutiert, ob es sich tatsächlich um eine diesen Anforderungen genügende physische Stromlieferung i. S. d.

1418 *Lüdenbach/W.-D. Hoffmann/Freiberg*, in: Haufe IFRS-Kommentar, § 15a, Rn. 3; *Ganssauge/Schmitz/F. Herrmann*, WPg 2022, 1390, 1395.

1419 *Brüggemann/Polster*, DB 2020, 1073, 1076.

1420 Dena, Finanzierung von Erneuerbare-Energien-Anlagen über Power Purchase Agreements, S. 25.

1421 *Ganssauge/Schmitz/F. Herrmann*, WPg 2022, 1390, 1393.

1422 *Ganssauge/Schmitz/F. Herrmann*, WPg 2022, 1390, 1393.

1423 *Ganssauge/Schmitz/F. Herrmann*, WPg 2022, 1390, 1393.

1424 *Ganssauge/Schmitz/F. Herrmann*, WPg 2022, 1390, 1393.

1425 *Ganssauge/Schmitz/F. Herrmann*, WPg 2022, 1390, 1394.

1426 *Brüggemann/Polster*, DB 2020, 1073, 1076.

1427 Dena, Finanzierung von Erneuerbare-Energien-Anlagen über Power Purchase Agreements, S. 25; *Ganssauge/Schmitz/F. Herrmann*, WPg 2022, 1390, 1394.

IFRS 16 handelt, da der Strom mit der Einspeisung ins Netz nicht mehr separierbar ist.[1428] Sofern die eingespeiste Liefermenge aber bilanziell dem Abnehmer zugeordnet werden kann, ist von einer physischen Lieferung auszugehen.[1429] Eine im Wesentlichen umfassende Nutzung soll zudem voraussetzen, dass mindestens 90 % der gesamten erzeugten Strommenge abgenommen wird.[1430] Nicht notwendig ist dafür, dass die gesamte erzeugte Strommenge auch selbst verbraucht wird, da bei einer Weitervermarktung die erwirtschafteten Zahlungsströme ebenfalls einen wirtschaftlichen Nutzen der Anlage darstellen (vgl. IFRS 16.B23).[1431]

Maßgeblich dafür, ob der Abnehmer i. S. d. IFRS 16.9 i. V. m. IFRS 16.B24-B30 über Art und Zweck der Nutzung des Vermögenswerts auch maßgeblich entscheiden kann, sollen der Einfluss des Abnehmers auf den operativen Betrieb und die Regulierung der Anlage sein.[1432] Danach ist entscheidend, ob ein Einfluss des Abnehmers auf das „Wann, Ob und Wie viel" der Stromerzeugung besteht.[1433] Hier ist jedenfalls bei On-Site-PPAs, die auf dem Gelände des Abnehmers errichtete Anlagen wie z. B. Photovoltaikdachanlagen betreffen, ein deutlicher Einfluss des Abnehmers auf den operativen Betrieb denkbar. Sofern derartige Entscheidungsrechte des Abnehmers auf das „Wann, Ob und Wie viel" der Stromerzeugung vereinbart werden, etwa um in Zeiten negativer Marktpreise günstig Strom beziehen zu können oder um Kosten für Ausgleichsenergie zu vermeiden,[1434] ist davon auszugehen, dass der Abnehmer i. S. d. IFRS 16.9 i. V. m. IFRS 16.B24-B30 über Art und Zweck der Nutzung des Vermögenswerts maßgeblich entscheiden kann. Dafür kann zudem die Möglichkeit des Abnehmers streiten, über den Zeitpunkt von Wartungs- und Instandhaltungsarbeiten zu entscheiden.[1435] Bei der Vereinbarung dieser genannten Entscheidungsrechte des Abnehmers ist mithin die Auswirkung auf die etwaige Bilanzierung als Leasingverhältnis zu berücksichtigen.[1436] Das Vorliegen dieser Leasingvoraussetzung ist in jedem Einzelfall neu zu bewerten.[1437]

b) IFRS 9 (Finanzinstrumente)

aa) Grundlagen

Sofern kein Leasingverhältnis nach IFRS 16 vorliegt, ist die Anwendbarkeit von IFRS 9 (Finanzinstrumente) zu prüfen.[1438] Ein Finanzinstrument ist nach der Definition

---

1428 *Ganssauge/Schmitz/F. Herrmann*, WPg 2022, 1390, 1392.

1429 *Ganssauge/Schmitz/F. Herrmann*, WPg 2022, 1390, 1392.

1430 *Behling*, BBK 2016, 240, 244; *Brune*, IRZ 2016, 119, 122 mit Fn. 22; *Lüdenbach/W.-D. Hoffmann/Freiberg*, in: Haufe IFRS-Kommentar, § 15a, Rn. 54.

1431 *Lüdenbach/W.-D. Hoffmann/Freiberg*, in: Haufe IFRS-Kommentar, § 15a, Rn. 55.

1432 *Brüggemann/Polster*, DB 2020, 1073, 1076.

1433 Vgl. dena, Finanzierung von Erneuerbare-Energien-Anlagen über Power Purchase Agreements, S. 25.

1434 *Ganssauge/Schmitz/F. Herrmann*, WPg 2022, 1390, 1395.

1435 *Ganssauge/Schmitz/F. Herrmann*, WPg 2022, 1390, 1395.

1436 *Ganssauge/Schmitz/F. Herrmann*, WPg 2022, 1390, 1395.

1437 *Ganssauge/Schmitz/F. Herrmann*, WPg 2022, 1390, 1395.

1438 Dena, Finanzierung von Erneuerbare-Energien-Anlagen über Power Purchase Agreements, S. 26; vgl. auch *Brüggemann/Polster*, DB 2020, 1073, 1076.

in IAS 32.11 ein „Vertrag, der gleichzeitig bei einem Unternehmen zu einem finanziellen Vermögenswert und bei dem anderen Unternehmen zu einer finanziellen Verbindlichkeit [...] führt". Ziel des IFRS 9 ist daher nach IFRS 9.1.1 auch die Bestimmung von Bilanzierungsgrundsätzen für „finanzielle Vermögenswerte und finanzielle Verbindlichkeiten".

Grds. erfasst sind alle reinen Finanzderivate. Gem. IFRS 9.2.4 sind aber nicht nur rein finanziell abgewickelte Verträge betroffen, sondern auch Verträge zum Kauf oder Verkauf nichtfinanzieller Posten, wenn diese in bar (*net settlement*), durch ein anderes Finanzinstrument oder den Austausch von Finanzinstrumenten erfüllt werden können (sog. Warentermingeschäfte).[1439]

PPAs können wiederum die Definition eines Derivats erfüllen, das nicht primär die physische Lieferung bezweckt, sondern gem. IFRS 9 Anhang A in seiner Wertentwicklung von einem Referenzpreis (z. B. Underlying) wie einem Rohstoffpreis, Preisindex oder einer ähnlichen Variable abhängt, keine oder eine geringe Anfangszahlung erfordert und zu einem späteren Zeitpunkt erfüllt wird.[1440] Diese Voraussetzungen sind bei PPAs häufig gegeben, da der Wert des PPAs z. B. vom Strompreis abhängig sein kann, i. d. R. keine Anfangszahlung vorgesehen ist und erst in der Zukunft erfüllt wird.[1441]

Damit Warentermingeschäfte aber als Finanzinstrument i. S. d. IFRS gelten, müssen sie nicht nur die Definition des Derivats, sondern als „nicht finanzieller Posten" auch die Voraussetzungen des IFRS 9.2.6 erfüllen. Darin wird beispielhaft erläutert, wann ein *net settlement* bzw. die Erfüllung durch ein anderes Finanzinstrument oder den Austausch von Finanzinstrumenten wirklich vorliegt. Ein solches umfasst, dass (a) der Vertrag einem der Vertragspartner den Nettoausgleich in bar gestattet, (b) die Möglichkeit eines Nettoausgleichs zwar nicht explizit im Vertrag vorgesehen ist, die Vertragspartei jedoch ähnliche Verträge für gewöhnlich durch einen Nettoausgleich in bar erfüllt, (c) die Vertragspartei bei ähnlichen Verträgen den Vertragsgegenstand für gewöhnlich annimmt und ihn kurz nach der Anlieferung weiterveräußert, um Gewinne aus kurzfristigen Schwankungen von Preisen oder von Händlermargen zu erzielen, oder (d) der nichtfinanzielle Posten, der Gegenstand des Vertrags ist, jederzeit in Zahlungsmittel umgewandelt werden kann.[1442]

Diese Voraussetzungen führen allerdings nur dann zu einem Derivat, wenn nicht die sog. „own use exemption" gem. IFRS 9.2.4 anwendbar ist (frei übersetzt: „Befreiung für den eigenen Nutzen"). Diese Befreiungsvorschrift ist erfüllt, wenn der Vertrag zum Zwecke des tatsächlichen Einkaufs oder Verkaufs der Ware nach Maßgabe der erwarteten Einkaufs-, Verkaufs- oder Verbrauchsnotwendigkeiten geschlossen wird.[1443] Liegt die *own use exemption* vor, sind PPAs als schwebender Vertrag gem. IFRS 15 bzw. IAS 37 einzuordnen.[1444] Ob die *own use exemption* erfüllt ist, ist anhand der konkreten Ausgestaltung des PPAs zu beurteilen.

1439 Vgl. *Lüdenbach/W.-D. Hoffmann/Freiberg*, in: Haufe IFRS-Kommentar, § 28, Rn. 24.

1440 *Lüdenbach/W.-D. Hoffmann/Freiberg*, in: Haufe IFRS-Kommentar, § 28, Rn. 21.

1441 *Brüggemann/Polster*, DB 2020, 1073, 1076.

1442 *Lüdenbach/W.-D. Hoffmann/Freiberg*, in: Haufe IFRS-Kommentar, § 28, Rn. 24.

1443 *Lüdenbach/W.-D. Hoffmann/Freiberg*, in: Haufe IFRS-Kommentar, § 28, Rn. 25.

1444 Dena, Finanzierung von Erneuerbare-Energien-Anlagen über Power Purchase Agreements, S. 26.

In den Fällen des IFRS 9.2.6 (a) und IFRS 9.2.6 (d) ist im Einzelfall festzustellen, ob die *own use exemption* erfüllt ist. Ist die Möglichkeit zum *net settlement* i. S. d. IFRS 9.2.6 (a) im PPA ausdrücklich vorgesehen, ist das Verhalten des Unternehmens in der Vergangenheit bei ähnlichen Verträgen sowie das Verhältnis von Bestellvolumen zum Bedarf maßgeblich dafür, ob die *own use exemption* vorliegt.[1445] Mit *net settlement* i. S. d. IFRS 9.2.6 (a) ist die rein finanzielle Abwicklung von Verträgen durch den Austausch von Barwerten bzw. Finanzinstrumenten gemeint, wie sie auch in Finanz-PPAs vorgesehen ist.[1446] Festzustellen ist dann, ob üblicherweise eine Eigenbedarfsdeckung durch physische Erfüllung oder eine finanzielle Abwicklung vorgenommen wird bzw. ob eine Eigenbedarfsdeckung durch das Bestellvolumen überhaupt wahrscheinlich ist.

Bei Strom handelt es sich außerdem um einen nichtfinanziellen Posten, als Gegenstand des Vertrags, der über einen aktiven Markt wie die Strombörse gem. IFRS 9.2.6 (d) jederzeit in Zahlungsmittel umgewandelt werden kann.[1447] Für die Frage der Umsetzbarkeit in Geld gem. IFRS 9.2.6 (d) spielt auch die fehlende Speicherbarkeit von Strom eine Rolle sowie der Zugang des Abnehmers zu den aktiven Märkten.[1448] Wegen der fehlenden Speicherbarkeit hat ein Abnehmer ein Interesse an der Möglichkeit zur Weiterveräußerung nicht benötigter Mengen.[1449] Im Falle der Weiterveräußerung verliert der Vertrag dann allerdings seine *own-use-Qualität*, da nicht der gesamte gelieferte Strom vom Abnehmer selbst genutzt wird.[1450]

In den Fällen des IFRS 9.2.6 (b) und IFRS 9.2.6 (c) und gem. IFRS 9.2.7 ist die *own use exemption* ausdrücklich ausgeschlossen. IFRS 9.2.6 (b) und IFRS 9.2.6 (c) stellen vergangenheitsbezogene Kriterien auf, wonach entweder ähnliche Verträge üblicherweise durch Barausgleich erfüllt oder für eine kurzfristige Weiterveräußerung zum Erzielen von Spekulationsgewinnen genutzt werden.[1451] In diesen in IFRS 9.2.6 (b) und IFRS 9.2.6 (c) beschriebenen Konstellationen färbt das Handeln des Unternehmens mit ähnlich gelagerten Verträgen auf das zu bilanzierende PPA ab (vgl. IDW RS HFA 48 Rn. 23). Dann liegt ein Finanzderivat vor; die *own use exemption* ist ausgeschlossen.[1452] Nur kurzfristige operativ begründete Schwankungen der Liefermenge, die zwar zu einer Weiterveräußerung führen aber keine Spekulationsgewinne zum Ziel haben, führen nicht zu einem Ausschluss der *own use exemption.*[1453]

Gem. IFRS 9.2.7 fallen sog. *written options* (Mehrvolumen- oder Preisoptionen) ebenfalls nicht unter die *own use exemption.* So kann z. B. dem Verkäufer die Option zum Verkauf zusätzlicher Einheiten zu einem festlegten Preis neben der vereinbarten Liefermenge eingeräumt werden.[1454] Dabei hat die andere Partei als Stillhalter keinen Einfluss auf die

---

1445 *Lüdenbach/W.-D. Hoffmann/Freiberg*, in: Haufe IFRS-Kommentar, § 28, Rn. 25 f.

1446 WBCSD, IFRS Accounting outline for Power Purchase Agreements, S. 13.

1447 *Brüggemann/Polster*, DB 2020, 1073, 1078.

1448 *Lüdenbach/W.-D. Hoffmann/Freiberg*, in: Haufe IFRS-Kommentar, § 28, Rn. 25.

1449 *Lüdenbach/W.-D. Hoffmann/Freiberg*, in: Haufe IFRS-Kommentar, § 28, Rn. 27.

1450 *Lüdenbach/W.-D. Hoffmann/Freiberg*, in: Haufe IFRS-Kommentar, § 28, Rn. 28.

1451 *Lüdenbach/W.-D. Hoffmann/Freiberg*, in: Haufe IFRS-Kommentar, § 28, Rn. 25.

1452 *Lüdenbach/W.-D. Hoffmann/Freiberg*, in: Haufe IFRS-Kommentar, § 28, Rn. 25.

1453 *Lüdenbach/W.-D. Hoffmann/Freiberg*, in: Haufe IFRS-Kommentar, § 28, Rn. 25.

1454 Vgl. WBCSD, IFRS Accounting outline for Power Purchase Agreements, S. 13.

Ausübung der Option und kann sich daher auch nicht darauf berufen, dass diese Zusatzlieferung zum erwarteten eigenen Bedarf gehört.[1455]

Wegen der erläuterten bilanziellen Auswirkungen der Weiterveräußerung, ist immer zu klären, wie mit Über- bzw. Unterdeckungen des Bedarfs im Einzelfall umgegangen werden soll.[1456] Insb. bei einer variablen Mengenvereinbarung kann es zu solchen Abweichungen von Liefermenge und Bedarf kommen.[1457] Bei der Beurteilung, ob die *own use exemption* wegen einer Über- oder Unterdeckung vorliegt, ist zu beachten, dass der Vertrag im Ganzen zu beurteilen ist.[1458] Es können nicht einzelne Tranchen des Vertrags, bei denen eine Über- oder Unterdeckung auftritt, unabhängig vom Rest des Vertrags beurteilt werden.[1459] Teilweise sind in PPAs auch Klauseln zum Nettoausgleich insb. von Mindermengen explizit vorgesehen, bei denen die *own use exemption* gem. IFRS 9.2.6 (a) regelmäßig ausgeschlossen ist.[1460]

Liegt die *own use exemption* aber vor, sind PPAs wie bereits erläutert als schwebender Vertrag gem. IFRS 15 bzw. IAS 37 anzusetzen.[1461] Davon existiert nur eine selten relevante Rückausnahme der optionalen erfolgswirksamen Bewertung zum beizulegenden Zeitwert unter bestimmten Voraussetzungen, die in IFRS 9.2.5 und IFRS 9.4.1.5 bestimmt sind.[1462] Dabei muss Ziel dieser Bilanzierung die Beseitigung oder signifikante Reduzierung eines sog. *accounting mismatch* (Bewertungs- oder Ansatzinkonsistenz) sein.[1463]

Derivate sind grds. gem. IFRS 9.4.1.4 und IFRS 9.4.2.1 (a) bilanziell zum beizulegenden Zeitwert (*fair value*) zu bewerten. D. h., dass ein Derivat gemäß dem am Bilanzstichtag zu bestimmenden Zeitwert anzusetzen ist. Ist der Zeitwert des Derivats positiv, geht es um einen anzusetzenden Vermögenswert.[1464] Ist der Zeitwert negativ, dann ist eine Verbindlichkeit anzusetzen.[1465] Bei PPAs wird sich der Zeitwert insb. aus der Differenz zwischen dem PPA-Preis und dem aktuellen Stromhandelspreis ergeben.[1466] Allerdings ist der tatsächliche Wert des PPA (*fair value*) von weiteren Faktoren abhängig, die ebenfalls wertbildend wirken. Dazu gehören z. B. Gütefaktoren der Anlage, Dienstleistungsgebühren (*Sleeving Fees*) oder die Herkunftsnachweise.[1467] Zur Bewertung der Marktpreise kann neben den zeitlich begrenzt zur Verfügung stehenden Preisen von Futures und Forwards auch auf die

---

1455 WBCSD, IFRS Accounting outline for Power Purchase Agreements, S. 13.

1456 Vgl. WBCSD, IFRS Accounting outline for Power Purchase Agreements, S. 13.

1457 *Brüggemann/Polster*, DB 2020, 1073, 1077.

1458 *Lüdenbach/W.-D. Hoffmann/Freiberg*, in: Haufe IFRS-Kommentar, § 28, Rn. 28.

1459 *Lüdenbach/W.-D. Hoffmann/Freiberg*, in: Haufe IFRS-Kommentar, § 28, Rn. 28.

1460 Vgl. dena, Finanzierung von Erneuerbare-Energien-Anlagen über Power Purchase Agreements, S. 26.

1461 Dena, Finanzierung von Erneuerbare-Energien-Anlagen über Power Purchase Agreements, S. 26.

1462 Siehe dazu *Lüdenbach/W.-D. Hoffmann/Freiberg*, in: Haufe IFRS-Kommentar, § 28, Rn. 170.

1463 Siehe dazu *Lüdenbach/W.-D. Hoffmann/Freiberg*, in: Haufe IFRS-Kommentar, § 28, Rn. 170.

1464 Vgl. *Lüdenbach/W.-D. Hoffmann/Freiberg*, in: Haufe IFRS-Kommentar, § 28, Rn. 4.

1465 *Lüdenbach/W.-D. Hoffmann/Freiberg*, in: Haufe IFRS-Kommentar, § 28, Rn. 5.

1466 WBCSD, IFRS Accounting outline for Power Purchase Agreements, S. 23.

1467 *Brüggemann/Polster*, DB 2020, 1073, 1079.

Preise von Brokern und Analysten Bezug genommen werden.[1468] Ein Nachteil dieser periodischen Neubewertung ist das Auftreten von Schwankungen in den Bilanzen.[1469]

bb) Eingebettete Derivate

Sofern ein Leasingverhältnis oder ein schwebender Vertrag vorliegen, ist das PPA auf sog. eingebettete Derivate zu untersuchen.[1470] Dabei handelt es sich gem. IFRS 9.4.3.1 um einen untrennbaren Bestandteil eines nicht derivativen Basisvertrags. In diesem Bestandteil sind Rechte und Pflichten enthalten, die bewirken, dass Teile oder alle der vorgesehenen Zahlungsströme ähnlichen Schwankungen unterliegen wie ein eigenständiges Derivat. Das ist gem. IFRS 9.4.3.1 z. B. der Fall, wenn die vorgesehenen Zahlungsströme Bezug auf bestimmte Variablen nehmen, wie etwa Zinsänderungsraten, Preise von Finanzinstrumenten, Commodity- also Warenpreise, Wechselkurse von Währungen, Preisindizes oder Kreditratings. Eingebettete Derivate sind bilanziell vom Basisvertrag zu trennen und unabhängig von der Bilanzierung des Basisvertrags als Derivate gem. IFRS 9 zu bilanzieren.[1471] Die Trennungspflicht gilt allerdings gem. IFRS 9.4.3.3 nur, wenn keine enge Verbindung der wirtschaftlichen Merkmale von Basisvertrag und eingebettetem Derivat besteht (*closely related*).[1472] Ob eine derartige wirtschaftlich enge Verbundenheit vorliegt, ist daher im Einzelfall festzustellen.[1473]

Sofern eine Referenz auf einen Preisindex vorliegt, ist somit entscheidend, ob dieser Index ähnliche wirtschaftliche Charakteristiken und Risiken beinhaltet wie der Stromverkauf im Basisvertrag.[1474] Daher stellt die Referenz auf einen Strompreisindex zwar ein eingebettetes Derivat dar, das aber wegen der engen wirtschaftlichen Verbundenheit zum Basisvertrag nicht getrennt zu bilanzieren ist.[1475] Der Stromverkauf im Basisvertrag beinhaltet dieselben bzw. ähnliche wirtschaftliche Charakteristiken und Risiken wie der Index für den Strompreis. Etwas anderes kann allerdings dann gelten, wenn die Preisvereinbarung im PPA eine Hebelwirkung (*leverage*) beinhaltet, die zu einer Abkopplung des PPA-Preises vom Strompreisindex führt.[1476] Die Risikoentwicklung des eingebetteten Derivats ist dann nämlich ab einer bestimmten Hebelwirkung von der Risikoentwicklung des Basisvertrags getrennt.[1477] Gleiches gilt für die Referenz auf einen Inflationsindex, bei der eine

---

1468 *Brüggemann/Polster*, DB 2020, 1073, 1079; WBCSD, IFRS Accounting outline for Power Purchase Agreements, S. 24.

1469 WBCSD, IFRS Accounting outline for Power Purchase Agreements, S. 23.

1470 Dena, Finanzierung von Erneuerbare-Energien-Anlagen über Power Purchase Agreements, S. 26.

1471 Dena, Finanzierung von Erneuerbare-Energien-Anlagen über Power Purchase Agreements, S. 26.

1472 *Lüdenbach/W.-D. Hoffmann/Freiberg*, in: Haufe IFRS-Kommentar, § 28, Rn. 285.

1473 Dena, Finanzierung von Erneuerbare-Energien-Anlagen über Power Purchase Agreements, S. 26.

1474 WBCSD, IFRS Accounting outline for Power Purchase Agreements, S. 15.

1475 Dena, Finanzierung von Erneuerbare-Energien-Anlagen über Power Purchase Agreements, S. 26.

1476 Dena, Finanzierung von Erneuerbare-Energien-Anlagen über Power Purchase Agreements, S. 26.

1477 WBCSD, IFRS Accounting outline for Power Purchase Agreements, S. 15.

überproportionale Hebelwirkung oder ein fehlender Zusammenhang zum wirtschaftlichen Umfeld, in dem die Vertragsparteien sonst tätig sind, zum Fehlen der engen wirtschaftlichen Verbundenheit führt.[1478] Auch Caps oder Floors können in der Preisvereinbarung des PPAs vorgesehen werden. Sofern diese Preisgrenzen zum Zeitpunkt des Vertragsschlusses aber keine Auswirkungen auf den PPA-Preis haben, weil sich der Strompreis unterhalb des Caps bzw. oberhalb des Floors bewegt, liegt kein trennungspflichtiges eingebettetes Derivat vor. Da der derivative Teil der Vereinbarung dann keinen Einfluss auf die Preisvereinbarung hat, sondern aus dem Geld ist (*out of the money*), besteht eine enge wirtschaftliche Verbindung mit dem Basisvertrag.[1479] Sofern allerdings die Referenz auf den Preisindex trennungspflichtig ist, sind auch vereinbarte Floors oder Caps zu trennen und mit dem eingebetteten Derivat nach IFRS 9 zum *fair value* zu bewerten.[1480] Sofern die Preisvereinbarung im PPA eine Referenz auf Währungskurse beinhaltet, liegt nur dann ein enger wirtschaftlicher Zusammenhang vor, wenn auf die Währung der Vertragsparteien abgestellt wird,[1481] „die Währung üblicherweise in äquivalenten Verträgen in dem wirtschaftlichen Umfeld, in dem die Strom- und Grünstromzertifikatelieferung stattfindet, verwendet wird oder die Währung darstellt, die für den Strom- bzw. Zertifikatepreis bei weltweiten Geschäftstransaktionen regelmäßig verwendet wird."[1482] Eine Hebelwirkung darf hierbei ebenfalls nicht enthalten sein.[1483] Da Verlängerungs- und Kündigungsoptionen die Risikoverteilung verändern können, können sie ebenfalls eine Auswirkung auf die wirtschaftlich enge Verbundenheit insb. von PPAs, die eine Leasingvereinbarung enthalten, haben.[1484]

c) *IFRS 15 bzw. IAS 37 (Schwebende Verträge)*

Liegt die *own use exemption* vor, sind PPAs als schwebender Vertrag gem. IFRS 15 bzw. IAS 37 anzusetzen.[1485] Dabei handelt es sich um eine verhältnismäßig einfache und wenig bilanzierungsintensive Klassifizierung.[1486] Marktwertänderungen werden – anders als z. B. Finanzinstrumente – nicht erfasst, sofern nicht ein drohender Verlust vorliegt.[1487] Sobald die Marktpreise deutlich unter den PPA-Preis sinken, wird der Vertrag finanziell zu einer Belastung, da Wettbewerber am Markt den Strom günstiger erwerben können. Für diesen dann sog. belastenden Vertrag (*onerous contract*) ist gem. IAS 37.66 eine Rückstellung

---

1478 Dena, Finanzierung von Erneuerbare-Energien-Anlagen über Power Purchase Agreements, S. 27.

1479 Vgl. *Lüdenbach/W.-D. Hoffmann/Freiberg*, in: Haufe IFRS-Kommentar, § 28, Rn. 285.

1480 Dena, Preisleitfaden Green PPA, S. 26.

1481 WBCSD, IFRS Accounting outline for Power Purchase Agreements, S. 15.

1482 Dena, Finanzierung von Erneuerbare-Energien-Anlagen über Power Purchase Agreements, S. 27.

1483 Dena, Finanzierung von Erneuerbare-Energien-Anlagen über Power Purchase Agreements, S. 27.

1484 Vgl. WBCSD, IFRS Accounting outline for Power Purchase Agreements, S. 15; dena, Finanzierung von Erneuerbare-Energien-Anlagen über Power Purchase Agreements, S. 27.

1485 Dena, Finanzierung von Erneuerbare-Energien-Anlagen über Power Purchase Agreements, S. 26.

1486 WBCSD, IFRS Accounting outline for Power Purchase Agreements, S. 24.

1487 *Lüdenbach/W.-D. Hoffmann/Freiberg*, in: Haufe IFRS-Kommentar, § 28, Rn. 24.

anzusetzen.[1488] Diese einfache Methode ist für Erzeuger wie Industrieunternehmen regelmäßig die bevorzugte Bilanzierungsform.[1489]

d) Vor- und Nachteile

Die Vor- und Nachteile einer bestimmten Art der Klassifizierung sind unternehmensspezifisch und vertragsspezifisch immer im Einzelfall zu bewerten. Will man aber eine generelle Aussage über Vor- und Nachteile der Klassifizierung von PPAs treffen, lässt sich Folgendes feststellen: Für Erzeuger und (industrielle) Abnehmer ist – wie beschrieben – regelmäßig die am wenigsten komplexe Bewertungsmethode gem. IFRS 15 bzw. IAS 37 als schwebender Vertrag aufgrund der auf den Rechnungen basierenden Kosten, die für die Stromlieferung anfallen, die bevorzugte Klassifizierung.[1490] Bei einer Bilanzierung als Leasing oder Finanzinstrument können Nachteile auftreten.[1491] So ist die wiederkehrende Bewertung zum *fair value* bei der Klassifizierung als Finanzinstrument nicht nur deutlich komplexer,[1492] sondern kann auch zu unerwünschten Schwankungen in den Unternehmensbilanzen des Abnehmers führen.[1493] Eine Klassifizierung als Leasing kann die Verschuldung des Abnehmers deutlich erhöhen und sich auf dessen Kreditwürdigkeit auswirken.[1494]

3. Die Bilanzierung nach dem Handelsgesetzbuch

a) Grundlagen

Gem. § 242 Abs. 1, 2 HGB trifft den Kaufmann (§§ 1 ff. HGB) die Pflicht zur Aufstellung einer Bilanz (Abs. 1) sowie einer GuV (Abs. 2), die zusammen den Jahresabschluss bilden (Abs. 3). Als Kaufmann zählen gem. § 6 Abs. 1 HGB auch Unternehmen, die als Handelsgesellschaft organisiert sind.[1495] Bemerkenswert ist, dass für Energieversorgungsunternehmen und Energiehändler bilanziell regelmäßig andere Möglichkeiten als für Anlagenbetreiber und Letztverbraucher bestehen.

Für PPAs gilt der Einzelbewertungsgrundsatz nach § 252 Abs. 1 Nr. 3 HGB. Einzelne Vermögensgegenstände und Schulden sind danach am Bilanzstichtag gesondert zu bilanzieren und zu bewerten wie sich auch schon aus § 240 HGB ergibt.[1496]

1488 *Brüggemann/Polster*, DB 2020, 1073, 1078.

1489 *Brüggemann/Polster*, DB 2020, 1073, 1078; WBCSD, IFRS Accounting outline for Power Purchase Agreements, S. 24.

1490 *Brüggemann/Polster*, DB 2020, 1073, 1078; WBCSD, IFRS Accounting outline for Power Purchase Agreements, S. 4.

1491 WBCSD, IFRS Accounting outline for Power Purchase Agreements, S. 4.

1492 Dena, Finanzierung von Erneuerbare-Energien-Anlagen über Power Purchase Agreements, S. 28.

1493 WBCSD, IFRS Accounting outline for Power Purchase Agreements, S. 4.

1494 Vgl. WBCSD, IFRS Accounting outline for Power Purchase Agreements, S. 4 f.; dena, Finanzierung von Erneuerbare-Energien-Anlagen über Power Purchase Agreements, S. 28.

1495 Vgl. Hopt/*Merkt*, § 6 HGB, Rn. 1 ff.

1496 EBJS/*Böcking/Gros/Wirth*, § 252 HGB, Rn. 20.

Der Grundsatz der Einzelbewertung entspringt dem in § 252 Abs. 1 Nr. 4 HGB normierten Vorsichtsprinzip.[1497] Danach ist generell vorsichtig zu bewerten, was insb. darin zum Ausdruck kommt, dass nach § 252 Abs. 1 Nr. 4 HGB ausdrücklich alle vorhersehbaren Risiken und Verluste, die bis zum Abschlussstichtag entstanden sind, zu berücksichtigen sind, selbst wenn diese erst zwischen dem Abschlussstichtag und dem Tag der Aufstellung des Jahresabschlusses bekanntgeworden sind (Imparitätsprinzip), während Gewinne lediglich zu berücksichtigen sind, wenn sie am Abschlussstichtag realisiert sind (Realisationsprinzip).[1498] Durch den Einzelbewertungsgrundsatz soll die Saldierung von Wertminderungen und -erhöhungen verhindert werden, die das Vorsichtsprinzip (Imparitäts- und Realisationsprinzip) unterlaufen könnten.[1499] Das Vorsichtsprinzip ist ein zentrales Prinzip und ein Grundsatz ordnungsmäßiger Buchführung i. S. v. § 243 Abs. 1 HGB. Es ist daher in allen Fragen der Bilanzierung und Bewertung zu beachten.[1500]

b) Schwebende Geschäfte

PPAs stellen grds. schwebende Geschäfte dar. Aus dem Imparitätsprinzip folgt, dass bei schwebenden Geschäften gem. § 249 Abs. 1 S. 1 HGB, wenn Verluste aus dem PPA drohen, Rückstellungen gebildet werden müssen.[1501] Zum Stichtag können nur realisierte Gewinne angesetzt werden. Nicht realisierte Gewinne werden hingegen nach dem Realisationsprinzip zunächst nicht erfasst und können erst nach Realisierung angesetzt werden.

Ein drohender Verlust liegt für den Verkäufer dann vor, wenn der Stromhandelspreis über dem PPA-Preis liegt.[1502] Für den Käufer besteht ein drohender Verlust aus dem PPA umgekehrt dann, wenn der Wert des Anspruchs auf die Gegenleistung, regelmäßig der aktuelle Stromhandelspreis am Spotmarkt, unter der sich aus dem PPA-Preis ergebenden Zahlungsverpflichtung liegt.[1503] Sofern der Käufer jedoch nachweisen kann, dass der bezogene Strom mindestens kostendeckend veräußert werden kann, darf auf die Bildung der Rückstellung verzichtet werden.[1504] Das gilt nur, wenn der Abnehmer den Strom weiterveräußert und nicht selbst verbraucht.[1505] Ein Letztverbraucher kann sich daher nicht darauf berufen, dass er den Strom als Handelsware mindestens kostendeckend weiterveräußern kann.[1506] Hier besteht ein Unterschied zwischen Letztverbrauchern und Energieversorgungsunternehmen bzw. Energiehändlern. Bei Letzteren stehen den PPAs i. d. R. Stromab-

---

1497 Beck Bil-Komm/*Störk/Büssow*, § 252 HGB, Rn. 34.

1498 BeckOGK/*Tiedchen*, § 252 HGB, Rn. 57.

1499 Beck Bil-Komm/*Störk/Büssow*, § 252 HGB, Rn. 34.

1500 Beck Bil-Komm/*Störk/Büssow*, § 252 HGB, Rn. 43.

1501 *Brüggemann/Polster*, DB 2020, 1073, 1081.

1502 Für PPAs *Brüggemann/Polster*, DB 2020, 1073, 1081; mit Verweis auf IDW, WPg Supp 2015, 38, Rn. 13; ebenso *Göken*, VersorgungsW 2023, 108, 111.

1503 Vgl. *Brüggemann/Polster*, DB 2020, 1073, 1081; mit Verweis auf IDW, WPg Supp 2010, 51, Rn. 29; ebenso *Göken*, VersorgungsW 2023, 108, 111.

1504 *Göken*, VersorgungsW 2023, 108, 111.

1505 *Göken*, VersorgungsW 2023, 108, 111.

1506 Diese Möglichkeit besteht sonst allgemein bei der Bewertung von einzelnen Energielieferverträgen, vgl. IDW, WPg Supp 2015, 38, Rn. 15.

satzverträge der als Intermediär agierenden Unternehmen gegenüber.[1507] Allerdings widerspricht der Einzelbewertungsgrundsatz nach § 252 Abs. 1 Nr. 3 HGB und das darin zum Ausdruck kommende Vorsichtsprinzip grds. einer Saldierung des PPAs mit den Verträgen zur Weiterveräußerung des Stroms. Das gilt auch dann, wenn die Anwendung des Einzelbewertungsgrundsatzes zum Ausweis drohender Verluste führt, bei denen schon absehbar ist, dass sie so nicht eintreten.[1508]

Energieversorgungsunternehmen können allerdings ausnahmsweise gem. § 252 Abs. 2 HGB vom Einzelbewertungsgrundsatz abweichen und unter strengen Voraussetzungen ein ganzes Vertragsportfolio bewerten.[1509] Erforderlich ist dafür, dass die einbezogenen Geschäfte in sachlicher und zeitlicher Hinsicht gleichartigen Risiken ausgesetzt sind.[1510] D. h., dass die Geschäfte nicht wesentlich voneinander abweichende Laufzeiten und Basiswerte aufweisen.[1511] Zudem muss das Vertragsportfolio im Rahmen des Risikomanagementsystems des Energieversorgers überwacht, gesteuert und dokumentiert werden.[1512] Diese Möglichkeit steht allerdings nur Energieversorgungsunternehmen offen, sodass Energiehändler auf eine Alternative zurückgreifen müssen. Energiehändler können unter bestimmten Voraussetzungen eine Bewertungseinheit gem. § 254 HGB bilden. Diese Möglichkeit steht auch Energieversorgungsunternehmen, Anlagenbetreibern und Letztverbrauchern offen,[1513] die aber regelmäßig die Voraussetzungen des § 254 HGB nicht erfüllen werden.[1514] Dabei werden „Vermögensgegenstände, Schulden, schwebende Geschäfte oder mit hoher Wahrscheinlichkeit erwartete Transaktionen zum Ausgleich gegenläufiger Wertänderungen oder Zahlungsströme aus dem Eintritt vergleichbarer Risiken mit Finanzinstrumenten zusammengefasst" (§ 254 HGB). Die Bewertungseinheit ist als Ganzes nach den Bilanzierungsgrundsätzen zu bewerten, sodass sich gegenläufige Wertänderungen oder Zahlungsströme innerhalb der Bewertungseinheit ausgleichen.[1515] Nur für nicht ausgeglichene Teile (sog. ineffektive Teile) hat dann die Bildung einer Rückstellung zu erfolgen.[1516] Da für den ineffektiven Teil auch das Realisationsprinzip gilt, sind etwaige Gewinne aus einer Überkompensation des beim Grundgeschäft eingetretenen Verlusts nicht anzusetzen.[1517] Voraussetzung für die Bildung einer Bewertungseinheit ist das Vorliegen eines zulässigen Grundgeschäfts und eines entsprechenden Sicherungsinstruments, das jeweils die Anforderungen an Dokumentation und Effektivitätsmessung erfüllt.[1518]

1507 *Brüggemann/Polster*, DB 2020, 1073, 1081.

1508 Vgl. IDW, WPg Supp 2015, 38, Rn. 9.

1509 Vgl. IDW, WPg Supp 2015, 38, Rn. 17.

1510 *Göken*, VersorgungsW 2023, 108, 112.

1511 *Göken*, VersorgungsW 2023, 108, 112.

1512 *Göken*, VersorgungsW 2023, 108, 112.

1513 Vgl. für den Strombezug über ein PPA als Absicherung für größere Vertriebsverträge *Göken*, VersorgungsW 2023, 108, 112.

1514 Vgl. *Brüggemann/Polster*, DB 2020, 1073, 1081 f.

1515 Beck Bil-Komm/*Justenhoven/Usinger*, § 254 HGB, Rn. 50.

1516 Beck Bil-Komm/*Justenhoven/Usinger*, § 254 HGB, Rn. 50.

1517 Beck Bil-Komm/*Justenhoven/Usinger*, § 254 HGB, Rn. 50.

1518 Dena, Finanzierung von Erneuerbare-Energien-Anlagen über Power Purchase Agreements, S. 28; vgl. dazu im Detail IDW, WPg Supp 2011, 59, Rn. 25 ff.

c) Leasing

PPAs können aber auch als Leasingverhältnis zu qualifizieren sein.[1519] Mangels einer ausdrücklichen Regelung von Leasingverhältnissen im Gesetz[1520] gelten die allgemeinen Zurechnungsregeln gem. § 246 Abs. 1 S. 2 HGB und die allgemeinen Grundsätze ordnungsmäßiger Buchführung gem. § 243 Abs. 1 HGB.[1521] Danach gilt, dass Vermögensgegenstände – wie hier der Leasinggegenstand – grds. in der Bilanz des zivilrechtlichen Eigentümers zu bewerten sind (§ 246 Abs. 1 S. 2 Hs. 1 HGB), sofern keine Trennung des wirtschaftlichen und rechtlichen Eigentums erfolgt. Sofern rechtliches und wirtschaftliches Eigentum sich widersprechen, sind die Vermögensgegenstände – vorbehaltlich gesetzlicher Sonderregelungen – bei demjenigen auszuweisen, dem diese wirtschaftlich zuzuordnen sind (§ 246 Abs. 1 S. 2 Hs. 2 HGB).[1522] Im Zweifel geht daher das wirtschaftliche Eigentum vor. Für die Beurteilung des wirtschaftlichen Eigentums im Rahmen eines PPAs sind verschiedene Kriterien entscheidend. Dazu gehört einerseits – wie auch bei der Klassifizierung als Leasingverhältnis nach IFRS – die Frage, wem der wirtschaftliche Nutzen der Anlage gebührt und wer über die operative Nutzung der Anlage entscheiden kann.[1523] Andererseits ist die Tragung von Chancen und Risiken aus der Nutzung der Anlage relevant.[1524] Zu den relevanten Risikoaspekten gehören bspw. Amortisationsrisiken, Wartungs- und Instandhaltungsrisiken sowie Gewinnchancen.[1525] Von bedeutender Auswirkung auf die Verteilung dieser Risiken ist die gewählte Vertragsgestaltung. So können durch die Preis-, Mengen und Laufzeitregelungen Absatzrisiken und Gewinnchancen ebenso aufgeteilt werden wie durch Haftungsregelungen die Wartungs- und Instandhaltungsrisiken. Auch die Möglichkeit der Wertsteigerungen und Wertminderungen einschließlich der Gefahr des zufälligen Untergangs, spielen eine Rolle.[1526] Die Praxis versucht i. d. R. wohl eine Bilanzierung des Leasinggegenstands beim Leasingnehmer zu vermeiden, sodass die Rechte und Pflichten aus dem Leasingvertrag beim Leasingnehmer bilanzunwirksam bleiben.[1527] Finanzielle Verpflichtungen aus Leasing-Verhältnissen unterliegen i. Ü. der Pflicht zur Erläuterung im Anhang gem. § 285 Nr. 3a HGB.[1528]

d) Finanzinstrumente

Darüber hinaus können besondere Anforderungen an die bilanzielle Abbildung von PPAs bestehen, wenn es sich um Finanzinstrumente handelt. Zur Bestimmung des Begriffs

---

1519 Vgl. dena, Finanzierung von Erneuerbare-Energien-Anlagen über Power Purchase Agreements, S. 27.

1520 MüKoHGB/*Ballwieser*, § 246 HGB, Rn. 44.

1521 MüKoBilR/*Hennrichs*, § 246 HGB, Rn. 206.

1522 Beck Bil-Komm/*Justenhoven/Meyer*, § 246 HGB, Rn. 5.

1523 Vgl. dena, Finanzierung von Erneuerbare-Energien-Anlagen über Power Purchase Agreements, S. 27.

1524 IDW, WPg Supp 2007, 69, Rn. 7.

1525 Dena, Finanzierung von Erneuerbare-Energien-Anlagen über Power Purchase Agreements, S. 28.

1526 IDW, WPg Supp 2007, 69, Rn. 7.

1527 MüKoBilR/*Hennrichs*, § 246 HGB, Rn. 211.

1528 Vgl. MüKoHGB/*Poelzig*, § 285 HGB, Rn. 54; Beck Bil-Komm/*Grottel*, § 285 HGB, Rn. 97.

„Finanzinstrument" wird die bereits erläuterte Definition des § 1 Abs. 11 KWG herangezogen, die von der Definition des IDW (Institut der Wirtschaftsprüfer) ebenfalls umfasst ist.[1529] Insofern kann hinsichtlich der unterschiedlichen Arten von PPAs auf die Befassung mit § 1 Abs. 11 KWG verwiesen werden. Folge der Klassifizierung als Finanzinstrument ist ebenfalls die Pflicht zur Erläuterung im Anhang gem. § 285 Nr. 19 HGB.[1530] Finanz-PPAs können daher der Erläuterungspflicht unterfallen, während auf physische Lieferung gerichtete PPAs dieser Pflicht nicht unterliegen.[1531]

Es existieren vier verschiedene Möglichkeiten der Bilanzierung von Finanzinstrumenten: Derivate des Handelsbestands nach § 340e Abs. 3 HGB, Derivate, die in eine Bewertungseinheit nach § 254 HGB einbezogen werden, Derivate, die im Rahmen der Steuerung des Zinsänderungsrisikos im Bankbuch kontrahiert werden, sowie die sonstigen Derivate.[1532] Finanzinstrumente des Handelsbestands sind gem. § 340e Abs. 3 S. 1 HGB zum beizulegenden Zeitwert abzüglich eines Risikoabschlags zu bewerten. Andere Derivate können, wie bereits erläutert, abweichend vom Einzelbewertungsgrundsatz in einer Bewertungseinheit gem. § 254 HGB zusammengefasst werden oder gem. IDW RS BFA 3 n. F. bilanziell erfasst werden, wenn sie im Rahmen der Steuerung des Zinsänderungsrisikos im Bankbuch kontrahiert werden.[1533] Bei sonstigen derivativen Finanzinstrumenten werden, wie bei anderen schwebenden Geschäften auch, nur bei einem drohenden Verlust gem. § 249 Abs. 1 S. 1 HGB Rückstellungen gebildet.[1534]

Keine ausdrücklichen Vorgaben sind im HGB für die Bilanzierung strukturierter Finanzinstrumente i. S. d. IDW RS HFA 22 – will heißen eingebetteter Derivate – vorgesehen. Daher sind Vorgaben für die Bilanzierung eingebetteter Derivate aus den Grundsätzen ordnungsmäßiger Buchführung gem. §§ 243 Abs. 1, 264 Abs. 2 HGB abzuleiten.[1535] Trotz der aus dem Einzelbewertungsgrundsatz abzuleitenden einheitlichen Bilanzierung von Vermögensgegenständen, kann sich aus diesen Grundsätzen, wegen der besonderen Chancen und Risiken des eingebetteten Derivats, ergeben, dass Basisinstrument/-vertrag und eingebettetes Derivat getrennt voneinander zu bilanzieren sind.[1536] Für die Abgrenzung ist entscheidend, ob vom (potentiellen) eingebetteten Derivat im Vergleich zum Basisinstrument wesentlich erhöhte oder zusätzliche Chancen und Risiken ausgehen.[1537] Solche erhöhten oder zusätzlichen Chancen und Risiken liegen z. B. vor, wenn das eingebettete Derivat mit einem Zinssatz oder Zinsindex als Underlying „die Rendite des Basisinstruments mindestens" verdoppelt und so zu einer Entkopplung von den Chancen bzw. Risi-

1529 BeckOGK/*Kessler*, § 285 HGB, Rn. 247; IDW, WPg Supp 2010, 86, Rn. 3 f.

1530 Dena, Finanzierung von Erneuerbare-Energien-Anlagen über Power Purchase Agreements, S. 28.

1531 Dena, Finanzierung von Erneuerbare-Energien-Anlagen über Power Purchase Agreements, S. 28.

1532 MüKoHGB/*Böcking/Bär/Morawietz*, § 340e HGB, Rn. 67; mit Verweis auf detaillierte Angaben zur Bilanzierung von Derivaten nach dem HGB in *Wiechens/K. Lorenz/Morawietz*, in: Handbuch des Jahresabschlusses, Abteilung I./11.

1533 Siehe dazu MüKoHGB/*Böcking/Bär/Morawietz*, § 340e HGB, Rn. 72 ff.

1534 Vgl. MüKoHGB/*Böcking/Bär/Morawietz*, § 340e HGB, Rn. 71.

1535 IDW, WPg Supp 2015, 30, Rn. 6.

1536 IDW, WPg Supp 2015, 30, Rn. 6 ff.

1537 IDW, WPg Supp 2015, 30, Rn. 15.

ken des Basisinstruments führt.[1538] Die Entkopplung der Chancen und Risiken durch ein potentielles eingebettetes Derivat i. S. v. IDW RS HFA 22 ist für PPAs im Einzelfall festzustellen, um ggf. eine getrennte Bilanzierung des eingebetteten Derivats vornehmen zu können und damit den Erfordernissen der Grundsätze ordnungsmäßiger Buchführung gerecht zu werden.

4. Zwischenergebnis

Die bilanziellen Folgen des PPAs sind bei der Vertragsanbahnung und der Entscheidung für eine Ausgestaltung des PPAs mitzubedenken. Neben Bestimmungen des HGB oder alternativ können auch die IFRS zur Anwendung kommen. PPAs sind nach den IFRS entweder als Leasingverhältnis, Finanzinstrument oder schwebender Vertrag zu klassifizieren. Es kann zudem ein eingebettetes Derivat vorliegen, das aber i. d. R. wegen der engen wirtschaftlichen Verbundenheit nicht getrennt zu bilanzieren ist. Allerdings sind bei der Ausgestaltung des PPAs verschiedene Ausnahmen zu berücksichtigen. Die Bewertung eines Leasingverhältnisses, eines Finanzinstruments oder eines schwebenden Vertrags erfolgt jeweils unterschiedlich. Vorteilhaft und unkomplizierter erscheint die Bilanzierung als ein schwebender Vertrag.

Für die Bilanzierung nach dem HGB gelten grds. das Vorsichtsprinzip und der Einzelbewertungsgrundsatz, sodass drohende Verluste und nur realisierte Gewinne zu berücksichtigen sind. Nur ausnahmsweise ist eine Saldierung von Gewinnen und Verlusten möglich. Dafür müssen die Voraussetzungen des § 252 Abs. 2 HGB vorliegen oder es muss eine Bewertungseinheit gebildet werden können. Auch nach dem HGB sind PPAs, je nach Ausgestaltung, entweder als Leasingverhältnis, Finanzinstrument oder schwebendes Geschäft zu bewerten.

1538 IDW, WPg Supp 2015, 30, Rn. 16 mit weiteren Beispielen.

Ergebnisse

PPAs für EE-Anlagen sind in ihren unterschiedlichen Ausformungen mittlerweile branchenweit diskutiert und bekannt. Ihre Bedeutung für die Energiewirtschaft wird zukünftig weiter steigen und ein genaues Verständnis der rechtlichen Anforderungen erforderlich machen. Für die rechtliche Behandlung von physisch abgewickelten PPAs als zivilrechtlichen Kaufverträgen sind insb. die Regelungen des AGB- und Kartellrechts zu berücksichtigen. Das gilt auch für Finanz-PPAs, die schuldrechtlich als Verträge eigener Art zu qualifizieren sind und vor allem durch das Kapitalmarktrecht geprägt werden. Nach dem Energievertragsrecht des EnWG sind Corporate-PPAs als Sonderkundenverträge und Utility- bzw. Merchant-PPAs als Weiterverteilerverträge i. S. d. EnWG zu qualifizieren. Üblicherweise unterfallen PPAs der Definition der Direktvermarktung i. S. d. EEG 2023, mit Ausnahme von On-Site-PPAs, die als Fall der sog. Nachbarbelieferungen gelten, sowie von Finanz-PPAs.

Schon heute ist ein Nebeneinander der häufig als Alternativen begriffenen sicheren Vermarktungsmöglichkeiten nach dem EEG 2023 bzw. dem WindSeeG (staatlich) und PPAs (privatwirtschaftlich) möglich. Die Bedeutung von PPAs ist abseits des Anwendungsbereichs des EEG 2023 bereits groß, insb. bei Post-EEG-Anlagen. Auch für Projekte, die nicht den Restriktionen des EEG 2023 unterfallen sollen, bieten PPAs eine Vermarktungs- und Finanzierungsmöglichkeit. Sofern PPAs mit dem EEG 2023 konkurrieren, finden sich ebenfalls viele Argumente, die schon heute für eine Vermarktung über PPAs sprechen. Dazu gehören die Restriktionen des EEG 2023, die mit einer förderfreien Vermarktung entfallen. Insb. die Vergütungshöhe ist von Bedeutung. Insofern wird erwartet, dass die von EE-Anlagen erzielbaren Erlöse trotz verschiedener wetter- und marktbedingter Unsicherheiten in den nächsten Jahren oberhalb der EEG-Vergütungen liegen werden. Noch dient die Preisabsicherung des EEG allerdings häufig als ein „sicherer Hafen" für die Anlagenbetreiber. PPAs sparen zudem staatliche Mittel ein und führen zu einer weiteren Marktintegration der EE-Anlagen. Das WindSeeG enthält verschiedene Anreize für den Abschluss von PPAs. Im Bereich Offshore-Windenergie entbindet die förderfreie Vermarktung allerdings nicht von der Pflicht zur Teilnahme an den Ausschreibungen.

PPAs haben zudem Vorteile gegenüber einer Vermarktung im Stromhandel. Sie bieten eine bessere und langfristigere Absicherung des Cashflows und damit der Finanzierungsbedingungen. Zudem sind PPAs für einen kostengünstigen Ausbau der erneuerbaren Energien von Vorteil und garantieren gleichzeitig eine bezahlbare Energieversorgung. Allgemein ist anzunehmen, dass die Bedeutung von PPAs für den Strommarkt weiter steigen wird, insb. vor dem Hintergrund der deutschen und unionsrechtlichen Pläne zu einem Strommarktdesign oder der Diskussion um einen Industrie- bzw. Transformationsstrompreis, sofern ein solcher langfristig doch noch eingeführt werden sollte. Denn PPAs erfüllen die Rolle als ein Finanzierungsinstrument besser als bestehende Produkte des Stromhandels. Den in diesem Zusammenhang und als ein möglicher Ersatz des Marktprämienmodells diskutierten CfDs soll zukünftig – ebenso wie der Eigenversorgung – ein eigener Anwendungsbereich neben PPAs zuteilwerden. Strom aus EE-Anlagen kann darüber hinaus über PPAs bereits wirtschaftlich günstiger bezogen werden als konventionell erzeugter Strom. Zudem besteht auch im Rahmen des geltenden Steuersystems mittlerweile ein Anreiz für den Abschluss von PPAs. Denn die Anwendbarkeit der besonderen Ausgleichsregelung und der Strompreiskompensation kann insb. durch die Deckung von mindestens 30 % des Stromverbrauchs durch nicht geförderten Strom aus erneuerbaren Energien erreicht werden.

In einem weiteren Abschnitt dieser Arbeit wurden die in PPAs üblichen Vereinbarungen ausführlich auf ihre ökonomischen und rechtlichen Eigenschaften und Anforderungen hin untersucht. Dazu gehören insb. die wesentlichen Klauseln zur Laufzeit sowie der vertraglichen Mengen- und Preisvereinbarung. Die notwendige und zulässige Vertragslaufzeit wird – wie beschrieben – beeinflusst vom Investitionsumfang. Zulässig ist eine Vertragslaufzeit immer dann, wenn diese der Amortisation der konkreten Projektkosten dient. Darin liegt aber kein rechtssicherer Maßstab. Nach hier vertretener Ansicht bietet die 20-jährige EEG-Vergütung, die in der Praxis Grundlage der Planung und wirtschaftlichen Bewertung der Projekte ist, einen solchen allgemeingültigen und rechtssichereren Maßstab für die Zulässigkeit der Vertragslaufzeit. Zu berücksichtigen ist in diesem Zusammenhang aber die Freistellungspraxis der Kommission, sodass eine höchstens 15-jährige Laufzeit derzeit empfehlenswert ist.

Der im Rahmen von PPAs nachweisbare Umweltnutzen der Stromlieferung ist de lege lata im Rahmen zweier Konzepte unterschiedlichen Anforderungen unterworfen. Für die Erzeugung von „grünem“ Wasserstoff gelten strengere Regeln als im Rahmen der Stromkennzeichnung.

Bei der Durchführung der Lieferung sind je nach Abwicklungsart unterschiedliche Besonderheiten zu berücksichtigen. Die tatsächliche Lieferung der Ware Strom ist an technische und physikalische Bedingungen geknüpft, die Einfluss auf ihre rechtliche Behandlung haben. Im Rahmen der finanziellen Abwicklung sind die Vorgaben der Finanzmarktregulierung zu berücksichtigen.

Die Vereinbarung des Lieferumfangs hat entscheidende Bedeutung für die Primär- und Sekundäransprüche sowie die Risikoverteilung im Vertrag. Die unterschiedlichen Auswirkungen der in PPAs üblichen Mengenvereinbarungen auf Primär- und Sekundäransprüche wurden in dieser Arbeit erstmalig umfassend beschrieben. Die Risikoverteilung hat wiederum wesentliche Auswirkungen auf Projektfinanzierung und Preisvereinbarung. Der Vereinbarung von Take-or-Pay-Klauseln sind jedoch rechtliche Grenzen gesetzt.

Ein Festpreis kann von den Parteien privatautonom bestimmt werden, hat allerdings massive ökonomische Bedeutung. Sollen hingegen Preisanpassungsklauseln vereinbart werden, sind diese an den vielfältigen rechtlichen Anforderungen zu messen. Die vertraglichen Haftungsregelungen sind sekundäre Bestimmungen zur Risikoverteilung, die aus der Gestaltung der Laufzeit-, Mengen- und Preisvereinbarung folgt. Allerdings können in diesem Zusammenhang weitere Differenzierungen vorgenommen werden.

Vertragliche Sicherheiten sind insb. für die Finanzierungsfunktion des PPAs von Relevanz. Daher sind Verbesserungen im Bereich der Finanzierungssicherheiten unionsrechtlich angedacht. Möglichkeiten zur Beendigung des PPAs, insb. die Kündigungsregelungen, sind vor dem Hintergrund der Finanzierungs- und Preissicherungsfunktion von PPAs üblicherweise eingeschränkt, allerdings existieren dafür die beschriebenen rechtlichen Grenzen. Zudem werden üblicherweise Regelungen zur Vertragsanpassung getroffen, wodurch in Krisenszenarien eine Vertragsbeendigung als ultima ratio vermieden werden kann. Der Vertragsanpassung sind ebenfalls rechtliche Grenzen gesetzt.

Die Bilanzierung von PPAs kann entweder nach den IFRS oder nach dem HGB erfolgen. Jeweils kommt eine Bilanzierung als ein Leasingvertrag, ein Finanzinstrument oder ein schwebender Vertrag in Betracht. Bei der Ausgestaltung des PPAs ist die Auswirkung auf die Klassifizierung zu berücksichtigen, denn die Bewertung eines Leasingverhältnisses, eines Finanzinstruments oder eines schwebenden Vertrags erfolgt jeweils unterschiedlich. Vorteilhaft und unkomplizierter erscheint die Bilanzierung als ein schwebender Vertrag. Für die Bilanzierung nach dem HGB gelten grds. das Vorsichtsprinzip und der Einzelbewertungsgrundsatz, sodass drohende Verluste und nur realisierte Gewinne zu berücksichtigen sind. Nur ausnahmsweise ist eine Saldierung von Gewinnen und Verlusten möglich. Dafür müssen die Voraussetzungen des § 252 Abs. 2 HGB vorliegen oder es muss eine Bewertungseinheit gebildet werden können.

Die Handhabung dieser vielgestaltigen Rechtsfragen, die eine Vielzahl unterschiedlicher Rechtsgebiete berühren, wird im Rahmen individueller Verträge wie PPAs weiterhin einzelfallbezogen und mithin komplex bleiben. Mit der Umsetzung der derzeit geplanten Änderungen des Marktdesigns wird die Bedeutung von PPAs weiter zunehmen. Ob damit tatsächlich eine Vereinfachung der mit PPAs verbundenen Rechtsfragen einhergeht oder vielmehr eine Regulierung, die weitere Rechtsfragen aufwirft, wird sich zeigen. Es ist nicht ausgeschlossen, dass PPAs für EE-Anlagen in Zukunft nicht mehr nur die Branche, sondern vermehrt auch die Gerichte beschäftigen werden.

Literaturverzeichnis

I. Gedruckte Quellen

Altrock, Martin/*Oschmann*, Volker/*Theobald*, Christian (Hrsg.), EEG, Erneuerbare-Energien-Gesetz; Kommentar, 4. Aufl., München 2013 (zit. als: Altrock/Oschmann/Theobald/*Bearbeiter*).

Amelung, Torsten/*Stein*, Eric, § 6 Der Markt für Wetterderivate, in: Ines Zenke, Ralf Schäfer (Hrsg.), Energiehandel in Europa, Öl, Gas, Strom, Derivate, Zertifikate, 4. Aufl., München 2017, Rn. 1–36 (zit. als: *Amelung/Stein*, in: Energiehandel in Europa).

Antoni, Johannes/*Schäfer-Stradowsky*, Simon, § 26 Post-EEG – zukunftsfähiger Rechtsrahmen für erneuerbare Energien, in: Michael Rodi (Hrsg.), Handbuch Klimaschutzrecht, München 2022, Rn. 1–89 (zit. als: *Antoni/Schäfer-Stradowsky*, in: Handbuch Klimaschutzrecht).

Bader, Johann/*Funke-Kaiser*, Michael/*Stuhlfauth*, Thomas/*Albedyll*, Jörg von (Hrsg.), Verwaltungsgerichtsordnung, 8. Aufl., Heidelberg 2021 (zit. als: Bader/Funke-Kaiser/Stuhlfauth/Albedyll/*Bearbeiter*).

Badura, Peter, Die Daseinsvorsorge als Verwaltungszweck der Leistungsverwaltung und der soziale Rechtsstaat, DÖV 1966, 624–633 (zit. als: *Badura*, DÖV 1966).

Bauer, Christian/*Kantenwein*, Korbinian, Auswirkungen des EEG 2017 auf die Projektfinanzierung, EnWZ 2017, 3–10 (zit. als: *Bauer/Kantenwein*, EnWZ 2017).

Baur, Jürgen Fritz, Energielieferverträge unter europäischem Kartellrecht, RdE 2001, 81–88 (zit. als: *Baur*, RdE 2001).

Baur, Jürgen Fritz, Vertragliche Anpassungsregelungen, Dargestellt am Beispiel langfristiger Energielieferungsverträge, Heidelberg 1983 (zit. als: *Baur*, Vertragliche Anpassungsregelungen).

Bechtold, Rainer/*Bosch*, Wolfgang, Gesetz gegen Wettbewerbsbeschränkungen, (§§ 1–96, 185, 186): Kommentar, 10. Aufl., München 2021 (zit. als: Bechtold/Bosch/*Bearbeiter*).

Beck, Heinz/*Samm*, Carl-Theodor/*Kokemoor*, Alex (Hrsg.), Kreditwesengesetz mit CRR, 235. Aufl., Heidelberg/Wiesbaden März 2024 (zit. als: Beck/Samm/Kokemoor/*Bearbeiter*).

Beck'scher Bilanz-Kommentar, Handels- und Steuerbilanz: §§ 238 bis 339, 342 bis 342a HGB, hrsg. von Bernd Grottel, Petra Justenhoven, Wolfgang J. Schubert, Ulrich Störk, Michael Deubert, 13. Aufl., München 2022 (zit. als: Beck Bil-Komm/*Bearbeiter*).

Beck'scher Online-Kommentar BGB, hrsg. von Wolfgang Hau, Roman Poseck, 69. Aufl., München 2024 (zit. als: BeckOK/*Bearbeiter*).

Beck'scher Online-Kommentar EEG, hrsg. von Klaus Greb, Marius Boewe, Christoph Sieberg, 14. Aufl., München 2023 (zit. als: BeckOK EEG/*Bearbeiter*).

Beck'scher Online-Kommentar Energiesicherungsrecht, hrsg. von Stephan Gerstner, Jörg Gundel, 4. Aufl., München 2024 (zit. als: BeckOK/*Bearbeiter*).

Beck'scher Online-Kommentar EnWG, hrsg. von Lukas Assmann, Max Pfeiffer, 10. Aufl., München 2024 (zit. als: BeckOK EnWG/*Bearbeiter*).

beck-online.GROSSKOMMENTAR zum Handelsrecht, hrsg. von Martin Henssler, München 2024 (zit. als: BeckOGK/*Bearbeiter*).

beck-online.GROSSKOMMENTAR zum Zivilrecht, hrsg. von Beate Gsell, Wolfgang Krüger, Stephan Lorenz, Christoph Reymann, München 2023 (zit. als: BeckOGK/*Bearbeiter*).

Behling, Kai, Der neue Leasingstandard IFRS 16, Was ändert sich für Leasingnehmer?, BBK 2016, 240–253 (zit. als: *Behling*, BBK 2016).

Behrens, Klaus, Reichweite des Urt.s des BGH vom 15. 11. 2012 zur Unwirksamkeit von insolvenzabhängigen Lösungsklauseln in Energielieferverträgen, RdE 2014, 424–430 (zit. als: *Behrens*, RdE 2014).

Bellefleur, Anoucheh, Corporate Power Purchase Agreements (Corporate PPAs) für erneuerbare Energien in Deutschland und Frankreich, Deutsch-französisches Büro für die Energiewende, 5. 6. 2018.

Berliner Kommentar zum Energierecht, Band 3: Europäische und deutsche Rechtsverordnungen zum Energierecht, hrsg. von Franz Jürgen Säcker, 4. Aufl., Frankfurt am Main 2018 (zit. als: Berl KommEnR/*Bearbeiter*).

Berliner Kommentar zum Energierecht, Band 1: Energiewirtschaftsrecht – Energieplanungsrecht – Energiesicherungsgesetz, hrsg. von Franz Jürgen Säcker, 4. Aufl., Frankfurt am Main 2019 (zit. als: BerlKommEnR/*Bearbeiter*).

Berliner Kommentar zum Energierecht, Band 3: Energieumwelt- und Energieeffizienzrecht, Energieanlagenrecht, hrsg. von Markus Ludwigs, 5. Aufl., Frankfurt am Main 2022 (zit. als: BerlKomm EnR/*Bearbeiter*).

Berliner Kommentar zum Energierecht, Band 8: EEG – Erneuerbare-Energien-Gesetz 2021 mit EEG-Rechtsverordnungen und WindSeeG – Windenergie-auf-See-Gesetz, hrsg. von Franz Jürgen Säcker, Juliane Steffens, 5. Aufl., Frankfurt am Main 2022 (zit. als: BerlKommEnR/*Bearbeiter*).

Bettermann, Karl August, Rechtswegzuständigkeit. Verfassungs- und Verwaltungsrecht, JZ 1966, 445–447 (zit. als: *Bettermann*, JZ 1966).

Bettermann, Karl August, Vom Rechtsschutz und Rechtsweg des Bürgers gegen Rundfunk-Rufmord, NJW 1977, 513–519 (zit. als: *Bettermann*, NJW 1977).

Bettzüge, Marc Oliver/*Kesting*, Stefanie, Kap. 4 Ökonomische Grundlagen der Regulierung von Energienetzen, in: Jürgen Fritz Baur, Peter Salje, Matthias Schmidt-Preuß (Hrsg.), Regulierung in der Energiewirtschaft, Ein Praxishandbuch, Kölner Handbücher zum Energiewirtschaftsrecht, Köln 2011, Rn. 1–39 (zit. als: *Bettzüge/Kesting*, in: Regulierung in der Energiewirtschaft).

Blase, Henrich, Warentermin- und Warenterminoptionsmärkte, Eine Analyse mathematischer Preismodelle, informationstheoretischer Aspekte und erfolgreicher Anlagestrategien, Zugl.: Köln, Univ., Diss., 1993, Bergisch-Gladbach 1994 (zit. als: *Blase*, Warentermin- und Warenterminoptionsmärkte).

Bode, Sven, Effekte des EEG auf die Energiepreise, in: Thorsten Müller (Hrsg.), 20 Jahre Recht der Erneuerbaren Energien, Schriften zum Umweltenergierecht Bd. 10, Baden-Baden 2012, S. 858–877 (zit. als: *Bode*, in: 20 Jahre Recht der Erneuerbaren Energien).

Böhme, Markus/*Bukowski*, Jan, Auswirkungen der 0-Cent-Offshore-Ausschreibungen, Nach welchen Differenzierungskriterien soll künftig der Zuschlag erteilt werden?, EnWZ 2019, 243–248 (zit. als: *Böhme/Bukowski*, EnWZ 2019).

Borgmann, Eberhard, Preisrisikomanagement im liberalisierten deutschen Strommarkt, Dissertation, Freiberg, Technische Universität Bergakademie Freiberg, 2009.

Börner, Achim-Rüdiger, Vermiedene Netznutzungsentgelte für Elektrizität, VersorgungsW 2017, 129–133 (zit. als: *Börner*, VersorgungsW 2017).

Böttcher, Jörg, Projektfinanzierung von Vorhaben im Bereich Erneuerbare Energien, in: Jörg Böttcher (Hrsg.), Rechtliche Rahmenbedingungen für EE-Projekte, Berlin 2015, S. 17–40 (zit. als: *J. Böttcher*, in: Rechtliche Rahmenbedingungen für EE-Projekte).

Böttcher, Jörg/*Blattner*, Peter, Projektfinanzierung, Risikomanagement und Finanzierung, 3. Aufl., München 2013 (zit. als: *J. Böttcher/Blattner*, Projektfinanzierung).

Bourwieg, Karsten/*Hellermann*, Johannes/*Hermes*, Georg (Hrsg.), EnWG, Energiewirtschaftsgesetz; Kommentar, 4. Aufl., München 2023 (zit. als: Bourwieg/Hellermann/Hermes/*Bearbeiter*).

Brandstätt, Christine/*Brunekreeft*, Gert/*Jahnke*, Katy, How to deal with negative power price spikes? – Flexible voluntary curtailment agreements for large-scale integration of wind, Energy Policy 2011, 3732–3740 (zit. als: *Brandstätt/Brunekreeft/Jahnke*, Energy Policy 2011).

Breuer, Daniel, Zur Bereitstellung von Regelleistung im Rahmen der Direktvermarktung nach dem EEG 2012, REE 2012, 17–22 (zit. als: *D. Breuer*, REE 2012).

Breuer, Rolf, III. 8. Risikomanagement – Anforderungen, Verfahren und Bedeutung für Energieversorgungsunternehmen, in: Peter Becker, Christian Held, Martin Riedel et al. (Hrsg.), Energiewirtschaft im Aufbruch, Analysen, Szenarien, Strategien, Köln 2001, S. 239–249 (zit. als: *R. Breuer*, in: Energiewirtschaft im Aufbruch).

Broom, Rob/*Wright*, Peter/*Davey*, Henry/*Hanas*, Igor/*O'Hop*, Paul/*Mingot*, Manuel, Corporate Power Purchase Agreements, The Preferred Route for Corporates to Secure Renewable Energy Supplies in a Decarbonized World, 6. 2. 2020.

Brüggemann, Benedikt/*Polster*, Niklas, Die Bilanzierung von Power Purchase Agreements (PPA) nach IFRS und HGB, DB 2020, 1073–1082 (zit. als: *Brüggemann/Polster*, DB 2020).

Brune, Jens W., Auswirkung der Neuabgrenzung von Leasingverhältnissen nach IFRS 16 auf „embedded leases" – weniger statt mehr Leasing in der Bilanz?, IRZ 2016, 119–124 (zit. als: *Brune*, IRZ 2016).

Brunnberg, Dirk/*Johnsen*, Joakim, Power Purchase Agreements: Perspektiven auf dem europäischen Markt, Hamburg November 2019.

Buchmüller, Christian, § 22 Die Rolle synthetischer Kraft- und Brennstoffe in Energie- und Verkehrswende, in: Michael Rodi (Hrsg.), Handbuch Klimaschutzrecht, München 2022, Rn. 1–45 (zit. als: *Buchmüller*, in: Handbuch Klimaschutzrecht).

Buchmüller, Christian, Die energie- und regulierungsrechtlichen Baustellen auf dem Weg zur Wasserstoffwirtschaft, ZUR 2021, 195–203 (zit. als: *Buchmüller*, ZUR 2021).

Buchmüller, Christian, Gesetzliche Grundlagen – Der Katalysator für die deutsche Energiewende, in: Daniel Meier, Steffen Rietz (Hrsg.), Projektmanagement in der Windenergie, Strategien und Handlungsempfehlungen für die Praxis, Wiesbaden 2019, S. 27–45 (zit. als: *Buchmüller*, in: Projektmanagement in der Windenergie).

Buchmüller, Christian, Plattformökonomie und Blockchain-Technologie – Neue Impulse für die Peer-to-Peer Lieferung von Ökostrom?, EWeRK 2018, 117–125 (zit. als: *Buchmüller*, EWeRK 2018).

Buchmüller, Christian/*Wilms*, Susan/*Kalis*, Michael, Der Rechtsrahmen für die Vermarktung von grünem Wasserstoff, ZNER 2019, 194–204 (zit. als: *Buchmüller/Wilms/Kalis*, ZNER 2019).

Buchwitz, Wolfram/*Schütt*, Philipp, Mindestabnahme- und Take-or-Pay-Vereinbarungen in Warenlieferverträgen, ZVertriebsR 2022, 90–102 (zit. als: *Buchwitz/Schütt*, ZVertriebsR 2022).

Büdenbender, Ulrich, Die kartellrechtliche Zulässigkeit von Gesamtbedarfsdeckungsklauseln, ET 05/2000, 359–384 (zit. als: *Büdenbender*, ET 05/2000).

Büdenbender, Ulrich, Die Rechtsprechung des Bundesgerichtshofs zu Preisanpassungen in der Elektrizitäts- und Gaswirtschaft, ZIP 2017, 1041–1052 (zit. als: *Büdenbender*, ZIP 2017).

Büdenbender, Ulrich, Energierecht, Eine systematische Darstellung des gesamten Rechts der öffentlichen Energieversorgung, Gräfelfing, Köln 1982 (zit. als: *Büdenbender*, Energierecht).

Büdenbender, Ulrich, Preisänderungen in Energielieferungsverträgen mit Tarif- und Grundversorgungskunden, NJW 2017, 299–302 (zit. als: *Büdenbender*, NJW 2017).

Buisson, Joachim du/*Zenke*, Ines/*Dessau*, Christian, § 10 Der Energiederivatehandel, in: Ines Zenke, Ralf Schäfer (Hrsg.), Energiehandel in Europa, Öl, Gas, Strom, Derivate, Zertifikate, 4. Aufl., München 2017, Rn. 1–102 (zit. als: *Buisson/Zenke/Dessau*, in: Energiehandel in Europa).

Buljevich, Esteban C./*Park*, Yoon S., Project financing and the international financial markets, Boston, Mass. 1999 (zit. als: *Buljevich/Park*, Project financing and the international financial markets).

Bundeskartellamt, Kartellrechtliche Beurteilungsgrundsätze zu langfristigen Gasverträgen, 25. 1. 2005.

Bundeskartellamt, Sektoruntersuchung Stromerzeugung und -großhandel, Abschlussbericht gemäß § 32e GWB – Januar 2011.

Bundeskartellamt, Wettbewerbsverhältnisse im Bereich der Erzeugung elektrischer Energie 2021, Marktmachtbericht, Februar 2022.

Bundeskartellamt, Wettbewerbsverhältnisse im Bereich der Erzeugung elektrischer Energie 2022, Marktmachtbericht, August 2023.

Bundesministerium für Wirtschaft und Energie, Ein Strommarkt für die Energiewende, Diskussionspapier des Bundesministeriums für Wirtschaft und Energie (Grünbuch), Oktober 2014.

Bundesministerium für Wirtschaft und Energie, Mieterstrombericht nach § 99 Erneuerbare-Energien-Gesetz 2017.

Bundesministerium für Wirtschaft und Energie, Regionale Grünstromkennzeichnung, Eckpunktepapier, 11. 3. 2016.

Bundesministerium für Wirtschaft und Klimaschutz, FAQ Liste: Abschöpfung von Zufallsgewinnen, Stand: 27. 6. 2023, Berlin 15. 12. 2022.

Bundesministerium für Wirtschaft und Klimaschutz, Joint Letter by DE, DK, EE, FI, LU, LV, NL on priorities for a targeted EU electricity market reform, 22. 2. 2023.

Bundesministerium für Wirtschaft und Klimaschutz, Wettbewerbsfähige Strompreise für die energieintensiven Unternehmen in Deutschland und Europa sicherstellen, Arbeitspapier des BMWK zum Industriestrompreis für das Bündnis Zukunft der Industrie, 5. 5. 2023.

Bundesnetzagentur/Bundeskartellamt, Monitoringbericht 2021, Monitoringbericht gemäß § 63 Abs. 3 i. V. m. § 35 EnWG und § 48 Abs. 3 i. V. m. § 53 Abs. 3 GWB, Bonn 1. 12. 2021.

Bundesnetzagentur/Bundeskartellamt, Monitoringbericht 2022, Monitoringbericht gemäß § 63 Abs. 3 i. V. m. § 35 EnWG und § 48 Abs. 3 i. V. m. § 53 Abs. 3 GWB, Bonn 1. 2. 2023.

Bundesverband der Energie- und Wasserwirtschaft, Finanzierung und Marktintegration von Erneuerbare-Energien-Anlagen, Mechanismen und Instrumente außerhalb der gesetzlichen Förderung mit einem Fokus auf Green PPAs, 2. Aufl., Berlin 5. 3. 2021.

Bundesverband Erneuerbare Energie e. V., Stellungnahme zum BMWi-Eckpunktepapier für Ausschreibungen für die Förderung von Erneuerbare-Energien-Anlagen vom 31. 7. 2015, Berlin 1. 10. 2015.

Bundesverband WindEnergie, Faktencheck: Strompreisauswirkungen der Erneuerbaren, Februar 2022.

Bunte, Hermann-Josef, Langfristige Gaslieferverträge nach nationalem und europäischem Kartellrecht, Köln u. a. 2003 (zit. als: *Bunte*, Langfristige Gaslieferverträge nach nationalem und europäischem Kartellrecht).

Bunte, Hermann-Josef (Hrsg.), Kartellrecht, Kommentar, 14. Aufl., Köln 2022 (zit. als: Bunte/*Bearbeiter*).

Busch, Ralph, Ausgewählte (vertrags-)rechtliche Fragen bei der Errichtung von Offshore-Windparks – Teil 1, NZBau 2011, 1–6 (zit. als: *R. Busch*, NZBau 2011).

Busch, Ralph, Ausgewählte vertragsrechtliche Fragen bei der Instandhaltung von Offshore-Windparks – Teil 2, NZBau 2011, 85–89 (zit. als: *R. Busch*, NZBau 2011).

Büttner, Wolf/*Däuper*, Olaf, Analyse typischer Klauseln in Gaslieferverträgen, ZNER 2001, 210–215 (zit. als: *Büttner/Däuper*, ZNER 2001).

Bydlinski, Franz, Energielieferung und Kaufrecht, in: Horst Wünsch (Hrsg.), Festschrift für Hermann Hämmerle, Graz 1972, S. 31–53 (zit. als: *Bydlinski*, in: Festschrift für Hermann Hämmerle).

Bydlinski, Franz, Zulässigkeit und Schranken „ewiger" und extrem langdauernder Vertragsbindung, Erweitere Fassung eines am 13. März 1991 von der Niederösterreichischen Gesellschaft in Spitz an der Donau gehaltenen Vortrages, Wien 1991 (zit. als: *Bydlinski*, Zulässigkeit und Schranken „ewiger" und extrem langdauernder Vertragsbindung).

Charles, Thomas, Zu den Voraussetzungen, anhand derer die für eine Eigenerzeugung nach EEG erforderliche Stellung als Erzeuger des Stroms ermittelt wird, IR 2016, 91–92 (zit. als: *Charles*, IR 2016).

Cloppenburg, Jürgen/*Mahnken*, Volker, Haftungsbeschränkungen im Anlagenbau und AGB-Recht, NZBau 2014, 743–750 (zit. als: *Cloppenburg/Mahnken*, NZBau 2014).

Consentec, Auswirkungen der Teilnahme von EEG-Anlagen aus der festen Einspeisevergütung auf die Regelenergiemärkte, Gutachten im Auftrag der Bundesnetzagentur für Elektrizität, Gas, Telekommunikation, Post und Eisenbahnen, Aachen 5. 7. 2011.

Curtius, Friedrich, Kap. 38 Kraftwerkseinsatz und Kraftwerksvermarktung, in: Michael Bartsch, Andreas Röhling, Peter Salje et al. (Hrsg.), Stromwirtschaft, Ein Praxishandbuch, 2. Aufl., Köln/München 2008, S. 418–446 (zit. als: *Curtius*, in: Stromwirtschaft).

Dallmann, Michael, Englische Klauseln nach der 7. GWB-Novelle, WRP 2006, 347–352 (zit. als: *Dallmann*, WRP 2006).

Decker, Eric/*Mallmann*, Arnulf, Wie „grün" muss „grüner Wasserstoff" sein? – Neueste Entwicklungen auf dem Gebiet der Klassifizierung, EnK-Aktuell 2022, 01088 (zit. als: *Decker/Mallmann*, EnK-Aktuell 2022).

Detterbeck, Steffen, Allgemeines Verwaltungsrecht, mit Verwaltungsprozessrecht, Lernbücher Jura, 21. Aufl., München 2023 (zit. als: *Detterbeck*, Allgemeines Verwaltungsrecht).

Deutsche Energieagentur, Corporate Green PPAs: Ökonomische Analyse, Perspektiven langfristiger grüner Stromlieferverträge aus Sicht von Nachfragern, Februar 2020.

Deutsche Energieagentur, Cross-Border PPAs, Die wichtigsten Formen mit ihren Vor- und Nachteilen, Juni 2022.

Deutsche Energieagentur, dena-Marktmonitor 2030 „Corporate Green PPAs", Umfrage zu Perspektiven nachfragegetriebener Stromlieferverträge bis 2030, Juli 2019.

Deutsche Energieagentur, Finanzierung von Erneuerbare-Energien-Anlagen über Power Purchase Agreements, Ein Leitfaden für Stromerzeuger und -abnehmer sowie Projektfinanzierer, Dezember 2021.

Deutsche Energieagentur, Green PPAs: Säule des Erneuerbare Energien Ausbaus und zentrales Instrument zur Erreichung der Klimaschutzziele, Empfehlungen der Marktoffensive Erneuerbare Energien für die anstehende EEG-Novelle, März 2021.

Deutsche Energieagentur, How to use PPAs for cost efficient extension of renewable energies, Experiences with Power Purchase Agreements from Europe and the U. S. / Lessons learned for China, Oktober 2019.

Deutsche Energieagentur, Marktmonitor Green PPAs 2021, Umfrage zu Perspektiven nachfragegetriebener Stromlieferverträge, Oktober 2021.

Deutsche Energieagentur, PPAs in Deutschland: Wo stehen wir und was ist jetzt zu tun?, 9 Maßnahmen zur Stärkung der Energiewende und des Wirtschaftsstandorts, Juli 2023.

Deutsche Energieagentur, Preisleitfaden Green PPA, Ein Leitfaden für Stromerzeuger, -abnehmer und Projektfinanzierer, April 2022.

Deutsche Energieagentur, Vertragswesen von Green Power Purchase Agreements, Ein Leitfaden für Stromerzeuger und -abnehmer, April 2022.

Deutscher Industrie- und Handelskammer/European Federation of Energy Traders, Strombeschaffung und Stromhandel, Berlin Januar 2020.

Dickmann, Herbert, Die Rechtsnatur des Energieversorgungsvertrages, Inauguraldissertation, Köln, Universität zu Köln, 1951.

Die Wissenschaftlichen Dienste des Deutschen Bundestages, Gestehungskosten von Strom im Vergleich, 2022.

Dix, Robert, Bauplanungsrechtliche Rahmenbedingungen der Windenergienutzung am Beispiel sog. Repowering-Vorhaben, NVwZ 2020, 184–190 (zit. als: *Dix*, NVwZ 2020).

Doralt, Walter, Langzeitverträge, Jus Privatum Band 224, Tübingen 2018 (zit. als: *Doralt*, Langzeitverträge).

Ebel, Hans-Rudolf, Energielieferungsverträge, Recht der Elektrizitäts-, Gas- und Fernwärmeversorgung industrieller Sonderabnehmer, Bücher des Betriebs-Beraters, Heidelberg 1992 (zit. als: *Ebel*, Energielieferungsverträge).

Ebenroth, Carsten Thomas/*Boujong*, Karlheinz/*Joost*, Detlev, Handelsgesetzbuch, hrsg. von Detlev Joost, Lutz Strohn, 4. Aufl., München 2020 (zit. als: EBJS/*Bearbeiter*).

Ecke, Julius/*Herrmann*, Nicolai/*Hilmes*, Uwe, Kosten- und Nutzeneffekte der Einführung eines Leistungsmarkts in Deutschland, ET 09/2014, 18–21 (zit. als: *Ecke/N. Herrmann/Hilmes*, ET 09/2014).

Eckhoff, Lars, Zur Zulässigkeit von Preisanpassungsklauseln in AGB, GWR 2016, 243–246 (zit. als: *Eckhoff*, GWR 2016).

Eden, Jan, Finanzierungsstrukturierung und Risikomanagement von Solarprojekten, in: Markus Gerhard, Thomas Rüschen, Armin Sandhövel (Hrsg.), Finanzierung erneuerbarer Energien, 2. Aufl., Frankfurt am Main 2015, S. 713–734 (zit. als: *Eden*, in: Finanzierung erneuerbarer Energien).

Ehlers, Dirk, Verwaltung in Privatrechtsform, Teilw. zugl.: Erlangen, Nürnberg, Univ., Habil.-Schr., 1981, Schriften zum Öffentlichen Recht 464, Berlin 1984 (zit. als: *Ehlers*, Verwaltung in Privatrechtsform).

Ehrmann, Markus, Strompreiskompensation ab 2021, KlimR 2022, 271–275 (zit. als: *Ehrmann*, KlimR 2022).

Energy Brainpool, Power Purchase Agreements: Finanzierungsmodell von Erneuerbaren Energien, White Paper, Berlin 24. 1. 2018.

Energy Brainpool, Power Purchase Agreements II: Marktanalyse, Bepreisung und Hedgingstrategien, White Paper, Berlin 29. 1. 2019.

Enervis, Auswirkungen des geplanten Erlösdeckels im Strommarkt auf die Rentabilität von EE Investitionen mit Fokus auf PPAs und Solarprojekte, Erstellt von enervis für Lichtblick SE, 21. 11. 2022.

Enervis, Marktdesign für einen sicheren, wirtschaftlichen und dekarbonisierten Strommarkt, Studie, Berlin 6. 12. 2022.

Erman, Walter, Bürgerliches Gesetzbuch, Handkommentar mit AGG, EGBGB (Auszug), ErbbauRG, LPartG, ProdHaftG, VBVG, VersAusglG und WEG, hrsg. von Barbara Grunewald, Georg Maier-Reimer, Harm Peter Westermann, 17. Aufl., Köln 2023 (zit. als: Erman/*Bearbeiter*).

European Energy Exchange, Stellungnahme im Rahmen der öffentlichen Anhörung zu dem Entwurf eines Gesetzes zur Änderung des Windenergie-auf-See-Gesetzes und anderer Vorschriften, Leipzig/Berlin 4. 9. 2020.

Ewald, Christian, Paradigmenwechsel bei der Abgrenzung relevanter Märkte?, Ansatzpunkte und Grenzen eines „more economic approach“ der Marktabgrenzung am Beispiel des „trans-o-flex“-Beschlusses des OLG Düsseldorf, ZWeR 2004, 512–544 (zit. als: *Ewald*, ZWeR 2004).

Eyermann, Erich/*Fröhler*, Ludwig, Verwaltungsgerichtsordnung, Kommentar, 16. Aufl., München 2022 (zit. als: Eyermann/*Bearbeiter*).

Fachagentur Windenergie an Land, Was tun nach 20 Jahren? – Repowering, Weiterbetrieb oder Stilllegung von Windenergieanlagen nach Förderende, Berlin 2018.

Fandrich, Andreas, Darlehensvertrag, in: Friedrich von Westphalen, Gregor Thüsing, Rüdiger Pamp (Hrsg.), Vertragsrecht und AGB-Klauselwerke, 49. EL März 2023, München 2023, Rn. 1–131 (zit. als: *Fandrich*, in: Vertragsrecht und AGB-Klauselwerke).

Fichtner, Cost of Capacity for Calibration of the Belgian Capacity Remuneration Mechanism (CRM), Report, Stuttgart April 2020.

Fischer, Franz-Alois, Buzzword der Woche: Zufallsgewinne, EnK-Aktuell 2022, 01125 (zit. als: *F.-A. Fischer*, EnK-Aktuell 2022).

Fischer, Reinfrid/*Schulte-Mattler*, Hermann, KWG, CRR, Kommentar zu Kreditwesengesetz, VO (EU) Nr. 575/2013 (CRR) und Ausführungsvorschriften, 6. Aufl., München 2023 (zit. als: FSM-KWG/*Bearbeiter*).

Fischerhof, Hans, Zur Rechtsnatur des Stromlieferungsvertrages, NJW 1954, 1874–1875 (zit. als: *Fischerhof*, NJW 1954).

Forsthoff, Ernst, Lehrbuch des Verwaltungsrechts, Allgemeiner Teil, 10. Aufl., München 1973 (zit. als: *Forsthoff*, Lehrbuch des Verwaltungsrechts).

Franzius, Claudio, Das Recht der Energiewende, JuS 2018, 28–32 (zit. als: *Franzius*, JuS 2018).

Fraunhofer-Institut für solare Energiesysteme, Stromgestehungskosten Erneuerbare Energien, Juni 2021.

Fraunhofer-Institut für System- und Innovationsforschung, Zukunftsszenarien für erneuerbare Energien – wie viel und welche Förderung wird zukünftig benötigt?, Diskussionspapier im Rahmen des Dienstleistungsvorhabens „Zukünftige Finanzierung von Erneuerbare-Energien-Anlagen in Deutschland" im Auftrag des Bundesministeriums für Wirtschaft und Energie, Karlsruhe Juli 2020.

Frenz, Walter/*Müggenborg*, Hans-Jürgen/*Cosack*, Tilman/*Hennig*, Bettina/*Schomerus*, Thomas (Hrsg.), EEG, Erneuerbare-Energien-Gesetz: Kommentar, 5. Aufl., Berlin 2018 (zit. als: Frenz/Müggenborg/Cosack/Hennig/Schomerus/*Bearbeiter*).

Fried, Jörg, Rechtliche Bewältigung des OTC-Handels, in: Hans-Peter Schwintowski, Frank Scholz, Andreas Schuler (Hrsg.), Handbuch Energiehandel, 5. Aufl., Berlin 2021, Rn. 180–600 (zit. als: *Fried*, in: Handbuch Energiehandel).

Friese, Thomas/*Dickhoff*, Nils, Grundlagen der Projektfinanzierung, in: Carsten Herbes, Christian Friege (Hrsg.), Handbuch Finanzierung von Erneuerbare-Energien-Projekten, Konstanz, München 2015, S. 31–46 (zit. als: *Friese/Dickhoff*, in: Handbuch Finanzierung von Erneuerbare-Energien-Projekten).

Friesenhahn, Ernst, Grundgesetz und Energiewirtschaft, EW 1957, 12–21 (zit. als: *Friesenhahn*, EW 1957).

Frontier Economics, Konsultation Leitfaden Strom – Marktabgrenzung/Marktbeherrschung, Kurzgutachten für die RWE AG, Mai 2019.

Fuchs, Andreas, Die 7. GWB-Novelle – Grundkonzeption und praktische Konsequenzen, WRP 2005, 1384–1396 (zit. als: *Fuchs*, WRP 2005).

Ganssauge, Karsten/*Schmitz*, Christian/*Herrmann*, Fabienne, Power Purchase Agreements im Kontext von IFRS 16, WPg 2022, 1390–1396 (zit. als: *Ganssauge/Schmitz/F. Herrmann*, WPg 2022).

Gawel, Erik/*Lehmann*, Paul, Die Förderung der erneuerbaren Energien nach der EEG-Reform 2014, Wirtschaftsdienst 2014, 651–658 (zit. als: *Gawel/Lehmann*, Wirtschaftsdienst 2014).

Gawel, Erik/*Purkus*, Alexandra, Markt- und Systemintegration erneuerbarer Energien: Probleme der Marktprämie nach EEG 2012, ZUR 2012, 587–596 (zit. als: *Gawel/Purkus*, ZUR 2012).

Gayger, Anna, Die kartellrechtliche Beurteilung von Preisgleitklauseln als Ausprägung von Hub & Spoke Verhältnissen, Dissertation, Köln, Universität zu Köln, 2020.

Geiger, Stefan/*Balland*, Emmanuelle, Power Purchase Agreements: Projektfinanzierungen trotz fehlender Marktstandards, REE 2019, 53–58 (zit. als: *S. Geiger/Balland*, REE 2019).

Gern, Alfons, Neuansatz der Unterscheidung des öffentlichen Rechts vom Privatrecht, ZRP 1985, 56–61 (zit. als: *Gern*, ZRP 1985).

Glattfeld, Eric H., Arbeitspapier des BMWK zum Industriestrompreis, EnK-Aktuell 2023, 010118 (zit. als: *Glattfeld*, EnK-Aktuell 2023).

Glattfeld, Eric H., Strompreisbildung in Deutschland und Strompreis(erzeugungs)deckel in der EU – Vorschlag der EU-Kommission, EnK-Aktuell 2022, 01050 (zit. als: *Glattfeld*, EnK-Aktuell 2022).

Glattfeld, Eric H., Wirtschaftsministerium prüft weiter möglichen Industriestrompreis – Ein Stimmungsbild zum aktuellen Verfahrens und Meinungsstand, EnK-Aktuell 2023, 010114 (zit. als: *Glattfeld*, EnK-Aktuell 2023).

Gleave, Sandro, Die Marktabgrenzung in der Elektrizitätswirtschaft, ZfE 2008, 120–126 (zit. als: *Gleave*, ZfE 2008).

Godde, Anne, Marktabgrenzung im Stromsektor, Zugl.: Köln, Univ., Diss., 2013, Veröffentlichungen des Instituts für Energierecht an der Universität zu Köln 174, Baden-Baden 2013 (zit. als: *Godde*, Marktabgrenzung im Stromsektor).

Göken, Carolin, Power Purchase Agreements – Anwendungsbereiche und Bilanzierung bei Energieversorgungsunternehmen, VersorgungsW 2023, 108–112 (zit. als: *Göken*, VersorgungsW 2023).

Gröhl, Matthias, Bankpolitische Konsequenzen der Projektfinanzierung, Lösungsansätze für bankbetriebliche Probleme bei der Einführung von Finanzdienstleistungen für große, rechtlich selbstständige Investitionsvorhaben, Dissertation, Marburg, Philipps-Universität Marburg, 1990.

Gronemeyer, Achim, Zulässigkeit von Take-or-Pay-Klauseln im Rahmen von Gas- und Stromlieferverträgen, ZNER 2012, 376–381 (zit. als: *Gronemeyer*, ZNER 2012).

Grosse, Paul B., Projektfinanzierung aus Bankensicht, in: Klaus Backhaus, Otto Sandrock, Jörg Schill et al. (Hrsg.), Projektfinanzierung, Wirtschaftliche und rechtliche Aspekte einer Finanzierungsmethode für Großprojekte, Stuttgart 1990, S. 41–62 (zit. als: *Grosse*, in: Projektfinanzierung).

Gruber, Georg, Geldwertschwankungen und handelsrechtliche Verträge in Deutschland und Frankreich, Bestandsaufnahme und Aussichten für das europäische Währungs- und Privatrecht, Zugl.: Freiburg (Breisgau), Univ., Diss., 2000, Untersuchungen zum europäischen Privatrecht 13, Berlin 2002 (zit. als: *Gruber*, Geldwertschwankungen und handelsrechtliche Verträge in Deutschland und Frankreich).

Grün, Anselm/*Ostendorf*, Patrick, Unwirksamkeit einer Vielzahl von Preisanpassungsklauseln auch in Energieversorgungsverträgen mit Industriekunden?, BB 2014, 259–265 (zit. als: *Grün/Ostendorf*, BB 2014).

Grüneberg, Christian, Bürgerliches Gesetzbuch, mit Nebengesetzen: insbesondere mit Einführungsgesetz (Auszug) einschließlich Rom I-, Rom II- und Rom III-Verordnungen sowie EU-Güterrechtsverordnungen, Haager Unterhaltsprotokoll und EU-Erbrechtsverordnung, Allgemeines Gleichbehandlungsgesetz (Auszug), Wohn- und Betreuungsvertragsgesetz, Unterlassungsklagengesetz (GrünHome), Produkthaftungsgesetz, Erbbaurechtsgesetz, Wohnungseigentumsgesetz, Versorgungsausgleichsgesetz, Lebenspartnerschaftsgesetz (GrünHome), Gewaltschutzgesetz, hrsg. von Jürgen Ellenberger, Isabell Götz, Sebastian Herrler, Renata von Pückler, Björn Retzlaff, Walther Siede, Hartwig Sprau, Christian Grüneberg, Karsten Thorn, Walter Weidenkaff, Dietmar Weidlich, Hartmut Wicke, 83. Aufl., München 2024 (zit. als: Grüneberg/*Bearbeiter*).

Gutkin, Lilian, Die Europäisierung der AGB-Kontrolle von Preisänderungsklauseln, Dissertation, Augsburg, Universität Augsburg 2017.

Hagena, Martin, Der Stromhandel unter Finanzmarktaufsicht, Zugl.: Göttingen, Univ., Diss., 2011, Schriftenreihe Energie- und Infrastrukturrecht 18, München 2011 (zit. als: *Hagena*, Der Stromhandel unter Finanzmarktaufsicht).

Hamburg Commercial Bank, Corporate PPA, Green electricity for corporate consumers, 3. Aufl., Februar 2021.

Harsch, Victoria/*Antoni*, Johannes, Alternativen der Förderung erneuerbarer Energien abseits des Ausschreibungsmodells im Lichte des EU-Rechts, EnWZ 2023, 3–10 (zit. als: *Harsch/Antoni*, EnWZ 2023).

Harsch, Victoria/*Schäfer*, Judith, Wie das Osterpaket das Energierecht im Jahr 2022 reformiert, KlimR 2022, 334–339 (zit. als: *Harsch/J. Schäfer*, KlimR 2022).

Heintzen, Markus, Zur Tätigkeit kommunaler (Energieversorgungs-)Unternehmen außerhalb der kommunalen Gebietsgrenzen, NVwZ 2000, 743–746 (zit. als: *Heintzen*, NVwZ 2000).

Heitzer, Bernhard, Schwerpunkte der deutschen Wettbewerbspolitik, WuW 2007, 854–864 (zit. als: *Heitzer*, WuW 2007).

Held, Joachim/*Imolauer*, Kai, Deutschland, in: Rödl & Partner (Hrsg.), Corporate PPA erfolgreich gestalten, Nürnberg 2018, S. 32–51 (zit. als: *J. Held/Imolauer*, in: Corporate PPA erfolgreich gestalten).

Held, Joachim/*Koch*, Katja, PPA für Erneuerbare Energien und KWK, Typologische Einordnung und rechtliche Rahmenbedingungen marktfähiger Energieerzeugungsanlagen, ER 2019, 18–25 (zit. als: *J. Held/Koch*, ER 2019).

Held, Joachim/*Leiding*, Christian, Ein rechtlicher Fels in der Brandung wirtschaftlicher Interessen, Der befristete Energieliefervertrag als Grundlage für die Finanzierung von Energieanlagen, ER 2019, 232–236 (zit. als: *J. Held/Leiding*, ER 2019).

Herbst, Kaspar, Der Prosument als Lieferant? Unionsrechtliche Impulse für eine Marktrolle im Aufwind, EnWZ 2022, 357–361 (zit. als: *Herbst*, EnWZ 2022).

Hermeier, Guido, Anm. zu BGH, Urt. v. 23.10.2013 – VIII ZR 262/12, RdE 2014, 76–78 (zit. als: *Hermeier*, RdE 2014).

Hiddemann, Hans-Joachim, Die Rechtsprechung des Bundesgerichtshofs zu den Energieversorgungsverträgen, WM 1976, 1295–1305 (zit. als: *Hiddemann*, WM 1976).

Hilpert, Johannes, Rechtliche Bewertung von Power Purchase Agreements (PPAs) mit erneuerbaren Energien, Stiftung Umweltenergierecht, Würzburger Studie zum Umweltenergierecht, Würzburg Dezember 2018.

Hinsch, L. Christian/*Horn*, Norbert, Das Vertragsrecht der internationalen Konsortialkredite und Projektfinanzierungen, Recht des internationalen Wirtschaftsverkehrs 2, Berlin 1985 (zit. als: *Hinsch/Horn*, Das Vertragsrecht der internationalen Konsortialkredite und Projektfinanzierungen).

Hoffmann, Ilka/*Lehnert*, Wieland, Das elektronische Herkunftsnachweisregister für Strom aus erneuerbaren Energien: Rechtliche Grundlagen und praktische Abläufe, ZUR 2012, 658–665 (zit. als: *I. Hoffmann/Lehnert*, ZUR 2012).

Hofmann, Ekkehard, Das Recht der Energiewende als Transformationskonzept: Beschleunigung um jeden Preis oder alles nur eine Frage der Zeit?, Die Verwaltung 47 (2014), 349–376 (zit. als: *Hofmann*, Die Verwaltung 47 2014).

Holstenkamp, Lars/*Degenhart*, Heinrich/*Bettinger*, Carola, Anmerkungen zur Bestimmung der Finanzierbarkeit von Erneuerbare-Energien-Projekten als Bestandteil von Smart-Microgrid-Konzepten, Leuphana Universität Lüneburg, Arbeitspapierreihe Wirtschaft & Recht 23, Lüneburg September 2015.

Hopt, Klaus J., Handelsgesetzbuch, Mit GmbH & Co., Handelsklauseln, Bank- und Kapitalmarktrecht, Transportrecht (ohne Seerecht), 43. Aufl., München 2024 (zit. als: Hopt/*Bearbeiter*).

Horn, Norbert, Vertragsbindung unter veränderten Umständen, Zur Wirksamkeit von Anpassungsregelungen in langfristigen Verträgen, NJW 1985, 1118–1125 (zit. als: *Horn*, NJW 1985).

Huber, Ernst Rudolf, Wirtschaftverwaltungsrecht I 1, 2. Aufl., Tübingen 1953 (zit. als: *Huber*, Wirtschaftverwaltungsrecht I).

Hufendiek, Kai, Grundlagen des Energiehandels, in: Hans-Peter Schwintowski, Frank Scholz, Andreas Schuler (Hrsg.), Handbuch Energiehandel, 5. Aufl., Berlin 2021, Rn. 1–179 (zit. als: *Hufendiek*, in: Handbuch Energiehandel).

Hupe, Michael, Steuerung und Kontrolle internationaler Projektfinanzierungen, Zugl.: Darmstadt, Techn. Hochsch., Diss., 1995, Europäische Hochschulschriften Reihe 5, Volks- und Betriebswirtschaft 1769, Frankfurt am Main, Berlin 1995 (zit. als: *Hupe*, Steuerung und Kontrolle internationaler Projektfinanzierungen).

Hüting, Ralf/*Hopp*, Wolfgang, Rekommunalisierung der Energieversorgung – kein vergaberechtsfreier Raum!, RdE 2011, 255–260 (zit. als: *Hüting/Hopp*, RdE 2011).

Immenga, Ulrich/*Mestmäcker*, Ernst-Joachim, Wettbewerbsrecht Band 1: EU. Kommentar zum Europäischen Kartellrecht, hrsg. von Torsten Körber, Heike Schweitzer, Daniel Zimmer, Ulrich Immenga, Ernst-Joachim Mestmäcker, 6. Aufl., München 2019 (zit. als: Immenga/Mestmäcker/*Bearbeiter*).

Immenga, Ulrich/*Mestmäcker*, Ernst-Joachim, Wettbewerbsrecht Band 2: GWB. Kommentar zum Deutschen Kartellrecht, hrsg. von Torsten Körber, Heike Schweitzer, Daniel Zimmer, Ulrich Immenga, Ernst-Joachim Mestmäcker, 7. Aufl., München 2024 (zit. als: Immenga/Mestmäcker/*Bearbeiter*).

Institut der Wirtschaftsprüfer in Deutschland, ERS HFA 13 n. F., Einzelfragen zum Übergang von wirtschaftlichem Eigentum und zur Gewinnrealisierung nach HGB, WPg Supp 2007, 69–83 (zit. als: *Institut der Wirtschaftsprüfer in Deutschland (IDW)*, WPg Supp 2007).

Institut der Wirtschaftsprüfer in Deutschland, RH HFA 1.005, Anhangangaben nach § 285 Satz 1 Nr. 18 und 19 HGB zu bestimmten Finanzinstrumenten, WPg Supp 2010, 86–90 (zit. als: *Institut der Wirtschaftsprüfer in Deutschland (IDW)*, WPg Supp 2010).

Institut der Wirtschaftsprüfer in Deutschland, RS HFA 22, Zur einheitlichen oder getrennten handelsrechtlichen Bilanzierung strukturierter Finanzinstrumente, WPg Supp 2015, 30–33 (zit. als: *Institut der Wirtschaftsprüfer in Deutschland (IDW)*, WPg Supp 2015).

Institut der Wirtschaftsprüfer in Deutschland, RS HFA 35, Handelsrechtliche Bilanzierung von Bewertungseinheiten, WPg Supp 2011, 59–73 (zit. als: *Institut der Wirtschaftsprüfer in Deutschland (IDW)*, WPg Supp 2011).

Institut der Wirtschaftsprüfer in Deutschland, RS HFA 4, Zweifelsfragen zum Ansatz und zur Bewertung von Drohverlustrückstellungen, WPg Supp 2010, 51–57 (zit. als: *Institut der Wirtschaftsprüfer in Deutschland (IDW)*, WPg Supp 2010).

Institut der Wirtschaftsprüfer in Deutschland, RS ÖFA 3, Besonderheiten der Bilanzierung von Energiebeschaffungs- und Energieabsatzverträgen in handelsrechtlichen Abschlüssen von Energieversorgungsunternehmen, WPg Supp 2015, 38–47 (zit. als: *Institut der Wirtschaftsprüfer in Deutschland (IDW)*, WPg Supp 2015).

Jauernig, Othmar, Bürgerliches Gesetzbuch, Mit Rom-I-VO, Rom-II-VO, Rom-III-VO, EuUnthVO/HUntProt und EuErbVO, hrsg. von Rolf Stürner, 19. Aufl., München 2023 (zit. als: Jauernig/*Bearbeiter*).

Jevons, William Stanley, The Theory of Political Economy, Basingstoke 2013 (zit. als: *Jevons*, The Theory of Political Economy).

Jickeli, Joachim, Der langfristige Vertrag, Eine rechtswissenschaftliche Untersuchung auf institutionen-ökonomischer Grundlage, Zugl.: Tübingen, Univ., Habil.-Schr., 1994, Wirtschaftsrecht und Wirtschaftspolitik 141, Baden-Baden 1996 (zit. als: *Jickeli*, Der langfristige Vertrag).

Juris PraxisKommentar BGB, Band 2 – Schuldrecht, hrsg. von Markus Junker, Roland Michael Beckmann, Helmut Rüßmann, 10. Aufl., Saarbrücken 2023 (zit. als: jurisPK-BGB/*Bearbeiter*).

Kahl, Harmut/*Kahles*, Markus/*Müller*, Thorsten, Neuordnungen im EEG 2017, Die Folgen des Systemwechsels auf Ausschreibungen für die Förderung, die Rolle des Netzes und den Anwendungsbereich, ER 2016, 187–193 (zit. als: *Kahl/Kahles/T. Müller*, ER 2016).

Keil, Andreas, Kap. 4.IV. 4. Direktvermarktung im Sinne des EEG, in: Martin Maslaton (Hrsg.), Windenergieanlagen, Ein Rechtshandbuch, 2. Aufl., München 2018, Rn. 408–431 (zit. als: *Keil*, in: Windenergieanlagen).

Kerf, Michel/*Gray*, R. David/*Irwin*, Timothy/*Levesque*, Céline/*Taylor*, Robert R./*Klein*, Michael, Concessions for infrastructure, A guide to their design and award, World Bank technical paper Finance, private sector, and infrastructure network 399, Washington, DC 1998 (zit. als: *Kerf* et al., Concessions for infrastructure).

Kersting, Oliver, Die Projektfinanzierung eines Offshore-Windparks, BKR 2011, 57–63 (zit. als: *Kersting*, BKR 2011).

Kiethe, Kurt/*Hektor*, Doris, Grundlagen und Techniken der Projektfinanzierung, DStR 1996, 977–983 (zit. als: *Kiethe/Hektor*, DStR 1996).

Kirch, Thomas, Beschleunigung des Ausbaus der Windenergie auf See durch das Zweite Gesetz zur Änderung des WindSeeG, RdE 2022, 457–467 (zit. als: *Kirch*, RdE 2022).

Klees, Andreas, Einführung in das Energiewirtschaftsrecht, Für die Praxis, Frankfurt am Main 2012 (zit. als: *Klees*, Einführung in das Energiewirtschaftsrecht).

Kliem, Christine, Repowering von EE-Anlagen, Zur Neuregelung des behördlichen Prüfungsumfangs nach § 16b Bundes-Immissionsschutzgesetz, ER 2022, 22–27 (zit. als: *Kliem*, ER 2022).

Kluge, Christiane, Wertsicherungsklauseln in der notariellen Praxis, MittRhNotK 2000, 409–426 (zit. als: *Kluge*, MittRhNotK 2000).

Kment, Martin (Hrsg.), Energiewirtschaftsgesetz, 3. Aufl., Baden-Baden 2023 (zit. als: Kment/*Bearbeiter*).

Knauff, Matthias, Zurück zur kommunalen Daseinsvorsorge in der Energieversorgung?, EnWZ 2015, 52–57 (zit. als: *Knauff*, EnWZ 2015).

Konstantin, Panos, Praxisbuch Energiewirtschaft, Energieumwandlung, -transport und -beschaffung, Übertragungsnetzausbau und Kernenergieausstieg, 4. Aufl., Berlin 2017 (zit. als: *Konstantin*, Praxisbuch Energiewirtschaft).

Kötz, Hein, Risikoverteilung im Vertragsrecht, JuS 2018, 1–10 (zit. als: *Kötz*, JuS 2018).

KPMG, Neuer Wind durch Power Purchase Agreements, Chancen und Herausforderungen, September 2018.

Krämer, Björn, Preisanpassungsklauseln im Spannungsverhältnis zwischen wirtschaftlicher Erforderlichkeit und rechtlicher Zulässigkeit, Schriften zum internationalen Privatrecht und zur Rechtsvergleichung Band 44, Osnabrück 2017 (zit. als: *Krämer*, Preisanpassungsklauseln im Spannungsverhältnis zwischen wirtschaftlicher Erforderlichkeit und rechtlicher Zulässigkeit).

Kühling, Jürgen/*Rasbach*, Winfried/*Busch*, Claudia, Energierecht, 5. Aufl., Baden-Baden 2021 (zit. als: *Kühling/Rasbach/C. Busch*, Energierecht).

Kümpel, Siegfried/*Wittig*, Arne (Hrsg.), Bank- und Kapitalmarktrecht, 4. Aufl., Köln 2011 (zit. als: Kümpel/Wittig/*Bearbeiter*).

Kupke, Dana/*Böhlmann-Balan*, Antje/*Richter*, Christoph, Gibt es ein Leben nach dem EEG, Herausforderungen und Chancen eines Anlagenbetriebs ohne gesetzliche Förderung am Beispiel der Windenergie (Teil 2: Repowering), ER 2019, 53–58 (zit. als: *Kupke/Böhlmann-Balan/C. Richter*, ER 2019).

Küttner, Niels-Jakob/*Theis*, Sabine, Kap. 2 F. Grundversorgungsvertrag (GVV), in: Peter Mussaeus, Ingo Rausch, Markus Moraing (Hrsg.), Verträge der Energiewirtschaft, Strom, Gas, erneuerbare Energien, KWK, De-Gruyter-Praxishandbuch, Berlin 2015, Rn. 1–40 (zit. als: *Küttner/Theis*, in: Verträge der Energiewirtschaft).

Laakmann, Simona, Kap. 3 Energiewirtschaftliches Vertragsgeflecht, in: Thomas Schöne (Hrsg.), Vertragshandbuch Stromwirtschaft, Praxisgerechte Gestaltung und rechtssichere Anwendung, 2. Aufl., Frankfurt am Main 2014, Rn. 1–70 (zit. als: *Laakmann*, in: Vertragshandbuch Stromwirtschaft).

Landesenergieagentur Sachsen-Anhalt GmbH, Strom aus Photovoltaik-Anlagen zur Eigenversorgung, Informationen für Eigenheimbesitzer und kleine Unternehmen, Magdeburg 2018.

Lange, Klaus, Die Abgrenzung des öffentlichrechtlichen Vertrages vom privatrechtlichen Vertrag, NVwZ 1983, 313–322 (zit. als: *K. Lange*, NVwZ 1983).

Laubscher, Horst, Internationale Projektfinanzierung, T&M 1987, 22–27 (zit. als: *Laubscher*, T&M 1987).

Lehmann, Paul/*Gawel*, Erik/*Korte*, Klaas/*Purkus*, Alexandra, 20 Jahre EEG: Ist das Förderende für alte Anlagen ein Problem für die Energiewende?, Wirtschaftsdienst 2017, 727–732 (zit. als: *Lehmann* et al., Wirtschaftsdienst 2017).

Lehnert, Wieland/*Rühr*, Christian, § 7. Der Markt für Grünstrom, in: Ines Zenke, Ralf Schäfer (Hrsg.), Energiehandel in Europa, Öl, Gas, Strom, Derivate, Zertifikate, 4. Aufl., München 2017, Rn. 1–59 (zit. als: *Lehnert/Rühr*, in: Energiehandel in Europa).

Lettl, Tobias, Die Anpassung von Verträgen des Privatrechts, JuS 2001, 347–353 (zit. als: *Lettl*, JuS 2001).

Lindacher, Walter F., Zur Zulässigkeit des formularmäßigen Ausbedingens von Vertragsabwicklungsgebühren bei Dauerschuldverhältnissen im Dienstleistungsbereich, Dargestellt am Beispiel des Ausbedingens von Deaktivierungsgebühren durch Mobilfunkdienstanbieter, ZIP 2002, 49–52 (zit. als: *Lindacher*, ZIP 2002).

Linnemann, Marcel, Energiewirtschaft für (Quer-)Einsteiger, Einmaleins der Stromwirtschaft, Wiesbaden, Heidelberg 2021 (zit. als: *Linnemann*, Energiewirtschaft für (Quer-)Einsteiger).

Lüdemann, Volker/*Ortmann*, Christian, Direktvermarktung im EEG, Das unvollendete Marktprämienmodell, EnWZ 2014, 387–391 (zit. als: *Lüdemann/Ortmann*, EnWZ 2014).

Lüdenbach, Norbert/*Hoffmann*, Wolf-Dieter/*Freiberg*, Jens, § 1, in: Haufe IFRS-Kommentar, 21. Aufl., Haufe-Lexware GmbH & Co. KG, Freiburg/München/Stuttgart 2023, Rn. 1–104 (zit. als: *Lüdenbach/W.-D. Hoffmann/Freiberg*).

Lüdenbach, Norbert/*Hoffmann*, Wolf-Dieter/*Freiberg*, Jens, § 7, in: Haufe IFRS-Kommentar, 21. Aufl., Haufe-Lexware GmbH & Co. KG, Freiburg/München/Stuttgart 2023, Rn. 1–43 (zit. als: *Lüdenbach/W.-D. Hoffmann/Freiberg*).

Lüdenbach, Norbert/*Hoffmann*, Wolf-Dieter/*Freiberg*, Jens, § 15a, in: Haufe IFRS-Kommentar, 21. Aufl., Haufe-Lexware GmbH & Co. KG, Freiburg/München/Stuttgart 2023, Rn. 1–444 (zit. als: *Lüdenbach/W.-D. Hoffmann/Freiberg*).

Lüdenbach, Norbert/*Hoffmann*, Wolf-Dieter/*Freiberg*, Jens, § 28, in: Haufe IFRS-Kommentar, 21. Aufl., Haufe-Lexware GmbH & Co. KG, Freiburg/München/Stuttgart 2023, Rn. 1–600 (zit. als: *Lüdenbach/W.-D. Hoffmann/Freiberg*).

Lüdenbach, Norbert/*Hoffmann*, Wolf-Dieter/*Freiberg*, Jens, Haufe IFRS-Kommentar, 21. Aufl., Haufe-Lexware GmbH & Co. KG, Freiburg/München/Stuttgart 2023.

Lukes, Rudolf, Stromlieferverträge im liberalisierten Strommarkt, BB Beilage 1999, 1–20 (zit. als: *Lukes*, BB Beilage 1999).

Lüttringhaus, Jan D., Verhandlungspflichten bei Störung der Geschäftsgrundlage, Ein Beitrag zur Dogmatik und Durchsetzung von Anpassungsanspruch und Verhandlungspflichten nach § 313 Abs. 1 BGB, AcP 213 (2013), 266–298 (zit. als: *Lüttringhaus*, AcP 213 2013).

Lutz-Bachmann, Sebastian/*Liedtke*, Marcus, Neue Ausschreibungen für Offshore-Windenergie, Frischer Wind für einen beschleunigten Ausbau?, EnWZ 2022, 313–319 (zit. als: *Lutz-Bachmann/Liedtke*, EnWZ 2022).

Machate, Rolf-Dieter, Kap. 39 Strompreisbildung, in: Michael Bartsch, Andreas Röhling, Peter Salje et al. (Hrsg.), Stromwirtschaft, Ein Praxishandbuch, 2. Aufl., Köln/München 2008, S. 447–461 (zit. als: *Machate*, in: Stromwirtschaft).

Mann, Thomas/*Sennekamp*, Christoph/*Uechtritz*, Michael, Verwaltungsverfahrensgesetz, Großkommentar, 2. Aufl., Baden-Baden 2019 (zit. als: Mann/Sennekamp/Uechtritz/*Bearbeiter*).

Markert, Kurt, III. 2. Langfristige Energiebezugsbindungen im deutschen und europäischen Kartellrecht, in: Peter Becker, Christian Held, Martin Riedel et al. (Hrsg.), Energiewirtschaft im Aufbruch, Analysen, Szenarien, Strategien, Köln 2001, S. 137–156 (zit. als: *Markert*, in: Energiewirtschaft im Aufbruch).

Markert, Kurt, Preisanpassung in der Strom- und Gasversorgung, Europarechtliche Transparenzanforderungen und ergänzende Vertragsauslegung, EnWZ 2016, 195–202 (zit. als: *Markert*, EnWZ 2016).

Markert, Kurt, Preisanpassung in der Strom- und Gasversorgung: Europäisches Aus für die „Dreijahreslösung" des BGH?, ZMR 2017, 213–216 (zit. als: *Markert*, ZMR 2017).

Martin, Jule, Abschöpfung von „Zufallsgewinnen" am Strommarkt – Das Maßnahmenpaket der Bundesregierung und der Verordnungsentwurf der EU-Kommission, EnK-Aktuell 2022, 01053 (zit. als: *Martin*, EnK-Aktuell 2022).

Martin, Jule/*Langenbach*, David, Virtual Power Purchase Agreements und ihr Beitrag zur Dekarbonisierung der Industrie, ER 2023, 135–138 (zit. als: *Martin/Langenbach*, ER 2023).

Maunz, Theodor/*Dürig*, Günter, Grundgesetz, Kommentar, hrsg. von Roman Herzog, Rupert Scholz, Matthias Herdegen, Hans H. Klein, 103. Aufl., München 2024 (zit. als: Dürig/Herzog/Scholz/*Bearbeiter*).

May, Nils/*Neuhoff*, Karsten/*Richstein*, Jörn, Kostengünstige Stromversorgung durch Differenzverträge für erneuerbare Energien, DIW Wochenbericht 2018, 625–635 (zit. als: *May/Neuhoff/Richstein*, DIW Wochenbericht 2018).

Mayer-Maly, Theo, Was leisten die guten Sitten?, AcP 1994, 105–176 (zit. als: *Mayer-Maly*, AcP 1994).

Meier, Till Theodor, Auswirkungen der Erlösabschöpfung im StromPBG auf sog. Power-Purchase-Agreements, EnK-Aktuell 2023, 01013 (zit. als: *T. T. Meier*, EnK-Aktuell 2023).

Meier, Till Theodor, Die Verordnungsermächtigung zur Einführung eines Industriestrompreises im Windenergie-auf-See-Gesetz, EnK-Aktuell 2023, 01086 (zit. als: *T. T. Meier*, EnK-Aktuell 2023).

Mestmäcker, Ernst-Joachim/*Schweitzer*, Heike, Europäisches Wettbewerbsrecht, 3. Aufl., München 2014 (zit. als: *Mestmäcker/Schweitzer*, Europäisches Wettbewerbsrecht).

Metzger, Jochen/*Schmidt*, Maike/*Bickel*, Peter, Power-Purchase-Agreements (PPA) zur Belieferung von Elektrolyseanlagen zur Herstellung synthetischer Kraftstoffe aus erneuerbare Energien, Zentrum für Sonnenenergie- und Wasserstoffforschung Baden-Württemberg (ZSW), Stuttgart 25.7.2021.

Michalski, Lutz, Zur Rechtsnatur des Dauerschuldverhältnisses, JA 1979, 401–409 (zit. als: *Michalski*, JA 1979).

Minuth, Klaus/*Stiller*, Dietrich F. R., Direktverträge mit Generalunternehmern in der Projektfinanzierung, NZBau 2009, 574–578 (zit. als: *Minuth/Stiller*, NZBau 2009).

Mohr, Jochen, Ausschreibung der finanziellen Förderung von Strom aus erneuerbaren Energien, EnWZ 2015, 99–105 (zit. als: *Mohr*, EnWZ 2015).

Mohr, Jochen, Ausschreibung von Förderberechtigungen für Enereuerbare-Energien-Anlagen nach dem geplanten EEG 2016, VersorgungsW 2016, 165–170 (zit. als: *Mohr*, VersorgungsW 2016).

Mohr, Jochen, Bezweckte und bewirkte Wettbewerbsbeschränkungen gemäß Art. 101 Abs. 1 AEUV, ZWeR 2015, 1–20 (zit. als: *Mohr*, ZWeR 2015).

Mohr, Jochen, Das wettbewerbsrechtliche Verbot von Marktmachtmissbräuchen unter Geltung des Strommarktes 2.0, in: Peter Rosin, Arnd Uhle (Hrsg.), Recht und Energie, Liber amicorum für Ulrich Büdenbender zum 70. Geburtstag, De Gruyter eBook-Paket Rechtswissenschaften, Berlin/München 2018, S. 635–672 (zit. als: *Mohr*, in: Recht und Energie).

Mohr, Jochen, Die neue Freiflächenausschreibungsverordnung, Wettbewerbliche Ermittlung der finanziellen Förderung von Photovoltaik-Freiflächenanlagen zwischen Kosteneffizienz und Ausbaueffektivität, N&R 2015, 76–82 (zit. als: *Mohr*, N&R 2015).

Mohr, Jochen, Die Ungültigkeit von Verträgen, die gegen den ordre public verstoßen – am Beispiel von Wettbewerbsverboten in Unternehmenskaufverträgen, WuW 2011, 112–121 (zit. als: *Mohr*, WuW 2011).

Mohr, Jochen, Integration der erneuerbaren Energien in wettbewerbliche Strommärkte, Obligatorische Direktvermarktung und Ausschreibung von Förderberechtigungen, RdE 2015, 433–442 (zit. als: *Mohr*, RdE 2015).

Mohr, Jochen, Kartellrechtlicher Konditionenmissbrauch durch datenschutzwidrige Allgemeine Geschäftsbedingungen, Die Facebook-Entscheidung des Bundeskartellamts v. 6.2.2019, EuZW 2019, 265–273 (zit. als: *Mohr*, EuZW 2019).

Mohr, Jochen, Konditionenmissbrauch durch soziale Netzwerke: Facebook, WuW 2020, 506–512 (zit. als: *Mohr*, WuW 2020).

Mohr, Jochen, Sicherung der Vertragsfreiheit durch Wettbewerbs- und Regulierungsrecht, Domestizierung wirtschaftlicher Macht durch Inhaltskontrolle der Folgeverträge, Teilw. zugl.: Berlin, Freie Univ., Habil.-Schr., 2013/14, Jus Privatum 196, Tübingen 2015 (zit. als: *Mohr*, Sicherung der Vertragsfreiheit durch Wettbewerbs- und Regulierungsrecht).

Mohr, Jochen, Wettbewerbsrecht und Ökonomie im digitalen 21. Jahrhundert, Zugleich ein Beitrag zur Intel-Entscheidung des Europäischen Gerichtshofs und zum Facebook-Verfahren des Bundeskartellamts, ORDO 2019, 259–308 (zit. als: *Mohr*, ORDO 2019).

Mohr, Jochen, Zugangs- und Entgeltregulierung als Aufgaben des Regulierungsrechts: Diskriminierungsfreiheit („Netzneutralität"), Angemessenheitskontrolle und Effizienz als Maßstäbe für die Ex-ante- und Ex-post-Missbrauchskontrolle im Regulierungs-und Wettbewerbsrecht (Art. 102 AEUV), in: Franz Jürgen Säcker, Matthias Schmidt-Preuß (Hrsg.), Grundsatzfragen des Regulierungsrechts, Vorträge auf dem Gründungskongress der Wissenschaftlichen Vereinigung für das gesamte Regulierungsrecht am 21./22. November 2013 in Berlin, Schriften der Wissenschaftlichen Vereinigung für das gesamte Regulierungsrecht Bd. 1, Baden-Baden 2015, S. 94–118 (zit. als: *Mohr*, in: Grundsatzfragen des Regulierungsrechts).

Mohr, Jochen/*König*, Carsten, Der Tatbestand des Verbots wettbewerbsbeschränkender Vereinbarungen, JURA 2012 (2012), 165–172 (zit. als: *Mohr/König*, JURA 2012 2012).

Möller-Klapperich, Julia/*Rasquin*, Christian, Ökonomische und rechtliche Grundlagen einer Übergewinnsteuer, NJ 2022, 433–438 (zit. als: *Möller-Klapperich/Rasquin*, NJ 2022).

Monopolkommission, Sondergutachten 59, Energie 2011: Wettbewerbsentwicklung mit Licht und Schatten.

Monopolkommission, Sondergutachten 65, Energie 2013: Wettbewerb in Zeiten der Energiewende.

Münchener Kommentar zum Bilanzrecht, Band 2: Bilanzrecht, §§ 238–342e HGB, hrsg. von Joachim Hennrichs, Detlef Kleindiek, Christoph Watrin, München 2013 (zit. als: MüKoBilR/*Bearbeiter*).

Münchener Kommentar zum Bürgerlichen Gesetzbuch, Band 4: Schuldrecht, Besonderer Teil I §§ 433–534, Finanzierungsleasing, CISG, hrsg. von Harm Peter Westermann, 8. Aufl., München 2019 (zit. als: MüKoBGB/*Bearbeiter*).

Münchener Kommentar zum Bürgerlichen Gesetzbuch, Band 1: Allgemeiner Teil §§ 1–240, AllgPersönlR, ProstG, AGG, hrsg. von Claudia Schubert, 9. Aufl., München 2021 (zit. als: MüKoBGB/*Bearbeiter*).

Münchener Kommentar zum Bürgerlichen Gesetzbuch, Band 2: Schuldrecht – Allgemeiner Teil I, hrsg. von Wolfgang Krüger, 9. Aufl., München 2022 (zit. als: MüKoBGB/*Bearbeiter*).

Münchener Kommentar zum Bürgerlichen Gesetzbuch, Band 3: Schuldrecht – Allgemeiner Teil II, hrsg. von Wolfgang Krüger, 9. Aufl., München 2022 (zit. als: MüKoBGB/*Bearbeiter*).

Münchener Kommentar zum Handelsgesetzbuch, Band 4: Drittes Buch. Handelsbücher, §§ 238–342e HGB, hrsg. von Werner F. Ebke, Karsten Schmidt, 5. Aufl., München 2024 (zit. als: MüKoHGB/*Bearbeiter*).

Münchener Kommentar zum Wettbewerbsrecht, In 2 Bänden, hrsg. von Frank Montag, Franz Jürgen Säcker, Florian Bien, Peter Meier-Beck, 4. Aufl., München 2021 (zit. als: MüKoWettbR/*Bearbeiter*).

Munyaka, Penninah, Kenia, in: Rödl & Partner (Hrsg.), Corporate PPA erfolgreich gestalten, Nürnberg 2018, S. 62–69 (zit. als: *Munyaka*, in: Corporate PPA erfolgreich gestalten).

Müsgens, Felix, Ökonomische Besonderheiten des Energiemarktes, EnWZ 2017, 243–247 (zit. als: *Müsgens*, EnWZ 2017).

Nestle, Uwe, Gleitende Marktprämie im EEG: Chance ider Risiko für die Erneuerbaren?, ET 03/2011, 14–19 (zit. als: *Nestle*, ET 03/2011).

Neumann, Andreas/*Lißek*, Sebastian, Rechtliche Maßnahmen zur Bewältigung der Energiekrise, N&R 2022, 258–274 (zit. als: *Neumann/Lißek*, N&R 2022).

Neveling, Stefanie/*Schönrock*, Klaus-Peter, § 25 Nicht standardisierte Liefer- und Handelsverträge sowie vertragliche Voraussetzungen auf der Netzzugangsseite, in: Ines Zenke, Ralf Schäfer (Hrsg.), Energiehandel in Europa, Öl, Gas, Strom, Derivate, Zertifikate, 4. Aufl., München 2017, Rn. 1–86 (zit. als: *Neveling/Schönrock*, in: Energiehandel in Europa).

Niedrig, Thomas, Kap. 1, in: Karl-Peter Horstmann, Michael Cieslarczyk, Horstmann-Cieslarczyk (Hrsg.), Energiehandel, Ein Praxishandbuch, Köln 2006, Rn. 1–76 (zit. als: *Niedrig*, in: Energiehandel).

NomosKommentar BGB, Schuldrecht: §§ 662–853, ProdHaftG, UKlaG, hrsg. von Barbara Dauner-Lieb, Werner Langen, 4. Aufl., Baden-Baden, Berlin 2021 (zit. als: NK-BGB/*Bearbeiter*).

Oehler, Andreas/*Unser*, Matthias, Finanzwirtschaftliches Risikomanagement, Mit 17 Tabellen, Springer-Lehrbuch, 2. Aufl., Berlin/Heidelberg 2002 (zit. als: *Oehler/Unser*, Finanzwirtschaftliches Risikomanagement).

Oppen, Margarethe von, Strompreisbremse und Gewinnabschöpfung, Heiligt der Zweck jedes Mittel?, ER 2023, 3–11 (zit. als: *Oppen*, ER 2023).

Oschmann, Volker/*Thorbecke*, Jan, Erneuerbare Energien und die Förderung stromintensiver Unternehmen – Das Erste Gesetz zur Änderung des Erneuerbare-Energien-Gesetzes, ZNER 2006, 304–310 (zit. als: *Oschmann/Thorbecke*, ZNER 2006).

Otto, Christian-W., Rechtsprobleme des Repowerings, UPR 2015, 244–248 (zit. als: *C.-W. Otto*, UPR 2015).

Otto, Sven-Joachim/*Weigel*, Lucie, Anhörung des Ausschusses für Klimaschutz und Energie: Energiebranche kritisiert Gesetzesentwurf zur Strompreisbremse, EnK-Aktuell 2022, 01147 (zit. als: *S.-J. Otto/Weigel*, EnK-Aktuell 2022).

Pahle, Michael, Anstehende EEG-Reform und langfristiger Klimaschutz – ein Brückenschlag, ET 03/2015, 18–21 (zit. als: *Pahle*, ET 03/2015).

Paul, Stephan/*Mervelskemper*, Laura, Finanzierung von Infrastrukturprojekten im Rahmen der Energiewende, in: Johann-Christian Pielow (Hrsg.), Verantwortung und Finanzierung im Zuge der Energiewende, Dokumentation der XXI. Jahrestagung des Instituts für Berg- und Energierecht am 9. März 2017, Bochumer Beiträge zum Berg- und Energierecht Band 68, Stuttgart, München/Hannover/Berlin/Weimar/Dresden 2018, S. 35–46 (zit. als: *Paul/Mervelskemper*, in: Verantwortung und Finanzierung im Zuge der Energiewende).

Pavel, Ferdinand, Die geplante Abschöpfung der Zufallsgewinne im Stromsektor, EnK-Aktuell 2022, 01054 (zit. als: *Pavel*, EnK-Aktuell 2022).

Pexapark, Assessing PPA prices alongside the LCOE, Januar 2021.

Pflicht, Sandra, Gesetz zur Entwicklung und Förderung der Windenergieanlagen auf See, EnWZ 2016, 550–556 (zit. als: *Pflicht*, EnWZ 2016).

Pilgram, Thomas, Formen des Handels an der EEX, in: Hans-Peter Schwintowski, Frank Scholz, Andreas Schuler (Hrsg.), Handbuch Energiehandel, 5. Aufl., Berlin 2021, Rn. 1–116 (zit. als: *Pilgram*, in: Handbuch Energiehandel).

Pilgram, Thomas, Kap. 5 Abschnitt 2 OTC-Clearing durch Börsen, in: Ines Zenke, Niels Ellwanger (Hrsg.), Handel mit Energiederivaten, Recht, Wirtschaft, Praxis, München 2003, Rn. 1045–1114 (zit. als: *Pilgram*, in: Handel mit Energiederivaten).

Podszun, Rupprecht/*Palzer*, Christoph, Ausbeutungsmissbrauch bei Kabelkanalgebühren? Frei ausgehandelte Preise unter richterlichem Zugriff, Zugleich Anmerkung zum Urt. des BGH – Kabelkanalanlagen, NZKart 2017, 559–567 (zit. als: *Podszun/Palzer*, NZKart 2017).

Pohl, Siegmar, Trends der Projektfinanzierung in den USA, am Beispiel der Finanzierung von Solaranlagen in Kalifornien, ZfRV 2010, 92–96 (zit. als: *Pohl*, ZfRV 2010).

Polley, Romina/*Rhein*, Steffen, Anforderungen an die Vereinbarung bzw. abgestimmtes Verhalten bei vertikaler Preisbindung – Praxis des BKartA und eruropäische Rechtslage, KSzW 2011, 15–24 (zit. als: *Polley/Rhein*, KSzW 2011).

Portela, Sigrun, Kap. 5.II. Windenergieprojekte aus Sicht einer Bank, Grundlagen, in: Martin Maslaton (Hrsg.), Windenergieanlagen, Ein Rechtshandbuch, 2. Aufl., München 2018, Rn. 2–20 (zit. als: *Portela*, in: Windenergieanlagen).

Pritzsche, Kai Uwe/*Vacha*, Vivien, Energierecht, Einführung und Grundlagen, München 2017 (zit. als: *Pritzsche/Vacha*, Energierecht).

Prognos/Vereinigung der Bayerischen Wirtschaft e. V., Strompreisprognose, im Auftrag von Vereinigung der Bayerischen Wirtschaft e. V., 21. 9. 2022.

Purkus, Alexandra/*Gawel*, Erik/*Deissenroth*, Marc/*Nienhaus*, Christina/*Wassermann*, Sandra, Beitrag der Marktprämie zur Marktintegration Erneuerbarer, Erfahrungen aus dem EEG 2012 und Perspektiven der verpflichtenden Direktvermarktung, ET 12/2014, 8–16 (zit. als: *Purkus* et al., ET 12/2014).

Purr, Katja/*Osiek*, Dirk/*Lange*, Martin/*Adlunger*, Kirsten, Integration von Power to Gas/Power to Liquid in den laufenden Transformationsprozess, Dessau-Roßlau März 2016.

R2B Energy Consulting/Consentec, Förderung der Direktvermarktung und der bedarfsgerechten Einspeisung von Strom aus Erneuerbaren Energien, Studie im Auftrag des Bundesministeriums für Wirtschaft und Technologie (BMWi), Köln/Aachen 23. 6. 2010.

Raetzke, Christian, Laufzeitverlängerung und Grundgesetz – Zur 19. Novelle des Atomgesetzes, NVwZ 2023, 145–149 (zit. als: *Raetzke*, NVwZ 2023).

Rauch, Karsten, Der gewerbliche Energieliefervertrag – Teil 1, ER 2022, 135–141 (zit. als: *Rauch*, ER 2022).

Reichert-Facilides, Daniel, E. V. Objekt- und Projektfinanzierungen, in: Stephan Eilers, Adalbert Rödding, Dirk Schmalenbach (Hrsg.), Unternehmensfinanzierung, Gesellschaftsrecht, Steuerrecht, Rechnungslegung, 2. Aufl., München 2014, Rn. 192–225 (zit. als: *Reichert-Facilides*, in: Unternehmensfinanzierung).

Reinholz, Hans, Die rechtliche Einordnung des Energielieferungsvertrages, RdE 1999, 64–74 (zit. als: *Reinholz*, RdE 1999).

Reshöft, Jan/*Schäfermeier*, Andreas (Hrsg.), Erneuerbare-Energien-Gesetz, Handkommentar, 4. Aufl., Baden-Baden 2014 (zit. als: Reshöft/Schäfermeier/*Bearbeiter*).

Rieg, Robert, Die Hebelwirkung des Fremdkapitals – Idee, Chancen und Risiken, BC 2016, 130–133 (zit. als: *Rieg*, BC 2016).

Rieger, Harald, Juristische Aspekte der Projektfinanzierung, in: Klaus Backhaus, Otto Sandrock, Jörg Schill et al. (Hrsg.), Projektfinanzierung, Wirtschaftliche und rechtliche Aspekte einer Finanzierungsmethode für Großprojekte, Stuttgart 1990, S. 63–75 (zit. als: *Rieger*, in: Projektfinanzierung).

Ristau, Oliver, Sorge um die Alten, EE 2017, 74–76 (zit. als: *Ristau*, EE 2017).

Ritter, David/*Seebach*, Dominik/*Haller*, Markus/*Huneke*, Fabian/*Claußner*, Michael/*Bogner*, Johannes, Monitoring der Direktvermarktung: Jahresbericht 2022 und Ausblick 2023, Energy Brainpool; Öko-Institut e. V., Berlin/Freiburg März 2023.

Ritter, Jan-Stephan/*Lücke*, Alexander, Die Bekämpfung von Preismissbrauch im Bereich der Energieversorgung und des Lebensmittelhandels – geplante Änderungen des GWB, WuW 2007, 698–712 (zit. als: *J.-S. Ritter/Lücke*, WuW 2007).

Röhling, Andreas, Kap. 9 Lieferverträge, in: Karl-Peter Horstmann, Michael Cieslarczyk, Horstmann-Cieslarczyk (Hrsg.), Energiehandel, Ein Praxishandbuch, Köln 2006, Rn. 1–65 (zit. als: *Röhling*, in: Energiehandel).

Röhling, Andreas/*Haus*, Florian C., Hub and spoke – Kartelle im Handel, KSzW 2011, 32–36 (zit. als: *Röhling/Haus*, KSzW 2011).

Ruttloff, Marc, Eigenversorgung durch Bestandsanlagen unter dem EEG 2.0 – wie weit reicht der Bestandsschutz?, NVwZ 2014, 1128–1133 (zit. als: *Ruttloff*, NVwZ 2014).

Säcker, Franz Jürgen, Die Anpassung von Energielieferverträgen an durch die Energiewende veränderte Umstände, in: Juliane Kokott, Petra Pohlmann, Romina Polley (Hrsg.), Europäisches, deutsches und internationales Kartellrecht, Festschrift für Dirk Schroeder zum 65. Geburtstag, Köln 2018, S. 723–737 (zit. als: *Säcker*, in: Europäisches, deutsches und internationales Kartellrecht).

Säcker, Franz Jürgen, Die Anpassung von langfristigen Verträgen an bei Vertragsschluss unvorhergesehene und unvorhersehbare Umstände im Wege der ergänzenden Vertragsauslegung, in: Lutz Aderhold, Barbara Grunewald, Dietgard Klingberg et al. (Hrsg.), Festschrift für Harm Peter Westermann, Zum 70. Geburtstag, Köln 2008, S. 617–636 (zit. als: *Säcker*, in: Festschrift für Harm Peter Westermann).

Säcker, Franz Jürgen, Marktabgrenzung, Marktbeherrschung, Markttransparenz und Machtmissbrauch auf den Großhandelsmärkten für Elektrizität, Veröffentlichungen des Instituts für Deutsches und Europäisches Wirtschafts-, Wettbewerbs- und Regulierungsrecht der Freien Universität Berlin 25, Frankfurt am Main u. a. 2011 (zit. als: *Säcker*, Marktabgrenzung, Marktbeherrschung, Markttransparenz und Machtmissbrauch auf den Großhandelsmärkten für Elektrizität).

Säcker, Franz Jürgen/*König*, Carsten/*Scholz*, Lydia, Der regulierungsrechtliche Rahmen für ein Offshore-Stromnetz in der Nordsee, Rechtliche Hemmnisse und Vorschläge für deren Überwindung, Veröffentlichungen des Instituts für Deutsches und Europäisches Wirtschafts-, Wettbewerbs- und Regulierungsrecht der Freien Universität Berlin Band 42, Frankfurt 2014 (zit. als: *Säcker/König/L. Scholz*, Der regulierungsrechtliche Rahmen für ein Offshore-Stromnetz in der Nordsee).

Säcker, Franz Jürgen/*Mengering*, Kim, Rechtsfolgen unwirksamer Preisanpassungsklauseln in Endkundenverträgen über Strom und Gas, Folgerungen aus dem Urt. des EuGH vom 21.3.2013 – C-92/11 – RWE Vertrieb, BB 2013, 852 – und der Entscheidung des BGH vom 31.7.2013 – VIII ZR 162/09, BB 2013, 1859–1870 (zit. als: *Säcker/Mengering*, BB 2013).

Säcker, Franz Jürgen/*Mohr*, Jochen, Die Beurteilung von Einkaufskooperationen gemäß Art. 101 Abs. 1 und Abs. 3 AEUV, WRP 2011, 793–808 (zit. als: *Säcker/Mohr*, WRP 2011).

Säcker, Franz Jürgen/*Mohr*, Jochen/*Wolf*, Maik, Konzessionsverträge im System des europäischen und deutschen Wettbewerbsrechts, Veröffentlichungen des Instituts für Deutsches und Europäisches Wirtschafts-, Wettbewerbs- und Regulierungsrecht der Freien Universität Berlin 22, Frankfurt am Main 2011 (zit. als: *Säcker/Mohr/M. Wolf*, Konzessionsverträge im System des europäischen und deutschen Wettbewerbsrechts).

Sakhel, Alice/*Styles*, Alexandra/*Kemper*, Marina/*Jeuk*, Marie/*Claas-Reuther*, Jonathan, Perspektiven für die Weiterentwicklung von Erneuerbare-Energien-Nachweisen für Strom, Bericht im Rahmen des Projekts GO4Industry (Energieträger, Teil 1), gefördert durch das Bundesministerium für Wirtschaft und Klimaschutz, Hamburg Institut, Hamburg 2022.

Salje, Peter (Hrsg.), Erneuerbare-Energien-Gesetz – EEG 2023, 10. Aufl., Hürth 2023 (zit. als: Salje/*Bearbeiter*).

Scherzberg, Arno, Grundfragen des verwaltungsrechtlichen Vertrages, JuS 1992, 205–215 (zit. als: *Scherzberg*, JuS 1992).

Schneider Electric, Proactively Managing Risks, To accomplish your long term energy goals using renewable PPAs, 2020.

Schneider, Carmen/*Lüdecke*, Marieke, Corporate PPAs – Neues für die Erneuerbaren? (Teil 1), IR 2018, 290–292 (zit. als: *C. Schneider/Lüdecke*, IR 2018).

Schneider, Carmen/*Lüdecke*, Marieke, Corporate PPAs – Neues für die Erneuerbaren? (Teil 2), IR 2019, 50–52 (zit. als: *C. Schneider/Lüdecke*, IR 2019).

Schnichels, Dominik, Marktabschottung durch langfristige Gaslieferverträge, EuZW 2003, 171–175 (zit. als: *Schnichels*, EuZW 2003).

Schnorr, Stephan, Power Purchase Agreements, Stromlieferverträge für Erneuerbare Energien, Wiesbaden 2022 (zit. als: *Schnorr*, Power Purchase Agreements).

Schöler, Meike, Langfristige Gaslieferverträge, Die kartellrechtliche Zulässigkeit von Take or Pay-Verträgen auf der Importstufe und deren Weiterreichung auf die nachfolgenden Absatzstufen nach Art. 81 EG, Zugl.: Berlin, Freie Univ., Diss., 2005/06, Recht – Technik – Wirtschaft 98, Köln/Berlin/München 2006 (zit. als: *Schöler*, Langfristige Gaslieferverträge).

Scholtka, Boris/*Baumgart*, Max, Preisbildung im Energiemarkt: Dezemberhilfen, Preisdeckel für Strom, Wärme und Gas sowie ein Revenue Cap, EnK-Aktuell 2022, 01118 (zit. als: *Scholtka/Baumgart*, EnK-Aktuell 2022).

Scholz, Frank/*Schuler*, Andreas, Formen des Risikomanagements im Energiehandel, in: Hans-Peter Schwintowski, Frank Scholz, Andreas Schuler (Hrsg.), Handbuch Energiehandel, 5. Aufl., Berlin 2021, Rn. 1–205 (zit. als: *F. Scholz/Schuler*, in: Handbuch Energiehandel).

Scholz, Ulrich, § 34 Energiewirtschaft, in: Gerhard Wiedemann (Hrsg.), Handbuch des Kartellrechts, 4. Aufl., München 2020, Rn. 1–266 (zit. als: *U. Scholz*, in: Handbuch des Kartellrechts).

Scholz, Ulrich/*Tüngler*, Stefan, Dauerschuldverhältnisse im Energiesektor in der Krise, Möglichkeiten und Grenzen flexibler Reaktion auf veränderte Umstände, EnWZ 2020, 201–209 (zit. als: *U. Scholz/Tüngler*, EnWZ 2020).

Schöne, Thomas, Kap. 4.C Sonderkundenverträge für Gewerbe- und Industriekunden, in: Thomas Schöne (Hrsg.), Vertragshandbuch Stromwirtschaft, Praxisgerechte Gestaltung und rechtssichere Anwendung, 2. Aufl., Frankfurt am Main 2014, Rn. 1–399 (zit. als: *Schöne*, in: Vertragshandbuch Stromwirtschaft).

Schöne, Thomas/*Garbers*, Marco, Stromlieferverträge, in: Friedrich von Westphalen, Gregor Thüsing, Rüdiger Pamp (Hrsg.), Vertragsrecht und AGB-Klauselwerke, 49. EL März 2023, München 2023, Rn. 1–488 (zit. als: *Schöne/Garbers*, in: Vertragsrecht und AGB-Klauselwerke).

Schulte-Beckhausen, Sabine, Stromhandel – Möglichkeiten und Grenzen im neuen europäischen und nationalen Ordnungsrahmen für Energie, RdE 1999, 51–59 (zit. als: *Schulte-Beckhausen*, RdE 1999).

Schuster, Andreas, Kap. 11, in: Karl-Peter Horstmann, Michael Cieslarczyk, Horstmann-Cieslarczyk (Hrsg.), Energiehandel, Ein Praxishandbuch, Köln 2006, Rn. 1–142 (zit. als: *Schuster*, in: Energiehandel).

Schwennicke, Andreas/*Auerbach*, Dirk (Hrsg.), Kreditwesengesetz (KWG) mit Zahlungsdiensteaufsichtsgesetz (ZAG), Kommentar, 4. Aufl., München 2021 (zit. als: Schwennicke/Auerbach/*Bearbeiter*).

Schwintowski, Hans-Peter/*Brömmelmeyer*, Christoph, Die Merit Order auf den europäischen Strommärkten – außergewöhnliche Markterlöse aufgrund eines verbotenen Preiskartells?, NZKart 2023, 201–207 (zit. als: *Schwintowski/Brömmelmeyer*, NZKart 2023).

Seebach, Dominik/*Timpe*, Christof/*Lucha*, Christine/*Meinecke*, Lisa/*Lehnert*, Wieland/*Rühr*, Christian, Weiterentwicklung der Ausweisung geförderter EE-Mengen und der allgemeinen Stromkennzeichnung in Deutschland, Abschließende Empfehlungen des Vorhabens zur Analyse und Strukturierung des übergreifenden Energierechts (Strom) im Auftrag des Bundesministeriums für Wirtschaft und Energie (BMWi), Öko-Institut e. V.; Ecologic Institut gemeinnützige GmbH; Becker Büttner Held PartGmbB, Freiburg/Berlin 31. 7. 2019.

Seiferth, Conrad/*Samp*, Michael, Rechtliche Herausforderungen für die Umsetzung von Repowering-Projekten, EnWZ 2014, 106–111 (zit. als: *Seiferth/Samp*, EnWZ 2014).

Sester, Peter, Insolvenzfeste Direktverträge in der Projektfinanzierung und bei Public-Private-Partnership-Projekten auf Basis eines Konzessionsvertrages, ZBB 2004, 283–288 (zit. als: *Sester*, ZBB 2004).

Soergel, Hans Theodor, Bürgerliches Gesetzbuch mit Einführungsgesetz und Nebengesetzen, Band 4, Schuldrecht 2 §§ 305–310, UKlaG, hrsg. von Jörg Fritzsche, Kai-Oliver Knops, 13. Aufl., Stuttgart 2019 (zit. als: Soergel/*Bearbeiter*).

Soergel, Hans Theodor, Bürgerliches Gesetzbuch mit Einführungsgesetz und Nebengesetzen, Band 5/1b: Schuldrecht 3/1b, §§ 312–312k, 315–319, hrsg. von Christian Gomille, Michael Matthiessen, Beate Gsell, Jannik Otto, 13. Aufl., Stuttgart 2022 (zit. als: Soergel/*Bearbeiter*).

Spannowsky, Willy, Grenzen des Verwaltungshandelns durch Verträge und Absprachen, Zugl.: Tübingen, Univ., Habil.-Schr., 1993/94, Tübinger Schriften zum Staats- und Verwaltungsrecht 26, Berlin 1994 (zit. als: *Spannowsky*, Grenzen des Verwaltungshandelns durch Verträge und Absprachen).

Staake, Susann, Kap. 4. IV. 4. e. Direktvermarktungsvertrag, in: Martin Maslaton (Hrsg.), Windenergieanlagen, Ein Rechtshandbuch, 2. Aufl., München 2018, Rn. 458–482 (zit. als: *Staake*, in: Windenergieanlagen).

Stahlschmidt, Michael, Zufallsgewinnsteuer – Übergewinnsteuer?, BB 2022, (Umschlagteil) I (zit. als: *Stahlschmidt*, BB 2022).

Starke, Christian Paul, Die ergänzende Vertragsauslegung des BGH im Falle unwirksamer Preisanpassungsklauseln in Energielieferverträgen, RdE 2016, 498–505 (zit. als: *Starke*, RdE 2016).

Staudinger, Julius von, J. von Staudingers Kommentar zum Bürgerlichen Gesetzbuch: Staudinger BGB, Buch 2: Recht der Schuldverhältnisse: §§ 433–480 (Kaufrecht), hrsg. von Michael Martinek, Roland Michael Beckmann, Berlin 2014 (zit. als: Staudinger/*Bearbeiter*).

Staudinger, Julius von, J. von Staudingers Kommentar zum Bürgerlichen Gesetzbuch: Staudinger BGB, Buch 2: Recht der Schuldverhältnisse: §§ 244–248; PrKG (Geldrecht), hrsg. von Volker Rieble, Berlin 2021 (zit. als: Staudinger/*Bearbeiter*).

Staudinger, Julius von, J. von Staudingers Kommentar zum Bürgerlichen Gesetzbuch: Staudinger BGB, Buch 1: Allgemeiner Teil: §§ 134–138; ProstG (Gesetzliches Verbot, Verfügungsverbot, Sittenwidrigkeit), hrsg. von Volker Rieble, Berlin 2021 (zit. als: Staudinger/*Bearbeiter*).

Staudinger, Julius von, J. von Staudingers Kommentar zum Bürgerlichen Gesetzbuch: Staudinger BGB, Buch 2: Recht der Schuldverhältnisse: §§ 305–310 (AGB-Recht 1 und Unterlassungsklagengesetz), hrsg. von Markus Stoffels, Berlin 2022 (zit. als: Staudinger/*Bearbeiter*).

Stelkens, Paul/*Bonk*, Heinz Joachim/*Leonhardt*, Klaus, Verwaltungsverfahrensgesetz, Kommentar, hrsg. von Michael Sachs, Heribert Schmitz, Ulrich Stelkens, 10. Aufl., München 2023 (zit. als: Stelkens/Bonk/Sachs/*Bearbeiter*).

Stelkens, Ulrich, Verwaltungsprivatrecht, Zur Privatrechtsbindung der Verwaltung, deren Reichweite und Konsequenzen, Teilw. zugl.: Saarbrücken, Univ., Habil.-Schr., 2003, Schriften zum Öffentlichen Recht 994, Berlin 2005 (zit. als: *U. Stelkens*, Verwaltungsprivatrecht).

Stober, Rolf, § 22 Verwaltungsrecht und Gesamtrechtsordnung, in: Rolf Stober, Winfried Kluth (Hrsg.), Verwaltungsrecht I, 13. Aufl., München 2017, S. 199–227 (zit. als: *Stober*, in: Verwaltungsrecht I).

Stockmayer, Albrecht, Projektfinanzierung und Kreditsicherung, Dargestellt am Beispiel von Darlehen an Rohstoffvorhaben in Entwicklungsländern, Zugl.: Frankfurt (Main), Univ., Fachbereich Rechtswiss., Diss., 1981, Studien zum internationalen Rohstoffrecht 6, Frankfurt am Main 1982 (zit. als: *Stockmayer*, Projektfinanzierung und Kreditsicherung).

Streicher, René, Vertikale Information im Lichte des Kartellverbots, Zugl.: Mainz, Univ., Diss., 2013, Schriften zum Wirtschaftsrecht 252, Berlin 2014 (zit. als: *Streicher*, Vertikale Information im Lichte des Kartellverbots).

Stuhlmacher, Gerd, Der inframarginale Revenue-Cap der EU-Kommission – ein Beitrag zur Strompreisdämpfung?, EnK-Aktuell 2022, 01066 (zit. als: *Stuhlmacher*, EnK-Aktuell 2022).

Tegethoff, Wilm/*Büdenbender*, Ulrich/*Klinger*, Heinz, Das Recht der öffentlichen Energieversorgung, Kommentar, 15. Aufl., Gräfeling 1996 (zit. als: Tegethoff/Büdenbender/Klinger/*Bearbeiter*).

Theobald, Christian/*Kühling*, Jürgen (Hrsg.), Energiewirtschaftsrecht, Energiewirtschaftsgesetz mit den Durchführungsbestimmungen, Nebengesetzen, Verordnungen und Erlassen; Kommentar, 123. Aufl., München 2023 (zit. als: Theobald/Kühling/*Bearbeiter*).

Theobald, Christian/*Nill-Theobald*, Christiane, Grundzüge des Energiewirtschaftsrechts, Die Liberalisierung der Strom- und Gaswirtschaft, 3. Aufl., München 2013 (zit. als: *Theobald/Nill-Theobald*, Grundzüge des Energiewirtschaftsrechts).

Thomale, Hans-Christoph/*Feurstein*, Stephanie, Die AGB-rechtliche Wirksamkeit von Take-or-Pay-Klauseln in Energielieferverträgen, NJOZ 2010, 811–818 (zit. als: *Thomale/Feurstein*, NJOZ 2010).

Thomas, Henning/*Vollprecht*, Jens, Neubau, Versetzung, Erweiterung, Konzeptänderung und „verbessernde" Reparatur von EEG-Anlagen oder: Das Anlagenphantom, ZNER 2012, 334–346 (zit. als: *Thomas/Vollprecht*, ZNER 2012).

Thüsing, Gregor, Höhere Gewalt, in: Friedrich von Westphalen, Gregor Thüsing, Rüdiger Pamp (Hrsg.), Vertragsrecht und AGB-Klauselwerke, 49. EL März 2023, München 2023, Rn. 1–34 (zit. als: *Thüsing*, in: Vertragsrecht und AGB-Klauselwerke).

Thüsing, Gregor, Preis – Preisnebenabrede, in: Friedrich von Westphalen, Gregor Thüsing, Rüdiger Pamp (Hrsg.), Vertragsrecht und AGB-Klauselwerke, 49. EL März 2023, München 2023, Rn. 1–29 (zit. als: *Thüsing*, in: Vertragsrecht und AGB-Klauselwerke).

Tomala, Sebastian/*Reimers*, Anke, Kap. 4. D Sonderkundenverträge für Weiterverteiler, in: Thomas Schöne (Hrsg.), Vertragshandbuch Stromwirtschaft, Praxisgerechte Gestaltung und rechtssichere Anwendung, 2. Aufl., Frankfurt am Main 2014, Rn. 1–174 (zit. als: *Tomala/Reimers*, in: Vertragshandbuch Stromwirtschaft).

Traber, Thure/*Fell*, Hans-Josef/*Marquitan*, Sophie, Eine Vollversorgung mit 100 % Erneuerbaren Energien inklusive Speicher ist bereits heute wettbewerbsfähig und würde Energiekosten senken, Eine Darstellung am Beispiel Deutschland, Energy Watch Group, Berlin Oktober 2021.

Tytko, Dagmar, Grundlagen der Projektfinanzierung, in: Klaus Backhaus, Holger Werthschulte (Hrsg.), Projektfinanzierung, Wirtschaftliche und rechtliche Aspekte einer Finanzierungsmethode für Großprojekte, 2. Aufl., Stuttgart 2003, S. 11–36 (zit. als: *Tytko*, in: Projektfinanzierung).

Tytko, Dagmar, Zukunftsorientierte Kreditvergabeentscheidungen, Eine Untersuchung zu den Einsatzmöglichkeiten der Projektfinanzierung im mittelständischen Firmenkundengeschäft, Zugl.: Paderborn, Univ., Diss., 1999, Europäische Hochschulschriften Reihe 5, Volks- und Betriebswirtschaft 2516, Frankfurt am Main u. a. 1999 (zit. als: *Tytko*, Zukunftsorientierte Kreditvergabeentscheidungen).

Uekermann, Heinrich, Risikopolitik bei Projektfinanzierungen, Maßnahmen und ihre Ausgestaltung, Zugl.: Münster (Westfalen), Univ., Diss., 1992, DUV Wirtschaftswissenschaft, Wiesbaden 1993 (zit. als: *Uekermann*, Risikopolitik bei Projektfinanzierungen).

Uekermann, Heinrich, Technik der internationalen Projektfinanzierung, in: Klaus Backhaus, Otto Sandrock, Jörg Schill et al. (Hrsg.), Projektfinanzierung, Wirtschaftliche und rechtliche Aspekte einer Finanzierungsmethode für Großprojekte, Stuttgart 1990, S. 13–28 (zit. als: *Uekermann*, in: Projektfinanzierung).

Uffmann, Katharina, Vertragsgerechtigkeit als Leitild der Inhaltskontrolle, Der BGH und die ergänzende Vertragsauslegung, NJW 2012, 2225–2230 (zit. als: *Uffmann*, NJW 2012).

Uibeleisen, Maximilian/*Groneberg*, Simon, Der wirtschaftliche Betrieb von Erneuerbare-Energien-Anlagen außerhalb des EEG-Förderrahmens –, PPAs als Konkurrenz zum System staatlicher Fördergelder, RdE 2018, 114–123 (zit. als: *Uibeleisen/Groneberg*, RdE 2018).

Ulmer, Peter, Wirtschaftslenkung und Vertragserfüllung, Zur Bedeutung staatlicher Lenkungsmaßnahmen für die vertragliche Geschäflsgrundlage, AcP 174 (1974), 167–201 (zit. als: *Ulmer*, AcP 174 1974).

Ulmer, Peter/*Brandner*, Hans Erich/*Hensen*, Horst-Diether, AGB-Recht, Kommentar zu den §§ 305–310 BGB und zum UKlaG, 13. Aufl., Köln 2022 (zit. als: Ulmer/Brandner/Hensen/*Bearbeiter*).

Umweltbundesamt, Nichtamtliche Lesefassung der Verordnung zur Einrichtung des Regionalnachweisregisters, zur Fortentwicklung des Herkunftsnachweisregisters und zur Änderung der Herkunfts- und Regionalnachweis-Gebührenverordnung (HkRNDV) vom 8. 11. 2018 inkl. Begründung, 21. 11. 2018.

Unberath, Hannes/*Fricke*, Norman, Vertrag und Haftung nach der Liberalisierung des Strommarktes, Privatautonome Gestaltung im regulierten Schuldrecht, NJW 2007, 3601–3606 (zit. als: *Unberath/Fricke*, NJW 2007).

VDMA Power Systems, Impulse und Leitplanken für die Weiterentwicklung des Strommarkts, Ergebnispapier der Arbeit der Stakeholder-Plattform Strommarktdesign, Frankfurt am Main November 2022.

vom Dahl, Antonia, Langfristige Energielieferverträge in Deutschland und den USA, Rechtsrahmen, Vertragsgestaltung, Preisanpassung, Zugl.: Berlin, Freie Univ., Diss., 2023, Kartell- und Regulierungsrecht 46, Baden-Baden 2023 (zit. als: *vom Dahl*, Langfristige Energielieferverträge in Deutschland und den USA).

Walker, Benedikt, Der neue § 16b BImSchG – erleichterte Genehmigungsvoraussetzungen beim Repowering von Erneuerbare Energien-Anlagen, jurisPR-UmwR 2021, Anm. 1 (zit. als: *Walker*, jurisPR-UmwR 2021).

Weale, Graham, Investitionen in Kraftwerke – die Risiken, die Vollkosten und wie sie beschränkt werden können, in: Johann-Christian Pielow (Hrsg.), Verantwortung und Finanzierung im Zuge der Energiewende, Dokumentation der XXI. Jahrestagung des Instituts für Berg- und Energierecht am 9. März 2017, Bochumer Beiträge zum Berg- und Energierecht Band 68, Stuttgart/München/Hannover/Berlin/Weimar/Dresden 2018, S. 11–27 (zit. als: *Weale*, in: Verantwortung und Finanzierung im Zuge der Energiewende).

Wegerich, Christine/*Seiferth*, Conrad, Zur kartell- und zivilrechtlichen Zulässigkeit von Take-or-Pay-Klauseln in Gaslieferverträgen mit Weiterverteilern, RdE 2009, 48–54 (zit. als: *Wegerich/Seiferth*, RdE 2009).

Westphalen, Friedrich von, Freizeichnungs- und Haftungsbegrenzungsklauseln, in: Friedrich von Westphalen, Gregor Thüsing, Rüdiger Pamp (Hrsg.), Vertragsrecht und AGB-Klauselwerke, 49. EL März 2023, München 2023, Rn. 1–140 (zit. als: *Westphalen*, in: Vertragsrecht und AGB-Klauselwerke).

Westphalen, Friedrich von, Neues Recht für Dauerschuldverhältnisse ab 1. Januar 2003, ZGS 2002, 431–433 (zit. als: *Westphalen*, ZGS 2002).

Westphalen, Friedrich von/*Mock*, Sebastian, Preisanpassungsklauseln, in: Friedrich von Westphalen, Gregor Thüsing, Rüdiger Pamp (Hrsg.), Vertragsrecht und AGB-Klauselwerke, 49. EL März 2023, München 2023, Rn. 1–87 (zit. als: *Westphalen/Mock*, in: Vertragsrecht und AGB-Klauselwerke).

Wichmann, Richard, Update: Anforderungen der EU an Grünen Wasserstoff, EWeRK 2023, 116–124 (zit. als: *Wichmann*, EWeRK 2023).

Wiechens, Gero/*Lorenz*, Karsten/*Morawietz*, Anja, Abteilung I./11. Die Bilanzierung von derivativen Finanzinstrumenten und Sicherungsbeziehungen nach HGB, in: Joachim Schulze-Osterloh, Joachim Hennrichs, Jens Wüstemann (Hrsg.), Handbuch des Jahresabschlusses, HdJ; Bilanzrecht nach HGB, EStG und IFRS, 84. EL Febraur 2014, Köln 2024, Rn. 1–375 (zit. als: *Wiechens/K. Lorenz/Morawietz*, in: Handbuch des Jahresabschlusses).

Wiedemann, Gerhard, § 23 C Der Missbrauch, in: Gerhard Wiedemann (Hrsg.), Handbuch des Kartellrechts, 4. Aufl., München 2020, Rn. 53–259 (zit. als: *Wiedemann*, in: Handbuch des Kartellrechts).

Wiederholt, Norbert/*Ludwig*, Ann-Kathrin, Finanzierungsfreundliche Gestaltung von (Corporate) Power Purchase Agreements, EnWZ 2019, 110–115 (zit. als: *Wiederholt/Ludwig*, EnWZ 2019).

Wilms, Susan, Delegierter Rechtsakt erneuerbarer Wasserstoff, EnK-Aktuell 2023, 01060 (zit. als: *Wilms*, EnK-Aktuell 2023).

Wojtek, Ralf/*Woltering*, Tobias/*Baltus*, Marc, Kap. X. 1. Stromlieferungsvertrag für gewerbliche Sondervertragskunden, in: Markus S. Rieder, Rolf A. Schütze, Lutz Weipert (Hrsg.), Münchener

Vertragshandbuch, 8. Aufl., München 2020, S. 1287–1306 (zit. als: *Wojtek/Woltering/Baltus*, in: Münchener Vertragshandbuch).

Wolf, Birgit/*Hill*, Mark/*Pfaue*, Michael, Strukturierte Finanzierungen, Grundlagen des Corporate Finance, Technik der Projekt- und Buy-out-Finanzierung, Asset-Backed-Strukturen, 2. Aufl., 2011 (zit. als: *B. Wolf/Hill/Pfaue*, Strukturierte Finanzierungen).

Wolf, Manfred/*Lindacher*, Walter F./*Pfeiffer*, Thomas, AGB-Recht, Kommentar, hrsg. von Walter F. Lindacher, Thomas Pfeiffer, 7. Aufl., München 2020 (zit. als: Wolf/Lindacher/Pfeiffer/*Bearbeiter*).

Wolff, Hans Julius, Der Unterschied zwischen öffentlichem und privatem Recht, AöR 76 (1950/51), 205–217 (zit. als: *Wolff*, AöR 76 1950/51).

Woltering, Tobias, Risikoverteilung in EEG-Direktvermarktungsverträgen, REE 2015, 141–149 (zit. als: *Woltering*, REE 2015).

World Business Council for Sustainable Development, IFRS Accounting outline for Power Purchase Agreements, Genf 29. 1. 2018.

Wustlich, Guido/*Müller*, Dominik, Die Direktvermarktung von Strom aus erneuerbaren Energienim EEG 2012 – Eine systematische Einführung in die Marktprämie und die weiteren Neuregelungen zur Marktintegration, ZNER 2011, 380–396 (zit. als: *Wustlich/D. Müller*, ZNER 2011).

Wyl, Christian de, § 12 Recht der Energielieferverträge, in: Jens-Peter Schneider, Christian Theobald (Hrsg.), Recht der Energiewirtschaft, Praxishandbuch, 5. Aufl., München 2021, Rn. 1–416 (zit. als: *Wyl*, in: Recht der Energiewirtschaft).

Wyl, Christian de/*Thole*, Christian/*Bartsch*, Alexander, § 17 Gesetzliche Anschlusspflicht und vertragliche Ausgestaltung der Netznutzung bei Strom und Gas, in: Jens-Peter Schneider, Christian Theobald (Hrsg.), Recht der Energiewirtschaft, Praxishandbuch, 5. Aufl., München 2021, Rn. 1–522 (zit. als: *Wyl/Thole/A. Bartsch*, in: Recht der Energiewirtschaft).

Zabel, Lorenz, Die Anforderungen an Preisanpassungsklauseln in Gas- und Fernwärmelieferverträgen, KommJur 2011, 289–296 (zit. als: *Zabel*, KommJur 2011).

Zander, Wolfgang/*Riedel*, Martin/*Held*, Christian/*Ritzau*, Michael/*Tomerius*, Carolyn, Strombeschaffung im liberalisierten Energiemarkt, Leitfaden für die gewerbliche Wirtschaft, Köln 2000 (zit. als: *Zander* et al., Strombeschaffung im liberalisierten Energiemarkt).

Zenke, Ines/*Dessau*, Christian, § 14 Handel: Energie, Finanzinstrumente und CO_2-Zertifikate, in: Jens-Peter Schneider, Christian Theobald (Hrsg.), Recht der Energiewirtschaft, Praxishandbuch, 5. Aufl., München 2021, Rn. 1–173 (zit. als: *Zenke/Dessau*, in: Recht der Energiewirtschaft).

II. Online-Quellen

ACER, Amendment to the methodology for pricing balancing energy and crosszonal capacity used for the exchange of balancing energy or operating the imbalance netting process, Decision 25. 2. 2022, https://eepublicdownloads.entsoe.eu/clean-documents/nc-tasks/220225_EB%20Regulation_Art.30_Amendment_ACER%20Decision_Annex%20I%20(1).pdf (zuletzt geprüft am 17. 4. 2024).

ACM, ACM favors collaborations between businesses promoting sustainability in the energy sector, Den Haag, Pressemitteilung v. 28. 2. 2022, https://www.acm.nl/en/publications/acm-favors-collaborations-between-businesses-promoting-sustainability-energy-sector (zuletzt geprüft am 17. 4. 2024).

American Council On Renewable Energy, Renewable Energy PPA Guidebook for Corporate & Industrial Purchasers, Washington, DC 2016, https://acore.org/wp-content/uploads/2017/12/Renewable-Energy-PPA-Guidebook-for-Corporate-and-Industrial-Customers.pdf (zuletzt geprüft am 17. 4. 2024).

Aposporis, Harry, Karatzis, Mytilineos sign solar power PPA in Greece for 271 MW, Balkan Green Energy News v. 28. 11. 2023, https://balkangreenenergynews.com/karatzis-mytilineos-sign-solar-power-PPA-in-greece-for-271-mw/ (zuletzt geprüft am 17. 4. 2024).

Arbeitsgemeinschaft Offshore-Windenergie e. V., Ein neues Fördersystem für Offshore-Windenergie in Deutschland, 16. 8. 2018, https://bwo-offshorewind.de/mp-files/stellungnahme-einfuehrung-eines-neuen-foerdersystems-in-deutschland.pdf/ (zuletzt geprüft am 17. 4. 2024).

Autoriteit Consument en Markt, Guidelines Sustainability agreements, Opportunities within competition law, Autoriteit Consument en Markt (ACM), Den Haag 2021, https://www.acm.nl/sites/default/files/documents/second-draft-version-guidelines-on-sustainability-agreements-oppurtunities-within-competition-law.pdf (zuletzt geprüft am 17. 4. 2024).

Beetstra/van Vijver/Willis, Dutch regulator actively facilitating sustainability developments, Pressemitteilung v. 10. 3. 2022, https://competitionlawblog.kluwercompetitionlaw.com/2022/03/10/dutch-regulator-actively-facilitating-sustainability-developments/ (zuletzt geprüft am 17. 4. 2024).

Bitterli, Tobias, Tipps und Tricks zur Finanzmodellierung von PPAs, greenmatch AG 02. 12. 2020, https://www.greenmatch.ch/de/blog/tipps-finanzmodellierung-ppa (zuletzt geprüft am 17. 4. 2024).

BMWK, Abschöpfung von Überschusserlösen im Rahmen der Strompreisbremse läuft aus, Berlin, Pressemitteilung v. 9. 6. 2023, https://www.bundeswirtschaftsministerium.de/Navigation/DE/Service/Medienraum-Archiv/medienraum-archiv.html (zuletzt geprüft am 17. 4. 2024).

BMWK, Habeck eröffnet Diskussionsprozess zum Strommarktdesign – Plattform Klimaneutrales Stromsystem startet, Pressemitteilung v. 20. 2. 2023, https://www.bmwk.de/Redaktion/DE/Pressemitteilungen/2023/02/20230220-habeck-eroeffnet-diskussionsprozess-zum-strommarktdesign-plattform-klimaneutrales-stromsystem-startet.html (zuletzt geprüft am 17. 4. 2024).

BNetzA, Ergebnis der Ausschreibung für Offshore-Windenergie, Bonn, Pressemitteilung v. 7. 9. 2022, https://www.bundesnetzagentur.de/SharedDocs/Downloads/DE/Allgemeines/Presse/Pressemitteilungen/2022/20220907_OffshoreErgebnisse.pdf?__blob=publicationFile&v=2 (zuletzt geprüft am 17. 4. 2024).

BNetzA, Ergebnisse der Ausschreibungen für Offshore-Windenergie, Bonn, Pressemitteilung v. 9. 9. 2021, https://www.bundesnetzagentur.de/SharedDocs/Downloads/DE/Allgemeines/Presse/Pressemitteilungen/2021/20210909_Offshore21-1.pdf?__blob=publicationFile&v=2 (zuletzt geprüft am 17. 4. 2024).

BReg, Strompreispaket für produzierende Unternehmen – Bundesregierung entlastet stromintensive Unternehmen, Pressemitteilung 239, Pressemitteilung v. 9. 11. 2023, https://www.bundesregierung.de/breg-de/aktuelles/strompreispaket-fuer-produzierende-unternehmen-bundesregierung-entlastet-stromintensive-unternehmen-2235602 (zuletzt geprüft am 17. 4. 2024).

Bundesanstalt für Finanzdienstleistungsaufsicht, Merkblatt Finanzinstrumente (Derivate) 2021, https://www.bafin.de/SharedDocs/Veroeffentlichungen/DE/Merkblatt/mb_120521_finanzinstrumente_derivate.html (zuletzt geprüft am 17. 4. 2024).

Bundesverband der Energie-Abnehmer e. V., Aus dem Ministerium: EEG, EnUG und Herkunftsnachweise 10. 3. 2022, https://www.vea.de/newsroom/aktuelles/thema/konsultation-eeg-enug-und-herkunftsnachweise (zuletzt geprüft am 17. 4. 2024).

COP, Pariser Klimaschutzabkommen, Decision v. 29. 1. 2016 – 1/CP.21, https://unfccc.int/resource/docs/2015/cop21/eng/10a01.pdf#page=2 (zuletzt geprüft am 17. 4. 2024).

CRE, Délibération de la CRE du 3 novembre 2022 relative à la réévaluation des charges de service public de l'énergie pour 2023, Paris, Pressemitteilung v. 3. 11. 2022, https://www.cre.fr/documents/Deliberations/Decision/reevaluation-des-charges-de-service-public-de-l-energie-pour-2023 (zuletzt geprüft am 17. 4. 2024).

Deutsche Bahn, DB baut Spitzenposition als grüner Ökostromnutzer aus, Berlin, Pressemitteilung v. 19. 11. 2020, https://nachhaltigkeit.deutschebahn.com/de/news/vertraege-gruenstrom (zuletzt geprüft am 17. 4. 2024).

DIHK, So lässt sich das Energieangebot schneller und nachhaltiger steigern, DIHK stellt Konzept für wettbewerbsfähige Preise vor, Pressemitteilung v. 30. 6. 2023, https://www.dihk.de/de/aktuelles-und-presse/aktuelle-informationen/so-laesst-sich-das-energieangebot-schneller-und-nachhaltiger-steigern-98274 (zuletzt geprüft am 17. 4. 2024).

Eble, Georg, Deutsche PPA-Preise knicken zum Jahresbeginn ein, E&M v. 4. 2. 2022, https://www.energie-und-management.de/nachrichten/energieerzeugung/detail/deutsche-PPA-preise-knicken-zum-jahresbeginn-ein-148502?id=148502 (zuletzt geprüft am 17. 4. 2024).

Eble, Georg, Warum PPA Strom billiger bewerten als die Börse, E&M v. 10. 8. 2021, https://www.energie-und-management.de/nachrichten/energieerzeugung/detail/warum-PPA-strom-billiger-bewerten-als-die-boerse-144240?id=144240 (zuletzt geprüft am 17. 4. 2024).

EEX, EEX Group Press Release – Successful start of pan-European spot market for Guarantees of Origin, Leipzig, Pressemitteilung v. 30. 9. 2022, https://www.eex.com/en/newsroom/detail?tx_news_pi1%5Baction%5D=detail&tx_news_pi1%5Bcontroller%5D=News&tx_news_pi1%5Bnews%5D=6181&cHash=177dae9ca3fc44857dd58a899dc85ab3 (zuletzt geprüft am 17. 4. 2024).

EEX, EEX Pressemitteilung – EEX legt Starttermin für 10-Jahresfutures fest, Leipzig, Pressemitteilung v. 22. 7. 2021, https://www.eex.com/fileadmin/Global/News/EEX/EEX_Press_Release/2021/20210722_EEX_10_Year_Power_Futures.pdf (zuletzt geprüft am 17. 4. 2024).

Europäische Kommission, Instrument für technische Unterstützung (TSI), https://commission.europa.eu/funding-tenders/find-funding/eu-funding-programmes/technical-support-instrument/technical-support-instrument-tsi_de (zuletzt geprüft am 17. 4. 2024).

European Federation of Energy Traders, Guidances Notes, EFET Individual Power Purchase Agreement for Coporates and Utilities 08. 01. 2021, https://www.energytradersdeutschland.org/standards/vertraege (zuletzt geprüft am 17. 4. 2024).

European Federation of Energy Traders, Individueller Stromkaufvertrag, für Unternehmen und Versorgungsbetriebe, https://cms.energytradersdeutschland.org/storage/uploads/media/190618-lc-st-power-purchase-agreement-v10-translation-de---full-version.pdf (zuletzt geprüft am 17. 4. 2024).

Greenpeace Energy, Wir retten ältere Windkraftanlagen, https://green-planet-energy.de/kraftwerke/kraftwerkserhalt (zuletzt geprüft am 17. 4. 2024).

Haas, Hans-Dieter/*Neumair*, Simon-Martin/*Schlesinger*, Dieter, Sekundärenergie 19. 02. 2018, https://wirtschaftslexikon.gabler.de/definition/sekundaerenergie-44956/version-268258 (zuletzt geprüft am 17. 4. 2024).

Heinhaus, Anke, Riesige Nachfrage nach Solaranlagen v. 2. 4. 2022, https://www.tagesschau.de/wirtschaft/verbraucher/solarenergie-boom-ukraine-krieg-101.html (zuletzt geprüft am 17. 4. 2024).

Kommission, Reform des EU-Strommarktes – für mehr erneuerbare Energien, mehr Verbraucherschutz und mehr Wettbewerbsfähigkeit, Straßburg, Pressemitteilung v. 14. 3. 2023, https://ec.europa.eu/commission/presscorner/detail/de/ip_23_1591 (zuletzt geprüft am 17. 4. 2024).

Kommission, REPowerEU: Ein Plan zur raschen Verringerung der Abhängigkeit von fossilen Brennstoffen aus Russland und zur Beschleunigung des ökologischen Wandels, Brüssel, Pressemitteilung v. 18. 5. 2022, https://ec.europa.eu/commission/presscorner/detail/de/ip_22_3131 (zuletzt geprüft am 17. 4. 2024).

Köpke, Ralf, CfD-Förderung + PPAs = ideale Kombination, E&M v. 3. 5. 2021, https://www.energie-und-management.de/nachrichten/alle/detail//cfd-foerderung-ppas-ideale-kombination-142578 (zuletzt geprüft am 17. 4. 2024).

Köpke, Ralf, E&M-Direktvermarktungsumfrage: Ungewisser Herbst steht bevor, E&M v. 26. 8. 2021, https://www.energie-und-management.de/nachrichten/detail/e-und-m-direktvermarktungsumfrage-ungewisser-herbst-steht-bevor-144526 (zuletzt geprüft am 17. 4. 2024).

LichtBlick SE, Rechtsgutachten: Abschöpfung fiktiver Erlöse verfassungswidrig / Klagewelle gegen Erlösdeckel für Stromerzeuger erwartet, Hamburg, Pressemitteilung v. 24. 11. 2022, https://www.lichtblick.de/strompreisbremse/ (zuletzt geprüft am 17. 4. 2024).

LichtBlick SE, Verfassungsbeschwerde eingereicht: Erlösabschöpfung ist eine unzulässige Sonderabgabe, Hamburg, Karlsruhe, Pressemitteilung v. 12. 3. 2023, https://www.lichtblick.de/presse/verfassungsbeschwerde-eingereicht-erloesabschoepfung-ist-eine-unzulaessige-sonderabgabe/ (zuletzt geprüft am 17. 4. 2024).

Neidlein, Hans-Christoph, Sind Power-Purchase-Agreements die Zukunft? 23. 05. 2019, https://www.energiezukunft.eu/wirtschaft/sind-power-purchase-agreements-die-zukunft/ (zuletzt geprüft am 17. 4. 2024).

Pexapark, What is a PPA? Your Definitive Guide to Power Purchase Agreement, https://pexapark.com/solar-power-purchase-agreement-ppa/ (zuletzt geprüft am 17. 4. 2024).

Rödl & Partner, PPA – Power Purchase Agreement: Mittelfristig eine Chance für Unternehmen für die Strombeschaffung? 10. 7. 2020, https://www.roedl.de/themen/energiekosten-kompass/2020/03/power-purchase-agreement-mittelfristige-chance-strombeschaffung (zuletzt geprüft am 17. 4. 2024).

SPD/BÜNDNIS 90/DIE GRÜNEN/FDP, Koalitionsvertrag 2021 – 2025; Mehr Fortschritt wagen, Bündnis für Freiheit, Gerechtigkeit und Nachhaltigkeit, https://www.bundesregierung.de/breg-de/service/gesetzesvorhaben/koalitionsvertrag-2021-1990800 (zuletzt geprüft am 17. 4. 2024).

Trianel, Trianel startet Mini-PPAs für PV-Anlagen, Aachen 08. 03. 2022, https://www.trianel.com/pressemeldungen/trianel-startet-mini-ppas-fuer-pv-anlagen (zuletzt geprüft am 17. 4. 2024).

United Nations Framework Convention on Climate Change, UNFCCC (Nachdruck 1994), https://unfccc.int/resource/docs/convkp/convger.pdf (zuletzt geprüft am 17. 4. 2024).

Stichwortverzeichnis